Bayern im Bund
Band 1

Quellen und Darstellungen zur Zeitgeschichte
Herausgegeben vom Institut für Zeitgeschichte

Band 52

R. Oldenbourg Verlag München 2001

Bayern im Bund
Band 1

Die Erschließung des Landes
1949 bis 1973

Herausgegeben von
Thomas Schlemmer und Hans Woller

R. Oldenbourg Verlag München 2001

Gefördert durch das Bayerische Staatsministerium für Wissenschaft, Forschung und Kunst

Die Deutsche Bibliothek – CIP-Einheitsaufnahme

Bayern im Bund / hrsg. von Thomas Schlemmer und Hans Woller. – München :
Oldenbourg, 2001
Bd. 1. Die Erschließung des Landes 1949–1973. – 2001
(Quellen und Darstellungen zur Zeitgeschichte ; Bd. 52)
ISBN 3-486-56576-1

Rosenheimer Straße 145, D-81671 München
Internet: http://www.oldenbourg.de

Umschlaggestaltung: Dieter Vollendorf
Gedruckt auf säurefreiem, alterungsbeständigem Papier (chlorfrei gebleicht).
Gesamtherstellung: R. Oldenbourg Graphische Betriebe Druckerei GmbH, München

ISBN 3-486-56576-1

Inhalt

Einleitung

I.

„Der Winter hat sein weißes Leinentuch über Deutschland ausgebreitet. Ein trostloses, armseliges Weihnachten ist vorübergegangen. Der Schnee, der über die Felder und Städte rieselt, deckt Ruinen und Gräber zu. Elend und Hunger wachsen mit den langen Winternächten. Die Öfen sind ungeheizt, die Menschen mangelhaft gekleidet, die Kinder unterernährt. Frierend und hungernd versucht ein jeder sich unter den größten Beschaffungsschwierigkeiten über die kommenden dunklen Monate hinwegzuretten. Die geistige und politische Verwirrung, bedingt durch den Irrlauf der inneren und äußeren Politik, verdichten den Eindruck der Hoffnungslosigkeit, die über dem deutschen Leben lastet."[1] Am Neujahrstag des Jahres 1947, als diese düsteren Zeilen einen Artikel in der von Alfred Andersch und Hans Werner Richter herausgegebenen Zeitschrift „Der Ruf" einleiteten, konnte niemand ahnen, daß die sozialen und wirtschaftlichen Folgen des Zweiten Weltkriegs nur eine Dekade später weitgehend überwunden sein würden. Anstelle des allgegenwärtigen Mangels der ersten Nachkriegsjahre herrschte in Westdeutschland nun bescheidener Wohlstand, von politischer Orientierungslosigkeit konnte keine Rede mehr sein, Hoffnungslosigkeit und Zukunftsangst waren Zuversicht und Optimismus gewichen. Als ein weiteres Jahrzehnt vergangen war, schien die Gesellschaft der Bundesrepublik vor Zufriedenheit und Selbstgewißheit schon so sehr zu strotzen, daß sie drastische Kritik aus den Reihen der Intelligenz und der jüngeren Generation auf sich zog.

Die fundamentalen gesellschaftlichen Umwälzungen, die mit diesen Schlaglichtern bezeichnet sind, hatten freilich nicht nur die Bundesrepublik erfaßt, sondern prägten auch große Teile Europas und Amerikas in spezifischer Weise. Massenkonsum, beschleunigte Kommunikation und wachsende Mobilität waren die Signaturen einer Ära, zu deren vielleicht wichtigsten Symbolen Auto und Fernsehgerät aufstiegen. Dabei erreichte der sozioökonomische Strukturwandel ein Tempo und eine Dynamik, die für zeitgenössische Beobachter zuweilen atemberaubend waren[2]. Noch nie schien die Gegenwart der Zukunft so dicht auf den Fersen zu sein, noch nie schien sich die Vergangenheit so rasch von der Gegenwart zu entfernen wie in der zweiten Hälfte des 20. Jahrhunderts.

[1] Zwischen Freiheit und Quarantäne, in: Der Ruf. Unabhängige Blätter der Jungen Generation Nr. 10 vom 1. 1. 1947, S. 1 f., hier S. 1.

[2] Vgl. Hannes Siegrist/Hartmut Kaelble/Jürgen Kocka (Hrsg.), Europäische Konsumgeschichte. Zur Gesellschafts- und Kulturgeschichte des Konsums (18. bis 20. Jahrhundert), Frankfurt am Main/New York 1997; Karsten Ruppert (Hrsg.), Fahrrad, Auto, Fernsehschrank. Zur Kulturgeschichte der Alltagsdinge, Frankfurt am Main 1993; Gerhard A. Ritter, Über Deutschland. Die Bundesrepublik in der deutschen Geschichte, München 1998, S. 77–128.

Das soziale Gefüge der Bundesrepublik veränderte sich in den ersten drei Dekaden nach 1949 ungewöhnlich schnell und gewann dabei in vielerlei Hinsicht jene Gestalt, die sie bis zur Überwindung der deutschen Teilung im Jahre 1990 besessen hat. Die früher gravierenden Gegensätze zwischen Großstadt und Dorf, politisch-kulturellen Zentren und provinziellen Randzonen, katholischen und protestantischen Regionen oder zwischen industriellen, kleingewerblichen und agrarischen Sektoren von Wirtschaft und Gesellschaft wurden in diesen Jahren eingeebnet und verloren einen erheblichen Teil ihrer Wirkungsmächtigkeit. Ralf Dahrendorf hat nicht umsonst schon 1962 konstatiert, die sozialen „Strukturwandlungen der Nachkriegszeit" hätten eine „neue Gesellschaft" hervorgebracht[3]. Kennzeichnend für diese Entwicklung waren nicht zuletzt der wachsende Wohlstand, von dem fast alle Bevölkerungsschichten profitierten, und die damit verbundene Verbesserung der Lebenschancen. Allerdings gab es dem viel zitierten Schlagwort von der „nivellierten Mittelstandsgesellschaft"[4] zum Trotz nach wie vor soziale Ungleichheit und schichtspezifische Lebensstile, auch wenn diese auf den ersten Blick nicht sofort sichtbar waren.

Im Zuge dieses Modernisierungsschubes wurden überkommene Normen brüchig, die bereits in der NS-Zeit untergrabene Kohäsionskraft sozialer Milieus ließ mehr und mehr nach. Der allmählich einsetzende Wertewandel – zugleich Folge, Bedingung und Katalysator dieser Entwicklung – beschleunigte den Abbau repressiver gesellschaftlicher Leitbilder und Verhaltensweisen, brachte aber auch reichlich sozialen und politischen Sprengstoff hervor, wie sich vor allem im Verhältnis der Generationen zeigte, das schwieriger und konfliktreicher zu werden begann. Windstille Zonen gab es nur wenige, und die These von einer bedrückenden Restauration, von der man so häufig sprach[5], war eher Ausdruck der Enttäuschung kritischer Publizisten, als daß sie aus einer treffenden Analyse der politischen, ökonomischen und gesellschaftlichen Verhältnisse resultierte. Gleichwohl ging die Kritik nicht völlig an der Realität vorbei: Die Trennung vom Nationalsozialismus wurde lange Zeit vor allem auf der normativen Ebene vollzogen, während man die Täter nur halbherzig verfolgte. Außerdem konnten sich verstaubte Konventionen hartnäckig halten, und schließlich grassierte ein mitunter lähmendes Sicherheitsdenken, das freilich nicht nur als Reflex auf die extreme „Noterfahrung und Existenzgefährdung" zwischen „Stalingrad und Währungsreform" verstanden werden kann[6], sondern auch als Antwort auf die Kriegs- und Krisenangst,

[3] Ralf Dahrendorf, Die neue Gesellschaft. Soziale Strukturwandlungen der Nachkriegszeit, in: Hans Werner Richter (Hrsg.), Bestandsaufnahme. Eine deutsche Bilanz 1962. Sechsunddreißig Beiträge deutscher Wissenschaftler, Schriftsteller und Publizisten, München u.a. 1962, S. 203–220.

[4] Vgl. Hans Braun, Helmut Schelskys Konzept der „nivellierten Mittelstandsgesellschaft" und die Bundesrepublik der 50er Jahre, in: AfS 29 (1989), S. 199–223.

[5] Vgl. etwa Ernst-Ulrich Huster u.a., Determinanten der westdeutschen Restauration 1945–1949, Frankfurt am Main 1972; kritisch dazu Kurt Sontheimer, So war Deutschland nie. Anmerkungen zur politischen Kultur der Bundesrepublik, München 1999, S. 41–44.

[6] Martin Broszat/Klaus-Dietmar Henke/Hans Woller, Einleitung zu: dies. (Hrsg.), Von Stalingrad zur Währungsreform. Zur Sozialgeschichte des Umbruchs in Deutschland, München 1988, S. XXV-XLIX, hier S. XXVII.

die unter den Auspizien des Ost-West-Konflikts immer wieder den Himmel über der Wirtschaftswunder-Gesellschaft verdunkelte[7].

Der soziale, ökonomische und kulturelle Wandel war keine Folge linearer Prozesse, die alle gesellschaftlichen Bereiche zur gleichen Zeit und mit gleicher Tiefenwirkung erfaßt hätten, sondern zeigte ein regional-, sektoren- und branchenspezifisches Gesicht. Die fünfziger Jahre lassen sich dabei als eine Art Inkubationszeit begreifen, in der sich vieles anbahnte, einiges bereits in eine erste Beschleunigungsphase eintrat und manches sogar zu voller Wirkungsmacht gelangte. In den sechziger Jahren – Michael Ruck hat versucht, diese Dekade mit den Leitbegriffen Prosperität, Planung und Partizipation zu charakterisieren[8] – brach sich das Veränderungs- und Umwälzungspotential auf breiter Front Bahn, wobei man jedoch nicht nur von einem „Vorgang des großen Abräumens" sprechen sollte[9], denn gleichzeitig waren die Architekten des Neuen am Werk, die auf den frei werdenden Flächen für die Zukunft bauten. Tradition und Fortschritt existierten dabei ebenso wie Wiederaufbau und Modernisierung lange Zeit nebeneinander und gingen nicht selten eine charakteristische Symbiose ein[10].

Bemerkenswert an diesem dualen Prozeß, den man durchaus revolutionär nennen kann, waren nicht nur das Tempo und die alles durchdringende Intensität, sondern auch die Tatsache, daß es in diesen stürmischen Jahrzehnten sogar zur Stabilisierung der anfangs noch ganz labilen politischen Verhältnisse kam. Die zweite deutsche Demokratie bestand die Proben der „Gründungskrise"[11] – nicht nur aus eigener Kraft übrigens, wie das der Mythos will, sondern tatkräftig unterstützt von den Westmächten, die allein schon durch ihre Präsenz dafür sorgten, daß vieles von dem, was gefährlich hätte werden können, im Verborgenen bleiben mußte und durch diese erzwungene Quarantäne gleichsam domestiziert wurde. Und sie bestand auch die erste wirkliche Bewährungsprobe, die Ende der sechziger Jahre zu absolvieren war, als sie von rechts und von links in die Zange genommen wurde, während konjunkturelle Einbrüche und ein Anstieg der Arbeitslosigkeit das Ende der Boomzeit ankündigten: von rechts durch die NPD, von links durch die „68er-Bewegung" und schließlich sogar durch terroristische Kleingruppen, die erst in den siebziger Jahren in ihre Schranken gewiesen werden konnten.

Die Frage, weshalb größere politische Eruptionen ausblieben, obwohl die Gesellschaft der Bundesrepublik anfangs mit schweren Hypotheken belastet und in

[7] Vgl. dazu allgemein Hans Braun, Das Streben nach „Sicherheit" in den 50er Jahren. Soziale und politische Ursachen und Erscheinungsweisen, in: AfS 18 (1978), S. 279–306.

[8] Vgl. Michael Ruck, Ein kurzer Sommer der konkreten Utopie – Zur westdeutschen Planungsgeschichte der langen 60er Jahre, in: Axel Schildt/Detlef Siegfried/Karl Christian Lammers (Hrsg.), Dynamische Zeiten. Die 60er Jahre in den beiden deutschen Gesellschaften, Hamburg 2000, S. 362–401, hier S. 362.

[9] Hans-Peter Schwarz, Modernisierung oder Restauration? Einige Vorfragen zur künftigen Sozialgeschichtsforschung über die Ära Adenauer, in: Rheinland-Westfalen im Industriezeitalter, Bd. 3: Vom Ende der Weimarer Republik bis zum Land Nordrhein-Westfalen, hrsg. von Kurt Düwell und Wolfgang Köllmann, Wuppertal 1984, S. 278–293, hier S. 289.

[10] Vgl. Axel Schildt/Arnold Sywottek, „Wiederaufbau" und „Modernisierung". Zur westdeutschen Gesellschaftsgeschichte in den fünfziger Jahren, in: APuZ 6–7/89, S. 18–32.

[11] Hans Günter Hockerts, Integration der Gesellschaft. Gründungskrise und Sozialpolitik in der frühen Bundesrepublik, in: Manfred Funke (Hrsg.), Entscheidung für den Westen. Vom Besatzungsstatut zur Souveränität der Bundesrepublik 1949–1955, Bonn 1988, S. 39–57.

der Folgezeit tiefgreifenden Umwälzungen ausgesetzt war, bedarf freilich der sehr genauen Prüfung. Lag es daran, daß die rasche wirtschaftliche Erholung nach 1948/49 bald in einem präzedenzlosen Boom kulminierte[12], der schon nach wenigen Jahren praktisch zur Vollbeschäftigung führte und auch den Verlierern des Strukturwandels in Landwirtschaft, Handwerk und Kleinhandel neue und besser bezahlte Arbeitsplätze bot? Vieles deutet darauf hin, daß die Dinge so einfach nicht liegen; schließlich gibt es genügend Beispiele dafür, daß Zündstoff und nervöse Unruhen auch dann entstehen und eskalieren können, wenn die Wirtschaft schwarze Zahlen schreibt. Um gute Bilanzen in demokratisches Kapital und gesellschaftliche Stabilität zu transformieren, bedarf es auch bestimmter innen- und außenpolitischer Rahmenbedingungen – und diese waren in den fünfziger und sechziger Jahren zumeist gegeben: Westdeutschland wurde Teil der europäisch-atlantischen Allianz, die zu keiner Zeit nur auf kollektive Sicherheit und ökonomische Prosperität zielte, sondern auch gemeinsamen Werten verpflichtet war. Hinzu kam eine Sozialpolitik, die an den Grundregeln des sozialen Ausgleichs orientiert war und deren verschiedene Elemente sich mit der Zeit zu einer Art Gesellschaftsvertrag zusammenfügten; dabei wurde ein immer dichteres Netz der Daseinsvorsorge geknüpft, das die Folgen bestimmter Lebensrisiken kalkulierbarer machte und auch den schwächeren Mitgliedern der Gesellschaft ein gewisses Maß an Sicherheit bot[13]. Und zu Buche schlug schließlich, daß die zweite deutsche Demokratie mit der Zeit eine erstaunliche Elastizität und Flexibilität entwickelte, wenn es darum ging, Kritik und von unten kommende Impulse in Reformen umzusetzen. Das wurde vor allem Ende der sechziger Jahre deutlich, als die Politik zwar den rechten und linken Herausforderern die Zähne zeigte, wenn es nötig schien, zugleich aber vieles von dem aufnahm und in vernünftige Bahnen lenkte, was insbesondere in der linken Protestbewegung an Emanzipations- und Partizipationshoffnungen steckte. Erschien die Bundesrepublik in der Ära Adenauer noch manchem Beobachter als „synthetische Demokratie“[14], der es an der aktiven Unterstützung ihrer vielfach in der NS-Zeit sozialisierten Bürger fehlte, so wuchsen in der zweiten Hälfte der sechziger Jahre Anspruch und Möglichkeiten auf Teilhabe und Mitgestaltung[15]. Der Generationswechsel in Politik und Verwaltung tat ein übriges, um das demokratische Fundament der Bundesrepublik zu stärken[16].

[12] Vgl. Gerold Ambrosius/Hartmut Kaelble, Gesellschaftliche und wirtschaftliche Folgen des Booms der 1950er und 1960er Jahre, in: ders. (Hrsg.), Der Boom 1948–1973. Gesellschaftliche und wirtschaftliche Folgen in der Bundesrepublik Deutschland und in Europa, Opladen 1992, S. 7-32.

[13] Die „Bedeutung neuer politischer Elemente in den Sozialverträgen der fünfziger Jahre“ betonte Hans Günter Hockerts, Das Ende der Ära Adenauer. Zur Periodisierung der Bundesrepublikgeschichte, in: Winfried Becker/Werner Chrobak (Hrsg.), Staat, Kultur, Politik. Beiträge zur Geschichte Bayerns und des Katholizismus. Festschrift zum 65. Geburtstag von Dieter Albrecht, Kallmünz 1992, S. 461–475, hier S. 467.

[14] Fritz René Allemann, Zwischen Stabilität und Krise. Etappen der deutschen Politik 1955–1963, München 1963, S. 15.

[15] Manfred Görtemaker, Geschichte der Bundesrepublik Deutschland. Von der Gründung bis zur Gegenwart, München 1999, S. 475, hat sogar überzogen von einer „Umgründung der Republik“ gesprochen.

[16] Die Bedeutung dieses Moments hat Axel Schildt, Ankunft im Westen. Essay zur Erfolgsgeschichte der Bundesrepublik, Frankfurt am Main 1999, S. 181–189, erst kürzlich betont.

Dennoch wird man zögern, die ersten fünfundzwanzig Jahre in der Geschichte der Bundesrepublik als „Deuxième Belle Epoque“[17] oder gar als reine Erfolgsgeschichte zu bezeichnen. Dafür gab es zu viele Verlierer, dafür wurde auf dem Weg in die Moderne zu viel zertrampelt und ruiniert[18], dessen Wert erst erkannt wurde, als es bereits unwiederbringlich verloren war, und dafür wurden in ungetrübter Zukunftsgewißheit auch zu viele Hypotheken aufgenommen, die spätere Generationen als drückende Last empfanden[19]; einige, wie etwa die Umweltzerstörung, sind vielleicht nie mehr abzutragen.

Die Geschichtswissenschaft steht bei der Erforschung dieser Fragen noch am Anfang. Zwar ist die Geschichte der Bundesrepublik längst keine terra incognita mehr; vor allem über das politische System der zweiten deutschen Demokratie, die Entscheidung für die soziale Marktwirtschaft und ihre Ausgestaltung, die Geschichte und Struktur der wichtigsten Parteien, die Anfänge westdeutscher Sicherheitspolitik und die außenpolitischen Weichenstellungen liegen mittlerweile zahlreiche einschlägige Monographien, Sammelbände und Quelleneditionen vor[20]. Auf dem Feld der Sozial-, Wirtschafts- und Erfahrungsgeschichte bestehen aber so große Defizite, daß man – leicht überspitzt – sagen kann, von der Gesellschaftsgeschichte der Bundesrepublik sind erst wenige Seiten geschrieben worden. Dieser Befund gilt insbesondere für die sechziger Jahre, die allmählich als Forschungsfeld entdeckt werden[21].

Hier setzt das Bayern-Projekt des Instituts für Zeitgeschichte an[22], dessen erster Ertrag – Band 1 einer auf sieben Bände angelegten Reihe – nun vorgelegt werden kann. Das Projekt nähert sich dem forcierten Strukturwandel der fünfziger, sechziger und frühen siebziger Jahre von drei Seiten: Es fragt zum einen nach der politischen Steuerung und der Steuerbarkeit derartiger Prozesse, wobei es vor allem darum geht, die Wirkungsmacht säkularer Trends und konjunktureller Zyklen zu gewichten und den Gestaltungsspielraum zu bestimmen, den Länderregierungen im Bund und in den entstehenden europäischen Organisationen hatten. Zum anderen werden die Auswirkungen des Strukturwandels auf die Gesellschaft beziehungsweise auf ausgewählte gesellschaftliche Gruppen und soziale Milieus in den Mittelpunkt der Betrachtung gerückt. Wer zählte zu den Gewinnern, wer zu den Verlierern dieser Entwicklung, die auch für die geschlechter-, schichten- und altersspezifischen Lebenschancen nicht ohne Folgen bleiben konnte? Wie stand es

17 Herman Kahn, Die Zukunft der Welt (1980–2000), Wien u. a. 1980, S. 228–231.

18 Hockerts, Ende der Ära Adenauer, in: Becker/Chrobak (Hrsg.), Staat, Kultur, Politik, S. 475.

19 Michael Prinz und Matthias Frese (Sozialer Wandel und politische Zäsuren seit der Zwischenkriegszeit. Methodische Probleme und Ergebnisse, in: dies. (Hrsg.), Politische Zäsuren und gesellschaftlicher Wandel im 20. Jahrhundert. Regionale und vergleichende Perspektiven, Paderborn 1996, S. 1-31, hier S. 6) haben auf die Notwendigkeit verwiesen, Modernisierungsprozesse „aus doppelter Perspektive“ zu betrachten, „nämlich nach ihrem Beitrag zur Stillegung traditioneller Krisenpotentiale bzw. als mögliche Inkubationsherde neuer Krisen“.

20 Vgl. den Forschungsüberblick bei Rudolf Morsey, Die Bundesrepublik Deutschland. Entstehung und Entwicklung bis 1969, München 4., überarbeitete und erweiterte Aufl. 2000, S. 117–214.

21 Vgl. Klaus Schönhoven, Aufbruch in die sozialliberale Ära. Zur Bedeutung der 60er Jahre in der Geschichte der Bundesrepublik, in: GuG 25 (1999), S. 123–145, sowie Axel Schildt, Materieller Wohlstand – pragmatische Politik – kulturelle Umbrüche. Die 60er Jahre in der Bundesrepublik, in: Schildt/Siegfried/Lammers (Hrsg.), Dynamische Zeiten, S. 21–53.

22 Vgl. dazu ausführlich Thomas Schlemmer, Gesellschaft und Politik in Bayern 1949–1973. Ein neues Projekt des Instituts für Zeitgeschichte, in: VfZ 46 (1998), S. 312–325.

beispielsweise um die Prägekraft der Kirchen, wie um die Haltbarkeit der Arbeiterkultur, wie um die dörfliche Welt, die noch in der NS-Zeit einen gewissen Schutz vor den Zumutungen der Diktatur geboten hatte? Was ging unter, was hielt dem Anpassungs- und Veränderungsdruck stand? Schließlich wird untersucht, wie sich im Zuge des Strukturwandels in Wirtschaft und Gesellschaft Mentalitäten und politische Einstellungen entwickelt haben. Änderte sich in puncto Weltsicht und Wahlentscheidung überhaupt etwas? Wo zuerst, wo mit Verspätung? Begünstigte die wirtschaftliche Prosperität die Gewöhnung an demokratische Normen und Gepflogenheiten oder hielt sich hinter der Fassade aus bürgerlich-demokratischer Normalität und selbstbewußtem Fortschrittsoptimismus nicht doch viel von alten Einstellungen und Verhaltensweisen, die in Krisenzeiten auch politisch virulent werden konnten? Welche Parteien profitierten von den Industrialisierungs- und Modernisierungsschüben, welche gerieten in die Defensive?

Das neue Bayern-Projekt knüpft damit an das alte, in den siebziger Jahren von Martin Broszat begonnene Projekt „Bayern in der NS-Zeit" und an das Forschungsvorhaben „Politik und Gesellschaft in der US-Zone 1945 bis 1949"[23] an und ist insofern auch Teil einer historischen Langzeituntersuchung, die in der Weimarer Republik einsetzt und sich bis in die Mitte der siebziger Jahre erstreckt. Zum Einsatz kommt dabei vor allem das methodische Instrumentarium der politischen Sozialgeschichte, das unverzichtbar ist, wenn die Interdependenz von Politik, Wirtschaft und Gesellschaft erfaßt und am Beispiel überschaubarer Räume auf der Mikro- oder Mesoebene veranschaulicht werden soll, freilich von Fall zu Fall auch erweitert werden muß, wenn es gilt, „die Analyse von Sinndeutungen und Weltbildern, Ritualen und Symbolen, Sprachgebilden und individuellen Erfahrungen" voranzutreiben[24].

Die Eckdaten 1949 und 1973 – Beginn des wirtschaftlichen Aufschwungs nach Währungsreform und Gründung der Bundesrepublik und Ende des Booms im Zuge der Ölkrise – markieren dabei lediglich einen elastischen Rahmen. Wo es sich als sinnvoll und notwendig erweist, werden die Autoren in den einzelnen Studien und Sammelbandbeiträgen über diese Zäsuren hinausgreifen. Daß bei der Wahl des Forschungsfelds erneut auf Bayern rekurriert wird, ist vor allem auf vier Faktoren zurückzuführen: der sozioökonomische Strukturwandel erreichte hier, erstens, ein besonders hohes Tempo; zweitens versuchte der bayerische Staat, frühzeitig und zuweilen energisch steuernd einzugreifen; drittens wird am Beispiel Bayerns besonders deutlich, wie langfristig stabile Regionalismen und innergesellschaftliche Trennungslinien mehr und mehr an Bedeutung verloren; sie waren – könnte man auch sagen – einer Art Einschmelzung ausgesetzt, die in anderen Bundesländern ebenfalls zu beobachten war und die dort wie auch in Bayern mit der Hegemonialisierung des politischen Systems durch eine Partei einherging. Viertens sprachen auch die gute Quellenlage und die bewährte Großzügigkeit der zuständigen Archivverwaltungen für Bayern, ganz zu schweigen von der räum-

[23] Vgl. Adolf M. Birke, Politik und Gesellschaft in der amerikanischen Besatzungszone, in: Horst Möller/Udo Wengst (Hrsg.), 50 Jahre Institut für Zeitgeschichte. Eine Bilanz, München 1999, S. 409–426.

[24] Hans-Ulrich Wehler, Die Herausforderung der Kulturgeschichte, München 1998, S. 147.

lichen Nähe zu den wichtigsten Archiven – ein Argument, das in Zeiten knapper Kassen immer größere Bedeutung erlangt.

Bayern steht zwar im Mittelpunkt des Projekts; der Anspruch, der damit verbunden ist, zielt aber über Bayern hinaus: Es geht um die Erforschung der Gesellschaftsgeschichte der Bundesrepublik Deutschland am Beispiel eines Landes. Wo immer es möglich ist, wird deshalb der Blick nach oben oder zur Seite gerichtet – also auf die Ebene des Bundes oder auf die Verhältnisse in anderen Bundesländern, um Anhaltspunkte für Sonder- und Normalwege in der Gesamtentwicklung Westdeutschlands zwischen 1949 und 1973 zu gewinnen.

Im Institut für Zeitgeschichte werden im Rahmen des Projekts „Gesellschaft und Politik in Bayern 1949 bis 1973" vier Monographien erarbeitet. Die Studie von *Stefan Grüner* über die Wirtschafts- und Strukturpolitik in Bayern setzt gewissermaßen den politisch-institutionellen Rahmen für das gesamte Projekt[25]. Das Erkenntnisinteresse gilt hier vor allem den Verantwortlichen in Regierung, Landtag, Parteien, Verwaltung und Verbänden sowie ihren Konzepten, Maßnahmen und Instrumenten, mit denen der soziale und wirtschaftliche Strukturwandel in die gewünschte Richtung gelenkt werden sollte. Welchen Anteil hatte die bayerische Staatsregierung tatsächlich am ökonomischen Aufholprozeß Bayerns nach 1945? Was tat sie konkret, um die Wasser der günstigen wirtschaftlichen Entwicklung auf die bayerischen Mühlen zu lenken? Welche Rolle spielten die Parteien, die Gewerkschaften und insbesondere die Konzerne, Banken und die Vertreter der mittelständischen Industrie, wenn es galt, strukturpolitische Grundsatzentscheidungen zu treffen? Außerdem wird auch nach dem Gewicht der Bonner Wirtschafts- und Finanzpolitik und nach den Fernwirkungen der entstehenden europäischen Institutionen gefragt, die im Laufe der Jahre immer größere Bedeutung gewannen. Schließlich wird es notwendig sein, die sozialpolitischen Konzepte zur Dämpfung gesellschaftlicher Konflikte und deren Wirksamkeit zu untersuchen, da sonst ein unausgewogenes, einseitig ökonomisches Bild bayerischer Struktur- und Wirtschaftspolitik entstehen würde.

Thomas Schlemmer untersucht in der zweiten Monographie gleichsam die Innenseite des Strukturwandels der fünfziger, sechziger und frühen siebziger Jahre[26]. Diese Studie beschäftigt sich mit weitgehend unbekannten Entwicklungen an der sozialen Basis, versucht, allzu wohlfeile, aber oft hohle Begriffe wie Modernisierung oder Individualisierung zu hinterfragen, und stellt gängige Thesen oder Periodisierungen am konkreten Beispiel auf den Prüfstand. Dabei wird unter anderem zu untersuchen sein, wie sich Lebensverhältnisse, Milieubindungen oder politische Orientierungen und gesellschaftliche Leitbilder veränderten und welche Antworten die Politiker vor Ort auf die neuen Herausforderungen parat hatten, die sie nicht selten als Zumutungen von außen empfanden. Untersuchungsraum ist die Region Ingolstadt, die sich in den ersten Nachkriegsjahren wenig von

[25] Vgl. Stefan Grüner, Staatliche Planung und sozialer Wandel in den sechziger Jahren. Überlegungen zu einem Forschungsprojekt zur Geschichte Bayerns nach 1945, in: Theresia Bauer/Winfried Süß (Hrsg.), NS-Diktatur, DDR, Bundesrepublik. Drei Zeitgeschichten des vereinigten Deutschland. Werkstattberichte, Neuried 2000, S. 263–285.

[26] Vgl. Thomas Schlemmer, „Bayerns Ruhrgebiet". Politik, Wirtschaft und Gesellschaft in der Region Ingolstadt 1948 bis 1975. Eine Studie aus dem Projekt „Gesellschaft und Politik in Bayern" des Instituts für Zeitgeschichte, in: Bauer/Süß (Hrsg.), Drei Zeitgeschichten, S. 181–213.

anderen agrarisch geprägten Gebieten mit einigen industriellen Kernen unterschied, dann aber eine Phase geradezu stürmischer Veränderung erlebte, die nahezu alles ergriff, was bis dahin gegolten hatte und auf Dauer angelegt schien. Ziel der Studie ist es nicht, der Illusion einer histoire totale nachzujagen; gefragt sind vielmehr Feinuntersuchungen, die sich auf die Umwälzung der ökonomischen Topographie, die Entwicklung politischer Strukturen, die Handlungsspielräume und Grenzen kommunaler Politik und die Erosion und Beharrungskraft sozialer Milieus und Lebenswelten beziehen.

Die Studie von *Jaromír Balcar* über die ländliche Gesellschaft Bayerns bildet in gewisser Hinsicht das Gegenstück zur Arbeit von Thomas Schlemmer. Im Zentrum stehen elf Landkreise, die gleichsam im Windschatten des sozioökonomischen Strukturwandels lagen und zu den strukturschwächsten Gebieten Bayerns zählten. Das Hauptaugenmerk gilt hier vor allem der politischen Szenerie vor Ort: also zum einen den Bürgermeistern, Gemeinde-, Kreis- und Landräten, zum anderen dem Auf-, Aus- und Umbau der politischen Parteien, die auf dem Land anfangs kaum präsent waren, vor allem in den sechziger Jahren aber zu bestimmenden Faktoren wurden, und zum dritten den Handlungsfeldern und -optionen der Kommunalpolitik unter den Bedingungen beschleunigten sozialen Wandels[27]. Eine wichtige Rolle wird dabei die Gemeindegebietsreform der frühen siebziger Jahre spielen, die nicht nur die politische Landkarte Bayerns, sondern auch Personal, Stil und Methoden kommunaler Politik fundamental verändert hat.

Die vierte Monographie beschäftigt sich mit der Geschichte der Arbeiterschaft, und zwar am Beispiel der Bayerischen-Braunkohle-Industrie AG und der Eisenwerk-Gesellschaft Maximilianshütte AG in den alten Industrielandkreisen Sulzbach-Rosenberg und Burglengenfeld, die 1958 zusammen etwa 10000 Arbeiter und Angestellte zählten und damit zu den größten Arbeitgebern Bayerns gehörten. *Dietmar Süß,* der Autor der Studie, befaßt sich mit der Frage, wie sich in den durch Wachstum und steigenden Wohlstand gekennzeichneten fünfziger und sechziger Jahren soziale Lage, Arbeit und Alltag der Arbeiterschaft in der Montanindustrie veränderten[28]. Außerdem widmet er sich dem Thema innerbetrieblicher Mitbestimmung und versucht hier vor allem zu klären, welche Bedeutung die Institutionalisierung von Konflikten für das Verhältnis von Unternehmern, Betriebsräten und Gewerkschaften besaß, wie die Konfliktlinien innerhalb der Betriebsräte verliefen und welche politischen Leitbilder die Auseinandersetzung bestimmten. Schließlich spürt Dietmar Süß der inneren Verfassung des sozialdemokratischen Arbeitermilieus nach, wobei unter anderem auch auf das Jahr 1968 eingegangen wird, das auch in der proletarischen Provinz eine scharfe Zäsur markierte.

Diese vier aufeinander bezogenen monographischen Darstellungen werden durch drei Sammelbände ergänzt, deren Beiträge nicht im Institut für Zeitge-

27 Vgl. Jaromír Balcar, Die Kosten der Erschließung. Kommunale Infrastrukturpolitik auf dem Land und ihre Folgen für die Gemeinden (1948–1972), in: Daniela Münkel (Hrsg.), Der lange Abschied vom Agrarland. Agrarpolitik, Landwirtschaft und ländliche Gesellschaft zwischen Weimar und Bonn, Göttingen 2000, S. 249–277.

28 Vgl. dazu Dietmar Süß, Auf dem Weg zu einer neuen Sozialordnung? Die Einführung der Montan-Mitbestimmung bei der Maxhütte 1950–1955, in: Von Erzgräbern und Hüttenleuten, hrsg. vom Stadtmuseum Sulzbach-Rosenberg, Sulzbach-Rosenberg 2000, S. 107–118.

schichte entstehen, sondern dem großen informellen Forschungsverbund entwachsen, der auf Initiative des Bayern-Projekts entstanden ist und seine Leistungsfähigkeit in puncto Grundlagenforschung auch in Zukunft noch häufig unter Beweis stellen wird – durch Habilitationen, Dissertationen und Aufsätze, die entscheidend dazu beitragen werden, daß die Gesellschaftsgeschichte der Bundesrepublik Deutschland endlich zu ihrem Recht kommt.

Der erste Sammelband liegt nun vor. Er ist der „Erschließung des Landes" gewidmet und enthält fünf Aufsätze, die vor allem die Verhältnisse in den ausgedehnten ländlichen, oft ausgesprochen strukturschwachen Regionen Bayerns zum Thema haben und sich mit einer Reihe von politischen Initiativen zur Überwindung des ausgeprägten Gefälles zwischen Zentrum und Peripherie – etwa durch den Ausbau der Infrastruktur – beschäftigen. Der zweite Band mit dem Arbeitstitel „Gesellschaft im Wandel", der demnächst erscheinen soll, geht einer dreifachen Frage nach, die in den Studien der Projektmitarbeiter immer wieder angeklungen ist, aber nicht mit der gebotenen Systematik verfolgt werden konnte: Wie veränderte sich die bayerische Gesellschaft unter dem Anpassungs- und Modernisierungsdruck der fünfziger, sechziger und frühen siebziger Jahre? Wie reagierte die „große Politik" auf die Veränderungen und die daraus resultierenden Problemlagen? Was bewirkten diese Eingriffe an der gesellschaftlichen Basis? In den Blick genommen werden dabei nicht nur die Unternehmer als Architekten des Strukturwandels, sondern auch die Handwerker, die in der Konkurrenz mit der Industrie vielfach den kürzeren zogen und sich neu orientieren mußten, Frauen und Familien, Bauern, die ihre Selbständigkeit verloren und sich einen Arbeitsplatz in der Industrie suchen mußten, um ihren Familien einen bescheidenen Wohlstand zu sichern, und – nicht zuletzt – Arme, Alte und gesellschaftliche Randgruppen, deren Geschichte nach 1945 noch ganz im dunkeln liegt. Die Zugriffe und Perspektiven der einzelnen Beiträge variieren; einmal stehen die Mitglieder eines Verbandspräsidiums im Mittelpunkt einer gruppenbiographischen Untersuchung, dann wird versucht, durch die gezielte Befragung von Zeitzeugen Lebenserfahrung und politische Mentalität einer oft vergessenen Bevölkerungsgruppe, der Arbeiterbauern, zu rekonstruieren, während ein dritter Beitrag den Blick auf die Entwicklung in einer bestimmten Region richtet, um eine größere Anschaulichkeit und Tiefenschärfe der Analyse zu ermöglichen.

Der dritte Sammelband wird – gemessen an der Zahl der vorgesehenen Beiträge – der umfangreichste werden. Er trägt den Arbeitstitel „Politik und Kultur im föderativen Staat" und soll Aufsätze zu den Themenfeldern bayerische Interessenvertretung in Bonn, bayerische Politik im Ländervergleich sowie Traditionswahrung und Traditionsstiftung in komparatistischer Perspektive enthalten. Im ersten Abschnitt werden Bayerns Rolle im Bundesrat und die CSU-Landesgruppe als Pressure Group untersucht. Der zweite Teil beschäftigt sich mit Strategien der ökonomischen Krisenbewältigung, Aspekten der Kulturpolitik, Polizei und innerer Sicherheit sowie Wissenschaftspolitik und Forschungsförderung, und im Schlußabschnitt geht es um Geschichtspolitik, Symbole und Rituale der Staatsrepräsentation sowie um Heimatbewegung und Heimatvereine. In diesen Beiträgen wird die Entwicklung in Bayern mit seiner langen Staatstradition in der Regel mit der Entwicklung in Bundesländern wie Nordrhein-Westfalen verglichen, die erst nach 1945 entstanden sind; von besonderem Interesse ist hier die Frage, welche Prozesse der gegenseitigen Beeinflussung es dabei über die Grenzen der Länder und Parteien hinaus gegeben hat.

II.

Als Bayern 1949 widerstrebend Teil der Bundesrepublik wurde, standen die Vorzeichen für die künftige ökonomische Entwicklung des Freistaats nicht gerade günstig. Zu schwer schienen die alten und neuen Hypotheken zu wiegen, mit denen Politik und Wirtschaft zu kämpfen hatten. Das südlichste Bundesland hatte noch Anfang der fünfziger Jahre seine bäuerliche Prägung nicht verloren. Für sich genommen konnte Bayern zwar durchaus als industrialisiertes Land gelten – immerhin waren 1950 bereits erheblich mehr Menschen in Industrie und Handwerk (36,3 Prozent der Erwerbstätigen) beschäftigt als in der Landwirtschaft (30,6 Prozent) –, in vergleichender Perspektive mußte es jedoch in vieler Hinsicht als Agrarland erscheinen[29]. So betrug die Industriedichte, also die Zahl der Erwerbstätigen in Industrie und Handwerk pro 1000 Einwohner, in Bayern 1950 nur 72, im Bundesdurchschnitt dagegen 96; in Nordrhein-Westfalen war die Industriedichte mit 154 sogar mehr als doppelt so hoch wie in Bayern. Auch was das Wirtschaftswachstum angeht, hinkte Bayern hinterher; zwischen 1951 und 1954 wurde für das Bundesgebiet eine durchschnittliche Wachstumsrate des Bruttoinlandsprodukts von 8,78 Prozent errechnet, Bayern kam dagegen in diesen Jahren nur auf 8,03 Prozent.

Die ökonomische Schwäche Bayerns war vor allem eine Folge der „geminderte[n] Industrialisierung"[30], die das dünn besiedelte und rohstoffarme Land nur zögerlich und punktuell erfaßt hatte. Anders als in der preußischen Rheinprovinz oder in Sachsen, wo die Schwer- respektive die Textilindustrie schon in den ersten Jahrzehnten des 19. Jahrhunderts eine entscheidende Rolle spielten, und anders als in Württemberg, wo sich im späten 19. Jahrhundert ein gemischtwirtschaftliches Modell durchsetzte, dessen Leitsektoren die Textilindustrie und die eisenverarbeitende Industrie waren, repräsentierte Bayern „jenen dritten Typ regionaler Industrialisierung, der in beträchtlichem zeitlichen Abstand bei lang anhaltender Bedeutung der Landwirtschaft erst im Lauf der Zwischenkriegszeit auf der Basis der Leitsektoren Elektro- und Chemieindustrie eine zunehmende gewerbliche Durchdringung erfuhr"[31]. Obwohl dieser Prozeß ein beachtliches Tempo erreichte und nach 1935 durch den Aufbau von Rüstungsbetrieben unterstützt wurde und obwohl nach 1945 so bedeutende Unternehmen wie Siemens, Osram, Agfa oder die Auto Union Konzernzentralen und Produktionsstätten nach Bay-

[29] Vgl. dazu den grundlegenden Aufsatz von Paul Erker, Keine Sehnsucht nach der Ruhr. Grundzüge der Industrialisierung in Bayern 1900–1970, in: GuG 17 (1991), S. 480–511, hier S. 480f. und S. 491; die folgenden Zahlen finden sich ebenda, S. 487 und S. 494.

[30] Karl Bosl, Die „geminderte" Industrialisierung in Bayern, in: Aufbruch ins Industriezeitalter, Bd. 1: Linien der Entwicklungsgeschichte, hrsg. von Claus Grimm, München 1985, S. 22–39.

[31] Erker, Keine Sehnsucht, S. 481, der sich hier an Hubert Kiesewetter, Industrialisierung und Landwirtschaft. Sachsens Stellung im regionalen Industrialisierungsprozeß im 19. Jahrhundert, Köln 1988, S. 747f., orientiert.

ern verlegten, hatte der Freistaat Anfang der fünfziger Jahre wenig mehr zu bieten als das Potential der drei Großstädte München, Nürnberg und Augsburg sowie Industrieinseln am bayerischen Untermain, im nördlichen Oberfranken, in der Oberpfalz oder im oberbayerischen Pechkohlerevier – Industrieinseln inmitten von strukturschwachen agrarischen Regionen, in denen es an gut ausgebauten Verkehrsverbindungen ebenso fehlte wie an höheren Schulen, modernen Krankenhäusern oder einer zufriedenstellenden Strom- und Wasserversorgung.

Neben diesen historisch gewachsenen Hypotheken hatte Bayern mit den Folgen des Zweiten Weltkriegs zu kämpfen. Die Zerstörungen wogen hier zwar weniger schwer als in anderen, stärker urbanisierten und industrialisierten Teilen Deutschlands. Die Bilanz war aber schlimm genug. Gemessen am Vorkriegsbestand galt in Bayern etwa ein Achtel aller Wohnungen als Totalverlust oder als unbewohnbar. Während ländliche Regionen wie die Oberpfalz oder Niederbayern relativ glimpflich davon gekommen waren, hatte es die wenigen industriellen Zentren und Verkehrsknotenpunkte schwer getroffen; in Nürnberg waren 51 Prozent aller Wohnungen völlig zerstört, in Schweinfurt 34 Prozent, in München 33 Prozent und in Augsburg 24 Prozent[32]. Otmar Emminger schätzte 1947, die Kugellagerwerke in Schweinfurt hätten durch direkte Kriegseinwirkungen und Abnutzung 30 Prozent ihrer Vorkriegskapazität verloren, elektrotechnische Industrie und Maschinenbau in Nürnberg bis zu 75 Prozent und die Baumwollindustrie Augsburgs etwa 50 Prozent[33]. So gravierend diese materiellen Schäden aber auch waren, sie ließen sich doch nach und nach beseitigen. Für die Teilung Deutschlands und Europas traf dies nicht zu, und gerade der „Eiserne Vorhang“ sollte sich für Bayern als schwere ökonomische Bürde erweisen. Da der Freistaat in eine Randlage abseits von den Zentren der jungen Bundesrepublik geraten war, drohten die Verkehrs- und Güterströme an Bayern vorbei zu laufen, gewachsene Wirtschaftsräume wie das bayerisch-sächsische Vogtland wurden zerschnitten, Städte und Landkreise an der deutsch-deutschen und der deutsch-tschechoslowakischen Grenze waren in der Gefahr, wirtschaftlich, sozial und kulturell zu veröden. Da die Regierungsbezirke, die von der Zonenrandproblematik in besonderer Weise betroffen waren, auch überproportional viele von den etwa zwei Millionen Flüchtlingen und Vertriebenen aufnehmen mußten, die es nach Bayern verschlagen hatte, war diese Entwicklung ausgesprochen alarmierend.

Die erzwungene Völkerwanderung, letzte schreckliche Konsequenz nationalsozialistischer Kriegspolitik, ließ die Einwohnerzahl Bayerns von 7,03 Millionen im Jahr 1939 auf 9,12 Millionen im Jahr 1950 steigen. Rasch setzte sich die bittere Erkenntnis durch, daß es für die Flüchtlinge und Vertriebenen keine Rückkehr in die Heimat geben könne. Damit stellte sich aber die drängende Frage nach der Integration der Neubürger und ihrer Zukunft. Lange Zeit hat man die wirtschaftliche Entwicklung Bayerns nach 1945 mit dem Schlagwort von der „importierten Industrialisierung“ zu beschreiben versucht und dabei vor allem auf den Zustrom von qualifizierten Arbeitskräften und technischem Know-how Bezug genom-

[32] Vgl. Wolfgang Zorn, Bayerns Geschichte im 20. Jahrhundert. Von der Monarchie zum Bundesland, München 1986, S. 541.

[33] Vgl. Otmar Emminger, Die bayerische Industrie, München 1947, S. 45ff. (Bayerns Wirtschaft 2).

men[34]. Dagegen ist jedoch bereits vor einigen Jahren mit guten Gründen eingewandt worden, daß sich „der Einfluß der Flüchtlinge als spezifisch bayerischer Industrialisierungsfaktor empirisch kaum nachweisen" lasse[35]. Unbestritten ist jedoch die Tatsache, daß das Millionenheer der Flüchtlinge bei der Neuformulierung gesellschaftlicher Leitbilder eine entscheidende Rolle spielte; mit dem Wissen, daß es keine Alternative zur Eingliederung der Heimatlosen gab, war nicht zuletzt die Einsicht verbunden, daß eine weitere Industrialisierung Bayerns und damit auch eine aktive Industrialisierungspolitik unumgänglich war.

Noch in der Zwischenkriegszeit war Fortschrittskritik, ja offene Fortschrittsfeindschaft bei Bauern, ländlichen Unterschichten und Kleinbürgern, aber auch im katholischen Klerus, unter den Beamten und bis in konservative Regierungskreise hinein verbreitet gewesen. Antipreußische, antiliberale und antimoderne Ressentiments verschmolzen mit agrarromantischen, ständestaatlichen, urbanisierungs- und industrialisierungsfeindlichen Vorstellungen zu einem regelrechten „bayerischen Syndrom"[36]. Solche mentalen Dispositionen waren ebenso wie die Wirtschafts- und Sozialstruktur dafür verantwortlich, daß Bayern in der Weimarer Republik trotz respektabler Wachstumszahlen den Charakter eines Agrarlandes nicht verlor[37]. Die Furcht vor den Folgen des ökonomischen Strukturwandels für die bayerische Gesellschaft und die Furcht vor einer Ausbreitung des Sozialismus spricht etwa aus dem Halbmonatsbericht der Regierung von Oberbayern vom 6. September 1923:

> „Die ungeheuren Gefahren jeder weiteren künstlichen Industrialisierung des Landes liegen auf der Hand. [...] Hier heißt es rechtzeitig Halt gebieten und allen weiteren Versuchen auswärtiger Industrien, sich in Bayern niederzulassen mit größter Vorsicht gegenüberzustehen. [...] Das agrarische Deutsch-Österreich hat seinen Zusammenbruch verhältnismäßig leicht ertragen, das industrielle Deutschland wird von den wirtschaftlichen Kämpfen wie ein fieberkranker Körper geschüttelt. Mögen die maßgebenden Kreise Bayerns den ursprünglichen Charakter des Landes als den eines Bauernstaates und die glückliche Struktur der Bevölkerung nicht einem unersättlichen landfremden Industrialismus zum Opfer bringen."[38]

Der Zweite Weltkrieg und seine Folgen zwangen das konservative Establishment in der Ministerialbürokratie und in Parteien wie der neu gegründeten CSU zum Umdenken. Die normative Kraft des Faktischen drängte auf pragmatische Lösungen für die aktuellen Probleme und ließ dezidiert industrialisierungsfeindlichen Positionen nur wenig Spielraum, auch wenn diese natürlich weiterhin Anhänger fanden. Hanns Seidel, als bayerischer Wirtschaftsminister (1947 bis 1954) und Ministerpräsident (1957 bis 1960) eine der entscheidenden Persönlichkeiten

[34] Klaus Schreyer, Bayern – ein Industriestaat. Die importierte Industrialisierung. Das wirtschaftliche Wachstum nach 1945 als Ordnungs- und Strukturproblem, München/Wien 1969, S. 12–33.

[35] Erker, Keine Sehnsucht, S. 495.

[36] Klaus Tenfelde, Bayerische Wirtschaft und Gesellschaft im 19. und frühen 20. Jahrhundert, in: Hartmut Mehringer (Hrsg.), Von der Klassenbewegung zur Volkspartei. Wegmarken der bayerischen Sozialdemokratie 1892–1992, München u.a. 1992, S. 9-19, hier S. 12f.

[37] Vgl. Maximilian Lanzinner, Zwischen Sternenbanner und Bundesadler. Bayern im Wiederaufbau 1945–1958, Regensburg 1996, S. 166.

[38] Halbmonatsbericht des Regierungspräsidiums von Oberbayern vom 6. 9. 1923 für die Zeit vom 16.–31. 8. 1923 (Auszug), abgedruckt in: Der Hitler-Putsch. Bayerische Dokumente zum 8./9. November 1923, hrsg. von Ernst Deuerlein, Stuttgart 1962, S. 161ff., hier S. 163.

bei der politischen Steuerung des ökonomischen Strukturwandels in Bayern nach 1945, hatte die Zeichen der Zeit früh erkannt: 1950 schrieb er in der von der Staatskanzlei herausgegebenen Broschüre „Unser Bayern", der „unglückliche Ausgang des letzten Weltkriegs und die plötzliche Bevölkerungszunahme durch den Einstrom von weit über zwei Millionen heimatvertriebener Deutscher" hätten „zu stärkster Ausweitung der industriellen Produktions- und Erwerbsstätten" gezwungen, da versucht werden mußte, „den neuen Bürgern des Landes Arbeitsplätze bereit zu stellen". Stolz fügte Seidel hinzu, Bayern habe nach 1945 trotz widriger Umstände „keinen Schritt mehr zurück getan in die vergangene Ära des Agrarstaates"[39].

Ganz war die Skepsis gegen Industrialisierung und Urbanisierung nicht aus den Köpfen von konservativen Politikern, Beamten und Landesplanern verschwunden. Die von der Schwerindustrie geprägten Ballungsräume an Rhein und Ruhr mit ihren Großbetrieben und proletarisierten Arbeitermassen in scheinbar seelenlosen Wohnvierteln, in denen man wenig anderes zu erkennen glaubte als Brutstätten des Radikalismus, waren keine erstrebenswerten Vorbilder. In Bayern hatte man „keine Sehnsucht nach der Ruhr"[40]; Orientierungspunkt war vielmehr Württemberg mit seiner vergleichsweise krisenfesten industriell-agrarischen Mischstruktur und den über das Land verteilten Betrieben, die zumeist zu den modernen Branchen Fahrzeugbau, Maschinenbau und Elektrotechnik gehörten[41].

Die Rahmenbedingungen für eine Entwicklung wie im südwestlichen Nachbarland, auf das bayerische Wirtschaftspolitiker immer wieder neidvoll und bewundernd blickten, waren Anfang der fünfziger Jahre nicht gerade günstig; vor allem um die Voraussetzungen für die Ansiedlung von Industriebetrieben im ländlichen Raum stand es schlecht. Bayern war zwar das größte Land der Bundesrepublik, aber trotz des Flüchtlingszustroms ausgesprochen dünn besiedelt; mit 130 Einwohnern pro Quadratkilometer lag die Bevölkerungsdichte Bayerns weit unter der Nordrhein-Westfalens (389 Einwohner pro Quadratkilometer) und erheblich unter dem Bundesdurchschnitt (202 Einwohner pro Quadratkilometer). Der geringen Bevölkerungsdichte entsprach eine kleinräumige Siedlungsstruktur und ein relativ niedriger Urbanisierungsgrad. 1950 lebten mehr als 58 Prozent der Menschen in Gemeinden, die weniger als 3000 Einwohner hatten, und nur rund 17 Prozent in Großstädten mit mehr als 100000 Einwohnern. Von diesen Großstädten gab es in Bayern 1950 lediglich fünf – München, Nürnberg, Augsburg, Regensburg und Fürth; von den 7116 Gemeinden hatten dagegen 6773 oder mehr als 95 Prozent weniger als 3000 Einwohner[42]. Nominell gab es in Bayern 1950 250 Städte[43]; von Urbanität konnte jedoch vielfach keine Rede sein. Vor allem die

39 Hanns Seidel, Bayern – Agrar- oder Industriestaat?, in: Unser Bayern. Politik, Wirtschaft, Kultur, hrsg. von der Bayerischen Staatskanzlei, München 1950, S. 43–48, hier S. 45.

40 Hermann Bößenecker, Bayern, Bosse und Bilanzen. Hinter den Kulissen der weiß-blauen Wirtschaft, München u.a. 1972, S. 303.

41 Vgl. Wolfgang Helwig, Bayern ruft Industrie, in: Raumordung – Landesplanung. Landesplanung in Bayern, München/Passau o.J. (1958), S. 10–13, und Erker, Keine Sehnsucht, S. 481 f.; die folgenden Zahlen zur Bevölkerungsdichte finden sich ebenda, S. 489.

42 Vgl. F. Engel, Die Wohnbevölkerung Bayerns im letzten Jahrzehnt. Ergebnisse aus den Volkszählungen 1961 und 1950, in: Bayern in Zahlen 16 (1962), S. 193 ff.

43 Zu den 250 Städten kamen noch 414 Märkte; vgl. Hans Fehn, Das Land Bayern und seine Bevöl-

zahlreichen kleinen Städte waren noch stark ländlich-bäuerlich geprägt, schlecht an das überregionale Verkehrsnetz angebunden und unzureichend mit leistungsfähigen öffentlichen Einrichtungen ausgestattet.

Diese Strukturschwäche war kein unbekanntes Phänomen; die Zerstörungen aus der Kriegszeit und die zahllosen Heimatvertriebenen führten jedoch vielfach zu einer krisenhaften Zuspitzung der Situation. 1957 zählten die Statistiker unter den 34 ärmsten Landkreisen der Bundesrepublik 32 bayerische, und noch Anfang der sechziger Jahre lagen von den elf westdeutschen Landkreisen mit dem geringsten Bruttoinlandsprodukt pro Kopf zehn in Bayern – einer in Oberfranken, vier in der Oberpfalz und fünf in Niederbayern[44]. Diese traurige Spitzenstellung Niederbayerns und der Oberpfalz hing nicht zuletzt mit der Zahl der Erwerbstätigen in Industrie und Handwerk zusammen. 1960 wurde die Industriedichte für die Oberpfalz mit 102 angegeben, für Niederbayern sogar nur mit 75; so niedrig lag die Industriedichte sonst in keinem Regierungsbezirk (Bayern gesamt: 125)[45].

Die Probleme der alten und neuen Notstandsgebiete rangierten auf der politischen Agenda weit oben. Als grundsätzliche Alternativen standen die aktive oder die passive Sanierung der strukturschwachen Gebiete zur Debatte[46]. Während die Politik der aktiven Sanierung auf Interventionen des Staats und Investitionen der öffentlichen Hand hinauslief – etwa zur Ansiedlung von Gewerbebetrieben oder zur Diversifizierung der Produktionsstruktur –, um die Ursachen der Strukturschwäche zu beseitigen und das Wachstumspotential zu stärken, war das Instrumentarium der passiven Sanierung streng marktkonform. In der Theorie sollte sich eine Krisenregion durch die Abwanderung von Arbeitskräften in prosperierende Landesteile gleichsam gesund schrumpfen; waren Angebot und Nachfrage erst einmal ausgeglichen, so würde das Pro-Kopf-Einkommen der restlichen Bevölkerung schon steigen[47]. Die Gefahr einer solchen Politik lag auf der Hand: Zumeist jüngere, mobile, besser ausgebildete Menschen kehrten ihrer Heimat den Rücken, um anderswo ihre Chance zu suchen; zurück blieben diejenigen, die nicht anders konnten oder keine Perspektive hatten. Damit drohte Teilen Niederbayerns und der Oberpfalz das Schicksal eines bayerischen Mezzogiorno. Der Sozialdemokrat Richard Oechsle, lange Jahre Vorsitzender des Landtagsausschusses für Wirtschaft und Verkehr, sah Mitte der fünfziger Jahre noch keinen Silberstreif am Horizont und warnte davor, daß die bayerischen Notstandsgebiete zwischen die „Skylla" hoher Arbeitslosenzahlen und die „Charybdis passiver Sanierung" geraten könnten.

Der Gedanke an eine Politik der passiven Sanierung war in Bayern alles andere

kerung seit 1800, in: Max Spindler (Hrsg.), Handbuch der bayerischen Geschichte, Bd. IV/2: Das neue Bayern 1800–1970, München 1975, S. 647–707, hier S. 681.

44 AdbL, Protokoll der 4. Sitzung des Ausschusses für Wirtschaft und Verkehr am 23. 2. 1967.

45 Zahlen nach Lanzinner, Sternenbanner, S. 245.

46 Zur Diskussion um die Politik der aktiven oder passiven Sanierung vgl. AdbL, Protokoll der 9. Sitzung des Ausschusses für Wirtschaft und Verkehr am 26. 5. 1955; das folgende Zitat findet sich ebenda.

47 Zu den Konzepten von aktiver und passiver Sanierung vgl. Egon Tuchtfeldt, Infrastrukturinvestitionen als Mittel der Strukturpolitik, in: Reimut Jochimsen/Udo E. Simonis (Hrsg.), Theorie und Praxis der Infrastrukturpolitik, Berlin 1970, S. 125–151, hier S. 140.

als populär; zu viele Landkreise, vor allem im Grenzland, wären davon betroffen gewesen, zu viele Bürgermeister, Landräte und Landtagsabgeordnete forderten energisch Unterstützung aus München und Bonn, als daß man sie hätte ignorieren können. Seit 1951 wurden im Bundeshaushalt Mittel für regionale Förderprogramme bereitgestellt, 1953 passierte ein erstes Programm für die „Ostrandhilfe" den Bundestag, und ein Jahr später legte Bayern ein eigenes Grenzlandprogramm auf[48]. All diese Initiativen hatten letztlich ein Ziel: die Verbesserung der Lebens- und Standortbedingungen, um die weitere soziale Erosion im Zonenrandgebiet zu stoppen oder zumindest zu bremsen. Unter anderem wurden Projekte zur Verbesserung der Verkehrsanbindung, der Wasserwirtschaft und der Energieversorgung gefördert, Projekte also, die der Erschließung des Landes dienten.

Dieser Begriff fiel in der bayerischen Debatte schon früh, zunächst bevorzugt im Zusammenhang mit der Förderung des Grenzlandes[49], dann zunehmend auch mit Blick auf den strukturschwachen ländlichen Raum im allgemeinen. Dabei lassen sich verschiedene Dimensionen von Erschließungspolitik unterscheiden: eine wirtschafts- und industriepolitische im engeren Sinne, um möglichst sichere Arbeitsplätze dort zu schaffen, wo es zwar Arbeitskräfte, aber kaum Industrie und Gewerbe gab, eine demographische, um die langsame Auszehrung des strukturschwachen ländlichen Raums zu verhindern, eine kulturpolitische, um die Lebensqualität zu verbessern und um vor allem die sogenannten Bildungsreserven zu aktivieren, eine verkehrspolitische, um die Mobilität der Bevölkerung zu erhöhen und um die Voraussetzungen für die Ansiedlung neuer Industriebetriebe zu verbessern, sowie eine politisch-ideologische Dimension, die an alte bayerische Ängste vor einem ungebremsten Wachstum urbaner Ballungsräume anknüpfte.

Die Grundlinien der Erschließungspolitik wurden früh formuliert. Schon 1954 hieß es im zweiten Teil des Kompendiums „Die bayerische Landesplanung", es sei das Ziel der Landesentwicklung, die Industrialisierung des ländlichen Raums nach dem Konzept der dezentralen Verdichtung zu forcieren. Man müsse geeignete Klein- und Mittelstädte fördern, um ein Netz von „Kristallisationskernen, die von regem wirtschaftlichem Leben durchpulst sind", zu schaffen und so zu „einer engen Verflechtung" und einem „gesunden" Verhältnis zwischen Stadt und Land zu kommen[50]. Mit der Absage an eine Politik zugunsten der Ballungsräume ging die Absicht einher, dem gewerblich-industriellen Mittelstand besondere Aufmerksamkeit zu widmen und das „System der ‚Kleinen Form'", wie man es in weiten Teilen Bayerns vorfand, „als gesellschaftliche[n] Baustil" zu erhalten[51]. Während anderswo der passiven Sanierung der „Rückstandsgebiete" das Wort geredet und das Bedarfsdeckungsprinzip propagiert wurde, um die Bedürfnisse wachsender Ballungsräume zu befriedigen und deren Agglomerationsvorteile zu nutzen[52],

[48] Vgl. Lanzinner, Sternenbanner, S. 244.
[49] AdbL, Protokoll der 54. Sitzung des Ausschusses für Wirtschaft und Verkehr am 4. 9. 1952.
[50] Die bayerische Landesplanung. Grundlagen für die Aufstellung von Richtlinien zu einem Landesentwicklungsplan, hrsg. von der Landesplanungsstelle im Bayerischen Staatsministerium für Wirtschaft und Verkehr, Teil 2: Planung, o.O. o.J. (1954), S. 191 ff.
[51] Schreyer, Industriestaat, S. 254.
[52] Vgl. das Jahresgutachten 1968 des Sachverständigenrates zur Begutachtung der gesamtwirtschaftlichen Entwicklung (Drucksache 3550), abgedruckt in: Verhandlungen des Deutschen Bundesta-

setzte die bayerische Politik auf das Erschließungsprinzip[53], um regionale Disparitäten abzubauen, das Gefälle zwischen Zentrum und Peripherie zu mindern, dem Gegensatz zwischen Stadt und Land seine Schärfe zu nehmen und mittelfristig die Basis für einen wirtschaftlichen Aufschwung in strukturschwachen Regionen zu schaffen. Das normative Postulat der Erschließung des Landes war – um ein Schlagwort der sechziger Jahre zu gebrauchen – die Gleichwertigkeit der Lebensverhältnisse in allen Teilen Bayerns[54].

Dem Freistaat fiel bei der Erschließung des Landes eine zentrale Rolle zu, ebenso den Kommunen und dem Bund. Die öffentliche Hand verfügte dabei über ein umfangreiches Steuerungsinstrumentarium, das von Subventionen und Frachthilfen über die Steuergesetzgebung bis zu Infrastrukturinvestitionen reichte, wobei man dem Ausbau wirtschaftsnaher öffentlicher Einrichtungen als Voraussetzung für die Ansiedlung von Betrieben und die Schaffung neuer Arbeitsplätze in strukturschwachen Regionen besondere Bedeutung beimaß. Dahinter stand die Überlegung, daß eine unzureichende infrastrukturelle Basis das Wachstum einer Volkswirtschaft begrenzen könne. Infrastrukturpolitik war damit immer auch regionale Strukturpolitik, und der Ausbau der Infrastruktur galt als notwendige, wenn auch nicht hinreichende Bedingung für deren Erfolg[55].

Obwohl in Bayern seit langem Infrastrukturpolitik betrieben wurde, kam der Begriff Infrastruktur erst vergleichsweise spät in Mode. Ursprünglich stammte er aus den Stäben der NATO und diente der zusammenfassenden Bezeichnung für die Basis militärischer Logistik, also der stationären Anlagen oder Verkehrs- und Kommunikationseinrichtungen. In den sechziger Jahren machte der Begriff dann rasch Karriere, zunächst bei den Nationalökonomen, dann auch bei Politikern und Publizisten[56], und fand vor allem über die Institutionen der Europäischen Wirtschaftsgemeinschaft „nach und nach den Weg in die internationale Planersprache“, wobei „sich seine Bedeutung zunehmend erweiterte“[57]. Reimut Jochimsen, zwischen 1970 und 1973 als Leiter der Planungsabteilung im Bundeskanzleramt einer der Vordenker sozialliberaler Reformpolitik, verstand unter Infrastruktur die „Gesamtheit der materiellen, institutionellen und personellen Gegebenheiten“, die in einem marktwirtschaftlich verfaßten System zur möglichst vollständigen Integration der Ökonomie und zum höchstmöglichen „Niveau der wirtschaftlichen Aktivität“ beitragen. In diesem Sinne sind Infrastrukturinvestitionen

ges, 5. Wahlperiode. Anlagen zu den stenographischen Berichten, Bd. 125, Bonn 1968; kritisch dazu: Bruno Dietrichs, Eine Analyse der Wanderungsbewegungen in der BRD unter besonderer Berücksichtigung der Infrastruktur, in: Jochimsen/Simonis (Hrsg.), Infrastrukturpolitik, S. 509–531, hier S. 511 f. und S. 527 f.

53 Besonders klar herausgearbeitet finden sich diese Alternativen in der Denkschrift: Die Anpassung Bayerns an die EWG. Chancen, Probleme und Aufgaben, hrsg. von der Landesplanungsstelle im Bayerischen Staatsministerium für Wirtschaft und Verkehr, o.O. 1967, insbesondere S. 16–22.

54 AdbL, Protokoll der 4. Sitzung des Ausschusses für Wirtschaft und Verkehr am 23. 2. 1967 (Staatssekretär Franz Sackmann).

55 Vgl. Tuchtfeldt, Infrastrukturinvestitionen, in: Jochimsen/Simonis (Hrsg.), Infrastrukturpolitik, S. 145.

56 Vgl. Reimut Jochimsen/Günter Högemann, Infrastrukturpolitik, in: Helmut W. Jenkins (Hrsg.), Raumordnung und Raumordnungspolitik, München/Wien 1996, S. 196–222, hier S. 196; die folgenden Zitate finden sich – soweit nicht anders belegt – ebenda, S. 197 und S. 206.

57 Dirk van Laak, Der Begriff „Infrastruktur“ und was er vor seiner Erfindung besagte, in: Archiv für Begriffsgeschichte 41 (1999), S. 280–299, hier S. 283.

nicht gegen den Markt gerichtet, sondern sollen im Gegenteil dazu dienen, dort regulierend einzugreifen, wo die Mechanismen des Marktes nur unbefriedigend funktionieren. „Die infrastrukturelle Erschließung des Raumes ermöglicht erst und fördert die Mobilität von Gütern, Menschen, Kapital und Informationen." Zu den bevorzugten Handlungsfeldern staatlicher Infrastrukturpolitik zählen daher die Sektoren Verkehr und Telekommunikation, Energieversorgung und Wasserwirtschaft, Bildung und Forschung, Gesundheit, aber auch Freizeit und Verkehr sowie innere und äußere Sicherheit[58].

Die Infrastrukturpolitik der fünfziger Jahre stand vorwiegend im Zeichen des Wiederaufbaus. „Angestoßen durch die in vielen Regionen und Bereichen empfundenen Unterversorgungssituationen" kam es Anfang der sechziger Jahre jedoch in der gesamten Bundesrepublik zu einem Perspektivenwechsel, der zu einer bis in die frühen siebziger Jahre dauernden „Hochphase der Infrastrukturpolitik" führte[59]. Allein in den sechziger Jahren verdoppelte sich das reale Infrastrukturkapital Westdeutschlands nahezu; im Verkehrssektor war zwischen 1960 und 1970 ein Anstieg von 290 Milliarden DM auf 492 Milliarden DM zu verzeichnen, im Bereich Kommunikation von 22 Milliarden DM auf 71 Milliarden DM und bei der Energie- und Wasserversorgung von 110 Milliarden DM auf 198 Milliarden DM.

Das bescheidene Haushaltsvolumen Bayerns, das zwischen 1950 und 1958 von knapp zwei auf knapp vier Milliarden DM anwuchs, begrenzte den Handlungsspielraum der Politik ebenso wie die Steuerschwäche des Freistaats; noch 1958 erreichte die Steuerkraft Bayerns nur 82,7 Prozent des Bundesdurchschnitts[60]. Zwar geschah – gemessen an den Möglichkeiten – nicht wenig, um Zerstörtes wiederaufzubauen, Engpässe zu beseitigen und neue Kapazitäten zu schaffen, doch für den großen Wurf reichten die Mittel in den fünfziger Jahren bei weitem nicht aus. In den sechziger Jahren änderte sich die Szenerie; die wachsende Wirtschaftskraft Bayerns führte zu steigenden Steuereinnahmen und ermöglichte damit verstärkte Infrastrukturinvestitionen, die zunehmend auch öffentlich gefordert wurden. Trotz der günstigen ökonomischen Entwicklung und trotz aller Bemühungen, das Land finanziell auf die eigenen Füße zu stellen[61], hätte Bayern die Lasten aber niemals alleine schultern können, die die Modernisierung der Infrastruktur und die Erschließung der peripheren Regionen mit sich brachten. Dazu bedurfte es der Solidarität anderer Bundesländer und der finanziellen Unterstützung des Bundes, von der Bayern in erheblichem Maße profitierte. 1966 flossen 21,7 Millionen DM aus dem Bundeshaushalt für Maßnahmen der regionalen Strukturpolitik nach Bayern, 1970 – inzwischen war im Zuge der Finanzreform der Artikel über die Gemeinschaftsaufgaben im Grundgesetz verankert worden, der eine Mitwirkung des Bundes bei bestimmten Aufgaben der Länder festschrieb – schon 105 Millionen DM; 1967 erhielt der Freistaat 209 Millionen DM für Wissenschaft und For-

58 Vgl. ebenda, S. 201, und Tuchtfeldt, Infrastrukturinvestitionen, in: Jochimsen/Simonis (Hrsg.), Infrastrukturpolitik, S. 131.

59 Jochimsen/Högemann, Infrastrukturpolitik, in: Jenkins (Hrsg.), Raumordnung und Raumordnungspolitik, S. 210f.; die folgenden Zahlen finden sich ebenda, S. 212.

60 Vgl. Lanzinner, Sternenbanner, S. 248f.

61 Vgl. Stenographischer Bericht über die 4. Sitzung des bayerischen Landtags am 15. 1. 1959, S. 31 und S. 36f. (Hanns Seidel).

schung aus Bonn, 1970 mehr als 396 Millionen DM, von denen allein 156 Millionen DM für den Aus- und Neubau von Hochschulen bestimmt waren[62].

Infrastrukturpolitik kommt aufgrund der Dimension vieler Projekte und aufgrund der oft erheblichen Investitionsrisiken im allgemeinen nicht ohne Planung aus[63]. Dies gilt auch für Bayern, wo selbst in den fünfziger Jahren allen Bedenken konservativer Kreise zum Trotz keine allgemeine Planungsphobie herrschte[64]. So veröffentlichte die Landesplanungsstelle im bayerischen Wirtschaftsministerium 1951 und 1954 das zweiteilige Kompendium „Die bayerische Landesplanung. Grundlagen für die Aufstellung von Richtlinien zu einem Landesentwicklungsplan“[65], das als „erster durchformulierter Ansatz einer bayerischen Landesentwicklungskonzeption“[66] gelten kann und „zu einer Art Magna Charta der Landesentwicklung“[67] wurde, auch wenn es zu keiner Zeit Verbindlichkeit erlangte. Ein Landesplanungsgesetz ließ jedoch bis 1957 auf sich warten und wurde erst nach langwierigen Auseinandersetzungen verabschiedet. Bayern war damit nach Nordrhein-Westfalen das zweite Bundesland, das über ein solches Gesetz verfügte. Dieses legte zwar vor allem Verfahrensweisen fest und definierte die materiellen Ziele der Landesentwicklung nur ansatzweise, es bot aber eine gesicherte Basis, auf der in der ersten Hälfte der sechziger Jahre erste Raumordnungspläne für landesplanerische Problemgebiete und strukturschwache Regionen erarbeitet wurden. Der Erschließung des Landes dienten nicht zuletzt die Raumordnungspläne für die „Bayerische Rhön“, den „Östlichen Oberpfälzer Wald“ und den „Mittleren Bayerischen Wald“, die 1966 und 1967 nach Beschlüssen des Ministerrats veröffentlicht, aber nicht für verbindlich erklärt wurden. Das lag unter anderem daran, daß das 1965 in Kraft getretene Bundesraumordnungsgesetz eine Novellierung des bayerischen Landesplanungsrechts erzwang. Der CSU, die seit 1962 über die absolute Mehrheit im Landtag verfügte, kam dabei eine Schlüsselrolle zu. Allerdings hatte die bayerische Unionspartei mit diesem Thema ihre liebe Not und konnte sich erst unter dem Eindruck der aufwallenden Planungseuphorie und nach zahlreichen öffentlichkeitswirksamen Interventionen der oppositionellen SPD zu Entscheidungen durchringen.

Die Verabschiedung des neuen Landesplanungsgesetzes im Dezember 1969 ist die vielleicht einschneidendste Zäsur in der Geschichte von Raumordnung und

62 AdsD, SPD-Bezirk Südbayern I/99, „Aktuelle Wahl-Information“ zur Landtagswahl 1970 vom 10. 9. 1970.

63 Zur Planungsbedürftigkeit der Infrastruktur vgl. Jochimsen/Högemann, Infrastrukturpolitik, in: Jenkins (Hrsg.), Raumordnung und Raumordnungspolitik, S. 204.

64 Vgl. dazu ausführlich Thomas Schlemmer/Stefan Grüner/Jaromír Balcar, „Entwicklungshilfe im eigenen Lande“. Landesplanung in Bayern nach 1945, in: Matthias Frese/Julia Paulus/Karl Teppe (Hrsg.), Die 1960er Jahre als Wendezeit der Bundesrepublik. Demokratisierung und gesellschaftlicher Aufbruch (im Druck).

65 Vgl. Die bayerische Landesplanung. Grundlagen für die Aufstellung von Richtlinien zu einem Landesentwicklungsplan, hrsg. von der Landesplanungsstelle im Bayerischen Staatsministerium für Wirtschaft und Verkehr, Teil 1: Bestandsaufnahme, Teil 2: Planung, o.O. o.J. (1951 und 1954).

66 Winfried Terhalle, Die Landesplanung im Bayerischen Staatsministerium für Wirtschaft und Verkehr (1945–1970), in: Beiträge zur Entwicklung der Landesplanung in Bayern, Hannover 1988, S. 11–62, hier S. 25 f. (Arbeitsmaterial der Akademie für Raumforschung und Landesplanung 125); die folgende Skizze basiert auf diesem Beitrag Terhalles und auf dem Aufsatz von Wolfgang Istel, Der Beitrag der Landesplanung in Bayern zur Landesentwicklung von 1945 bis 1970, in: Berichte zur deutschen Landeskunde 61 (1987), S. 391–423.

67 Schreyer, Industriestaat, S. 252.

Landesplanung in Bayern nach 1945. Der „persuasorischen Phase der Landesplanung" wurde damit ein Ende gesetzt[68]. Hatte die Planungsbürokratie bis dahin überwiegend mit Gutachten und Beratung Einfluß auf die räumliche Entwicklung genommen, gab das Landesplanungsgesetz nun verbindliche Ziele vor, setzte den Rahmen für ein Landesentwicklungsprogramm und organisierte die Regionalplanung, die Staatsaufgabe blieb, von Grund auf neu. 1970 fiel eine weitere Entscheidung von grundsätzlicher Bedeutung. Nach der Landtagswahl kündigte Ministerpräsident Alfons Goppel die Errichtung eines neuen Ressorts an: eines Ministeriums für Landesentwicklung und Umweltfragen. Damit erlangte die Landesplanung größeres politisches Gewicht, zumal die Belange der Landesentwicklung zunächst sichtlich vor denen des Umweltschutzes rangierten. Die „Süddeutsche Zeitung" titulierte den frischgebackenen Minister Max Streibl nicht umsonst als „Planungsminister"[69]. Das neue Ressort brauchte allerdings Zeit, um arbeitsfähig zu werden und die beiden Querschnittsaufgaben Landesplanung und Umweltschutz miteinander zu verzahnen. So verwundert es nicht, daß das lange angekündigte Landesentwicklungsprogramm erst 1976 zustande kam. Zu dieser Zeit hatte sich allerdings schon Ernüchterung breit gemacht. Die Krisen der siebziger Jahre und der geringere Verteilungsspielraum der Politik zeigten, wo die Grenzen von Landesplanung und regionaler Strukturpolitik lagen[70].

Die Erschließung des Landes hatte freilich ihren Preis. Der Ausbau der Infrastruktur, der stark anschwellende Individualverkehr, die Verlagerung von Industriebetrieben in den ländlichen Raum oder neue Lebensgewohnheiten und Verhaltensweisen der Menschen hinterließen tiefe Spuren in der Natur und führten zu Umweltschäden von bislang unbekannter Dimension. Die Umweltgeschichte Bayerns im 20. Jahrhundert muß allerdings in weiten Teilen ebenso erst geschrieben werden[71] wie die Umweltgeschichte der Bundesrepublik, über die noch kaum gearbeitet worden ist[72]. Wenn man bedenkt, daß die fünfziger Jahre inzwischen als „umweltgeschichtliche Epochenschwelle gelten"[73], ist dieser Befund ausgesprochen bedauerlich. In Bayern tritt diese Zäsur möglicherweise besonders scharf hervor, da der Freistaat in dieser Dekade nicht nur den endgültigen Übergang von der Agrar- zur Industriegesellschaft, sondern zugleich den Übergang zur Kon-

[68] Winfried Terhalle, Landesplanung Bayern, in: Raumordnung in den Ländern II. Tagungsbericht über das Fortbildungsseminar des Instituts für Raumordnung vom 4. bis 6. Mai 1971, Bonn 1972, S. 5–9, hier S. 5 (Mitteilungen aus dem Institut für Raumordnung 72).

[69] Süddeutsche Zeitung vom 11. 12. 1970: „Ein Ressort für Boden, Wasser und Luft".

[70] Vgl. Fritz W. Scharpf/Fritz Schnabel, Steuerungsprobleme der Raumplanung, in: Wolfgang Bruder/Thomas Ellwein (Hrsg.), Raumordnung und staatliche Steuerungsfähigkeit, Opladen 1980, S. 12–57.

[71] Zur Karriere des Politikfelds Umweltschutz vgl. die auf der Basis veröffentlichter Materialien und Befragungen verfaßte Studie von Markus Mauritz, Natur und Politik. Die Politisierung des Umweltschutzes in Bayern. Eine empirische Untersuchung, Neutraubling 1995.

[72] Vgl. Franz-Josef Brüggemeier, Tschernobyl, 26. April 1986. Die ökologische Herausforderung, München 1998, insbesondere S. 179–253; Joachim Radkau, Was ist Umweltgeschichte?, in: Werner Abelshauser (Hrsg.), Umweltgeschichte. Umweltverträgliches Wirtschaften in historischer Perspektive. Acht Beiträge, Göttingen 1994, S. 11–28; Joachim Radkau, Natur und Macht. Eine Weltgeschichte der Umwelt, München 2000, vor allem S. 11–51 und S. 284–340.

[73] Christian Pfister, Das „1950er Syndrom" – die umweltgeschichtliche Epochenschwelle zwischen Industriegesellschaft und Konsumgesellschaft, in: ders. (Hrsg.), Das 1950er Syndrom. Der Weg in die Konsumgesellschaft, Bern u. a. 1996, S. 51–95; zum Verlaufstypus Agrar-, Industrie- und Konsumgesellschaft vgl. ebenda, S. 60–77.

sumgesellschaft und damit von der „Sparsamkeits- zur Wegwerfgesellschaft“[74] vollzog. Christian Pfister hat darin die Abkehr von einem einigermaßen „umweltverträglichen Entwicklungspfad“ gesehen und das Ende des „Ancien Régime Ecologique“ konstatiert[75].

Auch wenn das Dorf, ja der ländliche Raum insgesamt, Anfang der fünfziger Jahre weit davon entfernt war, „eine nahezu heile Welt“ zu sein, so steht doch fest, daß sich die Umweltschäden dort noch in erträglichen Grenzen hielten. Mit der Erschließung des Landes und dem Export urbaner Lebensgewohnheiten in die Peripherie begann sich die Szenerie jedoch dramatisch zu verändern. Man könnte diese Entwicklung an der wachsenden Luftverschmutzung festmachen, die 1974 zur Einrichtung eines vollautomatischen lufthygienischen Überwachungssystems für Bayern führte[76], am zunehmenden Landschaftsverbrauch – der Anteil der Gebäude- und Hofflächen in Bayern stieg zwischen 1960 und 1972 um mehr als 33 Prozent, der Anteil der Flächen für Straßen, Wege und die Eisenbahn um fast 27 Prozent[77] –, oder an den wachsenden Müllbergen, dem sichtbarsten Ausdruck der „großen Verschwendung“[78].

Am deutlichsten und am frühesten zeigten sich die ökologischen Schattenseiten der Erschließung des Landes aber an der Verschmutzung der Gewässer, die schon in den fünfziger Jahren stark zunahm und die Politik vergleichsweise früh zum Handeln zwang. Allerdings resultierten die Maßnahmen zum Schutz der Seen und Flüsse weniger aus einem echten Umweltbewußtsein als aus den möglichen Gefahren für das Trinkwasser und die Gesundheit der Menschen. Die Verschmutzung der Gewässer wurde deshalb zu einem so drängenden Problem, weil Industrie und Privathaushalte immer mehr Wasser verbrauchten, das Entsorgungsnetz in weiten Teilen Bayerns aber schlicht ungenügend war[79]. Daher blieb der öffentlichen Hand kaum etwas anderes übrig, als die Wasserversorgung zu modernisieren und zugleich für eine umweltgerechtere Beseitigung des Abwassers Sorge zu tragen; man könnte sogar sagen, daß der Aufbau der entsprechenden Infrastruktur einen oft vergessenen Teilaspekt der Erschließung des Landes darstellt. 1949 arbeiteten im Freistaat ganze 21 Kläranlagen, 1965 immerhin schon 1020,

[74] Radkau, Was ist Umweltgeschichte, in: Abelshauser (Hrsg.), Umweltgeschichte, S. 27.

[75] Pfister, Umweltgeschichtliche Epochenschwelle, in: ders. (Hrsg.), 1950er Syndrom, S. 65 f.; das folgende Zitat ebenda, S. 64.

[76] Vgl. 4. Raumordungsbericht, hrsg. vom Bayerischen Staatsministerium für Landesentwicklung und Umweltfragen, München 1978, S. 133.

[77] Vgl. 2. Raumordungsbericht, hrsg. vom Bayerischen Staatsministerium für Landesentwicklung und Umweltfragen, München 1974, S. 29.

[78] In Anlehnung an den Titel des Buches von Vance Packard, Die große Verschwendung, Frankfurt am Main 1964. 1972 fielen in Bayern 12 Millionen Kubikmeter Haus- und Sperrmüll und vier Millionen Kubikmeter hausmüllähnlicher Gewerbeabfälle an. Allerdings konnten nur die Abfälle aus 340 Kommunen mit rund 3,4 Millionen Einwohnern umweltgerecht entsorgt werden; von den 5022 Müllablagerungsplätzen, die am 1. 1. 1972 bayernweit gezählt wurden, galten nur 15 als den Anforderungen genügende geordnete Deponien, mehr als 3200 wurden dagegen als erheblich verbesserungsbedürftig und 280 gar als völlig unzureichend eingestuft. Vgl. 2. Raumordungsbericht, S. 221–226.

[79] Vgl. hierzu und zum folgenden Hans Kresling, Öffentliche Wasserversorgung und öffentliches Abwasserwesen in Bayern im Jahre 1963, München 1966, S. 11–15 (Beiträge zur Statistik Bayerns 268); Franz Karl, Öffentliche Wasserversorgung und öffentliches Abwasserwesen in Bayern im Jahre 1969, S. 21–31 (Beiträge zur Statistik Bayerns 311); 2. Raumordungsbericht, S. 204–208; 4. Raumordnungsbericht, S. 126 f. und Karte 35.

und 1969 1583; bis 1972 erhöhte sich ihre Zahl auf über 1600. Allerdings waren viele von diesen Anlagen noch Ende der sechziger Jahre alles andere als modern; etwa 60 Prozent waren nur auf eine mechanische Reinigung der Abwässer ausgelegt, nur vierzig Prozent verfügten zusätzlich über eine biologische Reinigungsstufe[80]. Trotz aller Fortschritte konnten 1969 nur etwa 55 Prozent des Abwassers vor der Ableitung in ein Gewässer geklärt werden. Besonders problematisch war die Situation Ende der sechziger Jahre in Teilen Niederbayerns und der Oberpfalz; hier erstreckte sich ausgehend von den Landkreisen Neumarkt und Beilngries ein Gebietsgürtel bis hin zu den Landkreisen Passau, Wegscheid und Wolfstein, wo das Netz öffentlicher Sammelkanäle ausgesprochen weitmaschig war und wo es auch nur wenige Kläranlagen gab. In diesem Streifen lag auch der Landkreis Riedenburg, der 1969 mit nicht einmal 12 Prozent den geringsten Entsorgungsgrad in ganz Bayern aufwies. Die Belastung der Flüsse und Seen war entsprechend hoch; mit am schwersten betroffen waren Mitte der siebziger Jahre die Salzach, die zwischen Freilassing und Burghausen nicht zuletzt wegen der Einleitung von Abwasser aus dem Bereich der chemischen Industrie als sehr stark verschmutzt galt, und die Donau zwischen Kelheim und Straubing.

Forschungsstand und Quellenlage lassen es noch nicht zu, eine fundierte Bilanz über Umweltzerstörung und Umweltpolitik in Bayern nach 1945 zu ziehen. Man hat jedoch den Eindruck, daß die nachteiligen Konsequenzen der Erschließung des Landes nicht einfach ignoriert wurden; es gab durchaus Initiativen, um besonders schwerwiegenden Gefahren für Natur und Mensch zu begegnen. Das Problembewußtsein war aber begrenzt, und es existierte eine klare Hierarchie der politischen Ziele: An erster Stelle standen Landesentwicklung und regionale Strukturpolitik, Umwelt- und Naturschutz folgten in weitem Abstand. Im Falle eines Zielkonflikts stach daher die Ökonomie die Ökologie zumeist aus, was nicht zuletzt eine Folge der modernisierungstheoretischen Konzepte war, die in den sechziger und frühen siebziger Jahren die Arbeit der zuständigen staatlichen Stellen bestimmten[81]. Umweltschutz war in Bayern lange Zeit vor allem traditioneller Natur- und Landschaftsschutz, der zunächst nur durch den Einsatz neuer technischer Mittel für begrenzte Teillösungen im Bereich von Wasser- und Luftreinhaltung ergänzt wurde. Erst Ende der sechziger Jahre verband er sich mit ökologischem Gedankengut, das damals zunehmend in Mode kam und auch in der Politik auf Resonanz stieß[82]. Konservative und moderne Elemente prägten die bayerische

[80] Die besten Kläranlagen nützten jedoch nichts, wenn es keine Kanalisation gab. 1957 verfügten nur rund elf Prozent der bayerischen Gemeinden über eine öffentliche Sammelkanalisation. In den sechziger Jahren wurde aber auch hier in großem Stil investiert: 1963 verfügten schon fast 30 Prozent aller bayerischen Gemeinden über eine öffentliche Sammelkanalisation, bis 1969 stieg dieser Anteil nochmals auf beinahe 49 Prozent. Damit lebten immerhin mehr als 67 Prozent der Wohnbevölkerung in Häusern, die an ein Kanalnetz angeschlossen waren.

[81] Vgl. Gabi Troeger-Weiß, Der ländliche Raum in Bayern. Abgrenzung, Ziele, Instrumente und Maßnahmen, in: Entwicklungsperspektiven für ländliche Räume. Thesen und Strategien zu veränderten Rahmenbedingungen, Hannover 1993, S. 442–466, hier S. 442 (Arbeitsmaterial der Akademie für Raumforschung und Landesplanung 197).

[82] Vgl. den konzisen Überblick von Karl Ditt, Ursprünge und Anfänge der Umweltpolitik in der Bundesrepublik während der 1960er und frühen 1970er Jahre. Manuskript für die Tagung des Westfälischen Instituts für Regionalgeschichte „Die 1960er Jahre als Wendezeit der Bundesrepublik. Demokratisierung und gesellschaftlicher Aufbruch" vom 24.–26. 2. 2000 in Münster.

Umweltpolitik seither gleichermaßen. Dies ließe sich etwa bei der Genesis des zweiten Landesplanungsgesetzes und der Errichtung des Staatsministeriums für Landesentwicklung und Umweltfragen[83] ebenso zeigen wie beim Aufbau des Landesamts für Umweltschutz[84] oder bei der Debatte über das bayerische Naturschutzgesetz von 1973.

Die soziale und politische Akzeptanz der Erschließung des Landes war trotz ihrer ökologischen Schattenseiten hoch. Proteste gegen bestimmte Projekte – sei es wegen zu weitgehender Eingriffe in die Natur wie beim Ausbau des Lechs oder wegen potentieller Gesundheitsgefahren wie beim Bau des Raffineriezentrums Ingolstadt – waren zumeist lokal begrenzt und hielten sich im üblichen Rahmen. Dies begann sich erst in der zweiten Hälfte der siebziger Jahre zu ändern; die Ansiedlung neuer Industriebetriebe oder der Bau von Schnellstraßen wurden nun von einem wachsenden Teil der Bevölkerung zunehmend kritisch betrachtet. Ein Indiz für dieses wachsende Umweltbewußtsein sind auch die steigenden Mitgliederzahlen des Bundes Naturschutz, dem 1968 in Bayern nur 18000 Männer und Frauen angehörten, 1992 aber schon 105000[85]. Damit hatte sich auch die soziale Basis umweltpolitischer Aktivitäten verbreitert, die noch Anfang der siebziger Jahre „in erster Linie" aus einer „intellektuellen, im öffentlichen Dienst tätigen Minderheit" bestanden hatte[86]. Die umweltpolitischen Auseinandersetzungen gewannen auch deshalb eine neue Qualität, wie der von gewalttätigen Demonstrationen und Übergriffen der Sicherheitskräfte begleitete Konflikt um die Anlage zur Wiederaufbereitung ausgebrannter atomarer Brennelemente in Wackersdorf zeigte, die nicht zuletzt der Erschließung einer strukturschwachen Region, der mittleren Oberpfalz, dienen sollte.

Es würde zu weit führen, an dieser Stelle ausführlich über Erfolg und Mißerfolg von regionaler Strukturpolitik und Landesplanung in Bayern zu diskutieren. Wie die Studien im vorliegenden Sammelband deutlich machen, konnte viel erreicht werden, auch wenn sich bei weitem nicht alle hochgespannten Erwartungen erfüllten und der tatsächliche Erfolg dieser Politik hinter den ehrgeizigen Zielen zurückblieb. Ein Urteil muß also zwiespältig ausfallen. So zeigt ein Blick auf die Wirtschaftsgeschichte Bayerns nach 1945 zwar einen allgemeinen „Trend zur Dekonzentration" der industriellen Produktion, das „industrielle Standortgrundmuster" mit den Zentren Augsburg, München und Nürnberg, das sich schon Ende des 19. Jahrhunderts herausgebildet hatte, erwies sich jedoch als bemerkenswert

[83] Zur Geschichte dieses Ministeriums vgl. als Notbehelf die Jubiläumsschriften 10 Jahre Bayerisches Staatsministerium für Landesentwicklung und Umweltfragen, München 1981 (Sonderausgabe der Zeitschrift Bayerland), und 25 Jahre Bayerisches Staatsministerium für Landesentwicklung und Umweltfragen, München 1995.

[84] Vgl. 20 Jahre Bayerisches Landesamt für Umweltschutz. Mit Tätigkeitsbericht 1991, hrsg. vom Bayerischen Landesamt für Umweltschutz, München 1992, insbesondere S. 9-25 (Schriftenreihe des Bayerischen Landesamts für Umweltschutz 117).

[85] Vgl. Brüggemeier, Ökologische Herausforderung, S. 214; vgl. auch Ernst Hoplitschek, Der Bund Naturschutz in Bayern. Traditioneller Naturschutzverband oder Teil der neuen sozialen Bewegungen?, Diss., Berlin 1984.

[86] Dietmar Klenke, Bundesdeutsche Verkehrspolitik und Umwelt. Von der Motorisierungseuphorie zur ökologischen Katerstimmung, in: Abelshauser (Hrsg.), Umweltgeschichte, S. 163–190, hier S. 189.

stabil[87]. Die These, nach dem Zweiten Weltkrieg sei auch in Bayern „nicht so sehr eine neue ‚industrielle' Siedlungsstruktur entstanden als vielmehr die alte Siedlungsstruktur ‚industrialisiert' worden", hat daher einiges für sich[88]. Im innerbayerischen Vergleich konnten vor allem Oberbayern, Teile Niederbayerns und die südliche Oberpfalz Punkte sammeln; hier wirkten sich die Wachstumsimpulse der boomenden Region München aus, die sich mehr und mehr zum ökonomischen Gravitationszentrum Bayerns entwickelte. Diese „‚Nord-Süd-Drift' der wirtschaftlichen Entwicklung", die zeitweise durchaus politisch intendiert war[89], trug zwar dazu bei, überkommene regionale Disparitäten abzubauen, drohte aber mit der Zeit, neue zu schaffen.

Ein wesentliches Ziel der regionalen Strukturpolitik, nämlich die Angleichung der ökonomischen Leistungsfähigkeit in den verschiedenen Regionen des Landes, konnte damit bis in die zweite Hälfte der siebziger Jahre ebenso wenig verwirklicht werden wie die Absicht, die soziale Erosion im besonders strukturschwachen Zonenrandgebiet zu beenden. Bayern hatte zwischen 1950 und 1976 ein Bevölkerungswachstum von 3,1 Prozent zu verzeichnen, der nordostbayerische Regierungsbezirk Oberfranken dagegen einen Bevölkerungsrückgang von 1,7 Prozent. Für die Land- und Stadtkreise an der innerdeutschen Grenze sah die Bilanz sogar noch erheblich ungünstiger aus: Die Stadt Hof verlor 13,9 Prozent der Bevölkerung, der Landkreis Hof 11,3 Prozent und der benachbarte Landkreis Wunsiedel 11,7 Prozent. Struktur- und Infrastrukturpolitik hatten somit vor allem großräumige Wanderungsbewegungen verhindert und durch die Stärkung regionaler Zentren wie Bamberg oder Bayreuth Auffangstellungen im Regierungsbezirk Oberfranken selbst geschaffen. Allerdings zeigt das Beispiel Oberfranken auch, daß der Ausbau der Infrastruktur im ländlichen Raum mitunter das Gegenteil von dem bewirkt hat, was er bewirken sollte. Neue und bessere Schulen führten nicht selten dazu, daß die nun gut qualifizierten jungen Menschen noch schneller ihre Heimat verließen[90]. Ein leistungsfähigeres Verkehrsnetz verband die Peripherie mit den verlockenden Einkaufsmöglichkeiten der urbanen Zentren und drohte dadurch den Einzelhandel und den verbrauchernahen Dienstleistungssektor auf dem Land auszutrocknen.

Bernhard Oswald hat in seiner Studie über „Erfolgskontrolle in der Regionalpolitik" das auf den ersten Blick ernüchternde Fazit gezogen, die Regierungsbezirke und Planungsregionen Bayerns hätten sich bis Mitte der siebziger Jahre lediglich „parallel entwickelt"[91]. Selbst dort, wo sich die Indikatoren für die soziökonomische Leistungsfähigkeit aufeinander zu bewegt hätten, seien „die Unter-

[87] Wolfgang Poschwatta, Industrialisierung und Regionalpolitik in Bayern, in: Konrad Goppel/ Franz Schaffer (Hrsg.), Raumplanung in den 90er Jahren. Grundlagen, Konzepte, politische Herausforderungen in Deutschland und Europa – Bayern im Blickpunkt. Festschrift für Karl Ruppert, Augsburg 1991, S. 109–121; das Zitat findet sich auf S. 111.

[88] Hans-Wilkin von Borries, Ökonomische Grundlagen der westdeutschen Siedlungsstruktur, Hannover 1969, S. 77 (Abhandlungen der Akademie für Raumforschung und Landesplanung 56).

[89] Poschwatta, Industrialisierung und Regionalpolitik, in: Goppel/Schaffer (Hrsg.), Raumplanung, S. 116.

[90] Vgl. Thomas Ellwein, Strukturwandel und Raumordnung. Fragen zum derzeitigen Problemstand, in: Bruder/Ellwein (Hrsg.), Raumordnung, S. 152–176, hier vor allem S. 153 und S. 161.

[91] Hierzu und zum folgenden vgl. Bernhard Oswald, Erfolgskontrolle in der Regionalpolitik. Eine theoretische und empirische Analyse für Bayern, Göttingen 1980, S. 285–290 (Zitate S. 289).

schiede zwischen den hoch entwickelten und den schwach strukturierten Räumen noch beträchtlich". Die regionale Strukturpolitik habe im Freistaat nur das Ziel erreicht, eine Verschärfung regionaler Disparitäten zu verhindern. Gewiß war man am Ende der Ära Goppel von gleichwertigen Lebensverhältnissen in allen Teilräumen Bayerns noch ein gutes Stück entfernt, es bleibt aber festzuhalten, daß in den sechziger Jahren auch Regionen den Anschluß an die günstige allgemeine Entwicklung finden konnten, die lange Zeit als Notstandsgebiete und Armenhaus Bayerns gegolten hatten. Ob dieser beachtliche Zuwachs an Wohlstand, Bildung, Mobilität und Lebenschancen ohne eine Politik der Erschließung des Landes möglich gewesen wäre, ist zumindest fraglich.

III.

Der Band wird durch einen Aufsatz von *Stephan Deutinger* über einen der zentralen Aspekte des Strukturwandels in Wirtschaft und Gesellschaft eröffnet: die atemberaubende Expansion von Energieerzeugung und -verbrauch. Bayern, so kann Deutinger zeigen, befand sich nach Kriegsende gerade in puncto Energieversorgung in einer außerordentlich prekären Lage. Ohne größere eigene Kohlevorkommen, abgeschnitten von den Revieren in Schlesien und im Saarland, aber mit einer Bevölkerung, die durch den Flüchtlings- und Vertriebenenzustrom um etwa 30 Prozent zugenommen hatte, war das Land bis in die fünfziger Jahre mit ständigen Versorgungsengpässen konfrontiert, die nicht zuletzt auch die wirtschaftliche Erholung beeinträchtigten. Die Staatsregierung hatte zunächst weder die finanziellen Mittel, um hier Abhilfe schaffen zu können, noch eine genaue Vorstellung davon, wie eine zukunftsorientierte Energiepolitik aussehen sollte, und machte deshalb auf den traditionellen Wegen weiter; konkret hieß das: vorrangige Nutzung der Wasserkräfte des Landes und Auf- oder Ausbau von kohlebefeuerten Dampfkraftwerken. Als sich abzuzeichnen begann, daß damit die Versorgungslücken nicht zu schließen waren und billiger Strom mithin weiterhin Mangelware bleiben würde, setzte Bayern zunächst große Hoffnungen auf die forcierte Nutzung der Kernenergie. Ende der fünfziger Jahre schwenkte die Staatsregierung – anders als die Bundesregierung, die weiterhin den in die Krise geratenen Steinkohlebergbau an Rhein und Ruhr stützte – im Zusammenspiel mit Banken und Mineralölkonzernen jedoch ganz auf Erdöl um, was seinen sinnfälligsten Ausdruck im Bau zweier Pipelines fand, die vom Mittelmeer in die Region Ingolstadt führten. Die Option Kernenergie, die anfangs vor allem von der SPD befürwortet wurde, geriet damit zwar nicht in Vergessenheit, wie Deutinger betont. Das finanzielle Engagement des Freistaats fiel aber in den sechziger Jahren doch recht bescheiden aus. Das war beim Bau des Versuchskraftwerks Kahl so, und nicht anders verhielt es sich beim Bau des ersten großen Kernkraftwerks in Gundremmingen – beide Male war die Initiative von der Rheinisch-Westfälischen Elektrizitätswerk AG ausgegangen. Erst nach der Ölkrise Anfang der siebziger Jahre räumte die CSU-geführte Staatsregierung im Einvernehmen mit der Opposition der friedlichen Nutzung der Kernenergie absolute Priorität ein – und sie hielt an diesem Kurs auch dann noch fest, als der Energiekonsens zwischen den Parteien längst zerbrochen war und sich eine mächtige Anti-Kernkraft-Bewegung formiert hatte.

Die Frage, was die bayerische Energiepolitik bewirkte, die zu ihrer Zeit als ausgesprochen modern galt, ist schwer zu beantworten, wie Deutinger darlegt. Er verweist auf die Rolle des Bundes, der gerade auf diesem Feld immer mehr Kompetenzen an sich zog, und er lenkt die Aufmerksamkeit vor allem auf die Privatwirtschaft, deren Entscheidungen staatlicher Einflußnahme oft ganz entzogen waren. Selbst die „vielberufene bayerische ‚Ölpolitik'", schreibt Deutinger, „kann daher wohl eher als Begleiterscheinung, nicht aber als Ursache dafür angesehen werden, daß das Erdöl den Energiemarkt im Freistaat eroberte".

So zwiespältig dieses Urteil ausfällt, so klar ist andererseits der Befund, wenn der rasch wachsende Energieverbrauch in den Blick genommen wird und wenn dessen gesellschaftliche Folgen betrachtet werden. 1950 wurden in Bayern 14,1 Millionen Tonnen Steinkohleeinheiten (SKE) Energie verbraucht, 1960 25 Millionen und 1973 48,5 Millionen. Die Bedeutung dieser Entwicklung kann gar nicht überschätzt werden; ohne die Bereitstellung billiger Energie wären die Technisierung des Alltags, der Siegeszug von Rundfunk und Fernsehen und die Motorisierung der Gesellschaft nicht möglich gewesen – Prozesse, die vielleicht mehr als alles andere dazu beitrugen, daß die einst gravierenden Unterschiede zwischen Stadt und Land und auch zwischen einzelnen gesellschaftlichen Schichten zunehmend an Bedeutung verloren, die aber auch enorme Kosten und (Umwelt-)Schäden verursachten, ganz zu schweigen davon, daß sie auch beängstigende Abhängigkeiten schufen, die in Krisenfällen leicht einschneidende Folgen haben konnten.

Alexander Gall, der Autor der zweiten Studie, behandelt mit der Entwicklung des Verkehrssystems einen nicht minder bedeutsamen Aspekt der tiefgreifenden Umwälzungen, die Bayern nach 1945 erfaßten. Heute zur baren Selbstverständlichkeit geworden, deutete nach Kriegsende nichts darauf hin, daß Bayern schon drei Jahrzehnte später über ein ebenso modernes wie engmaschiges Verkehrsnetz verfügen würde, das den Vergleich mit der Infrastruktur anderer Bundesländer nicht zu scheuen brauchte. Im Gegenteil, noch Anfang der fünfziger Jahre gab es Anlaß zu düsterem Pessimismus: Bayern rangierte im regionalen Vergleich seit jeher auf den hinteren Plätzen, das Straßen- und Schienennetz war außerdem durch Kriegseinwirkungen stark beschädigt worden. Am schwersten aber fiel ins Gewicht, daß die innerdeutsche Grenze die traditionellen Verbindungen nach Thüringen und Sachsen durchschnitt und daß es nur wenige gut ausgebaute Verkehrswege nach Westen und Nordwesten gab. Bayern war, wie Gall betont, durch die Teilung Deutschlands und Europas in eine „ausgeprägte Randlage geraten", die die bayerische Wirtschaftspolitik lange vor große Probleme stellte. Zwei Grundvoraussetzungen waren es daher vor allem, die nach Auffassung der bayerischen Staatsregierung erfüllt sein mußten, wenn der Freistaat vorankommen wollte: Es galt, erstens, für eine bessere Anbindung an die Zentren der neuen Republik zu sorgen, wobei insbesondere an die Elektrifizierung der Bahnlinie nach Frankfurt, den Bau einer Autobahn in das Rhein-Main-Gebiet und nicht zuletzt an die Vollendung des Rhein-Main-Donau-Kanals gedacht war. Zweitens sollte das Land selbst verkehrsmäßig erschlossen und mit einem dichten Netz von modernen Straßen überzogen werden, die den Fremdenverkehr stimulieren, vor allem aber die Grundlagen für die Ansiedlung von Industriebetrieben im strukturschwachen ländlichen Raum schaffen sollten.

Mit eigenen Kräften allein waren diese ambitionierten Ziele nicht zu erreichen. Gefragt war hier neben der Bahn insbesondere der Bund, der spezielle Programme für die Zonenrandgebiete auflegte und sich auch beim Ausbau des Straßennetzes stark engagierte, das angesichts des ständig wachsenden Pkw- und Lkw-Verkehrs immer größere Bedeutung erlangte, während die Bundesbahn schon bald in die Krise fuhr. Die entscheidende Weichenstellung hierfür erfolgte, wie Gall zeigen kann, schon Mitte der fünfziger Jahre, als in Bonn die Erhöhung der Mineralöl- und der Kraftfahrzeugsteuer beschlossen und das Prinzip der Zweckbindung dieser Mittel für den Straßenbau durchgesetzt wurde. Seither hatten auch die Länder die Möglichkeit, großzügige Verkehrsplanungen in Angriff zu nehmen. Bayern schlug dabei einen Sonderweg ein, indem es als einziges Bundesland das gesamte Aufkommen der Kfz-Steuer den Gemeinden und Landkreisen überließ, die bis dahin heillos mit der Aufgabe überfordert gewesen waren, ihre Straßen – immerhin fast drei Viertel des gesamten Netzes – instand zu halten. Der Erfolg dieser großen Verkehrsoffensive konnte sich durchaus sehen lassen, auch wenn in den Ballungszentren das Verkehrsaufkommen zumal in den sechziger und siebziger Jahren so rasch wuchs, daß die Fortschritte beim Straßenbau kaum zur Geltung kamen: Die Bundes- und Staatsstraßen Bayerns befanden sich bereits Ende der fünfziger Jahre in einem guten Zustand; das gleiche galt für die Autobahnen und zuletzt schließlich auch für die Gemeinde- und Kreisstraßen, die nun nicht mehr „unbeschreiblichen Sturzäckern" glichen, wie es bis dahin vor allem in Niederbayern und der Oberpfalz der Fall gewesen war.

Daß der Ausbau eines modernen weitverzweigten Verkehrsnetzes dem Tourismus auf die Beine geholfen und die Lebenschancen der Menschen in abgeschiedenen Regionen erhöht hat, liegt auf der Hand. Auch die Industrialisierung zumal der strukturschwachen Regionen wäre ohne ihn nicht möglich gewesen, selbst wenn nicht immer genau zu bestimmen ist, wie hoch der Faktor Verkehrsanbindung bei Betriebsansiedlungen und -gründungen zu veranschlagen ist. Klar ist aber auch hier, was in anderem Zusammenhang bereits Stefan Deutinger herausgearbeitet hat, daß nämlich im Zuge der großen Verkehrsoffensive gravierende Umweltsünden begangen worden sind – ohne daß sich nennenswerter Protest erhoben hätte. Ökologische Argumente erlangten erst in den siebziger und achtziger Jahren größeres Gewicht, wie Gall am Beispiel des Rhein-Main-Donau-Kanals zeigen kann, der bis dahin zwischen den Parteien gänzlich unstrittig gewesen war, nun aber von der SPD und der Umweltbewegung in Frage gestellt wurde. Den Protesten war allerdings kein Erfolg beschieden, denn die bayerische Staatsregierung hielt am alten Kurs fest; für sie gab es nicht zuletzt wegen des enormen finanziellen Aufwands, der bis dahin betrieben worden war, kein Zurück mehr.

Im dritten Beitrag dieses Bandes befaßt sich *Ulrike Lindner* mit einem Problem, das die Menschen nach dem Zweiten Weltkrieg wohl noch stärker beschäftigte als die Energieversorgung und der Aufbau eines leistungsfähigen Verkehrsnetzes: medizinische Versorgung und Gesundheitspolitik. Auch hier waren nach 1945 zunächst besorgniserregende Mißstände zu konstatieren, wie sich am Wiederaufflackern von Infektionskrankheiten wie Typhus und Ruhr, am Anstieg der Säuglingssterblichkeit und an der Zunahme der Geschlechtskrankheiten ablesen läßt. Gesundheitspolitik hieß deshalb zunächst vor allem Krisenmanagement, dessen Erfolg aber kaum zu bestimmen ist, weil der Rückgang insbesondere der Infektionskrankheiten viel mit der allgemeinen Verbesserung der Lebensverhältnisse zu tun hatte. Zu weitreichenden Initiativen, die auf die Überwindung der alten Defizite bei der ärztlichen Versorgung und den Aufbau eines modernen Gesundheitswesens gezielt hätten, fehlte in den ersten Nachkriegsjahren das Geld, nach 1949 außerdem die legislative Kompetenz, weil auf dem Feld der Gesundheitspolitik vielfach der Bund den Kurs bestimmte. Schließlich mußte die Staatsregierung auch mit den Krankenkassen, den Trägern der Krankenhäuser und insbesondere mit der Ärzteschaft rechnen, die ihre eigenen Autonomiebezirke hatten und diese gegen staatliche Einmischung auch vehement verteidigten. Einen Teil dieses Problems hatte sich die bayerische Staatsregierung übrigens selbst geschaffen, wie Lindner dartun kann, weil sie nach 1945 ganz auf die freien Ärzte als Träger des Gesundheitssystems setzte und alternative Modelle wie etwa den Ausbau eines öffentlichen Gesundheitsdienstes weitgehend verwarf.

Die fünfziger Jahre standen daher im Zeichen der Stagnation: Die Zahl der niedergelassenen Ärzte, die nach 1945 zunächst stark gestiegen war, nahm nur langsam zu. Die Unterschiede zwischen den besser und den schlechter versorgten Gebieten verschärften sich sogar noch; die Ärztedichte in Oberbayern beispielsweise war 1961 doppelt so hoch wie in der Oberpfalz und in Niederbayern. Viele Krankenhäuser waren veraltet oder heillos überbelegt, im Bundesdurchschnitt rangierte Bayern bei der Zahl der Krankenhausbetten pro Einwohner gemeinsam mit Rheinland-Pfalz an letzter Stelle. Eine partielle Besserung trat erst Ende der fünfziger Jahre ein, als Bayern sich nun vor allem im Krankenhausbau stark engagierte und hierfür Jahr für Jahr steigende Millionenbeträge aufbrachte; 1957 waren es nur neun Millionen gewesen, zehn Jahre später wurden mehr als 100 Millionen ausgegeben.

Profitiert haben davon nicht zuletzt die besonders strukturschwachen Regionen, wenn auch nicht in dem Maße, daß man sagen könnte, die alten innerbayerischen Disparitäten seien verschwunden. Bayern als Ganzes schloß zwar zum Bund auf, der ländliche Raum blieb aber eine Problemzone; Infektionskrankheiten, besonders Tuberkulose, hielten sich hier länger, die Kindersterblichkeit nahm langsamer ab. Ganz allgemein war der Gesundheitszustand der Menschen dort schlechter als in den urbanen Zentren und in den schon besser entwickelten Landkreisen Bayerns, wobei Lindner aber betont, daß dabei nicht nur die ungleiche ärztliche Versorgung zu Buche schlug, sondern auch die starke Arbeitsbelastung in der Landwirtschaft und die Tatsache, daß viele, vor allem ältere Landwirte und mithelfende Familienangehörige nur im Notfall zum Arzt gingen, weil sie nicht krankenversichert waren.

Die Situation entspannte sich erst in den siebziger Jahren, als die Krankenversicherung für Landwirte eingeführt wurde, als die Zahl der Ärzte deutlich zunahm, weil nun nach einer Änderung des Abrechnungsmodus mit den Krankenkassen bessere Verdienstchancen winkten, und vor allem als auch die Landbevölkerung mehr und mehr Teil der Konsum- und Wohlstandsgesellschaft wurde. „Letztlich glich sich also mit den Lebensbedingungen auch der Gesundheitszustand in Stadt und Land an", schreibt Lindner zusammenfassend, die freilich – wie Deutinger und Gall – zur Vorsicht rät, wenn es darum geht zu gewichten, „was den Initiativen der öffentlichen Hand und was der allgemeinen sozioökonomischen Entwicklung geschuldet ist".

Auch *Winfried Müller* und seine beiden Co-Autoren *Ingo Schröder* und *Markus Mößlang* betonen in ihrem Beitrag über das bayerische Bildungssystem zwischen 1950 und 1975, daß die unbestreitbaren Erfolge viele Väter hatten und im übrigen nie solche Ausmaße annahmen, daß das Bildungssystem der rasant zunehmenden Zahl von Schülern und Studenten gerecht geworden wäre. Die Erfolgsgeschichte ist hier also untrennbar verknüpft mit einer Krisengeschichte, die bis in die Gegenwart reicht. Noch Anfang der fünfziger Jahre stand die Bildungspolitik fast ausschließlich im Zeichen des Wiederaufbaus, was nicht selten auch zur Konsolidierung der Mängel und Defizite führte, an denen nicht nur das bayerische Bildungssystem seit langem krankte. Das gilt etwa für die Restauration konfessioneller Zwergschulen mit ihren dürftig ausgebildeten Volksschullehrern, die ineffizienten Berufsschulen und nicht zuletzt für die Oberschulen und Universitäten, die ihre traditionelle soziale Exklusivität auch nach 1945 noch lange wahren konnten.

Erst Mitte der fünfziger Jahre begann der Wiederaufbaukonsens brüchig zu werden, den es auch in der Bildungs- und Wissenschaftspolitik gegeben hatte. Das lag zum einen an der Viererkoalition aus SPD, FDP, Bayernpartei und GB/BHE, die die agrarromantischen Leitbilder der christlich-sozialen Kultusminister über Bord warf, zum anderen und vor allem aber an der Kraft des Faktischen – konkret: am Lehrermangel, an den Bildungs- und Aufstiegsambitionen vieler Eltern und am Druck von Industrie, Handwerk und öffentlichem Dienst –, die eine Überwindung des in vielem anachronistischen Status quo und die Anpassung des Bildungssektors an die Bedürfnisse einer modernen Industrie- und Dienstleistungsgesellschaft förmlich erzwang. Erste Erfolge dieses Paradigmenwechsels waren, wie Müller, Schröder und Mößlang herausarbeiten, noch in den fünfziger Jahren zu verzeichnen: Die Zwergschulen begannen besser ausgestatteten Mittelpunktschulen Platz zu machen; die Berufsschulen, die man bis dahin stark vernachlässigt hatte und die vor allem auf dem Land oft nur als bloße Anhängsel der Volksschulen gelten konnten, wurden aufgewertet und auf eine solide Finanzierungsgrundlage gestellt, und auch den Mittelschulen schenkte die Staatsregierung nun größere Aufmerksamkeit, während im Bereich der höheren Schulen noch fast alles beim alten blieb.

Der große Umbruch für Schulen und Hochschulen setzte Ende der fünfziger Jahre ein und erreichte in der zweiten Hälfte der sechziger Jahre seine volle Dynamik, wie Müller und seine beiden Mitautoren zeigen. Jetzt wurde endlich das Problem der Lehrerbildung gelöst, jetzt begann der großzügige Ausbau von Realschulen und Gymnasien, wobei vor allem strukturschwache Regionen Berücksichtigung fanden, und jetzt setzte die bayerische Staatsregierung auch im Bereich der Hochschulen neue Akzente; binnen weniger Jahre war hier ein regelrechter Gründungsboom zu verzeichnen. Diese Offensiven in der goldenen Dekade der Bildungspolitik wurzelten nicht, wie man meinen könnte, in selbstbewußter Zukunftsgewißheit; sie resultierten vielmehr aus einem Krisenbewußtsein, das bereits Ende der fünfziger Jahre die Gemüter beunruhigte und im Schlagwort von der „Bildungskatastrophe" seinen auch massenwirksamen Ausdruck fand. Sie abzuwenden und den Anschluß an die internationale Entwicklung wieder zu gewinnen, avancierte nun zum Gebot der Stunde, dem sich weder die Länder noch der Bund entziehen konnten. Bayern steckte viel Geld in die Mobilisierung der Bildungsreserven, hätte aber vor allem im Universitätsbereich nur einen Teil seiner weitgesteckten Ziele erreicht, wenn der „Ausbau und Neubau der Hochschulen" nicht zu einer nationalen Gemeinschaftsaufgabe erhoben worden wäre.

Diese enormen Anstrengungen im Bildungsbereich, so fassen Müller, Schröder und Mößlang ihre Ergebnisse zusammen, kamen nicht nur den urbanen Zentren, sondern auch der strukturschwachen Peripherie zugute, die zuvor eine Art „Bildungsbrache" gewesen war. Die alten sozialen und regionalen Disparitäten innerhalb Bayerns konnten dennoch nur entschärft werden, ganz aufheben ließen sie sich nicht. Nach wie vor bestanden krasse Unterschiede zwischen Stadt und Land, und auch die traditionellen Rekrutierungsmuster der Gymnasien und Hochschulen waren nicht obsolet geworden, selbst wenn man, aufs Ganze gesehen, durchaus von einem beachtlichen Mehr an Chancengleichkeit sprechen kann, das in den Jahren des bildungspolitischen Aufbruchs erzielt werden konnte.

Abgeschlossen wird der Band durch eine Studie von *Wolfgang Schmidt* über die Bundeswehr als Standortfaktor in den Jahren 1955 bis 1975. Bayern erwartete sich viel von der Stationierung der neuen Streitkräfte: Zahlreiche Gemeinden bewarben sich um eine Garnison, weil sie sich davon positive Effekte für die lokale Wirtschaft und die örtliche Infrastruktur erhofften, und auch die Staatsregierung erblickte darin eine Chance insbesondere für strukturschwache Gebiete. Sie legte deshalb schon 1955 eine Wunschliste künftiger Standorte vor und reagierte generell so schnell auf die neuen Anforderungen der Bundeswehr, daß man – wie Schmidt es tut – von einer „bayerischen Linie aktiver Mitwirkung bei der Standortplanung" sprechen kann. Allerdings, so Schmidt weiter, sollte man die Reichweite dieser Politik nicht überschätzen; „die entscheidenden Parameter der Standortplanung" wurden vom Bund und von den NATO-Verbündeten gesetzt, die sich dabei von militärstrategischen und operativen Überlegungen leiten ließen und nicht zuletzt die finanziellen Rahmenbedingungen im Blick haben mußten.

Im Vergleich mit anderen Bundesländern verfügte die Bundeswehr in Bayern über besonders viele Garnisonen. Mitte der siebziger Jahre gab es 65 bayerische Truppenstandorte; nicht wenige davon lagen – militärischem Kalkül folgend – in den grenznahen Regionen Ostbayerns, die traditionell ausgesprochen große Strukturprobleme hatten. Nimmt man alle militärischen Einrichtungen in Bayern in den Blick, so kann, laut Schmidt, allerdings keine Rede davon sein, daß die Peripherie – namentlich das Zonenrandgebiet – bevorzugt worden ist; prosperierende Regionen profitierten erheblich mehr von der Bundeswehr als strukturschwache Landkreise, in denen es vielfach nicht die Möglichkeiten gab, den Bedarf des Militärs zu decken und – generell gesprochen – auf die Anreize zu reagieren, die von der Bundeswehr ausgingen.

Unstrittig ist aber auch, daß Garnisonen in ländlich geprägten Gemeinden einen nachhaltigen Wandel bewirkten, „wenngleich mit unterschiedlichen und keineswegs nur positiven Folgen", wie Schmidt betont, der hier auch immer wieder unterstreicht, daß die Forschung bei der Untersuchung solcher Wirkungszusammenhänge noch ganz am Anfang steht. Die meist kleinen Standortgemeinden veränderten in wenigen Jahren ihr Gesicht: Es kam zu einem beträchtlichen Bevölkerungszuwachs, zu signifikanten Verschiebungen im Konfessionsgefüge und im Geschlechterverhältnis und insbesondere zu einer deutlichen Verbesserung der örtlichen Infrastruktur, die aus eigenen Mitteln nicht zu finanzieren gewesen wäre, wie der Vergleich mit Kommunen zeigt, in denen ähnliche Verhältnisse herrschten, wo es aber kein Militär gab. Die lokale Wirtschaft dagegen ist von der Bundeswehr nicht in dem erwarteten Maße gestärkt worden. Gewiß, es wurden zahlreiche krisenfeste Arbeitsplätze geschaffen, die wegen ihres niedrigen Anforderungs- und Qualifikationsprofils nicht zuletzt Bauern, deren Höfe nicht mehr genug abwarfen, und Frauen ohne Ausbildung zugute kamen; auch Handel und Gewerbe verzeichneten eine gewisse Belebung, die sich jedoch in engen Grenzen hielt, weil von den Garnisonen keine Impulse ausgingen, die die Ansiedlung von Industrie- und Gewerbebetrieben oder wenigstens den Ausbau bestehender Kapazitäten bewirkt hätten. Die Bilanz, die Schmidt zieht, fällt also ambivalent aus, zumal ja auch beträchtliche ökologische Schäden und schwerwiegende Eingriffe in das Landschaftsbild in Rechnung zu stellen sind, die mit dem Bau von Kasernen, Bundeswehrsiedlungen und Übungsplätzen verbunden waren.

Den Herausgebern ist durchaus bewußt, daß mit den fünf vorliegenden Beiträgen das Thema „Erschließung des Landes" keineswegs erschöpfend behandelt worden ist. Es handelt sich durchweg um Pilotstudien, denen weitere folgen müssen, damit ein Gesamtbild entstehen kann, das dann auch unter vergleichender Perspektive betrachtet werden sollte. Einige davon sind im Rahmen des Bayern-Projekts initiiert, aber aus unterschiedlichen Gründen nicht zum Abschluß gebracht worden. Besonders wünschenswert wäre etwa ein Beitrag zu Umweltpolitik und Umweltzerstörung gewesen; auch eine Studie über die „touristische Erschließung" Bayerns hätte gut in das Konzept des Sammelbandes gepaßt. Das gleiche gilt für einen Aufsatz über Landesentwicklung, Landesplanung und Industrialisierungspolitik für den ländlichen Raum; dieser Themenkomplex wurde jedoch bewußt ausgespart, um der groß angelegten Studie von Stefan Grüner nicht vorzugreifen.

*

Fast zehn Jahre sind vergangen, seit die Idee zu einem neuen Bayern-Projekt erstmals aufgetaucht ist. Sie entstand in Gesprächen mit Christoph Boyer, Paul Erker und Klaus-Dietmar Henke, die damals noch im Institut für Zeitgeschichte tätig waren. Horst Möller, der 1992 zum Direktor des Instituts berufen wurde, griff sie auf und bahnte ihr in Verhandlungen mit dem bayerischen Wissenschaftsministerium den Weg, das das neue Bayern-Projekt ebenso finanzierte wie das von Martin Broszat geleitete Projekt „Bayern in der NS-Zeit". Dafür sei herzlich gedankt. Unser Dank gilt außerdem der bayerischen Archivverwaltung unter der Leitung von Walter Jaroschka und Hermann Rumschöttel, die – wie immer – nichts unversucht ließen, um unseren Wünschen nach Akteneinsicht entsprechen zu können, und Jaromír Balcar, Stefan Grüner, Katja Klee und Dietmar Süß, den Mitarbeitern des Projekts, die nicht nur an der Konzeption der Sammelbände maßgeblichen Anteil hatten, sondern auch bei der Prüfung und Überarbeitung der einzelnen Beiträge mitgewirkt haben. Bedanken möchten wir uns ferner bei Kutlay Arin, Sybille Benker, Renate Bihl, Andrea Cors, Regina Schlemmer und Katrin Vater; ihre Mithilfe war ebenso unentbehrlich wie der Erfindungsreichstum von Georg Maisinger, dem alten Verwaltungsleiter des Instituts, und seiner Nachfolgerin Ingrid Morgen, für die keine administrative Hürde zu hoch war. Der größte Dank aber gebührt den Autoren dieses Sammelbandes, die trotz vielfältiger anderer Verpflichtungen auch dann nicht gezögert haben, unseren inhaltlichen und stilistischen Verbesserungsvorschlägen nachzukommen, wenn damit neuerliche Recherchen oder ein weiterer Überarbeitungsgang verbunden waren. In unseren Augen hat sich die Mühe gelohnt; wir hoffen, die Leserinnen und Leser dieses Sammelbandes sehen das auch so.

Thomas Schlemmer　　　　Hans Woller

Stephan Deutinger

Eine „Lebensfrage für die bayerische Industrie“[1]

Energiepolitik und regionale Energieversorgung 1945 bis 1980

I. Einleitung

In den fünfziger und sechziger Jahren gelang Bayern in einem bemerkenswerten Akt nachholender Industrialisierung der Übergang vom Agrar- zum Industriestaat. Seit 1954 konnte die bayerische Wirtschaft im Bundesvergleich ständig überdurchschnittliche Wachstumsraten erzielen. Binnen zweier Jahrzehnte fand der Freistaat damit dauerhaft Anschluß an die industriellen Schrittmacher Baden-Württemberg und Nordrhein-Westfalen. Als nicht weniger dynamisch erwies sich der gesellschaftliche Modernisierungsprozeß, der den wirtschaftlichen Strukturwandel begleitete. Die einfachen Lebensverhältnisse der Subsistenzwirtschaft traten in den Hintergrund, während das gehobene Verbrauchs- und Mobilitätsverhalten der modernen Konsumgesellschaft zunehmend an Bedeutung gewann[2].

Zu den entscheidenden Voraussetzungen des wirtschaftlichen und sozialen Wandlungsprozesses gehörte ohne Zweifel die Überwindung des Energiemangels, der sich mehr und mehr als hemmender Faktor der Industrialisierung Bayerns erwiesen hatte. Politische Initiativen, die sich noch heute eines hohen Bekanntheitsgrads erfreuen, markieren den Weg einer auf den ersten Blick konsequenten und offenbar erfolgreichen staatlichen Energiepolitik: Das „Atomei“ bei Garching gehört ebenso wie das Raffineriezentrum im Raum Ingolstadt zu den Vorzeigeobjekten einer spezifisch bayerischen Modernisierungspolitik nach dem Zweiten Weltkrieg[3].

Die Anfänge einer planmäßigen staatlichen Energiepolitik reichen in Bayern bis zur Jahrhundertwende zurück, weiter also als in den meisten anderen deutschen Ländern[4]. Bereits damals setzten Überlegungen ein, die Energieversorgung des

[1] BayHStA, StK 14657, Landesverband der Bayerischen Industrie e.V., gez. Konrad Pöhner (MdL), an Ministerpräsident Ehard vom 3. 11. 1960.

[2] Vgl. Paul Erker, Keine Sehnsucht nach der Ruhr. Grundzüge der Industrialisierung in Bayern 1900–1970, in: GuG 17 (1991), S. 480–511; Paul Erker, Industriewirtschaft und regionaler Wandel. Überlegungen zu einer Wirtschaftsgeschichte Bayerns 1945–1995, in: Maximilian Lanzinner/ Michael Henker (Hrsg.), Landesgeschichte und Zeitgeschichte. Forschungsperspektiven zur Geschichte Bayerns nach 1945, Augsburg 1997, S. 41–51.

[3] Vgl. Otto Wiesheu, Fünfzig Jahre Wirtschaftspolitik für Bayern, in: Partner im Dialog. 50 Jahre Wirtschaftsbeirat der Union (1948–1998), München 1998, S. 5–16, hier S. 11f.

[4] Vgl. dazu vor allem die grundlegende Arbeit von Fritz Blaich, Die Energiepolitik Bayerns 1900–1921, Kallmünz 1981, daneben Manfred Pohl, Das Bayernwerk. 1921 bis 1996, München/Zürich 1996, hier S. 23–128; für die zahlenmäßige Entwicklung der Elektrifizierung Bayerns Hugo Ott,

Landes nicht mehr dem freien Spiel der Kräfte zu überlassen, sondern durch staatliches Eingreifen auf Dauer sicherzustellen. Der Auslöser für diesen politischen Neuansatz war eine Energiekrise. Die fortschreitende Industrialisierung seit der Mitte des 19. Jahrhunderts hatte die bayerische Wirtschaft in eine zunehmende Abhängigkeit von der Kohle geführt. Der Bedarf konnte allerdings nur zum geringeren Teil aus eigenen Ressourcen gedeckt werden, überwiegend mußte die Kohle aus anderen Teilen des Reichs und aus Böhmen bezogen werden. Im Jahr 1900 stammten lediglich 13 Prozent der benötigten Steinkohle und 39 Prozent der Braunkohle aus Bayern selbst. Die Lieferengpässe und Preissteigerungen, die in jenem Jahr die deutsche Wirtschaft lähmten, beeinträchtigten deshalb das Königreich in besonderem Maße.

Zum Handeln veranlaßt sahen sich die politischen Instanzen zunächst vor allem durch die schwindenden Erträge der staatlichen Eisenbahnen. Die Fortschritte der Starkstromtechnik ließen es möglich erscheinen, den Bahnbetrieb zu elektrifizieren und mittels der reichlich vorhandenen Wasserkräfte auf eine preisgünstige heimische Energiequelle umzustellen[5]. Schon bald verband sich mit diesem Projekt die Idee, parallel dazu auch das öffentliche Stromnetz, das noch aus einzelnen Versorgungsinseln bestand, zu einem flächendeckenden System auszubauen. Um die notwendigen Planungen zu koordinieren, schuf sich Bayern am 1. April 1908 mit der „Abteilung für Wasserkraftausnutzung" beim Innenministerium als erster deutscher Bundesstaat eine eigene für die Elektrizitätswirtschaft zuständige Behörde.

Zur eigentlich treibenden Kraft der Elektrifizierung aber wurde Oskar von Miller (1855 bis 1934), der sich schon als junger Baupraktikant mit der Elektrotechnik vertraut gemacht hatte. In seinem Münchner Ingenieurbüro ließ er im staatlichen Auftrag die Pläne für den systematischen Ausbau der bayerischen Wasserkräfte ausarbeiten. Das Herz der Landesversorgung sollte nach von Millers Vorstellungen das Kraftwerk zwischen dem oberbayerischen Walchensee und dem Kochelsee bilden, ein Projekt, das der preußische Major von Donat 1904 vorgeschlagen hatte.

Die technischen Planungen waren begleitet von einer kontroversen politischen Diskussion um die künftige Ausgestaltung des Verhältnisses zwischen Staat und Elektrizitätswirtschaft, in der sich privat- und staatswirtschaftliche Ordnungsvorstellungen unversöhnlich gegenüberstanden. Der schließlich 1913 gefundene Kompromiß ließ eine privatwirtschaftliche Tätigkeit auf dem Elektrizitätssektor zwar zu, unterwarf sie aber durch sogenannte „Staatsverträge" zwischen bereits bestehenden oder noch zu gründenden Elektrizitätswerken und der Regierung weitgehenden staatlichen Vorgaben. Durch Staatsvertrag wurde einem Unternehmen das Monopol in einem genau umgrenzten Versorgungsgebiet eingeräumt,

Zur bayerischen Elektrizitätswirtschaft vor dem Ersten Weltkrieg. Bearbeitung einer Elektrokarte von Bayern, in: Andreas Kraus (Hrsg.), Land und Reich, Stamm und Nation. Probleme und Perspektiven bayerischer Geschichte. Festgabe für Max Spindler zum 90. Geburtstag, Bd. 3: Vom Vormärz bis zur Gegenwart, München 1984, S. 367–374.

[5] Vgl. Wolfgang König, Massenproduktion und Technikkonsum. Entwicklungslinien und Triebkräfte der Technik zwischen 1880 und 1914, in: ders./Wolfhard Weber, Netzwerke, Stahl und Strom. 1840 bis 1914, Frankfurt am Main/Berlin 1990, S. 265–552, hier S. 314–359.

im Gegenzug mußte es sich aber verpflichten, innerhalb bestimmter Fristen alle Gemeinden in diesem Gebiet an das Leitungsnetz anzuschließen[6].

Hatten die politischen Debatten bereits für erhebliche Verzögerungen gesorgt, so verhinderte der Erste Weltkrieg noch einmal jahrelang die Realisierung der weit ausgreifenden Planungen. Erst 1921 konnte mit dem Bau des Walchenseekraftwerks begonnen werden, im gleichen Jahr wurde die zweite Säule der bayerischen Elektrizitätsversorgung, eine Treppe von Flußkraftwerken an der mittleren Isar, in Angriff genommen. Als unternehmerischer Träger der Landeselektrizitätsversorgung wurde die Bayernwerk Aktiengesellschaft ins Leben gerufen; ihr Kapital befand sich vollständig im Besitz des Freistaats Bayern. Nach erneuten heftigen Diskussionen erhielt das Bayernwerk die Struktur eines Verbundunternehmens, das heißt, es lieferte den in seinen Kraftwerken erzeugten Strom nicht an die Verbraucher, sondern übergab ihn an staatlich konzessionierte Versorgungsunternehmen. Der durch die Staatsverträge und die Bayernwerk AG bestimmte hierarchische Aufbau der bayerischen Elektrizitätswirtschaft sollte das 20. Jahrhundert weitgehend unverändert überdauern.

Aufgrund gewachsener Strukturen in der öffentlichen Stromversorgung hatte dieses System allerdings von Beginn an Mängel. So existierte im weit vom „Herzen" des Bayernwerks und seinen Wasserkräften entfernten Franken seit 1911 mit der Großkraftwerk Franken AG (GFA) ein weiterer Großstromerzeuger, der sich auf das Steinkohlekraftwerk Gebersdorf bei Nürnberg stützte[7]. Durchbrochen wurde das System auch durch die 1921 gegründete Rhein-Main-Donau AG (RMD), die eigentlich die Errichtung einer Großschiffahrtsstraße vom Main zur Donau zum Hauptzweck hatte, mit dem damit verbundenen Bau von Staustufen jedoch auch zum Energieversorger avancierte. Ihr erstes großes Donaukraftwerk, das seit 1928 betriebene Kachlet oberhalb Passau, gab seine Stromerzeugung an die Franken AG ab und ergänzte damit deren Wärmekrafterzeugung. Die Rhein-Main-Donau AG befand sich nur zu einem Drittel im bayerischen Besitz, den bestimmenden Einfluß von zwei Dritteln übte das Reich und später der Bund aus[8].

Wenn sich das von Oskar von Miller erdachte, einheitliche System der Landeselektrizitätsversorgung später nur in Ansätzen realisieren ließ, so war dies auch ein Ergebnis der nationalsozialistischen Herrschaft. Das „Gesetz zur Förderung der Energiewirtschaft" vom 13. Dezember 1935 erklärte die Energieversorgung zur Reichssache. 1940 mußte Bayern auf Betreiben der braunen Machthaber der zu diesem Zweck gegründeten Bayerischen Wasserkraftwerke AG (BAWAG) das

[6] Vgl. Max Grasmann, Volkswirtschaftliche Bedeutung der bayerischen Wasserkräfte und bayerische Energiewirtschaftspolitik, in: Alfred Kuhlo (Hrsg.), Geschichte der bayerischen Industrie, München 1926, S. 217–222.

[7] Vgl. 50 Jahre Großkraftwerk Franken Aktiengesellschaft, Nürnberg 1961; Kraftwerk Franken II, Berlin/Basel 1967 (Internationale Industrie-Bibliothek 95/190).

[8] Vgl. 75 Jahre RMD, hrsg. von der Rhein-Main-Donau AG, München 1996 (RMD Spezial 1996); Wolfgang Bader, Die Verbindung von Rhein und Donau. Zur Geschichte eines bemerkenswerten Wasserstraßenprojektes, München/Düsseldorf 1982; Wolfgang Bader, Die Donau als Energiequelle, in: Mitteilungsblätter Deutscher Kanal- und Schiffahrtsverein Rhein-Main-Donau 22 (1976), S. 7–18; Josef Held/Heinrich Brüschwien, Rhein-Main-Donau. Die Geschichte einer Wasserstraße, Regensburg 1929; umfassender zahlenmäßiger Überblick über die Anlagen zur Stromerzeugung in Bayern in den zwanziger Jahren: Die bayerischen Wasserkraftanlagen zu Beginn des Jahres 1927, bearb. von Joachim Lang, München 1927 (Beiträge zur Statistik Bayerns 107).

Recht zur energiewirtschaftlichen Nutzung des Lechs einräumen. Damit trat in Konkurrenz zum Bayernwerk ein weiterer Großstromerzeuger auf. Das Land wurde an dem Unternehmen nur mit einem Drittel der Aktien beteiligt, ein Drittel gehörte dem Reich, ein weiteres Drittel aber beanspruchte der schärfste außerbayerische Konkurrent des Bayernwerks, die Rheinisch-Westfälische Elektrizitätswerk AG (RWE), der damit ein Haupteinfallstor in den umkämpften bayerischen Energiemarkt eröffnet wurde[9]. 1942 wurden zudem 40 Prozent des Aktienkapitals des Bayernwerks an die reichseigene Vereinigte Industrie-Unternehmungen AG (VIAG) übertragen[10].

Entgegen allen politischen Erklärungen[11] stagnierte während des Dritten Reichs der Ausbau der öffentlichen Stromversorgung in Bayern[12]. Die steigende Energienachfrage wurde bis 1937 durch zusätzliche Kohleverstromung aufgefangen. Mit der Annexion Österreichs rückten die alpinen Wasserkräfte ins Zentrum der nationalsozialistischen Ausbauplanungen, die aber wegen des Zweiten Weltkrieges über das Anfangsstadium nicht hinausgelangten. Die Wasserkraftbauten, die damals in Bayern in Angriff genommen wurden, dienten ganz überwiegend der Rüstung und Kriegsvorbereitung[13]. Bereits vor dem Ersten Weltkrieg hatte das reichliche Wasserkraftangebot von Inn und Alz in Südostbayern zur Ansiedlung einer stromintensiven Aluminium- und Stickstoffindustrie geführt. Ihr Ausbau wurde jetzt forciert vorangetrieben[14]. Die 1917 gegründete Innwerk AG mit Sitz in Töging, die die Energie für diese Industrien bereitstellte, wurde dadurch zu einem der größten Stromerzeuger im Land, der freilich den energiereichsten Fluß Bayerns, den Inn, den Zwecken der öffentlichen Versorgung entzog[15].

Mit diesen Hypotheken belastet, ging man nach 1945 daran, die energiewirtschaftliche Infrastruktur in Bayern wiederaufzubauen und den Bedürfnissen einer durch Flucht und Vertreibung stark angewachsenen Bevölkerung anzupassen. Im Ergebnis verfügt der Freistaat heute über eine sichere, preisgünstige und flächendeckende Energieversorgung, die den Ansprüchen aller Bevölkerungsschichten und Wirtschaftszweige selbst auf höchstem Niveau genügen kann. Nur gelegentliche Störungen machen in großen Abständen bewußt, wie selbstverständlich das gesamte öffentliche und private Leben auf eine ununterbrochene Energieversorgung ausgerichtet und auf sie angewiesen ist. Bieten solche Anlässe immerhin Ge-

[9] Vgl. 50 Jahre BAWAG 1940–1990. Natur und Energie in Harmonie, hrsg. von der Bayerischen Wasserkraftwerke AG München, München 1990, sowie Pohl, Bayernwerk, S. 232–242.

[10] Vgl. Manfred Pohl, VIAG-Aktiengesellschaft. 1923–1998. Vom Staatsunternehmen zum internationalen Konzern, München/Zürich 1998, S. 163 ff.

[11] Vgl. Bayern im ersten Vierjahresplan. Denkschrift der Bayerischen Landesregierung zum 9. März 1937, München 1937, S. 317–323.

[12] Vgl. Karl-Heinz Ludwig, Energiepolitische und energietechnische Konzeptionen in Deutschland zwischen den beiden Weltkriegen, in: Energie in Kontext und Kommunikation, Essen 1978, S. 35–49, und Karl-Heinz Ludwig, Technik und Ingenieure im Dritten Reich, Düsseldorf 1974, S. 176–182, sowie Wilhelm Treue, Die Elektrizitätswirtschaft als Grundlage der Autarkiewirtschaft und die Frage der Sicherheit der Elektrizitätsversorgung in Westdeutschland, in: Friedrich Forstmeier/Hans-Erich Volkmann (Hrsg.), Wirtschaft und Rüstung am Vorabend des Zweiten Weltkrieges, Düsseldorf ²1981, S. 136–157.

[13] Vgl. Der Wasserkraftausbau in Bayern nach dem Stande vom 1. Januar 1937, in: ZBSL 69 (1937), S. 232.

[14] Vgl. Winfried Nerdinger (Hrsg.), Bauen im Nationalsozialismus. Bayern 1933–1945, München 1993, S. 415–461.

[15] Vgl. Innwerk AG, München/Töging 1950; 50 Jahre Innwerk AG, Töging 1967.

legenheit zur Besinnung über technische Zusammenhänge, so ist ein Bewußtsein für die historische Bedingtheit des Energieversorgungssystems kaum vorhanden. Die Literatur über die Geschichte der Energieversorgung in der Nachkriegszeit spiegelt diesen Befund unmittelbar wider, wird doch das Feld praktisch vollständig von Unternehmensfestschriften beherrscht. Allzuoft sind diese freilich nicht mehr als unkritische Werbeschriften und Leistungsbilanzen, in denen insbesondere politische Bezüge ausgespart werden. Auch Manfred Pohls zum 75jährigen Jubiläum des Bayernwerks erschienene Studie zur Geschichte dieses für Bayern so bedeutsamen Energieversorgungsunternehmens kann für den hier interessierenden Zeitraum nicht befriedigen[16].

Das hängt auch mit der dem Thema inhärenten Quellenproblematik zusammen. Gewähren Firmen ohnehin nur äußerst zurückhaltend Zugang zu ihrem zeithistorisch relevanten Aktenmaterial, so haben die politischen Kontroversen um die Kernenergie seit den siebziger Jahren die Energieversorgungsunternehmen in dieser Hinsicht in besonderem Maße sensibilisiert; selbst Manfred Pohl konnte trotz privilegierten Aktenzugangs für die Nachkriegszeit auf kaum mehr als die gedruckten Geschäftsberichte des Bayernwerks zurückgreifen. Nicht viel günstiger sieht es mit den staatlichen Akten aus, die – soweit sie für die Nachkriegszeit interessant sind – zum überwiegenden Teil noch in den Registraturen der Ministerien ruhen. Im Bayerischen Hauptstaatsarchiv ist immerhin ein größerer Bestand des Wirtschaftsministeriums zur Energieversorgung zugänglich[17]. Es handelt sich dabei überwiegend um Unterlagen der Landesplanungsstelle, wodurch sich zwar konkrete Planungsvorgänge, nur selten aber die politischen Entscheidungsprozesse nachvollziehen lassen. Reichlich vorhanden ist dagegen gedrucktes zeitgenössisches Material. Auch als Selbstaussagen informativ sind die zahlreichen Veröffentlichungen der Obersten Baubehörde und des Wirtschaftsministeriums, in denen Ziele und Ergebnisse der Energiepolitik dargestellt wurden. Leicht zugänglich sind daneben die laufenden statistischen Erhebungen, die sowohl das Bayerische Statistische Landesamt als auch die Vereinigung Deutscher Elektrizitätswerke (VDEW) durchgeführt haben; allerdings ermöglichen diese Kompilationen häufig nicht die wünschenswerte regionale Differenzierung der Daten.

Mit der vorliegenden Studie wird also in vielfacher Hinsicht Neuland beschritten. Vor allem geht es darum, die bayerische Energiepolitik im Zusammenhang mit der Entwicklung von Energieerzeugung und -verbrauch von 1945 bis 1980 zu skizzieren. Das Kriegsende markierte insofern einen wichtigen Einschnitt, als die Veränderung der politischen Landkarte Europas Bayern in eine wirtschaftsgeographische Randlage drängte und ihm damit eine völlig neue energiewirtschaftliche Situation bescherte. Als zweite Zäsur könnte man auf den ersten Blick an die sogenannte Ölkrise von 1973 denken, doch erscheint es angemessen, auch deren längerfristige Folgen zu berücksichtigen und deshalb bis 1980 auszugreifen.

16 Vgl. Pohl, Bayernwerk, S. 269–401. Einen allgemeinen Überblick über das Forschungsfeld Energieversorgung in der Historiographie bietet Dieter Schott, Einführung, in: ders. (Hrsg.), Energie und Stadt in Europa. Von der vorindustriellen „Holznot" bis zur Ölkrise der 1970er Jahre, Stuttgart 1997, S. 7–42.

17 BayHStA, MWi 13211–13266, 14205–14604, 22165–22265.

Die bemerkenswerteste Veränderung im hier zu betrachtenden Zeitraum ist zweifellos die atemberaubende Expansion von Energieerzeugung und -verbrauch. Ihr soll daher das Hauptaugenmerk gelten. Welche Anlagen standen jeweils zur Verfügung, um die bayerische Bevölkerung mit Energie zu versorgen? Von wem, mit welchen Zielen und Ergebnissen wurde ihr Ausbau vorangetrieben? Waren, wie häufig unterstellt, technische Sachzwänge für den eingeschlagenen Weg maßgebend oder gab es Entscheidungsalternativen, die politisch diskutiert wurden? Diesen Fragen soll in den beiden ersten Abschnitten des Beitrags nachgegangen werden. Daran anschließend ist dann nach den Folgen des Infrastrukturausbaus zu fragen. Wie entwickelte sich der Energieverbrauch in seiner Struktur und in seinem Umfang? Ist ein Zusammenhang mit der fortschreitenden Industrialisierung des Landes festzustellen? Kam es zu einem Abbau regionaler Disparitäten? Welche Auswirkungen hatte das reichliche Energieangebot auf die Bevölkerung? Wie sahen die Konsequenzen des steigenden Energiekonsums für Natur und Umwelt aus? Ein letzter Abschnitt ist schließlich der Ölkrise als Epochenzäsur und deren Folgen gewidmet. Wurde die zunehmende Abhängigkeit von Wirtschaft und Gesellschaft von Energieimporten vorausgesehen oder brach die Krise unvermutet herein? Wie reagierten die politisch Verantwortlichen auf die Ereignisse, wie die Gesellschaft? Welches waren die langfristigen Konsequenzen der Krise?

So dynamisch sich die Entwicklung der energiewirtschaftlichen Infrastruktur Bayerns einerseits darstellt, so stabil war sie andererseits in ihrer organisatorischen und institutionellen Dimension. Der ordnungspolitische Rahmen des Energiewirtschaftsgesetzes, nach dem die Energieversorgungsunternehmen die eigentlichen Träger des Infrastrukturausbaus waren, wurde in der Bundesrepublik ebenso beibehalten wie das aus der Zwischenkriegszeit stammende hierarchische System der Energiewirtschaft, das aus dem Bayernwerk und den Regionalversorgungsunternehmen bestand. Es wird deshalb in diesem Beitrag nicht mehr eigens betrachtet. Zum besseren Verständnis im voraus zu benennen sind aber die wichtigsten, meist privatrechtlich als Aktiengesellschaften organisierten Unternehmen der Regionalversorgungsstufe: Die Isar-Amperwerke AG mit Sitz in München (1955 fusioniert aus den Isar- und den Amperwerken), die den größten Teil Oberbayerns mit elektrischer Energie versorgte[18], die Energieversorgung Ostbayern AG (OBAG) mit Sitz in Regensburg und der Zuständigkeit vor allem für die beiden Regierungsbezirke Niederbayern und Oberpfalz[19], die Bayerische Elektricitäts-Lieferungs-Gesellschaft AG (BELG) mit Sitz in Bayreuth zur Versorgung des östlichen Oberfranken[20], die Überlandwerk Oberfranken AG (ÜWO) mit Sitz in Bamberg, die das westliche Oberfranken sowie einige östliche Gebiete Unterfrankens mit Strom belieferte[21], die Fränkische Überlandwerk AG (FÜW) mit Sitz in Nürnberg und Zuständigkeit für Mittelfranken und Teile Unter-

[18] Vgl. 60 Jahre Isarwerke 1894–1954, München 1954; Isar-Amperwerke: 50 Jahre im Dienste der oberbayerischen Stromversorgung 1908–1958, München 1958.

[19] Vgl. 50 Jahre Energieversorgung in Ostbayern 1908–1958, Regensburg 1958; 75 Jahre Strom für Ostbayern, Regensburg 1983; Geschichten vom Strom. 75 Jahre Energieversorgung Ostbayern AG, Regensburg 1983.

[20] Vgl. 75 Jahre Electricitäts-Lieferungs-Gesellschaft Bayreuth 1897–1972, Bayreuth 1972.

[21] Vgl. Überlandwerk Oberfranken, Aktiengesellschaft (1920–1960), Bamberg 1960.

Die Regionalversorgung – Stand Ende 1959

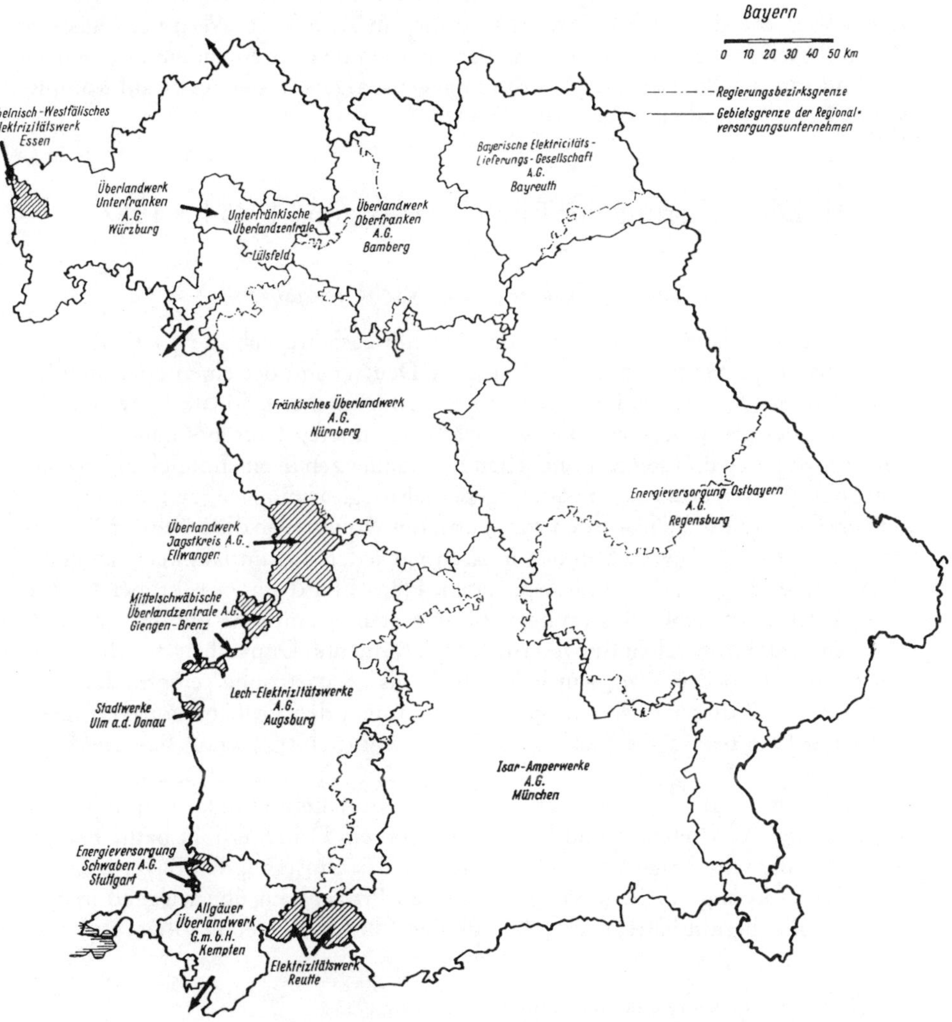

frankens[22], die Lech-Elektrizitätswerke AG (LEW) mit Sitz in Augsburg zur Versorgung von Mittel- und Nordschwaben und schließlich die Allgäuer Überlandwerk GmbH (AÜW) in Kempten, die das südliche Schwaben versorgte[23].

Die Aktien all dieser Unternehmen befanden sich zum überwiegenden Teil in öffentlicher Hand. Über diese Anteile wurden Land, Bezirken und Gemeinden Einflußmöglichkeiten auf die Politik der Unternehmen eröffnet. Ihre Aufsichtsräte waren wie die des Bayernwerks zu diesem Zweck mit Vertretern aus der Politik besetzt. Die Regionalversorgungsunternehmen waren zudem untereinander und mit der Bayernwerk AG durch gegenseitigen Aktienbesitz auf komplizierte Weise eng miteinander verflochten[24].

II. Die Sicherung der Energieversorgung 1945 bis 1957[25]

1. Versorgungslage in den Nachkriegsjahren[26]

Zu den prägendsten Erfahrungen der Nachkriegsjahre gehörte zweifellos der allgegenwärtige Mangel, mit dem fast jeder Deutsche in der einen oder anderen Weise zu kämpfen hatte. Dennoch gab es beträchtliche regionale Unterschiede. Was die Energieversorgung anbelangt, war kein anderes deutsches Land von dem verlorenen Krieg und seinen politischen Konsequenzen in einem solchen Ausmaß betroffen wie Bayern, dessen naturgegebene Energiearmut sich jetzt schmerzlich bemerkbar machte. „Wie werden wir in unseren Wohnungen die Kälte des Winters überstehen? [...] Wieviele Stunden müssen wir jeden Tag im Dunkeln sitzen?“[27] Diese beiden Fragen, die Ministerpräsident Hans Ehard am 24. Oktober 1947 in den Mittelpunkt seiner Regierungserklärung stellte, umrissen die drängendsten Probleme der bayerischen Bevölkerung. Daß Kälte und Dunkelheit die Menschen wieder so sehr bedrückten, wurde allgemein als „Katastrophe“ empfunden. Das ganze Ausmaß dieser Misere zeigt sich, wenn man den Primärenergieverbrauch 1936 und 1946 betrachtet: Nach dem Zusammenbruch standen in Bayern knapp 60 Prozent der Energiemenge der letzten Friedensjahre zur Verfügung, und das, obwohl sich die Bevölkerungszahl durch die Aufnahme Hunderttausender von Flüchtlingen, Vertriebenen und Evakuierten um ein Drittel erhöht hatte. Hauptgrund für die schwierige Versorgungslage war der Umstand, daß Bayern, dessen Energieversorgung vor dem Krieg zu etwa 80 Prozent auf überwiegend importierter Kohle beruht hatte, nach 1945 von den Fördergebieten in Ober- und Nie-

[22] Vgl. 40 Jahre Fränkische Überlandwerke AG, Nürnberg 1953.

[23] Vgl. 50 Jahre Allgäuer Überlandwerk GmbH. 1. 1. 1920–31. 12. 1969, Kempten 1969.

[24] Vgl. Wilhelm Kalb, Die Gemeinden in der bayerischen Elektrizitätsversorgung, in: Elektrizitätsversorgung in Bayern. Sonderausgabe der Zeitschrift Bayerland, München 1955, S. 28f.

[25] Einen ersten, allerdings sehr technisch orientierten Überblick über die Entwicklungen der fünfziger Jahre vermittelt die umfängliche Schrift von Hans Vogt, Elektrizitätsversorgung in Bayern. Struktur und strukturelle Wandlungen 1950–1959, Gräfelfing 1961.

[26] Zur wirtschaftlichen Lage allgemein vgl. Karl-Heinz Willenborg, Bayerns Wirtschaft in den Nachkriegsjahren. Industrialisierungsschub als Kriegsfolge, in: Wolfgang Benz (Hrsg.), Neuanfang in Bayern 1945–1949. Politik und Gesellschaft in der Nachkriegszeit, München 1988, S. 121–142.

[27] Stenographischer Bericht über die 31. Sitzung des bayerischen Landtags am 24. 10. 1947, S. 83.

derschlesien und im Saargebiet abgeschnitten war. Dieser Ausfall konnte durch Lieferungen aus dem Ruhrgebiet bei weitem nicht ausgeglichen werden, da sowohl Produktions- als auch Transportkapazitäten fehlten. 1946 betrug die gesamte Kohleeinfuhr Bayerns nur 30 Prozent der Menge von 1936. In den ersten beiden Jahren nach Kriegsende erhielten Privathaushalte fast keine Kohle, dennoch verfügte die Industrie 1946 nur etwa über die Hälfte der Kohlemenge von 1936. Auch wenn in den heimischen Wäldern verstärkt Brennholz geschlagen wurde, konnte die fehlende Kohle nur zu einem kleinen Teil ersetzt werden[28].

Eine zweite Möglichkeit, den Kohlemangel zu kompensieren, bestand darin, auf elektrische Energie auszuweichen. Doch auch das war leichter gesagt als getan. Vor allem seitdem Zigtausende von Koch- und Heizgeräten an Flüchtlinge und Vertriebene ausgegeben worden waren, stieg der Stromverbrauch drastisch an. Die öffentliche Stromversorgung, die selbst im Krieg ohne größere Einschränkungen hatte aufrechterhalten werden können, war auf diese verstärkte Nachfrage jedoch nicht eingerichtet[29]. Während der NS-Herrschaft waren in Bayern kaum neue Kraftwerkskapazitäten aufgebaut worden. Mit Kriegsende fielen auch noch die traditionellen Stromlieferungen aus Mitteldeutschland aus, wohingegen an das Nachbarland Österreich beträchtliche Strommengen aus den Kraftwerken am Inn abgegeben werden mußten. Hinzu kam, daß die Flüsse in den strengen Wintern nach 1945 sehr wenig Wasser führten, was besonders in Bayern fatale Folgen hatte, wo die Stromerzeugung fast ausschließlich auf Wasserkraft beruhte. Die wenigen großen Kraftwerke waren jahrelang im Winter überfordert. Immer wieder mußte das bayerische Hauptenergiereservoir, der Walchensee, weit über das zulässige Maß hinaus abgesenkt werden, um der Nachfrage wenigstens einigermaßen gerecht zu werden[30].

Dennoch brach das bayerische Versorgungsnetz in Spitzenlastzeiten regelmäßig vollständig zusammen. Sparappelle an die Verbraucher fruchteten nichts, entsprechende Anordnungen, die etwa die Beleuchtung von Geschäften zu Reklamezwecken untersagten, wurden nicht beachtet. Letztlich blieb nichts anderes übrig, als den Strom zu rationieren, um weitere Blackouts zu vermeiden. In den Herbst- und Wintermonaten wurden abwechselnd einzelne Versorgungsbezirke bis zu 30 Stunden pro Woche vom Netz genommen. Lediglich wichtige öffentliche Einrichtungen, Krankenhäuser, Verkehrsbetriebe, Rundfunk und Presse, blieben verschont.

Erst nach dem Winter 1951/52 konnte auf systematische Abschaltungen verzichtet werden. Das galt jedoch nicht für die bayerische Großchemie, die noch ein Jahr länger darunter zu leiden hatte. Da auf das Konto ihrer vier Werke allein die Hälfte des Industrieverbrauchs ging, sie aber auf der anderen Seite relativ wenige Arbeitskräfte – im Jahr 1948 etwa 8000 bis 9000 – beschäftigte, war sie bereits in den Vorjahren trotz heftigen Protests bevorzugtes Opfer der Stromsperren gewesen[31]. Die aus dem Strommangel resultierenden Produktionsausfälle waren be-

[28] Vgl. Otmar Emminger, Die bayerische Industrie, München 1947, S. 27–31 und S. 54–64.

[29] Zahlenmäßiger Überblick: Die bayerische Elektrizitätsversorgung 1925–1954, erstellt unter der Leitung von Hans Kresling, München 1955 (Beiträge zur Statistik Bayerns 198).

[30] BayHStA, MWi 13211, Vormerkung Abteilung V vom 14. 7. 1949.

[31] BayHStA, MWi 13212, Vormerkung Bonn vom 22. 8. 1949.

trächtlich und galten als wichtiges Hindernis für den wirtschaftlichen Wiederaufbau[32]. Allein für das Winterhalbjahr 1948/49 wurde der Verlust auf eine Viertelmilliarde DM geschätzt. 1951 bezifferte der Vorsitzende des Landtagsausschusses für Wirtschaft, Hugo Geiger (CSU), den mit einer Stunde Produktionsausfall verbundenen Schaden für die bayerische Wirtschaft auf eine Million DM[33]. Bis in die zweite Hälfte der fünfziger Jahre sah man deshalb dem Winter stets mit Sorge entgegen. Noch 1956 begann der Bericht des zuständigen Referats im Wirtschaftsministerium über die bayerische Energieversorgung mit den Worten: „Die Stromversorgungslage in Bayern war – wie in den Jahren vorher – auch 1955 stark beeinflußt durch die Witterungsverhältnisse."[34]

2. Rechtliche und administrative Vorgaben

Die untragbaren Zustände ließen natürlich den Ruf nach staatlichem Eingreifen laut werden. Die neue bayerische Verfassung von 1946 (Artikel 152) verpflichtete den Staat sogar explizit dazu: „Die geordnete Herstellung und Verteilung der wirtschaftlichen Güter zur Deckung des notwendigen Lebensbedarfes der Bevölkerung wird vom Staat überwacht. Ihm obliegt die Sicherstellung der Versorgung des Landes mit elektrischer Kraft." Dieser Satz stammte von Ministerpräsident Wilhelm Hoegner, der sich häufig mit dem Problem der Stromversorgung herumschlagen mußte. Die Analyse der Ursachen für die katastrophale Versorgungslage Bayerns hatte Hoegner zu der Erkenntnis geführt, daß die Misere kein Zufall war, sondern viel mit der korrupten Politik der Staatsregierung während der NS-Zeit zu tun hatte. Der Leiter der Ministerialbauabteilung, wie die Oberste Baubehörde seit 1932 hieß, Arno Fischer, hatte nach allgemeiner Auffassung gemeinsam mit den Gauleitern Adolf Wagner und Franz Schwede-Coburg eine vergleichsweise unwirtschaftliche Kraftwerksbauweise in Bayern zugelassen und sich persönlich daran bereichert. Gleichzeitig machte man dieses Triumvirat dafür verantwortlich, daß Bayern wesentliche Rechte und Beteiligungen an der Nutzung und am Ausbau der bayerischen Flüsse, so für Lech und Donau, an das Reich bzw. an außerbayerische Energieversorgungsunternehmen wie das Rheinisch-Westfälische-Elektrizitätswerk vergeben hatte[35].

Hoegner brachte Artikel 152 erst spät in die Verfassungsberatungen ein[36], und es scheint so, als hätten die Mitglieder der Verfassunggebenden Landesversamm-

[32] Das bedeutendste Dokument über die Stromversorgungslage Bayerns in den Nachkriegsjahren ist der Bericht des Landeslastverteilers für Bayern über die Stromversorgung im Elektrizitätsbezirk VIII (rechtsrhein. Bayern), München 1950. Über eine umfassende Statistik von Stromerzeugung und -verbrauch hinaus enthält der Bericht minutiöse Aufstellungen über die Störungen und Stromeinschränkungsmaßnahmen in den einzelnen Jahren.

[33] Vgl. Nürnberger Nachrichten vom 19. 1. 1951: „Bayerische Stromversorgung am Mittwoch zusammengebrochen".

[34] BayHStA, MWi 13226, Referat 39 (Schneider) an Ministerialdirigent Zehler vom 26. 2. 1956.

[35] Vgl. das Protokoll der Sitzung des Ministerrats am 24. 7. 1946, in: Die Protokolle des Bayerischen Ministerrats 1945–1954. Das Kabinett Hoegner I. 28. September 1945 bis 21. Dezember 1946, bearb. von Karl-Ulrich Gelberg, München 1997, S. 655–662.

[36] Der Satz war erst bei der zweiten Lesung im Verfassungsausschuß der Verfassunggebenden Landesversammlung aufgenommen worden; vgl. Hildegard Kronawitter, Wirtschaftskonzeptionen und Wirtschaftspolitik der Sozialdemokratie in Bayern 1945–1949, München u.a. 1988, S. 89 mit Fußnote 200; Elektrizitätsversorgung in Bayern, Geleitwort Hoegners. Zum Hintergrund vgl.

lung dabei vor allem an die Errichtung von Kraftwerken durch den Staat selbst gedacht. Hans Nawiasky interpretierte den Artikel in seinem maßgeblichen Kommentar zur bayerischen Verfassung in diesem Sinne[37], und Hoegner selbst sprach in seinem Lehrbuch des bayerischen Verfassungsrechts sogar von der Pflicht des Staats, „über eine bloße Überwachung hinaus, [...] die elektrische Kraft durch die Anlage von Kraftwerken und durch Einfuhr und Verteilung elektrischer Energie zur Verfügung zu stellen"[38].

Diese sehr weitgehenden Vorstellungen waren allerdings schnell überholt. Mit der Verkündung des Grundgesetzes 1949 wurde das alte deutsche Energierecht wieder in Kraft gesetzt. Das „Gesetz zur Förderung der deutschen Energiewirtschaft", kurz Energiewirtschaftsgesetz, vom 13. Dezember 1935 räumte dem Staat lediglich ein Aufsichtsrecht über die Unternehmen der Energiewirtschaft ein. Die Behörden konnten damit zwar Auflagen für Bau und Umbau, Betrieb und Stilllegung energietechnischer Anlagen machen und die Preisgestaltung der Energieversorgungsunternehmen beeinflussen. Zum Bau von Kraftwerken verpflichten konnten sie sie aber nicht[39].

Doch nicht einmal dieses Aufsichtsrecht war in Bayern eindeutig geregelt. Traditionell war für Energiefragen die höchste technische Behörde, die Oberste Baubehörde im Staatsministerium des Innern, zuständig. Da Bayern zunächst ganz auf die Stromerzeugung aus Wasserkraft gesetzt hatte, war dies auch die naheliegende Lösung. Schließlich waren bei der Obersten Baubehörde die notwendigen technischen Fachkenntnisse vorhanden, während das Innenministerium für wasserrechtliche Fragen verantwortlich war. Aus diesem Grund war der Obersten Baubehörde am 1. April 1908 eine „Abteilung für Wasserkraftausnutzung" angegliedert worden, die fortan die nötigen Planungsunterlagen für eine staatliche Elektrifizierungspolitik bereitstellen sollte[40]. Das Energiewirtschaftsgesetz von 1935 übertrug dann aber die Aufsicht über die Energiewirtschaft dem Reichswirtschaftsminister, der sich dafür der Referate für Energieversorgung bei den Landeswirtschaftsämtern bediente.

So ähnlich sollte es nach Auffassung des bayerischen Wirtschaftsministeriums auch nach Kriegsende bleiben. Es ordnete bereits am 25. Oktober 1945 an, diese Aufgaben auf das dem Ministerium unterstellte bayerische Landeswirtschaftsamt in München zu übertragen; das Gesetz über die Wirtschaftsverwaltung in Bayern vom 21. Dezember 1948 wies sie dann dem Wirtschaftsministerium zu. Wie in

Barbara Fait, Demokratische Erneuerung unter dem Sternenbanner. Amerikanische Kontrolle und Verfassunggebung in Bayern 1946, Düsseldorf 1998, S. 408–499, daneben die Arbeit von Eduard Schmidt, Staatsgründung und Verfassunggebung in Bayern. Die Entstehung der Bayerischen Verfassung vom 8. Dezember 1946, München 1997.

37 „Es wird hierbei aber insbesondere auch an die Errichtung von Kraftwerken zu denken sein." Hans Nawiasky/Claus Leusser, Die Verfassung des Freistaates Bayern vom 2. Dezember 1946. Systematischer Überblick und Handkommentar, München/Berlin 1948, S. 234.

38 Wilhelm Hoegner, Lehrbuch des bayerischen Verfassungsrechts, München 1949, S. 181.

39 Vgl. Wolfgang Löwer, Energiewirtschaft und Energieversorgung, in: Kurt G.A. Jeserich/Hans Pohl/Georg-Christoph von Unruh (Hrsg.), Deutsche Verwaltungsgeschichte, Bd. 5: Die Bundesrepublik Deutschland, Stuttgart 1987, S. 817–843, hier insbesondere S. 820.

40 Vgl. Blaich, Energiepolitik, S. 58.

allen anderen deutschen Ländern lag daher rein rechtlich die Zuständigkeit für die Energiepolitik eindeutig beim Wirtschaftsressort[41].

Die Oberste Baubehörde ließ sich davon nicht beirren. Sie hatte bei Kriegsende wie selbstverständlich den Vollzug des Energiewirtschaftsgesetzes an sich gezogen und dafür unter Berufung auf eine angebliche Entscheidung der amerikanischen Militärregierung auch die Ministerpräsidenten Schäffer und Hoegner gewinnen können. Bei einer interministeriellen Besprechung am 10. November 1945 billigte der Vertreter des Wirtschaftsministeriums diese Kompetenzverteilung sogar ausdrücklich. Doch schon am 7. Dezember stieß Wirtschaftsminister Ludwig Erhard diese Übereinkunft wieder um. Er plädierte nun dafür, sein Haus mit der Federführung in Fragen der Energiepolitik zu betrauen. Für diese Lösung setzte sich auch der Verband Bayerischer Elektrizitätswerke (VBEW) als Repräsentant der Unternehmen der Energiewirtschaft ein. Am 25. Februar 1946 schließlich entschied Ministerpräsident Hoegner in einem Schreiben an den Wirtschaftsminister, den Innenminister und das Bayernwerk, daß die Energieaufsicht weiterhin beim Innenministerium liegen solle[42]. Obwohl diese Regelung nach 1949 dem Bundesrecht zuwiderlief und obwohl das Wirtschaftsministerium diese Praxis wiederholt kritisierte, änderte sich bis Ende der fünfziger Jahre praktisch nichts. Es war schlimm genug, daß sich der Ausbau der bayerischen Energieversorgung deshalb in einer rechtlichen Grauzone vollzog. An die planvolle Konzeption einer schlüssigen Energiepolitik aber war unter diesen Umständen nicht zu denken.

3. Planung im Spannungsfeld der Interessen

Es hatte freilich nicht nur mit diesem Wirrwarr zu tun, daß die ersten Jahre der Amtszeit von Ministerpräsident Hans Ehard von Stagnation gekennzeichnet waren. Ehard verließ sich auf die Oberste Baubehörde und Franz Fischer, der diese von 1945 bis 1954 leitete. Fischer gelang es jedoch nicht, ein vernünftiges Verhältnis zur Elektrizitätswirtschaft und insbesondere zu deren wichtigstem Unternehmen, dem Bayernwerk, herzustellen. Die Vorstellungen beider Seiten, wie das Ausbauziel der bayerischen Stromversorgung auszusehen habe, gingen himmelweit auseinander. Den Technokraten der Obersten Baubehörde stand eine weitgehende Autarkie Bayerns vor Augen; sie wollten sich deshalb nur mit dem Bau von Wasserkraftwerken beschäftigen. Als leuchtendes Beispiel diente ihnen dabei der Nachbar Österreich, der sich durch die massive Ausbeutung der reichlich vorhandenen Wasserläufe eben anschickte, zum Stromexporteur aufzusteigen[43]. Die Energiewirtschaft orientierte sich dagegen eher am industriellen Leitbild Nordrhein-Westfalen, wo der Großkonzern RWE Versorgungsstrategien vorexerzierte, die ebenfalls beachtliche wirtschaftliche Ergebnisse zeitigten[44]. Sie setzte auf

[41] Vgl. allgemein Knut Borchardt, Zur Geschichte des Bayerischen Staatsministeriums für Wirtschaft und Verkehr, Wiesbaden 1987.

[42] Vgl. Bayerischer Verwaltungsgerichtshof, Urteil vom 20. 7. 1961 Nr. 148 VI 57, in: Bayerische Verwaltungsblätter NF 7 (1961), S. 311–314.

[43] Vgl. Roman Sandgruber, Ökonomie und Politik. Österreichische Wirtschaftsgeschichte vom Mittelalter bis zur Gegenwart, Wien 1995, S. 508.

[44] Vgl. Dieter Schweer/Wolf Thieme (Hrsg.), Der gläserne Riese. RWE – Ein Konzern wird transparent, Wiesbaden 1998.

kostengünstige, mit Kohle befeuerte Wärmekraftwerke und vor allem auf eine überregionale und internationale Verbundwirtschaft. Es ist bezeichnend, wenn Fischer das Bayernwerk wegen solcher Bestrebungen wiederholt als „Stromtandler"[45] diffamierte, der sich dem Ausbau einer landeseigenen Stromversorgung widersetze.

Der Ingenieur Fischer und seine Beamten taten in ihrer täglichen Arbeit das, was die Baubehörde immer getan hatte[46]: Sie zeichneten Pläne, in die sie die bestehenden Wasserkraftwerke eintrugen und in denen sie die Stellen markierten, wo weitere Kraftwerke gebaut werden könnten. Seit Beginn des Jahrhunderts war auf diese Weise verfahren worden[47], und so legte die Oberste Baubehörde am 15. Februar 1947 erneut eine solche Übersicht vor. Die Denkschrift trug den Titel „Generalplan der Wasserkräfte in Bayern" und war die leicht überarbeitete Fassung eines gleichnamigen Elaborats vom 29. November 1943[48].

Die Veröffentlichung des Plans blieb aber in jeder Hinsicht folgenlos. Ein Memorandum, das die Isarwerke München und das Bankhaus Merck, Finck & Co. München unter Federführung von Reichskanzler a.D. Hans Luther im April 1949 herausgaben, zeigte den Hauptgrund dafür auf: den Kapitalmangel, der jegliche Investition für den Ausbau der Infrastruktur zu verhindern drohte. Das Memorandum, das angeblich aus einem Wunsch der amerikanischen Besatzungsbehörden resultierte, ging davon aus, daß für den Bau der unbedingt nötigen Wasserkraftanlagen in Bayern rund eine halbe Milliarde DM zu veranschlagen sei, und regte an, diesen Betrag aus privaten deutschen Mitteln durch Anleihen und die staatliche Förderung zweckgebundenen Sparens aufzubringen[49]. Erst durch diese Denkschrift wurde der Landtag aufgeschreckt und begann im Mai 1949 die Staatsregierung zu drängen, nun endlich und so bald wie möglich die geplanten Maßnahmen zum Ausbau und zur Verbesserung der Elektrizitätsversorgung in Angriff zu nehmen[50].

Da die Versorgungslage weiterhin gespannt blieb, kam es im folgenden Jahr zu schweren politischen Turbulenzen. Am 28. Februar 1950 legte die Oberste Baubehörde einen aktualisierten „Generalplan" vor, doch listete dieser nach wie vor lediglich die wasserbaulichen Gegebenheiten und Möglichkeiten auf, ohne kon-

[45] BayHStA, StK 14653, Franz Fischer an Hans Ehard vom 23. 9. 1950.

[46] Vgl. Roland Joerg, Beiträge zur Geschichte der Bayerischen Staatsbauverwaltung. Neubeginn und Wiederaufbau 1945 bis 1962, München 1983; 150 Jahre Oberste Baubehörde im Bayerischen Staatsministerium des Innern, München 1980; 125 Jahre Oberste Baubehörde (Bayerland 1955 H. 2); Die Bayerische Staatsbauverwaltung 1948–1968, München 1968.

[47] „Die Wasserkräfte Bayerns", 1907; „Die Ausnützung der Wasserkräfte Bayerns", 1910; „Bericht über den Stand der Wasserkraftausnützung und Elektrizitätsversorgung in Bayern in den Jahren 1910 und 1911"; „Bericht über den Stand der Elektrizitätsversorgung in Bayern am Ende des Jahres 1913"; „Die Wasserkraftwirtschaft in Bayern", 1921; „Die Organisation und Wirtschaft der Bayerischen Elektrizitätsversorgung (nach dem Stande Mitte 1925)"; „Die Wasserkraftausnützung in Bayern", 1926; vgl. auch Blaich, Energiepolitik, S. 68–73.

[48] Beide Denkschriften in: BayHStA, StK 14651.

[49] BayHStA, StK 14653, „Betrachtungen über Möglichkeiten einer Finanzierung der weiteren Erschließung bayerischer Wasserkräfte zwecks Erzeugung elektrischen Stroms aus privaten deutschen Mitteln. München, im April 1949"; vgl. auch Industriekurier vom 26. 6. 1949: „Erschließung bayerischer Wasserkräfte".

[50] Vgl. Stenographischer Bericht über die 109. Sitzung des bayerischen Landtags am 18. 5. 1949, S. 71 ff.; vgl. auch Beilage 2115 vom 21. 12. 1948 und Beilage 2239 vom 21. 2. 1949, in: Verhandlungen des Bayerischen Landtags. I. Wahlperiode 1946–1950, Beilagenbd. III, München o.J. (1951).

krete Angaben darüber zu machen, wie weiter vorgegangen und wie der akute Energiemangel behoben werden sollte[51]. Daraufhin ergriff der Vorstandsvorsitzende des Bayernwerks, Leonhard Wolf, die Initiative. Wolf übte seit 1945 zugleich das Amt des Landeslastverteilers für Bayern aus, war also dafür zuständig, Angebot und Nachfrage auf dem Sektor des elektrischen Stroms zu koordinieren[52]. Der 1897 in Fürth geborene Ingenieur begann seine berufliche Karriere 1922 beim Bau des Walchenseekraftwerks und konnte sich dann beim Bayernwerk in leitenden Stellungen profilieren. 1945 an die Spitze des Unternehmens berufen, wurde Wolf rasch zu einer zentralen Figur der bayerischen Energiepolitik im ersten Nachkriegsjahrzehnt[53]. Selbstbewußt bemühte er sich darum, seinen Aktionsradius auszudehnen und seine energiewirtschaftlichen Vorstellungen durchzusetzen. Mit Datum vom 15. März 1950 ließ Wolf einen „Bericht des Landeslastverteilers für Bayern" drucken, dessen Kern ein zweigleisig angelegtes Sofortprogramm war[54]. Die Grundversorgung Bayerns mit elektrischem Strom sollte durch den möglichst raschen Neu- und Ausbau von Kraftwerken im Freistaat erfolgen, darüber hinausgehender Spitzenbedarf durch die verstärkte Kooperation mit den Nachbarländern gedeckt werden. Konkret forderte Wolf fünf Maßnahmen, für die er Investitionen in einer Höhe von 350 bis 400 Millionen DM veranschlagte:

„a) Sofortiger Baubeginn des Dampfkraftwerkes am Hafen Aschaffenburg [...] b) Sofortiger Baubeginn des Roßhauptener Speichers [...] c) Sofortiger Weiterbau des im Kriege bereits begonnenen Ausbaus der Innstufe Braunau [...] d) Sofortiger Ausbau und Verstärkung der überlasteten Mittelspannungs- und Niederspannungsverteilungsanlagen der Überlandwerke und städt. bezw. gemeindlichen Elektrizitätswerke [...] e) Neubau der 220kV-Leitung Aschaffenburg-Borken zur Preussischen Elektrizitäts AG [...]."

Wolfs Vorgehen kam einer Kriegserklärung an die Oberste Baubehörde gleich. Im Juli desselben Jahres wurde die Öffentlichkeit Zeuge einer ersten Kraftprobe. Wolf hatte erfahren, daß das Bundeswirtschaftsministerium beabsichtigte, ERP-Mittel in einer Höhe von 275 Millionen DM, die für den Ausbau der Elektrizitätsversorgung vorgesehen waren, um 30 Millionen DM zu kürzen und dieses Geld in Anlagen der Gas- und Wasserversorgung zu investieren. In einem Schreiben vom 20. Juli 1950 an den zuständigen Staatssekretär Eduard Schalfejew verwahrte sich Wolf umgehend gegen diese Pläne, die unweigerlich zu einer Verzögerung der in Bayern bereits angelaufenen dringenden Bauvorhaben führen mußten[55]. Wenige Tage später wandte sich die Oberste Baubehörde an Schalfejew und desavouierte

[51] Vgl. Heinrich Leininger, Der Beitrag Bayerns zur Entwicklung der öffentlichen Stromversorgung, in: Elektrizitätswirtschaft 50 (1951), S. 267–271. Der Generalplan wies 1225,5 MW ausgebaute und im Bau befindliche sowie 2234,4 MW erschließbare Wasserkraftleistung aus, daneben 6608 Millionen kWh ausgebaute und im Bau befindliche Jahresarbeit bzw. 10892 Millionen kWh erschließbare Jahresarbeit.

[52] Vgl. Pohl, Bayernwerk, S. 292.

[53] Wolf war von 1945 bis 1965 Vorstandsvorsitzender der Bayernwerk AG und in zahlreichen nationalen und internationalen Gremien der Energiewirtschaft engagiert. Obwohl er „zu den profiliertesten Persönlichkeiten der bayerischen Wirtschaft" zählte (Industriekurier vom 29. 4. 1965) und wiederholt mit Auszeichnungen bedacht wurde, mied er das Rampenlicht der Öffentlichkeit nach Möglichkeit, so daß seine Biographie in allgemein zugänglichen Quellen kaum faßbar ist.

[54] Vgl. Bericht des Landeslastverteilers für Bayern; das folgende Zitat ebenda, S. 28ff.

[55] BayHStA, StK 14652, Leonhard Wolf an Eduard Schalfejew vom 20. 7. 1950.

Wolf. Der Landeslastverteiler sei für diese Fragen nicht zuständig und habe eigenmächtig gehandelt; die Mittelkürzungen seien zwar „schmerzlich", doch sei bislang auch die Gaswirtschaft vernachlässigt worden. Da die Oberste Baubehörde für den ganzen Energiesektor verantwortlich sei und nicht nur für die Stromversorgung, sei die vorgesehene Umschichtung der Mittel völlig in ihrem Sinne[56]. Am gleichen Tag lief im Bundeswirtschaftsministerium ein Schreiben des Staatssekretärs im bayerischen Finanzministerium, Hans Müller, ein, der die Argumentation Wolfs unterstützte[57], drei Tage später hieb Wirtschaftsstaatssekretär Hugo Geiger in dieselbe Kerbe und bezeichnete diese Position in einem Fernschreiben als Ansicht der bayerischen Staatsregierung[58].

Der Vorfall schlug hohe Wellen, da Wolf sämtliche bayerischen Bundestagsabgeordneten darüber informierte[59]. Das der SPD-Opposition im Landtag zugespielte Material nutzte der Abgeordnete Jean Stock am 16. August zu einer Anfrage, in der er die Aufklärung des Vorfalls verlangte. Am 22. August forderte daraufhin der Haushaltsausschuß Ministerpräsident Ehard auf, eine einheitliche Stellungnahme Bayerns herbeizuführen. Die Affäre warf ein denkbar schlechtes Licht auf die Handlungsfähigkeit der Staatsregierung, deren Energiepolitik richtungslos zu sein schien, während sich Oberste Baubehörde und Elektrizitätswirtschaft in nutzloser Polemik aufrieben[60]. Da die Konzepte von Regierung und Energiewirtschaft offensichtlich unvereinbar waren, konnte eine heftige Debatte über die Zukunft der bayerischen Stromversorgung nicht ausbleiben[61].

Der seit längerem schwelende Konflikt war durch den „Bericht über den gegenwärtigen Stand und den weiteren Ausbau der bayerischen Elektrizitätsversorgung" verschärft worden[62], den Fischer Ende Juni 1950 auf nachdrückliches Drängen des Landtags vorgelegt hatte[63]. Dieser erste grobe Ausbauplan enthielt zwar auch den Bau von Dampfkraftwerken (Aschaffenburg, Gebersdorf, München), räumte jedoch dem Bau von Wasserkraftanlagen eindeutig den Vorrang ein. Hier wiederum sollte der Schwerpunkt „auf die Errichtung von möglichst grossen Speicherwerken sowie auf den Ausbau von Laufkraftwerken mit guter Winterwasserführung" gelegt werden. Besonders betont wurde, daß die Planung dieser Anlagen „nicht nur nach rein energiewirtschaftlichen Gesichtspunkten, sondern auch im Hinblick auf die Belange der gesamten Wasserwirtschaft des betreffenden Flussgebietes, der Landwirtschaft, der Landeskultur, des Naturschutzes usw. durchzuführen" sei. Als Anlage enthielt der Bericht der Obersten Baubehörde ein auf zehn Jahre angelegtes Bauprogramm, mit dem die Kapazität der bayerischen

56 BayHStA, StK 14652, OBB (i.V. Ministerialdirigent Lutz) an Eduard Schalfejew vom 31. 7. 1950.
57 BayHStA, StK 14652, Hans Müller an Ludwig Erhard vom 31. 7. 1950.
58 BayHStA, StK 14652, Hugo Geiger an Ludwig Erhard vom 3. 8. 1950.
59 BayHStA, StK 14653, Franz Fischer an das bayerische Staatsministerium des Innern vom 12. 9. 1950.
60 BayHStA, StK 14652, Gustav von Ammon an Ministerpräsident Ehard vom 18. 9. 1950.
61 AdbL, Protokolle der 63., 64., 68., 69., 70. und 72. Sitzung des Ausschusses für Wirtschaft am 27.6., 28.6., 13.9., 20.9., 21.9. und 11. 10. 1950.
62 Als Manuskript gedruckt; ein Exemplar findet sich im BayHStA, StK 14653.
63 Vgl. die Interpellation der SPD-Fraktion und die Stellungnahme Fischers im Stenographischen Bericht über die 159. Sitzung des bayerischen Landtags am 20. 4. 1950, S. 324–342; vgl. auch Neue Zeitung vom 28. 6. 1950: „Zehnjahresplan soll Bayerns Energielücken schließen". Das folgende nach dem „Zehnjahresplan" (BayHStA, StK 14653), S. 10f., Anlage 3 und S. 20.

Kraftwerke bis 1959 um 974 MW gesteigert, also der geschätzten Verbrauchsentwicklung entsprechend beinahe verdoppelt werden sollte. Sofort in Angriff genommen werden sollten das Dampfkraftwerk Aschaffenburg und die beiden Stauseeprojekte am Oberlauf der Isar (Sylvenstein) und am oberen Lech bei Roßhaupten. Die größte Schwierigkeit sah die Oberste Baubehörde darin, die erforderlichen Mittel aufzubringen, die auf jährlich 200 Millionen DM geschätzt wurden. Dagegen legte man Wert auf die Feststellung, „dass von der rein technischen Seite her, d.h. durch die OBB, alle Vorbereitungen getroffen sind, um den zur Behebung unserer Energienot erforderlichen Ausbau von Kraftwerksanlagen beschleunigt und in ausreichendem Umfang durchführen zu können".

Pikanterweise war der Bericht vom Juni 1950 jedoch nicht mit den beiden anderen betroffenen Ressorts, dem Wirtschafts- und dem Finanzministerium, und insbesondere nicht mit dem seit 20. Mai 1949 bei der Obersten Baubehörde angesiedelten „Energiefachausschuß" abgestimmt worden. Dieser Ausschuß sollte in erster Linie die Energieversorgungsunternehmen, vertreten durch den Verband Bayerischer Elektrizitätswerke[64], in den politischen Entscheidungsprozeß einbinden, ja er wurde von der Elektrizitätswirtschaft geradezu als „Beirat des Verbandes beim Innenministerium" angesehen[65]. Von der Obersten Baubehörde derart brüskiert, sahen sich die Vertreter der Stromwirtschaft veranlaßt, ihre abweichenden Ansichten in einer eigenen Denkschrift an die Öffentlichkeit zu bringen[66]. In den „Empfehlungen des VBEW August 1950" wurden die von der Obersten Baubehörde geplanten Bauvorhaben einer schonungslosen Kritik unterzogen. Aschaffenburg wurde als Standort für ein Dampfkraftwerk prinzipiell als verfehlt bezeichnet, da sich dort kein Verbrauchsschwerpunkt befinde; ein solches Kraftwerk sei vielmehr im Raum Würzburg-Schweinfurt-Bamberg zu errichten. Das Sylvenstein-Projekt glaubte man in absehbarer Zeit nicht verwirklichen zu können, da das Verhältnis von Investitionen und Ertrag in keiner vernünftigen Relation zueinander stehe. Auch der Speicher Roßhaupten sei erst in einer zweiten Ausbaustufe anzugehen. Das Konzept der bayerischen Elektrizitätswirtschaft sah demgegenüber vor, an Verbrauchsschwerpunkten mehrere Dampfkraftwerke zu errichten, die bei gleicher Leistung wesentlich weniger kosteten als Wasserkraftwerke. Auf diese Weise glaubte man, den akuten Energiemangel am schnellsten beseitigen zu können. Zudem sprach sich der Verband für das Flußkraftwerk an der Donau bei Jochenstein aus; durch Steigerung des Fremdstrombezugs vom RWE sollte schließlich den restlichen Versorgungsengpässen begegnet werden. Alles in allem versprach sich der Verband Bayerischer Elektrizitätswerke von einem solchen Ausbau finanzielle Einsparungen in einer Höhe von über 350 Millionen DM. Die Kontroverse zwischen der Obersten Baubehörde und den Repräsentanten der Stromwirtschaft führte schließlich dazu, daß der Landtag die Staatsregierung am 19. Oktober 1950 aufforderte, den zu sehr an „hydraulischen Gesichtspunkten" orientierten neuen Generalplan der Obersten Baubehörde nach

[64] Vgl. die Festschrift zum 50jährigen Bestehen des Verbands: Elektrizität in Bayern 1919–1969, hrsg. vom VBEW, München 1969.
[65] BayHStA, StK 14652, Gustav von Ammon an Ministerpräsident Ehard vom 18. 9. 1950.
[66] BayHStA, StK 14653, „Stellungnahme des Verbandes Bayerischer Elektrizitätswerke e.V. München zu dem weiteren Ausbau der bayerischen Elektrizitätsversorgung" vom August 1950.

der energie- und der bauwirtschaftlichen Seite hin zu ergänzen; konkret hieß das, sowohl die künftige Bedarfsentwicklung als auch den Bau von Wärmekraftwerken stärker in die Planungen einzubeziehen[67].

Im Juli 1951 war der diesmal auch zwischen den Referenten der drei beteiligten Ministerien, dem Landeslastverteiler und der Elektrizitätswirtschaft abgestimmte Zehnjahresplan für die Jahre 1951 bis 1960 endlich fertig; er trug den Titel „Entwurf einer Denkschrift über den Ausbau der öffentlichen Elektrizitätsversorgung in Bayern"[68]. Da die Oberste Baubehörde nach wie vor federführend war, stand auch in diesem Entwurf die Wasserkraft im Vordergrund. Allerdings waren nun erstmals insgesamt 65 Einzelprojekte aufgeführt und mit Hilfe von sogenannten „Güteziffern" in eine Reihenfolge gebracht worden, die als Richtschnur der zeitlichen Realisierung dienen sollte. Nach dieser Güteziffer, die die zu erwartende Energieausbeute zu den geschätzten Investitionskosten ins Verhältnis setzte, waren die energiewirtschaftlich bedeutendsten Bauvorhaben: Roßhaupten mit Stufe Helmenstein 100 – Jochenstein 74,4 bzw. 71,24 – Sylvensteingroßspeicher 64,98, gefolgt von mehreren Kraftwerksstufen am Lech mit Güteziffern von 64,04 bis 59,42. Für die nächste Dekade mußte sich die bayerische Energiepolitik an diesem Zehnjahresplan messen lassen, der auch den Vorarbeiten für einen bayerischen Landesentwicklungsplan zugrunde gelegt wurde[69].

1951 kamen die langjährigen Debatten über die Konzeption der bayerischen Energieversorgung zu einem gewissen Abschluß. Gedanken an eine Sozialisierung von Unternehmen der Energieversorgung, wie sie nach Artikel 160 der Verfassung möglich und von einzelnen SPD-Abgeordneten gelegentlich vorgetragen worden waren, wurden nun endgültig ad acta gelegt. Der Staatsbeauftragte für die Durchführung des Artikels 160, Heinrich Emmert (CSU), stellte in seinem Tätigkeitsbericht vor dem Landtag fest, „daß ein dringendes Bedürfnis, die Gesellschaftsformen der Energieversorgungsunternehmen abzuändern, zur Zeit nicht besteht. Der größere Teil der Energiebetriebe, die für die öffentliche Versorgung arbeiten, ist ohnehin vollständig oder überwiegend in öffentlicher Hand"[70]. Der Ministerrat bestätigte außerdem die herausgehobene Stellung des Bayernwerks, dem immer wieder vorgeworfen worden war, unfähig zu sein, die bestehenden Probleme zu lösen, gleichzeitig aber monopolistische Tendenzen zu verfolgen. Immerhin wurde der Aufsichtsrat des Unternehmens umbesetzt und das staatliche Aufsichtsrecht nachdrücklicher als bis dahin geltend gemacht[71]. Die Situation entspannte sich schließlich auch dadurch, daß die Personalunion zwischen zwei zentralen Funktionen der bayerischen Energiewirtschaft beseitigt wurde. Auf anhaltenden Druck der Öffentlichkeit, aber auch seiner Kollegen in anderen

67 Beschluß des bayerischen Landtags vom 19. 10. 1950 (Beilage 4512), in: Verhandlungen des Bayerischen Landtags. I. Wahlperiode 1946–1950, Beilagenbd. I, München 1951.

68 BayHStA, StK 14653, „Entwurf einer Denkschrift über den Ausbau der öffentlichen Elektrizitätsversorgung in Bayern (Zehnjahresplan 1951–1960). Bearbeitet von den Referenten der Bayerischen Staatsministerien des Innern, der Finanzen und für Wirtschaft. München, im Juli 1951"; das folgende nach ebenda, Anlage 11.

69 Vgl. Die Südpost vom 9. 7. 1952: „Energieversorgung und Landesentwicklungsplan" und Willi Guthsmuths, Die bayerische Elektrizitätsversorgung als Gegenstand der Landesplanung, in: Elektrizitätsversorgung in Bayern, S. 12f.

70 AdbL, Protokoll der 12. Sitzung des Ausschusses für Wirtschaft und Verkehr am 25. 5. 1951.

71 BayHStA, StK 14653, Vorlage an den Ministerrat zur Frage der Bayernwerk AG vom 12. 5. 1951.

Unternehmen, bat Bayernwerk-Vorstand Wolf Ministerpräsident Ehard im Mai 1951, ihn von seinem Amt als Landeslastverteiler zu entbinden, was zum 1. Oktober auch geschah[72].

4. *Große und kleine Lösungen*

Der technokratische Denkansatz, der die Vorstellungen über den Ausbau der Energieversorgung beherrschte, führte zu einer Präferenz für „große Lösungen". Das hatte in Bayern Tradition. Schon vor dem Ersten Weltkrieg hatte die Oberste Baubehörde eine ganze Reihe von Großprojekten entworfen, durch die die gewaltigen Wassermassen der bayerischen Alpen gebändigt und genutzt werden sollten. Diese alten Entwürfe, die darauf hinausliefen, die Frühjahrsschmelze in riesigen Stauseen aufzufangen und damit die Stromerzeugung insbesondere im Winter zu erhöhen, wurden jetzt aus den Schubladen geholt. Erneut konnte man sich dabei an Österreich orientieren, wo in den Tauern das spektakuläre Speicherkraftwerk Kaprun seiner Fertigstellung entgegenging[73]. Die immensen Kosten solcher Großvorhaben und die mit ihnen verbundenen Umweltveränderungen machten sie auch in Bayern zu einem Hauptgegenstand der energiepolitischen Debatte.

Als erstes größeres Projekt nahm das Bayernwerk 1947 die sogenannte Rißbachüberleitung in Angriff. Da die Alliierten die Errichtung neuer Kraftwerke zunächst untersagt hatten[74], bot sich die Überleitung von Wasser aus dem Rißbach in den Walchensee als praktikable Lösung an, das Wasserreservoir des größten bayerischen Kraftwerks und damit auch seine elektrische Kapazität beträchtlich zu erhöhen. Am 24. Oktober 1949 wurde die Überleitung mit einem Staatsakt ihrer Bestimmung übergeben. Das von heftigen Debatten begleitete Projekt hatte gegen den entschiedenen Widerstand der Gemeinden des oberen Isartals durchgesetzt werden müssen, denen durch die Ableitung regelrecht das Wasser abgegraben wurde. Auch die Flößerei, ein traditionelles Gewerbe in dieser Region, hatte dadurch keine Zukunft mehr[75].

Das bedeutendste energiewirtschaftliche Neubauprojekt aber war der sogenannte Roßhauptener Speicher, der 1951 begonnen wurde. Ziel war es, den Oberlauf des Lechs aufzustauen, um so den größten Speichersee Europas entstehen zu lassen. Kein Wunder, daß man auch vom „Bayerischen Tennessee Valley" sprach. Das 75 Millionen DM teure Bauwerk wurde 1954 fertiggestellt und konnte bei einer Leistung von 43 MW jährlich 153 Millionen kWh zusätzlichen Strom liefern. Es bildete zugleich den Auftakt für den systematischen Ausbau des Lechs durch die Bayerische Wasserkraft AG. Heikel war das Projekt insbesondere wegen massiver Eingriffe in die bayerische „Königslandschaft" um die Schlösser Neuschwanstein und Hohenschwangau. Der später „Forggensee" genannte Speicher wurde jedoch schnell zu einem wildromantischen Nah-

[72] BayHStA, StK 14654, Leonhard Wolf an Hans Ehard vom 12. 5. 1951 und Leonhard Wolf an Hanns Seidel vom 6. 10. 1951.
[73] Vgl. Sandgruber, Ökonomie und Politik, S. 509.
[74] BayHStA, MWi 13213, Vermerk Marsch vom 7. 6. 1950.
[75] Vgl. Pohl, Bayernwerk, S. 340–345.

erholungsgebiet und konnte so als Präzedenzfall für weitere Speicherseeprojekte dienen[76].

Das zweifellos umstrittenste Vorhaben, um das jahrelang erbittert gerungen wurde, war der Bau des Sylvensteinspeichers an der oberen Isar. Als der Landtag 1947 die Rißbachüberleitung genehmigt hatte, war dies nur mit der Auflage geschehen, durch die Errichtung eines Speichersees in dieser Region die gleichmäßige Wasserführung der Isar zu gewährleisten. Gemeinden an der ganzen Isar bis zur Mündung bei Plattling, die immer wieder von katastrophalen Hochwassern heimgesucht worden waren, forderten vehement den Bau eines solchen Speichers und hatten dabei die Oberste Baubehörde auf ihrer Seite. Zu den Gegnern des kostspieligen Unternehmens gehörten aber die Spitzen der bayerischen Energiewirtschaft. Bayernwerk-Chef Leonhard Wolf bezeichnete den Sylvensteinspeicher 1951 vor dem Wirtschaftsausschuß des Landtags als „das größte Wahnsinnsprojekt, das ich je gesehen habe“[77], und in der Tat war das Verhältnis zwischen Investitionskosten und Ertrag aus energiewirtschaftlicher Sicht völlig indiskutabel. Das Kraftwerk konnte bei einer Leistung von nur 3,2 MW lediglich 21 Millionen kWh pro Jahr an zusätzlichem Strom liefern. Erst am 15. Januar 1954 entschloß sich der Landtag zum Bau des Sylvensteinspeichers – allerdings vor allem mit dem Ziel des Hochwasserschutzes. Diese Entscheidung kam jedoch zu spät, um noch etwas gegen das verheerende Hochwasser des Jahres 1954 ausrichten zu können, dessen Schäden im Bereich der Isar auf 200 Millionen DM geschätzt wurden. Erst 1959 wurde der Einstau am Sylvenstein vorgenommen[78].

Das dritte bemerkenswerte Großprojekt der fünfziger Jahre war das Flußkraftwerk Jochenstein an der Donau unterhalb von Passau. Die Pläne dafür stammten noch aus der Zwischenkriegszeit und wurden 1952 als deutsch-österreichisches Gemeinschaftsvorhaben in die Tat umgesetzt. Sowohl die Baukosten von rund einer Viertelmilliarde DM als auch der Ertrag des 140 MW-Kraftwerks, das täglich bis zu 2,8 Millionen kWh Strom liefern konnte, wurden zwischen den beiden Ländern geteilt. Am 2. Juli 1955 wurde das Kraftwerk im Beisein von Ministerpräsident Hoegner und Bundesverkehrsminister Hans-Christoph Seebohm zu Klängen aus Händels „Wassermusik“ eingeweiht[79]. Da am Flußkraftwerk Jochenstein 2500 Arbeiter im Schichtbetrieb beschäftigt und auch im Rahmen anderer Großprojekte zumindest zeitweise viele Arbeitsplätze geschaffen worden waren, darf man den beschäftigungspolitischen Effekt dieser Baumaßnahmen nicht außer acht lassen. Die Speicher und Kraftwerke lagen ja nicht selten in strukturschwachen Regionen, wo die Standortentscheidungen und der Baubeginn teils euphorisch begrüßt wurden[80].

Die Probleme der öffentlichen Elektrizitätsversorgung, Strom in ausreichender Menge bereitzustellen, gaben aber auch den Besitzern der vielen kleinen und kleinsten Kraftwerke in Bayern Auftrieb. Sie witterten die Möglichkeit, sich eine

[76] Vgl. Süddeutsche Zeitung vom 13. 3. 1951: „Der Lech gibt Licht fürs Schwabenland“.
[77] AdbL, Protokoll der 1. Sitzung des Ausschusses für Wirtschaft und Verkehr am 18. 1. 1951; vgl. auch Nordbayerische Zeitung vom 20. 1. 1951: „Sylvenstein-Projekt ist Wahnsinn“.
[78] Vgl. Die obere Isar – eine Zeitreise. Alt-Fall, Neu-Fall, Sylvensteinspeicher, Lenggries 1997.
[79] Vgl. Passauer Neue Presse vom 4. 7. 1955: „Das große Kind Jochenstein aus der Taufe gehoben“.
[80] Vgl. Der Abend vom 16. 6. 1954: „Europas größte Baustelle: an der Donau“.

dauerhafte Existenzgrundlage zu schaffen, indem sie verstärkt Energie ins öffentliche Netz einspeisten. Kraftwerke dieser Art waren für Bayern typisch. Die erste Phase der Elektrifizierung am Beginn des Jahrhunderts war hier fast ausschließlich von Kleinkraftwerken getragen worden, die häufig von Landwirten nebenbei betrieben wurden und bei geringer Leistung vorwiegend Strom für Beleuchtungszwecke produzierten. Auch zahlreiche Eigentümer von stillgelegten Mühlen, Sägewerken und Holz- oder Glasschleifereien wären gern in die Stromerzeugung eingestiegen. In den frühen fünfziger Jahren zählte man 11000 solcher Betriebe, vorwiegend in Ostbayern, von denen zehn Prozent bereits Strom lieferten[81].

Mit dem Hinweis auf die erheblichen Reserven, über die solche Anlagen verfügten, forderte die Regensburger „Arbeitsgemeinschaft Kleinkraftwerk", diese stärker in die öffentliche Elektrizitätsversorgung einzubeziehen[82]. Optimisten schätzten das Potential der Kleinkraftwerke auf ein Drittel des Gesamtstrombedarfs[83]. Die großen regionalen Stromversorger wie etwa die Energieversorgung Ostbayern AG, an die die Kleinerzeuger ihren Strom abgeben mußten, wollten von einer engen Kooperation nicht viel wissen. Sie zweifelten daran, daß die stark witterungsabhängigen Kleinkraftwerke überhaupt einen nennenswerten Beitrag zur Energieversorgung leisten konnten[84]. In der Tat handelte es sich bei diesen fast ausschließlich um Laufwasseranlagen, deren Leistung vom Wasserstand abhängig war. Gerade im Winter, wo es die größten Engpässe gab, war von den meisten Kleinkraftwerken nicht viel zu erwarten[85].

Vor diesem Hintergrund versuchten die Großunternehmen, die ungeliebte Konkurrenz so weit als möglich zurückzudrängen. Da sie über das Leitungsmonopol verfügten und so bei Zwistigkeiten ein Kleinkraftwerk problemlos vom Netz trennen konnten, hatten sie genügend Druckmittel zur Hand. Immer wieder klagten die Kleinerzeuger deshalb über eine „Vergewaltigung durch die Monopolbetriebe"[86], die sich, wie etwa die OBAG „im Interesse einer geordneten Allgemeinversorgung des Kreises Niederbayern", besonders heftig gegen den Bau neuer Kleinkraftwerke zur Wehr setzten[87].

Anders der Staat, der ab 1956 eine unmittelbare finanzielle Förderung von Kleinkraftwerken mit dem Argument gewährte, hierdurch würden Tausende von Mittelstandsexistenzen geschaffen[88]. Drei Jahre lang stellten Bund und Land im

[81] Vgl. Toni Siegert, Elektrizität in Ostbayern. Die Oberpfalz von den Anfängen bis 1945, Theuern 1985, sowie Toni Siegert, Elektrizität in Ostbayern. Niederbayern von den Anfängen bis 1945, Theuern 1988.

[82] Vgl. die Denkschrift der Arbeitsgemeinschaft: Richard Heider, Kleinwasserkräfte – weiße Kohle für Bayern, Gräfelfing 1953.

[83] Vgl. Neue Zeitung vom 23. 12. 1954: „Energiequellen bleiben ungenutzt".

[84] Vgl. Nürnberger Zeitung vom 16. 7. 1954: „Bayerns Kraftreserve will erschlossen werden".

[85] Vgl. H. Jockusch, Der energiewirtschaftliche Wert von Kleinwasserkräften, in: Elektrizitätswirtschaft 53 (1954), S. 643–646.

[86] BayHStA, MWi 13220, Gemeinschaft Bayerischer Klein-Kraftwerke (Regensburg) an das bayerische Staatsministerium für Wirtschaft und Verkehr vom 23. 12. 1952.

[87] BayHStA, MWi 13224, OBAG, Direktion Landshut, an das bayerische Staatsministerium für Wirtschaft und Verkehr vom 28. 4. 1955.

[88] Vgl. Mittelbayerische Zeitung vom 6. 6. 1955: „Arbeitstagung der Arbeitsgemeinschaft Kleinkraftwerk e.V."; Mittelbayerische Zeitung vom 27. 1. 1956: „98 Prozent aller Anlagen sind Kleinwasserkraftwerke"; Bayerische Staatszeitung vom 11. 2. 1956: „Ausbau der Kleinkraftwerke auf Bundesebene".

Rahmen der Grenzlandhilfe rund drei Millionen DM zum Ausbau von Kleinkraftwerken zur Verfügung[89]. Die CSU, die sich zu dieser Zeit in der Opposition befand, kritisierte dies heftig. Eine direkte Förderung sei unnötig, das mittelstandspolitische Ziel könne besser durch ein geeignetes Tarifsystem erreicht werden[90]. Trotz aller Kontroversen stieg die Zahl und vor allem die Stromproduktion der Kleinkraftwerke bis in die sechziger Jahre deutlich an. 1958 wurde ihre Ausbauleistung mit 150 MW und die Jahreserzeugung mit 700000 kWh angegeben[91]. 1967 gab es 1960 Kleinkraftwerke, die zusammen rund 900 Millionen kWh Strom erzeugten[92].

Anders als die Zahl der Stromproduzenten war die Zahl der Stromversorger stark rückläufig. 1950 waren trotz aller Konzentrationsbestrebungen noch rund 1400 Energieversorgungsunternehmen gemeldet. Kleine Versorger konnten den Ansprüchen der Verbraucher jedoch immer weniger gerecht werden. Der Strombedarf der Haushalte, der vor allem durch leistungsstarke elektrische Koch- und Heizgeräte enorm gestiegen war, konnte durch die oft altersschwachen Generatoren und das streckenweise antiquierte Leitungsnetz nicht mehr befriedigt werden. Die Verbraucher waren immer weniger bereit, auf den Komfort zu verzichten, den die Elektrizität zu jeder Tages- und Nachtzeit bot. Entsprechend unwillig reagierten sie auf Einschränkungen oder Störungen, die kleine Unternehmen vor schwerwiegendere Probleme stellten als die Großversorger[93]. Die Kleinbetriebe verfügten auch nicht über das nötige Kapital, um ihre Anlagen zu modernisieren, so daß sie es meist vorzogen, den Betrieb einzustellen[94]. Die Konkurrenz lauerte ja geradezu auf eventuelle Mißstände, um dann ein Eingreifen der Behörden zu fordern oder den strauchelnden Rivalen selbst zu übernehmen[95]. Auf diese Weise sank die Zahl der Energieversorgungsunternehmen bis 1960 auf etwa 1000. 1970 wurden noch 583 gezählt, wobei allerdings nur zehn Unternehmen 92 Prozent der Strommenge bewirtschafteten[96].

5. *Zwischenbilanz*

Die Ablösung von Hans Ehard durch Wilhelm Hoegner, dessen Regierung sich auf eine Koalition von SPD, Bayernpartei, GB/BHE und FDP stützte, nahm der Verband Bayerischer Elektrizitätswerke zum Anlaß, sich erneut öffentlich zu Wort zu melden. In der Broschüre „Hemmnisse des Wasserkraftausbaus in Bay-

[89] Vgl. Stenographischer Bericht über die 46. Sitzung des bayerischen Landtags am 17. 1. 1956, S. 1436 (Regierungserklärung Wilhelm Hoegners).

[90] Vgl. Stenographischer Bericht über die 50. Sitzung des bayerischen Landtags am 1. 2. 1956, S. 1562 (Otto Schedl).

[91] Vgl. Mittelbayerische Zeitung vom 18. 11. 1958: „Konferenz für Strompreisregelung gefordert".

[92] Vgl. Mittelbayerische Zeitung vom 25. 1. 1967: „Schedl will die Klein-E-Werke erhalten".

[93] Vgl. den Fall der Elektrizitätswerke Dorfen und Haag; Wasserburger Anzeiger vom 12. 1. 1954: „Dorfener wenden sich an Regierung".

[94] BayHStA, MWi 13228, OBAG, Hauptstelle Landshut, an das bayerische Staatsministerium für Wirtschaft und Verkehr vom 5. 5. 1959.

[95] BayHStA, MWi 13222, Amperwerke München an das bayerische Staatsministerium für Wirtschaft und Verkehr vom 20. 1. 1954.

[96] Vgl. Energieprogramm I, hrsg. vom Bayerischen Staatsministerium für Wirtschaft und Verkehr, München 1973, S. 22.

ern"[97] wurden die Vorgaben des Zehnjahresplans vom Juli 1951 mit der Realität von Ende 1954/Anfang 1955 verglichen. Danach blieb die Kapazität der neu errichteten Wasserkraftwerke mit 257 MW (1172 Millionen kWh pro Jahr) deutlich hinter den geplanten 282 MW (1573 Millionen kWh pro Jahr) zurück, während im gleichen Zeitraum Wärmekraftwerke gebaut worden waren, deren Ausbauleistung von 414 MW (1375 Millionen kWh pro Jahr) die vorgesehenen 316 MW (1097 Millionen kWh pro Jahr) deutlich übertraf. Hatte der Verband noch im August 1950 massiv auf einer vordringlichen Errichtung von Wärmekraftwerken bestanden, so kritisierte er vier Jahre später, „daß der Wasserkraftausbau nicht planmäßig fortschritt, während der Dampfkraftausbau über das beabsichtigte Maß vorgetrieben [sic!] wird". Die Gründe, die der Verband für diese Entwicklung verantwortlich machte, mußte die alte Regierung als Schlag ins Gesicht empfinden. Die höchsten Hürden seien nämlich nicht die Investitionen für Wasserkraftwerke gewesen, sondern die „zu weitgehende Rücksichtnahme" der Behörden „auf die Forderungen von Dritten", so gegenüber den Belangen der Landwirtschaft und Fischerei, der Schiffahrt, des Hochwasserschutzes oder des Naturschutzes. Auf diese Weise seien die Genehmigungsverfahren verschleppt worden. Überraschend war die Feststellung, daß ein großer Teil der bayerischen Wasserkraftwerke ohne die notwendigen wasser- und gewerberechtlichen Genehmigungen errichtet und betrieben wurde, darunter auch der Roßhauptener Speicher[98].

Eine Denkschrift der Obersten Baubehörde vom Mai 1957 kam ebenfalls zu dem Ergebnis, daß der Ausbau der Kraftwerke deutlich hinter dem selbstgesteckten Ziel zurückgeblieben war. Ende 1956 hatte man lediglich 84 Prozent der für diesen Zeitpunkt geplanten Ausbauleistung erreicht, an gesicherter Leistung sogar nur 76 Prozent. Versorgungsschwierigkeiten habe es nur deshalb nicht gegeben, weil der Strombedarf hinter den Prognosen des Zehnjahresplans zurückgeblieben und die Wasserführung der bayerischen Flüsse günstiger gewesen sei als gedacht. Weitere Investitionen in den Energiesektor hielt die Oberste Baubehörde für unabdingbar; sie errechnete ein Investitionsvolumen von einer Million DM pro Tag über die Gesamtlaufzeit des Plans hinweg[99].

Die größten Probleme, solche Summen aufzubringen, waren zu diesem Zeitpunkt bereits überwunden. Die Kapitalknappheit der Energiebranche ging ihrem Ende zu[100]. Für sie war nicht zuletzt der Preisstopp von 1936 verantwortlich gewesen, der verhindert hatte, daß die Unternehmen Rücklagen für Neuinvestitionen bilden konnten. Es hatte zwar nicht an Vorschlägen gefehlt, wie dieser Eng-

[97] Siegfried Kurzmann, Hemmnisse des Wasserkraftausbaus in Bayern, hrsg. vom Verband Bayerischer Elektrizitätswerke e.V., München 1954; die folgenden Zitate ebenda, S. 35 und S. 9.

[98] Vgl. Schwäbische Landeszeitung vom 30. 4. 1955: „Bayerns 50 illegale Kraftwerke"; Frankfurter Rundschau vom 28. 5. 1955: „Vom Staat zum Schwarzhändler gemacht".

[99] Vgl. Ausbau der öffentlichen Elektrizitätsversorgung in Bayern von 1951 mit 1961. Denkschrift der Obersten Baubehörde im Bayerischen Staatsministerium des Innern, München 1957, S. 8f. Noch ungünstigere Zahlen für den erreichten Ausbaustand wurden dem z.B. von einem Vertreter der Rhein-Main-Donau AG entgegengehalten (Mittelbayerische Zeitung vom 6. 3. 1957: „Zehn-Jahres-Energie-Plan nur zur Hälfte erfüllt"), wo von 58 Prozent Planerfüllung ausgegangen wurde.

[100] Vgl. Richard Ringelmann, Probleme der Finanzierung und Organisation der öffentlichen Elektrizitätswerke in Bayern, in: Elektrizitätsversorgung in Bayern, S. 14–17.

paß zu überwinden sei, aber kurzfristig ließ sich dieses Problem nicht lösen. Der finanzschwache Freistaat stellte vergleichsweise bescheidene Kredite für einzelne Projekte bereit. Darüber hinaus wurden in größerem Umfang Staatsbürgschaften übernommen: Ende 1952 beliefen sie sich auf 221,1 Millionen DM[101]. Von besonderer Bedeutung für die Finanzierung neuer Anlagen waren vor allem zwischen 1949 und 1951 Kredite aus der Marshallplanhilfe. Bis zu 30 Prozent der Bruttoanlageinvestitionen finanzierte man damit. Begünstigt wurden vor allem die großen Verbundgesellschaften, so daß in Bayern das Gros der Mittel an das Bayernwerk ging. In den folgenden Jahren profitierten die Unternehmen der Energiebranche vom Investitionshilfegesetz des Bundes, das am 7. Januar 1952 verabschiedet worden war und Investitionskredite sowie Sonderabschreibungen bis zur Höhe von 50 Prozent der Neubaukosten in Aussicht stellte; auf Bayern entfiel eine Kreditsumme von 66 Millionen DM. 1956 liefen die Abschreibungsmöglichkeiten aus, doch wurden im gleichen Jahr die bis dahin eingefrorenen Strompreise freigegeben. Seither gab es keine gravierenden Finanzierungsprobleme mehr[102], auch wenn die Manager der großen Energieversorger zunächst vehement einen Ausgleich für die gestrichenen Investitionshilfen forderten und die Zukunft der Energieversorgung in den düstersten Farben malten[103].

6. Aufbruch ins Atomzeitalter

Da elektrischer Strom in Bayern Mangelware war, wurde alles, was mit Atomenergie zu tun hatte, seit Ende der vierziger Jahre mit Argusaugen beobachtet[104]. Freilich rechnete zunächst niemand damit, daß Kernkraft in absehbarer Zeit kommerziell genutzt werden könnte. Die Kräfte des Atoms waren bislang nur für den Krieg entfesselt worden; Kernphysik und Atomforschung, die erst die Voraussetzungen für die friedliche Nutzung der Kernenergie schaffen mußten, hatten die Alliierten in Deutschland jedoch streng verboten. Durch die systematische Prospektion der Bodenschätze Bayerns wußte man aber immerhin um die bedeutenden Uranvorkommen im Fichtelgebirge[105]. Sollte der technische Fortschritt es erlauben, diese Ressourcen nutzbar zu machen, dann schienen alle Sorgen ein Ende zu haben: Bayerische Wasserkraft und bayerisches Uran würden eine ebenso unabhängige wie sichere Energieversorgung des Landes ermöglichen.

Seit sich mit der beginnenden Westintegration der jungen Bundesrepublik ab 1952 eine Lockerung der alliierten Restriktionen für die deutsche Atomforschung anbahnte, drängten deutsche Wissenschaftler darauf, ihren Rückstand möglichst schnell aufzuholen[106]. Durch massive Anstrengungen auf diesem Gebiet sollte

[101] Vgl. Fränkische Presse vom 31. 12. 1952: „500 Millionen DM Bürgschaften Bayerns".

[102] Vgl. Knut Borchardt/Christoph Buchheim, Die Wirkung der Marshallplan-Hilfe in Schlüsselbranchen der deutschen Wirtschaft, in: VfZ 35 (1987), S. 317–347, hier S. 331–341.

[103] BayHStA, MWi 13244, „Rückblick und Ausblick". Vortrag des Vorsitzenden des VBEW, Direktor Heinrich Leininger, am 14. 6. 1956 in Regensburg.

[104] Bereits am 7. 5. 1949 hielt Nobelpreisträger Otto Hahn im Kongreßsaal des Deutschen Museums einen Vortrag „Die Nutzbarmachung der Energie der Atomkerne"; eine flugblattartige Zusammenfassung findet sich im Stadtarchiv Würzburg, AZ 310/4, Bd. I.

[105] Vgl. Neue Presse vom 13. 11. 1954: „Bayern hat das beste Uranerz Deutschlands".

[106] Die Anfänge der Atomforschung und -technik in der Bundesrepublik sind mittlerweile umfassend untersucht. Verwiesen sei hier neben der kritischen Pionierstudie von Joachim Radkau, Aufstieg

zum einen die in naher Zukunft erwartete „Energielücke" geschlossen, zum anderen die Wettbewerbsfähigkeit der westdeutschen Elektroindustrie sichergestellt werden. Nach Ansicht führender Fachleute wie des herausragenden deutschen Kernphysikers Werner Heisenberg ließ sich dieses ehrgeizige Ziel nur durch den Bau eines in Deutschland entwickelten Reaktors erreichen. Ende 1952 berieten wissenschaftliche Gremien erstmals über die Errichtung eines vom Bund getragenen „Kernreaktor-Laboratoriums", dessen Leitung Heisenberg übernehmen sollte. Mit dem Kernreaktor waren gewaltige, ja zum Teil utopische Entwicklungshoffnungen verbunden, sollten sich in seinem Umfeld doch in großem Stil Folgeindustrien ansiedeln. Kein Wunder, daß zwischen den beiden potentiellen Standorten Karlsruhe und München ein regelrechter Wettbewerb einsetzte, der nicht zuletzt von den Landesregierungen Baden-Württembergs und Bayerns ausgetragen wurde[107].

Auf Drängen Heisenbergs, der sich aus persönlichen Gründen bald für München entschieden hatte, führte Wirtschaftsminister Hanns Seidel am 13. Oktober 1953 einen Beschluß des Ministerrats herbei, in dem die Bereitschaft ausgedrückt wurde, die „Uranstation [...] im Lande Bayern in der Nähe von München aufzunehmen"[108]. Als Seidel im Dezember 1953 diese Meldung in der Presse lancierte, zog er sich nicht nur den Zorn Adenauers zu, der sich die Entscheidung selbst vorbehalten hatte, sondern löste auch Befürchtungen bei den Menschen in der Region München bezüglich der unbekannten Gefahren des neuartigen „Atommeilers" aus[109]. Im Münchner Stadtrat beantragte die KPD am 18. Januar 1954, gegen die Errichtung des Reaktors förmlich zu protestieren und alle Grundstücksverhandlungen einzustellen. Der von Oberbürgermeister Thomas Wimmer (SPD) mit der Angelegenheit betraute Wiederaufbaureferent Helmut Fischer konnte jedoch die Stadträte von den zu erwartenden Vorteilen überzeugen. Am 16. Februar 1954 beschloß der Stadtrat auf Antrag Fischers mit 30 gegen elf Stimmen, die Errichtung des Forschungszentrums im Einvernehmen mit der Staatsregierung und den Hochschulen nach Kräften zu fördern[110].

Die Gegner der „Uranstation" wurden von Joseph Baumgartner, dem Vorsitzenden der Bayernpartei, angeführt. Baumgartner startete im Januar 1954 eine Kampagne gegen den Atommeiler und machte dabei fortschrittspessimistische und bundeskritische, gleichzeitig aber auch ernsthafte, technologisch fundierte Einwände gegen die Nutzung der Kernenergie und den geplanten Reaktor gel-

und Krise der deutschen Atomwirtschaft 1945–1975. Verdrängte Alternativen in der Kerntechnik und der Ursprung der nuklearen Kontroverse, Reinbek bei Hamburg 1983, vor allem auf die handbuchartige Darstellung von Wolfgang D. Müller, Geschichte der Kernenergie in der Bundesrepublik Deutschland, 2 Bde., Stuttgart 1990 und 1996.

107 Vgl. Rolf-Jürgen Gleitsmann, Im Widerstreit der Meinungen. Zur Kontroverse um die Standortfindung für eine deutsche Reaktorstation (1950–1955), Karlsruhe 1986.

108 MPI für Physik, Werner-Heisenberg-Archiv, „Reaktor I 1953–1955", bayerisches Staatsministerium für Wirtschaft und Verkehr an Werner Heisenberg vom 23. 11. 1953. Wertvolle Hinweise für diesen Teil meines Aufsatzes verdanke ich der Arbeit von Florian Staudt, Anfänge bayerischer Atompolitik. Maier-Leibnitz und der Forschungsreaktor Garching in den 50er Jahren, unveröffentlichte Magisterarbeit, München 1998.

109 BayHStA, StK-Presseausschnittsammlung, Pressemitteilung des bayerischen Staatsministeriums für Wirtschaft und Verkehr vom 18. 12. 1953.

110 IfZ-Archiv, ED 132 NL Baumgartner 124, Beschluß der Vollversammlung des Münchner Stadtrats vom 16. 2. 1954.

tend. In einem Katalog von zwölf öffentlich formulierten Fragen wollte er von der Staatsregierung beispielsweise wissen, wie man beabsichtige, „die radioaktiven Abfallprodukte, die bei jedem Atombrenner anfallen, zu beseitigen", oder ob Vorsorge getroffen sei, „daß bei der Beseitigung der radioaktiven Spaltprodukte das Grundwasser nicht verseucht wird"[111] – damals kaum thematisierte, heute aber zentrale und immer noch ungelöste Fragen der Atomenergienutzung.

Durch den Regierungswechsel Ende 1954 gewann die Atompolitik in Bayern eine besondere Dynamik. Zum einen stand die neue SPD-geführte Regierung nach jahrelanger CSU-Dominanz unter großem Profilierungsdruck. Zum anderen übernahm mit Wilhelm Hoegner der Mann das Amt des Regierungschefs, der die besondere Verantwortung des Staats für die Stromversorgung formuliert und als Innenminister seit 1950 das zuständige Ressort geleitet hatte. Signalcharakter hatte es wohl auch, wenn mit August Geislhöringer (Bayernpartei) jetzt ein Mann in dieses Amt berufen wurde, der jahrzehntelang in leitender Stellung in einem Elektrizitätsversorgungsunternehmen tätig gewesen war. In der ersten Sitzung des zweiten Kabinetts Hoegner am 15. Dezember 1955 wurden die Erklärungen der abgelösten Regierung Ehard zur Reaktorfrage erneuert, wobei Hoegner, den die unbekannten Risiken einer solchen Anlage offenbar schreckten, seine persönlichen Bedenken ebenso zurückstellte[112] wie der erklärte Reaktorgegner Baumgartner, der als stellvertretender Ministerpräsident nunmehr gar nicht anders konnte, als die Linie der Staatsregierung mitzutragen. Eine schnelle Stellungnahme der neuen Regierung war auch deshalb geboten, weil sich die Chancen Bayerns, den Forschungsreaktor zugesprochen zu erhalten, nach dem Regierungswechsel zunächst verschlechterten, was angesichts der differierenden parteipolitischen Konstellation in Land und Bund nicht weiter verwunderlich war[113].

Da allgemein die Ansicht vorherrschte, der Reaktor solle in Verbindung mit dem noch in Göttingen ansässigen Max-Planck-Institut für Physik errichtet werden, dessen Direktor Heisenberg war, warben sowohl Bayern als auch Baden-Württemberg gezielt um dieses Institut und seinen wissenschaftlichen Leiter. Der Staatsregierung gelang es allerdings nicht, ihre Kräfte zu bündeln. Das Kompetenzgerangel, das schon bis dahin eine tatkräftige Energiepolitik verhindert hatte, belastete nun auch die Bemühungen Bayerns, das Max-Planck-Institut, Heisenberg und den Forschungsreaktor an die Isar zu holen. Erst am 22. Januar 1957 übertrug der Ministerrat dem Wirtschaftsministerium die vorläufige Federführung in Atomangelegenheiten[114]. So wurde der Münchner Wiederaufbaureferent Fischer zur eigentlichen Schlüsselfigur im Rennen um die „Uranstation". Er pflegte den Kontakt zu Heisenberg, setzte die offizielle Bewerbung der Landeshauptstadt ins Werk[115] und bemühte sich auch selbständig um die erforderlichen

[111] IfZ-Archiv, ED 132 NL Baumgartner 124, „Fragen an die Bayer. Staatsregierung wegen des Atommeilers", undatiert.

[112] BayHStA, StK 11547/1, Protokoll der Sitzung des bayerischen Ministerrats am 15. 12. 1954.

[113] Vgl. das Schreiben des Finanz- und Wirtschaftsberaters Konrad Adenauers, Robert Pferdmenges, an Hans Globke vom 13. 12. 1954; zit. nach Gleitsmann, Im Widerstreit der Meinungen, S. 45.

[114] BayHStA, StK 12965, Niederschrift über eine Besprechung im Wirtschaftsministerium am 8. 3. 1957.

[115] Vgl. Helmut Fischer/Sep Ruf, Vorschläge für die Errichtung des Max-Planck-Institutes für Physik und der Reaktorstation im Raum München, München 1955.

öffentlichen Zuschüsse. Um ein Angebot Baden-Württembergs zu parieren, ermächtigte der Ministerrat am 28. Juni 1955 Kultusminister August Rucker, der Max-Planck-Gesellschaft insgesamt neun Millionen DM anzubieten[116]. Doch schon am folgenden Tag entschied sich Bundeskanzler Adenauer unter Berufung auf eine Stellungnahme der NATO für Karlsruhe; der Standort München, so hieß es, sei zu nahe am Eisernen Vorhang[117].

Durch diese Entscheidung geriet die SPD-geführte Staatsregierung in arge Bedrängnis. Schließlich drohte die Gefahr, daß der politische Gegner, namentlich die CSU, ihr die Verantwortung für den Mißerfolg aufbürden und ihn weidlich ausschlachten würde. „Licht übers Land" – mit dieser Devise hatte die SPD den zurückliegenden Landtagswahlkampf bestritten und sich damit die forcierte Modernisierung des Freistaats auf ihre Fahnen geschrieben[118]. Die Atompolitik wurde folgerichtig zu einem Hauptpunkt der Regierungsarbeit erklärt, und insbesondere Waldemar von Knoeringen, der Vorsitzende der bayerischen SPD und ihrer Landtagsfraktion, setzte sich vehement dafür ein, da er den technischen Fortschritt als Chance für die weitere Emanzipation der Arbeiterschaft begriff.

Nicht zuletzt auf Drängen von Knoeringens entschloß sich die Staatsregierung nach Adenauers Entscheidung für Karlsruhe zu einem politischen Befreiungsschlag ohne Rücksicht auf Bonn[119]. Am 11. Juli 1955 schlug Hoegner dem Ministerrat die Einrichtung einer bayerischen „Staatlichen Kommission zum Studium der Nutzung der Atom-Energie für friedliche Zwecke" vor; das Kabinett stimmte zu[120]. Noch im selben Monat bot Hoegner dem Physiker Heinz Maier-Leibnitz, Professor an der TH München, an, für seine Hochschule einen amerikanischen Forschungsreaktor zu beschaffen[121], und am 9. August gab Kultusminister Rukker der Presse die Absicht der Staatsregierung bekannt, einen Reaktor für Forschungszwecke in den USA zu kaufen, die kernphysikalischen Hochschulinstitute Münchens auszubauen und damit eine eigenständige bayerische Atompolitik einzuläuten[122]. Maier-Leibnitz, Rucker und Wirtschaftsstaatssekretär Willi Guthsmuths (GB/BHE) nahmen kurz darauf an der ersten Genfer Atomkonferenz (6. bis 20. August 1955) teil, auf der die Vereinigten Staaten vor 2000 Wissenschaftlern und Fachleuten aus aller Welt ihr „Atoms for Peace"-Programm vorstellten und interessierten Ländern die Lieferung kleinerer Forschungsreaktoren in Aussicht stellten.

Nach München zurückgekehrt, informierten Rucker und Guthsmuths am 20. September im Senatssaal des Maximilianeums ihre Kabinettskollegen und die Abgeordneten der Regierungsfraktionen über die Ergebnisse der Konferenz.

116 BayHStA, StK 14004, Auszug aus dem Protokoll der Sitzung des bayerischen Ministerrats am 28. 6. 1955.

117 Vgl. Gleitsmann, Im Widerstreit der Meinungen, S. 77f.

118 Vgl. Bayerische Staatszeitung vom 15. 1. 1955: Bericht über die Regierungserklärung Wilhelm Hoegners vom 11. 1. 1955.

119 Vgl. Münchner Merkur vom 5. 8. 1955: „Knoeringen drängt Staatsregierung".

120 BayHStA, StK-GuV 208, Ministerratsbeschluß vom 11. 7. 1955. Bereits im Februar 1954 hatte Joseph Baumgartner eine „neutrale bayerische Atomenergiekommission" vorgeschlagen; IfZ-Archiv, ED 132 NL Baumgartner 124, Joseph Baumgartner an Helmut Fischer vom 22. 2. 1954.

121 Zur Geschichte des Forschungsreaktors vgl. 40 Jahre Atom-Ei Garching, hrsg. von der Technischen Universität München, München 1997.

122 Vgl. Nürnberger Nachrichten vom 10. 8. 1955: „Bayern kauft amerikanischen Atommeiler".

Guthsmuths kündigte dabei an, daß die Staatsregierung in den nächsten zwei bis drei Jahren die technischen und finanziellen Voraussetzungen für die Errichtung eines Atomkraftwerks in Bayern schaffen werde[123]. Da sich Heisenberg weigerte, mit seinem Institut von Göttingen nach Karlsruhe zu wechseln und wissenschaftlich auf Distanz zum Kernforschungszentrum des Bundes ging, beschloß der Senat der Max-Planck-Gesellschaft am 11. Oktober 1955, sein Institut für Physik nach München zu verlegen. Kultusminister Rucker hatte sich zuvor nochmals bereit erklärt, für Bau und Ausstattung des Instituts sechs Millionen DM zur Verfügung zu stellen[124].

Am 8. Dezember 1955, etliche Wochen vor der Deutschen Atomkommission, trat die Bayerische Atomkommission erstmals zusammen; ihre Aufgabe war es, die Staatsregierung in allen Fragen zu beraten, die die zivile Nutzung der Kernenergie betrafen[125]. Hoegner hatte die Mitglieder der Kommission, die für drei Jahre ernannt wurden, sorgfältig ausgewählt und prominente Vertreter von Politik, Wissenschaft und Wirtschaft berufen. Die führenden Experten waren die Physiker Werner Heisenberg, Walther Gerlach und Heinz Maier-Leibnitz, die Siemens-Schuckert-Werke waren durch die Direktoren Wolfgang Finkelnburg und Carl Knott vertreten, das Bayernwerk durch Leonhard Wolf, die Wacker-Chemie durch Herbert Berg. Auch die großen Interessengruppen wie die Gewerkschaften, die Industrie- und Handelskammern oder der Bauernverband hatten Sitz und Stimme[126]. Die Kommission richtete mehrere Unterausschüsse ein, wobei für die Formulierung einer künftigen bayerischen Energiepolitik vor allem der mit Vertretern der Wirtschaft besetzte Unterausschuß „Energiefragen" von Bedeutung war, der am 11. Dezember 1956 eine Studie über die Entwicklung des Strombedarfs in Bayern vorlegte. Danach sollte das erste bayerische Kernkraftwerk spätestens 1965 ans Netz gehen. Da man mit langwierigen wissenschaftlich-technischen Vorarbeiten rechnete, empfahl der Ausschuß der Staatsregierung, die Projektierung eines solchen Kraftwerks so schnell wie möglich in Angriff zu nehmen[127].

Der Beschluß der Staatsregierung zum Kauf eines Forschungsreaktors war zu diesem Zeitpunkt bereits umgesetzt. Die definitive Entscheidung war auf Anregung von Franz Josef Strauß, seit 1955 Bundesminister für Atomfragen[128], während einer Sitzung der Bayerischen Atomkommission am 6. Juni 1956 gefallen, die Hoegner mit den anwesenden Regierungsmitgliedern zu einer improvisierten Ministerratssitzung genutzt hatte. Dann hatte Maier-Leibnitz am 21. Juni 1956 in New York als Bevollmächtigter der Staatsregierung einen Kaufvertrag mit der Firma AMF unterzeichnet, und am 2. August hatten bei Garching vor den Toren Münchens die Vorarbeiten für den Bau der Reaktorstation begonnen, die der

123 Vgl. Münchner Merkur vom 22. 9. 1955: „Bayerisches Atomkraftwerk in drei Jahren".
124 MPG-Archiv (Berlin), Senatsprotokolle, Protokoll der Sitzung am 11. 10. 1955.
125 BGVBl. 1955, S. 264: Bekanntmachung der bayerischen Staatsregierung über die Bildung einer bayerischen staatlichen Kommission zur friedlichen Nutzung der Atomkräfte vom 22. 11. 1955.
126 MPI für Physik, Werner-Heisenberg-Archiv, „Bayer. staatl. Kommission zur friedl. Nutzung der Atomkräfte": Protokoll der ersten Sitzung am 8. 12. 1955 in der bayerischen Staatskanzlei.
127 Archiv des Deutschen Museums (München), NL 111 Maier-Leibnitz 105, Bericht des Unterausschusses „Energiefragen", vorgetragen von Kurt Schwarz in der Sitzung der Kommission am 11. 12. 1956.
128 Zu dessen Berufung zum Atomminister vgl. Franz Josef Strauß, Die Erinnerungen, Berlin 1989, S. 222.

Technischen Hochschule angegliedert wurde und wegen ihrer bewußt futuristischen ellipsoiden Aluminiumhülle schon bald nur als „Atom-Ei" bekannt war. Sowohl das Richtfest am 11. Januar 1957 als auch das Eintreffen der ersten Uranstäbe am 9. September 1957 und die offizielle Übergabe an die TH München am 3. Februar 1958 – freilich schon unter dem neuen Ministerpräsidenten Hanns Seidel – waren wohlinszenierte politische Großereignisse. Finanziert wurde der 1,3 Millionen DM teure Forschungsapparat über einen US-Zuschuß aus dem „Atoms for Peace"-Programm. Die Kosten für Bau und Ausstattung des „Atom-Eis" und die notwendigen Laboratorien schlugen mit über zehn Millionen DM zu Buche, die zu Lasten des bayerischen Staatshaushalts gingen[129].

Am 31. Oktober 1957 wurde der Reaktor erstmals kritisch, und die erste sich selbst erhaltende Kernspaltung in Deutschland kam in Gang. Das aufwendige Genehmigungsverfahren für den Reaktor, an dem nicht weniger als 47 Stellen beteiligt waren, war zu diesem Zeitpunkt noch gar nicht vollständig durchgeführt. Die rechtliche Absicherung der bayerischen Atompolitik hatte die Staatsregierung vor allem deshalb in größte Bedrängnis gebracht, da das schon Ende 1955 angekündigte Bundesatomgesetz, das zur Ablösung des besatzungsrechtlichen Verbots der angewandten Kernforschung erforderlich war, nicht wie erwartet 1957, sondern erst zwei Jahre später zustande kam. Ohne gesetzliche Grundlage waren aber die USA und Großbritannien nicht bereit, Kernbrennstoffe zu liefern. Um den Garchinger Reaktor dennoch möglichst bald in Betrieb nehmen zu können, mußte die Staatsregierung ein eigenes Landesgesetz schaffen. Hoegner legte dem Ministerrat in einer außerordentlichen Sitzung am 4. Juli 1957 „als Notmassnahme für Garching" den Entwurf für ein bayerisches Atomgesetz vor, nachdem das entsprechende Bundesgesetz zwei Tage zuvor keine Mehrheit im Bundestag gefunden hatte. Dieser Gesetzentwurf umfaßte nur vier Artikel, die den Freistaat berechtigten, Kernreaktoren zu errichten und zu nutzen. Zur zuständigen Aufsichtsbehörde für kerntechnische Anlagen wurde das Innenministerium bestimmt. Das Gesetz wurde schon am 9. Juli vom Landtag einstimmig beschlossen und am 13. Juli 1957 verkündet. Bereits zwei Wochen später, am 1. August 1957, trat es in Kraft. Implementiert wurde das Gesetz durch die erste Atomverordnung vom 29. August 1957, die das Verfahren zur Genehmigung kerntechnischer Einrichtungen regelte, auf die es einen Rechtsanspruch geben sollte, sofern die notwendigen Voraussetzungen erfüllt waren[130].

Die Initiativen der Staatsregierung stießen auf ein geteiltes Echo. In der Bevölkerung herrschte Skepsis gegenüber den angekündigten „Segnungen" des Atomzeitalters vor, die für viele Menschen zunächst vor allem in der Atombombe bestanden[131]. Im Sommer 1956, als nach Versuchen mit Wasserstoffbomben in der Wüste von Nevada selbst in der Bundesrepublik radioaktive Niederschläge registriert wurden, drohte sich die Stimmung zeitweise ganz gegen die Kernenergie zu wenden[132]. Doch gab es auch Kreise, die das Atomzeitalter euphorisch begrüßten

[129] Vgl. Müller, Geschichte der Kernenergie, Bd. 1, S. 254–255.
[130] Vgl. ebenda, S. 558ff.
[131] Vgl. Ilona Stölken-Fitschen, Atombombe und Geistesgeschichte. Eine Studie der fünfziger Jahre aus deutscher Sicht, Baden-Baden 1995.
[132] Vgl. Nürnberger Nachrichten vom 30. 5. 1956: „Wissenschaftler warnen vor Atom-Hysterie".

und am liebsten die Hymne „Kernenergie, schöner Götterfunken!" angestimmt hätten[133].

Überzeugungsarbeit für ihren Kurs versuchte die SPD vor allem auf ihren Parteitagen zu leisten. Der Landesparteitag in Kempten widmete sich 1955 ganz dem Thema „Atomzeitalter", wobei erstmals ein Wissenschaftler, der Münchner Physiker und Privatdozent Jakob Kranz, das Hauptreferat hielt[134]. Ein noch größeres Forum fand das Thema Kernenergie auf dem Bundesparteitag der SPD in München vom 10. bis 14. Juli 1956[135]. Kein geringerer als Werner Heisenberg informierte dabei am 11. Juli über die „Möglichkeiten der angewandten Atomforschung in Deutschland"[136].

Nicht zuletzt als Folge solcher publikumswirksamer Veranstaltungen wurde die Arbeit der Viererkoalition in der Rückschau des öfteren auf ihre Atompolitik reduziert. Die diesbezüglichen Bemühungen des zweiten Kabinetts Hoegner schienen Bayern eine Spitzenstellung bei der friedlichen Nutzung der Kernkraft zu sichern. Bei der Frage nach dem Erfolg dieser Politik und ihren längerfristigen Wirkungen muß man sich aber hüten, vorschnelle Antworten zu geben: Von Heisenberg und seinem Institut gingen wohl keine Impulse für die Reaktortechnik aus. Bereits im Herbst 1956, noch vor der Fertigstellung seines neuen Instituts, das 1960 offiziell eingeweiht wurde, legte Heisenberg dem Bundesatomministerium konkrete Planungen für den Einstieg in die Kernfusionsforschung vor. Damit nahm er Abschied von der praktischen Kerntechnik und wandte sich der Grundlagenforschung zu[137]. Schon im Frühjahr 1955 hatte Heisenberg ausdrücklich erklärt, daß er einen kleinen importierten Reaktor für wissenschaftlich unergiebig halte und nicht daran interessiert sei. Auch der Garchinger Reaktor erfüllte die in ihn gesetzten Erwartungen nur teilweise. München wurde durch das „Atom-Ei" zwar zum „Mekka der Physik"[138], doch für den technologischen Fortschritt und für die mit ihm befaßten Unternehmen war der vorwiegend als Neutronenquelle genutzte Reaktor ohne Bedeutung[139]. Das bayerische Atomgesetz schließlich war eigentlich eine lex Garching und wurde bald durch ein Bundesgesetz abgelöst. Da der Bund nach 1955 auch sein finanzielles Übergewicht in die Waagschale zu werfen begann, ist wohl selbst die Bedeutung der 1972 aufgelösten Bayerischen Atomkommission zu relativieren[140]. Dagegen darf die Signalwirkung nicht unter-

[133] Strauß, Erinnerungen, S. 228.

[134] Vgl. Die Welt vom 8. 11. 1955: „SPD auf Atomkurs".

[135] Vgl. Protokoll der Verhandlungen des Parteitages der Sozialdemokratischen Partei Deutschlands vom 10.–14. Juli in München, Bonn 1956.

[136] Vgl. Werner Heisenberg, Die Möglichkeiten der angewandten Atomforschung in Deutschland, in: ders., Gesammelte Werke, hrsg. von Walter Blum/Hans-Peter Dürr/Helmut Rechenberg, Abteilung C – Allgemeinverständliche Schriften, Bd. 5: Wissenschaft und Politik, München 1989, S. 162–175; vgl. auch Süddeutsche Zeitung vom 12. 7. 1956.

[137] Vgl. Susan Boenke, Entstehung und Entwicklung des Max-Planck-Instituts für Plasmaphysik 1955–1971, Frankfurt am Main 1991, S. 98.

[138] So Alvin M. Weinberg in der Einführung zu: Zehn Jahre Forschungsreaktor München, in: Atomwirtschaft 12 (1967), S. 468.

[139] Vgl. Michael Eckert, Das ‚Atomei': Der erste bundesdeutsche Forschungsreaktor als Katalysator nuklearer Interessen in Wissenschaft und Politik, in: ders./Maria Osietzki, Wissenschaft für Macht und Markt. Kernforschung und Mikroelektronik in der Bundesrepublik Deutschland, München 1989, S. 74–95.

[140] Vgl. BGVBl. 1972, S. 260: Bekanntmachung über die Auflösung der bayerischen staatlichen Kommission zur friedlichen Nutzung der Atomkräfte vom 27. 6. 1972.

schätzt werden, die von all diesen Initiativen ausging: Die Energiebranche, die auf stabile politische Rahmenbedingungen angewiesen war, konnte sich sicher sein, daß die Staatsregierung der Kernkraft mehr als aufgeschlossen gegenüber stand. Darauf ließ sich aufbauen, wenn die Zeit für die kommerzielle Nutzung der Kernenergie reif war.

III. Energiepolitik im Zeichen des Überflusses 1958 bis 1970

1. Die Kohlekrise und Bayerns energiepolitische Wende

Energie war in Deutschland nach 1945 ebenso knapp wie kostbar. Um so wichtiger waren daher eigene Ressourcen wie Stein- oder Braunkohle. In den fünfziger Jahren begann sich jedoch die Szenerie grundlegend zu wandeln. Preiswerte amerikanische Importkohle und vor allem Mineralöl aus dem Nahen Osten drängten auf den europäischen und westdeutschen Markt und schwächten die Absatzchancen des heimischen Kohlebergbaus. 1958 wuchsen im Ruhrgebiet, dem industriellen Herzen der Bundesrepublik, ja Westeuropas, erstmals die Kohlehalden. Der Niedergang des deutschen Bergbaus setzte ein und stürzte das Revier in eine tiefgreifende Strukturkrise. Immer mehr Schachtanlagen mußten geschlossen werden, Hunderttausende von Arbeitsplätzen gingen verloren. Die Kohlekrise der späten fünfziger und sechziger Jahre hatte somit nicht nur eine energiepolitische, sondern auch und vor allem eine sozialpolitische Dimension.

Die Bundesregierung, die bis 1973 über kein Energiekonzept verfügte, versuchte mit rasch aufeinanderfolgenden Eingriffen in den Energiemarkt, die Talfahrt der Kohle zu bremsen und ihre sozialen Folgen abzufangen. Kohle wurde mit Importzöllen belegt, Heizöl ab dem 1. Mai 1960 besteuert. Die Unternehmen der Mineralölwirtschaft sahen sich mit einem ganzen Bündel von Auflagen konfrontiert, die ihre Wettbewerbssituation gegenüber der Kohle verschlechtern sollten. Zwei Verstromungsgesetze begünstigten seit 1965/66 den Einsatz deutscher Steinkohle bei der Erzeugung elektrischer Energie[141]. Der Siegeszug des Öls ließ sich aber nicht aufhalten, die Krise des Bergbaus verschärfte sich weiter. Als ultima ratio führte man deshalb 1968 den Steinkohlebergbau in einer Einheitsgesellschaft, der Ruhrkohle AG, zusammen. Damit sollte die Marktposition der Steinkohle gestärkt werden, doch zogen die Preise für die deutschen Verbraucher schon bald deutlich an. Die Zechen bemühten sich zwar darum, durch Rationalisierung die Kosten zu senken und billiger zu fördern. Mineralöl blieb dennoch zunächst konkurrenzlos preiswert[142].

[141] Vgl. die Zusammenstellung der Maßnahmen der Bundesregierung in: Energiepolitik in Deutschland. Eine Bestandsaufnahme, hrsg. von der ESSO AG, Hamburg 1968 (Esso-Studie 3).

[142] Vgl. Martin Czakainski, Energiepolitik in der Bundesrepublik Deutschland 1960 bis 1980 im Kontext der außenwirtschaftlichen und außenpolitischen Verflechtungen, in: Jens Hohensee/Michael Salewski (Hrsg.), Energie – Politik – Geschichte. Nationale und internationale Energiepolitik seit 1945, Stuttgart 1993, S. 17–33; Helmut Düngen, Zwei Dekaden deutscher Energie- und Umweltpolitik: Leitbilder, Prinzipien und Konzepte, in: ebenda, S. 35–50. Zum Ruhrkohlebergbau vgl. Werner Abelshauser, Der Ruhrkohlenbergbau seit 1945. Wiederaufbau, Krise, Anpassung, München 1984.

Während 1958 für Nordrhein-Westfalen eine schmerzhafte Krise begann, aus der es lange keinen Ausweg zu geben schien, setzte in Bayern eine grundsätzliche Neuorientierung der Energiepolitik ein. Mit dem neuen Ministerpräsidenten Hanns Seidel, der im Oktober 1957 Wilhelm Hoegner abgelöst hatte, trat ein erfahrener Wirtschaftspolitiker an die Spitze der von CSU, FDP und GB/BHE gebildeten Regierung, für die ökonomische Fragen einen bisher nicht gekannten Stellenwert hatten. Zur zentralen Figur der bayerischen Energiepolitik wurde aber Seidels Wirtschaftsminister Otto Schedl. Der aus einfachen Verhältnissen stammende CSU-Politiker der ersten Stunde war 1912 in Sinzing bei Regensburg geboren worden. Ein geisteswissenschaftliches Studium prädestinierte ihn kaum für eine wirtschaftspolitische Karriere. Durch seine Herkunft kannte er aber die strukturellen Probleme des ostbayerischen Raums aus eigenem Erleben; 1948 zum Landrat in Neumarkt gewählt, wurde er auch in verantwortlicher Stellung damit konfrontiert. Schedl gehörte ab 1950 dem bayerischen Landtag an; als Mitglied des Wirtschaftsausschusses war er seitdem über die Schwierigkeiten der Energieversorgung Bayerns orientiert. 1953 leitete er den Ausschuß, von 1954 an war er dessen stellvertretender Vorsitzender; zugleich begann er, sich als energiepolitischer Sprecher der CSU zu profilieren. Am 16. Oktober 1957 berief ihn Seidel als Staatsminister für Wirtschaft und Verkehr in sein Kabinett; Schedl sollte dieses Amt bis 1970 bekleiden und damit einer Ära bayerischer Wirtschaftspolitik das Gesicht geben[143].

Wenn Seidel bei seiner ersten Regierungserklärung am 5. November 1957 die Entschlossenheit der Staatsregierung bekundete, „den Einsatz der Kernenergie zu einem Schwerpunkt ihrer Arbeiten zu machen“[144], so schien er hier vor allem auf Kontinuität zu setzen. Auch Schedls erste öffentliche Äußerungen als Minister deuteten keine grundsätzliche Neuorientierung an[145]. Ein Bericht seines Ministeriums wies zwar darauf hin, daß der Stromverbrauch zwischen 1950 und 1956 um rund 50 Prozent gestiegen sei; um der steigenden Nachfrage Herr zu werden, sprach er sich jedoch in erster Linie für Energiesparmaßnahmen aus[146].

Hinter den Kulissen vollzog sich hingegen eine organisatorische Revolution. Bereits 1953 hatte der Wirtschaftsbeirat der Union die Landtagsfraktion der CSU aufgefordert, das Innenministerium aus der Energiepolitik auszuschalten und die zentralen Kompetenzen dem Wirtschaftsministerium zu übertragen[147]. Am 15. April 1958 brachte der Ministerrat eine entsprechende Verordnung auf den Weg. Schedl vertrat die Ansicht, daß es sich dabei lediglich um eine „Angliederung [sic!] der Verwaltungspraxis an die bestehenden Rechtsverhältnisse“ handle, durch die sich „für die bayerische Wirtschaft ein seit vielen Jahren geheg-

[143] Vgl. Josef H. Mauerer, Dr. Otto Schedl. Ein Oberpfälzer strukturiert Bayerns Wirtschaft um, München 1972. Als Überblick über die bayerische Energiepolitik in der „Ära Schedl“ hilfreich: 12 Jahre Energiepolitik in Bayern, hrsg. vom Bayerischen Staatsministerium für Wirtschaft und Verkehr, München 1970; ähnlich in Zielsetzung und Konzeption die mit mehr Illustrationen versehene Variante: Energie – Motor der bayerischen Wirtschaft, München (ca. 1968).

[144] Stenographischer Bericht über die 111. Sitzung des bayerischen Landtags am 5. 11. 1957, S. 3845 f.

[145] Vgl. die Stellungnahme Schedls zu einer mündlichen Anfrage von Erwin Essl (SPD); ebenda, S. 3860.

[146] Vgl. dpa, Landesdienst Bayern, vom 27. 1. 1958: „Zunahme des Energie-Verbrauchs in Bayern“.

[147] Vgl. CSU-Correspondenz vom 26. 1. 1953: „Der Kompetenzen-Wirrwarr in der Energiewirtschaft“.

ter und immer wieder geäußerter Wunsch" erfülle[148]. Da die Opposition im Landtag diese Lösung jedoch strikt ablehnte[149], sah sich die Staatsregierung gezwungen, ein Gesetz vorzubereiten[150]. Noch bevor der Entwurf für ein „Energiezuständigkeitsgesetz" aber den Landtag passieren konnte, sorgte der Bayerische Verwaltungsgerichtshof am 20. Juli 1961 für eine endgültige Klärung. Die Richter gaben einer Privatklage gegen die Oberste Baubehörde statt und entschieden zugleich, daß von Rechts wegen die Energieaufsicht seit jeher beim Wirtschaftsministerium gelegen habe[151].

Nach anderthalb Jahrzehnten verbissenen Ringens war damit die bayerische Energieversorgung zumindest konzeptionell den Technokraten der Obersten Baubehörde entzogen. Weshalb dieser Neuordnung der Kompetenzen so große Bedeutung zukam, geht aus einem internen Positionspapier des Wirtschaftsministeriums hervor:

> „Das Wort ‚Energiepolitik' hat in den letzten 10 Jahren eine neue Bedeutung erhalten. Man versteht darunter die Zusammenfassung und gegenseitige Abstimmung der verschiedenen Energieträger in ihrer Versorgungsaufgabe. [...] Energiepolitik ist heute die wichtigste und fast einzige Möglichkeit, in Bayern Wirtschaftspolitik zu treiben. Steuerpolitik, Handelspolitik, Sozialpolitik werden wesentlich von anderen, für das Bundesgebiet oder sogar für Europa geschaffenen Einrichtungen gesteuert. Energiepolitik dagegen ist ein wichtiges Instrument für das Bayerische Wirtschaftsministerium. [...] Die Periode des Ausbaues bayerischer Wasserkräfte geht zu Ende, die wirtschaftlichsten Wasserkraftanlagen sind bereits erstellt. Die Spitze des Energiebedarfs muß künftig durch Mineralölprodukte, Erdgas und Kernenergie gedeckt werden. [...] Welche Gefahren in einer Vernachlässigung der Energiepolitik liegen, zeigt die Tatsache, daß einzelne bayerische Unternehmen bereits Zweigbetriebe in Gebieten billigen Energieangebots errichtet haben."[152]

Der letzte Satz läßt das Leitmotiv der bayerischen Energiepolitik in den sechziger Jahren erkennen. Während die Nachkriegszeit und die Jahre des Wiederaufbaus vom Bemühen geprägt waren, eine ausreichende Versorgung zu sichern, ging es nun darum, industrielle Standortpolitik zu betreiben und Energie möglichst billig bereitzustellen. Die Staatsregierung reagierte damit nicht zuletzt auf Forderungen, die die Wirtschaft immer wieder lautstark vorgetragen hatte. Nachdem Ende der fünfziger Jahre in weiten Teilen Bayerns Vollbeschäftigung herrschte und das Rationalisierungspotential ausgeschöpft zu sein schien, klagte der Landesverband der Bayerischen Industrie immer wieder über die hohen Energiepreise in Bayern. Die Konkurrenzfähigkeit der Betriebe werde dadurch entscheidend geschwächt, und es sei eine „Lebensfrage für die bayerische Industrie", die Energiepreise auf das Niveau des Bundesdurchschnitts zu senken. Für den Fall, daß es nicht gelinge, eine Angleichung der Preise zu erreichen, sei mit Standortverlagerungen und einem spürbaren Rückgang von Investitionen zu rechnen[153]. Die Vertreter der

148 Süddeutsche Zeitung vom 19./20. 4. 1958: „Energie – Grundlage der Wirtschaftspolitik".

149 Vgl. Süddeutsche Zeitung vom 24./25. 1. 1959: „Übertragung der Energieaufsicht".

150 Vgl. Beilage 388 vom 21. 4. 1959, in: Verhandlungen des Bayerischen Landtags. IV. Wahlperiode 1958–1962, Beilagenbd. I, München 1959.

151 Vgl. Urteil vom 20. 7. 1961 Nr. 148 VI 57, in: Bayerische Verwaltungsblätter NF 7 (1961), S. 311–315.

152 BayHStA, MWi 22594, Vormerkung Hessel vom 21. 11. 1960.

153 BayHStA, StK 14657, Landesverband der Bayerischen Industrie e.V., gez. Konrad Pöhner (MdL), an Ministerpräsident Ehard vom 3. 11. 1960.

Industrie machten insbesondere die kleinteilige Versorgungsstruktur mit ihrer großen Zahl von regional ausgerichteten Unternehmen und die hohen Staatsbeteiligungen auf dem Energiesektor für die hohen Energiepreise in Bayern verantwortlich[154].

Ob diese Vorwürfe einer kritischen Prüfung standgehalten hätten, ist schwer zu sagen. Angesichts zahlreicher unterschiedlicher Tarife und Sonderverträge für industrielle Großverbraucher war ein allgemeiner Vergleich der Energiekosten in den elf Bundesländern ohnehin kaum möglich[155]. Nachdem das Bayernwerk am 1. April 1961 und erneut am 1. April 1969 die Preise um fünf Prozent gesenkt und damit ein Signal für die anderen Stromerzeuger im Freistaat gesetzt hatte[156], bewegten sich die bayerischen Stromtarife in etwa auf Bundesniveau, obwohl im Flächenstaat Bayern die Leitungswege zu den Verbrauchern im Schnitt wesentlich länger waren als in den anderen Bundesländern und das Stromnetz daher mit höheren spezifischen Verteilungskosten belastet war[157].

Schedl und die Staatsregierung teilten die Auffassung, die Energiepreise in Bayern seien generell überhöht, anfangs keineswegs[158]. Wenn man Niveauunterschiede überhaupt zugab, wies man zugleich auf Defizite hin, die nicht in den Verantwortungsbereich der Landespolitik fielen: Bayern sei von den großen Kohlefördergebieten weit entfernt, was natürlich hohe Transportkosten und damit auch einen höheren Strompreis verursache. Als Hauptübel galt damit die vielbeschworene Revierferne Bayerns, die schnell zum rhetorischen Allgemeinplatz avancierte[159]. Die Debatte über das Energiepreisniveau wurde aber letztlich von kontroversen Diskussionen über die gesamtwirtschaftliche Bedeutung der Energiekosten überlagert. Je geringer diese veranschlagt wurde, desto weniger waren staatliche Interventionen zu rechtfertigen. Eine Studie des Bundesministeriums für Wirtschaft vom April 1963 zeigte aber auf, daß der Energieverbrauch der bayerischen Industrie je Beschäftigtem bzw. je Million DM Umsatz zwar deutlich unter dem Bundesdurchschnitt, dafür aber erheblich über den Zahlen für Baden-Württemberg lag[160]. Mehrere wissenschaftliche Untersuchungen schätzten in den sechziger Jahren dann die Bedeutung der Energiekosten ebenfalls so hoch ein, daß intensive Bemühungen um eine Senkung des Preisniveaus angebracht erscheinen konnten[161].

[154] Vgl. Donau-Kurier vom 19. 11. 1958: „Industrie startet ‚Aktion gegen Staatskapitalismus'".

[155] Vgl. Oskar Bauer, Der Energiepreis, in: Auf neuen Wegen. Die Wirtschaft in Bayern, München 1956, S. 109–113.

[156] Vgl. Süddeutsche Zeitung vom 21. 4. 1961: „Der Druck auf den Strompreis" und Die Welt vom 28. 5. 1969: „Bayerische Strom-Linien".

[157] Vgl. Die Welt vom 27. 8. 1962: „Sind Bayerns Stromverbraucher im Nachteil?" 1961 rechnete man im Bundesdurchschnitt mit 7,5 km Hoch- und Niederspannungsleitungen je Million kWh, in Bayern aber mit 10,5 km.

[158] Vgl. die Stellungnahme Schedls zu einer mündlichen Anfrage von Erwin Essl (SPD); Stenographischer Bericht über die 111. Sitzung des bayerischen Landtags am 5. 11. 1957, S. 3860.

[159] Vgl. Deutsche Tagespost vom 12. 6. 1963: „Wirtschaftsminister Dr. Otto Schedl: Revierferne – Bayerns Hauptproblem".

[160] BAK, B 102/45381, Der bayerische Energiemarkt. Studie zur bisherigen und zur künftigen Entwicklung vom April 1963, hier S. 21 f.

[161] Vgl. Theodor Wessels, Die volkswirtschaftliche Bedeutung der Energiekosten, München 1966; Der wirtschaftliche Einfluß des Energiepreises, hrsg. von der EWG, Brüssel 1966.

Schedl blieb davon nicht unbeeindruckt. Am 13. März 1963 legte er vor dem Landtag die Prämissen einer neuen Energiepolitik dar. Er antwortete dabei auf eine Interpellation der CSU-Fraktion, die von Anton Jaumann ausführlich begründet worden war. Schedl erklärte, daß

„die Energiepreise eine bestimmende Wirkung auf den Energieverbrauch ausüben; der Energieverbrauch eines Landes aber bemißt sich nach dem Stand seiner wirtschaftlichen Entwicklung, genauer gesagt nach seinem Industrialisierungsgrad, und nach den Fortschritten der Maschinen- und Geräteverwendung in der Wirtschaft und in den privaten Haushalten. Je weiter die Industrialisierung fortgeschritten ist, um so größer ist im allgemeinen der Energieverbrauch pro Kopf seiner Bevölkerung."[162]

Hatte noch wenige Jahre zuvor der Energiemangel zu Sparappellen der Staatsregierung geführt, so war es jetzt ihr oberstes Ziel, den Energieverbrauch in Bayern massiv zu steigern. In Umkehrung der einfachen Formel: Hoher Industrialisierungsgrad gleich hoher Energieverbrauch wollte man künftig die Industrialisierung des Landes vorantreiben, indem die Energiekosten deutlich nach unten gedrückt wurden[163].

2. Der Ölboom

Als der Energieträger mit dem kurzfristig größten Wachstumspotential entpuppte sich in den fünfziger Jahren das Erdöl[164]. Die Expansion und die Konkurrenz der großen internationalen Mineralölgesellschaften auf dem europäischen Markt hatten die Ölpreise verfallen lassen. Niedrige Preise und technische Vorzüge führten dazu, daß sich flüssige Brennstoffe in einem atemberaubenden Tempo durchsetzten. Anfang der sechziger Jahre behaupteten sie bundes- wie bayernweit bereits einen Primärenergieanteil von etwa 20 Prozent. Während der Norden der Bundesrepublik von den Seehäfen aus preisgünstig mit Öl versorgt werden konnte, mußte man in Bayern wegen der höheren Transportkosten erheblich mehr bezahlen. 1961 etwa betrug die Preisdifferenz zwischen Düsseldorf und München bei schwerem und leichtem Heizöl 30 bis 40 DM pro Tonne. Eine Verbesserung dieses Zustands war zunächst nicht absehbar. Die großen Mineralölkonzerne instal-

[162] Stenographischer Bericht über die 11. Sitzung des bayerischen Landtags am 13. 3. 1963, S. 340–355, hier S. 345.

[163] Ein Jahr später, im Februar 1964, legte Schedl dem Landtag eine Dokumentation über „Stand und Entwicklung der bayerischen Energiewirtschaft" vor, die erste umfassende Bestandsaufnahme nach dem Krieg; der neue energiepolitische Kurs Bayerns hatte damals bereits erste greifbare Ergebnisse gezeitigt. Vgl. Stand und Entwicklung der bayerischen Energiewirtschaft. Bericht des Bayerischen Staatsministeriums für Wirtschaft und Verkehr, München 1964. Vorbild dieser Dokumentation war wohl die umfassende Untersuchung über Situation und Zukunftsperspektiven der Energieversorgung, die der Bundestag 1959 bei der Arbeitsgemeinschaft deutscher wirtschaftswissenschaftlicher Forschungsinstitute in Auftrag gegeben hatte: Untersuchung über die Entwicklung der gegenwärtigen und zukünftigen Struktur von Angebot und Nachfrage in der Energiewirtschaft der Bundesrepublik unter besonderer Berücksichtigung des Steinkohlebergbaus. Auf Beschluß des Deutschen Bundestages vom 12. Juni 1959 durchgeführt von der Arbeitsgemeinschaft Deutscher Wirtschaftswissenschaftlicher Forschungsinstitute e.V., Berlin 1962.

[164] Das folgende nach der zeitnahen Reportage von Hermann Bößenecker, Bayern, Bosse und Bilanzen. Hinter den Kulissen der weiß-blauen Wirtschaft, München 1972, S. 34–50. Wertvolle Hinweise verdanke ich zudem der Arbeit von Stephanie Lerch, Dr. Otto Schedl und die Energiepolitik in Bayern (1957–1966), unveröffentlichte Zulassungsarbeit, München 1997, die vor allem auf dem Nachlaß Otto Schedls basiert.

lierten zwar an mehreren Orten der Bundesrepublik Pipelines und Raffineriezentren, die die Versorgungswege verkürzten und damit die Preise sinken ließen. In Bayern jedoch sahen sie keinen großen Markt, auch scheuten sie vor den hohen Investitionskosten zurück.

Die Zurückhaltung des Ölkartells wich erst, als sich die Gefahr anbahnte, daß das Geschäft im Freistaat künftig ein anderer machen würde. Als Eisbrecher fungierte Enrico Mattei, der Generaldirektor des staatlichen italienischen Energiekonzerns ENI (Ente Nazionale Idrocarburi). Er galt als Enfant terrible der Branche, scheute er sich doch nicht, in Zeiten des Kalten Krieges Ölkontrakte mit der Sowjetunion abzuschließen. Auf Vermittlung des ehemaligen Reichsbankpräsidenten Hjalmar Schacht wurde Mattei im Mai 1959 bei Schedl vorstellig und unterbreitete ihm den Plan, Bayern mit einer Pipeline über die Alpen von Italien aus mit Öl zu versorgen. Schedl war auf das Gespräch gut vorbereitet. Er hatte bereits kurz zuvor die Gründung einer Studiengesellschaft angekündigt, die alle Fragen klären sollte, die mit dem Bau einer Pipeline nach Bayern zusammenhingen[165]. Pate für diese Gründung standen möglicherweise die Mitte der fünfziger Jahre ins Leben gerufenen privatrechtlichen Vereinigungen, die sich mit der Erforschung und Nutzung der Kernenergie befaßten.

Am 10. Juni 1959 konstitutierte sich die „Gesellschaft zum Studium des Baues alpenüberquerender Ölleitungen nach Bayern e.V.", kurz „Transalpin" genannt. Das Wirtschaftsministerium stellte mit Ministerialdirektor Eberhard Kuchtner den stellvertretenden Vorsitzenden und mit Oberregierungsrat Werner Disko den Geschäftsführer. Den Vorsitz übernahm Herbert Berg, einer der maßgeblichen Industriekapitäne Bayerns; als Generaldirektor der Wacker Chemie mußte er am Öl sowohl als Energiequelle wie auch als Grundstoff der chemischen Produktion interessiert sein. Weiterhin gehörten der Gesellschaft Vertreter führender Mineralöl- und Chemieunternehmen, der bayerischen Wirtschaftsorganisationen und der Banken sowie drei Vertreter der Wissenschaft an, von denen einer ein Techniker, zwei aber Ökonomen waren. Die selbstgestellte Aufgabe der Transalpin bestand in erster Linie darin, bereits vorliegende Daten zu einer bayerischen Energiebilanz zu bündeln und Marktstudien oder -prognosen zu erstellen[166].

Die ersten, Anfang 1960 vorgelegten Ergebnisse lösten kaum Überraschungen aus. Nach den Prognosen der Transalpin waren nur große Mineralölgesellschaften in der Lage, in Bayern Raffinerien mit ausreichender Auslastung zu betreiben. Die Energiekosten würden dadurch sinken, zudem würden sich durch den Pipeline- und Raffineriebau mit Sicherheit Ansatzpunkte für die Entwicklung einer petrochemischen Industrie ergeben. Die Transalpin hielt das Projekt für technisch durchführbar und für wirtschaftlich rentabel[167]. Mit diesen Ergebnissen konnte sich Schedl als Initiator der Transalpin ebenso bestätigt fühlen wie ihre Gegner, die sich etwa im Verband der Süddeutschen Mineralölwirtschaft formierten. Sie hatten von Anfang an gegen die Gründung einer „Studiengesellschaft" prote-

[165] Vgl. Schwäbische Landeszeitung vom 14./15. 3. 1959.

[166] BayHStA, NL Schedl II/2/52, Niederschrift über die erste Sitzung des Vorstands der Transalpin am 20. 6. 1959.

[167] Vgl. Süddeutsche Zeitung vom 27. 1. 1960.

stiert[168], die eine unerwünschte Einmischung des Staats in die Belange der Wirtschaft bedeute und zudem überflüssig sei: „Ob es nun eine Studienkommission gibt oder nicht, ganz Europa und auch Bayern wird in absehbarer Zeit ohne Rohölleitungen nicht mehr auskommen. Sie werden auf jeden Fall gebaut werden."[169]

Noch bevor die Transalpin ihre Ergebnisse vorlegt hatte, war am 15. September 1959 auf Initiative von Mattei die erste Gesellschaft gegründet worden, die eine Pipeline nach Bayern bauen wollte[170]. Als Gesellschafter der Südpetrol AG fungierten zu fünfzig Prozent ein Bankenkonsortium, das aus der Bayerischen Hypotheken- und Wechselbank, der Bayerischen Staatsbank, der Bayerischen Gemeindebank und der Außenhandelsbank Schacht & Co bestand, und zu 50 Prozent die von der ENI und der Italo Suisse gebildete Gesellschaft Oleodotto Internazionale[171]. Die bayerischen Banken hatten sich offenbar nicht zuletzt deshalb zur Mitarbeit entschlossen, weil Schedl eine Staatsbürgschaft von einer halben Milliarde DM zur Absicherung des Projekts in Aussicht gestellt hatte. Der Minister kam später nicht mehr darauf zurück. Die Südpetrol entschied sich im November 1959 dennoch für das Projekt und wählte Ingolstadt als Raffineriestandort. Dieser Entschluß war vor allem darauf zurückzuführen, daß sich die bayerischen Ballungszentren um München, Nürnberg und Augsburg von Ingolstadt aus gleich günstig erreichen ließen. Ende Juni 1961 begannen die Bauarbeiten für die Pipeline von Genua über die Alpen nach Ingolstadt, eine Abzweigung nach Stuttgart war vorgesehen[172].

Es dauerte nicht lange, und alle größeren Ölgesellschaften begannen, im Raum Ingolstadt Raffinerien zu errichten[173]. BP, Esso, Shell, Mobil Oil – alle wollten sie nun an dem Ölboom teilhaben, der sich in Bayern abzeichnete. Von Dezember 1963 bis Oktober 1967 nahmen sechs Raffinerien ihren Betrieb auf, die Anfang 1970 über eine maximale Durchsatzkapazität von 21,9 Millionen t Rohöl pro Jahr verfügten. Versorgt wurden sie hauptsächlich über zwei alpenüberschreitende Pipelines mit einer Gesamtlänge von 1216 km von den italienischen Mittelmeerhäfen Triest (Transalpine Ölleitung, TAL) und Genua (Central-Europäische Pipeline, CEL) aus. Da die Mineralölpreise in Bayern laufend sanken, sahen sich die bayerischen Energieversorgungsunternehmen zum Bau von Wärmekraftwerken auf Ölbasis veranlaßt. So nahm das Bayernwerk 1965 und 1966 in der Region Ingolstadt je einen 150 MW-Block in Betrieb, von 1968 an lieferte auch das Ölkraftwerk im niederbayerischen Pleinting elektrischen Strom[174]. Anfang der siebziger Jahre stammten 20 Prozent der elektrischen Energie im öffentlichen Versorgungsnetz aus Ölkraftwerken.

[168] BayHStA, NL Schedl II/2/52, Curt Geyh, Vorsitzender des Verbands Süddeutscher Mineralölwirtschaft e.V., an Otto Schedl, undatiert.
[169] Oberbayerisches Volksblatt vom 22. 7. 1959: Interview der Deutschen Presseagentur mit dem Geschäftsführer des Verbands, Friedrich Brosch.
[170] Vgl. Südpetrol AG für Erdölwirtschaft, in: Mineralöl 11 (1959), S. 13.
[171] BayHStA, NL Schedl II/2/52, Otto Barbarino an Herbert Berg vom 1. 2. 1961.
[172] BayHStA, NL Schedl I/1/22, Ansprache Otto Schedls anläßlich des ersten Spatenstiches in Genua am 25. 6. 1961.
[173] Vgl. Das Energiezentrum Ingolstadt-Neustadt, Gräfelfing 1966 (Musteranlagen der Energiewirtschaft 2); Egon Riffel, Mineralöl-Fernleitungen im Oberrheingebiet und in Bayern, Bonn-Bad Godesberg 1970 (Forschungen zur deutschen Landeskunde 195).
[174] Vgl. Pohl, Bayernwerk, S. 384–388.

Mineralölverbrauch in Bayern (insgesamt)

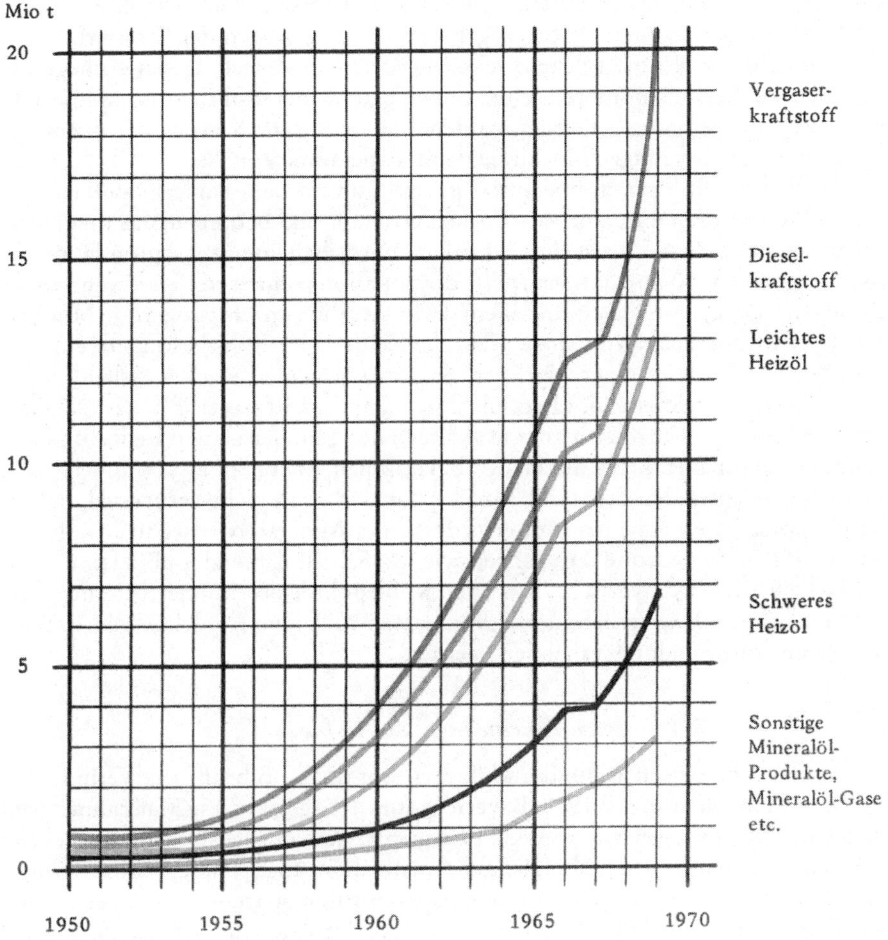

Die größten Mengen an Mineralölprodukten gingen jedoch in den privaten Verbrauch. Der Absatz von Benzin, Diesel und leichtem Heizöl schnellte exponentiell in die Höhe. Wie die obige Graphik zeigt, war diese Entwicklung 1964, als die erste Raffinerie in Ingolstadt ihre Produktion aufnahm, bereits weit fortgeschritten. Offensichtlich hatte der höhere Ölpreis die bayerischen Verbraucher keineswegs abgeschreckt, sich ein Auto anzuschaffen oder die Kohleöfen durch Ölheizungen zu ersetzen. Die vielberufene bayerische „Ölpolitik" darf daher wohl eher als Begleiterscheinung, nicht aber als Ursache dafür angesehen werden, daß das Erdöl den Energiemarkt im Freistaat eroberte[175]. Unabhängig davon

175 Dies bestätigt die allgemeinen Beobachtungen zum Verhältnis von ökonomischer Entwicklung und Wirtschaftspolitik bei Erker, Keine Sehnsucht.

mußte sich Schedl von Anfang an auch öffentliche Kritik an seinem Kurs gefallen lassen. Immer wieder wurde auf die zunehmende Abhängigkeit von ausländischen Öllieferungen hingewiesen; als besonders riskant erschienen die Ölbezüge der ENI aus der Sowjetunion[176]. Streit gab es außerdem wegen der Trassierung der Ölpipeline der ENI. Sie führte direkt am Bodensee vorbei, dessen Anliegergemeinden zu Recht befürchteten, bei Störungen an der Rohrleitung könne ihre Trinkwasserversorgung gefährdet werden. Die juristische Klärung der damit zusammenhängenden Fragen blockierte den Bau geraume Zeit[177].

Schedls Ölpolitik stand, überspitzt gesagt, nur auf dem Papier. Pipelines und Raffinerien wurden durch private Firmen errichtet und betrieben; das finanzielle Engagement des Staats war kaum gefordert. Wirtschaftsminister Anton Jaumann, seit Dezember 1970 im Amt, beurteilte die Situation recht zutreffend, wenn er die Rolle seines Amtsvorgängers vor allem darin sah, die zunächst zögernde Mineralölwirtschaft überzeugt zu haben, „daß die Zeit dazu reif, insbesondere ein entsprechend aufnahmefähiger Markt in Bayern vorhanden war“[178]. Schedl selbst war weniger zurückhaltend. Er rechnete sich den Eintritt Bayerns in das Ölzeitalter als persönliches Verdienst an und stellte in den Hunderten von Reden und unzähligen Zeitungsartikeln, die er der bayerischen Energiepolitik widmete, sein Licht selten unter den Scheffel[179]. In der Tat darf man nicht verkennen, daß es bundespolitisch erheblichen Mut erforderte, der Mineralölwirtschaft in solchem Ausmaß Rückendeckung zu geben, wie es Schedl laufend publizistisch tat. Schließlich lief der bayerische Kurs der Kohlepolitik der Bundesregierung diametral entgegen. Das Verhältnis zum Bund, aber auch zum Kohleland Nordrhein-Westfalen wurde dadurch erheblich belastet.

3. Abschied von der Kohle

Ein Streitpunkt zwischen Bund und Bayern war die Einführung der Verbrauchssteuer auf Heizöl im April 1960. Bayern protestierte gegen diese Maßnahme, weil damit die Hoffnungen auf weitere Energiepreissenkungen stark beeinträchtigt wurden. Die ursprünglich als Übergangsmaßnahme angekündigte Steuer wurde zudem nicht wieder zurückgenommen, sondern immer weiter verlängert. Auch das Programm, das die Große Koalition 1967 vorlegte, um die Kohlekrise zu meistern, stieß auf den Widerstand Bayerns, das sich zum Sprecher der „revierfernen Länder“ machte. Das Programm sah vor, über einen längeren Zeitraum erhebliche Mittel für die Anpassung des Ruhrkohlebergbaus an die gewandelten Marktverhältnisse auszuschütten. Die Argumentation der bayerischen Staatsregierung, die mit den Wirtschaftsverbänden im Freistaat abgestimmt war, ließ sich auf den

[176] Vgl. Die Welt vom 12. 3. 1962: „Ölboom in Süddeutschland“; Süddeutsche Zeitung vom 9. 12. 1963: „Gefährliche Abhängigkeit“.
[177] Vgl. die Berichte in der Bayerischen Staatszeitung vom 21. 1., 25. 3. und 23. 9. 1966, sowie vom 19. 7. 1968.
[178] Anton Jaumann, Die Erdölversorgung Bayerns, in: Die Verwaltung 5 (1972), S. 319–335, hier S. 326.
[179] Gesammelt im BayHStA, NL Schedl.

Kernsatz reduzieren, es sei fragwürdig, Branchen mit staatlichen Subventionen über Wasser zu halten, die nicht mehr konkurrenzfähig seien[180].

Bayern verhielt sich in dieser Frage bemerkenswert konsequent. Die Kohlekrise war ja kein Phänomen, das vor den Grenzen des Freistaats Halt gemacht hätte. Auch die oberbayerischen Pechkohlezechen blieben nicht verschont. Nach 1958[181] hatte man noch versucht, die Kohlekrise aufzufangen, indem man dem von Wirtschaftsminister Schedl verfochtenen Veredelungsprinzip folgte. Nach dem Vorbild des alten Bundesbahnkraftwerks Penzberg wurde die Kohle in den neuen Kraftwerken Hausham und Peißenberg verstromt[182]. 1965 jedoch lehnte die Staatsregierung Stützungsmaßnahmen entschieden ab, obwohl ihr bewußt war, daß sie damit das Ende des Pechkohlebergbaus überhaupt in Kauf nahm[183]. Diese Entwicklung hatte sich bereits 1962 angedeutet, als die kleine, unter staatlicher Verwaltung stehende Zeche Marienstein in der Nähe des Tegernsees aufgegeben worden war. Als im Sommer 1965 der Grube Penzberg das gleiche Schicksal drohte, herrschte dennoch allgemeine Bestürzung. Die systematische Prospektion der bayerischen Bodenschätze in den fünfziger Jahren hatte ja ergeben, daß die Pechkohleflöze erst in einigen Jahrzehnten erschöpft sein würden[184]. Außerdem hatte das Jahr 1961 mit einer vollständig abgesetzten Förderung von 1,8 Millionen t als „absolutes Rekordjahr"[185] gegolten, und schließlich gehörten die laufend erneuerten oberbayerischen Gruben zu den modernsten deutschen Zechen. Diese Modernisierung war ausgesprochen kostspielig gewesen. Seit dem Krieg waren hierfür 26 Millionen DM an staatlichen Zuschüssen, acht Millionen DM an staatlichen Krediten und Darlehen sowie 22,5 Millionen DM an Staatsbürgschaften bereitgestellt worden[186].

Trotz dieser Bemühungen mußte im Juli 1965 der Bau eines weiteren Großkraftwerks zur Kohleverstromung in Penzberg, der vom Bund mit 27 Millionen DM gefördert worden war, eingestellt werden. Zugleich erklärte die Oberbayerische Aktiengesellschaft für Kohlenbergbau, die sich überwiegend in Bundesbesitz befand, die Zechen Penzberg und Hausham seien unrentabel und würden aufgegeben[187]. Die Führung der CSU mit Franz Josef Strauß an der Spitze kam ebenfalls zu der Einsicht, daß sich Penzberg auf Dauer nicht halten lasse[188]. Nur die Opposition widersetzte sich. Sie beantragte für eine so weitreichende Entscheidung eine Sondersitzung des Landtags und brachte einen Dringlichkeitsantrag ein, in dem die Staatsregierung aufgefordert wurde, 30 Millionen DM für den

180 BayHStA, MWi 27190 und 27191.

181 Vgl. Süddeutsche Zeitung vom 27. 3. 1958: „Kohlenüberschüsse auch in Bayern".

182 Vgl. Schwarzes Gold aus Bayerns Boden. Sonderausgabe der Zeitschrift Bayerland, München 1963.

183 Vgl. Süddeutsche Zeitung vom 22. 7. 1965: „Bayern lehnt Überbrückungshilfe für Kohlenbergbau ab".

184 Vgl. Süddeutsche Zeitung vom 19. 11. 1955: „Glück mit der Pechkohle".

185 Süddeutsche Zeitung vom 21. 2. 1962: „Der Staat soll die Pechkohle fördern".

186 Vgl. Stenographischer Bericht über die 82. Sitzung des bayerischen Landtags am 13. 8. 1965, S. 3082 (Otto Schedl).

187 Vgl. Münchner Merkur vom 13. 7. 1965: „Großkraftwerk Penzberg gefährdet?"; Bayern-Kurier vom 31. 7. 1965: „Bayerische Kohle. Last oder Notwendigkeit?"

188 Vgl. Süddeutsche Zeitung vom 2. 8. 1965: „CSU sieht für Penzbergs Kohle schwarz".

Weiterbau des Kraftwerks in Penzberg bereitzustellen[189]. In der fünfstündigen Sitzung am 13. August 1965 lehnte der Landtag diesen Antrag in namentlicher Abstimmung ab. Damit war das Schicksal des gesamten oberbayerischen Kohlebergbaus besiegelt. CSU und Staatsregierung glaubten nicht, daß sich die relativ teure bayerische Pechkohle ohne massive staatliche Subventionen längerfristig auf dem Markt würde behaupten können, und zogen daraus die Konsequenzen, was freilich auch leichter war als an Rhein und Ruhr. In Oberbayern fielen nämlich nur wenige tausend Arbeitsplätze weg. Das traf Landkreise wie Weilheim oder Schongau zwar ausgesprochen hart, bedrohte aber nicht die Wirtschaftsstruktur der gesamten Region, zumal in relativ kurzer Zeit neue Arbeitsplätze in der Industrie geschaffen werden konnten. Da der Anteil der Pechkohle an der bayerischen Energieversorgung nur bei wenigen Prozent lag, war gegen die unpopuläre Entscheidung auch mit dem Argument, man müsse eine Restautarkie für Krisenzeiten sichern, nicht viel zu gewinnen[190].

Am 31. März 1966 wurde in der Grube Hausham die Förderung eingestellt, am 30. September in der Grube Penzberg. Die Zechen der staatlichen Bayerischen Berg-, Hütten- und Salzwerke AG (BHS) wurden ebenfalls stillgelegt. Bereits Ende 1965 hatte es in der einzigen Kohlengrube Nordbayerns, der Katharinenzeche im oberfränkischen Stockheim, erste Entlassungen gegeben. 1968 wurde sie ebenso geschlossen wie die Grube Peiting[191]. Obwohl die BHS bis zuletzt Stilllegungsabsichten für Peißenberg dementierte[192], wo immerhin knapp 2000 Frauen und Männer beschäftigt waren, wurde auch dort am 31. März 1971 die letzte Schicht gefahren und die Zeche am 31. Dezember 1972 endgültig stillgelegt[193].

Die Bergleute vor Ort, die noch Anfang der sechziger Jahre zur Sicherung der bayerischen Kohleversorgung Zusatzschichten an den Wochenenden gefahren hatten, waren über diese Entscheidungen zunächst ausgesprochen verbittert. Insgesamt verlief das Ende des Pechkohlebergbaus jedoch sozialverträglich, da der regionale Arbeitsmarkt aufgrund der günstigen wirtschaftlichen Entwicklung aufnahmefähig war. Sozialpläne, Abfindungen, Anpassungs- und Umschulungsbeihilfen erleichterten den Übergang in neue Berufe, die besseren Verdienst und weniger gesundheitliche Risiken versprachen. Zudem mußten die ehemaligen Bergleute nicht einmal den Wohnort wechseln, da es gelang, Industriebetriebe in den Bergarbeitergemeinden anzusiedeln[194]. Die Entscheidung der Staatsregierung und des Landtags erwies sich als richtig. Wenige Jahre später wäre die Stillegung der Zechen angesichts der düsteren Wirtschaftslage wohl nicht mehr so reibungslos über die Bühne gegangen.

[189] Vgl. Süddeutsche Zeitung vom 3. 8. 1965: „Parteien-Streit um Penzberg".

[190] Vgl. Stenographischer Bericht über die 82. Sitzung des bayerischen Landtags am 13. 8. 1965, S. 3065–3109.

[191] Vgl. Münchner Merkur vom 29. 6. 1968: „Bergwerk Peiting schließt", und Karl Fliegauf, Das Bergwerk Peiting 1919–1969. Eine Erinnerung, in: Peitinger Heimatfreund 15 (1971), S. 1–48.

[192] Vgl. Bayerische Staatszeitung vom 4. 8. 1967 (Beilage „Energieversorgung in Bayern"): „Weiterhin Kohle aus Oberbayern".

[193] Vgl. umfassend: Max Biller/Ludwig Stippel, Bergbau und Bergbau-Museum am Hohen Peißenberg. Ein Führer durch die Geschichte des Bergbaus im Bereich des Bayerischen Rigi, St. Ottilien 1987.

[194] Für Peiting sind die neuen Unternehmen verzeichnet in: Die Peitinger Industrien und die Banken, in: Peitinger Heimatfreund 20 (1978), S. 1–82.

4. Fortschritte bei der Ferngasversorgung ...

Neben dem Öl schien in den fünfziger Jahren zunehmend auch Erdgas der Kohle Konkurrenz zu machen, zumal man im Voralpenland mehrere Erdgasfelder entdeckte, die Hoffnungen auf eine ergiebige einheimische Energiequelle weckten. Von 1958 an floß von dort Gas vor allem in den Ballungsraum München, wenige Jahre später stand in Südbayern zudem Raffineriegas aus Ingolstadt zur Verfügung. Dafür, daß es sich gelohnt hätte, ein dichtes Versorgungsnetz aufzubauen, strömte das Gas jedoch zu spärlich aus dem Boden. Mit Bundes- und Landesmitteln – der Freistaat gab ein zinsverbilligtes Darlehen in Höhe von 11,2 Millionen DM – wurde deshalb durch die Ferngas Nordbayern GmbH mit Sitz in Bamberg eine Ferngasleitung von Darmstadt nach Mitterteich und Hof verlegt, wo bereits seit 1956/57 eine 117 km lange Leitung nach Amberg und Schwandorf existierte, die von der Amberger Luitpoldhütte errichtet worden war. Die Leitung der Ferngas Nordbayern GmbH wurde nach zweijähriger Bauzeit im Dezember 1964 in Betrieb genommen. Damit gewann Bayern Anschluß an das große westdeutsche und holländische Gaspotential. Die Leitung mit einem Durchmesser von 300 mm hatte bis Mitterteich eine Länge von 305 km, dort zweigte eine 72 km lange 200 mm-Leitung nach Hof ab. 1965 waren 17 Kommunen an das Leitungsnetz angeschlossen, die – soweit vorhanden – ihre eigene Gaserzeugung einstellten, ebenso etwa 40 Industriebetriebe vor allem der Porzellan- und Glasindustrie. Der Gaspreis in Nordbayern sank damit beinahe auf den des Ruhrgebiets[195].

Obwohl es zu den Grundsätzen von Wirtschaftsminister Schedl gehörte, den bayerischen Energiemarkt für alle Energieträger gleichermaßen offenzuhalten, widersetzte er sich noch Ende der sechziger Jahre weiteren Erdgasimporten. 1968 erklärte Schedl, er könne „nur eine geringe Menge Erdgas ins Land lassen, um zu verhindern, daß sich die Verbraucher auf diesen Energieträger umstellen, weil diese Verbraucher dann in acht Jahren vielleicht, wenn einmal die Heizölsteuer in Wegfall gekommen oder auch nur auf die Hälfte reduziert ist, auf Grund einer übereilten Gaspreispolitik schließlich den teuersten Energieträger – Gas – haben“[196].

Schedl und seine Mitarbeiter waren sich offenbar lange Zeit unsicher, wie die Entwicklungsperspektiven des Erdgases einzuschätzen waren. Um diesen Mangel zu beheben, gab das Wirtschaftsministerium schließlich externe Gutachten in Auftrag, die die Voraussetzungen für den Bau eines bayerischen Erdgasversorgungsnetzes klären sollten[197]. Dabei zeigte sich: Um eine flächendeckende und preisgünstige Gasversorgung sicherzustellen, hätte es eines Gasleitungsnetzes gerade auch in den strukturschwachen Gebieten bedurft. Allerdings wollte sich kein Investor in die dünn besiedelten Gebiete Ostbayerns wagen, wo die Investitionen in einem besonders ungünstigen Verhältnis zur Gasabnahme stehen mußten. Nach

[195] Vgl. Hans Heitzer, Bayerns Energieversorgung, in: Heinz Flieger (Hrsg.), Bayerns Wirtschaft. Vom Werden und Wirken eines weltoffenen Landes, Düsseldorf/München 1966, S. 117–128, hier S. 125 (Deutsche Wirtschaftsbiographien 4).

[196] AdbL, Protokoll der 22. Sitzung des Ausschusses für Wirtschaft und Verkehr am 25. 1. 1968.

[197] Vgl. Lüder Segelken, Die bayerische Gaswirtschaft in der europäischen Erdgasversorgung. Gutachten, erstattet im Auftrage des Bayerischen Staatsministeriums für Wirtschaft und Verkehr, Bad Godesberg 1968.

jahrelangen vergeblichen Bemühungen bekannte Schedl daher, Bayern müsse notfalls „das Erdgas-Zeitalter überspringen“[198]. Bis zum Beginn der siebziger Jahre waren lediglich die großstädtischen Ballungsräume, nicht aber die ländlichen Regionen erschlossen und versorgt[199]. Noch in Schedls letztem Amtsjahr wurden jedoch die Weichen für eine weitere Steigerung des Erdgaseinsatzes in Bayern gestellt. Am 1. Februar 1970 schloß die Ruhrgas AG unter Beteiligung des bayerischen Wirtschaftsministeriums einen Liefervertrag über sowjetisches Erdgas ab, das von 1973 an in das bayerische Gasversorgungssystem eingespeist werden sollte[200].

5. ... *und bei der Kernenergie*

Der Einstieg in die massive Nutzung fossiler Energieträger wie Öl und Gas drängte das Interesse für die Atomkraft in den sechziger Jahren stark in den Hintergrund. Die Weiterentwicklung der Kerntechnik vollzog sich in dieser Dekade beinahe lautlos. Die anfängliche Euphorie war so schnell verflogen, wie sie gekommen war. Schon 1958 zerstoben die Hoffnungen, die man in Bayern auf das einheimische Uran gesetzt hatte, als die einzige Urangrube bei Weißenstadt im Fichtelgebirge wegen zu geringer Ausbeute nach nur sechs Jahren Abbau wieder geschlossen werden mußte[201]. Die Attraktivität der Kernkraft ließ vor allem auch deswegen nach, weil Kohle im Überfluß vorhanden war. Hinzu kam, daß auf den Aktionärsversammlungen der Energieversorgungsunternehmen Jahr für Jahr spätere Termine zu hören waren, zu denen die Kernkraft angeblich wirtschaftlich nutzbar sei. Der Bayernwerks-Vorstand Leonhard Wolf brachte es folgendermaßen auf den Punkt: „Wann und in welchem Umfang wir in Bayern Atomkraftwerke bedürfen, hängt also nicht von dem Zwang ab, eine Energielücke unbedingt mit Hilfe der Atomkraft auszufüllen, sondern davon, wann Strom aus Atomkraftwerken wirtschaftlich mit der Stromerzeugung aus konventionellen Kraftwerken konkurrieren kann.“[202]

Die bayerischen Energieversorger zeigten herzlich wenig Neigung, in die unrentable Technologie zu investieren. Daran änderte auch die Tatsache nichts, daß mit Siegfried Balke (CSU) 1956 ein Vertreter der ausgesprochen stromabhängigen bayerischen Großchemie als Nachfolger von Franz Josef Strauß das Ressort Atomenergie im Bundeskabinett übernommen hatte. Der nordrhein-westfälische Konkurrent des Bayernwerks, das RWE, war dagegen mutiger und wagte früh den Bau eines kleinen Versuchskraftwerks[203]. Am 13. Juni 1958 erteilte das RWE

[198] Tages-Anzeiger vom 23. 10. 1968: „Bayern wird ‚Erdgas-Zeitalter‘ notfalls überspringen“.

[199] In Niederbayern wurden erst in den achtziger Jahren Erdgasleitungen gebaut, nachdem der Regierungsbezirk die Trägerschaft übernommen und über 100 Millionen DM bereitgestellt hatte; vgl. Maximilian Lanzinner, Die Bezirksordnung von 1953 und der Bezirk Niederbayern, in: Ostbairische Grenzmarken 39 (1997), S. 191–200, hier S. 198.

[200] Vgl. Münchner Merkur vom 31. 1. 1970: „Bayern Schaltstation für Erdgas“; Süddeutsche Zeitung vom 31.1./1. 2. 1970: „Bayern startet ins Erdgaszeitalter“.

[201] Vgl. Schwäbische Donau-Zeitung vom 7. 6. 1958: „Bayern hat kein Glück mit dem Uran“.

[202] Leonhard Wolf, Die Elektrizitätswirtschaft Bayerns. Stand und Zukunftsaufgaben, in: Energie 11 (1959), S. 398–413, hier S. 410.

[203] Das folgende, soweit nicht anders vermerkt, nach Müller, Geschichte der Kernenergie, Bd. 1, S. 438–444, und Bd. 2, S. 354–361.

der Firma AEG den Auftrag für eine schlüsselfertige Anlage. Als Standort entschied man sich für Kahl am Main im nordwestlichsten Zipfel Bayerns, nahe der Grenze zu Hessen, wo die Kühlwassereinrichtungen des benachbarten RWE-Kohlekraftwerks Dettingen mitgenutzt werden konnten. Zudem war dieser Raum eine neuralgische Stelle im Versorgungsnetz des RWE. Er war relativ weit vom Kohlerevier entfernt, so daß die Erwartung nicht unbegründet war, Atomstrom könne hier dem konventionell erzeugten Strom am ehesten Konkurrenz machen.

Der bayerische Ministerrat hatte dem Standort Kahl grundsätzlich zugestimmt, obwohl die Region weitaus dichter besiedelt war als die Umgebung aller anderen Kernkraftwerke, die bislang errichtet worden waren[204]. Noch im Juni 1958 begannen die Bauarbeiten. Entwürfe und zentrale Elemente des kerntechnischen Teils der Anlage lieferte die amerikanische Firma General Electric. Das Bayernwerk interessierte sich erst für das Versuchskraftwerk, nachdem der Auftrag an die AEG erteilt worden war. Das RWE räumte ihm daraufhin eine 20-prozentige Beteiligung an der im Oktober 1958 gemeinsam gegründeten Versuchskraftwerk Kahl GmbH ein. Die Anlage war auf eine elektrische Leistung von 15 MW ausgelegt; von ihren Gesamtkosten in Höhe von 43 Millionen DM entfielen allein 12,5 Millionen DM auf die erste Brennstoffladung. Nach erstaunlich kurzer Bauzeit konnte am 13. November 1960 die erste Kernspaltungs-Kettenreaktion in Gang gesetzt werden, die erste Stromabgabe erfolgte am 17. Juni 1961; am 5. Januar 1962 schließlich wurde der Leichtwasserreaktor an den Betreiber übergeben[205].

In der Geschichte der deutschen Atomwirtschaft spielte das Versuchskraftwerk Kahl insofern eine wichtige Rolle, als dort deutsche Fachleute und Lieferfirmen umfassende Erfahrungen im Umgang mit der neuen Technik sammeln konnten. In staatlich-administrativer Hinsicht lag seine Bedeutung darin, daß hier erstmals ein Genehmigungsverfahren für einen Reaktor abgewickelt werden mußte, der nicht nur Forschungszwecken diente. Als der Bau in Angriff genommen wurde, lag lediglich eine vorläufige Baugenehmigung des zuständigen Landratsamts Alzenau vor. Das bayerische Atomgesetz griff hier nicht, da es nur Errichtung und Betrieb von Reaktoren durch den Freistaat regelte. Am 10. Juli 1958 beantragte die SPD-Landtagsfraktion daher die Ergänzung des Atomgesetzes. Nun sollte der Bau von Kernreaktoren mit einer Leistung bis zu 20 MW allgemein freigegeben werden; noch im Juli 1957 hatte Hoegner ein solches Ansinnen wegen rechtlicher Bedenken abgelehnt. Nach nur sieben Tagen legte Wirtschaftsminister Schedl einen entsprechenden Entwurf vor. Da es Einwände aus anderen Ressorts gab, verzögerte sich die abschließende Beratung im Ministerrat aber bis Ende September 1958. Umstritten war insbesondere die vom Innenministerium betonte Haftungsfrage, der angesichts der unbekannten, aber als enorm eingestuften Risiken der Kerntechnik hohe Bedeutung zukommen mußte. Erst als die Firma Siemens sich ebenfalls am Bau eines Versuchsreaktors interessiert zeigte und der Leiter der Reaktorabteilung, Wolfgang Finkelnburg, die Staatsregierung darauf hinwies, daß

[204] Vgl. Radkau, Aufstieg und Krise, S. 404f.

[205] Das Versuchsatomkraftwerk Kahl wurde am 25. 11. 1985 nach 25jähriger Betriebszeit endgültig stillgelegt. Erst 1999 jedoch wurde der Entschluß zum vollständigen Abbau der Anlage bekanntgegeben, der bis zum Jahr 2005 dauern und 310 Millionen DM verschlingen soll. Vgl. Süddeutsche Zeitung vom 5./6. 1. 1999: „Ein Wasserstrahl zerlegt den Reaktorkern".

möglichst unkomplizierte Regelungen ein Vorteil im Gerangel der Bundesländer um die künftigen Standorte der kerntechnischen Industrie seien, stellte das Innenministerium seine Bedenken zurück. Das gleiche tat der Senat, nachdem die Staatsregierung versichert hatte, eine Betriebsgenehmigung für Reaktoren würde vor Inkrafttreten des Bundesatomgesetzes, von dem man eine Regelung der Haftungsfrage erwartete, nicht erteilt. Da die Bauarbeiten in Kahl bereits begonnen hatten, trat das am 12. November 1958 vom Landtag beschlossene „Erste Gesetz zur Ergänzung des Gesetzes zur vorläufigen Regelung der Errichtung und des Betriebs von Kernreaktoren und der Anwendung radioaktiver Isotope“ rückwirkend zum 1. Oktober 1958 in Kraft. Bereits am 10. November hatte das Landratsamt Alzenau die endgültige Baugenehmigung erteilt.

Nachdem das Bundesatomgesetz am 1. Januar 1960 rechtskräftig geworden war und die landesrechtlichen Bestimmungen aufgehoben hatte, war nun ein aufwendiges atomrechtliches Genehmigungsverfahren durchzuführen, das durch die erforderlichen technischen und meteorologischen Prüfungen und Gutachten weitaus aufwendiger war als das Genehmigungsverfahren für ein konventionelles Großkraftwerk[206]. Bis das bayerische Wirtschaftsministerium am 2. November 1961 die uneingeschränkte Betriebsgenehmigung für das Versuchskraftwerk Kahl erteilte, dauerte es dann auch 14 Monate. Der Bau des Reaktors hatte kaum mehr Zeit in Anspruch genommen, wie Bau- und Betreiberfirma lebhaft beklagten, die andererseits aber durchaus zufrieden sein konnten. Ein zentraler Punkt im Genehmigungsverfahren war nämlich die Reaktorsicherheit, und hier zeigte sich schon im Fall Kahl, daß sich der Staat mit seiner nachdrücklichen Förderung der Kernenergie in eine ungünstige Position hineinmanövriert hatte, wenn es Konflikte mit der Energiewirtschaft gab: Sicherheitstechnische Auflagen waren bei dieser Konstellation nur sehr schwer durchzusetzen, sollten die Energieversorgungsunternehmen nicht von Investitionen abgeschreckt werden[207].

Auch das erste große Kernkraftwerk der Bundesrepublik wurde in Bayern gebaut, und zwar im schwäbischen Gundremmingen[208]. Erneut hatte das RWE die Initiative ergriffen und angekündigt, ein großes „Demonstrationskraftwerk“ mit einer Leistung von 250 MW zu errichten. Das Bayernwerk schloß sich diesem Vorhaben 1959 an. Als Trägergesellschaft gründeten RWE und Bayernwerk am 24. Juli 1962 die Kernkraftwerk RWE-Bayernwerk GmbH (KRB); 75 Prozent der Anteile hielt das RWE, 25 Prozent das Bayernwerk. Den Zuschlag zur Errichtung eines Siedewasserreaktors erhielt erneut die AEG im Verbund mit General Electric. Noch im Juli ging ein vorläufiger Auftrag hinaus, der endgültige Vertrag zwischen KRB und AEG, der am 10. November 1962 unterzeichnet wurde, sah die Fertigstellung des Kraftwerks bis zum 31. Dezember 1965 vor.

Die beiden Energieversorgungsunternehmen waren allerdings erst bereit gewesen, das Kernkraftwerk Gundremmingen in Angriff zu nehmen, nachdem ihnen beträchtliche staatliche Fördermittel zugesagt worden waren, die das wirtschaft-

206 Die Genehmigungsakten finden sich im BayHStA, MWi 22185 und 22186.

207 Vgl. Radkau, Aufstieg und Krise, S. 404f.

208 Das folgende, soweit nicht anders vermerkt, nach Müller, Geschichte der Kernenergie, Bd. 2, S. 363–373. Technische Dokumentation: Kernkraftwerk Gundremmingen, Gräfelfing 1970 (Musteranlagen der Energiewirtschaft 8).

liche Risiko abfedern sollten; schließlich war Atomstrom nach wie vor erheblich teurer als konventionell erzeugter Strom. Von den geschätzten 345 Millionen DM Gesamtkosten mußte die Kernkraftwerk RWE-Bayernwerk GmbH so nur rund ein Drittel aufbringen, ERP-Kredite, Bürgschaften der Bundesregierung sowie ein Zuschuß von Euratom in Höhe von 32 Millionen DM sollten den Rest der Investitionskosten abdecken. Zudem konnte die Betreibergesellschaft mit direkten Subventionen bei der Stromerzeugung rechnen: Der Bund verpflichtete sich, 90 Prozent der Kosten zu übernehmen, die über die Kosten der Stromerzeugung in einem Steinkohlekraftwerk hinausgingen, sofern der Betrag 100 Millionen DM nicht überstieg.

Der Bau des ersten großen Kernkraftwerks führte auch zur ersten Standortkontroverse. Nach den Vorstellungen der künftigen Betreiber sollte die Standortwahl ähnlichen Überlegungen folgen wie im Falle Kahls – Revierferne, Lage im Versorgungsnetz, ausreichende Versorgung mit Kühlwasser. So fiel die Wahl zunächst auf Wertingen an der Donau, dann aber auf ein noch günstigeres Areal bei Bertoldsheim, einer Gemeinde zwischen Donauwörth und Neuburg. Das Raumordnungsverfahren zeigte jedoch, daß der Kraftwerksbau bei Bertoldsheim den Planungen für die Trinkwasserversorgung des Raums Nürnberg-Fürth-Erlangen zuwiderlief, die auch für das Wirtschaftsministerium und den Landtag Priorität hatten. Deshalb wich man auf den Standort Gundremmingen im Landkreis Günzburg aus, wo sich freilich vorübergehend Protest regte, der wiederum aus wasserrechtlichen Bedenken resultierte. Nachdem diese jedoch ausgeräumt waren, konnte im November 1962 das Raumordnungsverfahren abgeschlossen und mit den Bauarbeiten begonnen werden[209]. Allerdings ließ sich der geplante Fertigstellungstermin wegen technischer Probleme nicht ganz einhalten, so daß das Kernkraftwerk Gundremmingen erst am 12. November 1966 ans Netz ging[210].

Während der Freistaat sich im Falle von Gundremmingen und Kahl finanziell und konzeptionell nur indirekt engagiert hatte, griff er beim Bau des dritten großen Kernenergieprojekts der sechziger Jahre in Niederaichbach bei Landshut sehr viel stärker und direkt ein. Die Wurzeln dieses Projekts reichen weit zurück: Am 10. September 1956 hatte Professor Maier-Leibnitz Ministerpräsident Hoegner „Vorschläge, betreffend einen Plan zur Entwicklung eines grossen Kraftwerksreaktors für Bayern" unterbreitet und darin die Errichtung eines Großkraftwerks mit einer elektrischen Leistung von 100 bis 200 MW empfohlen. Damit griff Maier-Leibnitz dem ersten deutschen Atomprogramm vom Januar 1957 vor, an dessen Konzeption er maßgeblich beteiligt war und das die staatliche Förderung und den Bau von fünf Reaktoren dieser Größenordnung mit jeweils unterschiedlichem technischem Konstruktionsprinzip vorsah. Ein halbes Jahr später wurde auf Anregung des Unterausschusses Energiefragen der Bayerischen Atomkommission eine Gesellschaft für die Entwicklung der Atomkraft in Bayern mbH ge-

209 Die Standortkontroverse ist dokumentiert in: BayHStA, MWi 22187–22189.

210 Nachdem das Kernkraftwerk Gundremmingen bereits seit Anfang 1977 nach einer technischen Störung abgeschaltet worden war, wurde es 1980 endgültig stillgelegt. Seit 1976 befanden sich jedoch an der gleichen Stelle schon zwei weitere Kraftwerksblöcke mit jeweils rund 1200 MW Leistung im Bau. Vgl. Müller, Geschichte der Kernenergie, Bd. 2, S. 372ff.; das folgende, soweit nicht anders vermerkt, nach ebenda, S. 267–277.

bildet. Aufgabe der Atomkraft Bayern sollte es sein, den Bau eines Großkraftwerks im Freistaat in Angriff zu nehmen. Das – freilich äußerst bescheidene – Gründungskapital stellte neben den Energieversorgungsunternehmen Bayernwerk, Großkraftwerk Franken AG, Isar-Amperwerke und Innwerk AG und den Farbwerken Hoechst, Frankfurt, auch der bayerische Staat, der damit die Entscheidungen auch direkt beeinflussen konnte. Geschäftsführer der Atomkraft Bayern war Georg Leichtle vom Bayernwerk, das mit Leonhard Wolf auch den zweiten Vorsitzenden der Gesellschafterversammlung stellte; zum ersten Vorsitzenden der Gesellschafterversammlung wurde Kurt Schwarz von der Innwerk AG gewählt. Die Atomkraft Bayern erkannte natürlich die Chancen, die im Atomprogramm der Bundesregierung lagen. Um daran partizipieren zu können, erteilte sie am 15. Januar 1959 der Firma Siemens den Auftrag für eine Vorstudie, im folgenden Jahr dann einen Projektierungsauftrag für einen 100 MW-Reaktor, der etwa im Jahr 1965 seinen Betrieb aufnehmen sollte. Technisch machte die Atomkraft Bayern dabei weitgehende Vorgaben. So sollte der Reaktor mit Schwerem Wasser gekühlt und mit Natururan betrieben werden können. Die Kosten der Mitte 1963 abgeschlossenen Projektierung in Höhe von 14,6 Millionen DM trugen zur Hälfte Siemens und zur Hälfte die Atomkraft Bayern, die jedoch zwei Drittel ihrer Ausgaben als Zuschuß vom Bund zurückerhielt.

Eine interministerielle Arbeitsgruppe beim bayerischen Wirtschaftsministerium sprach sich im September 1964 nachdrücklich für die Realisierung des Projekts aus: Das Kraftwerk sei ein Prototyp, bei dem es nicht in erster Linie auf wirtschaftliche Rentabilität ankomme. Die Arbeitsgruppe wies vor allem auf die besonderen Chancen für die in Bayern ansässige Reaktorindustrie (Siemens) hin, die sich durch die Entwicklung eines eigenen Reaktortyps eröffneten. Nachdem sich auch die Deutsche Atomkommission im gleichen Sinne geäußert hatte, entschieden sich die Gesellschafter der Atomkraft Bayern im November 1964 für das Projekt. Als Standort wurde Niederaichbach gewählt, wo das Bayernwerk über ein entsprechendes Grundstück verfügte. Die Kühlkapazität der Isar und die Nähe zum Verbrauchszentrum München sprachen ebenfalls für Niederaichbach. Am 7. Juni 1966 erging der endgültige Bauauftrag an Siemens. In der Zwischenzeit wurde die von Bayern geforderte massive finanzielle Beteiligung des Bundes ausgehandelt, der schließlich über die Gesellschaft für Kernforschung (GfK) in Karlsruhe die Kosten (und das Eigentum) des nuklearen Teils der Anlage vollständig übernahm. Der konventionelle Teil – Turbinen, elektrische Generatoren, Transformatoren usw. – wurde durch die am 20. April 1966 eigens zu diesem Zweck gegründete Bayernwerk-Tochter Kernkraftwerk Niederaichbach GmbH finanziert, die für ihr Stammkapital vom Freistaat ein unverzinsliches Darlehen und für die Investitionskosten eine Staatsbürgschaft erhielt. Gemeinsam mit der GfK erklärte sich der Freistaat auch bereit, in den ersten fünf Jahren auftretende Betriebsverluste bis zur maximalen Höhe von 15 Millionen DM zu übernehmen. Am 17. Dezember 1972 wurde der Reaktor erstmals kritisch.

IV. Energie als Triebfeder der Modernisierung

1. *Infrastruktur und Energieverbrauch*

1949 war das Netz der öffentlichen Energieversorgung Bayerns alles andere als gut ausgebaut. Abgesehen von kommunalen Gaswerken bestand es lediglich aus den Anlagen zur Erzeugung und Verteilung von elektrischem Strom. Die Gesamtleistung der öffentlichen Kraftwerke betrug 1945 insgesamt 908 MW – das ist weniger als die Leistung eines einzigen modernen Kernkraftwerks –, davon wurden 650 MW aus Wasserkraft und 258 MW aus Kohle gewonnen. Einige wenige große Kraftwerke lieferten den Löwenanteil der Elektrizität. 200 MW der Wasserkraftleistung stammten aus den Anlagen des Bayernwerks: dem Walchenseewerk, vier Wasserkraftwerken an der mittleren Isar und zwei an der Iller. Zudem betrieb das Bayernwerk ein Wärmekraftwerk bei Schwandorf, das mit Braunkohle aus der Region befeuert wurde und über eine Leistung von 58,6 MW verfügte. Die Rhein-Main-Donau AG stellte mit dem Kachletwerk bei Passau und fünf Kraftwerken am Main 88,7 MW bereit, die Bayerische Wasserkraftwerke AG (BAWAG) konnte mit acht Kraftwerken am Lech 57,6 MW liefern. 300 MW Wasser- und 90 MW Dampfkraftleistung steuerte eine Vielzahl von kleineren Kraftwerken bei, die regionalen Versorgungsunternehmen oder privaten Kleinerzeugern gehörten. Mehrere Wasserkraftwerke der Innwerke AG in Töging, die primär für die industrielle Aluminium- und Kalkstickstofferzeugung bestimmt waren, aber auch für die öffentliche Versorgung herangezogen wurden, hatten eine Gesamtleistung von 230 MW. Im Sommer 1949 deckten diese Anlagen den bayerischen Stromverbrauch zu 87 Prozent[211], der Rest mußte importiert werden.

Ein Jahrzehnt später hatte sich die Szenerie grundlegend gewandelt. Von den etwa 16 Milliarden kWh elektrischer Energie, die 1960 an die Verbraucher gingen, wurden zwar immer noch rund 90 Prozent durch die Kraftwerke der öffentlichen Stromversorgung im Lande erzeugt[212]. Ende 1963 verfügten diese insgesamt aber über eine Engpaßleistung von 3394 MW, wovon knapp die Hälfte auf Wasserkraftwerke, die andere Hälfte auf kohlebefeuerte Wärmekraftwerke entfiel. Die meisten Wasserkraftwerke befanden sich an den großen Flüssen Bayerns: Am Main unterhielt die Rhein-Main-Donau AG allein 25 Staustufen[213], am Lech die BAWAG elf, an der Isar hatten die Stadtwerke München, die Bayernwerk AG und die Isar-Amperwerke 22 Kraftwerke stehen, der Inn war durch die Österreichisch-Bayerische Kraftwerke AG und die Innwerk AG mit zwölf Kraftwerken erschlossen, die Iller speiste neun Staustufen verschiedener Unternehmen, die Donau sechs, die Amper ebenso wie die Wertach fünf. Gemessen an der elektrischen Leistung war das Pumpspeicherwerk Happurg an der Pegnitz mit 120 MW

211 Vgl. Walter Hartmann, Die öffentliche Elektrizitätsversorgung in Bayern, in: Elektrizitätswirtschaft 48 (1949), S. 193–196.

212 Vgl. Energiebilanz Bayerns 1973, hrsg. vom Bayerischen Staatsministerium für Wirtschaft und Verkehr, München 1974, S. 39.

213 Vgl. Hansjoachim Kesseler, Fünf Jahrzehnte Kraftwerksbau der Rhein-Main-Donau AG am Main, in: Mitteilungsblätter Deutscher Kanal- und Schiffahrtsverein Rhein-Main-Donau e.V. 32 (1979), S. 3–17.

Elektrizitätsversorgung in Bayern

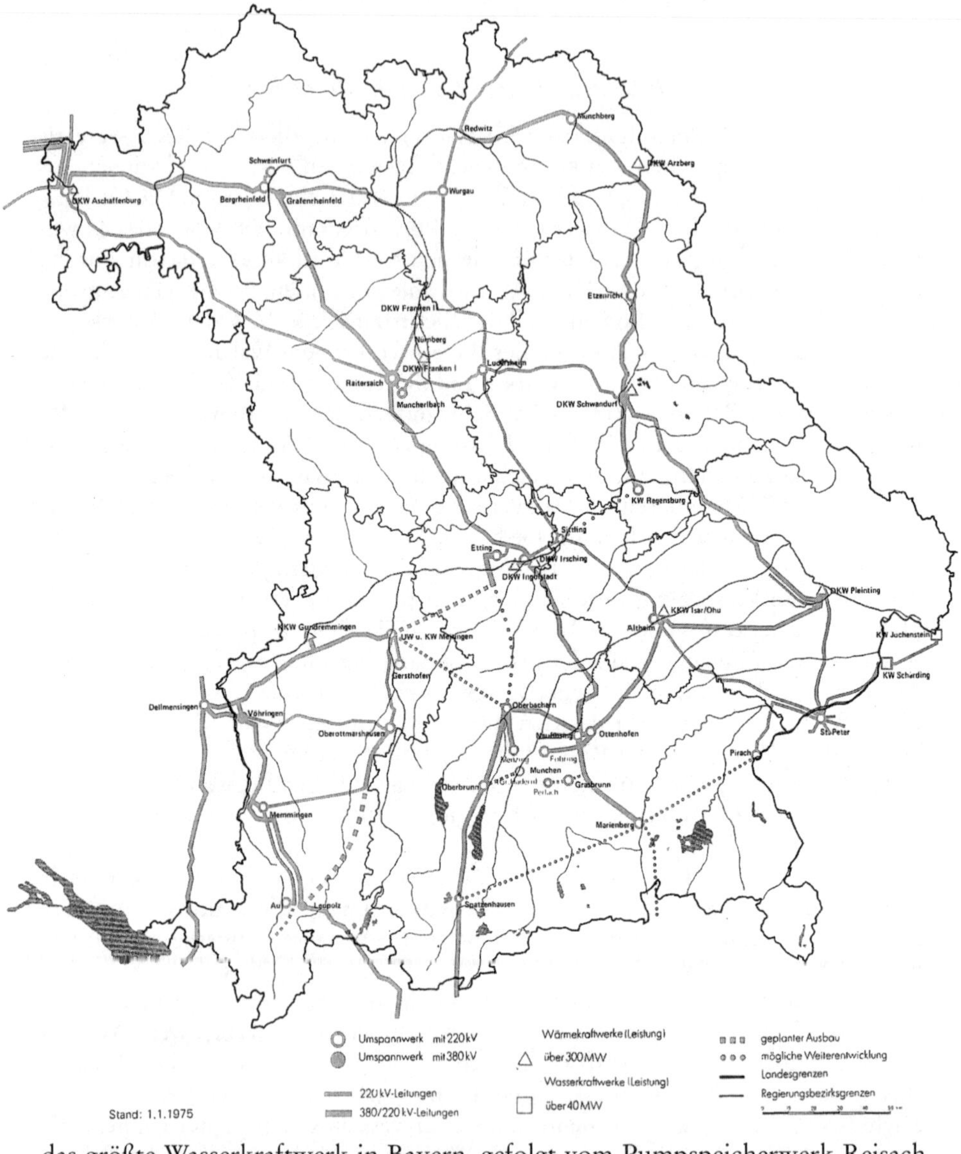

das größte Wasserkraftwerk in Bayern, gefolgt vom Pumpspeicherwerk Reisach an der Pfreimd mit 97,5 MW, den Innstufen Egglfing mit 84 MW und Ering mit 72,5 MW, dem Walchenseewerk mit 71,5 MW sowie dem Donaukraftwerk Jochenstein mit 71 MW. Die größten Kohlekraftwerke standen in Nürnberg-Gebersdorf (Großkraftwerk Franken AG, 410 MW), Schwandorf (Bayernwerk AG, 403 MW) und Aschaffenburg (Bayernwerk AG, 264 MW)[214]. 1963 wurde über-

[214] Vgl. Stand und Entwicklung der bayerischen Energiewirtschaft, Anlage IV/2; die folgende Angabe findet sich ebenda, Anlage IV/3.

dies an Neu- und Erweiterungsbauten gearbeitet, die nach ihrer Fertigstellung einen Leistungszuwachs von 75 MW bringen sollten.

Wiederum zehn Jahre später, 1973, hatte sich der Gesamtstromverbrauch in Bayern mit 40,2 Milliarden kWh mehr als verdoppelt, wobei auch jetzt noch etwa 90 Prozent des Stroms im Freistaat erzeugt wurden[215]. Dies war nur möglich, weil der Kraftwerksbestand in der zurückliegenden Dekade in großem Stil ausgebaut worden war. Das Rückgrat der öffentlichen Stromversorgung bildeten Anfang der siebziger Jahre 144 Wasserkraftwerke und 41 Wärmekraftwerke[216]. Die Kapazität der Wasserkraftwerke hatte seit Mitte der sechziger Jahre nur mehr unwesentlich gesteigert werden können. Sie produzierten etwa ein Drittel des Stroms in Bayern; im Bundesdurchschnitt wurden dagegen nur fünf Prozent des Stroms aus Wasserkraft erzeugt. Ein Viertel des Bedarfs deckten kohlebefeuerte, ein Fünftel mineralölbefeuerte Wärmekraftwerke (Wärmekrafterzeugung im Bundesdurchschnitt: 90 Prozent). Nachdem 1966 der 250 MW-Block des Kernkraftwerks Gundremmingen in Betrieb gegangen war, steuerte auch die Kernkraft einen Anteil von immerhin einem Zwanzigstel bei; ebensoviel Strom lieferten auch die Gaskraftwerke[217].

Die Verteilung des Stroms von den Großversorgern zu den Regionalversorgungsunternehmen und Städten erfolgte in den Nachkriegsjahren über das rund 3000 km lange 100 kV-Netz des Bayernwerks[218]. An 220 kV-Leitungen standen 863 km zur Verfügung[219]. 1960 war das öffentliche Leitungsnetz in Bayern etwa 104000 km lang. Davon waren 1100 km nach dem Krieg errichtete Höchstspannungsleitungen mit den Spannungsstufen 220 und 380 kV. Das Hochspannungsnetz aus 110 kV-Leitungen hatte eine Länge von 5300 km, die Mittelspannungsleitungen (1–30 kV) von 36000 km. Zudem waren knapp 62000 km Niederspannungsleitungen für die Verteilung zu den Letztverbrauchern verlegt. Überwiegend handelte es sich hierbei um Freileitungen; verkabelt waren etwa zwölf Prozent der Niederspannungs- und 16 Prozent der Mittelspannungsleitungen[220].

1970 belief sich die gesamte Stromkreislänge der öffentlichen Elektrizitätsversorgung auf rund 125000 Kilometer. Der geringfügige Zuwachs seit 1960 hatte seinen Grund vor allem im weiteren Ausbau der Niederspannungsleitungen, die jetzt ebenso wie die Mittelspannungsleitungen bereits zu 25 Prozent unterirdisch verlegt waren[221]. Die wesentlichen Änderungen der folgenden Jahre, die zugleich den langfristigen Trend vorgaben, bestanden in der Verlängerung des Höchstspannungsnetzes, das von 1970 bis 1975 auf 3200 km ausgebaut wurde, in der Reduzierung des Niederspannungsnetzes, das 1975 bereits 1000 km kürzer war als fünf

[215] Vgl. Energiebilanz Bayerns 1973, S. 39.
[216] Vgl. Energieprogramm I, S. 16.
[217] Vgl. Energiebilanz Bayerns 1973, S. 30.
[218] Vgl. Hartmann, Öffentliche Elektrizitätsversorgung, S. 193.
[219] Vgl. Bericht des Landeslastverteilers für Bayern, S. 3.
[220] Vgl. Energiebericht Bayern 1996/97. Daten zur Entwicklung der bayerischen Energiewirtschaft mit Energiebilanz, hrsg. vom Bayerischen Staatsministerium für Wirtschaft, Verkehr und Technologie, München 1997, S. 69. Die tatsächlichen Streckenlängen ergeben sich ungefähr durch die Halbierung der angegebenen Stromkreislängen.
[221] Vgl. Energiebericht Bayern 1996/97, S. 69. Vgl. aber die zum Teil erheblich abweichenden Angaben in: Elektrizität in Bayern, S. 34.

Jahre zuvor, und in der weiteren Verkabelung, die 1975 30 bis 38 Prozent erreichte[222].

Daneben entstand im Gefolge des Ölbooms der sechziger Jahre eine neuartige Infrastruktur der Mineralölversorgung, die ebenfalls zum Netz der Energieversorgung zu rechnen ist. Im Raum Ingolstadt-Neustadt wurde in wenigen Jahren ein Raffineriezentrum gebaut, das den bayerischen Bedarf zu fast 90 Prozent deckte. Esso, Shell und ERIAG hatten sich in Ingolstadt angesiedelt, BP in Vohburg und ERN in Neustadt. Diese fünf Raffinerien hatten 1971 eine Verarbeitungskapazität von 22,4 Millionen t Rohöl. Die Versorgung der Raffinerien stellten vor allem zwei Pipelines von den italienischen Mittelmeerhäfen her sicher. Die Zentraleuropäische Pipeline von Genua nach Ingolstadt transportierte 1971 circa 7,52 Millionen t Rohöl nach Bayern. Die Transalpine Ölleitung, die von Triest nach Ingolstadt führte, beförderte im gleichen Jahr 21,44 Millionen t, von denen aber rund zehn Millionen t über eine Stichleitung nach Karlsruhe weitergepumpt wurden. Die Kapazität der beiden Pipelines betrug zusammen 43 Millionen t Rohöl pro Jahr[223].

1971 befanden sich auf bayerischem Boden überdies rund 11000 km Gasleitungen. Dabei handelte es sich allerdings nicht um ein landesweites Netz, vielmehr bestanden drei große Versorgungsgruppen in Nordbayern, in der Region Nürnberg und im Großraum München[224]. Der ländliche Raum war noch kaum durch Gasfernleitungen erschlossen. Die Entwicklung der Druckstufen dieser Netze zeigt den Übergang von der örtlichen Stadtgas- zur überörtlichen Erdgasversorgung an. Das Niederdrucknetz der Nahversorgung (bis 100 mbar) war 1960 mit 6000 km Länge bereits weitgehend ausgebaut, 1971 wurden 7200 km gezählt. Das Mitteldrucknetz (bis 1000 mbar) verlängerte sich im gleichen Zeitraum von 490 auf 814 km. Den größten Zuwachs hatte das Hochdrucknetz der Fernversorgung (über 1000 mbar) zu verzeichnen, das 1960 noch 870 km Länge aufwies, 1971 aber auf beinahe 3000 km angewachsen war[225].

Der Ausbau der Infrastruktur war die Reaktion auf einen stetig steigenden Energiebedarf, der sich in seiner Struktur zudem erheblich veränderte[226]. 1950 wurden in Bayern insgesamt 14,1 Millionen t SKE Energie verbraucht. Beinahe zwei Drittel des Energiebedarfs deckte die Kohle, und zwar Steinkohle und Koks zu 38,3 Prozent, Braun- und Pechkohle zu 23,4 Prozent. Beachtliche 18,4 Prozent konnten aus Wasserkraft gewonnen werden. Mineralölprodukte machten 5,7 Prozent aus, die verbleibenden 14,2 Prozent wurden aus „sonstigen Energieträgern" wie Brennholz, Torf etc. gewonnen. Zehn Jahre später war der Energieverbrauch zwar bereits auf 25 Millionen t SKE geklettert, an der Verteilung auf die verschiedenen Energieträger hatte sich aber noch wenig geändert – mit einer wichtigen Ausnahme: Der zusätzliche Energieverbrauch wurde durch den verstärkten Ein-

222 Vgl. Energiebericht Bayern 1996/97, S. 69.
223 Vgl. Energieprogramm I, S. 31 f.
224 Vgl. Günther Scherzer, Der Fortschritt der Erdgasversorgung in der Bundesrepublik und seine Auswirkungen auf die Gaswirtschaft in Bayern, in: Das Gas- und Wasserfach 108 (1967), S. 230–239, hier S. 235.
225 Vgl. Energieprogramm I, S. 26.
226 Das folgende nach: Energiebilanz Bayerns 1973, S. 34–72.

Das bayerische Energieaufkommen in den Jahren 1950–1969 (in Mio t SKE)

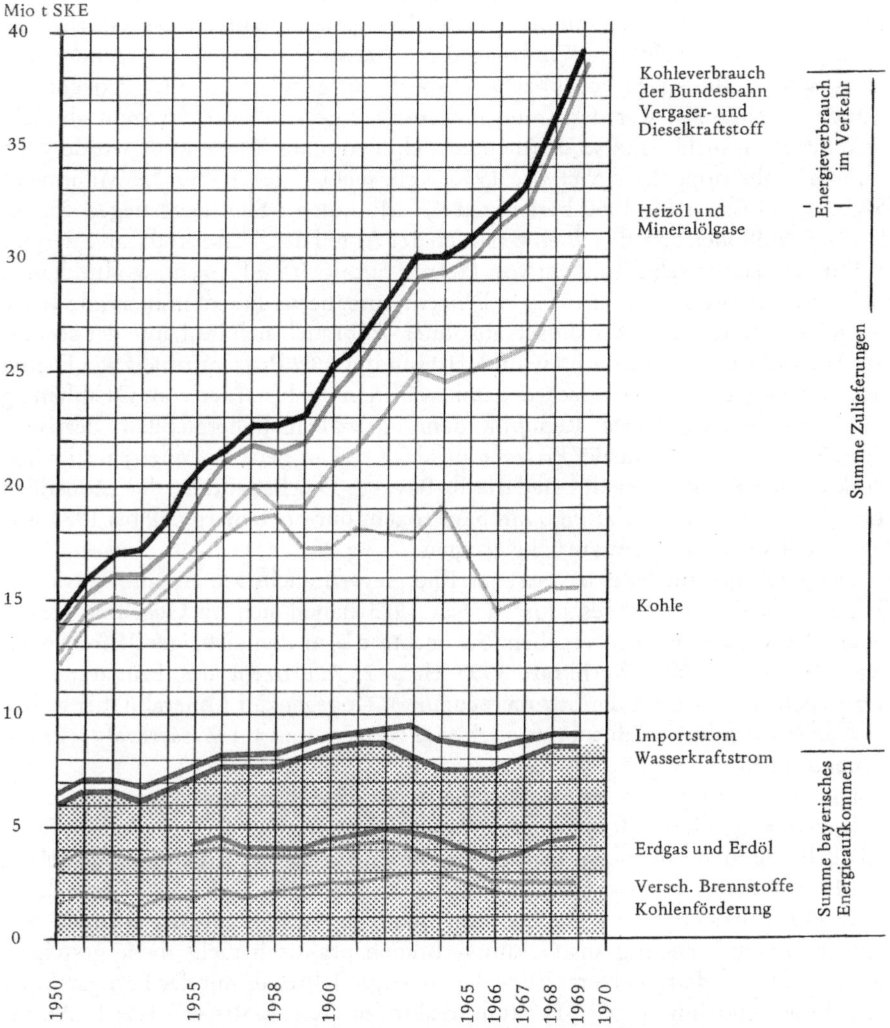

satz von Mineralöl abgedeckt, dessen Anteil deshalb bis 1960 auf ein knappes Viertel des Gesamtenergieverbrauchs (22,8 Prozent) gestiegen war.

1973 hatte sich die Situation jedoch von Grund auf gewandelt. Die Wachstumsraten des Energieverbrauchs in Bayern bewegten sich in den fünfziger und sechziger Jahren etwas über dem Bundesdurchschnitt, zwischen 1953 und 1961 beispielsweise bei 5,2 Prozent gegenüber 4,1 Prozent[227]. Der Primärenergieverbrauch hatte sich so bis 1973 mit jetzt 48,5 Millionen t SKE mehr als verdreifacht. Aber auch die Struktur des Energieverbrauchs war eine völlig andere geworden. Be-

[227] BAK, B 102/45381, Der bayerische Energiemarkt. Studie zur bisherigen und zur künftigen Entwicklung vom April 1963, hier S. 13.

ginnt man wieder mit der Kohle und stellt die absoluten Zahlen von 1950 und 1973 gegenüber – 8,9 Millionen t SKE und 6,8 Millionen t SKE –, so ist der Rückgang des Kohleverbrauchs unübersehbar. Die ganze Dramatik des Geschehens wird jedoch erst sichtbar, wenn man die prozentualen Anteile betrachtet; hier zeigt sich ein Rückgang von über 60 Prozent auf gerade noch 14,1 Prozent. Im Bundesdurchschnitt war der Trend mit circa 80 gegenüber 31 Prozent ähnlich, wenn er auch nicht ganz so deutlich ausfiel. Strom aus Wasserkraft wurde 1973 zwar beinahe doppelt so viel wie 1950 verbraucht – gegenüber 2,6 Millionen t SKE, die übrigens bis 1960 bereits auf 4,7 Millionen t SKE angestiegen waren, jetzt 4,5 Millionen t SKE –, doch war auch der Anteil der Wasserkraft am Energieaufkommen drastisch gesunken: Von 18,4 auf nur noch 9,3 Prozent, wodurch man sich dem Bundesschnitt (circa zwei Prozent) annäherte. Die dominierende Rolle fiel jetzt dem Mineralöl zu, dessen absoluter Verbrauch sich im Laufe der sechziger Jahre etwa verfünffacht hatte und das nun mit 66,9 Prozent rund zwei Drittel des Gesamtenergiebedarfs deckte; damit war man noch stärker vom Öl abhängig als die anderen Länder der Republik, denn in der Primärenergiebilanz der Bundesrepublik entfielen nur 55 Prozent auf das Öl. Der neue Energieträger Erdgas deckte 1973 7,2 Prozent des Bedarfs in Bayern. Die Bedeutung der „sonstigen Energieträger" war bereits 1960 mit 5,6 Prozent nur noch marginal; bis 1973 war ihr Anteil auf 2,5 Prozent zurückgegangen.

Der Strukturwandel des bayerischen Energieverbrauchs war Anfang der siebziger Jahre keineswegs abgeschlossen. Seit 1973 haben sich im Gegenteil erneut deutliche Verschiebungen ergeben. So deckte die in den siebziger Jahren noch wenig leistungsfähige Kernkraft 1995 circa 25,7 Prozent des Primärenergieverbrauchs (64 Prozent der Stromerzeugung), wogegen auf Mineralöl, bei weiter steigenden absoluten Zahlen, nur noch 46,2 Prozent und auf Wasserkraft 2,4 Prozent entfielen.

Die Veränderungen in der Struktur des bayerischen Energieverbrauchs spiegeln sich auch in der Herkunft der Energieträger wider. Hatte 1950 noch rund ein Drittel der benötigten Energie im Lande selbst bereitgestellt werden können, so gelang das 1973 nur noch zu etwa einem Sechstel. Nachdem der Ausbau der Wasserkraft Ende der sechziger Jahre weitgehend abgeschlossen war, konnte der absolute Anteil der Eigenerzeugung am Gesamtverbrauch praktisch nicht mehr gesteigert werden. Dies änderte sich erst Ende der siebziger Jahre, als mit der Fertigstellung und Inbetriebnahme großer Leistungsreaktoren (Kernkraftwerk Isar I) Atomstrom im großen Stil produziert werden konnte.

Bemerkenswerte Verschiebungen ergaben sich zwischen 1950 und 1973 auch bei den Abnehmern. 1950 hatten die privaten Haushalte (2,275 Millionen t SKE) und der Verkehrssektor (1,981 Millionen t SKE) zusammen etwa so viel Energie verbraucht wie die Industrie (4,343 Millionen t SKE). 1960 lautete diese Relation bereits 6/4/7. 1973 überstieg der private Verbrauch mit 15,991 Millionen t SKE den Verbrauch der Industrie (11,89 Millionen t SKE) schließlich um etwa ein Drittel; der Energieverbrauch im Verkehr hatte sich dem Verbrauch der Industrie mit jetzt 8,642 Millionen t SKE ebenfalls deutlich angenähert. Verkehr und Haushalte verbrauchten 1973 also zusammen mehr als doppelt so viel Energie wie die Industrie.

2. Regionale Struktureffekte

Energiepolitik – das war in den Augen der politisch Verantwortlichen seit 1945 primär industrielle Standortpolitik. Ein ausreichendes und preiswertes Energieangebot wurde als wesentliche Voraussetzung für die Industrieansiedlung betrachtet, die in erster Linie die Beschäftigungssituation in den strukturschwachen Landesteilen verbessern sollte. Am deutlichsten zeigten sich die Auswirkungen des Ausbaus der Energieversorgung natürlich in der Energiebranche selbst. Auch wenn man nur mittelbar beteiligte Sparten in Handel, Handwerk und Gewerbe einmal beiseite läßt, ließ die steigende Nachfrage die Energiewirtschaft zu einer auch beschäftigungspolitisch bedeutsamen Branche aufsteigen. 1950 beschäftigten die öffentlichen Elektrizitätsversorgungsunternehmen rund 19000 Arbeitnehmer, an die jährlich rund 65 Millionen DM an Bruttolöhnen und -gehältern ausbezahlt wurden. 1960 erhielten über 25000 Arbeitnehmer eine Bruttolohnsumme von 187 Millionen DM. 1973 belief sich die Zahl der Beschäftigten auf 29000, die zusammen 630 Millionen DM nach Hause trugen. In der Gaswirtschaft dagegen ergaben sich keine langfristigen Beschäftigungseffekte: Sowohl 1950 als auch 1973 waren hier rund 3800 Arbeitnehmer tätig[228].

Den mittelbaren Erfolg der strukturpolitischen Bemühungen zu messen, ist dagegen methodisch außerordentlich schwierig. Die folgende Tabelle gibt die Entwicklung des industriellen Stromverbrauchs in den bayerischen Regierungsbezirken zwischen 1958 und 1972 wieder (Millionen kWh)[229]:

	1958	1972	Faktor
Oberbayern	4077	7572	1,9
Schwaben	1055	2373	2,2
Oberpfalz	604	1292	2,1
Unterfranken	597	1796	3,0
Mittelfranken	565	1327	2,3
Oberfranken	505	1100	2,2
Niederbayern	491	1173	2,4
Bayern	7896	16633	2,1

Zwischen 1958 und 1972 verdoppelte sich der Verbrauch im Landesschnitt in etwa. Bemerkenswert ist, daß die Zunahme in allen Regierungsbezirken außer Oberbayern über diesem Wert lag. Hieraus könnte man auf einen Aufholprozeß der vergleichsweise unterentwickelten Landesteile schließen. Tatsächlich wurde in Oberbayern 1958 beispielsweise knapp siebenmal so viel Strom verbraucht wie in der Oberpfalz, 1972 dagegen nur mehr etwa sechsmal so viel. Blickt man jedoch auf die absoluten Zahlen – und das sind die Energiemengen, die technisch verfügbar gemacht werden müssen –, so stellt man fest, daß sich der Abstand zu den Ballungszentren deutlich vergrößert hat. 1958 wurden in Oberbayern rund 3,5 Milli-

228 Vgl. Statistisches Jahrbuch für Bayern 24 (1952), S. 200, und 31 (1975), S. 191.

229 Zahlen nach: Die Industrie in Bayern von 1950 bis 1965, erstellt unter der Leitung von Josef Filser, München 1967, S. 36f. (Beiträge zur Statistik Bayerns 280); Die Industrie in den kreisfreien Städten und Landkreisen Bayerns im Jahre 1972 nach dem Gebietsstand vom 1. Juli 1972 (Statistische Berichte des Bayerischen Statistischen Landesamts E I 1/S-2), München 1973, S. 8-11.

arden kWh mehr verbraucht als in der Oberpfalz, 1972 aber 6,3 Milliarden kWh. Die Problemregionen Oberfranken und Oberpfalz fielen zudem in der Reihenfolge nach hinten, lediglich Niederbayern konnte einen Platz nach oben rücken.

Ganz andere und doch ähnliche Verhältnisse ergeben sich, wenn man den Energieträger Erdgas (Millionen Kubikmeter) betrachtet[230]:

	1964	1975	Faktor
Oberbayern	139,200	608,3	4,4
Niederbayern	1,720	11,4	6,6
Schwaben	1,550	38,4	25,0
Unterfranken	0,660	182,5	276,0
Mittelfranken	0,055	58,7	1 067,0
Oberpfalz	0,017	115,1	6 771,0
Oberfranken	0,014	66,2	4 729,0
Bayern	143,200	1 080,7	7,5

Die Eckjahre dieser Tabelle sind andere, da der Erdgasverbrauch erst ab 1964 erfaßt wurde und erst nach 1973 durch die sowjetischen Erdgaslieferungen deutlich ansteigen konnte. Diese wirbelten das Feld erheblich durcheinander. In den sechziger Jahren stand Erdgas in nennenswertem Umfang nur in Oberbayern zur Verfügung. Der Aufbau einer Ferngasversorgung in Nordbayern ließ dort den industriellen Verbrauch deutlich nach oben schnellen. Am stärksten profitierten Unterfranken, die Oberpfalz und Oberfranken. Niederbayern dagegen, das 1964 trotz äußerst bescheidenen Verbrauchs an zweiter Stelle gestanden hatte, rutschte auf den letzten Platz ab, weil es hier nicht zur Erschließung in der Fläche gekommen war.

Die Aussagekraft dieses statistischen Vergleichs ist beschränkt, da ihm mit den Regierungsbezirken historisch-politische Räume zugrunde liegen, die keine homogenen Wirtschaftsräume bilden. Dennoch ist der Schluß erlaubt, daß die flächendeckende Elektrifizierung nicht zum Abbau der traditionellen innerbayerischen Entwicklungsdisparitäten geführt hat. Allerdings ist auch festzuhalten, daß das Niveau überall deutlich angehoben wurde, so daß sich letztlich alle als Gewinner verstehen konnten, was auch darin zum Ausdruck kam, daß elektrische Energie in den sechziger und siebziger Jahren kaum mehr als Faktor gelten konnte, der bei der Standortwahl von Industriebetrieben den Ausschlag gab. Auch bei der Gasversorgung wurden die Entwicklungsunterschiede nicht beseitigt. Da die Erschließung nicht alle Regionen erreichte, wurden sogar neue Disparitäten erzeugt.

Interessant erscheint, daß sich kaum andere Verhältnisse ergeben, wenn man die gleiche Betrachtung auf der Bundesebene anstellt. Die beiden nachstehenden Übersichten zeigen, daß die leicht überdurchschnittlichen Wachstumsraten beim Energieverbrauch in Bayern den großen Abstand zu den stärker industrialisierten Ländern Baden-Württemberg und Nordrhein-Westfalen und zum Bundesdurchschnitt nur unwesentlich verringern konnten[231]:

[230] Zahlen nach: Industrie in Bayern von 1950 bis 1965, S. 36f.; Industrie in den kreisfreien Städten, S. 8–11.

[231] Zusammengestellt aus den von der Vereinigung Deutscher Elektrizitätswerke herausgegebenen Statistiken für 1956, 1960 und 1973, Frankfurt am Main 1957, 1961 und 1974, S. 36, S. 44 und S. 6.

Verbrauchsdichte (MWh/qkm)

	1956	1960	1973
Bayern	167	219,6	440
Baden-Württemberg	265	358,3	781
Nordrhein-Westfalen	1140	1547,6	2597
Bund	332	461,9	909

Spezifischer Verbrauch pro Einwohner (kWh/Einwohner)

	1956	1960	1973
Bayern	1283	1631,4	2882
Baden-Württemberg	1311	1657,6	3049
Nordrhein-Westfalen	2583	3315,6	5144
Bund	1609	2130,5	3654

3. Die Technisierung des Alltags

Bayern war bereits von der Jahrhundertwende bis in die dreißiger Jahre von einer ersten Elektrifizierungswelle erfaßt worden, die freilich keineswegs dazu geführt hatte, daß die gesamte Bevölkerung über elektrische Energie verfügen konnte. Eine nahezu vollständige Versorgung wurde nur in den Städten erreicht, wo die hohe Bevölkerungsdichte den Betrieb kommunaler Energieversorgungsunternehmen rentabel machte. In ländlichen Gebieten hatten laut Statistik zu Beginn der fünfziger Jahre immerhin rund 95 Prozent aller Wohnungen einen Stromanschluß[232]. Der tatsächliche Versorgungsgrad muß allerdings deutlich schlechter gewesen sein, denn bei der Zählung waren nur die „Normalwohnungen" erfaßt worden. Andere Wohnungstypen wie etwa die Verbindung eines Haushalts mit einem landwirtschaftlichen Betrieb hatte man hingegen nicht berücksichtigt. Ihre Zahl dürfte groß gewesen sein, denn wohl rund ein Drittel aller ländlichen Haushalte verfügte 1950 über landwirtschaftliche Nutzflächen[233], und ländlichen Charakter hatten weiteste Teile des Landes. Die Hälfte der Bayern lebte damals in Gemeinden mit weniger als 5000 Einwohnern, wobei diese Quote in manchen Regierungsbezirken noch weitaus höher lag. In Niederbayern etwa entfiel auf Gemeinden unter 1000 Einwohner ein Drittel der Bevölkerung, ein weiteres Drittel auf Gemeinden von 1000 bis 2000 Einwohnern, 17 Prozent schließlich auf die Größenklasse 2000 bis 5000 Einwohner[234].

232 Vgl. Die Ausstattung der Wohnungen in Bayern, in: Bayern in Zahlen 6 (1952), S. 404ff. (Wohnungszählung am 13. 9. 1950).

233 Dieser nicht unmittelbar statistisch erhobene Wert ergibt sich aus der Verallgemeinerung der in drei sehr unterschiedlich strukturierten Landkreisen ermittelten Zahlen von Andreas Eichmüller, Landwirtschaft und bäuerliche Bevölkerung in Bayern. Ökonomischer und sozialer Wandel 1948–1970. Eine vergleichende Untersuchung der Landkreise Erding, Kötzting und Obernburg, München 1997, S. 45.

234 Vgl. Statistisches Jahrbuch für Bayern 30 (1972), S. 18.

In diesen Gebieten war der Stand der Elektrifizierung bis zur Mitte des Jahrhunderts alles andere als befriedigend. Selbst in den kleinen Landstädten gab es damals noch eine erhebliche Zahl nichtelektrifizierter Haushalte, und in den Dörfern sah es noch schlechter aus. Manche Häuser verfügten bereits über Strom, andere – und das war vielfach die Mehrheit – warteten hingegen noch auf ihren Anschluß:

„Auf dem Land kam die Elektrizität ja allmählich, es machte keinen Knall. Als ich meine Lehre [...] anfing, da gab es dort im Ort schon Licht aus der Steckdose [...]. Aber daheim – ich wohnte etwas außerhalb des Ortes –, da gab es noch keinen Strom, und die Petroleumlampe verrichtete noch ihren Dienst."[235]

Insbesondere der landwirtschaftliche Bereich war bei Kriegsende noch wenig erschlossen. Zigtausende von Bauernhöfen hatten keine Verbindung zum öffentlichen Stromnetz, und da aus Gründen der landwirtschaftlichen Rationalisierung viele Höfe als „Aussiedlerbetriebe" an die Peripherie der Dörfer verlagert wurden, nahm ihre Zahl eher noch zu. Betroffen waren vor allem die ohnehin wirtschaftlich benachteiligten Gebiete des Landes, das ostbayerische Grenzland und die alpine Region, aber selbst in Großstadtnähe waren in den fünfziger Jahren noch Bauernhöfe ohne Strom anzutreffen[236]. Der Grund dafür lag meist in den hohen Leitungskosten, die den Strom unrentabler werden ließen, je weiter er an abgelegene Ortschaften und Einzelgehöfte herangeführt werden mußte, zumal die Abnehmer auch für die Baukosten aufzukommen hatten. Was das für die Lebensverhältnisse vor Ort hieß, wird in lebensgeschichtlichen Erinnerungen deutlich, die wie Berichte aus einer längst versunkenen Zeit anmuten und doch Zustände beschreiben, die erst wenige Jahrzehnte zurückliegen:

„Eine Petroleumlampe gab es nur in der Stube oder in der Küche. In allen anderen Räumen war es finster. Auf den Bauernhöfen hatten die Dienstboten in der Regel kein Licht in der Kammer, auch keine Kerze. Sie mußten sich im Dunkeln ausziehen und ins Bett gehen. [...] Im Stall gab es, wenn er größer war, zwei Laternen. Trotzdem sah man lange nicht überall etwas. Das Werkzeug, wie die Mistgabel, der Striegel und die Bürste zum Küheputzen, mußte immer genau auf seinem Platz liegen, damit man es fand, ohne es zu sehen."[237]

Eine weitere Zeitzeugin bewahrte die folgenden Erinnerungen an ihre Kindheit: „Unsere Schulaufgaben und Handarbeiten mußten wir möglichst bei Tageslicht machen, aber im Winter, wenn es früh dunkel wurde, mußten wir auch die Lampen zu Hilfe nehmen. Gespart mußte natürlich auch werden, denn alles war knapp." „Die Lampen mußten täglich geputzt werden, da die Zylinder stets rußig wurden, was die Sicht sehr verminderte. Man mußte vorsichtig zu Werke gehen, denn die Glaszylinder brachen sehr leicht. Mit Zeitungspapier und einem Koch-

[235] Zeitzeugin Grete Loipl, in: Viktoria Arnold (Hrsg.), „Als das Licht kam". Erinnerungen an die Elektrifizierung, Wien u.a. 1986, S. 245. Dieses und die folgenden Beispiele sind in Ermangelung einer entsprechenden Dokumentation für Bayern einer Sammlung von lebensgeschichtlichen Erinnerungen aus Österreich entnommen. Die Verhältnisse dort, besonders die Verhältnisse in Oberösterreich, dürften sich jedoch auf Bayern übertragen lassen. Das bekannteste Beispiel eines ländlichen Lebensberichts aus Bayern: Anna Wimschneider, Herbstmilch. Lebenserinnerungen einer Bäuerin, München 1984, wäre zur Illustration der Lebensverhältnisse auf dem Land in der ersten Hälfte des 20. Jahrhunderts ebenfalls geeignet, spart aber den technischen Bereich weitgehend aus.

[236] Vgl. 8 Uhr-Blatt vom 1. 3. 1956: „40 km nach München fängt ‚Sibirien' an".

[237] Zeitzeugin Barbara Waß, in: Arnold (Hrsg.), „Als das Licht kam", S. 266f.

löffel ging es am besten."[238] Auch anderen Kindern prägte sich das umständliche Hantieren mit dem Petroleumlicht nachhaltig ein:

„In regelmäßigen Abständen mußten wir auf dem Schulweg die Petroleumkanne mitnehmen und gefüllt wieder nach Hause bringen. Das war eine unangenehme Sache. Nicht nur, daß die Kanne auf dem langen Weg von eineinhalb Stunden ganz schön schwer wurde, man mußte auch sehr aufpassen, daß man nicht mit den Kleidern ankam, denn sonst stank man überall nach Petroleum. Manchmal ließ sich das trotz Aufpassen nicht vermeiden."[239]

Es war nur ein kleiner Teil der Bevölkerung, der unter solchen Umständen leben und wirtschaften mußte. Doch auch in den bereits besser erschlossenen Ortschaften war in den fünfziger Jahren eine verläßliche Stromversorgung noch nicht der Regelfall. Dort gab es zwar eine Vielzahl kleiner, privat betriebener Elektrizitätswerke, die mit Gleichstrom oder Wechselstrom niedriger Spannung arbeiteten. Sie waren aber insgesamt wenig leistungsfähig und stark von den jahreszeitlichen Schwankungen der Wasserläufe, an denen sie errichtet worden waren, abhängig. Diejenigen, die sich frühzeitig und auf eigene Kosten an eines dieser Werke hatten anschließen lassen, konnten deshalb nur mit erheblichen Einschränkungen über elektrischen Strom verfügen, dessen Spannung noch dazu häufig absackte. Hinzu kam, daß sie oft auf völlig veralteten und beinahe lebensgefährlichen Installationen saßen: „Außer ein paar Glühlampen konnte man nichts anschließen. [...] Die stoffisolierten, zusammengedrehten Leitungen waren mit kleinen Glasisolatoren frei an Wänden und Decken verlegt."[240]

Als im ersten Jahrzehnt nach dem Krieg überall die Bautrupps der regionalen Versorgungsunternehmen durchs Land zogen, entschieden sich die meisten der noch stromlosen oder nur eingeschränkt versorgten Hausbesitzer für die Elektrifizierung. „Nun gab es überall Licht. Die Leute konnten es am Anfang gar nicht fassen. Es war wie ein Wunder. Man brauchte nur den Schalter zu drehen, und alles war hell."[241] Die jetzt beginnende flächendeckende Erschließung des Landes durch die öffentliche Energieversorgung war begleitet von einer durchgreifenden technischen Vereinheitlichung. In verschiedenen Ortsnetzen war auch nach dem Zweiten Weltkrieg noch das Gleichstromsystem verbreitet; etwa 500 kleinere Werke belieferten damit circa 200000 Endabnehmer. Im Laufe der fünfziger Jahre wurde der Gleichstrom jedoch überall durch Drehstrom ersetzt und damit ein einheitliches Versorgungssystem hergestellt[242]. Für viele Verbraucher bedeutete das eine erhebliche finanzielle Belastung. Der Übergang zum Wechselstromsystem zwang sie häufig zur Erneuerung ihrer Elektroinstallationen und zum Kauf neuer Geräte. Gerade Rentner sahen sich dadurch oft vor kaum lösbare Probleme gestellt. Größere Auseinandersetzungen zwischen Stromerzeugern und -verbrauchern blieben jedoch nicht zuletzt deshalb aus, weil die Versorgungsunternehmen, die die Vereinheitlichung vorantrieben, die Umstellungskosten teilweise übernahmen, ohne dazu rechtlich verpflichtet zu sein.

[238] Zeitzeugin Margarete Brix, in: ebenda, S. 252f.
[239] Zeitzeugin Barbara Waß, in: ebenda, S. 265f.
[240] Zeitzeuge Adolf Katzenbeisser, in: ebenda, S. 257.
[241] Zeitzeugin Barbara Waß, in: ebenda, S. 267.
[242] Vgl. Elektrizität in Bayern, S. 35.

Anfang der fünfziger Jahre verfügte der größte Teil der Bevölkerung Bayerns über einen Stromanschluß. Dennoch arbeitete die öffentliche Stromversorgung noch immer überwiegend für die heimische Industrie. Zwei Drittel der aus dem Netz entnommenen elektrischen Energie flossen in ihre Großbetriebe. Der nichtindustrielle Pro-Kopf-Verbrauch war so niedrig, daß er rechnerisch etwa dem täglich einstündigen Betrieb einer 40 Watt-Glühbirne entsprach. Für den Großteil der Bevölkerung war es tatsächlich allein die elektrische Beleuchtung, in deren Form die Elektrizität Einzug in den beruflichen und privaten Alltag hielt, wobei das elektrische Licht nur äußerst sparsam eingesetzt wurde. Pro Raum gab es allenfalls eine – dazu noch lichtschwache – Lampe. Gleichwohl bedeutete diese Errungenschaft so etwas wie eine Revolution des Alltags, erlaubte sie doch, „die Nacht zum Tag zu machen". Die vielfältigen Verrichtungen des privaten Haushalts konnten nach den überlangen Arbeitstagen nun bei vergleichsweise guter Beleuchtung durchgeführt werden, und auch für die häusliche Geselligkeit eröffnete sich ein größerer zeitlicher Spielraum.

Anders als die erste führte die zweite Elektrifizierungswelle seit den fünfziger Jahren zu einer durchgreifenden Elektrifizierung des Alltags. „Noch bevor der Strom eingeschaltet wurde, kam schon ein Vertreter für Elektrogeräte. Er sprach auch von Staubsaugern und machte die Leute neugierig."[243] Meistens war die erste Anschaffung ein elektrisches Bügeleisen, das endlich die schweren, glutgefüllten Kohlebügeleisen ersetzte, deren Temperatur stets zu hoch oder zu niedrig gewesen war. Elektrische Haushaltsgeräte standen in den fünfziger Jahren generell an der Spitze der Konsumwünsche[244]. Nach einer 1955 in Bayern und Baden-Württemberg durchgeführten Erhebung verfügten 19 Prozent der Haushalte über einen Elektroherd, 21 Prozent über elektrische Heißwasserbereiter, sieben Prozent über einen Kühlschrank, fünf Prozent über eine elektrische Waschmaschine und sogar 30 Prozent über einen Staubsauger[245]. Die Zuwachsraten waren in den folgenden Jahren enorm: 1962/63 hatten im Bundesdurchschnitt bereits 52 Prozent der Haushalte einen Kühlschrank, 65 Prozent einen Staubsauger und 34 Prozent eine Waschmaschine[246].

Mit der Technisierung der Hausarbeit ging die Elektrifizierung der Unterhaltung einher. Erste Ansätze hatte es beim Hörfunk bereits vor dem Krieg gegeben, aber erst die Elektrifizierungswelle der fünfziger Jahre verhalf dem Rundfunk zum endgültigen Durchbruch. 1950 kamen auf 100 Haushalte bereits 50 Rundfunkgenehmigungen, 1951 schon 60, und 1968 wurde mit einem Verbreitungsgrad von rund 90 Prozent ein Höchststand erreicht[247]. Obwohl „der Radio" in Bayern jetzt fast in jedem Haushalt vorhanden war, nahm seine Bedeutung rapide ab. 1951 wurde bereits deutlich weniger als 1949 gehört, im Schnitt aber immer noch 3,34 Stunden täglich. 1960 lag die durchschnittliche Hördauer nur noch bei knapp zwei Stunden. Immerhin verbrachte noch ein Drittel der Bevölkerung Teile des

243 Zeitzeuge Adolf Katzenbeisser, in: Arnold (Hrsg.), „Als das Licht kam", S. 258.
244 Vgl. Arne Andersen, Das 50er-Jahre-Syndrom. Umweltfragen in der Demokratisierung des Technikkonsums, in: Technikgeschichte 65 (1998), S. 329–344, hier S. 333.
245 Vgl. Wolf, Elektrizitätswirtschaft, S. 402.
246 Vgl. Andersen, 50er-Jahre-Syndrom, S. 334.
247 Vgl. Statistisches Jahrbuch für Bayern 27 (1961), S. 214; 29 (1969), S. 266; 31 (1975), S. 248.

Abends andächtig vor dem Radio[248]. Zunehmend wichtiger wurde dagegen seit dem Ende der fünfziger Jahre das Fernsehgerät. Die legendären Übertragungen der Krönung der englischen Königin Elisabeth 1953 und der Fußballweltmeisterschaft ein Jahr später hatten die meisten Menschen noch vor den Demonstrationsgeräten in den Auslagen der Elektrohändler oder vor den in Wirtshäusern aufgestellten Apparaten verfolgt. Als 1958 die Zahl der Fernsehrundfunkgenehmigungen in Bayern erstmals erfaßt wurde, verfügten fünf Prozent der Haushalte über ein eigenes Gerät, zwei Jahre später waren 14 Prozent erreicht, und 1965 stand schon fast in jeder zweiten Wohnung (43 Prozent) ein Fernsehapparat. Bis 1972 sollten es schließlich 71 Prozent werden[249].

Als man im gleichen Jahr erstmals die Ausstattung der Haushalte mit Elektrogeräten auf bayerischer Ebene erhob, stand in 91 Prozent der Wohnungen ein Kühlschrank, 83 Prozent verfügten über eine Waschmaschine[250]. Der Besitz von Haushaltsgeräten war unabhängig vom sozialen Status geworden. So hatten 1962/63 zwar bundesweit 74 Prozent aller Beamtenhaushalte einen Kühlschrank besessen, aber nur 54 Prozent der Arbeiterhaushalte; 1973 hatte sich dieses Verhältnis mit 97 zu 95 Prozent beinahe ausgeglichen[251]. Ermöglicht wurde dies zum einen durch die sinkenden Anschaffungskosten für die Geräte und zum anderen durch die steigenden Realeinkommen, die mittlerweile ein solches Niveau erreicht hatten, daß auf die Stromkosten kaum mehr Rücksicht genommen werden mußte – zumal diese mit zehn bis elf Pfennig je Kilowattstunde für private Kleinabnehmer in den fünfziger und sechziger Jahren weitgehend konstant blieben. Lediglich die monatliche Grundgebühr, die Ende der sechziger Jahre rund 3,50 DM betragen hatte, legte von Jahr zu Jahr zu, um 1973 die sieben DM-Grenze zu erreichen. Bemerkenswert ist aber, wie wenig sich der ständig steigende Energieverbrauch auf die Budgets der Privathaushalte auswirkte. Die monatlichen Ausgaben eines durchschnittlichen Arbeitnehmerhaushalts für Heizung und Strom stiegen zwischen 1949 und 1973 zwar von 14,40 DM auf 70,92 DM an, der Anteil dieser Kosten an den Gesamtausgaben blieb jedoch konstant bei rund fünf Prozent[252].

Generell wird man sagen können, daß der allgemeine Trend zur Elektrifizierung und Technisierung – wie er in den fünfziger und sechziger Jahren zu beobachten war – zunächst auf die eher städtisch geprägten Regionen Bayerns beschränkt blieb, dann aber im Zuge der gesamtwirtschaftlichen Erholung rasch an Dynamik gewann und damit auch die ländlichen Gebiete und schließlich sogar die abgelegensten Höfe erreichte, so daß in den siebziger Jahren auch in dieser Hinsicht kaum mehr Unterschiede zwischen Stadt und Land bestanden. Mitte der fünfziger Jahre war man davon noch weit entfernt. 1956 waren von den über 350000 landwirtschaftlichen Anwesen in Bayern 24000 noch immer nicht an das

[248] Vgl. Birgit van Eimeren, „Was hören oder sehen Sie?" Medienforschung von den Anfängen bis zur Gegenwart, in: Margot Hamm/Bettina Hasselbring/Michael Henker (Hrsg.), Der Ton – Das Bild. Die Bayern und ihr Rundfunk 1924–1949–1999, Augsburg 1999, S. 267–273, hier S. 269f.; vgl. auch den Beitrag von Karin Falkenberg, Rituale des Radiohörens, in: ebenda, S. 274–279.

[249] Vgl. Statistisches Jahrbuch für Bayern 27 (1961), S. 214, und 31 (1975), S. 248.

[250] Vgl. Die Ausstattung der Wohnungen in Bayern, in: Bayern in Zahlen 29 (1975), S. 367–371 (Wohnungsstichprobe 1971).

[251] Vgl. Andersen, 50er-Jahre-Syndrom, S. 329–344, hier S. 336.

[252] Vgl. Statistisches Jahrbuch für Bayern (24) 1952, S. 284, und 31 (1975), S. 357.

öffentliche Stromnetz angeschlossen. Ihre Inhaber scheuten die hohen Investitionskosten, und mancher ließ sich wohl auch von den Meldungen über die Brandgefahren, die gerade in der Landwirtschaft von den Elektroinstallationen ausgingen, von einem Neuanschluß abschrecken. Weitere 20000 Höfe verfügten nur über eine beschränkte Stromversorgung aus einem lokalen Gleichstrom- oder 110 Volt-Wechselstrom-Netz. Erhebliche staatliche Zuschüsse trugen dazu bei, daß diese Zahlen rasch zurückgingen. Ende 1963 waren noch etwa 8000 Höfe ohne öffentliche Stromversorgung, von denen 3000 als anschlußwürdig erachtet wurden[253]. Anfang der siebziger Jahre gab es aber nur noch einen Rest von 2500 nicht elektrifizierten Aussiedlerhöfen[254].

Eine ähnliche Entwicklung läßt sich bei der Technisierung der ländlichen Haushalte beobachten – mit einigen Ausnahmen freilich: Bei einer Erhebung von 1962/63 konnte man auf den Höfen überdurchschnittlich viele Waschmaschinen (51 Prozent) und Gefriergeräte (30 Prozent) verzeichnen. Kühlschränke (32 Prozent) und Staubsauger (35 Prozent) waren dagegen noch weniger verbreitet, und auch der Fernseher gehörte noch längst nicht wie selbstverständlich dazu; erst 13 Prozent der ländlichen Haushalte hatten einen Flimmerkasten, während der Durchschnitt bereits bei 34 Prozent lag. 1973 hatten sich die Zahlen dem allgemeinen Niveau weitgehend angeglichen[255]; von der Geräteausstattung her machte es sich praktisch nicht mehr bemerkbar, ob man ein Bauernhaus oder einen Arbeitnehmerhaushalt betrat[256].

Auch im eigentlichen landwirtschaftlichen Betrieb hielt die Elektrizität erst mit einiger Verspätung Einzug. Die Werbung der Energieversorgungsunternehmen und der staatlichen Landwirtschaftsberatung, die schon seit den zwanziger Jahren auf die Hofbesitzer herniederprasselte[257], zeigte nur geringe Wirkung. Auch nach dem Krieg ließ man nicht locker. Von 1949 an – also noch in der Zeit der Stromsperren! – benutzte der Verband Bayerischer Elektrizitätswerke das jährliche Zentrallandwirtschaftsfest in München regelmäßig als Werbebühne. „Elektrohöfe" sollten demonstrieren, welche Möglichkeiten nicht nur elektrischer Herd, Kühl- und Gefrierschrank, Waschmaschine, Kaffeemaschine, Staubsauger und Heizkissen, sondern auch Futterdämpfer, Melkmaschine und Kükenaufzuchtanlage boten; selbst der Hofhund sollte durch einen „elektrischen Wachhund" in Form einer Alarmanlage ersetzt werden[258]. Ganze „Elektrodörfer" inklusive Rathaus, Wirtshaus, Kirche, Dorfteich und Alm wurden auf dem Zentrallandwirt-

[253] Vgl. Stand und Entwicklung der bayerischen Energiewirtschaft, S. 33.

[254] Vgl. 10 Jahre Förderung der Landwirtschaft in Bayern. Grüner Plan und ergänzende Förderungsmaßnahmen 1956 bis 1965, hrsg. vom Bayerischen Staatsministerium für Ernährung, Landwirtschaft und Forsten, München 1966, S. 28f.; AdbL, Protokoll der 10. Sitzung des Ausschusses für Wirtschaft und Verkehr am 13. 5. 1971.

[255] Waschmaschinen 91 Prozent, Kühlschränke 85 Prozent, Gefriergeräte 75 Prozent, Staubsauger 74 Prozent, Fernseher 80 Prozent; Eichmüller, Landwirtschaft, S. 186–189. Die Zahlen wurden nur auf der Bundesebene erhoben.

[256] Vgl. Ilona Krieg, Strukturell-funktionale Veränderungen in ländlichen Familienhaushalten unter dem Einfluß der wirtschaftlichen und gesellschaftlichen Entwicklung in ehemals kleinbäuerlichen Dörfern, in: Bernd van Deenen u.a. (Hrsg.), Lebensverhältnisse in kleinbäuerlichen Dörfern 1952 und 1972, Bonn 1974, S. 162–189, hier S. 179.

[257] Vgl. 50 Jahre Elektro-Beratung Bayern, Regensburg 1976.

[258] Der Elektrohof auf dem Zentrallandwirtschaftsfest in München 1949, in: Elektrizitätswirtschaft 48 (1949), S. 197f.

schaftsfest aufgebaut. Im Organ des Bayerischen Bauernverbands, dem Landwirtschaftlichen Wochenblatt, erschienen laufend Hinweise zur Anwendung von Elektrizität, an den Landwirtschaftsschulen wurden entsprechende Informationstage durchgeführt[259].

Das Ergebnis war zunächst enttäuschend, was wohl nicht nur mit knappen finanziellen Mitteln zu tun hatte. Die Bauern statteten ihre Betriebe zwar in einem fast schon unvernünftigen Ausmaß mit Schleppern aller Leistungsklassen aus. Das große Sortiment elektrischer Apparate wie Melkmaschinen, Futterhäcksler, Kartoffeldämpfer und Förderbänder interessierte sie jedoch weniger. In Bayern schien man besonders zurückhaltend zu sein; während 1958 in Baden-Württemberg 163 kWh Strom je Hektar landwirtschaftlicher Nutzfläche aufgewendet wurden, war es im Freistaat nur die Hälfte. Noch 1960 wurde deshalb im „Landwirtschaftlichen Wochenblatt" darum geworben, „der bayerische Bauer sollte doch wohl noch ein wenig mehr aus seinem Zögern herausgehen und sich bewährten arbeitssparenden elektrischen Betriebsmitteln zuwenden"[260].

Als die Bauern in den sechziger Jahren unter Druck gerieten und zu laufenden Produktionssteigerungen gezwungen waren, schritt die Elektrifizierung der Betriebe dann doch rasch voran. Das beste Beispiel dafür ist die Melkmaschine. Sie war Anfang der fünfziger Jahre noch kaum in Gebrauch; 1960 verwendete man sie – regional unterschiedlich – in bis zu 40 Prozent der Betriebe, zehn Jahre später wurden die Kühe bis zu 82 Prozent maschinell gemolken[261]. Bis zum Beginn der siebziger Jahre trat zu dieser Grundausstattung ein ganzes Arsenal an Futtermischanlagen, mechanischen Entmistungsanlagen, Förderbändern, Trocknungsanlagen, Heubelüftungsanlagen und was die Elektroindustrie sonst noch an Geräten für die Landwirtschaft bereithielt[262]. Der Stromverbrauch in der Landwirtschaft erhöhte sich dementsprechend von 1950 (135 Millionen kWh) bis 1973 (1459,5 Millionen kWh) auf mehr als das Zehnfache, obwohl in der Zwischenzeit zahlreiche Höfe aufgegeben worden waren.

Diese Steigerungsrate des Stromverbrauchs entsprach derjenigen der privaten Haushalte, die in den fünfziger und sechziger Jahren die größten Zuwachsraten erzielten. Hatten sich die privaten Haushalte 1950 noch mit rund 16 Prozent (2,275 Millionen t SKE) des Gesamtverbrauches beschieden, so versiebenfachte sich ihr Verbrauch bis 1973 auf 15,991 Millionen t SKE, was einem Anteil am Gesamtverbrauch von etwa 33 Prozent entsprach. Vom Energieverbrauch der Haushalte entfielen trotz der weitgehenden Elektrifizierung des Alltags allerdings lediglich zwölf Prozent auf elektrischen Strom (1950: sieben Prozent). Den Löwenanteil beanspruchten Raumheizung und Warmwasserbereitung. 70 Prozent der verbrauchten Energie wurden 1973 aus dem 1950 noch völlig ungebräuchlichen Heizöl gewonnen, der Rest verteilte sich auf Kohle und Gas. Bemerkenswert

[259] Vgl. Elektrizität in Bayern, S. 148ff.

[260] „Sichere Elektrizitätsanwendung", in: Landwirtschaftliches Wochenblatt 150 (1960) Nr. 3, S. 11.

[261] Diese Spitzenwerte, die sich auf den Landkreis Erding beziehen, ermittelte Eichmüller, Landwirtschaft, S. 186–189.

[262] Umfassende Zahlenerhebung für 1971: Maschinenverwendung, technische und bauliche Einrichtungen in der bayerischen Land- und Forstwirtschaft. Ergebnisse der Vollerhebung 1972 zur Landwirtschaftszählung 1971 nach dem Gebietsstand vom Mai 1971, bearb. von Reinhard Rost, München 1975 (Beiträge zur Statistik Bayerns 343).

ist vor allem der dramatische prozentuale Rückgang der Kohle für den Hausbrand von 88 Prozent 1950 auf rund acht Prozent 23 Jahre später[263].

Die Häuser wurden also im wesentlichen nicht mehr mit Kohle, sondern mit Öl geheizt. Dies galt insbesondere für den ländlichen Raum, da hier nicht auf eine kommunale Gasversorgung zurückgegriffen werden konnte; die Ferngasversorgung erreichte weite Teile des Landes erst in den achtziger und neunziger Jahren. Bis dahin gab es keine Wahlmöglichkeit zwischen Öl und Gas wie in den Städten und damit auch keine Preiskonkurrenz, die zugunsten des Verbrauchers zu Buche schlagen konnte. Der ländliche Raum geriet damit im Laufe der sechziger Jahre in eine Art Abhängigkeit vom Mineralölmarkt, der vielen nicht zuletzt wegen seiner internationalen Verflechtungen unsicher erschien[264].

Die meisten Verbraucher nahmen dies freilich in Kauf, zumal der Ölpreis lange niedrig war und stabil blieb. Außerdem wurde mit der ölbefeuerten Zentralheizung jetzt ein Wohnkomfort erreicht, der städtischen Verhältnissen weitgehend gleichkam, wo ein zentraler Gasanschluß eine saubere, kontinuierliche und vor allem bequeme Versorgung gewährleistete[265]. Waren 1950 bayernweit noch 97 Prozent der Wohnungen nur mit Einzelöfen ausgestattet[266], so hatte 1972 bereits ein Drittel aller Wohnungen Anschluß an eine Zentralheizung. Den Unterschied machte hier vor allem das Baujahr der Wohnungen aus; während bei den Altbauten weiterhin die Ofenheizung überwog, verfügten die nach dem Krieg – und wohl insbesondere die in den sechziger Jahren – entstandenen Wohnungen bereits zur Hälfte über eine Zentralheizung[267]. Auf dem Land stellten sich die Verhältnisse nicht anders dar; auch dort hatten die meisten Neubauten moderne Heizungen[268].

Der Zuwachs an Komfort im Alltag war enorm. Nun entfiel das mühsame Kohle- und Holzschleppen aus dem Keller und der Abtransport der Asche über die Stockwerke. Mit der Verlagerung der Brennstellen aus den Wohnungen in separate Heizungsräume verbesserte sich auch das Wohnklima. Wer noch in schlecht beheizten Wohnungen und Häusern mit dem Küchenherd als einziger Wärmequelle aufgewachsen war, wußte besonders zu schätzen, was leichtere Verfügbarkeit von Wärme hieß, gewöhnte sich aber schnell an die Neuerungen und vergaß schon bald, daß in nur einer Generation der Schritt zur gleichmäßig temperierten Wohnung vollzogen war, die als Standard nicht mehr wegzudenken war.

[263] Vgl. Energiebilanz Bayerns 1973, S. 40.

[264] Vgl. Dieter Ewringmann u.a., Die Gemeinschaftsaufgabe „Verbesserung der regionalen Wirtschaftsstruktur" unter veränderten Rahmenbedingungen, Berlin 1986, S. 124ff.

[265] Der Übergang von der Stadtgas- auf die Erdgasversorgung in den sechziger Jahren brachte allerdings für viele Haushalte ähnliche Umstellungsprobleme wie in den fünfziger Jahren bei den elektrischen Geräten mit sich. Auch für die Heizung mußten großflächig Zähl- und Verbrauchsgeräte ausgetauscht oder umgerüstet werden. 1967 wurden für einen Durchschnittsabnehmer Umstellungskosten von bis zu 400 DM errechnet, die aber nur zum geringeren Teil durch Zuschüsse der Energieversorgungsunternehmen gedeckt wurden. Vgl. Georg Högenauer, Mehrjahresplan für die Umstellung von Stadtgas- auf Erdgasversorgung in München, in: Der Städtetag 20 (1967), S. 566–571.

[266] Vgl. Ausstattung der Wohnungen in Bayern, S. 404ff. (Wohnungszählung 1950).

[267] Vgl. Ausstattung der Wohnungen in Bayern, S. 367–371 (Wohnungsstichprobe 1971).

[268] Vgl. Krieg, Strukturell-funktionale Veränderungen, in: van Deenen u.a (Hrsg.), Lebensverhältnisse in kleinbäuerlichen Dörfern, S. 174.

4. Die Motorisierung der Gesellschaft

Das preiswerte Mineralöl revolutionierte in nur zwei Jahrzehnten auch das kollektive Mobilitätsverhalten: Die Menschen waren fast nur noch unterwegs – zum Arbeitsplatz, zum Ferienziel, zur Behörde und zum günstigsten Einkaufsort. Diese Entwicklung, die im selben Maße im Güterverkehr zu beobachten war, schlug sich in einem gewaltigen Anstieg des Energieverbrauchs im Verkehrssektor nieder. Von 1950 bis 1973 erhöhte sich der Energieeinsatz von circa zwei Millionen t SKE auf 8,6 Millionen t SKE, wobei allerdings bei den einzelnen Verkehrsträgern gravierende Verschiebungen festzustellen sind. Beanspruchte der Eisenbahnverkehr 1958 noch 52 Prozent der verbrauchten Energie, so waren es zehn Jahre später nur mehr 14 Prozent[269]. Der Anteil des Straßenverkehrs am Energieverbrauch stieg dagegen im gleichen Zeitraum von 46 auf 82 Prozent. Kein Wunder also, daß sich auch bei den im Verkehrsbereich eingesetzten Energieträgern ein grundlegender Wandel ergab. Der Anteil fester Brennstoffe, vor allem Kohle, ging drastisch zurück, flüssige Brennstoffe, Diesel und Vergaserkraftstoffe, dominierten zunehmend. 1950 deckten letztere erst 50 Prozent, zehn Jahre später aber schon 93 Prozent des Energiebedarfs im Verkehr[270]. Waren 1950 je 240 000 t Benzin und Diesel in Bayern verbraucht worden, so waren es 1973 3,25 Millionen t Benzin und zwei Millionen t Diesel[271].

Diese gewaltigen Mengen Kraftstoff zum Verbraucher zu bringen, war eine logistische Aufgabe größter Dimension. Anders als im Bereich der Elektrizitätsversorgung wurde sie weitgehend ohne staatliche Steuerungsversuche gelöst. Schon in der Zwischenkriegszeit gab es im Deutschen Reich ein engmaschiges Netz von Tankstellen. Ende der dreißiger Jahre zählte man rund 60 000 Stationen, wobei es sich meist um kleine und kleinste Zapfstellen mit geringem Umsatz handelte. Bei Kriegsbeginn mußten 50 000 Tankstellen über Nacht geschlossen werden, da aller verfügbarer Kraftstoff für militärische Zwecke benötigt wurde; der motorisierte Individualverkehr kam weitgehend zum Erliegen.

Eines der sichtbarsten Zeichen für den Wiederaufbau nach dem Krieg war das Wiedererstehen eines dichten Tankstellennetzes. An allen größeren Straßen waren bald wieder im Abstand von wenigen Kilometern Stationen anzutreffen. 1953 waren es rund 21 000, fünf Jahre später schon 29 000. Wenn auch mancher Privatmann in dieser rasanten Entwicklung die Chance hatte, sich als Tankstellenbesitzer eine selbständige Existenz aufzubauen, so waren es doch vor allem die internationalen Ölkonzerne Esso, Shell und BP und allenfalls noch die deutschen Unternehmen Aral und Gasolin, die den Markt beherrschten. Allerorten entstanden weitgehend standardisierte Tankstellen, die sich vor allem durch die konzernspezifische Farbgebung voneinander abhoben: Shell war rot-gelb, BP grün und Aral weiß-blau.

269 Für diese Entwicklung mitverantwortlich war freilich die Senkung des spezifischen Energieaufwands durch die Einstellung des Dampfbetriebs; vgl. Urs Dolinski/Hans-Joachim Ziesing, Die regionalen Entwicklungstendenzen des Energieverbrauchs in Bayern und seinen Regierungsbezirken bis 1985, Berlin 1971, S. 106f. (Deutsches Institut für Wirtschaftsforschung, Sonderheft 89).

270 Zahlen errechnet nach ebenda, S. 104f.

271 Vgl. Energiebilanz Bayerns 1973, S. 37.

In den sechziger Jahren lieferten sich diese großen Konzerne mit neu auftretenden Konkurrenten wie Texaco, Chevron, Fanal, Avia, Jet, Agip, Fina oder Total einen regelrechten Wettlauf um die Kunden. Das führte zu einer weiteren Verdichtung der Vertriebsnetze, wobei nicht selten Stationen verschiedener Firmen in Sichtweite zueinander errichtet wurden[272]. Auf diese Weise stieg die Zahl der Tankstellen in der Bundesrepublik bis 1970 auf ihren Höchststand von knapp 46000 an. Danach schöpften die schon damals global agierenden Ölkonzerne, stimuliert durch die wirtschaftlichen Krisenerscheinungen seit Mitte der sechziger Jahre, alle Möglichkeiten der Rationalisierung aus. Dabei wurde auch die Selbstbedienung an den Zapfsäulen eingeführt und allein bis 1975 knapp ein Viertel aller Stationen geschlossen. 1980 war man mit 25900 Tankstellen wieder auf dem Stand der frühen fünfziger Jahre[273].

Die fast unbegrenzte Verfügbarkeit preiswerter Energie, wie sie in den allgegenwärtigen Tankstellen zum Ausdruck kam, bildete auch eine wesentliche Grundlage für den fundamentalen Strukturwandel, dem die bayerische Landwirtschaft in den fünfziger und sechziger Jahren unterworfen war. In nur zwei Jahrzehnten wandelten sich die meist mit vielen Arbeitskräften wirtschaftenden Bauernhöfe zu hochtechnisierten und mechanisierten Produktionsstätten, die häufig nur noch von ein oder zwei Personen betrieben wurden. Zugtiere gab es auf diesen Höfen fast nicht mehr, sie waren schon in der ersten Hälfte der fünfziger Jahre von Schleppern mit Verbrennungsmotor nahezu vollständig verdrängt worden. Die angeblich besonders behäbigen Bauern widersetzten sich der Motorisierung keineswegs, im Gegenteil: Anders als bei den elektrischen Geräten mußten sie von den Landwirtschaftsberatern vielfach sogar gebremst werden, sich nicht zu schnell in eine überzogene Mechanisierung zu stürzen. Auch viele kleine Bauern legten sich aus Prestigedenken und Besitzerstolz einen Traktor zu, dessen Anschaffungskosten durch die Betriebsergebnisse nicht gedeckt waren[274]. Allein in den Jahren 1950 bis 1954 verdreifachte sich die Zahl der gemeldeten Zugmaschinen von 36195 auf 111761, 1960 zählte man bereits 280435 Traktoren. Freilich waren abhängig von der vorherrschenden Betriebsgrößenstruktur damals noch erhebliche regionale Unterschiede festzustellen, die erst im Verlauf der sechziger Jahre weitgehend abgebaut wurden.

[272] Vgl. Bernd Polster, Tankstellen. Die Benzingeschichte, Berlin 1982, sowie Bernd Polster, Super oder Normal? Tankstellen. Geschichte eines modernen Mythos, Köln 1996.

[273] Zahlen nach Polster, Tankstellen, S. 168, der Angaben der Ölkonzerne ausgewertet hat. Die amtliche Statistik ist für eine Erfassung der historischen Tankstellendichte unergiebig, insbesondere auch, was eine regionale Differenzierung betrifft. Die bei den Arbeitsstättenzählungen 1950, 1961 und 1972 erhobenen Zahlen unterscheiden nicht hinreichend zwischen Tankstellenbetrieb und allgemeinem Brennstoffhandel. Erstmals wurden die Tankstellen im Rahmen der Handels- und Gaststättenzählung 1993 erfaßt. Für das frühere Bundesgebiet wurden in diesem Jahr nur noch 10034 Tankstellen gezählt, von denen 1978 in Bayern lagen. Vgl. Handels- und Gaststättenzählung 1993. Kraftfahrzeughandel; Tankstellen, hrsg. vom Statistischen Bundesamt, Wiesbaden 1996, S. 19 und S. 44.

[274] Vgl. Eichmüller, Landwirtschaft, S. 175–189 und S. 197–206; die folgende Tabelle nach ebenda, S. 182f.

Ausstattungsgrad landwirtschaftlicher Betriebe mit Schleppern in Prozent

Landkreis	1960	1971
Erding (Oberbayern)	77	95
Kötzting (Oberpfalz)	28	86
Obernburg (Unterfranken)	17	66

1971 waren in Bayern 457681 Schlepper registriert, die Halbmillionenmarke wurde erst in den achtziger Jahren überschritten[275]. Der Schlepper bildete für die Mechanisierung der Landwirtschaft aber lediglich Grundstock und Auftakt. Bald sollte ihm ein ganzes Arsenal von mechanischen Ladewagen, Sämaschinen, Mähdreschern, Kartoffellegemaschinen und -sammelrodern oder Feldhäckslern folgen, die letztlich alle auf dem Antrieb durch Verbrennungsmotoren basierten[276].

Der Bestand an Lastkraftwagen nahm weniger dramatisch zu als der Fuhrpark in der Landwirtschaft, weniger auch als die Ausweitung des gewerblichen Güterverkehrs vermuten ließe. Zusätzlicher Laderaumbedarf konnte hier aber zunächst durch intensivere betriebliche Nutzung abgedeckt werden. Die Zahl der Lastkraftwagen (1950: 66029) erhöhte sich daher in den fünfziger Jahren nur mäßig; erst im folgenden Jahrzehnt war dann ein deutlicher Anstieg um 70 Prozent auf 171709 Fahrzeuge im Jahr 1971 zu verzeichnen[277].

Zur Haupttriebkraft für die steigende Energienachfrage entwickelte sich der motorisierte Individualverkehr. War während des Krieges und in den Jahren danach zunächst „noch einmal alles auf die Eisenbahn und das Pferdefuhrwerk, das Fahrrad und den Fußweg zurückgefallen"[278], so vollzog sich innerhalb von zwei Jahrzehnten die während des Dritten Reichs verkündete, aber nie erreichte Volksmotorisierung. Das Straßenbild beherrschte dabei zunächst das Motorrad. 1950 standen den rund 100000 Personenkraftwagen knapp 300000 Motorräder gegenüber. Bis 1955 verdoppelten sich beide Zahlen in etwa. Erst Ende der fünfziger Jahre begann sich das Auto durchzusetzen. Zwischen 1958 und 1968 vervierfachte sich die Zahl der zugelassenen Personenkraftwagen in Bayern von 534 000 auf 2,05 Millionen[279], bis 1971 erhöhte sich dieser Bestand nochmals um etwa 25 Prozent, wobei nun auch hier die ländlichen Gebiete im Vergleich zu den schon früher vom Auto eroberten Städten kräftig aufholten. Die auf die Bevölkerungszahl bezogene Fahrzeugdichte bewegte sich dabei jeweils deutlich über dem Bundesdurchschnitt:

Kraftfahrzeugdichte je 1000 Einwohner (alle Fahrzeugarten)

	1960	1971
Bayern	169	317
Bund	144	293

275 Schlepperzahlen nach: Statistisches Jahrbuch für Bayern 25 (1955), S. 267; 28 (1964), S. 247; 30 (1972), S. 263.

276 Umfassende Zahlenerhebung für 1971: Beiträge zur Statistik Bayerns 343.

277 Zahlen nach: Statistisches Jahrbuch 25 (1955), S. 267; 28 (1964), S. 247; 30 (1972), S. 263.

278 Benno Hubensteiner, Bayerische Geschichte. Staat und Volk, Kunst und Kultur, München [7]1977, Vorwort.

279 Vgl. Dolinski/Ziesing, Regionale Entwicklungstendenzen, S. 112.

Dem Sog der Individualmotorisierung konnte sich der Einzelne zumal dann nicht entziehen, wenn er im durch den öffentlichen Personennahverkehr schlecht versorgten ländlichen Raum lebte. Ohne Auto ging dort wenig: Man brauchte es, um zum Arbeitsplatz zu gelangen, um die Ämter und Behörden zu erreichen, die im Zuge der Gebietsreform der siebziger Jahre weiter von den Menschen weggerückt waren, und um die lukrativen Einkaufsmöglichkeiten nutzen zu können, die sich in den bald alternativlosen Supermärkten und Handelszentren der Städte boten.

5. Umweltfolgen und Naturschutzprobleme

Die Ambivalenz des technischen Fortschritts zeigte sich schon sehr früh auch in anderer Hinsicht. Zwar bedeutete der ständig steigende Energiekonsum für jeden einzelnen mehr Wohlstand und einen höheren Lebensstandard, führte jedoch zugleich zu erheblichen Beeinträchtigungen der Umwelt und zu massiven Eingriffen in das Landschaftsbild. Der Bau von Wasserkraftwerken bedingte die Begradigung und Regulierung von Flußläufen im großen Stil. Über den Verlust landschaftlicher Reize hinaus hatte dies weitreichende Auswirkungen auf den Wasserhaushalt sowie auf Fauna und Flora ganzer Regionen. Reizvolle Gebirgstäler wurden durch die Anlage von Stauwehren zur Stromgewinnung überflutet. Seen oder vielmehr Speicher, deren Wasserspiegel im Jahreslauf um viele Meter schwankte, entstanden auf zum Teil ökologisch wertvollen Wald- und Wiesenflächen. Dazu wurde die Landschaft flächendeckend durch Hunderte und Tausende Kilometer von Hochspannungsleitungen „verdrahtet“, um den Strom zu den Verbrauchern zu bringen. Flußtäler und Höhenzüge wurden überspannt, bis zu 80 Meter breite Schneisen in Wälder geschlagen und kirchturmhohe Stahlgittermasten errichtet, die das ganze Land wie eine Kette futuristischer Wachtürme durchzogen. Die neuerbauten Raffinerien, Öl- und Kohlekraftwerke sorgten für Schadstoffemission in bisher unbekanntem Ausmaß – ein Kraftwerk mit 400 MW elektrischer Leistung verfeuerte an einem einzigen Tag eine ganze Zugladung Kohle. Die Kühlung der Kraftwerke führte zur langfristiger Erwärmung der Flüsse; der hohe Schadstoffeintrag aus Industrie, Landwirtschaft und Privathaushalten tat ein übriges, daß ein sommerliches Bad im nahegelegenen Fluß bald nicht mehr zu empfehlen war.

Im großen und ganzen wurden diese Schattenseiten des „Wirtschaftswunders“ weithin akzeptiert, allenfalls als unumgänglicher Preis des selbst nicht in Frage gestellten Fortschritts in Kauf genommen. Nach einer Umfrage des Allensbacher Instituts für Demoskopie vom August 1966 fühlten sich lediglich 23 Prozent der bayerischen Bevölkerung (BRD: 20 Prozent) durch den Anblick von Kraftwerken und Hochspannungsleitungen gestört, 46 Prozent gaben an, daß für sie der Nutzen der Technik für den Menschen überwiege (Bund: 51 Prozent), für 17 Prozent konnten solche Anlagen gar der Landschaft einen besonderen Reiz geben. Immerhin war, wie die Zahlen zeigen, das Bewußtsein der bayerischen Bürger für die Belange des Landschaftsschutzes ausgeprägter als im Bundesdurchschnitt. Noch deutlicher waren die Unterschiede zum Nachbarland Baden-Württemberg; dort hielten nur 14 Prozent technische Anlagen für unästhetisch, 60 Prozent stellten den Nutzen der Technik in den Vordergrund[280]. Einer prinzipiellen Kritik an Industrialisierung und Technisierung fehlte angesichts des steigenden Wohlstands, von dem breite Gesellschaftsschichten profitierten, die Basis. Die ältere Heimat- und Naturschutzbewegung war wegen ihrer Instrumentalisierung in der NS-Zeit diskreditiert. Wer sich gegen das verbreitete Fortschrittsdenken stemmte, stellte sich an den Rand der Gesellschaft. Natur und Umwelt hatten daher in den fünfziger und sechziger Jahren praktisch keine Fürsprecher, die ausreichend legitimiert gewesen wären und in der Öffentlichkeit Gehör gefunden hätten[281].

Wenn es dennoch nicht zum völligen Ausverkauf der Natur kam, so lag das vor allem daran, daß die Menschen bei allem Fortschrittsoptimismus in der Regel dann sehr aktiv wurden, wenn sie sich in ihrem eigenen Lebensumfeld durch Industrie, Technik und groß dimensionierte Versorgungseinrichtungen beeinträchtigt fühlten. Zahllose lokale Protestinitiativen sorgten dafür, daß die Umformung der Landschaft zum Zweck der Energiegewinnung nicht geräuschlos und unbemerkt vor sich ging, daß viele in den Planungsbüros der Elektrizitätsversorgungsunternehmen ersonnene Projekte wieder in den Schreibtischen verschwanden und daß einmalige Naturschönheiten und Landschaftsbilder, die sonst unwiederbringlich verloren gewesen wären, widerstreitenden wirtschaftlichen Interessen zum Trotz erhalten blieben.

Einen gewissen Rückhalt auf staatlicher Seite fanden diese Proteste bei der Landesstelle für Naturschutz, die 1936 im Vollzug des ein Jahr zuvor erlassenen Reichsnaturschutzgesetzes errichtet worden war. Allerdings darf der Einfluß der Landesstelle nicht überschätzt werden; schließlich unterstand sie dem Innenministerium, also ausgerechnet dem Ressort, das auch für den Ausbau der energiewirtschaftlichen Infrastruktur zuständig war. Zudem war die Landesstelle bis 1956 ein Einmannbetrieb, und noch in den sechziger Jahren verfügte sie über nur vier Mitarbeiter, die ganz Bayern zu betreuen hatten; 1971 wurde sie in das neue Staatsministerium für Landesentwicklung und Umweltfragen überführt. Der Münchner Mineraloge Professor Otto Kraus, der die Landesstelle seit 1949 leitete, war ein entschiedener Verfechter des Naturschutzgedankens, den er – mit Blick auf den Zweiten Weltkrieg und seine Zerstörungen – als „zweite Verteidigung der Heimat“ propagierte. Kraus ergriff vor allem dann energisch das Wort, wenn Naturschönheiten unwiederbringlich geopfert werden sollten, um kurzfristig mehr Energie zu gewinnen[282].

Gelegenheiten hierzu gab es mehr als genug, denn durch die energietechnische Nutzung vor allem des Alpenraumes stand nach Kraus' Auffassung „schlechthin einer der Herrgottswinkel unserer deutschen Heimat“[283] auf dem Spiel. Bereits das erste Bauprojekt nach dem Krieg, die 1947 begonnene Rißbachüberleitung,

[280] Vgl. Hermann Sand, Warum die Bayern anders sind, München 1973, S. 153 ff. (nach IfD-Pressedienst, Mitte Februar 1968).

[281] Vgl. Rolf Peter Sieferle, Fortschrittsfeinde? Opposition gegen Technik und Industrie von der Romantik bis zur Gegenwart, München 1984, S. 225–234.

[282] Vgl. die Erinnerungen von Otto Kraus, Über den bayerischen Naturschutz. Eine Rückschau, München o.J. (1979), sowie die 1966 in Nürnberg erschienene Sammlung seiner Aufsätze mit dem Titel: Zerstörung der Natur – Unser Schicksal von morgen? Der Naturschutz in dem Streit der Interessen.

[283] Ebenda, S. 164.

war mit heftigsten Protesten der Gemeinden des oberen Isartals verbunden. Erst als sich der Landtag im Januar 1954 für den Bau des Sylvensteinspeichers entschied, der vor allem wieder für eine ausreichende Wasserführung der Isar sorgen sollte, wurde ein langjähriger publizistischer und verwaltungsrechtlicher Kleinkrieg beendet[284]. Das nächste Großprojekt jener Jahre, die Anstauung des Lechs bei Roßhaupten zu einem riesigen künstlichen See für die Stromgewinnung, sorgte für noch größeren Wirbel[285]. Gegen das von der BAWAG seit 1948 konkret geplante Vorhaben stemmten sich, seit 1951 mit dem Bau begonnen worden war, zunächst nur die ortsansässigen Bauern. Sie wollten den Verlust von 1300 Hektar landwirtschaftlicher Nutzfläche und die Überflutung von 150 Höfen nicht hinnehmen und organisierten sich in einem „Schutzverband"[286]. Als jedoch klar wurde, daß hier ein technisches Großprojekt in der durch die Schlösser Neuschwanstein und Hohenschwangau „geweihten" Landschaft des Märchenkönigs Ludwigs II. verwirklicht werden sollte, fanden sich bald auch Verbündete außerhalb der betroffenen Region. Die mit dem Bau des Kraftwerks am Roßhauptener Speicher verbundene spürbare Verbesserung der Stromversorgung wog jedoch offensichtlich schwerer als solche Bedenken. Wie schon beim Bau des Sylvensteinspeichers verzichtete der organisierte Naturschutz deshalb auf weiteren Widerstand; er stimmte auch verschiedenen Großprojekten für Flußkraftwerke an Donau, Inn und Isar ohne größeren Protest zu, wobei man sich der trügerischen Hoffnung hingab, „daß der Wettlauf der Kraftwerke auf dem Rücken unserer Landschaft ein Ende finden muß"[287].

Kein Zurückweichen gab es aber mehr, als bekannt wurde, daß der Roßhauptener Speicher nur den Auftakt für den energietechnischen Ausbau des Lechs durch die BAWAG in 26 Staustufen und Kraftwerken bilden sollte[288]. Die Tatsache, daß der Lech bis Schongau noch über weite Strecken in einem unberührten, wildromantischen Flußbett strömte, ließ dieses Projekt zu einem besonders sensiblen Unternehmen werden, das bis in die sechziger Jahre nicht mehr aus den Schlagzeilen verschwand. Kraus setzte sich, unterstützt vom damals noch recht staatsnahen Bund Naturschutz in Bayern (gegründet 1913)[289], vehement gegen den Ausbau des oberen Lechs zur Wehr, den er zum schützenswerten Kulturgut erklärte. Eine breite Öffentlichkeit, darunter Tausende von Lehrern, konnte so gegen das Projekt mobilisiert werden[290], freilich ohne letztlich den Lechausbau verhindern zu können. Lediglich das Naturschutzgebiet der Litzauer Schleife konnte erhalten

[284] Vgl. Pohl, Bayernwerk, S. 340–345.

[285] Ein ausführlicher Bericht findet sich im Fürstenfeldbrucker Tagblatt vom 9. 10. 1954: „Dämme, Stollen und Turbinen. Der Lech im Dienste des technischen Fortschritts".

[286] Vgl. Bayerndienst vom 31. 3. 1951: „Schwangauer Bauern kämpfen um ihre Scholle".

[287] Kraus, Zerstörung der Natur, S. 166.

[288] Vgl. Süddeutsche Zeitung vom 26. 7. 1958: „Der Lech läuft über eine Kraftwerkstreppe"; diesbezügliches Material findet sich im BayHStA, StK 13773 und 13774.

[289] Vgl. Ernst Hoplitschek, Der Bund Naturschutz in Bayern. Traditioneller Naturschutzverband oder Teil der neuen sozialen Bewegungen?, Diss., Berlin 1984. Vorsitzender des Bundes Naturschutz war zu dieser Zeit Eduard Brenner, der zwischen 1950 und 1954 als Staatssekretär im bayerischen Kultusministerium fungiert hatte.

[290] Vgl. Süddeutsche Zeitung vom 1. 6. 1955: „Todesurteil für eine Urlandschaft"; Münchner Merkur vom 27. 10. 1955: „Verzweifeltes Ringen um die letzte Lech-Bastion"; Isar-Post vom 12. 11. 1955: „Der Streit um den Lechausbau auf dem Höhepunkt"; Münchner Merkur vom 29. 11. 1955: „Am Lech-Stau schwillt vorerst nur der Ärger".

werden, und auch das nur nach einer harten Konfrontation zwischen Naturschutzvertretern und BAWAG, die ihre staatliche Konzession zum Lechausbau aus dem Jahr 1940 als gültige Generalvollmacht interpretierte und sich mit dem Widerstand dagegen nicht abfinden wollte. Selbst als der Ministerrat 1957 Baumaßnahmen zwischen der Litzauer Schleife und Schongau untersagte, stellte die BAWAG die Vorbereitungen dafür nicht ein und ließ es auf eine offene Kraftprobe ankommen. Als Kraus forderte, der BAWAG die Konzession zum Lechausbau zu entziehen und einen Untersuchungsausschuß einzusetzen, versuchte man, ihn mit einstweiligen Verfügungen zum Schweigen zu bringen. Die BAWAG zog in diesem Fall letztendlich den kürzeren und mußte sich 1960 in einem vielbeachteten Prozeß vor dem Oberlandesgericht München vorhalten lassen, sie befinde sich „in einer offenen Auflehnung gegen Beschlüsse der Staatsregierung“[291].

Auch andernorts bedurfte es erheblicher Anstrengungen, Energieprojekte in ausgesprochenen Naturreservaten oder Fremdenverkehrszentren zu verhindern. Die berühmte Partnachklamm bei Garmisch-Partenkirchen stand ebenso zur Disposition wie die Breitachklamm im Allgäu bei Oberstdorf, die Ammerschlucht zwischen Peißenberg und Unterammergau, der Waginger See bei Traunstein, die Seenlandschaft zwischen Ruhpolding und Reit im Winkl, die Pupplinger Au bei Wolfratshausen südlich von München, der Tatzelwurmfall im Wendelsteingebiet oder zahlreiche kleinere Gewässer des Bayerischen Waldes[292]. Der erwartete Zugewinn an Energie stand dabei häufig in einem lächerlichen Verhältnis zum unwiederbringlichen Verlust an Naturlandschaften. Es ist bezeichend, daß man angesichts solcher unverantwortlicher Planungen den Energieunternehmen allmählich beinahe alles zutraute. Immer wieder kursierten Gerüchte über einen bevorstehenden Ausbau des berühmten Weltenburger Donaudurchbruchs durch die Rhein-Main-Donau AG[293]. Da sich der Wasserkraftausbau in den sechziger Jahren aber der Wirtschaftlichkeitsgrenze näherte und stark an Bedeutung verlor, ging auch das umweltpolitische Konfliktpotential mehr und mehr zurück[294]. Erst seit den frühen siebziger Jahren wurden dann vor allem die Fortschritte beim Ausbau des Rhein-Main-Donau-Kanals und die damit einhergehende Zerstörung des Altmühltals zu einem heiß umstrittenen Thema[295].

Kam es im Vorfeld von Kraftwerksprojekten immerhin gelegentlich zu heftigen Kontroversen, so verlief der Ausbau einer flächendeckenden Infrastruktur zur Stromverteilung ohne solche Friktionen. Nahezu lautlos legte sich innerhalb weniger Jahre ein dichtes Netz von Stromleitungen über das ganze Land. Nach Kriegsende waren die Schäden im Verteilungsnetz noch notdürftig mit Holzmasten ausgebessert worden[296]. In den fünfziger Jahren wurde es systematisch mit

[291] Der Allgäuer vom 4. 7. 1962: „Kraftprobe um die Litzauer Schleife“; vgl. auch Neue Zürcher Zeitung vom 26. 8. 1962: „Die Litzauer Schleife“, und Otto Kraus, Bis zum letzten Wildwasser? Gedanken über Wasserkraftnutzung und Naturschutz im Atomzeitalter, Aachen 1960.

[292] Vgl. Kraus, Über den bayerischen Naturschutz, S. 35–39.

[293] Vgl. Münchner Merkur vom 9. 12. 1955: „Vorerst kein Staudamm bei Kloster Weltenburg“; Münchner Merkur vom 23. 1. 1959: „Donau-Durchbruch ohne Kraftwerk“.

[294] Vgl. Passauer Neue Presse vom 19. 3. 1964: „Bau von Wasserkraftwerken in Bayern nähert sich dem Abschluß“.

[295] Vgl. dazu den Beitrag von Alexander Gall in diesem Sammelband.

[296] BayHStA, MWi 22219, Vormerkung der Bezirksplanungsstelle Mittelfranken vom 19. 2. 1955.

Stahlgittermasten für Mittel- und Hochspannungsleitungen ausgebaut. Allein Ende 1953 waren knapp 800 Kilometer Leitungen mit einer Spannung von über 50 kV im Bau, davon 465 Kilometer 110 kV-Leitungen; Leitungen unter 50 kV wurden wegen ihrer Vielzahl gar nicht erst erfaßt[297]. Vor allem der Ausbau der Stromverbundwirtschaft zwischen Nord- und Süddeutschland, mit dem sich die regionalen Disparitäten ausgleichen ließen, machte zum Stromtransport über weite Strecken, bei dem die Übertragungsverluste mit der Höhe der Spannung abnehmen, den Ausbau großdimensionierter Höchstspannungsleitungen erforderlich. Das in den fünfziger Jahren aufgebaute 400 kV-Netz wurde in der Regel auf kirchturmhohen (51 Meter) Doppelstahlgittermasten mit einer Trassenbreite von rund 60 Metern geführt[298].

Es ist bemerkenswert, aber zugleich leicht erklärlich, daß dieser umfassende Eingriff in die Landschaft nur auf geringen Widerstand gestoßen ist. Die einzelnen Baumaßnahmen waren jede für sich von zu geringer Dimension, als daß sie lautstarken Protest hätten hervorrufen können. An dem zur Genehmigung von Stromleitungen notwendigen Raumordnungsverfahren waren außerdem neben Behördenvertretern lediglich die Eigentümer der Grundstücke beteiligt, auf denen Masten plaziert werden oder die von Leitungen überspannt werden sollten, ebenso die Gemeinden und Landkreise, in deren Gemarkung diese Grundstücke lagen[299]. Die flächenaufwendigsten Höchstspannungsleitungen wurden in erster Linie durch die Bayernwerk AG verlegt. Sie verliefen über weite Strecken durch Waldgebiete, die sich häufig in Staatsbesitz befanden, wodurch Auseinandersetzungen von vornherein weitgehend ausgeschlossen waren. In erster Linie hatten sich die Energieversorgungsunternehmen ja mit den betroffenen Grundstücksbesitzern zu einigen, wobei die Rechtslage, die zugunsten des Allgemeinwohls Enteignungen erlaubte, letzteren eine schlechte Verhandlungsposition bescherte. Auch griffen die Energieversorger bisweilen zu drastischen Mitteln und sperrten einem renitenten Anlieger schon einmal den Strom[300]. So weit kam es freilich selten, die Regel war vielmehr, daß die Grundstücksbesitzer bereitwilligst die finanziellen Entschädigungen für die Inanspruchnahme ihrer Grundstücke annahmen. Allenfalls versuchten die Bauern, jährliche Anerkennungsgebühren durchzusetzen, während die Energieversorger lediglich einmalige Entschädigungszahlungen leisten wollten[301]. Längerfristig wurde dieses Problem umgangen, indem zwischen dem Bayernwerk und dem Bauernverband allgemeingültige Entschädigungsrichtlinien ausgehandelt wurden[302]. Ohnehin machten die Planungsbehörden die Auf-

[297] BayHStA, MWi 13221, Referat 39 an die Landesplanungsstelle vom 28. 10. 1953.

[298] Vgl. Friedrich Lehmhaus, Von Miesbach-München 1882 zum Strom-Verbundnetz, München/Düsseldorf 1983, S. 31 ff. und S. 53.

[299] Vgl. die einschlägigen Akten der Landesplanungsstelle: BayHStA, MWi 22192–22247.

[300] Beispielsweise BayHStA, MWi 13227, Bayerische Elektricitäts-Lieferungs-Gesellschaft an das Wirtschaftsministerium vom 7. 3. 1958.

[301] BayHStA, MWi 13213, Energieversorgung Ostbayern AG an das Wirtschaftsministerium vom 4. 5. 1950.

[302] BayHStA, MWi 13220, „Richtlinien für Mastenentschädigungen zwischen dem Bayerischen Bauernverband München und der Bayernwerk AG. München" vom 12. 6. 1953. Abhängig von der Mastgrundfläche und zusätzlichen Randbedingungen wurden hier differenzierte Entschädigungen festgelegt, die z.B. 1953 von vier DM bei „Unland" und 0,3 m Mastbreite bis zu 890 DM bei Ackerland und zehn m Mastbreite reichten.

lage, Rücksicht auf die Landwirtschaft zu nehmen und Masten vornehmlich auf Grundstücksgrenzen oder Wegränder zu setzen[303].

Generell ist den staatlichen Landesplanern bei der Konzeption der Leitungstrassen das Bemühen zu bescheinigen, das Landschaftsbild so weit wie möglich zu schonen. Auf besondere Aussichtspunkte, etwa von einer Autobahn auf ein Ortsbild, wurde durchaus Rücksicht genommen[304], gegebenenfalls eine in die Landschaft eingepaße Färbung der Masten und Isolatoren zur Bedingung gemacht[305]. Nach Möglichkeit wurde auch versucht – entgegen dem Bestreben der Energieversorgungsunternehmen, ihre Leitungen im Raum zu streuen, um die Verhandlungen mit den Grundbesitzern zu erleichtern[306] –, mehrere Leitungen auf einer Trasse zu konzentrieren, um die beanspruchten Landschaftsausschnitte möglichst schmal zu halten[307]. Die leitenden Motive hierbei waren alles andere als uneigennützig: „Bayern lebt in einem gewissen Umfang von seiner Landschaft", hieß es 1953 in einer Aktennotiz der Landesplanungsstelle. Man müsse, „soweit es angeht, die Landschaft von solchen technischen Bauwerken freihalten"[308]. Die wirtschaftliche Bedeutung des Fremdenverkehrs in Bayern, dessen wichtigstes Kapital die Naturschönheiten des Freistaats waren, stand also im Vordergrund. Zudem galt es aus Sicht der zuständigen Ministerialbeamten, das Land nicht mit Planungen zu überlasten, um sich für die Zukunft Handlungsspielraum für andere, noch unbekannte Vorhaben zu bewahren. Da sich die Energieversorgungsunternehmen heftig gegen technische Auflagen – Verkabelung von Trassen, Erhöhung von Masten zur Verminderung der Schneisenbreite et cetera – wehrten, die mit erheblichen Kosten verbunden waren[309], wurde im Zweifelsfall aktuellen wirtschaftlichen und technischen Vorzügen einer Trasse Vorrang gegenüber dem Landschaftsschutz eingeräumt[310].

Es mußten schon sehr sensible landschaftliche Ensembles durch Leitungsplanungen berührt werden, um einen Protest durch nicht am Raumordnungsverfahren Beteiligte zu provozieren. Dies kam vor bei einzelnen, touristisch stark frequentierten Alpentälern[311] oder wenn die Sicht auf herausragende historische Baudenkmäler beeinträchtigt wurde. Doch selbst als 1967 eine 220 kV-Leitung in der Nähe der Ottobeurer Basilika konzipiert wurde, erhoben sich nur wenige Stimmen gegen dieses „Attentat"[312]. Erst als zu Beginn der siebziger Jahre das Bewußtsein von der Endlichkeit der Ressourcen erwachte, wurde vereinzelt erkannt,

303 BayHStA, MWi 22243, Bezirksplanungsstelle Oberbayern an die Landesplanungsstelle, 21. 11. 1952.

304 BayHStA, MWi 222243, Rundschreiben der Bezirksplanungsstelle Schwaben vom 8. 5. 1953 und Bezirksplanungsstelle Schwaben an die Landesplanungsstelle vom 18. 8. 1955.

305 BayHStA, MWi 22243, Bezirksplanungsstelle Oberbayern an die Landesplanungsstelle vom 21. 11. 1952.

306 BayHStA, MWi 22247, Vormerkung der Landesplanungsstelle vom 16. 4. 1953.

307 BayHStA, MWi 22193, Vormerkung der Bezirksplanungsstelle Oberfranken vom 4. 3. 1958.

308 BayHStA, MWi 22247, Vormerkung der Landesplanungsstelle vom 16. 4. 1953.

309 BayHStA, MWi 22245, Information der Bayernwerk AG vom 24. 2. 1961: „Führung einer 220 kV-Leitung durch Wald".

310 BayHStA, MWi 22243, Bezirksplanungsstelle Schwaben an die gräflich Fugger-Kirchberg-Weißenhornsche Forst- und Domänenverwaltung vom 10. 6. 1953.

311 Vgl. die Kontroverse um die Leitung Kaprun-Pirach 1956/57; Material hierzu findet sich im BayHStA, MWi 22245.

312 Leserbrief in der Memminger Zeitung vom 20. 10. 1967.

daß die Landschaft nur begrenzt belastbar war; jedenfalls mußte sich der Landtag zu dieser Zeit erstmals grundsätzlich mit der Beeinträchtigung des Landschaftsbildes durch Überlandleitungen befassen[313].

Die zunehmend wichtigste Energiequelle der fünfziger und sechziger Jahre, das Mineralöl, wurde unter dem Naturschutzaspekt im allgemeinen als wenig problematisch betrachtet. Beunruhigt wurde die Bevölkerung am meisten durch die mögliche Gefährdung der Trinkwasserversorgung. Gegen die erste Pipeline, die das geplante Raffineriezentrum in Ingolstadt von Genua her mit Öl versorgen sollte, gab es massiven Widerstand. An der Leitung wurde seit 1961 gebaut, doch als sich 1963 die Rohre auf der geplanten Trasse an den Bodensee heranzuschieben begannen, entbrannte in den betroffenen Gemeinden ein Proteststurm gegen das Projekt der ENI[314]. Mit Recht sah man bayerischerseits vor allem in Lindau die Trinkwasserversorgung der Bevölkerung im Falle von Störungen an der Leitung gefährdet, hatte es doch in den Jahren zuvor wiederholt Zwischenfälle gegeben, bei denen zum Teil größere Ölmengen in die Umwelt gelangt waren[315]. Ministerpräsident Goppel versuchte zwar zu beschwichtigen und erklärte, alle erforderlichen Sicherheitsmaßnahmen seien getroffen worden[316]. Sieben Bodenseegemeinden unter Führung der Stadt Lindau gelang es jedoch, die Inbetriebnahme der Pipeline durch Anrufung der Verwaltungsgerichte um ein Jahr zu verzögern[317], bis sich die ENI im Zuge eines Vergleichs bereit erklärte, die Wasserwerke der Ufergemeinden mit Filtereinrichtungen auszurüsten, die auch im Leckagefall die Trinkwassergewinnung sichern sollten[318].

Trotz dieser Konflikte waren die Naturschützer der Meinung, daß es sich bei Umweltbeeinträchtigungen durch Energieprojekte um ein Thema handele, das sie zunehmend weniger beschäftigen würde. Für diese Zuversicht sorgten die Fortschritte bei der friedlichen Nutzung der Kernenergie, die – wie man hoffte – keine Landschaftszerstörungen wie etwa der Bau von Wasserkraftwerken mit sich bringen würde. Die Atomenergie lieferte eines der gewichtigsten Argumente gegen einen massiven Ausbau der Wasserkraft mit seinen Eingriffen in die Naturlandschaft. Wortführer wie Otto Kraus warnten vor allem mit Blick auf die Kerntechnik davor, noch „kurz vor Torschluß" Kraftwerke in sensiblen Naturräumen zu errichten, die schon in wenigen Jahren überflüssig sein würden[319].

Bedenken gegen die Atomenergie, die in ihren Anfangsjahren durchaus verbreitet waren, mußten sich deshalb zwangsläufig außerhalb des organisierten Natur-

313 Vgl. Drucksache 1493 vom 11.8. bzw. 11. 11. 1971, in: Verhandlungen des Bayerischen Landtags. VII. Wahlperiode 1970–1974, Drucksachenbd. V, München 1972, und Drucksache 4624 vom 12.4. bzw. 19. 7. 1973, in: Verhandlungen des Bayerischen Landtags. VII. Wahlperiode 1970–1974, Drucksachenbd. XIV, München 1974.

314 Vgl. Münchner Merkur vom 17. 12. 1963: „Hexenjagd am Bodensee".

315 Vgl. Riffel, Mineralöl-Fernleitungen, S. 222.

316 Vgl. Augsburger Allgemeine vom 21. 10. 1964: „Goppel: Alles für die Sicherheit des Bodensees".

317 Vgl. Bayerische Staatszeitung vom 21. 1. 1966: „Die ENI muß vorläufig noch warten" und vom 25. 3. 1966: „Das Öl steht so und so bereits am Bodensee". Zur rechtlichen Problematik vgl. auch Herbert Zeitler, Die rechtliche Behandlung der Ölfernleitungen, in: Der Bayerische Bürgermeister 20 (1967), S. 229–234.

318 Vgl. Bayerische Staatszeitung vom 23. 9. 1966: „Vorläufiges Ende des Pipeline-Streits" und vom 19. 7. 1968: „Lindau schließt Vergleich mit der ENI".

319 Vgl. Kraus, Zerstörung der Natur, S. 174 ff.

schutzes artikulieren und hatten nicht zuletzt deshalb auch einen eher diffusen Charakter. Die Bevölkerung war seit den ersten Pressemeldungen zum Garchinger Forschungsreaktor Ende 1953 einigermaßen beunruhigt, und zwar nicht nur in der Landeshauptstadt allein[320]. Schon unter dem Begriff „Atom" selbst konnten sich die wenigsten etwas vorstellen; lediglich in der Wortverbindung „Atombombe" war er geläufig, so daß es sofort zu militärischen Assoziationen kam und die Vermutung genährt wurde, ein Atomreaktor diene wohl zur Herstellung von Atombomben. Zudem war schon bald bekannt geworden, daß der Reaktor in jedem Falle östlich von München gebaut werden würde, um bei Störfällen den vorherrschenden Westwind dazu zu benutzen, radioaktive Wolken vom Ballungsraum München fernzuhalten; diese Information sorgte verständlicherweise auch in Niederbayern für beträchtliche Verunsicherung[321].

Dem verbreiteten Mißtrauen sollten Propagandafeldzüge der Staatsregierung abhelfen, die die Bevölkerung durch Filme, Ausstellungen, Fernsehsendungen und öffentliche Vorträge auf das Atomzeitalter einzustimmen versuchte[322]. Dennoch standen viele Menschen der Kernkraft offenbar mit sehr gemischten Gefühlen gegenüber, wie sich aus den Leserzuschriften an Zeitungen entnehmen läßt. Gerade zunehmend kritische Aussagen amerikanischer Wissenschaftler hinsichtlich möglicher erbbiologischer Schäden durch radioaktive Strahlung förderten diesen inneren Zwiespalt[323]. Auch die Unkenntnis über die eigentlichen physikalischen und technischen Vorgänge in einem Reaktor blieb bestehen; eine Schlagzeile lautete etwa: „Atomkraft statt Strom"[324].

Im Sommer 1956 drohte sich die Stimmung vollkommen gegen die Atomkraft zu richten. Die Versuche mit Wasserstoffbomben in Nordamerika und im Pazifik zogen auch in Europa verstärkten radioaktiven Niederschlag nach sich, dessen Gefährdungspotential man nicht einzuschätzen wußte. „Die Atomenergie ist ein Geschenk des Teufels", begann die Münchner „Abendzeitung" einen Artikel, der sich mit dem Zusammenhang zwischen radioaktiver Strahlung und Krebserkrankungen befaßte[325]. In der Landeshauptstadt begann zeitweise eine regelrechte Atompsychose um sich zu greifen. Kopfschmerzen, Schwindelanfälle und Müdigkeit – alle Arten körperlicher Beeinträchtigung führten die Münchner auf den Einfluß der gestiegenen Radioaktivität zurück und überfielen Arztpraxen, Krankenhäuser und Gesundheitsbehörden mit „Atombeschwerden"[326]. Die Zeitschrift „Das Gewissen", die erstmals im Juli 1956 in München erschien, machte sich die „Bekämpfung des Atom-Mißbrauchs und der Atom-Gefahren" durch Aufklärung der Bevölkerung zur Aufgabe. Schließlich formierte sich sogar eine „Not-

[320] Vgl. Passauer Neue Presse vom 8. 1. 1954: „Große Pläne um ein Atomzentrum in München".
[321] Vgl. Isar-Post vom 6. 2. 1954: „Keine Atomgefahr für Niederbayern".
[322] Vgl. Die Welt vom 9. 9. 1955: „Bayerische Atomspaltereien"; Süddeutsche Zeitung vom 18. 10. 1955: „Das Atom steht schon zu Diensten. Eröffnung der großen Sonderschau im Deutschen Museum".
[323] Vgl. Abendzeitung vom 24./25. 9. 1955: „Atom-Meiler? – Ich habe ein gutes Gewissen. Interview der Abendzeitung mit dem bayerischen Kultusminister Professor August Rucker".
[324] Abendzeitung vom 26. 10. 1955.
[325] Abendzeitung vom 29. 5. 1956: „Atomstrahlen verursachen Krebs".
[326] Vgl. Frankenpost vom 30. 6. 1956: „Münchner klagen über Atombeschwerden"; Münchner Merkur vom 21.6. 1956: „Gesundheitsamt weiß nichts von Atomkrankheit" und vom 23. 6. 1956: „Atomangst – jetzt auch im Stadtrat ausgebrochen".

gemeinschaft für Verteidigung der Volksgesundheit", die der Regierung das Recht absprach, in der Nähe von Großstädten Atommeiler aufzustellen[327].

Mit dieser kritisch-distanzierten Haltung stand die bayerische Bevölkerung keineswegs alleine. Nach einer bundesweiten Emnid-Umfrage vom Dezember 1955 dachten 76 Prozent der Erwachsenen bei der Frage „Woran denken Sie, wenn Sie von Atomenergie hören?" nur an Bomben, Krieg und Vernichtung; lediglich 14 Prozent verbanden damit die zivile Nutzung der Kernkraft, der Rest hatte keinerlei konkrete Vorstellungen. Ein Drittel der Bevölkerung hatte noch nie etwas von nicht-militärischen Anwendungsmöglichkeiten der Atomenergie gehört. Bis in die sechziger Jahre veränderte sich nur wenig; 18 Prozent der Bundesbürger assoziierten 1960 mit „Atomenergie" zwar jetzt Energiegewinnung, Wissenschaft und Fortschritt, doch immer noch 76 Prozent dachten in erster Linie an Bomben, Atomkrieg, Angst und Gefahr[328].

Durch gezielte Information über die technischen Abläufe in einem Kernreaktor ließen sich solche negativen Konnotationen der Atomenergie relativ leicht ausräumen, wie sich in Kahl am Main[329] oder in Gundremmingen[330] zeigte, wo sich zunächst spontan „Interessengemeinschaften" oder „Notgemeinschaften" gegen den Bau von Kernkraftwerken gebildet hatten. Es genügten aber jeweils wenige Informationsveranstaltungen vor Ort durch die staatlichen Stellen, um die Bürger von der Gefahrlosigkeit und vom Nutzen der Kernkraftwerke zu überzeugen – und wenn dieser nur in zusätzlichen Arbeitsplätzen und Steuereinnahmen für die Standortgemeinden bestand[331]. Als das erste große Kernkraftwerk in der Bundesrepublik im August 1966 das erste Mal in den kritischen Bereich gefahren wurde, konnte man in den Medien „spannende Stunden im Atomreaktor Gundremmingen"[332] verfolgen; die Faszination einer technischen Großtat beherrschte die Berichterstattung vollkommen. Allenfalls fand man noch den positiven wirtschaftlichen Effekt vor Ort bemerkenswert. So meldete etwa das „Bayreuther Tagblatt" anläßlich des gleichen Ereignisses lapidar: „Ein Dorf wird steinreich. Atomreaktor Gundremmingen bringt hohe Steuern ein"[333]. Im Gegensatz zur allgemeinen Skepsis der bayerischen Öffentlichkeit gegenüber der Atomenergie und den Vorbehalten vor allem aus dem christlich-konservativen Lager in den fünfziger Jahren kennzeichnete die sechziger Jahre eine breite Akzeptanz der modernen Industriegesellschaft; große Bevölkerungsteile hatten den technischen Fortschritt in ihr Glaubensbekenntnis aufgenommen.

Die Debatte über die negativen Folgen der Industrialisierung und Technisierung bewegte sich damals immer noch in den Kategorien des klassischen Landschafts- und Heimatschutzes. Dies zeigte sich auch in der einzigen großen Kon-

[327] Vgl. Abendzeitung vom 20. 7. 1956: „Atommeiler nicht in Stadtnähe aufstellen!"
[328] Vgl. Ilona Stölken-Fitschen, Atombombe und Geistesgeschichte. Eine Studie der fünfziger Jahre aus deutscher Sicht, Baden-Baden 1995, S. 197f.
[329] Vgl. Münchner Merkur vom 26./27. 10. 1957: „Gefährliche Atomschatten bei Kahl".
[330] Die Standortkontroverse ist dokumentiert in den Genehmigungsakten: BayHStA, MWi 22187–22189.
[331] Vgl. Süddeutsche Zeitung vom 26./27. 7. 1957: „Beruhigendes über die Atomkraft".
[332] Augsburger Allgemeine vom 16. 8. 1966: „Atomreaktor Gundremmingen zum erstenmal kritisch".
[333] Bayreuther Tagblatt vom 30. 8. 1966.

troverse, die es in den sechziger Jahren in Bayern gab. Die europäische Kernforschungsorganisation CERN (Conseil Européen pour la Recherche Nucléaire) mit Sitz in Genf plante von 1963 an ein großes Forschungszentrum, das um einen gewaltigen Protonen-Beschleuniger mit einem Durchmesser von 2,4 Kilometer herum aufgebaut werden sollte. Bis zu 15 000 Personen sollten dort im Endausbaustadium beschäftigt sein. Als Standort aber kam für CERN wegen seiner wissenschaftlichen Mittelpunktsfunktion keine andere Stelle in Deutschland als München in Frage. Das Projekt erwies sich am Ende als zu groß angelegt und schließlich unrealisierbar. Aufschlußreich in unserem Zusammenhang erscheint aber die in Bayern um diese Einrichtung geführte Diskussion. Sie nahm im Frühjahr 1965 heftige Formen an, die sich bis zu Morddrohungen gegen Ministerpräsident Alfons Goppel ausweiteten. In Ebersberg formierte sich eine Bürgerinitiative unter dem Namen „Interessengemeinschaft Ebersberger Forst", die sogar immerhin 21 Ausgaben eines Mitteilungsblatts „Wald in Gefahr" zustande brachte. Darin wurde die ökologische Bedeutung des Waldgebiets für den Münchner Großraum in ihren verschiedenen Facetten herausgestellt. Die ebenfalls unternommenen Versuche, den Teufel der Radioaktivität an die Wand zu malen, wirkten dagegen eher verkrampft und aufgesetzt. Überschriften wie „Eine dunkle gefährliche Kraft", „Nutznießer ist der Tod! Alarmierende Zahlen aus USA", „Die ich rief die Geister ... Die Wissenschaft und die gefährdete Welt", „Atommüll gefährdet die Menschheit" konnten nicht darüber hinwegtäuschen, daß der Kern der Debatte sich eben nicht um Nutzen oder Gefahren der Atomforschung und -technik drehte, sondern um den Erhalt eines großen Münchner Naherholungsgebiets[334].

V. Die Energiekrise von 1973 und ihre Folgen

1. Das Energieprogamm I

Wie immer man die Ölpolitik der Staatsregierung auch beurteilen mag, klar war: Sie hatte die Abhängigkeit der bayerischen Energieversorgung von außenpolitischen Entwicklungen verstärkt, die sich von München aus kaum beeinflussen ließen. Kritiker hatten dies von Anfang an erkannt und lautstark bemängelt, ohne aber eine Alternative anbieten zu können. Fürchtete man zunächst eine Abhängigkeit von der Sowjetunion, von der man Öl via Italien bezog, so sorgte seit 1967 der israelisch-arabische Konflikt im Nahen Osten für Unruhe. Das Jahr 1970 brachte für die Verbraucher in dieser Hinsicht nichts Gutes. Die Preise für Ruhr-

334 Vgl. Stephan Deutinger, Europa in Bayern? Der Freistaat und die Planungen von CERN zu einem Forschungszentrum im Ebersberger Forst bei München 1962–1967, in: Ivo Schneider/Helmuth Trischler/Ulrich Wengenroth (Hrsg.), Oszillationen. Naturwissenschaftler und Ingenieure zwischen Forschung und Markt, München 2000, S. 297–324. Wolfgang Webersinke, Die Schutzgemeinschaft zur Erhaltung des Ebersberger Forstes und ihr Kampf gegen die in den sechziger Jahren geplante Großbeschleuniger-Anlage, in: Nutzungen, Wandlungen und Gefährdungen des Ebersberger Forstes. Beiträge zur Geschichte unserer Umwelt, hrsg. von der Kreissparkasse Ebersberg, Ebersberg 1991, S. 94–105 (Der Landkreis Ebersberg – Geschichte und Gegenwart 3).

kohle stiegen[335], aber auch für Heizöl, Benzin und Diesel mußte tiefer in die Tasche gegriffen werden, da Lieferungen aus dem Nahen Osten ausblieben. Nachdem die Strompreise durch die Verbesserung der Ölversorgung in den vergangenen Jahren beinahe auf Bundesniveau hatten gedrückt werden können, begannen sie nun wieder anzuziehen[336]. Das Ausscheiden Otto Schedls, der Galionsfigur der bayerischen Energiepolitik, aus dem Wirtschaftsministerium zum Jahresende bildete das sichtbare Zeichen für das Ende einer Ära, in der Energie eine Frage des Preises, aber kein prinzipielles Problem war[337].

Kaum hatte Schedl, der sich stets gegen staatlichen Interventionismus in der Wirtschaft ausgesprochen hatte, das Feld geräumt, entspann sich eine lebhafte Debatte über die künftige Rolle des Staats in der Energiepolitik. SPD und FDP brachten im Landtag eine Reihe von Anträgen ein, die darauf abzielten, die Staatsregierung auf eine verstärkte Planungstätigkeit zur Sicherung der Energieversorgung zu verpflichten. Abgeordnete aller Parteien wollten die Standortplanung für Kernkraftwerke und die flächendeckende Erschließung des Landes durch Erdgasleitungen von staatlicher Seite vorangetrieben wissen[338]. Der Gedanke umfassender Planung lag seit den späten sechziger Jahren in der Luft. Im Bereich der Energiepolitik manifestierte sich das Planungsdenken bemerkenswerterweise zuerst auf der europäischen Ebene. 1968 hatte die Europäische Gemeinschaft eine „Erste Orientierung für eine gemeinschaftliche Energiepolitik" vorgelegt[339]. Auf der bundesdeutschen Ebene fehlten entsprechende Überlegungen noch, und auch der neue bayerische Wirtschaftsminister Anton Jaumann[340] wollte davon zunächst nichts hören. Er betonte, „das Planungsrecht habe die Wirtschaft und nicht der Staat. Der Staat könne seine Vorstellungen nur mit der Energiewirtschaft abstimmen. Der Staat könne nur eine Maßnahme verbieten, aber nicht vorschreiben"[341]. So dachten auch die Abteilungsleiter aus seinem Ministerium. Sie lehnten etwa „eine Art ‚Atomkraftwerkeplan' für Bayern" rundweg ab; staatliche Aufgabe war es auch nach ihrer Ansicht lediglich, dahin zu wirken, daß die Planungen der Energiewirtschaft „in eine vernünftige Richtung gingen"[342].

Bald jedoch begannen Zweifel um sich zu greifen, ob das stetige Wirtschaftswachstum noch lange anhalten würde, und immer häufiger wurde die Frage auf-

335 Vgl. Süddeutsche Zeitung vom 23. 5. 1970: „Kohlepreiserhöhung trifft Bayern besonders hart".
336 Vgl. Nürnberger Nachrichten vom 30. 5. 1970: „Auf breiter Front geht der Benzinpreis hoch" und vom 28. 7. 1970: „Zuwenig Russengas".
337 AdbL, Protokoll der 10. Sitzung des Ausschusses für Wirtschaft und Verkehr am 13. 5. 1971 (Anton Jaumann).
338 Vgl. etwa Drucksache 181 vom 16. 2. 1971, in: Verhandlungen des Bayerischen Landtags. VII. Wahlperiode 1970–1974, Drucksachenbd. I, München 1972; Drucksache 694 vom 13. 5. 1971, in: Verhandlungen des Bayerischen Landtags. VII. Wahlperiode 1970–1974, Drucksachenbd. II, München 1972; Drucksache 786, in: Verhandlungen des Bayerischen Landtags. VII. Wahlperiode 1970–1974, Drucksachenbd. III, München 1972.
339 Vgl. Hans Heitzer/Walter Lämmle, Zukunftsperspektiven für den Energiehaushalt, in: Ernst Schmacke (Hrsg.), Bayern auf dem Weg in das Jahr 2000. Prognosen, Düsseldorf 1971, S. 137–154.
340 Vgl. Ferdinand Kramer, Wirtschaftsminister Anton Jaumann. Eine politisch-biographische Skizze, in: Wirtschaftsminister Anton Jaumann (1927–1994). Eine Ausstellung aus dem neuerworbenen Nachlaß anläßlich seines 70. Geburtstags, München 1997, S. 9–30 (Bayerisches Hauptstaatsarchiv – Kleine Ausstellungen 9).
341 AdbL, Protokoll der 10. Sitzung des Ausschusses für Wirtschaft und Verkehr am 13. 5. 1971 (Anton Jaumann).
342 AdbL, Protokoll der 5. Sitzung des Ausschusses für Wirtschaft und Verkehr am 11. 3. 1971.

geworfen, wie die künftige Entwicklung aussehen werde. Der 1972 veröffentlichte Bericht des Club of Rome „Die Grenzen des Wachstums", in dem diese bohrenden Zweifel ihren markantesten Ausdruck fanden, avancierte auch in der Bundesrepublik zum Bestseller[343]. Die zunehmende Besorgnis veranlaßte Jaumann im Oktober 1972 zu der Ankündigung, sein Haus bereite ein Energieprogramm zur Koordinierung unternehmerischer und staatlicher Planungen vor, das als energiewirtschaftliches „Leitbild" und Orientierungshilfe für Investitionsentscheidungen dienen sollte[344]. Die grundsätzlichen Ziele dieses Programms ließ Jaumann schon im Vorfeld durch den Landtag absegnen. Neben den traditionellen Zielen der Sicherheit und Billigkeit der Energieversorgung sollten in Zukunft auch „geringste Umweltbeeinträchtigung" sowie die „Förderung der regionalen und sektoralen Wirtschaftsstruktur" Berücksichtigung finden[345].

Die weitere inhaltliche Ausrichtung des Energieprogramms bereitete keine Schwierigkeiten, da sich die großen Parteien im Grundsätzlichen einig waren. Seit den fünfziger Jahren war es durchgehend Auffassung der Staatsregierung gewesen, daß die Kernkraft der Energieträger der Zukunft sein würde. Die Ölpolitik der sechziger Jahre hatte man dagegen vor allem als Übergangslösung verstanden, bis die technischen Voraussetzungen zur Nutzung der Kernenergie gegeben seien; Schedl hatte in seinen letzten Amtsjahren immer wieder auf diesen Sachverhalt hingewiesen, und Anfang der siebziger Jahre war es tatsächlich so weit: Strom aus Atomkraftwerken war mittlerweile auch wirtschaftlich konkurrenzfähig, weshalb die Elektrizitätsversorgungsunternehmen nun auch bereit waren, mit entsprechender staatlicher Rückendeckung offensiv in die Kernenergienutzung einzusteigen.

Jaumann erntete deshalb viel Beifall, als er auf der Jahrestagung des Verbands Bayerischer Elektrizitätswerke am 5. Juni 1973[346] unmißverständlich klarmachte, wo in Zukunft der Schwerpunkt der bayerischen Energiepolitik liegen würde: auf dem „Einsatz der Kernenergie auf breitester Front". Jaumann kritisierte dabei die verfehlte Energiepolitik der USA, die seit Ende 1970 zu Versorgungsengpässen geführt habe. Da die Vereinigten Staaten selbst immer weniger Öl förderten und ihren wachsenden Bedarf durch Importe decken mußten, habe sich der Ölmarkt vom Käufer- zum Verkäufermarkt gewandelt; dadurch sei die Sicherheit der Energieversorgung der westlichen Welt nicht mehr gewährleistet. Jaumann wies auch die Thesen des Club of Rome zurück und betonte, ein ausreichendes Wirtschaftswachstum sei notwendig, da ein Verzicht hierauf zugleich einen Verzicht auf sozialen Fortschritt bedeute. Angesichts des engen Zusammenhangs von Wirt-

343 Vgl. Dennis Meadows u.a., Die Grenzen des Wachstums. Bericht des Club of Rome zur Lage der Menschheit, Stuttgart 1972.

344 Bayerische Staatszeitung vom 20. 10. 1972: Beilage „Energieversorgung in Bayern", hier der Beitrag Anton Jaumanns „Bayern bereitet ein Landes-Energieprogramm vor".

345 AdbL, Protokoll der 45. Sitzung des Ausschusses für Wirtschaft und Verkehr am 15. 2. 1973; Beschluß des bayerischen Landtags vom 21. 3. 1973 (Drucksache 3857); Stenographischer Bericht über die 59. Sitzung des bayerischen Landtags am 21. 3. 1973, S. 3093 f.

346 Vgl. Anton Jaumann, Die Rolle der Energiewirtschaft für unsere wirtschaftliche Entwicklung, München 1973 (WVinformation 73,2); das folgende nach ebenda, S. 20 (Zitat), S. 22 f., Schlußwort. Die Rede wurde textlich gekürzt, aber mit zahlreichen Illustrationen, Schaubildern und Statistiken angereichert, von Jaumanns Ministerium in einer Broschüre mit dem Titel „Energie und wirtschaftlicher Fortschritt" verbreitet.

schaftswachstum und Energieverbrauch müsse der Mehrbedarf an Energie, der für das weitere Wachstum notwendig sei, durch einen Energieträger gedeckt werden, der weniger politischen Einflüssen unterworfen sei als Öl, eben durch die Kernenergie. Der Vorsitzende des Verbands Bayerischer Elektrizitätswerke, Anton Riemerschmid, als Leiter der Isar-Amperwerke ein Strommanager von erheblichem Einfluß, hatte bereits 1972 vor dem gleichen Forum ein ähnlich vehementes Plädoyer für die Kernkraft gehalten und nahm die Ausführungen Jaumanns mit Genugtuung zur Kenntnis.

Die „Grundlinien zu einem Energieprogramm für Bayern“[347], die Jaumann am 19. September 1973 schließlich der Öffentlichkeit vorstellte[348], wurden zwar als „Energieprogramm I“ bezeichnet, hatten aber mehr den Charakter einer Bestandsaufnahme. Sie verstanden sich lediglich als erste Skizze eines bis 1975 vorzubereitenden detaillierten Energiekonzepts. Kern und Basis der „Grundlinien“ bildete ein vom bayerischen Wirtschaftsministerium bestelltes Gutachten, das das Deutsche Institut für Wirtschaftsforschung in Berlin im Januar 1971 vorgelegt hatte[349]. In diesem Gutachten war es darum gegangen, sowohl „die besonderen energiewirtschaftlichen Probleme Bayerns herauszuarbeiten, als auch die künftige Deckung des Gesamtenergiebedarfs durch Primär- bzw. Sekundärenergieträger darzustellen“[350]. Dafür hatte man für den „Basiszeitraum“ 1958–1968 die Entwicklung von Energieerzeugung, -umwandlung und -verbrauch in Bayern analysiert und in einem zweiten Schritt versucht, durch lineare Extrapolation der festgestellten Trends die voraussichtliche Entwicklung bis 1985 abzuschätzen. Die durchschnittliche jährliche Wachstumsrate des Endenergieverbrauchs im „Basiszeitraum“ von 4,2 Prozent zugrundelegend, sagte die Studie bis 1985 nahezu eine Verdopplung des Energieverbrauchs – von 29,6 Millionen t SKE im Jahr 1970 auf 55,1 Millionen t SKE im Jahr 1985 – voraus[351].

Die entscheidende politische Festlegung der „Grundlinien“ bestand darin, daß die Deckung der prognostizierten Energienachfrage auch weiterhin das oberste Ziel der bayerischen Energiepolitik darstellen sollte. Obwohl man voraussah, daß die Bereitstellung der künftig notwendigen Energiemengen mit erheblich steigenden Belastungen für die Allgemeinheit wie für den Einzelnen verbunden sein würde, wurde eine Begrenzung des Energieverbrauchs nachdrücklich abgelehnt, da dies „eine Beschränkung der wirtschaftlichen Entwicklung und damit des sozialen Fortschritts und der Steigerung der Lebensqualität bedeuten“ würde. Auch sonst klang vieles vertraut, so etwa, wenn in den „Grundlinien“ staatliche Eingriffe in das Spiel der privatwirtschaftlichen Kräfte abgelehnt wurden. Aufgabe

[347] Vgl. Energieprogramm I; vgl. auch die Zusammenfassung und Erläuterung des Energieprogramms durch den damaligen Ministerialdirektor im Wirtschaftsministerium, Hans Heitzer: Das bayerische Energieprogramm, in: Energiebilanz Bayerns 1972, hrsg. vom Bayerischen Staatsministerium für Wirtschaft und Verkehr, München 1973, S. 45–59.

[348] Vgl. Süddeutsche Zeitung vom 22./23. 9. 1973: „Damit die Lichter nicht ausgehen“.

[349] Vgl. Dolinski/Ziesing, Regionale Entwicklungstendenzen. Im Vorjahr hatte das Deutsche Institut für Wirtschaftsforschung bereits eine entsprechende Studie für Baden-Württemberg vorgelegt (Sonderheft 87).

[350] Dolinski/Ziesing, Regionale Entwicklungstendenzen, S. 10.

[351] Vgl. ebenda, S. 61 ff. Eine knappe Zusammenfassung des Gutachtens auch in: Urs Dolinski, Der künftige Energieverbrauch in Bayern, in: Das Gas- und Wasserfach. Ausgabe Gas/Erdgas 112 (1971), S. 233–240.

des Staats sei es primär, „die Ausführbarkeit der mit den staatlichen Zielvorstellungen abgestimmten Unternehmensplanungen [...] in der gebotenen und möglichen Weise abzusichern". Das bedeutete konkret, daß „alle in Frage kommenden Instrumente des Planungs- und Genehmigungsrechts" ausgeschöpft werden sollten, um den Bau von Kraftwerken und Stromleitungen zu beschleunigen. Dazu sollten die Standortvorstellungen der Energiewirtschaft in die allgemeinen Programme der Landesplanung aufgenommen, Vorbescheide im Genehmigungsverfahren großzügig erteilt und widerstrebende Grundbesitzer notfalls enteignet werden[352].

Bei der Bewertung der einzelnen Energieträger ging man davon aus, daß Bayern kaum mehr über ausbaufähige eigene Energiequellen verfügte. Erdöl würde nach Auffassung der Autoren der „Grundlinien" auch in absehbarer Zukunft die „Leitenergie unserer Energieversorgung" bilden, obwohl man sich über die Unsicherheiten, die aus Krisen vor allem im Nahen Osten resultieren konnten, keine Illusionen machte. Wegen seiner Wirtschaftlichkeit und Umweltfreundlichkeit sollte zwar der Anteil von Erdgas gesteigert werden. Die Importabhängigkeit bei Öl und Erdgas und die erwarteten Steigerungsraten beim Stromverbrauch führten aber zu dem Schluß, daß künftig vor allem die Kernenergie „wegen ihrer Vorteile hinsichtlich Billigkeit, Versorgungssicherheit und Umweltschutz in möglichst großem Umfang genutzt werden" sollte.

Zwei Wochen nachdem die bayerischen „Grundlinien" vorgelegt worden waren, präsentierte die Bundesregierung ihr energiepolitisches Konzept, das Bundeskanzler Willy Brandt in einer Regierungserklärung am 18. Januar 1973 angekündigt hatte[353]. Die darin getroffenen Aussagen wiesen im wesentlichen in die gleiche Richtung wie das bayerische Programm, kein Wunder, war dieses doch in der Vorbereitungsphase inhaltlich auf die Vorstellungen der Bundesregierung abgestimmt worden[354]. Der großen Erdölabhängigkeit sollte durch eine „Verbreiterung des Energieangebots durch verstärkten Einsatz anderer kostengünstiger Energieträger"[355] begegnet werden, wofür man ebenfalls primär Erdgas und Kernenergie in Betracht zog. Besondere Maßnahmen waren für den Bereich des Steinkohlebergbaus vorgesehen. Dessen Schrumpfungsprozeß sollte durch staatliche Eingriffe verlangsamt werden, und zwar nicht zuletzt zum Zwecke des Ersatzes, wenn andere Energieträger kurz- oder längerfristig ausfielen. Erreichen wollte man dieses Ziel, indem man eine Verstromung verbindlicher Steinkohlemengen festlegte; die damit verbundenen höheren Kosten sollten auf die Stromverbraucher umgelegt werden[356].

[352] Energieprogramm I, S. 39–45; zum folgenden vgl. ebenda, S. 58–63.

[353] Vgl. Stenographischer Bericht über die 7. Sitzung des deutschen Bundestags am 18. 1. 1973, S. 126.

[354] AdbL, Protokoll der 60. Sitzung des Ausschusses für Wirtschaft und Verkehr am 18. 10. 1973 (Anton Jaumann).

[355] Die Energiepolitik der Bundesregierung (Drucksache 1057 vom 3. 10. 1973), S. 1–28, hier S. 9, in: Verhandlungen des Deutschen Bundestags, 7. Wahlperiode. Anlagen zu den stenographischen Berichten, Bd. 180, Bonn 1973.

[356] Eine Analyse des Programms bei Martin Meyer-Renschhausen, Das Energieprogramm der Bundesregierung. Ursachen und Probleme staatlicher Planung im Energiesektor der BRD, Frankfurt am Main 1981.

Obwohl hiermit eine Belastung der bayerischen Verbraucher mit den Sanierungs- und Erhaltungskosten für einen Energieträger verbunden war, den sie im Bundesvergleich nur wenig in Anspruch nahmen, wurden diese Vorgaben vom Freistaat akzeptiert. Der Sicherheit der Energieversorgung wurde jetzt höhere Priorität eingeräumt als dem Ziel der Minimierung der Energiepreise. Der eigenständige energiepolitische Kurs, den die bayerische Staatsregierung in den sechziger Jahren verfolgt hatte, wurde damit aufgegeben. Für Wirtschaftsminister Jaumann war es angesichts der Größe der zu lösenden Probleme „klar, daß das Bundesenergiekonzept vorgehen müsse und das bayerische Konzept nur ein Teilkonzept sein könne, das an das Bundeskonzept angepaßt werden müsse“[357].

2. *Die Ölkrise*

Am gleichen Tag, als Jaumann diese Stellungnahme abgab, wurde ein Szenario bekannt, das die Energieprogramme teilweise schon aufgezeigt hatten, das aber so kurzfristig denn doch nicht erwartet worden war. Nach dem Beginn des Jom-Kippur-Krieges beschloßen die arabischen Ölförderländer am 17. Oktober 1973 in Kuwait, die Rohölpreise um 17 Prozent zu erhöhen und die Förderung Monat für Monat um jeweils fünf Prozent zurückzufahren. Diese Beschlüsse, die den Westen zwingen sollten, seine proisraelische Haltung aufzugeben, führten kurzfristig zu einer Vervierfachung der Rohölpreise. Mineralöl gab es aber auch in der Bundesrepublik weiterhin genug, wenn auch zu deutlich höheren Preisen. Die Verbraucher reagierten dennoch mit panikartigen Hamsterkäufen von Öl und Benzin. Die häuslichen Öltanks wurden, selbst wenn die Vorräte vor der Winterperiode bereits ergänzt worden waren, bis zum Bersten gefüllt, an den Tankstellen standen die Autos Schlange. Durch diesen Massenansturm war das Vertriebsnetz des Mineralölhandels überfordert, weshalb es da und dort zu kurzfristigen Lieferengpässen kam. Binnen weniger Wochen glaubte man allgemein, es herrsche eine ernste Krise. Die gebetsmühlenartigen Beschwörungen der zuständigen Minister, daß die Versorgung auf absehbare Zeit in jeder Hinsicht gesichert sei, gaben diesem Glauben immer von neuem Nahrung[358].

Die Reaktionen der Öffentlichkeit auf die Ölpreissteigerungen, die sich als Ölkrise ins kollektive Bewußtsein eingeprägt haben, sind wohl nur zu verstehen, wenn man den Einfluß der Massenmedien berücksichtigt. Die „Spiegel“-Titel vom November und Dezember 1973 beispielsweise sprechen eine deutliche Sprache: Da war von der „Erdöl-Erpressung“ die Rede (5. 11. 1973), von der Verschwörung der „Öl-Scheichs gegen Europa“ (12. 11. 1973), die zum „Ende der Überflußgesellschaft“ (19. 11. 1973) und zu einem „STOP für Deutschlands Autofahrer“ (26. 11. 1973) führen sollte; eine „Rettung durch die Kohle?“ (3. 12. 1973) aus höchster Not konnte man sich aber nur mit Fragezeichen vorstellen. Düstere Prognosen beschworen die Situation der Nachkriegsjahre herauf, und auch das Gespenst der Massenarbeitslosigkeit wurde an die Wand gemalt:

[357] AdbL, Protokoll der 60. Sitzung des Ausschusses für Wirtschaft und Verkehr am 18. 10. 1973.
[358] Vgl. den Lagebericht Anton Jaumanns vor dem Landtag; Stenographischer Bericht über die 73. Sitzung des bayerischen Landtags am 24. 10. 1973, S. 3905 f.

„Was ‚uns' [...] schlimmstenfalls bevorsteht: ein blühender Schwarzmarkt für Benzinmarken, die wegen der Treibstoffknappheit von den Länderverwaltungen ausgegeben werden; Frostblumen an vielen Fenstern, da der Heizölmangel viele Hauswirte und Wohnungseigentümer veranlaßt, Heizkörper abzudrehen. [...] Ein nachhaltiger Ölengpaß [...] stürzt die Wirtschaft fast über Nacht in eine Rezession, die schärfer ausfällt als der Konjunktureinbruch von 1966/67 – und kaum auszubügeln ist. Der Autoabsatz gerät ins Stocken, weil Verbraucher das Interesse an den nur bedingt einsatzfähigen Fahrzeugen verlieren. Folge: 3,1 Millionen Arbeitsplätze wären – direkt oder indirekt – in Gefahr."[359]

Daß die Verbraucher auf solche Szenarien verunsichert reagierten, ist verständlich, zumal Bundesregierung und bayerische Staatsregierung im November und Dezember 1973 Gegenmaßnahmen trafen, um den Energieverbrauch zu begrenzen[360]. Diese hatten allerdings keinen besonderen Erfolg, da es nicht gelang, Energie in größerem Stil einzusparen[361]. Dienstgebäude sollten weniger geheizt, Dienstwagen nur in dringenden Fällen benutzt, öffentliche Bauten nicht mehr angestrahlt werden. Das größte Einsparpotential sah man bei den Schulen, wo man die Fünf-Tage-Woche jetzt allgemein einführte[362]. Auch Schulschwimmbäder wurden teilweise geschlossen, die Schulbusse verkehrten seltener, und die Kinder durften in den Weihnachtsferien 1973/74 eine Woche länger zu Hause bleiben. Die Bevölkerung wurde allgemein „gebeten", mit Energie möglichst sparsam umzugehen, auf Lichtreklame in den Geschäften sollte ganz verzichtet werden.

Am spürbarsten und einschneidendsten waren freilich die Maßnahmen, die den Straßenverkehr betrafen. Ab dem 24. November galt ein Tempolimit von 100 km/h auf Autobahnen und 80 km/h auf den übrigen Straßen. Heute noch erinnerlich sind die spektakulären Sonntagsfahrverbote, die die Bundesregierung auf der Basis des Energiesicherungsgesetzes vom November 1973 verhängte. Auch in Bayern standen am 25. November, am 2., 9. und 16. Dezember die Kraftfahrzeuge für jeweils 24 Stunden still. Zuletzt hatte man solche Einschränkungen der individuellen Bewegungsfreiheit in den Besatzungsjahren hinnehmen müssen. Die Bevölkerung sah sich dadurch zwar in ihrer gewohnten Freizeitgestaltung beeinträchtigt, nahm die Maßnahme aber ohne große Proteste hin, ja, die seltene Gelegenheit zum gemächlichen Spaziergang auf den leeren Autobahnen und Schnellstraßen empfanden viele sogar als besonderes Erlebnis[363].

3. Auswirkungen auf Energiepolitik und -verbrauch

Die psychologische Wirkung der Ölkrise war insofern erheblich, als sie die grundlegende Bedeutung der Energie für die Konsumgesellschaft wieder ins Bewußtsein rief. Als Reaktion auf den Ölpreisschock erfuhr das Energieprogramm der Bundesregierung bereits ein Jahr nach seiner Vorlage eine erste Fortschreibung. Der politische Akzent wurde nun noch deutlicher auf eine Verringerung des

[359] Der Spiegel vom 5. 11. 1973: „Europa schlagen, Amerika treffen".
[360] Vgl. Bayerische Staatszeitung vom 23. 11. 1973: „Ministerrat beschließt Energiesparmaßnahmen".
[361] Vgl. Jens Hohensee, Der erste Ölpreisschock 1973/74. Die politischen und gesellschaftlichen Auswirkungen der arabischen Erdölpolitik auf die Bundesrepublik Deutschland und Westeuropa, Stuttgart 1996, S. 134.
[362] Vgl. Bayerische Staatszeitung vom 7. 12. 1973: „Weihnachtsferien werden verlängert".
[363] Vgl. Hohensee, Ölpreisschock, S. 143–161.

Mineralöls am Primärenergieverbrauch gesetzt, während die Nutzung der Kernkraft mit staatlicher Unterstützung massiv ausgeweitet werden sollte. Gleichzeitig wurde die 1973 zur Verstromung vorgesehene Kohlemenge um zehn Prozent erhöht[364].

In den folgenden Jahren schien sich die Lage zu entspannen. Milde Winter und die schlechte Konjunkturlage ließen den Primärenergieverbrauch erstmals über einen längeren Zeitraum stagnieren. Der Mineralölverbrauch ging allerdings kaum zurück, was vor allem mit dem immer noch wachsenden Verkehrsaufkommen zusammenhing[365]. Die zweite Fortschreibung des Energieprogramms der Bundesregierung im Jahr 1977 führte daher einen neuen Faktor in die energiepolitische Rechnung ein: Künftig sollte auch die Einsparung von Energie einen wesentlichen Beitrag zur Sicherung der Energieversorgung leisten. Ein ganzes Bündel von Maßnahmen zielte darauf ab, den Energiebedarf ohne Einbußen beim Lebensstandard zu senken, das hieß in erster Linie, den spezifischen Verbrauch von Heizungen und Maschinen in Industrie, Haushalten und Verkehr zu reduzieren. Neue technische Vorschriften und finanzielle Förderprojekte sollten auf dieses Ziel hinwirken[366].

Das bayerische Wirtschaftsministerium gab nach der Ölkrise mehrere Gutachten über den Energiemarkt in Bayern in Auftrag, ohne daß deren Ergebnisse zu anderen politischen Schwerpunktsetzungen geführt hätten[367]. Das war auch nicht zu erwarten, denn die energiepolitischen Initiativen der Bundesregierung engten den Handlungsrahmen auf der Landesebene zusehends ein. Als die zweite Ölpreiskrise vom Winter 1979/80 genügend Kräfte freisetzte, wurde zwar am 15. Juli 1980 das seit acht Jahren angekündigte „Energieprogramm für Bayern" vorgelegt[368]. Die darin enthaltenen Formulierungen stellten jedoch die geringe Bedeutung eines solchen Landesprogramms angesichts der gewandelten Rahmenbedingungen völlig klar:

„Die entscheidenden energiepolitischen Gestaltungskompetenzen liegen beim Bund. Er verfügt über die umfassende Gesetzgebungszuständigkeit nicht nur für das Recht der Energiewirtschaft im engeren Sinne [...], sondern auch auf praktisch allen anderen für die Energieversorgung wesentlichen Rechtsgebieten, insbesondere etwa dem Atomrecht, dem Immissionsschutzrecht, dem Preis- und Kartellrecht, dem Recht des Kohlebergbaus und ihres

[364] Vgl. die Erste Fortschreibung des Energieprogramms der Bundesregierung (Drucksache 2713 vom 30. 10. 1974), in: Verhandlungen des Deutschen Bundestags. 7. Wahlperiode. Anlage zu den stenographischen Berichten, Bd. 196, Bonn 1974.

[365] Vgl. Hohensee, Ölpreisschock, S. 196; Energiebericht Bayern 1996/97, S. 103.

[366] Vgl. die Zweite Fortschreibung des Energieprogramms der Bundesregierung (Drucksache 1357 vom 19.12. 1977), in: Verhandlungen des Deutschen Bundestags. 8. Wahlperiode, Drucksachenbd. 239, Bonn 1977/78.

[367] Vgl. Urs Dolinski/Hans-Joachim Ziesing, Der Energiemarkt in Bayern bis zum Jahre 1990 unter Berücksichtigung der Entwicklungstendenzen auf dem Weltenergiemarkt und dem Energiemarkt der Bundesrepublik Deutschland, Berlin 1974 (Beiträge zur Strukturforschung 33); Hans-Joachim Ziesing, Die künftige Entwicklung des Energiemarktes in Bayern bis zum Jahre 1995. Überprüfung und Fortschreibung der Prognose aus dem Jahr 1974 im Auftrag des Bayerischen Staatsministeriums für Wirtschaft und Verkehr, Berlin 1977; Urs Dolinski, Untersuchung zu Fragen regional unterschiedlicher Energiepreise in der Bundesrepublik Deutschland. Darstellung, Begründung und Auswirkungen am Beispiel ausgewählter Bundesländer, Berlin 1979 (Beiträge zur Strukturforschung 52).

[368] Vgl. Energieprogramm für Bayern, hrsg. vom Bayerischen Staatsministerium für Wirtschaft und Verkehr, München 1980; das folgende Zitat ebenda, S. 118.

Absatzes [...] oder etwa dem die Energiewirtschaft betreffenden Steuerrecht und Außenwirtschaftsrecht usw."

So war denn auch das lange vorbereitete „Energieprogramm", vom Umfang her ein gewichtiges Buch, vor allem eine umfassende Datenkompilation zur Energieerzeugung und -verwendung in Bayern und eine Sammlung der geltenden rechtlichen Vorschriften, kaum aber ein mit politischen Inhalten gefülltes Programm.

4. Das Ende des Energiekonsenses

Eindeutig war immerhin das Bekenntnis zum weiteren Ausbau der Kernkraftnutzung, das seit den „Grundlinien" von 1973 unverändert beibehalten wurde. Diese Konsequenz war nicht selbstverständlich, hatte doch der Bau von Atomkraftwerken zwischenzeitlich heftige Kontroversen ausgelöst. Nach einer Umfrage der Wickert-Institute hielten noch Ende 1971 77 Prozent der im ganzen Bundesgebiet Befragten die Atomenergie für die sinnvollste Form der Energieerzeugung; nur 16 Prozent waren der Meinung, die Sicherheitsvorkehrungen seien ungenügend[369]. In den folgenden Jahren wuchs diese Minderheit in dem selben Maße wie die Risiken der zivilen Nutzung der Kernenergie ins Bewußtsein rückten. Mit den Bedenken des klassischen Naturschutzes hatte das zunehmende Abrücken von der Atomkraft nichts mehr zu tun. Jetzt ging es nicht mehr wie in den fünfziger und sechziger Jahren um die Erhaltung von Landschaftsbildern und Naturschönheiten, sondern um die Einsicht in die umfassende Gefährdung der Menschheit auf ungezählte Generationen hinaus durch die Radioaktivität. Der Widerspruch artikulierte sich zudem in völlig verwandelten Formen. Neue, radikale und gewaltbereite Protestbewegungen traten an die Stelle der harmlosen örtlichen „Notgemeinschaften" besorgter Anwohner.

Als es zu regelrechten Schlachten an den Absperrungen einiger Kernkraftwerke kam, war klar, daß die Phase des energiepolitischen Konsenses zu Ende ging. Den Auftakt bildeten die spektakulären Ereignisse im badischen Wyhl, wo Kernkraftgegner im Februar 1975 den Bauplatz eines Atomkraftwerks besetzten. Die lokale Protestbewegung wurde von Naturschützern und studentischen Gruppen, unter anderem aus der nahegelegenen Universitätsstadt Freiburg, unterstützt, die zwar nicht unmittelbar vom Atommeiler Wyhl betroffen waren, aber ihren prinzipiellen Bedenken gegen die Kernkraft lautstark Ausdruck verliehen[370]. Wyhl wurde schnell zum Vorbild für Bürgerinitiativen in anderen Regionen, die – verstärkt durch mobile, bundesweit agierende Protestgruppen – ebenfalls Bauplätze umstrittener Kernkraftwerke besetzten. Im schleswig-holsteinischen Brokdorf und im niedersächsischen Grohnde kam es im November 1976 bzw. im März 1977 zu schweren Zusammenstößen zwischen Atomkraftgegnern und der Polizei, die zeitweise bürgerkriegsähnliche Formen annahmen. Der gesellschaftliche Konflikt um die Kernenergie trat damit in seine „heiße Phase" ein.

369 Vgl. Barbara Wörndl, Die Kernkraftdebatte. Eine Analyse von Risikokonflikten und sozialem Wandel, Wiesbaden 1992, S. 49.

370 Vgl. Dieter Rucht, Wyhl: Der Aufbruch der Anti-Atomkraftbewegung, in: Ulrich Linse u.a., Von der Bittschrift zur Platzbesetzung. Konflikte um technische Großprojekte, Bonn 1988, S. 128–164.

Die bayerische Staatsregierung ließ sich dadurch nicht beirren[371]. Sie wollte sich die Möglichkeit, mit Hilfe der Kernkraft endlich wieder einen größeren Anteil des Energiebedarfs im Land selbst zu erzeugen, auf keinen Fall aus der Hand schlagen lassen – auch dann nicht, als sich die Situation durch einen herben technischen Rückschlag zusätzlich verschärfte: Das Kernkraftwerk, für das sich der bayerische Staat seit den sechziger Jahren am nachdrücklichsten engagiert hatte, Niederaichbach, entpuppte sich nämlich als Mißerfolg, und zwar in jeder Hinsicht. Siemens hatte sich verpflichtet, den Reaktor zum Festpreis von 130 Millionen DM bis zum 1. Juli 1970 zu liefern, konnte diesen Termin jedoch nicht einhalten. Bei den seit Ende 1972 durchgeführten Tests zeigten sich außerdem immer neue technische Fehler und Probleme, so daß das Kraftwerk nur einen Bruchteil der erwarteten Leistung erreichte. Im Einvernehmen zwischen Bernhard Plettner, dem Vorstandsvorsitzenden von Siemens, und Bundesforschungsminister Hans Matthöfer wurde das Kernkraftwerk Niederaichbach deshalb am 31. Juli 1974, einige Monate vor der geplanten Übergabe an den Betreiber, endgültig abgeschaltet. Während der überlangen Bauzeit hatte es sich immer mehr abgezeichnet, daß schwerwassermoderierte Reaktoren – „ein Fossil aus der Anfangszeit der Kerntechnik“[372] – gegenüber den Leichtwasserreaktoren kaum konkurrenzfähig waren. Siemens fuhr mit dem Auftrag schließlich Verluste von rund 100 Millionen DM ein. In der gleichen Größenordnung bewegten sich die Fehlinvestitionen durch die öffentliche Hand[373].

1976 wurde der Kernkraftkurs des Freistaats durch die Aufnahme in das Landesentwicklungsprogramm sanktioniert. Darin hieß es, die „Stromerzeugung aus großen Kernkraftwerkseinheiten“ sei „mit Vorrang zu betreiben“[374]. Zwei Jahre später legte das Wirtschaftsministerium den auch von der SPD-Opposition im Landtag immer wieder nachdrücklich geforderten Standortsicherungsplan für weitere Kraftwerke vor. Aus insgesamt 66 Vorschlägen, die vor allem die Energieversorgungsunternehmen selbst unterbreitet hatten, waren 13 Standorte ausgewählt worden, wobei man davon ausging, daß bis Mitte der neunziger Jahre Kraftwerke mit einer Leistung von 17000 MW gebaut werden müßten; davon sollten 11000 MW in Atomkraftwerken und 6000 MW in konventionellen Kraftwerken erzeugt werden[375].

[371] Vgl. die Dokumentation von Antworten der Staatsregierung auf verschiedene parlamentarische Anfragen: Antworten zur Energiepolitik. Antworten zum Thema: Umwelt und Energie, hrsg. vom Bayerischen Staatsministerium für Wirtschaft und Verkehr und vom Bayerischen Staatsministerium für Landesentwicklung und Umweltfragen, München 1978.

[372] Radkau, Aufstieg und Krise, S. 152.

[373] Die sozialliberale Bundesregierung versuchte, dieses Desaster zu verschleiern, indem sie Niederaichbach zum Musterfall für die endgültige Beseitigung von stillgelegten Kernkraftwerken stilisierte. Das Kernforschungszentrum Karlsruhe vergab den Auftrag zur Demontage bereits 1979, wegen zahlreicher Einsprüche betroffener Anwohner konnte damit jedoch erst 1987 begonnen werden. Was den nuklearen Teil der Anlage betraf, waren die Arbeiten 1993 abgeschlossen. Weitere drei Jahre nahmen die konventionellen Abbrucharbeiten in Anspruch. Insgesamt kostete der Rückbau zur grünen Wiese etwa 300 Millionen DM.

[374] Landesentwicklungsprogramm Bayern, hrsg. vom Bayerischen Staatsministerium für Landesentwicklung und Umweltfragen, Teil B, München 1976, S. 347 und S. 349.

[375] Vgl. Energieprogramm für Bayern (Fachlicher Plan). Teil: Standortsicherungsplan für Wärmekraftwerke, hrsg. vom Bayerischen Staatsministerium für Wirtschaft und Verkehr, München 1978. Es handelte sich um die folgenden 13 Standorte: a) Kernkraftwerke: Pfaffenhofen an der Zusam (Lkr. Dillingen), Rehling (Lkr. Aichach-Friedberg), Ohu (Lkr. Landshut) b) Kernkraftwerke oder

In der Praxis erlangte der Standortsicherungsplan nur geringe Bedeutung, was einmal mehr den schwindenden Einfluß des Staats auf energiepolitische Entscheidungen demonstrierte. Zwar sorgte der Plan für eine erhebliche Beunruhigung der Bevölkerung in den als künftige Standorte von Kernkraftwerken ausgewiesenen Gebieten. Tatsächlich aber erfolgte der Ausbau der Kernenergienutzung durch die Elektrizitätsversorgungsunternehmen durchweg an den bereits in den siebziger Jahren erschlossenen Standorten – allerdings auch dort erst nach Konflikten und zum Teil erheblichen Verzögerungen. Der Fall Grafenrheinfeld in Unterfranken, wo im Dezember 1974 mit dem Bau eines 1300 MW-Blocks begonnen worden war, zeigte besonders deutlich, wie empfindlich sich die Inbetriebnahme eines Kraftwerks durch den Widerstand der Bevölkerung verzögern konnte und in welchem Maße sich Entscheidungen von großer Tragweite für die Sicherheit der Energieversorgung mittlerweile von der Politik zu den Gerichten verlagert hatten. Auf Grund von Klagen der Stadt Schweinfurt und mehrerer Privatpersonen gegen die atomrechtliche Errichtungsgenehmigung des vom Bayernwerk allein projektierten Kraftwerks konnte der Meiler erst 1982 ans Netz gehen[376].

Anders lagen die Dinge bei der Erweiterung bereits bestehender Kraftwerksblöcke; hier zogen sich die Genehmigungsverfahren nicht endlos in die Länge, und hier mußte auch weniger mit Protesten der betroffenen Anwohner gerechnet werden. So arbeitete man in Gundremmingen seit September 1976 an der Erweiterung des Kraftwerks um zwei 1300 MW-Blöcke (vorherige Leistung: 250 MW!). Im November 1977 wurde das Kernkraftwerk Isar I in Niederaichbach angefahren, wo bereits der 1974 endgültig abgeschaltete Meiler stand, der an das fehlgeschlagene Experiment eines schwerwassermoderierten Reaktors erinnerte; noch 1977 wurden die Planungen für Isar II in unmittelbarer Nachbarschaft des Kernkraftwerks Isar I in Angriff genommen.

Diese Strategie war sicher ein wichtiger Grund, daß in Bayern zunächst derart massive Konflikte um die Kernenergie wie in anderen Bundesländern ausblieben. Doch der Friede sollte nur wenige Jahre währen. Im Standortwettbewerb zwischen Bayern und Niedersachsen entschied sich 1985 die Deutsche Gesellschaft für Wiederaufarbeitung von Kernbrennstoffen für das oberpfälzische Wackersdorf als Standort einer Anlage zur Behandlung verbrauchter Brennstäbe. Während die Staatsregierung in einer Wiederaufarbeitungsanlage einen wichtigen Schritt zu einer geregelten „Entsorgung" des atomaren Abfalls sah, gab es Widerstand von der SPD, die sich mittlerweile eines anderen besonnen hatte und von ihrer früheren Pro-Atom-Politik nicht mehr viel wissen wollte.

Der bereits schwelende Konflikt um Wackersdorf verschärfte sich durch die Reaktorkatastrophe in Tschernobyl vom 26. April 1986. Sie konfrontierte auch denjenigen, der sich weitab von atomaren Anlagen in Sicherheit wähnte, mit den

alternativ konventionelle Kraftwerke: Grafenrheinfeld (Lkr. Schweinfurt), Viereth (Lkr. Bamberg), Pleinting (Lkr. Passau), Marienberg (Lkr. Rosenheim) c) konventionelle Kraftwerke: Eggolsheim (Lkr. Forchheim), Arzberg (Lkr. Wunsiedel), Dachelhofen (Lkr. Schwandorf), Frauenaurach (Stadt Erlangen), Zolling (Lkr. Freising), Ismaning (Lkr. München). Vgl. dazu: Zur Standortproblematik in der regionalen Energiewirtschaft mit besonderer Berücksichtigung der Landesentwicklung in Bayern, Hannover 1972 (Akademie für Raumforschung und Landesplanung. Forschungs- und Sitzungsberichte 82).

376 Vgl. Pohl, Bayernwerk, S. 393; das folgende nach ebenda, S. 392ff.

Gefahren des Atomzeitalters. Süddeutschland war von den radioaktiven Niederschlägen nach dem Unglück besonders betroffen; der Verzehr bestimmter Lebensmittel, aber auch der Aufenthalt von Kindern im Freien wurde als gesundheitsgefährdend betrachtet[377]. In Wackersdorf kam es jetzt zu ähnlich harten Auseinandersetzungen zwischen Demonstranten aus der ganzen Bundesrepublik und der Polizei, wie sie sich zehn Jahre zuvor in anderen Bundesländern zugetragen hatten[378]. Die bayerische Staatsregierung mit Franz Josef Strauß an der Spitze wich jedoch auch jetzt nicht von ihrem Kurs ab. Die Wiederaufarbeitungsanlage in Wackersdorf wurde geradezu zum Symbol für den energiepolitischen Kurs des Freistaats. Es kam daher einem politischen Debakel gleich, als die Unternehmen der Elektrizitätswirtschaft in Reaktion auf die Widerstände der Öffentlichkeit sich im Frühjahr 1989 kurzerhand umorientierten und einen kostengünstigen Entsorgungsvertrag mit einer französischen Firma eingingen. Durch dieses Ausweichmanöver konnte zwar der gesellschaftliche Konflikt noch einmal entschärft werden. Aber die Zeit des energiepolitischen Konsenses war nun auch in Bayern definitiv vorüber.

[377] Vgl. Helge Gerndt, Tschernobyl als kulturelle Tatsache, in: Dieter Harmening/Erich Wimmer (Hrsg.), Volkskultur – Geschichte – Region. Festschrift für Wolfgang Brückner zum 60. Geburtstag, Würzburg 1990, S. 155–176.

[378] Vgl. Winfried Kretschmer, Wackersdorf: Wiederaufarbeitung im Widerstreit, in: Linse u.a., Von der Bittschrift zur Platzbesetzung, S. 165–218.

Alexander Gall

„Gute Straßen bis ins kleinste Dorf!“[1]

Verkehrspolitik und Landesplanung 1945 bis 1976

I. Einleitung

1. Transportkrise, deutsche Teilung und Massenmotorisierung

Am Ende des Zweiten Weltkriegs war das Transportsystem in Deutschland vollständig zusammengebrochen. Seit Sommer 1944 hatten die alliierten Bombergeschwader schwerpunktmäßig Versorgungs- und Nachschubwege angegriffen. Dieses Zerstörungswerk setzten die deutschen Truppen während ihres Rückzugs durch die Sprengung zahlreicher Brücken fort. Am härtesten war die Reichsbahn betroffen, die vor dem Krieg rund zwei Drittel aller Güter transportiert hatte. In der britischen und der amerikanischen Besatzungszone waren 5,7 Prozent (3521 km) der Gleise und 8,3 Prozent (13018) der Weichen zerstört sowie 12,4 Prozent (2472) der Eisenbahnbrücken unpassierbar. Dies reichte aus, um sämtliche Haupt- und die meisten Nebenstrecken zu unterbrechen. Außerdem blockierten zahllose ausgebrannte oder entgleiste Lokomotiven und Waggons die Schienen[2].

Dennoch gelang es erstaunlich schnell, den Betrieb wieder aufzunehmen. Noch während der Kampfhandlungen hatten alliierte Spezialeinheiten damit begonnen, die wichtigsten Strecken behelfsmäßig auszubessern, so daß in kürzester Zeit Militärzüge verkehren konnten. Nachdem die Besatzungsbehörden im Mai 1945 die ersten Genehmigungen für den zivilen Personen- und Güterverkehr erteilt hatten, starteten die einzelnen Eisenbahndirektionen einen notdürftigen Betrieb mit den gerade vorhandenen Fahrzeugen. Wegen der schlechten Gleislage und des

[1] „Nochmals: ‚Gute Straßen bis ins kleinste Dorf!‘“. Die Landkreise zur Verantwortung des Bundes für den Bau eines einheitlichen Straßennetzes, in: Die Selbstverwaltung 12 (1958), S. 109. Der vorliegende Aufsatz entstand im Rahmen einer Dissertation zum gleichen Thema, die durch ein Stipendium der Alfried Krupp von Bohlen und Halbach-Stiftung gefördert wird. Für Korrekturen, Anregungen und andere Hilfen bedanke ich mich neben den Herausgebern herzlich bei Prof. Dr. Helmuth Trischler, Johannes Abele, Michael Hascher, Jürgen Lieske, Thomas Wieland, Stefan Zeilinger und Thomas Zeller.

[2] Vgl. Alfred C. Mierzejewski, The Collapse of German War Economy 1944–1945. Allied Air Power and the German National Railway, Chapel Hill/London 1988; Friedhelm Golücke, Der Zusammenbruch Deutschlands – eine Transportfrage? Der Altenbekener Eisenbahnviadukt im Bombenkrieg 1944/45, Schernfeld 1993; Werner Abelshauser, Wirtschaft in Westdeutschland 1945–1948. Rekonstruktion und Wachstumsbedingungen in der amerikanischen und britischen Zone, Stuttgart 1975, S. 151ff.; einen Gesamtüberblick über die Kriegszerstörungen gibt Rainer Karlsch, Kriegszerstörung und Reparationslasten, in: Hans-Erich Volkmann (Hrsg.), Ende des Dritten Reiches – Ende des Zweiten Weltkriegs, München/Zürich 1995, S. 525–556, hier S. 525–529.

Ausfalls der Fernmelde- und Signalanlagen mußten die Züge zwar zunächst mit geringer Geschwindigkeit „auf Sicht" fahren. Doch nach der Einrichtung zentraler Betriebsleitungen für die amerikanische und die britische Zone im Sommer 1945 konnte der bis dahin vorherrschende „Inselbetrieb" allmählich überwunden werden[3].

Das provisorisch instand gesetzte Netz erlaubte es der Reichsbahn anfangs, die vergleichsweise mäßige Güterproduktion der anlaufenden Wirtschaft zu bewältigen. Wie gering die Leistungsfähigkeit dieses Netzes jedoch war, zeigte sich, als im Dezember 1946 ein schwerer Kälteeinbruch die gesamte Binnenschiffahrt lahmlegte, die zuvor rund ein Viertel des Güteraufkommens befördert hatte. Aus dieser Situation entwickelte sich im Verlauf des Winters eine regelrechte „Transportkrise". Die Zahl der Entgleisungen und Schienenbrüche stieg rapide an, während zahlreiche Behelfsbrücken und verschlissene Gleisabschnitte zur Fahrt mit stark gedrosselter Geschwindigkeit zwangen. Diese Probleme resultierten jedoch nicht allein aus dem improvisierten Wiederaufbau, Wartungs- und Erneuerungsarbeiten waren vielmehr schon seit Kriegsbeginn chronisch vernachlässigt worden. Daneben dezimierten permanente Überbeanspruchung, scharfer Frost und die minderwertige Qualität der Dienstkohle den Bestand an einsatzfähigen Lokomotiven. Trotz wachsender Haldenbestände im Ruhrgebiet konnte die Reichsbahn die Industrie deshalb nur noch unzureichend mit Kohle und Zwischenprodukten beliefern. Der eben erst in Gang gekommene wirtschaftliche Aufschwung nahm schweren Schaden. Als unmittelbare Reaktion darauf erließen Alliierte und deutsche Verkehrsverwaltung Versandsperren, Prioritätslisten und Einschränkungen beim Personenverkehr; langfristig konzentrierten sie die Ressourcen auf die Ausbesserung und Neubeschaffung von Lokomotiven und Güterwaggons. Die Transportkapazitäten konnten auf diese Weise derart ausgeweitet werden, daß die Wirtschaftsentwicklung im darauffolgenden Winter nicht mehr wesentlich beeinträchtigt wurde[4].

Im Personenverkehr sah die Situation kaum weniger dramatisch aus. Alliierte Reiseverbote konnten zurückkehrende Soldaten, freigelassene Kriegsgefangene, ehemalige Zwangsarbeiter, Flüchtlinge und Vertriebene nicht daran hindern, sich auf die Suche nach Familienangehörigen, einstigem Wohnort oder künftiger Bleibe zu begeben. Zunächst wurden dazu Leerwagen und Kohlenzüge genutzt. Sobald erste Reisezüge verkehrten, waren sie hoffnungslos überfüllt; die Reisenden standen festgeklammert auf Trittbrettern, saßen auf den Dächern oder den Puffern der einzelnen Waggons. Die Überbesetzung der Züge, einschneidende Geschwindigkeitsbegrenzungen auf vielen Streckenabschnitten und lange Aufenthaltszeiten in den Bahnhöfen erhöhten die Reisedauer enorm. Trotz äußerster Beschränkungen nahmen im Nahverkehr die Zahl und die Entfernung der Fahrten zu. Die Zerstörung der Städte zwang zum Wohnen auf dem Land und damit zu langen Wegen an den Arbeitsplatz, die schlechte Ernährungslage zu den schon fast sprichwörtlichen „Hamsterfahrten". Auch die Bewirtschaftung fast aller Gü-

[3] Vgl. Sechs Jahre Wiederaufbau bei der Deutschen Bundesbahn, hrsg. von der Deutschen Bundesbahn, Köln 1951.
[4] Vgl. ebenda, S. 13 und S. 69–73; Abelshauser, Wirtschaft in Westdeutschland, S. 153–156.

ter, das defekte Telefonnetz und der unsichere Postdienst machten in den ersten Nachkriegsjahren verschiedenste Reisen notwendig, die unter normalen Umständen unterblieben wären[5]. Die Situation im Personenverkehr änderte sich erst mit der Währungsreform im Juni 1948. Mit der wiedergewonnen Kaufkraft des Geldes gingen nicht nur die „Hamsterfahrten" merklich zurück, auch die Fahrpreise hielten potentielle Fahrgäste wieder von einer Reise ab[6].

Auch die Infrastruktur des Straßenverkehrs war vom Krieg nicht verschont geblieben, und ebenso wie beim Schienennetz wog die Zerstörung der Brücken am schwersten. In Bayern wies das Netz der klassifizierten Straßen einen Verlust von über 1000 Straßenbrücken auf, deren Wiederaufbau sich bis weit in die fünfziger Jahre hinzog[7]. Die Fahrbahnschäden fielen demgegenüber weit weniger ins Gewicht, da sie sich fürs erste meist durch einfache Reparaturen provisorisch beheben ließen und nicht in dem Maße wie Gleisschäden den Verkehr blockieren konnten. Das Straßenbild wurde, von den Fahrzeugen der Besatzungsmächte einmal abgesehen, ohnehin weitgehend von Fußgängern und Radfahrern bestimmt. Gegenüber 1939 hatte sich der Bestand an Pkw in Bayern durch Zerstörung, Verschleiß oder Konfiszierung um über 70 Prozent auf 39000 Fahrzeuge im Jahr 1947 reduziert. Vergleichbares galt für den Bestand an Motorrädern[8]. Bei den Lastkraftwagen konnte sich der Bestand mit 35000 dagegen in etwa auf dem Vorkriegsniveau halten[9]. Die Krise im Winter 1946/47 hätte ohne diese Kapazitäten, die durch den massiven Einsatz von Armee-Fahrzeugen erweitert worden waren, zweifellos einen noch weit dramatischeren Verlauf genommen.

Als die unzureichenden Transportkapazitäten in der unmittelbaren Nachkriegszeit zum entscheidenden Engpaßfaktor der wirtschaftlichen Rekonstruktion wurden, zeigte sich die grundlegende Bedeutung eines leistungsfähigen Verkehrssystems. Sieht man einmal von der SBZ ab, in der umfangreiche sowjetische Demontagen und Reparationsforderungen den Wiederaufbau des Transportsystems mit durchaus weitreichenden Folgen für die Wirtschaftskraft der DDR

5 Vgl. Uwe Burghardt, Verkehr, in: Wolfgang Benz (Hrsg.), Die Geschichte der Bundesrepublik Deutschland, Bd. 2: Wirtschaft, Frankfurt am Main 1989, S. 248–293, hier S. 249–256; E.W. Huber, Entwicklung des zivilen Personenverkehrs nach der Kapitulation, in: Die Reichsbahn 22 (1948), S. 41–46; Ministerialdirigent Schubert, Der Reisezugdienst der beiden letzten Jahre, in: Die Reichsbahn 22 (1948), S. 86–96; Burghard Ciesla, Auf Schienenwegen nach Hause. Deutsche Reichsbahn, Eisenbahner und Heimkehrertransporte, in: Annette Kaminsky (Hrsg.), Heimkehr 1948, München 1998, S. 55–69.

6 Vgl. Huber, Entwicklung des zivilen Personenverkehrs; Schubert, Reisezugdienst; Sechs Jahre Wiederaufbau, S. 80; Anthony James Nicholls, Zusammenbruch und Wiederaufbau. Die Reichsbahn während der Besatzungszeit, in: Lothar Gall/Manfred Pohl (Hrsg.), Die Eisenbahn in Deutschland. Von den Anfängen bis zur Gegenwart, München 1999, S. 245–279, hier S. 272.

7 Vgl. Ludwig Bruner (Hrsg.), Straßen- und Brückenbau in Bayern in Schrift und Bild. Ein Überblick seiner Entwicklung seit dem Jahre 1945, München 1956, S. IV (1066 Brücken).

8 Vgl. Christian Peters, Räumliche Mobilität vor dem „Automobilismus". Fortbewegung in Mannheim 1945–53, in: Räder, Autos und Traktoren, hrsg. vom Landesmuseum für Technik und Arbeit, Mannheim 1986, S. 158–174; Axel Schildt, Vom Wohlstandsbarometer zum Belastungsfaktor – Autovision und Autoängste in der westdeutschen Presse von den 50er bis zu den 70er Jahren, in: Hans-Liudger Dienel/Helmuth Trischler (Hrsg.), Geschichte der Zukunft des Verkehrs. Verkehrskonzepte von der Frühen Neuzeit bis zum 21. Jahrhundert, Frankfurt am Main/New York 1997, S. 289–309, hier S. 290f.

9 Zahlen auch zu Pkw und Krafträdern aus: Der Kraftfahrzeugbestand in Bayern 1907 bis 1987, hrsg. vom Bayerischen Landesamt für Statistik und Datenverarbeitung, München 1987, Tabelle 1, S. 11 (Beiträge zur Statistik Bayerns 421).

erschwerten[10], verursachten die kriegsbedingten Schäden bei den einzelnen Verkehrsträgern zwar gravierende, aber vergleichsweise kurzfristig zu bewältigende Probleme. Im Falle Bayerns kamen jedoch langfristige und letztlich strukturelle Belastungen aus der politischen Teilung Deutschlands hinzu, da der „Eiserne Vorhang“ die wichtigen Verkehrs- und Handelsverbindungen zu den sächsischen Wirtschaftsgebieten durchtrennt hatte. Dieser Schaden war für Bayern nur durch die Ausweitung der Beziehungen zu den Zentren an Rhein und Ruhr zu kompensieren. Einem entsprechenden Ausbau der Verkehrswege schenkte die bayerische Politik daher größte Aufmerksamkeit. In besonderer Schärfe stellte sich diese Problematik im Zonenrandgebiet, bei dessen Förderung verkehrspolitischen Maßnahmen deshalb eine tragende Rolle zukam.

Eine Verbesserung der Verkehrserschließung stand jedoch nicht nur für das Zonenrandgebiet auf der politischen Tagesordnung, sondern betraf im Flächenstaat Bayern letztlich das gesamte Land außerhalb der Ballungsräume. Der Deutsche Landkreistag brachte dies auf die prägnante Formel: „Gute Straßen bis ins kleinste Dorf!“ Als die Parlamentarier des Bundestags 1957 über die Finanzierung des Straßenbaus diskutierten, sollte sie diese Forderung daran erinnern, die ländlichen Gebiete beim Ausbau der Verkehrswege nicht zu vernachlässigen. Denn auch die Bürger, die abseits großer Verkehrsadern wohnten, hätten darauf ein Recht. Engpässe seien nicht nur die Ortsdurchfahrten, sondern auch die Landstraßen; sie verdienten die gleiche Aufmerksamkeit wie Autobahnen und Bundesfernstraßen. Selbst wenn diese noch so großzügig ausgebaut würden, blieben sie ohne gute Kreisstraßen Stückwerk[11]. Diese Forderungen waren nicht aus der Luft gegriffen, denn die Straßen auf dem Land waren zu dieser Zeit noch häufig ungeteert; bei Regen und Schnee war das Fortkommen schwierig, bei Trockenheit zogen Autos und sonstige Fuhrwerke riesige Staubwolken hinter sich her. Erst durch die Anbindung auch des „kleinsten Dorfes“ an das regionale und überregionale Verkehrsnetz wurden entscheidende Voraussetzungen geschaffen, um die wirtschaftliche Entwicklung strukturschwacher Gebiete zu fördern, die Lebensverhältnisse auf dem Land zu modernisieren und denen der Stadt anzugleichen.

Die Mitte der fünfziger Jahre einsetzende Motorisierungswelle verschärfte diese Probleme und löste im gesamten Verkehrssektor starke Veränderungen aus: Der Güterverkehr verlagerte sich zunehmend von der Schiene auf die Straße, und die Bahn geriet immer tiefer in eine finanzielle und strukturelle Krise. Der private Pkw entwickelte sich zu einem Massengut und Alltagsgegenstand. Nicht zu Unrecht schrieben deshalb bereits die Zeitgenossen der Massenmotorisierung revolu-

[10] Vgl. Burghard Ciesla/Helmuth Trischler, Die andere „Verkehrsnot“. Verkehrspolitik und Leistungsentwicklung des ostdeutschen Verkehrssystems, in: Lothar Baar/Dietmar Petzina (Hrsg.), Deutsch-Deutsche Wirtschaft 1945 bis 1990. Strukturveränderungen, Innovationen und regionaler Wandel. Ein Vergleich, St. Katharinen 1999, S. 153–192; Christopher Kopper, Ausgeplündert, in Ruinen ... Der Wiederaufbau der Deutschen Reichsbahn von 1945 bis 1963, in: ZUG 42 (1997), S. 163–184.

[11] 57. Präsidialsitzung [des Deutschen Landkreistages] am 19. 2. 1957 in Würzburg, in: Die Selbstverwaltung 11 (1957), S. 99; vgl. auch „Nochmals: ‚Gute Straßen bis ins kleinste Dorf!‘“. Die Landkreise zur Verantwortung des Bundes für den Bau eines einheitlichen Straßennetzes, in: Die Selbstverwaltung 12 (1958), S. 109.

tionären Charakter zu, ihre Dynamik übertraf dennoch regelmäßig sämtliche Prognosen[12]. Für die meisten Verkehrspolitiker stand es daher außer Frage, daß bei investitionspolitischen Entscheidungen zunächst der Ausbau der Hauptverbindungswege und die Beseitigung der schlimmsten Engpässe in den Ballungsgebieten („Bedarfsprinzip") Vorrang vor der Erschließung strukturschwacher Räume durch ein hochwertiges Verkehrsnetz („Erschließungsprinzip") haben müsse. Es zeigte sich aber, daß hier jede Kapazitätssteigerung binnen kurzem erneut vom Verkehrswachstum eingeholt wurde. Das verhältnismäßig lose gekoppelte technische System „Straßenverkehr" hatte eine starke Eigendynamik entwickelt, die sich marktwirtschaftlichen Restriktionen und politischen Steuerungsversuchen weitgehend entzog[13]. Die Forderungen nach weiteren Verbesserungen der Verkehrssysteme in den Ballungsgebieten rissen deshalb trotz erheblicher Investitionen nie ab. Zugleich blieb damit die Entscheidung, welche Priorität die Erschließung strukturschwacher Räume in der Verkehrspolitik genießen sollte, politisch umstritten.

2. Fragestellung, Forschungsstand und Quellenlage

Unter welchen Voraussetzungen, mit welchen Mitteln und mit welchem Nachdruck das „Erschließungsprinzip" verfochten wurde, ist eine der zentralen Fragen dieses Beitrags. Im einzelnen werden zunächst kurz die verfassungs- und verwaltungsrechtlichen Handlungsspielräume aufgezeigt, die Bayern im föderativen System der Bundesrepublik für seine Verkehrspolitik besaß. Auf eine Skizze der Problemlagen, Defizite und Disparitäten im bayerischen Verkehrssektor zu Beginn der fünfziger Jahre folgt die Darstellung der Konzepte, mit denen Staatsregierung und Parteien sowie Raumordnung und Landesplanung auf die wahrgenommenen Mängel reagierten. Schließlich werden die wichtigsten verkehrspolitischen Entwicklungen anhand der einzelnen Verkehrsträger – Schiene, Straße und Wasserweg – beispielhaft nachgezeichnet; lediglich der Luft- und der Rohrleitungsverkehr[14] bleibt unberücksichtigt. Die negativen Folgen für Natur und Umwelt, die der Ausbau der Verkehrsinfrastruktur nach sich zog, stehen nicht im Mittelpunkt der Untersuchung, finden aber Beachtung in den Abschnitten über den Rhein-Main-Donau-Kanal, dessen Bau zeitweise auf heftigen Widerstand stieß, und – am Beispiel der Auseinandersetzung um die Alleebäume – über den Straßenbau[15].

[12] Vgl. Thomas Südbeck, Motorisierung, Verkehrsentwicklung und Verkehrspolitik in der Bundesrepublik Deutschland der 1950er Jahre. Umrisse der allgemeinen Entwicklung und zwei Beispiele: Hamburg und das Emsland, Stuttgart 1994, S. 29; Wolfgang Ruppert, Das Auto. „Herrschaft über Raum und Zeit", in: ders. (Hrsg.), Fahrrad, Auto, Fernsehschrank. Zur Kulturgeschichte der Alltagsdinge, Frankfurt am Main 1993, S. 119–162; zur Prognostik Ulrich Schühle, Verkehrsprognosen im prospektiven Test. Grundlagen und Ergebnisse einer Untersuchung der Genauigkeit von Langfristprognosen verkehrswirtschaftlicher Leitvariablen, Berlin 1986.

[13] Vgl. Wolfgang G. Heinze, Verkehr schafft Verkehr: Ansätze zu einer Theorie des Verkehrswachstums als Selbstinduktion, in: Berichte zur Raumforschung und Raumplanung 23 (1979) H. 4/5, S. 9–32; Joachim Radkau, Zum ewigen Wachstum verdammt? Jugend und Alter großer technischer Systeme, in: Ingo Braun/ Bernward Joerges (Hrsg.), Technik ohne Grenzen, Frankfurt am Main 1994, S. 50–106.

[14] Zu den Pipelines vgl. den Aufsatz von Stephan Deutinger (S. 66–70 und S. 82) im vorliegenden Sammelband.

[15] Das Thema wurde auf Anregung der Herausgeber nachträglich in den Aufsatz aufgenommen.

Der Aufsatz kann zu sämtlichen angeschnittenen Themen und Fragen nur einen ersten Überblick liefern, da das Verkehrssystem der Bundesrepublik erst in den letzten Jahren größeres Interesse in der Geschichtswissenschaft gefunden hat. Hier sind vor allem die Arbeiten von Dietmar Klenke zu erwähnen. Mit seiner 1993 veröffentlichten Habilitationsschrift hat er eine bemerkenswerte Studie zur Verkehrspolitik in den fünfziger Jahren vorgelegt, in der er vor allem die parlamentarischen Prozesse und die Positionen der beteiligten Akteure auf Bundesebene analysiert hat; diese Untersuchung wird ergänzt durch seine hilfreiche Überblicksdarstellung zur „Geschichte der bundesdeutschen Verkehrspolitik 1949–1994"[16]. Thomas Südbecks 1994 erschienene Dissertation zur „Motorisierung, Verkehrsentwicklung und Verkehrspolitik" zeichnet sich demgegenüber eher durch ihren Reichtum an Fakten und Daten aus[17]. Da sich diese Arbeiten auf die Entwicklungen im Straßenverkehr konzentrieren, bestanden bis vor kurzem noch erhebliche Forschungslücken zur Geschichte der Bundesbahn. Mit der Studie von Günther Schulz über „Die Deutsche Bundesbahn 1949–1989" in dem jüngst erschienenen Band zur „Eisenbahn in Deutschland" liegt nun auch dazu eine wichtige Überblicksdarstellung vor[18]. Nur für die Binnenschiffahrt steht ein entsprechendes Werk noch aus. Gleiches gilt für die Verkehrspolitik auf Länderebene, die bis auf den umfangreichen Aufsatz von Rainer Plappert über Rheinland-Pfalz noch weitgehend unerforscht geblieben ist[19]. Inzwischen vorliegende wichtige Studien zum Stadtverkehr, zum öffentlichen Personennahverkehr und zum Verkehrssystem der DDR können für die Fragestellungen des vorliegenden Aufsatzes nur in Einzelaspekten weiterhelfen[20].

Die Quellenlage ist ebenfalls schwierig. Ausgewertet wurden die Bestände der Staatskanzlei, der Landesplanungsabteilung des Wirtschaftsministeriums, der Vertretung Bayerns beim Bund, außerdem Unterlagen der CSU-Landesgruppe in

[16] Vgl. Dietmar Klenke, Bundesdeutsche Verkehrspolitik und Motorisierung. Konfliktträchtige Weichenstellungen in den Jahren des Wiederaufstiegs, Stuttgart 1993; Dietmar Klenke, „Freier Stau für freie Bürger". Die Geschichte der bundesdeutschen Verkehrspolitik 1949–1994, Darmstadt 1995.

[17] Vgl. Südbeck, Motorisierung. Thomas Südbecks Aufsatz Regionalisierung und Zentralisierung: Infrastruktur und Verkehrspolitik in den 50er Jahren, in: Bernd Weisbrod (Hrsg.), Von der Währungsreform zum Wirtschaftswunder. Wiederaufbau in Niedersachsen, Hannover 1998, S. 183–194, stellt zwar im wesentlichen eine Zusammenfassung von Ergebnissen seiner Dissertation dar, die aber stärker in den Zusammenhang einer auf Erschließung zielenden Infrastrukturpolitik eingebettet werden.

[18] Vgl. Günther Schulz, Die Deutsche Bundesbahn 1949–1989, in: Gall/Pohl (Hrsg.), Eisenbahn in Deutschland, S. 317–376.

[19] Vgl. Rainer Plappert, Verkehr und Verkehrspolitik, in: Heinz-Günther Borck (Hrsg.), Beiträge zu 50 Jahren Geschichte des Landes Rheinland-Pfalz, Koblenz 1997, S. 235–291. Die französische Dissertation von Bernard Poloni, La Politique des Transports en Bavière depuis 1945, Thèse pour le Doctorat, Paris 1991, beschränkt sich in der Darstellung zu sehr auf äußere Entwicklungen und verkehrspolitische Konzepte, auch scheint ihre Quellengrundlage nicht ausreichend.

[20] Vgl. Barbara Schmucki, Automobilisierung. Neue Forschungen zur Motorisierung, in: AfS 35 (1995), S. 582–597; Thomas Kühne, Massenmotorisierung und Verkehrspolitik im 20. Jahrhundert: Technikgeschichte als politische Sozial- und Kulturgeschichte, in: NPL 41 (1996), S. 196–229; Hans-Liudger Dienel/Barbara Schmucki (Hrsg.), Mobilität für alle. Geschichte des öffentlichen Personennahverkehrs in der Stadt zwischen technischem Fortschritt und sozialer Pflicht, Stuttgart 1997; Barbara Schmucki, Der Traum vom Verkehrsfluß. Geschichte des städtischen Personenverkehrs seit dem Zweiten Weltkrieg im deutsch-deutschen Vergleich unter besonderer Berücksichtigung von München und Dresden, Diss., München 1998; Ciesla/Trischler, Verkehrsnot, in: Baar/Petzina (Hrsg.), Deutsch-Deutsche Wirtschaft, S. 153–192.

Bonn, die vor allem zur Geschichte des Rhein-Main-Donau-Kanals wertvolle Informationen enthalten. Eine bedeutende Quelle stellen ferner die stenographischen Berichte über die Sitzungen des bayerischen Landtags und vor allem die Protokolle der Landtagsausschüsse dar. Darüber hinaus existieren verkehrswissenschaftliche Studien, Zeitschriftenaufsätze, „graue Literatur" und offizielle Regierungsberichte, die für fast alle Teilaspekte dieses Beitrags von Interesse waren. Hingegen konnten die Akten der Obersten Baubehörde wie der Bestand zur Verkehrspolitik aus dem Staatsministerium für Wirtschaft, Verkehr und Technologie nicht eingesehen werden; diese Bestände liegen noch in den Registraturen.

3. Politische Akteure und Verwaltungsaufbau im Verkehrswesen

Nach der Kapitulation übernahmen die Alliierten mit den staatlichen Hoheitsrechten auch die Kompetenzen für das Verkehrswesen. Dessen Organisation und Verwaltung übertrugen die Amerikaner in ihrer Zone jedoch schon bald den wiederhergestellten oder neu geschaffenen Ländern, behielten sich aber Aufsicht und Kontrolle vor. In Bayern wurde daher – ebenso wie in den meisten anderen Ländern – eigens ein Verkehrsministerium geschaffen, dem seit Februar 1946 der CSU-Politiker Michael Helmerich und seit Januar 1947 dessen Parteifeund Otto Frommknecht vorstanden. Das Verkehrsministerium erhielt neben den Zuständigkeiten, die die Verkehrsverwaltung Bayerns bereits besessen hatte, auch die Kompetenzen für die Reichsbahn sowie für die Reichsstraßen und Autobahnen, für die zuvor das Deutsche Reich verantwortlich gewesen war. Außerdem erstreckte sich der Aufgabenbereich des Ministeriums auf sämtliche Maßnahmen zur Bewirtschaftung des Verkehrssektors. Mit deren Abbau und der Rückverlagerung von Kompetenzen auf die Bundesebene seit 1949 reduzierte sich das Arbeitsgebiet des Ministeriums allerdings rasch, so daß es im Jahr 1952 aufgelöst wurde; die verbliebenen Aufgaben verteilte man auf das Innen-, Finanz- und vor allem das Wirtschaftsministerium[21].

Der Trend, Kompetenzen im Verkehrswesen oberhalb der Länderebene zu konzentrieren, war indessen nicht neu. Schon im Juli 1945 hatten die amerikanischen Besatzungsbehörden in Frankfurt eine Oberbetriebsleitung für die Reichsbahn errichtet und mit deutschen Kräften besetzt. Während sie wie die britische Besatzungsmacht eine möglichst zentrale Struktur für die Reichsbahn favorisierten, kamen vor allem aus Bayern Gegenvorschläge, die anfangs sogar die Wiederherstellung einer eigenen Staatsbahn einschlossen, wie sie vor 1919 existiert hatte. Auch die Bezeichnung „Reichsbahn" war in Bayern nicht eben populär. Um ihre Mitspracherechte gegenüber der Oberbetriebsleitung wahrzunehmen und um länderübergreifende Vorhaben im Verkehrssektor zu koordinieren, richteten die Länder der amerikanischen Besatzungszone im Stuttgarter Länderrat zunächst einen Verkehrsausschuß mit Vertretern der einzelnen Verkehrsministerien ein; auf amerikanischen Befehl hin wurde im Dezember 1945 außerdem ein deutsches Direktorium für Transportwesen in Frankfurt geschaffen. Mit der Bildung des

[21] Vgl. Wilhelm Volkert (Hrsg.), Handbuch der bayerischen Ämter, Gemeinden und Gerichte 1799–1980, München 1983, S. 240–244; Stenographische Berichte über die 62. Sitzung des bayerischen Landtags am 16. 3. 1948 und über die 98. Sitzung am 16. 7. 1952, S. 1139f. bzw. S. 2460–2478.

Vereinigten Wirtschaftsgebiets machten die Länder ihre Interessen von Januar 1947 an dann über den „Verwaltungsrat für Verkehr“ in Bielefeld und seit Ende des Jahres über die „Verwaltung für Verkehr“ in Offenbach geltend[22].

Seit 1949 beschränkte das Grundgesetz die Handlungsspielräume der Länder für eine eigenständige Verkehrspolitik. Während die Kompetenzen für die rechtliche Ordnung des Verkehrswesens (zum Beispiel für die Verkehrssicherheit) prinzipiell beim Bund lagen, um die Einheitlichkeit der Regelungen für das gesamte Staatsgebiet sicherzustellen, wurden die Aufgaben bei Neubau und Instandhaltung der einzelnen Verkehrswege auf Bund, Länder, Kreise und Gemeinden verteilt[23].

Relativ gering war der Einfluß der Länder auf die Bundesbahn, für die dem Bund nach Artikel 73 des Grundgesetzes das ausschließliche Gesetzgebungsrecht zustand. Das 1951 verabschiedete Bundesbahngesetz unterstellte die Bahn dementsprechend der Bundesverwaltung und schrieb zugleich ihre autonome Sonderstellung fest, die sich unter anderem in einem eigenen, von der allgemeinen Staatsverwaltung getrennten Verwaltungsunterbau manifestierte. Damit wurde nicht nur eine Kontinuität zum einheitlichen Reichsbahnwesen der Vorkriegszeit hergestellt, sondern zugleich mit dem sonst bestehenden Grundsatz der Länderverwaltung in Bundesangelegenheiten, wie sie etwa für die Bundesstraßen gilt, gebrochen[24]. Der Einfluß der Länder beschränkte sich damit auf den Verwaltungsrat der Bundesbahn, für den sie ein Viertel der 20 Mitglieder vorschlagen konnten. Außerdem vermochten sie sich während der Verhandlungen über das Bundesbahngesetz gegenüber dem Vorstand der Bundesbahn und dem federführenden Bundesverkehrsministerium genügend Einfluß zu sichern, um Verletzungen ihrer regionalpolitischen Interessen zu verhindern[25]. So bedurfte es für Entscheidungen über den Bau neuer Strecken und – wichtiger – über die Einstellung des Betriebs auf vorhandenen Linien einer Stellungnahme des betroffenen Bundeslandes, die der Bund, der auch in diesem Fall das letzte Wort behielt, nicht ohne weiteres ignorieren konnte. Im Ergebnis führte dies zu einem komplizierten und langwierigen Verfahren, in dem sich gegen die Interessen der Länder gerichtete Beschlüsse oder Reformen in der Regel zumindest erheblich verzögerten. Hier trat ein struktureller Konflikt zu Tage: Da der Bund für das gesamte Betriebsdefizit der Bahn aufzukommen hatte, blieben die Länder einerseits von den finanziellen Konsequenzen ihres Widerstandes gegen Streckenstillegungen und Betriebseinstellun-

[22] Vgl. Theodor Kittel, Der Aufbau der Verkehrsorganisation im Süddeutschen Länderrat 1945/46 (Eisenbahnabkommen und Statut des Verkehrsrats), in: Archiv für Eisenbahnwesen 69 (1959), S. 356–396; Nicholls, Zusammenbruch, in: Gall/Pohl (Hrsg.), Eisenbahn in Deutschland, S. 247, S. 258–261, S. 267 und S. 279; Kurt Riemann, Organisation der DB, Heidelberg/Mainz 1982, S. 29–33.

[23] Einen groben Überblick bietet: Die Verkehrspolitik in der Bundesrepublik Deutschland 1949–1957. Ein Bericht des Bundesministers für Verkehr, Bielefeld 1957, S. 15–18.

[24] Vgl. Hellmuth St. Seidenfus, Das Verkehrs- und Nachrichtenwesen. Eisenbahnwesen, in: Kurt G.A. Jeserich/Hans Pohl/Georg-Christoph von Unruh (Hrsg.), Deutsche Verwaltungsgeschichte, Bd. 5: Die Bundesrepublik Deutschland, Stuttgart 1987, S. 485–505; Michael Kilian/Uwe Hesse, Der rechtliche Status von Deutscher Bundesbahn und Deutscher Reichsbahn seit 1945, in: Die Verwaltung 27 (1994), S. 175–194, hier S. 181–186; zum folgenden auch Schulz, Bundesbahn, in: Gall/Pohl (Hrsg.), Eisenbahn in Deutschland, S. 323 ff.

[25] Vgl. Klenke, Verkehrspolitik, S. 33–43.

gen verschont. Um keine Präzedenzfälle zu schaffen, durften sie aber andererseits die Finanzierung für den Betrieb einzelner Strecken nicht einmal ausnahmsweise selbst übernehmen. Auf die Gestaltung der Bahntarife hatten die Länder allerdings keinen vergleichbaren Einfluß; in der Praxis dominierte hier eindeutig der Bund[26].

Anders lagen die Verhältnisse in der Straßenverwaltung, die in Deutschland traditionell Sache der Länder war. Zunächst erstreckt sich ihre Zuständigkeit auf Planung, Finanzierung („Baulast"), Bau und Verwaltung der Landstraßen (I. Ordnung), die in Bayern Staatsstraßen heißen. Die meisten Länder übernehmen auch die Verwaltung und Planung der Landstraßen II. Ordnung, für die die Kreise und kreisfreien Städte die Baulast tragen und die deshalb auch Kreisstraßen genannt werden. Die bayerische Landkreisordnung von 1952 ermöglichte es den Kreisen allerdings, zur früheren Selbstverwaltung ihrer Straßen zurückzukehren, eine Option, die Mitte der fünfziger Jahre von knapp einem Drittel, Mitte der sechziger Jahre von knapp der Hälfte der 143 bayerischen Landkreise wahrgenommen wurde[27]. Die Gemeinden wiederum haben für Planung, Finanzierung, Bau und Verwaltung der Gemeindestraßen zu sorgen, die in Orts- und sogenannte Gemeindeverbindungsstraßen unterteilt werden und den weitaus größten Teil des gesamten Straßennetzes ausmachen[28]. Planung und Baulast für die Bundesfernstraßen (Bundesstraßen und Bundesautobahnen) gingen 1950 wieder an den Bund zurück, während die Länder mit ihrer Verwaltung und den entsprechenden Baumaßnahmen beauftragt blieben. In der Regel sind die Verwaltungen der Länder damit für das gesamte Netz der „klassifizierten Straßen" zuständig, zu dem die Autobahnen und Bundesstraßen sowie die Land- und Kreisstraßen gehören[29]. Die Klassifikation als solche folgt dem Prinzip, daß für Straßen höherer Verkehrsbedeutung eine übergeordnete Verwaltungsebene die Baulast trägt. In Bayern werden die Aufgaben der Planung, des Baus und der Verwaltung der Straßen nicht, wie man zunächst vermuten könnte, vom Staatsministerium für Wirtschaft und Verkehr wahrgenommen, sondern sie fallen in die Kompetenz der Obersten Baubehörde, die zum Innenministerium gehört.

Insgesamt ergibt sich aus dieser Aufteilung der Zuständigkeiten im Straßenwesen eine Konzentration von Verwaltungs- und Planungskompetenzen bei den Ober- und Mittelbehörden der Länder. Obwohl der Bund das Weisungs- und Aufsichtsrecht für die Bundesfernstraßen besitzt, kann er davon nur sehr zurückhaltend Gebrauch machen. Er muß sich vielmehr um eine enge Kooperation mit

[26] Vgl. Seidenfus, Verkehrs- und Nachrichtenwesen, in: Jeserich/Pohl/Unruh (Hrsg.), Deutsche Verwaltungsgeschichte, Bd. 5, S. 488; Gerd Aberle, Zukunftsperspektiven der Deutschen Bundesbahn, Heidelberg 1988, S. 18.

[27] Vgl. Robert Adamek, Straßenwirtschaft und Straßenverwaltung. Ein Beitrag zur Reform der Straßenbauverwaltung in der Bundesrepublik, Wiesbaden/Berlin 1956, S. 80ff.; Hans Seeser/Rudolf Pawlack, Die kommunalen Straßen in Bayern, in: Straßen und Brücken in Bayern, 3. Folge. Ein Überblick über die Jahre 1957–1966, hrsg. und bearb. von der Obersten Baubehörde im Bayerischen Staatsministerium des Innern, München 1966, S. 78.

[28] Dazu auch allg. Jürgen Salzwedel, Das Verkehrs- und Nachrichtenwesen. Straßen, Wasserstraßen und Luftverkehr, in: Jeserich/Pohl/Unruh (Hrsg.), Deutsche Verwaltungsgeschichte, Bd. 5, S. 460–485, hier S. 471f.

[29] Der Teil der Kreisstraßen, der in Bayern von den Landkreisen verwaltetet wird, bildet die Ausnahme von dieser Regel.

den Landesbehörden bemühen, da diese beispielsweise über die notwendigen Planungsdaten verfügen und besser über die Verhältnisse vor Ort informiert sind. Beim Bundesfernstraßenbau führten diese wechselseitigen Abhängigkeiten von Bund und Ländern nicht nur zu einer hohen Kompromißbereitschaft auf beiden Seiten, sondern auch zur Herausbildung eines „quotenmäßige[n] und langfristig inflexible[n] Verteilungsmuster[s]", das mehr am „Einwohneranteil der Länder" als am tatsächlichen Bedarf „orientiert ist"[30]. Die Handlungsspielräume der Länder gegenüber dem Bund nahmen dabei in dem Maße zu, in dem sich mit der Verwissenschaftlichung der Straßenplanung der Daten- und Informationsbedarf erhöhte und konkrete Baumaßnahmen auf wachsende Widerstände stießen. Diese Entwicklung begann sich schon Anfang der fünfziger Jahre abzuzeichnen, als Teile der Wirtschaftspresse vermeintliche Behinderungen und Verzögerungen beim Autobahnbau durch dessen Reföderalisierung beklagten. Diese würde, so hieß es, vor allem der Forderung der Straßenbauunternehmen nach effizienten Planungsprozessen und zentraler Auftragsvergabe zuwiderlaufen. Als gleichsam unsichtbare Folie diente dieser Kritik der zentralistisch organisierte Bau der Reichsautobahnen „unter Todt", dessen Tempo gerade auf der faktischen Rechtlosigkeit untergeordneter Instanzen beruht hatte[31].

Vor allem im Bereich Straßenbau und Straßenverkehr fielen die Handlungsspielräume der Landespolitik demnach größer aus, als man zunächst vermuten möchte. Durch die Verschränkung von Bundes- und Landeskompetenzen in der Verkehrspolitik erhielt zudem die Landesgruppe der CSU im Bundestag ein nicht zu unterschätzendes Gewicht, da sich viele Forderungen der Landespolitik im Bundestag effizienter als über den Bundesrat vertreten ließen.

II. Straßen oder „Sturzäcker"? Das Verkehrsnetz Anfang der fünfziger Jahre

Nach Kriegsende war in Bayern das Ausmaß der Katastrophe im Verkehrswesen zwar weniger groß als im Ruhrgebiet, in Berlin oder an der umkämpften Rheinlinie[32]. Freilich herrschte auch hier in den ersten Wochen und Monaten fast völliger Stillstand, der sich aber relativ rasch überwinden ließ und nur wenige langfristige Belastungen zur Folge hatte. Ein verkehrspolitisches Problem erster Ord-

[30] Vgl. hierzu und zum folgenden Dietrich Garlichs, Grenzen staatlicher Infrastrukturpolitik. Bund/Länder-Kooperation in der Fernstraßenplanung, Königstein im Taunus 1980, S. 108–114 und S. 124 (Zitat); Heinrich Mäding, Infrastrukturplanung im Verkehrs- und Bildungssektor. Eine vergleichende Untersuchung zum gesamtstaatlichen Planungsprozeß in der Bundesrepublik Deutschland, Baden-Baden 1978, S. 148.

[31] Vgl. Thomas Zeller, Landschaften des Verkehrs. Landschaftsveränderung durch Verkehrswege in Deutschland im 20. Jahrhundert. Öffentliche Diskussion und technische Lösungsangebote, Diss., München 1998, S. 190–194. In dieser Richtung auch die Kritik von Adamek, Straßenwirtschaft, S. 100–103.

[32] Nach Schätzungen des Wirtschaftsministeriums lag der Anteil Bayerns an den Kriegsschäden der DB nach Kriegsende bei rund 19,4 Prozent, der Anteil des bayerischen Streckennetzes machte aber gut 25 Prozent des bundesdeutschen Netzes aus. BayHStA, StK 114596, bayerisches Staatsministerium für Wirtschaft und Verkehr (BStMWV) an bayerisches Staatsministerium der Finanzen vom 12. 12. 1952.

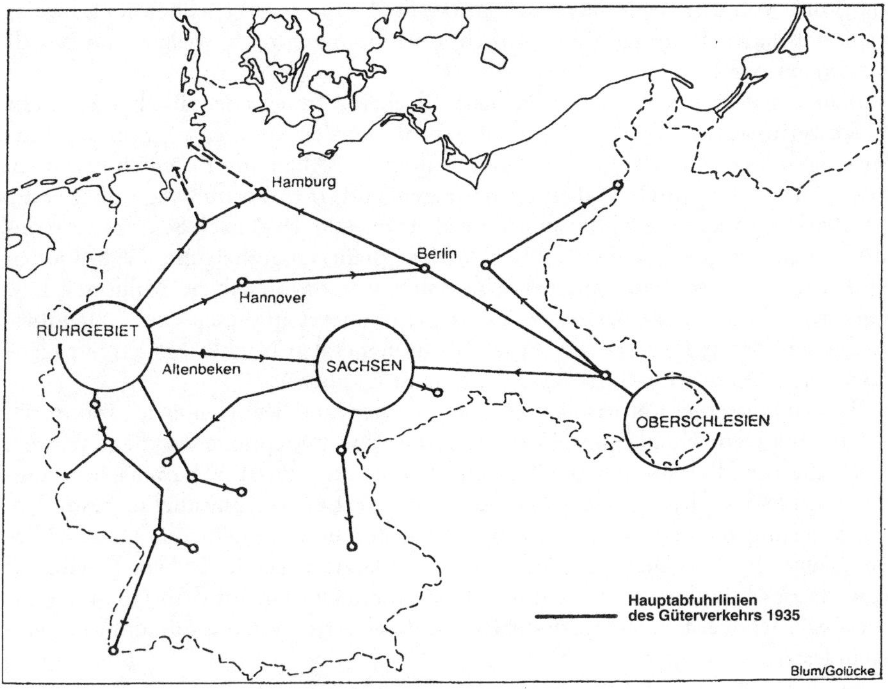

nung resultierte hingegen aus der politischen Teilung Deutschlands: Vor dem Krieg hatten die Hauptachsen des Güterverkehrs vor allem die beiden wirtschaftlichen Kerngebiete Deutschlands, das Ruhrgebiet und Sachsen, miteinander verbunden und waren dementsprechend in West-Ost-Richtung verlaufen; nach 1945 wurden sie durch Zonengrenze und „Eisernen Vorhang" durchschnitten und Ostbayern von den wichtigsten Bezugsgebieten für Rohstoffe und den traditionellen Absatzmärkten getrennt[33]. Es reichte daher nicht, die zerstörte Verkehrsinfrastruktur lediglich wiederaufzubauen. Bei ihrer Rekonstruktion mußten zugleich die politische Teilung Deutschlands nachvollzogen und die Verbindungen in Süd-Nord-Richtung verstärkt ausgebaut werden. In welchem Ausmaß Bayern und besonders die drei ostbayerischen Regierungsbezirke Oberfranken, Oberpfalz und Niederbayern unter dieser Verschiebung zu leiden hatten, zeigen die unterschiedlichen Distanzen zum alten geographischen Mittelpunkt Deutschlands bei Leipzig und dem der Bundesrepublik bei Gießen: Von den oberfränkischen Bahnhöfen war es nach Gießen um durchschnittlich 128 km (61 Prozent) weiter als nach Leipzig, von den oberpfälzischen betrug diese Differenz 103 km (35 Pro-

[33] Vgl. Christopher Kopper, Zonenrandförderung und Verkehrspolitik im bundesdeutschen Grenzgebiet: Das Beispiel Niedersachsen, in: Bernd Weisbrod (Hrsg.), Grenzland. Beiträge zur Geschichte der deutsch-deutschen Grenze, Hannover 1993, S. 95–109, hier S. 98–102; Hans-Joachim Fricke, Die innerdeutsche Grenze und ihre Auswirkungen auf den Schienenverkehr, Landsberg 1980, S. 103–130; Ralf Roman Rossberg, Grenze über deutschen Schienen, Freiburg im Breisgau 1980, S. 201–257.

zent) und von den niederbayerischen 61 km (14 Prozent)[34], wobei noch hinzukam, daß kaum leistungsfähige Verkehrsverbindungen nach Westen und Nordwesten existierten.

Beim Verkehr mit den norddeutschen Seehäfen traten ebenfalls beträchtliche Erschwernisse auf; da die DDR nicht passiert werden konnte, wuchsen die Entfernungen hier zum Teil um bis zu 250 Kilometer. Allein die Eisenbahnfrachten, die in der Folge durch Marktverlagerungen und Transportumwege notwendig wurden, belasteten die bayerische Wirtschaft im Jahr 1950 nach Schätzungen des Ifo-Instituts gegenüber dem letzten Vorkriegsjahr zusätzlich mit 70 Millionen DM. Der nordost- und ostbayerische Raum war davon mit 50 Millionen DM überproportional stark betroffen. Es lag nicht zuletzt an diesen neuen Standortnachteilen, daß die bayerische Wirtschaft in den ersten Nachkriegsjahren gegenüber den anderen westdeutschen Ländern zurückblieb[35].

Bayern mit seiner notorischen „Markt-, Revier- und Seehafenferne" war durch die Teilung Deutschlands und Europas also in eine ausgeprägte Randlage geraten, in der die alten Belastungen und Strukturdefizite noch zusätzliche Schärfe erlangten[36]. Zudem stellten große Fläche und geringe Bevölkerungsdichte besondere Anforderungen an die noch in den Anfängen steckende verkehrsmäßige Erschließung, wie der Vergleich mit anderen Bundesländern zeigt. Um ein annähernd realistisches Bild davon zu gewinnen, kann nur auf Daten aus dem Jahr 1956 zurückgegriffen werden, da hier erstmals eine detaillierte Bestandsaufnahme der Gemeindestraßen erfolgte.

Verkehrserschließung ausgewählter Bundesländer 1956

	Einw./ qkm	Kfz/ qkm	Kfz/1000 Einw.	klass. Str./ 100 qkm[1]	Straß. ges./ 100 qkm[2]	Straßen/ 1000 Einw.[2]	Schienen/ 100 qkm
Bayern	129	18	135	39 km	146 km	11,0 km	11 km
Ni	136	16[3]	116[3]	49 km	105 km	7,6 km	7 km
BW	198	26	130	67 km	147 km	7,4 km	12 km
NRW	432	38	88	63 km	198 km	4,6 km	20 km
Hessen	214	26	120	71 km	126 km	5,9 km	15 km
SWHS	144	13	90	42 km	132 km	9,1 km	–

[1] Länge der klassifizierten Straßen. [2] Länge der klassifizierten und der Gemeindestraßen zusammen. [3] Kfz-Bestand bzw. Bahn-Betriebslänge von 1957. Quellen: Statistische Jahr- bzw. Handbücher der betreffenden Bundesländer, verschiedene Jahrgänge; Wirtschaft und Statistik 11 (1959), S. 310f.

[34] Vgl. H. Ringelmann/B. Stiglitz, Die Frachthilfemaßnahmen in Bayern, München 1956, S. 8 (zugrunde gelegt wurden die Eisenbahntarifentfernungen).

[35] In die Schätzung gingen damit die für Bayern ungünstigen Tarifänderungen der Bundesbahn seit 1948 ein; vgl. Ifo-Institut für Wirtschaftsforschung/Bayerisches Statistisches Landesamt, Die Bayerische Wirtschaft 1950/51. Hauptprobleme ihrer konjunkturellen und strukturellen Gestaltung, München 1951, S. 27f. (Sonderschrift des Ifo-Instituts für Wirtschaftsforschung Nr. 9); Paul Erker, Keine Sehnsucht nach der Ruhr. Grundzüge der Industrialisierung in Bayern 1900–1970, in: GuG 17 (1991), S. 480–511, hier S. 507.

[36] Der Verkehr in Bayern, hrsg. vom Bayerischen Staatsministerium für Wirtschaft und Verkehr, bearb. vom Bayerischen Statistischen Landesamt, o.O., o.J. (1965), S. 3 und S. 7.

Gegenüber dem Beginn der fünfziger Jahre dürfte sich 1956 am Gesamtbild der Verkehrserschließung wenig geändert haben, da das Netz der klassifizierten Straßen in diesem Zeitraum nur unwesentlich erweitert worden ist. Allerdings lassen sich auch für das Jahr 1956 die Verhältnisse nicht ohne weiteres vergleichen. So schnitt Bayern auf den ersten Blick bezüglich der Straßendichte mit 146 km/100 qkm kaum schlechter ab als beispielsweise Baden-Württemberg und sogar besser als Niedersachsen, Hessen oder Schleswig-Holstein. Die Dichte des bayerischen Straßennetzes war jedoch primär auf den hohen Anteil der Gemeindestraßen zurückzuführen, der bei rund 75 Prozent lag. Im südwestdeutschen Nachbarland machten sie dagegen nur 55 Prozent aus. Gerade die Gemeindestraßen befanden sich in den fünfziger Jahren aber allgemein in einem ziemlich schlechten Zustand und unterschieden sich teilweise kaum von Wirtschafts- oder Forstwegen. So waren über 70 Prozent aller bayerischen Gemeindestraßen nur einfach befestigt und damit für den Kraftfahrzeugverkehr auf Dauer völlig ungeeignet. In Nordrhein-Westfalen, wo die Gemeindestraßen ebenfalls einen hohen Anteil (68 Prozent) am gesamten Straßennetz besaßen, wiesen demgegenüber nur 27 Prozent eine derart schlechte Beschaffenheit auf[37].

Verkehrserschließung der bayerischen Regierungsbezirke 1956

	Einw. in Tausend	Einw./ qkm	Bundesfernstr.[1]	Staats- u. Kreisstr.[1]	Gemeindestr.	Straßen ges.[1]	Pkw	Kfz
			km/100 qkm				/1000 Einw.	
Oberbayern	2537	155	10,1	29,3	113	170	53	152
Niederbayern	975	90	7,6	32,8	112	152	32	141
Oberpfalz	869	90	7,4	29,8	94	131	28	123
Oberfranken	1072	143	10,6	29,8	113	154	32	121
Mittelfranken	1315	172	8,8	30,1	122	161	41	124
Unterfranken	1042	123	9,0	34,6	58	102	29	124
Schwaben	1302	127	9,4	21,0	106	136	36	141
Bayern	9115	129	9,0	29,4	108	146	41	135

[1] Klassifizierte Straßen nach dem Stand von 1957. Quellen: Statistisches Jahrbuch für Bayern 26 (1958), S. 204, und 27 (1961), S. 198; Der Kraftfahrzeugbestand in Bayern 1907 bis 1987, hrsg. vom Bayerischen Landesamt für Statistik und Datenverarbeitung, München 1987, Tabellen 1 und 10 (Beiträge zur Statistik Bayerns 421).

Größere Diskrepanzen traten jedoch nicht nur zwischen den einzelnen Bundesländern auf, sondern auch innerhalb Bayerns, wie die vorstehende Tabelle deutlich macht[38]. Die größte Dichte besaß demnach das oberbayerische und das mittel-

[37] Vgl. Die Gemeindestraßen. Einzelergebnisse der Statistik der Gemeindestraßen nach dem Stand vom 31. 3. 1956, in: Wirtschaft und Statistik 11 (1959), S. 561–564.

[38] Bei den Gemeindestraßen ist zu beachten, daß die Zählung von 1956 nach einer Auskunft der Obersten Baubehörde als unzuverlässig gilt. Bei der Zählung von 1961 wurde dementsprechend

fränkische Straßennetz. Zurückzuführen war dies unter anderem auf das Gewicht Münchens und Nürnbergs, die als großstädtische Zentren zugleich die wichtigsten Verkehrsknotenpunkte darstellten. Oberbayern profitierte außerdem von der Bedeutung des Voralpenlandes als attraktiver Fremdenverkehrsregion. Über dem bayerischen Durchschnitt lag der Anteil Oberbayerns auch bei den Autobahnen und Bundesstraßen, was sich ebenfalls positiv auf die Leistungsfähigkeit des regionalen Straßennetzes auswirkte. Am unteren Ende rangierten Schwaben und die Oberpfalz. Das Schlußlicht bildete Unterfranken, das durch sein kaum ausgebautes Netz von Gemeindestraßen allerdings eine Art Sonderfall darstellte. Praktisch dürfte dieses Defizit aber teilweise durch den deutlich über dem Durchschnitt liegenden Anteil an den meist besser ausgebauten Staats- und Kreisstraßen kompensiert worden sein. Bei den Bundesfernstraßen schnitten wiederum Niederbayern und die Oberpfalz am schlechtesten ab. Diese Ergebnisse können jedoch allenfalls einen ersten Eindruck von den bayerischen Straßenverhältnissen in den fünfziger Jahren geben, da sie nichts über den Zustand der Straßen in den einzelnen Regierungsbezirken aussagen. Immerhin, so viel sei angemerkt, befanden sich die Gemeindestraßen in Unterfranken Anfang der sechziger Jahre in der relativ besten Verfassung. „Nur“ 62 Prozent besaßen hier noch keine staubfreie Oberfläche, während es in Niederbayern, das am anderen Ende der Skala stand, noch ganze 85 Prozent waren[39].

Die Frage, welcher Regierungsbezirk am ärgsten unter den schlechten Straßenverhältnissen zu leiden hatte, lieferte den Landtagsabgeordneten Anfang der fünfziger Jahre immer neuen Stoff für hitzige Debatten. So herrschte im Mai 1953 zwar insoweit Einigkeit im Ausschuß für Wirtschaft und Verkehr, daß „wohl im Laufe von drei Jahren das gesamte Straßennetz in Bayern zusammenbrechen“ werde, wenn für seine Sanierung auch künftig so wenig wie bisher getan würde[40]. Umstritten war aber die innerbayerische Verteilung der knappen Mittel. Zumindest die meisten nord- und ostbayerischen Abgeordneten schienen überzeugt, daß die Straßenverhältnisse in Oberbayern wesentlich besser seien als in ihren Heimatkreisen. So beklagte der oberpfälzische Abgeordnete Franz Sichler (SPD) die generelle Vernachlässigung des Grenzlands, dem „eine völlige Verödung“ drohe. Auf der Straße von Schwarzeneck nach Neunburg vorm Wald, „einer Verkehrsader des Gebietes von Waldmünchen, könne man nicht schneller als 10 km fahren“, führte er aus. Während in Oberbayern die meisten Straßen eine Teerdecke hätten, seien es im Bayerischen Wald und in Oberfranken nur wenige. Sein Fraktionskollege Max Drechsel, der ebenfalls aus der Oberpfalz stammte, versuchte die Bevorzugung des Südens gegenüber dem Norden anhand der Länge der Landstraßen zu belegen und führte den vermeintlichen Vorteil Oberbayerns auf die

eine ganze Reihe von Straßen aufgrund ihrer Bedeutungslosigkeit oder ihres schlechten Zustands nicht mehr in die Statistik aufgenommen.

[39] Vgl. Die Gemeindestraßen in Bayern. Ergebnis der Statistik der Gemeindestraßen nach dem Stand vom 1. Januar 1961, hrsg. vom Bayerischen Statistischen Landesamt, München 1963, Tabelle 2 (Beiträge zur Statistik Bayerns 247).

[40] Hierzu und zum folgenden AdbL, Protokoll der 92. Sitzung des Ausschusses für Wirtschaft und Verkehr am 21. 5. 1953.

staatliche Förderung des dortigen Fremdenverkehrs zurück. Unterfranken gehe dagegen „ein großer Teil seines Fremdenverkehrs wegen seiner schlechten Straßen verloren", meinte Karl Greib (CSU) aus Würzburg. Die meisten Touristen führen statt dessen „über Württemberg auf der Autobahn nach Südbayern".

Während der Vorsitzende des Wirtschaftsausschusses, Hugo Geiger (CSU), die Ausschußmitglieder mehrmals ersuchte, von den lokalen Verhältnissen abzusehen, verteidigte der Oberfranke Georg Bantele (BP) seinen „Lokalpatriotismus" ausdrücklich. Im übrigen hielt er es für falsch, die Straßenlänge als Maßstab heranzuziehen:

„Wenn Oberbayern schon ein vorzüglich ausgebautes Netz von Bundesstraßen hat, sei es doch sinnlos, diese vielen guten Kilometer als Grundlage zu nehmen und dorthin noch mehr Mittel zu geben als in andere Gebiete. Die oberfränkischen Industriegebiete legten doch alljährlich dem Herrn Finanzminister einen bedeutenden Happen in die Schale und ebenso die Industrie Mittelfrankens, die mindestens der von München gleichkommt. Sie hätten daher ein Anrecht, etwas von dem Vielen zu bekommen, was jetzt nach München gegeben wird."

Der schwäbische Abgeordnete Hermann Ospald (SPD) wollte ebenfalls „die lokalen Verhältnisse da und dort" berücksichtigt wissen, da Regionen mit einem hohen Steueraufkommen seiner Meinung nach ein größeres Anrecht auf ordentliche Verkehrswege hätten. Doch ließ auch er es sich nicht nehmen, auf die Probleme des mittelschwäbischen Raumes hinzuweisen, der „verkehrsmäßig absolut nicht erschlossen" sei und die „gleichen Beschwerden [...] wie Oberfranken" vorzutragen habe. Für Oberbayern schließlich schilderte der Abgeordnete Andreas Piehler (SPD) die schlechten Straßenverhältnisse in Miesbach. Nach eigener Aussage wollte er damit aber demonstrieren, wie nutzlos es sei, wenn „jeder Abgeordnete die Straßen seines Bezirks als die schlechtesten" hinstelle: „Die Verhältnisse seien überall gleich."

In diesen Vorwürfen schwang wohl manches Ressentiment gegen den von der Peripherie stets beargwöhnten Münchener Zentralismus mit, doch in erster Linie trafen sie die Arbeit der Obersten Baubehörde, die für die Koordination des Straßenbaus verantwortlich war. Als deren Vertreter bemühte sich Ministerialrat Ludwig Bruner[41], diese Kritik so weit wie möglich zu entkräften. „Der Unterschied in den einzelnen Regierungsbezirken sei nicht so sehr groß", hielt er den Abgeordneten entgegen. „Im Landesmittel hätten etwa 23 Prozent der Straßen eine gute Decke." Für die Klagen der Abgeordneten gab es dennoch einige Anhaltspunkte, da Oberbayern, nach Bruners Ausführungen, sieben Prozent über dem Durchschnitt, Niederbayern jedoch acht Prozent darunter lag. Den Schwarzen Peter versuchte Bruner jedoch wieder an die Abgeordneten zurückzugeben, indem er darauf hinwies, daß die Oberste Baubehörde bei „der Verteilung der Mittel nicht frei" sei, sondern aufgrund von Landtagsbeschlüssen die eine oder andere Maßnahme erfüllen müsse, „ob sie nun in den Plan hineinpaßt oder nicht"[42]. Die von

[41] Im Protokoll heißt es nur „Min. Rat. Brunner". Es handelt sich dabei vermutlich um einen Tippfehler. Denn damit wäre nicht Ludwig Bruner von der Obersten Baubehörde sondern Heinrich Brunner vom Staatsministerium für Wirtschaft und Verkehr gemeint.

[42] Der permanente Legitimationszwang der Obersten Baubehörde in dieser Frage dürfte auch der Grund dafür sein, daß der Straßenzustand in der ersten Hälfte der fünfziger Jahre in den Publika-

den Abgeordneten immer wieder geforderten Dringlichkeitslisten für die instandzusetzenden Landstraßen waren daher durchaus auch im Sinne der Obersten Baubehörde[43].

Die Diskussion über die Verteilung der Gelder für den Straßenbau beschränkte sich jedoch nicht auf den Landtag, in Niederbayern fanden im Herbst 1953 und im Frühjahr 1954 mehrere Protestveranstaltungen empörter Kraftfahrer statt. Über eine derartige Versammlung in Vilsbiburg berichtete die „Süddeutsche Zeitung" im Oktober 1953: Das aufgebrachte Publikum sei aus dem Isar-, Rott- und Vilstal hergefahren, „über die unbeschreiblichen Sturzäcker", die auf den Karten als Straßen erster Ordnung gekennzeichnet seien, „von den Niederbayern jedoch nur ‚Waschbretter' oder ‚Dauerwellen' genannt" würden. Auch der Landrat von Landau an der Isar, Adolf Daßler, legte sich bei den Schilderungen seiner Fahrerlebnisse keinerlei Zurückhaltung auf: „An den Straßenrändern im Vilstal können Sie beobachten, wohin die Kulturentwicklung in Niederbayern geht: im Sommer eine Staubwüste, im Winter ein Schlamm-Meer." Die Veranstaltung endete mit der Drohung einiger Landräte, immer mehr solcher Protestversammlungen abzuhalten, bis die Staatsregierung geneigt sei, von ihren Klagen Kenntnis zu nehmen[44].

Dies blieb nicht ohne Wirkung. Im April 1954 begab sich Innenminister Wilhelm Hoegner auf den Weg in die Ortschaft Reisbach, um sich selbst ein Bild von den Straßenverhältnissen in Niederbayern zu machen. Hoegner räumte dabei ein, daß es zwar auch in anderen Landesteilen Bayerns Schlaglöcher gebe, „in Niederbayern aber seien es die meisten und die tiefsten". Als „vorläufige Trostpille" teilte er der Versammlung mit, daß im Haushalt der Obersten Baubehörde sofort und außerplanmäßig gut eine Million DM für die dringendsten Arbeiten in der Region bereitgestellt würde[45].

III. Konzeptionen und Visionen von Politik und Landesplanung in den fünfziger und sechziger Jahren

Es waren nicht die verkehrsgeographische Randlage und die unzureichende Flächenerschließung allein, die Bayern in der Nachkriegszeit schwer zu schaffen machten. Auch bei der Wohnraumversorgung, der Unterbringung und Beschäftigung von Flüchtlingen und Heimatvertriebenen sowie beim Aufbau einer leistungsfähigen Energie- und Wasserwirtschaft gab es ernste Probleme, die die ganze Aufmerksamkeit der Politik erforderten. Wie diese Aufgaben zu lösen waren, darüber sollte ein Landesentwicklungsplan Auskunft geben. Schon in seiner Regierungserklärung vom 9. Januar 1951 kündigte Ministerpräsident Hans Ehard an, daß die Vorarbeiten hierzu nun intensiviert würden. Die Koalition aus CSU,

tionen der Obersten Baubehörde und des Statistischen Landesamts nicht nach Regierungsbezirken aufgeschlüsselt wurde.

43 AdbL, Protokoll der 54. Sitzung des Ausschusses für Wirtschaft und Verkehr am 4. 9. 1952, S. 44–50.

44 Süddeutsche Zeitung vom 28. 10. 1953: „Schlechte Straßen machen böses Blut".

45 Isar-Post vom 12. 4. 1954: „‚Fleißig und tüchtig und keine Herde von Halbwilden'. Niederbayern gegen Vernachlässigung seiner Straßen".

SPD und BHE, die seit Dezember 1950 die Regierung bildete, versprach sich davon nicht nur die Koordination aller für die einzelnen Bereiche bereits vorliegenden Pläne und Lösungsansätze, sondern auch eine konzeptionelle Großoffensive zur Neuordnung der wirtschaftlichen und sozialen Verhältnisse des Landes. Über die Notwendigkeit eines solchen Planes herrschte im bayerischen Landtag ein breiter Konsens, der auch nahezu die gesamte Opposition einschloß. Das dazugehörige Gesetz, das der Umsetzung dieser Planungen einen rechtlichen Rahmen geben sollte, blieb dagegen bis weit in die fünfziger Jahre hinein umstritten. Ein erster Schritt auf dem Weg zu dem anvisierten Landesentwicklungsplan war im Juni 1951 die Berufung eines Beirats aus unabhängigen Fachleuten, der dafür entsprechende Richtlinien ausarbeiten sollte und direkt dem Ministerpräsidenten unterstellt war. Für Verkehrsfragen wurde Paul Helfrich von der Industrie- und Handelskammer München benannt, der dazu eine fast 50 Seiten starke Vorstudie anfertigte[46].

Aus dieser Initiative gingen die „Grundlagen für die Aufstellung von Richtlinien zu einem Landesentwicklungsplan" hervor, deren erster Teil bereits wenige Monate später vorlag. Die Landesplanungsstelle im Wirtschaftsministerium hatte hier in Zusammenarbeit mit den Bezirksplanungsstellen eine knappe „Bestandsaufnahme" vorgenommen. Sie diente als Ausgangspunkt für den mit „Planung" überschriebenen zweiten Teil, den die Landes- und Bezirksplanungsstellen gemeinsam mit dem vom Ministerpräsidenten einberufenen Beirat verfaßten. Veröffentlicht wurde der zweite, weit über 800 Seiten starke Teil im Jahr 1954. Seinen übervorsichtig formulierten Titel verdankte er nicht zuletzt den kontroversen Diskussionen, die sich zur gleichen Zeit am Entwurf für ein bayerisches Landesplanungsgesetz entzündeten. Er bot jedoch keineswegs nur bloße Grundlagenarbeit oder Zielfixierung, sondern war in weiten Zügen selbst schon ein vollständiger Landesentwicklungsplan[47]. Trotz seiner rechtlichen Unverbindlichkeit ging von ihm allein schon deshalb eine starke richtungsweisende Kraft aus, weil er bis in die sechziger Jahre konkurrenzlos blieb. Wie unter einem Brennglas bündelten sich hier sämtliche Probleme und Lösungsvorschläge, die in Bayern Anfang der fünfziger Jahre zur Diskussion standen. In seiner Pionierstudie zur Industrialisierung Bayerns sprach Klaus Schreyer daher zu Recht von einer „Art *Magna Charta* der Landesentwicklung"[48].

46 Vgl. Stenographischer Bericht über die 5. Sitzung des bayerischen Landtags am 9. 1. 1951, die 7. Sitzung am 23. 1. 1951, die 8. Sitzung am 24. 1. 1951, die 17. Sitzung am 4. 4. 1951 und die 32. Sitzung am 22. 6. 1951, S. 27, S. 54f., S. 86f., S. 420–427 und S. 982f.; BayHStA, StK 113102, Paul Helfrich: Der Verkehr im Bayerischen Landesentwicklungsplan, datiert auf den 17. 4. 1952.

47 Vgl. Die bayerische Landesplanung. Grundlagen für die Aufstellung von Richtlinien zu einem Landesentwicklungsplan, hrsg. von der Landesplanungsstelle im Bayerischen Staatsministerium für Wirtschaft und Verkehr, Teil 1: Bestandsaufnahme, Teil 2: Planung, o.O. o.J. (1951 und 1954), die beiden Bände sind durchgehend paginiert und werden im folgenden als „Richtlinienentwurf" bezeichnet; vgl. auch Wolfgang Istel, Der Beitrag der Landesplanung in Bayern zur Landesentwicklung von 1945 bis 1970, in: Berichte zur deutschen Landeskunde 61 (1987), S. 391–423, hier S. 400 und S. 406.

48 Klaus Schreyer, Bayern – ein Industriestaat. Die importierte Industrialisierung. Das wirtschaftliche Wachstum nach 1945 als Ordnungs- und Strukturproblem, München/Wien 1969, S. 252; vgl. auch Willi Guthsmuths, Raumordnung und Verkehrsplanung, in: ders. (Hrsg.), Raumordnung und Verkehrsplanung. Raumwirtschaftliche Beiträge zur Verkehrsentwicklung, München 1965, S. 3–6, hier S. 4 f.

Der umfangreiche Planungsteil gliederte sich in zwei Hauptabschnitte, denen „Grundgedanken und Leitsätze“ vorangestellt waren. In manchen Teilbereichen, etwa bei den Konzepten zur Integration der Heimatvertriebenen, standen die akuten Probleme der Nachkriegszeit im Vordergrund. Von langfristiger Bedeutung erwies sich dagegen das in den „Planungsgrundsätzen“ anvisierte Modell einer dezentralisiert-gemischten Wirtschafts- und Industriestruktur. Danach sollten übermäßige Agglomerationen zugunsten „einer sinnvollen Verteilung von Aufgaben und Funktionen auf die Mittel-, Klein- und Landstädte“ vermieden werden. Diese Leitidee wurde mit der Krisenanfälligkeit industrieller Monostrukturen begründet; zudem ging man davon aus, daß auf diese Weise die „natürlichen Produktionsmöglichkeiten des Raumes“ optimal ausgeschöpft werden. Der Ausbau der Infrastruktur sollte neben dem vorhandenen Arbeitskräftepotential und den niedrigen Lebenshaltungskosten dazu beitragen, die vorgesehenen Unterzentren als Standorte für Unternehmen und Industriebetriebe interessant zu machen, ohne darüber hinaus in den Wirtschaftsablauf einzugreifen[49].

Selbstverständlich kam dabei auch der Verbesserung des Verkehrswesens eine zentrale Rolle zu, dem im zweiten Hauptabschnitt das bei weitem umfangreichste Unterkapitel gewidmet war[50]. Aus der Analyse des *Status quo* zogen die Autoren des Richtlinienentwurfs den Schluß, daß durch den Ausbau des Verkehrswesens sinnvolle Siedlungsstrukturen und die Integration der Heimatvertriebenen gefördert werden könnten. Unerläßlich sei hierbei eine Anpassung an die Richtungsänderung der Güterströme seit 1945. Für den Fremdenverkehr und die Industrialisierung Bayerns, vor allem aber für eine Verbesserung der ungünstigen Standortverhältnisse in den Grenzgebieten sei außerdem die Erschließung des verkehrsfernen Landes eine unabdingbare Voraussetzung: „Insbesondere stehen und fallen alle Bemühungen zum Aufbau eines möglichst *dezentralisierten* Industriekörpers mit einem entsprechenden Ausbau des Verkehrswesens“. Besondere Beachtung schenkten die Landesplaner dabei der Tarifpolitik der Bundesbahn, die durch ihre gemeinwirtschaftliche Ausrichtung bislang einen entscheidenden Beitrag zur relativ ausgeglichenen und dezentralisierten Wirtschaftsstruktur Deutschlands geleistet habe. Ihr Tarifsystem beruhte auf einem komplexen Mechanismus, der die Transportpreise für weite Strecken (Entfernungsstaffel) sowie für Massengüter (Wertestaffel) durch die Tarife für kurze Entfernungen und hochwertige Fertigprodukte subventionierte. In der Praxis bewirkte dies im ganzen eine starke Ermäßigung der in Bayern anfallenden Transportkosten. Die Bundesbahn hatte die interne Subventionierung ihrer Gütertarife seit 1948 wiederholt eingeschränkt, um der Konkurrenz des Lastkraftwagens gewachsen zu bleiben, damit aber bei den Landesplanern heftige Kritik geerntet. Sie hielten es für eine „unbedingte Notwendigkeit“, das gemeinwirtschaftliche Tarifsystem in vollem Umfang aufrecht zu halten[51]. In seiner Vorstudie hatte Helfrich diesem Urteil noch deutlich

[49] Richtlinienentwurf, S. 185–200; vgl. hierzu auch Erker, Keine Sehnsucht, S. 481 f., und Elisabeth Miersch, Die räumliche Dezentralisation der bayerischen Industrie, München 1948.

[50] Ein Überblick über die „Grundlagen für die Aufstellung von Richtlinien zu einem Landesentwicklungsplan“ mit Schwerpunkt auf den demographischen und industriewirtschaftlichen Aspekten findet sich bei Schreyer, Industriestaat, S. 251–256.

[51] Vgl. Richtlinienentwurf, S. 864–888 (Zitate S. 879 und S. 888). Zum Tarifsystem vgl. Volker Hentschel, Staat und Verkehr. Motive, Ziele und Mittel der Verkehrspolitik westlicher Industriestaaten

stärker als im Richtlinienentwurf die Form einer konkreten politischen Forderung gegeben: Seiner Ansicht nach sprach „von Bayern aus gesehen alles dafür [...], eine da und dort immer wieder befürwortete Liberalisierung der Tarifpolitik abzulehnen und sich im Bundesrat zum Vorspann der Bestrebungen zu machen, die statt dessen den Ausbau des ‚gemeinwirtschaftlichen' Tarifsystems [...] und die Übertragung seiner Bemessungsrichtlinien, soweit möglich, auch auf andere Verkehrsmittel zum Ziele haben"[52].

Während man bei der Tarifpolitik strikt aus der Perspektive Bayerns argumentierte, fand bei den Überlegungen zum Ausbau des Streckennetzes das übergeordnete Interesse der Bahn, ihr Betriebsdefizit zu reduzieren, stärkere Berücksichtigung. Die bayerischen Landesplaner waren zwar durchaus der Meinung, daß die Wirtschaft durch die Verdichtung des Netzes und vor allem durch die Verbindung einzelner Stichbahnen in den strukturschwachen Gebieten wertvolle Impulse erhalten könnte, gaben diesen Plänen aufgrund der schwierigen finanziellen Situation der Bundesbahn auf absehbare Zeit aber keine echte Chance. Statt dessen empfahlen sie der bayerischen Staatsregierung, sich „mit allen zu Gebote stehenden Mitteln für die Aufrechterhaltung des Verkehrs auf den wirtschaftlich unentbehrlichen Nebenstrecken" einzusetzen, da deren Betrieb akut gefährdet sei. Einzig den Aus- beziehungsweise Aufbau eines S- oder U-Bahnnetzes für München, das sich auch auf die Vororte erstrecken sollte, hielten die Landesplaner für einigermaßen aussichtsreich. Als vordringlich wurde hingegen die Modernisierung des alten Streckennetzes eingestuft. Die Planungsfachleute setzten dabei vor allem auf die Elektrifizierung, die wegen ihrer hohen Investitionskosten aber auf die stark frequentierten Strecken beschränkt bleiben sollte. Für das restliche Netz empfahlen sie die Umstellung von Dampf- auf Dieselbetrieb. Wegweisend konnte man diese Vorschläge allerdings kaum nennen, sie bestätigten lediglich die Richtung, die Bundesbahn und Staatsregierung zu diesem Zeitpunkt längst eingeschlagen hatten[53].

Die größten Fortschritte erwarteten sich die Landesplaner indes beim Straßenverkehr. „Vor allem die besondere Eignung des Kraftwagens zur Erschließung des *flachen Landes* und bislang *verkehrsarmer Gebiete*" sei im Rahmen eines bayerischen Landesentwicklungsplanes bedeutsam. „Als Grundlage einer dauerhaften Wirtschaftsentwicklung" müsse daher „die Wiederinstandsetzung, Verbesserung und Ergänzung des Straßennetzes" angesehen werden. Sie bilde „die Voraussetzung für die angestrebte *Dezentralisierung von Bevölkerung und Gewerbe*, für die *Sicherung der Wettbewerbsfähigkeit* der in vielen kleinen Orten neu errichteten Betriebe und vor allem für eine *Milderung* der *Totwinkellage*, in die die nord- und ostbayerischen Randgebiete durch die Entwicklung der politischen Verhältnisse seit 1945 geraten sind"[54].

seit 1880, in: Hans Pohl (Hrsg.), Die Einflüsse der Motorisierung auf das Verkehrswesen von 1886 bis 1986, Stuttgart 1988, S. 53–76; Klenke, Verkehrspolitik, S. 15–21.

[52] BayHStA, StK 113102, Paul Helfrich: Der Verkehr im Bayerischen Landesentwicklungsplan, datiert auf den 17. 4. 1952, S. 20.

[53] Vgl. Richtlinienentwurf, S. 889–901 (Zitat S. 890).

[54] Ebenda S. 902 (Hervorhebungen im Original).

Bei den konkreten Empfehlungen zum Aus- und Neubau einzelner Straßen beschränkte sich der Richtlinienentwurf zwar primär auf die „Hauptverkehrsadern“. Zugleich wurde aber betont, „daß der Kraftwagen seine Möglichkeiten zur Erschließung von Flächen nur dann entfalten“ könne, „wenn neben den Hauptdurchgangsstraßen auch das übrige Straßennetz eine dem Verkehrsaufkommen entsprechende Ausgestaltung“ erfahre. Die Empfehlungen folgten neben Vorschlägen aus den Bezirksregierungen, Ergebnissen zahlreicher Sitzungen des zuständigen Landtagsausschusses sowie den Stellungnahmen der Industrie- und Handelskammern vor allem einer Dringlichkeitsliste der Obersten Baubehörde und einer entsprechenden Zusammenstellung des Bundesverkehrsministeriums. Außerdem berücksichtigten sie die Pläne für die sogenannten Europastraßen, die aus der für Europa zuständigen Wirtschaftskommission der Vereinten Nationen stammten. Die höchste Priorität räumte der Richtlinienentwurf dem Bau der Autobahn Frankfurt-Aschaffenburg-Würzburg-Nürnberg ein. Die vorhandene Bundesstraße müsse den gesamten Verkehr aus Nordbayern, Nürnberg und dem Donauraum von Regensburg bis Wien zu den Nordseehäfen, ins Ruhrgebiet und den Rhein-Main-Raum aufnehmen und sei daher völlig überlastet. Ein Ausbau der Bundesstraße würde angesichts der großen Zahl enger Ortsdurchfahrten und langer Steigungen fast einem Neubau gleichkommen, der sehr kostspielig sei; außerdem bestehe die Gefahr, daß damit nur vorübergehend für Entlastung gesorgt werden könne. Deshalb müsse der Autobahnbau, wenigstens für eine Fahrbahn, so schnell wie möglich begonnen werden. Um den Erschließungseffekt für die strukturschwachen Gebiete im Spessart und im Steigerwald zu erhöhen und das Einzugsgebiet der geplanten Strecke zu vergrößern, empfahlen die Landesplaner außerdem einen großzügigen Ausbau der örtlichen Zubringerstraßen.

Bei seinen restlichen Empfehlungen zum Autobahnbau orientierte sich der Richtlinienentwurf im wesentlichen an den Baukosten und den zu erwartenden Standortverbesserungen. So spielte bei dem Vorschlag, zwischen Wolnzach und Regensburg eine Autobahn zu bauen, neben dem wirtschaftlichen Nutzen vor allem die Tatsache eine Rolle, daß die baulichen Vorarbeiten schon weit gediehen waren und der einbahnige Ausbau sich daher nur noch auf 45 Millionen DM belaufen würde. Die Befürwortung eines schnellen Ausbaus der Verbindung Rosenheim–Kufstein wurde mit der Bedeutung für den Fernverkehr nach Italien und den hohen Kosten für den entsprechenden Umbau der vorhandenen Bundesstraße (B 15) begründet; der provisorische Neubau kam ersten Schätzungen zufolge billiger. Für die Strecken Höchstadt-Bamberg und Nürnberg-Regensburg-Passau sprachen aus Sicht der Landesplaner dagegen in erster Linie die damit verbundenen Erschließungseffekte. Um das zweite Projekt zu rechtfertigen, führten sie an, daß es „wie nur wenig andere Maßnahmen die Standortbedingungen der oberpfälzischen und niederbayerischen Industriebetriebe so wesentlich verbessern würde, daß auf einer baldmöglichen Verwirklichung dieser Planung selbst in Anbetracht der noch erforderlichen hohen Aufwendungen von rund 350 Millionen DM [...] bestanden werden“ müsse. Bei ihrer Empfehlung für das bis heute nicht verwirklichte Verbindungsstück der Strecke Regensburg-Wolnzach nach Dasing an der Autobahn München-Augsburg beriefen sich die Landesplaner auf Forderungen ostbayerischer und schwäbischer Wirtschaftskreise. Auch ihr offenkundiger Vernetzungseffekt schien für die 45 Kilometer lange Strecke zu sprechen.

Bei der Autobahnstrecke München-Lindau mahnte der Richtlinienentwurf weniger die baldige Bauausführung als eine „eingehende verkehrswissenschaftliche Überprüfung der vor dem Kriege in Betracht gezogenen Linienführung“ an. Im Gegensatz zu der heute bereits größtenteils ausgeführten Variante, die nördlich des Ammersees verläuft, sollte die Trasse ursprünglich am Ostufer des Starnberger Sees entlang und an dessen Südende südwestlich nach Uffing (am Staffelsee) geführt werden, um von dort nach Westen zu schwenken. Schon vor dem Krieg hatten Stimmen aus der schwäbischen Wirtschaft einen nördlicheren Trassenverlauf gefordert, da der mittelschwäbische Wirtschaftsraum mit seinen Zentren Memmingen, Mindelheim und Kaufbeuren von der Südroute kaum profitieren würde. Weit wichtiger als die geplante Autobahn schien ihnen aber der Ausbau der vorhandenen Bundesstraßen 12 (Lindau-München) und 18 (Buchloe-Memmingen-Lindau)[55].

Außerdem waren im Richtlinienentwurf noch die Autobahnprojekte Nürnberg-Heilbronn, München-Passau und die „Reichsstädtelinie“ Kassel-Würzburg-Rothenburg-Nördlingen-Kempten erwähnt, ohne daß aber genauer darauf eingegangen worden wäre. Interessant ist aber auch, welche der später verwirklichten Autobahnen im Richtlinienentwurf nicht eingeplant waren. Dazu gehörte vor allem die Strecke Kassel-Fulda-Feuchtwangen-Ulm-Memmingen-Kempten, die im wesentlichen die Funktion der „Reichsstädtelinie“ übernommen hat, sowie die Verbindungen München-Garmisch, Nürnberg-Amberg, Regensburg-Pfreimd und München-Landshut-Deggendorf. All diese Strecken waren aber in der einen oder anderen Form in dem umfangreichen Katalog enthalten, den die Landesplaner für den Ausbau der Bundes- und Landstraßen zusammengestellt hatten. Grundlage für die Auswahl der über 40 aufgeführten Straßen war zunächst das Programm des Bundesverkehrsministeriums, das sich vor allem an der Bedeutung der einzelnen Projekte für das internationale Schnellstraßennetz orientierte. In den meisten Fällen hielten sich die Landesplaner jedoch an innerbayerische Kriterien. Sie berücksichtigten dabei vor allem jene Strecken, die die Verbindung der nördlichen und östlichen Grenzgebiete zu den Rohstoff- und Absatzmärkten Bayerns und Westdeutschlands verbesserten. Der Schwerpunkt der über das ganze Land verteilten Straßenbaumaßnahmen lag daher in Oberfranken und der Oberpfalz.

Die Frage nach den Kosten und Finanzierungsmöglichkeiten eines derartigen Mammutprogramms stand nicht im Vordergrund des Richtlinienentwurfs, es wurde lediglich angemerkt, daß sich im „Vergleich mit den bislang zur Verfügung stehenden Mitteln [...] eine große Divergenz“ zeige. Diese Formulierung nahm sich angesichts eines Gesamtaufwandes von rund vier Milliarden DM für alle genannten Projekte freilich außerordentlich zurückhaltend aus. Denn für den Fall, daß die Bundes- und Landesmittel nicht wesentlich erhöht würden, progno-

[55] Vgl. ebenda S. 907–922 (Zitate S. 907f., S. 918 und S. 920).

stizierten die Landesplaner, daß bis zur erfolgreichen Anpassung des bayerischen Straßennetzes an den modernen Verkehr noch 30 bis 40 Jahre vergehen würden[56].

Das größte – und zweifellos auch umstrittenste – Verkehrsprojekt, das der Richtlinienentwurf behandelte, war der Rhein-Main-Donau-Kanal. Obwohl die Autoren ausdrücklich feststellten, es sei „völlig unmöglich", die „seit einigen Jahren erneut in Gang gekommene Diskussion" über dessen „Berechtigung und wirtschaftliche Zweckmäßigkeit" im Rahmen „der vorliegenden Untersuchung zu behandeln", setzten sie sich dennoch genau mit dieser Frage auseinander[57]. Die Linienführung des Kanals, die eigentlich zu den genuinen Aufgaben der Landesplanung gehört hätte, stand dabei nicht mehr zur Debatte. Die volkswirtschaftliche Zweckmäßigkeit des Projektes hingegen wurde von der Bundesbahn in Frage gestellt. Die Autoren des Richtlinienentwurfs ließen sich davon aber nicht beirren und betonten, daß die „Großwasserstraße" in ihren Augen einen außerordentlich bedeutsamen Wirtschaftsfaktor darstelle. Sie trüge nicht nur zu einer besseren Anbindung Ost- und Nordostbayerns an die westlichen Absatzmärkte bei, sondern könne auch die Industrialisierung des Landes entscheidend fördern. Dennoch läßt sich nicht übersehen, daß es für die Planer vordringlichere Aufgaben gab als den Bau des Kanals: die Lösung der Gütertariffrage und vor allem den raschen Aufbau eines modernen Straßennetzes.

Der Richtlinienentwurf war in seinem Abschnitt über den Verkehrssektor über weite Strecken ein Spiegel der strukturellen Probleme Bayerns, die Umsetzung seiner Vorschläge und Lösungsansätze daher ein langfristiges Programm. Im Nachhinein wirkt er gleichsam wie eine Vorlage, von der über Dekaden hinweg immer wieder neue Abschriften und Zusammenfassungen angefertigt wurden, ganz gleich wie die Staatsregierung zusammengesetzt war. Deutlich zeigt sich dies unter anderem in den Regierungserklärungen der bayerischen Ministerpräsidenten. Vom Beginn der fünfziger bis zur Mitte der siebziger Jahre stößt man hier stets auf die gleichen Themen und Forderungen; lediglich die Akzente verschoben sich.

Angesichts der akuten wirtschaftlichen Notlage in den Grenzgebieten forderte Hans Ehard in seiner Regierungserklärung vom Januar 1951 vor allem günstigere Gütertarife, entsprechende Sonderregelungen und die Ausweitung der anlaufenden Frachthilfen[58], also Maßnahmen, mit denen sich schnell spürbare Verbesserungen erreichen ließen. Die Tarifpolitik und eine gezieltere Konzessionsvergabe für den gewerblichen Güterverkehr sollten außerdem dazu dienen, „den immer ungezügelter auftretenden Wettbewerb der Verkehrsmittel untereinander [...] in geordnete Bahnen zu lenken". Schließlich wies Ehard noch auf die Unterstützung hin, die Bayern der Bundesbahn bisher für den Wiederaufbau kriegszerstörter Eisenbahnanlagen und die Elektrifizierung des Streckennetzes gewährt habe; er kündigte an, seine Regierung wolle diese Politik fortsetzen. Dem Straßenverkehr schenkte er dagegen keine gesonderte Aufmerksamkeit[59].

[56] Vgl. ebenda S. 922–941 (Zitate S. 938).
[57] Hierzu und zum folgenden ebenda S. 950 und S. 952–959. Zum Rhein-Main-Donau-Kanal vgl. auch S. 187–200.
[58] Vgl. dazu auch S. 152–155.
[59] Stenographischer Bericht über die 5. Sitzung des bayerischen Landtags am 9. 1. 1951, S. 27f.

Auch in der Antrittsrede des sozialdemokratischen Ministerpräsidenten Wilhelm Hoegner standen vier Jahre später die Elektrifizierung des Schienennetzes und die Förderung des Grenzlands durch Frachthilfen im Mittelpunkt des verkehrspolitischen Teils. Wie sein Vorgänger forderte er eine wirtschaftsfreundliche Gestaltung der Verkehrstarife, außerdem die Beibehaltung ihrer gemeinwirtschaftlichen Elemente. Hoegner hatte in der vorangegangenen Legislaturperiode das Innenministerium geleitet und war deshalb über den Zustand des bayerischen Straßennetzes bestens informiert. Nun räumte er dessen Ausbau die größte Priorität ein, unter anderem, um den Flächen- und Zubringerverkehr im wenig erschlossenen Zonenrandgebiet zu fördern. Dem Ziel, die Frachtkosten zu senken, sollte vor allem der Ausbau der Wasserstraßen und die Förderung der Binnenschiffahrt dienen. Hoegners Konzeption war, so scheint es, wie keine zweite in ihren Akzenten und Schwerpunkten von den landesplanerischen Rezepten des Richtlinienentwurfs beeinflußt, dessen Veröffentlichung ja auch erst wenige Monate zurücklag[60].

Die Landesplanung gehörte aber auch zum Kern sozialdemokratischer Wirtschafts-, Regional- und Infrastrukturpolitik und war eines der wenigen Felder, in denen sich die Position der SPD deutlich von der der CSU abhob. Über Jahre hinweg forderte die seit 1957 in die Opposition verbannte SPD daher von der Staatsregierung die Ausarbeitung eines übergreifenden Landesentwicklungsprogrammes, das auch den Rahmen für verkehrspolitische Entscheidungen liefern sollte. Während sie sich dabei immer wieder gegen den Vorwurf der „Planwirtschaft" zur Wehr setzen mußte, unterstellte sie der CSU ihrerseits „Planungsfeindlichkeit"[61]. Ansonsten unterschieden sich die verkehrspolitischen Vorstellungen der SPD aber nur unwesentlich von denen der Staatsregierung und der sie tragenden CSU. Differenzen zeigten sich da und dort bei Mitteln und Wegen, waren aber zum Teil offensichtlich der Oppositionsrolle geschuldet. Forderungen nach zusätzlichen Infrastrukturprogrammen oder nach der Beschleunigung bestehender ließen sich ohne die unmittelbare Last haushaltspolitischer Verantwortung zweifellos leichter erheben. Erst Anfang der siebziger Jahre begannen sich in der Sozialdemokratie neue Konzepte durchzusetzen, die dem städtischen öffentlichen Personennahverkehr gegenüber dem Pkw immer größere Bedeutung einräumten und damit langfristig zu einem offenen parteipolitischen Dissens in der gesamten Verkehrspolitik führten[62]. In den fünfziger und sechziger Jahren stellte Verkehrspolitik auf Landesebene aber auch für die SPD in erster Linie ein Mittel dar, um die strukturellen und geographischen Nachteile Bayerns und einzelner bayeri-

[60] Vgl. Stenographischer Bericht über die 3. Sitzung des bayerischen Landtags am 11. 1. 1955, S. 27f.

[61] Vgl. Stenographischer Bericht über die 17. Sitzung des bayerischen Landtags am 4. 4. 1951, S. 421–425; Abschluß der Arbeitstagung der SPD-Landtagsfraktion. Landesentwicklung in Bayern, in: Sozialdemokratische Presse-Korrespondenz (SPK) vom 10. 3. 1955, S. 1; Über unsere Zukunft. Reden auf dem 20. Landesparteitag der SPD in Ingolstadt vom 20. bis 22. 6. 1969, S. 43f.; Wir schaffen das moderne Bayern. Entwurf: Schwerpunktprogramm der Sozialdemokratischen Partei für Bayern, hrsg. vom SPD-Landesverband Bayern, München 1970, S. 21; Die Landespolitik der SPD in Bayern 1973. Bericht der Landtagsfraktion für das Jahr 1973, München 1974, S. 116f.

[62] Vgl. Tür auf für den Fortschritt. Schwerpunktprogramm der Sozialdemokratischen Partei für Bayern, München 1970, S. 29; Landespolitik der SPD in Bayern 1973, S. 141–146; Schmucki, Traum vom Verkehrsfluß, S. 220f.

scher Regionen auszugleichen. So wurde etwa der Bau des Rhein-Main-Donau-Kanals mindestens mit der gleichen Vehemenz gefordert wie von Seiten der CSU. Der Staatsregierung warf die SPD Mitte der sechziger Jahre beispielsweise eine „unkonzentrierte Behandlung dieser für Bayern so wichtigen Frage" und eine nachgiebige Verhandlungsführung gegenüber dem Bund vor[63]. Doch trotz solcher Konflikte im Detail ging es beiden Parteien letztlich um die Verwirklichung der gleichen Ziele.

Nachdem die SPD-geführte Viererkoalition im Herbst 1957 zerbrochen war, übernahm der CSU-Politiker Hanns Seidel die Regierungsgeschäfte. In seiner Antrittsrede tauchte das erste Mal die Befürchtung auf, daß sich durch den gemeinsamen europäischen Markt die Randlage Bayerns noch verstärken könnte. Seiner Meinung nach ließ sich die schlechte verkehrspolitische Situation des Freistaats „nur durch ein auf weite Sicht abgestelltes Programm vielseitiger Maßnahmen" beheben. Größtes Gewicht legte er dabei auf den Ausbau des Rhein-Main-Donau-Kanals, für den er auch sonst immer wieder mit Nachdruck eintrat. Einen neuen Akzent setzte der Ministerpräsident beim Straßenbau, wo er den Ausbau der Autobahnen eigens hervorhob. Hatte sich Seidel als Wirtschaftsminister – das Verkehrsressort war erst 1952 hinzugekommen – noch nachdrücklich für die gemeinwirtschaftliche Ausgestaltung der Gütertarife engagiert, so trat dieses Ziel nun gegenüber den Infrastruktur- und Investitionsmaßnahmen etwas in den Hintergrund. Ohne größere Änderungen wollte er diese Linie auch in seiner zweiten Amtszeit verfolgen[64].

Alfons Goppel, der seit Dezember 1962 die Regierung des Freistaats führte, nahm am verkehrspolitischen Kurs seiner Vorgänger zwar keine Richtungsänderung vor, versuchte aber durch Verbesserungen der finanziellen Rahmenbedingungen neue Impulse zu geben. So wollte er die Haushaltsmittel für den Straßenbau über ein Haushaltsjahr hinaus verbindlich festlegen, um damit ein finanzielles Pendant zu dem von der Obersten Baubehörde vorgelegten Ausbauplan für die Staatsstraßen, dem „Grünen Netz", zu schaffen. Vervollständigt wurde diese Politik Goppels durch den nach Finanzminister Rudolf Eberhard benannten Plan, den Gemeinden die Finanzierung des kommunalen Straßenbaus zu erleichtern. Eberhard wollte ihnen für diesen Zweck das volle Aufkommen der Kraftfahrzeugsteuer zur Verfügung stellen. Für die Beschleunigung der Arbeiten am Rhein-Main-Donau-Kanal schien es Goppel ebenfalls vordringlich, vor allem die Finanzierungsfragen zu klären und gegebenenfalls neue Kapitalquellen zu erschließen. Obwohl die Bundesbahn die Elektrifizierung der bayerischen Hauptstrecken zu diesem Zeitpunkt bereits als weitgehend abgeschlossen betrachtete und ihre Aktivitäten inzwischen auf das norddeutsche Netz konzentrierte, maß Goppel diesem Problemkreis noch so große Bedeutung bei, daß er dafür erneut Kredite zur Verfügung stellen wollte. Um den Nachteilen zu begegnen, die sich aus der Lage am

[63] Rudolf Faltermeier, Der Rhein-Main-Donau-Kanal ist für den Bund ein gutes Geschäft. Bayern muß aus der Rolle eines Bittstellers heraus, in: SPK vom 6. 5. 1966, S. 1 f.; vgl. auch SPK vom 9. 4. 1970, S. 2.

[64] Stenographischer Bericht über die 111. Sitzung des bayerischen Landtags am 5. 11. 1957, S. 3844 ff.; vgl. auch Stenographischer Bericht über die 4. Sitzung des bayerischen Landtags am 15. 1. 1959, S. 31. Zu Seidels Engagement für den Rhein-Main-Donau-Kanal vgl. auch S. 190 und S. 193 f.

Rande der Bundesrepublik und der Europäischen Wirtschaftsgemeinschaft für Bayern ergaben, sollten tarifpolitische Sonderregelungen aufrechterhalten oder ausgedehnt werden[65].

Alles in allem blieben die folgenden Legislaturperioden der bis ins Jahr 1978 reichenden „Ära Goppel" von Kontinuität in der Verkehrspolitik bestimmt. Gegenüber dem Bund, bei dem er ausreichende Haushaltsmittel für die bayerischen Verkehrsprojekte anmahnte, schlug Goppel schon während seiner zweiten Amtszeit einen härteren Ton an. Dieser nahm nochmals an Schärfe zu, als Goppel Mitte der siebziger Jahre die Straßenbaupolitik der amtierenden SPD/FDP-Bundesregierung massiv kritisierte. Seiner Meinung nach mußten die Erschließung strukturschwacher ländlicher Gebiete und die Anbindung des Grenzlands unverändert fortgesetzt werden und durften nicht den Sparmaßnahmen der sozialliberalen Koalition zum Opfer fallen[66].

Während der „Ära Goppel" griff die Planungseuphorie, die in der Bundesrepublik zwischen 1966 und 1973 ihren Höhepunkt erreichte, auch auf Bayern über. Auf Bundesebene fand dieser Optimismus seinen greifbarsten Ausdruck in der Wirtschaftspolitik, wo der Liberalismus Erhardscher Prägung durch die von Wirtschaftsminister Karl Schiller entwickelte „Globalsteuerung" abgelöst wurde. Kaum geringer waren die Spuren, die er in der Finanz-, Forschungs- und Bildungspolitik oder in der Organisation der politischen Administration hinterließ[67]. Der von der Planungseuphorie ausgehenden Faszination konnte sich offenbar auch Ministerpräsident Goppel nicht ganz entziehen, als er für das 1971 erschienene Buch „Bayern auf dem Weg in das Jahr 2000" neben einer Reihe von Experten aus Wissenschaft und Verwaltung selbst einen Beitrag verfaßte. Unter dem bezeichnenden Titel „Ein Land plant seine Zukunft" verwies er nicht ohne Stolz auf eine lange Liste von Plänen und Programmen, die die Staatsregierung teils bereits erfolgreich umgesetzt habe, teils noch vorbereite. Beinahe sämtliche Aspekte bayerischer Politik schienen dabei abgedeckt, selbst Detailproblemen wurde etwa in einem „Schlacht- und Viehhofstrukturplan" oder einem „Molkereistrukturplan" eigens Beachtung geschenkt. „Alle genannten Programme" wollte Goppel jedoch nur als „Vorarbeiten und Teilaspekte des umfassenden Landesentwicklungsprogrammes" verstanden wissen, das „für das ganze Land [...] unter Beachtung der wirtschaftlichen und sozialen, der kulturellen und gesellschaftlichen Erfordernisse alle planerischen Bereiche zusammenfassen und aufeinander abstimmen" sollte[68].

In der Verkehrspolitik wie in der Landesplanung haftete Plänen und Programmen in den sechziger Jahren freilich weit weniger der Nimbus des Neuen an, als

[65] Vgl. Stenographischer Bericht über die 3. Sitzung des bayerischen Landtags am 19. 12. 1962, S. 12 und S. 18.

[66] Vgl. Stenographischer Bericht über die 4. Sitzung des bayerischen Landtags am 25. 1. 1967, S. 29; Stenographischer Bericht über die 4. Sitzung des bayerischen Landtags am 10. 12. 1974, S. 30f.

[67] Vgl. mit zahlreichen Literaturhinweisen Michael Ruck, Ein kurzer Sommer der konkreten Utopie – Zur westdeutschen Planungsgeschichte der langen 60er Jahre, in: Axel Schildt/Detlef Siegfried/Karl Christian Lammers (Hrsg.), Dynamische Zeiten. Die 60er Jahre in den beiden deutschen Gesellschaften, Hamburg 2000, S. 362–401.

[68] Alfons Goppel, Ein Land plant seine Zukunft, in: Ernst Schmacke (Hrsg.), Bayern auf dem Weg in das Jahr 2000. Prognosen, Düsseldorf 1971, S. 11–29, hier S. 23 und S. 27.

das in anderen Bereichen der Fall war. Hier gab es Vorläufer, die häufig lediglich fortgeschrieben, modernisiert oder neuen Erfordernissen angepaßt werden mußten. Die Notwendigkeit langfristiger Planungen ergab sich im Verkehrssektor schon wegen der hohen Investitionskosten und der Persistenz von Verkehrswegen, außerdem waren die Planungszeiträume bereits seit Anfang der fünfziger Jahre erheblich angewachsen[69]. Eine langfristig orientierte planerisch-konzeptionelle Arbeit gehörte auch zum Wesen der Landesplanung. Nachdem mit den „Grundlagen für die Aufstellung von Richtlinien zu einem Landesentwicklungsplan" ein übergreifendes Konzept zur Bewältigung der Nachkriegsprobleme geschaffen war, beschränkte sich die Tätigkeit der Landesplaner bis Mitte der sechziger Jahre allerdings überwiegend auf die Abfassung von Stellungnahmen und Gutachten zu Einzelprojekten. Einen ersten Schritt, die einzelnen Fachplanungen erneut zu integrieren, stellte die 1962 veröffentlichte Schrift „Grundlagen und Ziele der Raumordnung in Bayern" dar. Sie versuchte vor allem eine Antwort auf die wachsende Diskrepanz zu geben, die sich infolge des Industrialisierungsschubs Ende der fünfziger Jahre zwischen prosperierenden Ballungsgebieten und strukturschwachen Räumen abzuzeichnen begann. Das Ziel der Landesplaner bestand darin, diese Entwicklung in geordnete Bahnen zu lenken und auf eine Vielzahl über das Land verteilter und sorgfältig ausgewählter „Kristallisationspunkte" – der späteren zentralörtlichen Siedlungsstruktur – zu konzentrieren. Auf der Ebene der Regierungsbezirke, in denen die Landesplanung jeweils mit eigenen Planungsstellen vertreten war, entstanden Anfang der sechziger Jahre Ansätze für regionale Raumordnungspläne, die über das Entwurfstadium aber nicht hinaus kamen. Das lag nicht nur an der dünnen Personaldecke der Bezirksplanungsstellen, sondern vor allem an der dynamischen Entwicklung von Siedlung, Wirtschaft und Verkehr, die die erhobenen Daten rasch überholte[70].

Mitte der sechziger Jahre begann sich die einsetzende Planungskonjunktur jedoch verstärkt bemerkbar zu machen. So gab die Staatsregierung den zuständigen Bezirksplanungsstellen im April 1964 den Auftrag, Raumordnungspläne für den „Östlichen Oberpfälzer Wald", die „Bayerische Rhön" und den „Mittleren Bayerischen Wald" zu erstellen. Diese Gebiete waren den Analysen des Statistischen Landesamts zufolge besonders strukturschwach. In ihrem umfassenden Gestaltungsanspruch brachten die 1966 und 1967 veröffentlichten Raumordnungspläne bereits ein neues Planungsverständnis zum Ausdruck und wirkten damit gleichsam wie Vorboten der Planungseuphorie, die wenige Jahre später zum Durchbruch kam. Doch auch sie wurden nie rechtsverbindlich, da sie bei ihrer

[69] Vgl. Max Hofmann/Klaus-Peter Wild, Perspektiven der bayerischen Verkehrsplanung, in: Schmacke (Hrsg.), Bayern, S. 83–99, hier S. 84.

[70] Vgl. Grundlagen und Ziele der Raumordnung in Bayern, hrsg. vom Bayerischen Staatsministerium für Wirtschaft und Verkehr, München 1962; Winfried Terhalle, Zur Geschichte der Landesplanung in Bayern nach dem zweiten Weltkrieg: Landesebene, in: Zur geschichtlichen Entwicklung der Raumordnung, Landes- und Regionalplanung in der Bundesrepublik Deutschland, Hannover 1991, S. 105–133, hier S. 117f. (Akademie für Raumforschung und Landesplanung. Forschungs- und Sitzungsberichte 182); Istel, Beitrag der Landesplanung, S. 406f. Trotz ihrer relativ großen Verbreitung erhielt die Denkschrift keinerlei Verbindlichkeit, noch nicht einmal die Form eines Kabinettsbeschlusses.

Fertigstellung unter anderem nicht mehr allen Anforderungen des zwischenzeitlich erlassenen Bundesraumordnungsgesetzes entsprachen[71].

Wie eng die Beziehung zwischen Landes- und Verkehrsplanung vielfach war, zeigte sich vor allem in dem Raumordnungsplan, den die Bezirksplanungsstelle in Landshut für den „Mittleren Bayerischen Wald" ausgearbeitet hatte. Die untersuchte Region umfaßte die niederbayerischen Landkreise Grafenau, Regen, Viechtach und Deggendorf sowie die kreisfreie Stadt Deggendorf. Ebenso wie für andere Gebiete erwarteten die Landesplaner auch für den Mittleren Bayerischen Wald erst vom Ausbau der Autobahnen eine wesentliche Verbesserung der Verkehrssituation. Fest rechnen konnten sie dabei bereits mit der A 3, deren Trasse zwischen Regensburg und Passau direkt an Deggendorf vorbeiführen sollte. Für einen besseren Anschluß an die Landeshauptstadt wurde der Ausbau der B 11 zur Autobahn empfohlen. Um ihrem Vorschlag mehr Überzeugungskraft zu verleihen, verglichen die Landesplaner den Zeitaufwand bei Fahrten von München nach Westen und Osten: Während sich das 220 Kilometer entfernte Stuttgart auf der Autobahn in zwei Stunden erreichen ließ, waren unter den gegebenen Bedingungen in die entgegengesetzte Richtung nicht mehr als 115 Kilometer zu schaffen. Durch einen entsprechenden Ausbau der B 11 würde sich die Fahrzeit jedoch so verkürzen, daß man innerhalb einer Stunde bis kurz vor Deggendorf gelangen könne. Davon erwarteten sich die Landesplaner „gesamtwirtschaftlich komplexe Auswirkungen" für den Untersuchungsraum[72].

Im Zuge der zentralörtlichen Gliederung Bayerns entwickelte die Landshuter Bezirksplanungsstelle schließlich einen konzeptionellen Ansatz, mit dem sich „möglichst viele Bewohner im Einzugsbereich eines zentralen Ortes über ein entsprechend ausgebildetes Straßennetz durch öffentliche Verkehrsmittel [...] erfassen" ließen. Dabei sollten die vom Zentrum aus entlang von Talzügen verlaufenden Stichstrecken zu Verkehrsringen verbunden werden, um für den Schul- und Berufsverkehr, aber auch für die Milch- und Müllabfuhr sowie die Post- und Güterzustellung verbesserte Bedingungen zu schaffen. Am Beispiel des Landkreises Grafenau demonstrierten die Landesplaner eine mögliche Umsetzung dieses Konzepts: Das Kreisgebiet wurde dazu vom zentralen Ort Grafenau aus über sieben Verkehrsringe erschlossen; etwa drei Viertel der Landkreisbevölkerung waren damit in dieses Netz einbezogen. Im Einzugsgebiet eines einzelnen Ringes wohnten dabei zwischen 1900 und 4000 Einwohner. Um auch abgelegenere Orte rasch erreichen zu können, wurden einige Ringe durch vorgelagerte Streckenabschnitte ohne Haltepunkte, „Stielstrecken" genannt, an Grafenau angeschlossen. Dieses System schien besonders geeignet, den Einzugsbereich der Grafenauer Schulen

[71] Vgl. Josef Umlauf, Zur Entwicklungsgeschichte der Landesplanung und Raumordnung, Hannover 1986, S. 25–32; Winfried Terhalle, Die Landesplanung im Bayerischen Staatsministerium für Wirtschaft und Verkehr (1945–1970), in: Beiträge zur Entwicklung der Landesplanung in Bayern, Hannover 1988, S. 11–62 , hier S. 40f. (Arbeitsmaterial der Akademie für Raumforschung und Landesplanung 125).

[72] Bayerisches Staatsministerium für Wirtschaft und Verkehr – Landesplanungsstelle, Raumordnungsplan Mittlerer Bayerischer Wald, o.O. (München) 1967, S. 115f.; vgl. auch Hans von Krezmar, Die Landesplanung in Niederbayern, in: Beiträge zur Entwicklung der Landesplanung, S. 91–123, hier S. 101ff.

auszudehnen[73]. Es versprach damit auch zusätzliche Optionen in der Schulpolitik, die in der Region vor dem Problem stand, daß die Schüler von 43 Gemeinden auf Internate angewiesen waren, wenn sie ein Gymnasium besuchen wollten. Dementsprechend erreichte die Zahl der Gymnasiasten nur 55 Prozent des bayerischen Durchschnitts. Dem Raumordnungsplan zufolge war es deshalb mit der Gründung neuer Schulen alleine nicht getan, es komme dabei vielmehr „entscheidend auf die richtige Standortwahl und Regionalerfassung" an.

Hier zeigte sich schon, daß der öffentliche Nahverkehr nicht nur in den Ballungsräumen, sondern auch auf dem Land wichtige Funktionen erfüllte; schließlich gab es auch hier eine große Zahl von Schul- und Berufspendlern. Sie waren allerdings überwiegend auf die wenigen Bahnverbindungen angewiesen, wie aus der Analyse ihres Haupteinzugsbereichs im mittleren Bayerischen Wald hervorging. Der Raumordnungsplan streifte diese Problematik jedoch nur; erst Ende der siebziger Jahre gingen von der Ministerkonferenz für Raumordnung ernsthafte Versuche aus, Maßstäbe für die Erschließungs- und Bedienungsqualität des öffentlichen Personennahverkehrs in der Fläche aufzustellen[74].

Parallel zur Erstellung der regionalen Raumordnungspläne gewann auch ein umfassender „Gesamtverkehrsplan Bayern" erste Konturen. Gegenüber den Ausbauplänen, die die Oberste Baubehörde zwischen 1958 und 1962 für die Staats-, Kreis- und Gemeindestraßen vorgelegt hatte, sollte er sich nicht mehr auf einen einzelnen Verkehrsträger beschränken, sondern neben dem Straßenverkehr auch Schienen-, Luft- und Rohrleitungsverkehr sowie die Binnenschiffahrt einbeziehen und unter gemeinsamen Zielen sinnvoll aufeinander abstimmen. Hinzu kam eine verstärkte Berücksichtigung von wirtschafts-, regional- und raumordnungspolitischen Gesichtspunkten. Die Vorarbeiten begannen 1964, als das Wirtschaftsministerium die Federführung für Pläne dieser Art von der Obersten Baubehörde übernahm. Noch im selben Jahr wurde beim „Papst" der deutschen Verkehrswissenschaft, Fritz Voigt, ein Gutachten in Auftrag gegeben, das „die verkehrswirtschaftlichen und verkehrspolitischen Grundprobleme des Landes Bayern" und die aus der Anpassung an den europäischen Binnenmarkt resultierenden Folgen untersuchen sollte. Als es zwei Jahre später vorlag, konnte Staatssekretär Franz Sackmann trotz des beachtlichen Umfangs allerdings nichts darin entdecken, „was nicht auch schon bisher in Zusammenarbeit mit der Obersten Baubehörde in den Grundlagen festgelegt worden sei"[75].

Auf die Agenda des Landtags kam der Gesamtverkehrsplan schließlich im Frühjahr 1967 durch einen Antrag der SPD, die die Staatsregierung ersuchte, einen „Generalverkehrsplan" aufzustellen. Bei dieser Gelegenheit betonten die

[73] Raumordnungsplan Mittlerer Bayerischer Wald, S. 119ff.; das folgende nach ebenda, S. 74ff.

[74] Vgl. ebenda S. 20–25 und S. 75; Nikolaus L. Meyer, Verkehrsprobleme in Verdichtungsräumen – Verkehrsnot außerhalb der Verdichtungsräume. Kann der öffentliche Nahverkehr gleichwertige Lebensverhältnisse schaffen?, in: Raumforschung und Raumordnung 32 (1974), S. 236–241; Gerd Aberle, Öffentlicher Personennahverkehr in der Fläche. Organisatorische und finanzpolitische Reformvorschläge, Darmstadt 1987, S. 45.

[75] AdbL, Protokoll der 5. Sitzung des Ausschusses für Wirtschaft und Verkehr am 2. 3. 1967; vgl. auch Karl Förster/Fritz Voigt, Untersuchung über die verkehrswirtschaftlichen und verkehrspolitischen Grundprobleme des Landes Bayern unter besonderer Berücksichtigung der Auswirkungen des EWG-Vertrages auf die bayerische Wirtschaft, Bonn/München 1966.

Abgeordneten vor allem den engen Zusammenhang zwischen Verkehrspolitik und Landesplanung. In einer Debatte des Landtagsausschusses für Wirtschaft und Verkehr vertrat der Sozialdemokrat Erwin Essl etwa die Meinung, „Verkehrsplanung und Raumordnung seien Geschwister und nicht voneinander zu trennen". Nicht viel anders sah dies der CSU-Abgeordnete Wilhelm Röhrl, wenn er den „Gesamtverkehrsplan Bayerns [...] als ein Hilfsmittel und als Teil des Landesentwicklungsprogramms" verstanden wissen wollte. Vor dem Landtag kam Wirtschaftsminister Schedl schließlich zu dem Schluß, daß der Gesamtverkehrsplan „in engstem Zusammenhang mit Fragen der Raumordnung und Landesplanung" stehe. Einigkeit zwischen Opposition, Regierungsfraktion und Staatsregierung herrschte dabei auch in der Auffassung, daß ohne gut ausgebaute Verkehrswege keine nachhaltige Erschließung strukturschwacher Regionen möglich sei[76].

Für seine Arbeit am Gesamtverkehrsplan dienten dem zuständigen Landtagsausschuß die entsprechenden Pläne anderer Bundesländer als Orientierung. Das Spektrum reichte hier von Schleswig-Holstein, das 1965 den Auftrag für einen vergleichsweise bescheidenen „Verkehrsentwicklungsplan" an ein Ingenieurbüro vergeben hatte, bis hin zu Nordrhein-Westfalen, wo auf Grundlage einer breiten empirischen Basis, eines Höchstmaßes an Wissenschaftlichkeit und entsprechend hoher Kosten ein umfassender „Generalverkehrsplan" entstehen sollte[77]. Die bayerische Ministerialbürokratie, die nach den Entscheidungen von Staatsregierung und Landtag die Planungen fortsetzte, wählte in dieser Frage einen Mittelweg. Anstelle großflächiger und kostspieliger Verkehrserhebungen lieferten vor allem vorliegende Prognosen, die durch Einzeluntersuchungen erhärtet wurden, die notwendigen Ausgangsdaten. Sie bildeten die Grundlage für eine Art Idealplan, der unter den Restriktionen der mittelfristigen Finanzplanung auf ein realitätsnahes Maß reduziert wurde. In seinen Leitlinien folgte der Gesamtverkehrsplan von 1970 ebenso wie das Landesentwicklungsprogramm von 1976 dabei den schon fast traditionellen Zielen bayerischer Verkehrspolitik seit dem Zweiten Weltkrieg: der verstärkten Anbindung nach Westen und Norden, um der Randlage Bayerns zu begegnen, und der inneren Erschließung des Flächenstaats unter besonderer Berücksichtigung der strukturschwachen Landesteile durch ein leistungsfähiges Verkehrsnetz. Neu hinzu kam die Forderung nach verbesserten Verkehrsverbindungen über die Alpen, da sich Italien im Verlauf der sechziger Jahre zu einem der wichtigsten Handelspartner Bayerns entwickelt hatte[78].

All diesen Zielen war gemeinsam, daß entweder bestimmte Landesteile besser zugänglich gemacht oder Verkehrsströme auf bestimmten Verbindungen intensiviert werden sollten; sie orientierten sich damit am „Erschließungsprinzip". Das

[76] Stenographischer Bericht über die 10. Sitzung des bayerischen Landtags am 11. 4. 1967; AdbL, Protokoll der 5. Sitzung des Ausschusses für Wirtschaft und Verkehr am 2. 3. 1967.

[77] Vgl. ebenda; BayHStA, MWi 22270, Arbeitskreis der Verkehrsressorts der Länder, Verkehrsplanung der Länder, Bericht vom 21. 4. 1966, Anlage 1.

[78] Vgl. Gesamtverkehrsplan Bayern, hrsg. vom Bayerischen Staatsministerium für Wirtschaft und Verkehr, o.O. (München) 1970, S. 12–26; Landesentwicklungsprogramm Bayern. Teile A und B, hrsg. vom Bayerischen Staatsministerium für Landesentwicklung und Umweltfragen, München 1976, S. 24 und S. 313. Das galt ebenso für die Fortschreibung des Gesamtverkehrsplans aus dem Jahr 1975, vgl. Gesamtverkehrsplan Bayern 1975, hrsg. von der Bayerischen Staatsregierung, München 1975, S. 27f. und S. 35–39.

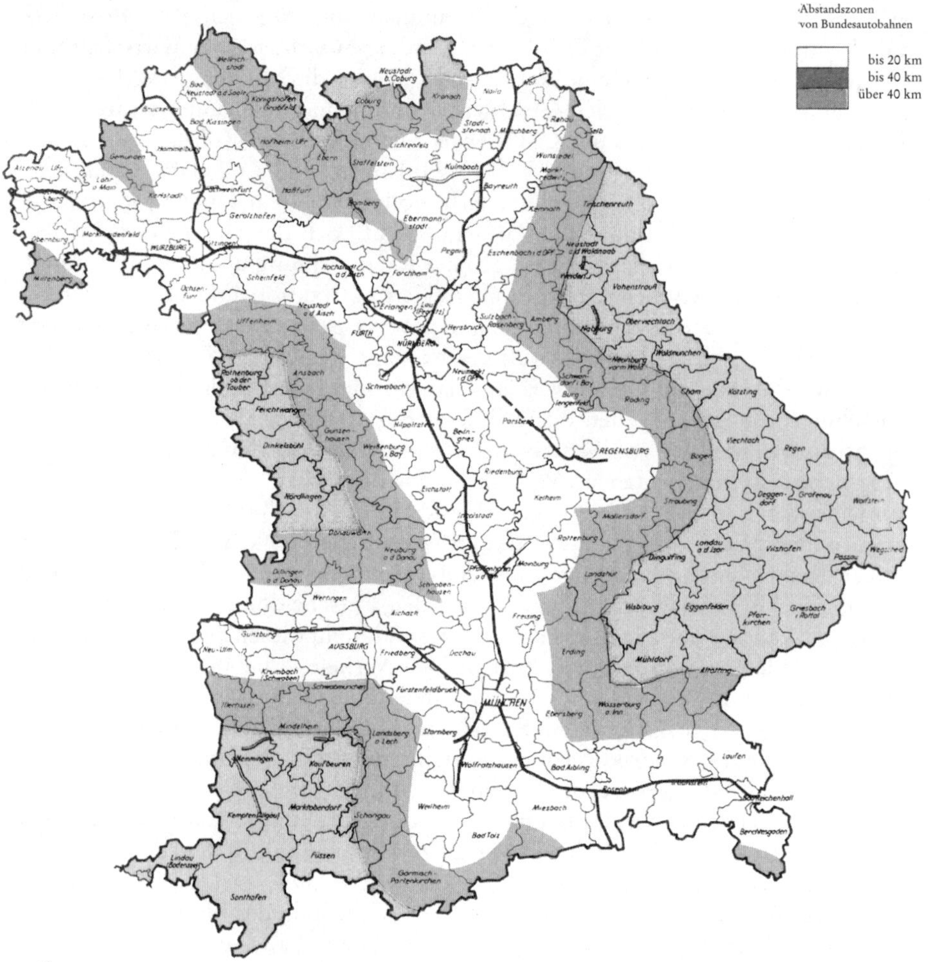

Verkehrserschließung durch Autobahnen (Stand 1969)

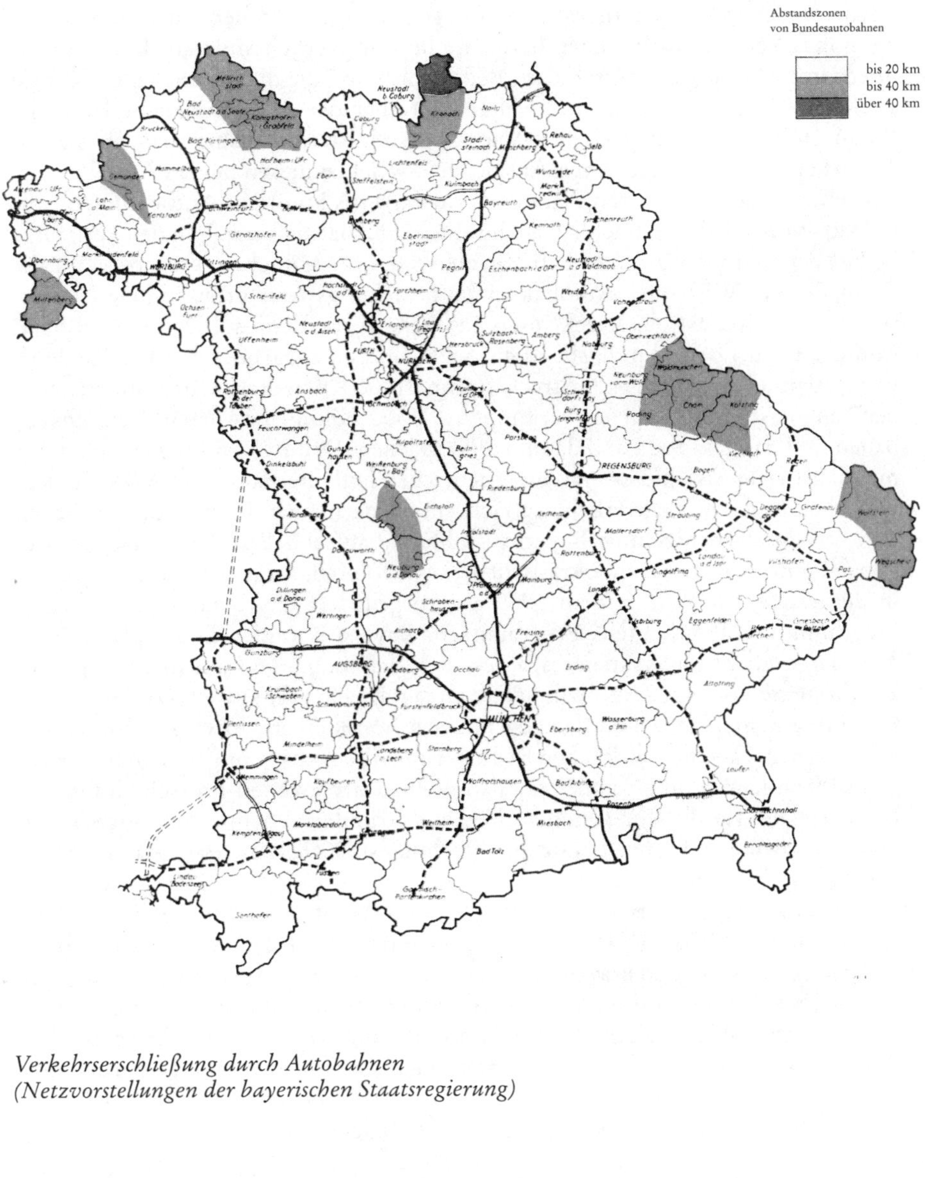

Verkehrserschließung durch Autobahnen
(Netzvorstellungen der bayerischen Staatsregierung)

„Bedarfsprinzip" lenkte Investitionen dagegen an jene Stellen, an denen bereits ein hohes Verkehrsaufkommen herrschte und die Verkehrsinfrastruktur deshalb überlastet war. Wurden durch das „Bedarfsprinzip" die dicht besiedelten Räume stärker bevorzugt, so kam im zweiten Fall eher der dünn besiedelte ländliche Raum zum Zug. Im bayerischen Wirtschaftsministerium nahm man für sich in Anspruch, stets den „gerechten Ausgleich" zwischen diesen beiden Aspekten angestrebt zu haben[79]. An den Planungen für Bayerns künftiges Autobahnnetz läßt sich ablesen, daß dies tatsächlich auch weitgehend der Fall war. Um den Verkehrsbedarf der Ballungsräume zu befriedigen, waren für München, Nürnberg/Fürth/Erlangen und Würzburg Autobahnringe beziehungsweise großräumige Umfahrungs- und Entlastungsstrecken vorgesehen. Außerdem sollte die Autobahn München/Nürnberg durchgehend auf sechs Spuren ausgebaut werden. Zugleich war geplant, die vorhandenen Strecken (rund 1000 Kilometer) in drei Stufen zu einem engmaschigen, vielfach verknüpften, 3300 Kilometer langen Netz auszubauen und das gesamte Land damit zu überziehen. Dadurch wollte man nicht nur möglichst viele Anschlüsse zum innerdeutschen und internationalen Verkehrsnetz herstellen und den Fernverkehr auffächern, sondern auch die strukturschwachen und verkehrsfernen Räume Bayerns nachhaltig aufschließen. Daß diese Überlegungen einer beinahe technokratischen Logik folgten, zeigt sich am deutlichsten in der Karte, die sich in dem 1969 als Vorgriff auf das Landesentwicklungsprogramm veröffentlichten „Programm für Bayern I" findet. Das geplante Netz war hier so dicht und systematisch gestaltet, daß kaum ein Landstrich weiter als 20 Kilometer von einer Autobahn entfernt lag. Im ein Jahr später veröffentlichten Gesamtverkehrsplan waren demgegenüber schon kleinere Abstriche vorgenommen worden. Zu einer wirklichen Reduzierung dieser aus heutiger Sicht hypertrophen Pläne kam es aber erst 1981, als im Zuge der zweiten Fortschreibung des Bedarfsplanes für die Bundesfernstraßen aus Gründen abnehmender Straßenbaubudgets sowie des Umwelt- und Naturschutzes 500 Kilometer geplanter Autobahn gestrichen wurden[80].

Welche Bedeutung der Bau von Straßen und Autobahnen für die direkte wirtschaftliche Erschließung ländlicher Regionen tatsächlich hat, ist wissenschaftlich umstritten. Als besonderer Vorteil erwies sich eine verkehrsgünstige Lage in Autobahnnähe wohl während der Hochkonjunktur am Ende der fünfziger und in den sechziger Jahren. Die Zahl der Betriebe, die auf der Suche nach Arbeitskräften ihren Standort in diese Räume verlegten oder Zweigniederlassungen gründeten, war in dieser Phase außergewöhnlich hoch, während gute Straßenverhältnisse noch nicht die Regel waren. Seit Mitte der siebziger Jahre scheint aber selbst ein

[79] Vgl. Gesamtverkehrsplan Bayern 1970, S. 7–11 und S. 26f.

[80] Vgl. ebenda S. 105–110; Ein Programm für Bayern I, hrsg. von der Bayerischen Staatsregierung, o.O. o.J. (1969), S. 40ff.; Straßen und Brücken in Bayern, 5. Folge 1989, hrsg. von der Obersten Baubehörde im Bayerischen Staatsministerium des Innern, München 1989, S. 45; Dietmar Klenke, Autobahnbau und Naturschutz in Deutschland. Eine Liaison von Nationalpolitik, Landschaftspflege und Motorisierungsvision bis zur ökologischen Wende der siebziger Jahre, in: Matthias Frese/Michael Prinz (Hrsg.), Politische Zäsuren und gesellschaftlicher Wandel im 20. Jahrhundert. Regionale und vergleichende Perspektiven, Paderborn 1996, S. 465–498, hier S. 496ff.; Heribert Thul/Bernd Sandkaulen, Der neue Bedarfsplan für die Bundesfernstraßen, in: Straße und Autobahn 31 (1980), S. 442–450.

außerordentlich guter Verkehrsanschluß, wie er etwa mit dem Autobahnkreuz Feuchtwangen (A 6 und A 7) im westlichen Mittelfranken entstand, nur noch den nächstliegenden Ortschaften einen leichten Vorsprung bei der Ansiedlung von Industriebetrieben verschafft, für eine strukturschwache Region im ganzen aber *allein* keine zusätzlichen Arbeitsplätze mit sich gebracht zu haben. Die Gründe dafür liegen offenbar in der rückläufigen Zahl von Unternehmen, die ihren Sitz oder den einer Filiale in den ländlichen Raum verlagern, im untergeordneten Stellenwert, den Transportprobleme dabei genießen, im unterdessen deutlich verbesserten Angebot an hochwertiger Verkehrsinfrastruktur und im allgemeinen Rückgang des Transportkostenanteils an modernen Produkten. Im ungünstigsten Fall können neue Schnellstraßen die von den Zentren auf die Peripherie ohnehin ausgehenden Sogwirkungen noch steigern und zusätzlichen Konsumverkehr schaffen. Einkäufe werden dann nicht mehr am Heimatort, sondern verstärkt in verkehrsgünstig gelegenen Großmärkten des städtischen Umlandes getätigt, was leicht zu negativen Folgen für die Einzelhandelsstruktur und damit für die immobileren Teile der Bevölkerung in den ländlichen Gebieten führen kann[81].

IV. Brennpunkte der Verkehrspolitik

Um auf die Entwicklungslinien und die Problemkreise, die in den vorangegangenen Kapiteln angerissen worden sind, näher eingehen zu können, muß sich die vorliegende Studie auf einige besonders wichtige Themenkomplexe konzentrieren. Für die dazu notwendige Auswahl waren mehrere Gesichtspunkte ausschlaggebend: Zunächst galt es, mit Eisenbahn, Kraftfahrzeug und Binnenschiff die drei wesentlichen Verkehrsträger zu berücksichtigen und neben der Infrastrukturpolitik als dominierender verkehrspolitischer Strategie auch ordnungs- und tarifpolitische Maßnahmen wie die Frachthilfen nicht zu vernachlässigen und auf ihre Wirkung hin zu befragen. Hier spiegeln sich wie in kaum einem anderen Fall die akuten Probleme des bayerischen Grenzlands in den frühen fünfziger Jahren. Das infrastrukturpolitische Gegenstück dazu stellte die Elektrifizierung von Eisenbahnstrecken dar, deren Stellenwert die Landespolitik durch die Gewährung großzügiger Kredite unterstrich. In die andere Richtung ging dagegen die Stilllegung von Nebenbahnen, die bei Bevölkerung und Politik heftige Widerstände auslöste. Das verkehrspolitisch dominierende Thema war jedoch der Straßenbau; seine Notwendigkeit war weithin unumstritten, seine Finanzierung keine leichte Aufgabe und seine Wirkung für die Mobilität der Landbevölkerung – im Zusam-

81 Vgl. Hubert Kiesewetter, Raum und Region, in: Gerold Ambrosius/Dietmar Petzina/Werner Plumpe (Hrsg.), Moderne Wirtschaftsgeschichte. Eine Einführung für Historiker und Ökonomen, München 1996, S. 105–118, hier S. 114; Heinz Burghart, Das Ende der „Provinz", in: Georg Jenal (Hrsg.), Gegenwart in Vergangenheit. Beiträge zur Kultur und Geschichte der Neueren und Neuesten Zeit. Festgabe für Friedrich Prinz zu seinem 65. Geburtstag, München 1993, S. 391–417, hier S. 401 ff.; Klaus Schliebe, Industrieansiedlungen. Das Standortwahlverhalten der Industriebetriebe in den Jahren von 1955 bis 1979, Bonn 1982, insbesondere S. 124–129; Horst Lutter, Raumwirksamkeit von Fernstraßen. Eine Einschätzung des Fernstraßenbaues als Instrument zur Raumentwicklung unter heutigen Bedingungen, Bonn 1980; Claudia Radenz, Auswirkungen von Autobahnen im peripheren Raum. Das Beispiel Oberfranken, Bayreuth 1984.

menspiel mit der Motorisierung – kaum zu überschätzen. Als dem in Bayern politisch umstrittensten Verkehrsprojekt wird schließlich dem Rhein-Main-Donau-Kanal ein gesonderter Abschnitt gewidmet und seine Geschichte über den Untersuchungszeitraum der vorliegenden Studie hinaus bis in die Mitte der neunziger Jahre verfolgt. Dabei soll nach den jeweiligen Protagonisten, ihren Konzepten und Interessen ebenso gefragt werden wie nach den Kosten, den aus den Haushalten von Bund und Land zur Verfügung gestellten Mitteln und nicht zuletzt nach den Erschließungseffekten für den ländlichen Raum.

1. Frachthilfen

Die schlechte verkehrsgeographische Lage des Grenzlands zählte Anfang der fünfziger Jahre zu den Hauptursachen für dessen gravierende wirtschaftliche Probleme. Um den Verlust von Absatzgebieten und Rohstoffquellen im Osten zu kompensieren und neue Märkte im Westen zu erschließen, schien es dringend geboten, insbesondere die ostbayerischen Unternehmen zu unterstützen[82]. Die Senkung der Frachtkosten hielt das bayerische Verkehrsministerium dabei für „die wirksamste und produktivste Hilfe, die sich sofort für das gesamte Gebiet und alle Wirtschaftszweige fühlbar machen und von bleibendem Wert sein" würde. Notstandsarbeiten könnten demgegenüber „zwar vorübergehend örtlich begrenzte Entlastung bringen", man müsse sich aber gut überlegen, ob man dort Wohnungen bauen wolle, wo keine Arbeitsstätten seien, ob man Bahnlinien bauen solle, die nur die Zahl der zuschußbedürftigen Strecken vermehren würden und ob es vernünftig sei, „Straßen in verkehrsarmen Gegenden auszubauen, solange anderswo vordringliche Ausbesserungen unaufschiebbar" seien. „Die Not bliebe nach der Fertigstellung der Arbeiten unvermindert bestehen."[83]

Da die ungünstige Verkehrslage vor allem „durch die politische Grenzziehung" zustande gekommen sei, sahen die bayerischen Ministerien für Verkehr und Finanzen allerdings den Bund in der Pflicht, die Kosten für die geplanten Frachtermäßigungen zu tragen[84]. Die gleiche Auffassung vertraten auch die Bundestagsabgeordneten der CSU, die für ihren Antrag, „Frachterleichterungen für Ostbayern" zu erwirken, vom Verkehrsministerium mit entsprechenden Argumenten versorgt wurden. Als historische Begründungshilfe fand sich hier unter anderem der Hinweis auf das „Osthilfegesetz" für Ostpreußen von 1931, das im folgenden Jahr auch auf die östlichen Gebiete Bayerns ausgedehnt worden war und ebenfalls Notstandstarife enthalten hatte[85]. Unterstützung kam auch aus Reihen der SPD, namentlich vom Hofer Bundestagsabgeordneten Arno Behrisch: „Auf ähnliche

[82] Vgl. Stenographischer Bericht über die 142. Sitzung des bayerischen Landtags am 8. 2. 1950, S. 656.

[83] BayHStA, MF 71891, Anlage zum Schreiben des bayerischen Staatsministeriums für Verkehr an die Staatskanzlei vom 24. 4. 1950.

[84] BayHStA, MF 71891, bayerisches Staatsministerium der Finanzen an das Bundesfinanzministerium betr. Frachtrückerstattung für Ostbayern vom 31. 10. 1950.

[85] BayHStA, MF 71891, bayerisches Staatsministerium für Verkehr an die Staatskanzlei vom 24. 4. 1950; Drucksache 111 vom 12. 10. 1949, in: Verhandlungen des Deutschen Bundestages. I. Wahlperiode 1949. Anlagen zu den stenographischen Berichten, 1. Teil, Bonn 1950, und Drucksache 1033 vom 7. 6. 1950, in: Verhandlungen des Deutschen Bundestages. I. Wahlperiode 1949. Anlagen zu den stenographischen Berichten, 4. Teil, Bonn 1951.

Hilfsmaßnahmen wie diese Osthilfe [...] wartet Oberfranken, um dem doppelten Würgegriff zu entgehen", schrieb er 1950 in der Einleitung zu einer Sammlung „einschlägiger Denkschriften und Reden", die die Aufmerksamkeit auf die „schwere Verkehrsnot" in dieser Region lenken sollte[86].

Aufgrund ihrer gemeinwirtschaftlichen Verpflichtung hatte die Reichs- beziehungsweise Bundesbahn Mehrkosten wie aus dem Osthilfegesetz bisher meist selbst tragen müssen. Die schlechte Haushaltslage der Bundesbahn verbot es aber, ihr weitere Einnahmeausfälle durch neue Sondertarife zuzumuten. Der Bundestag beschloß daher, allein für das Rechnungsjahr 1950 eine Summe von 30 Millionen DM für „die Notlage der ostbayerischen Grenzgebiete" aus dem Bundeshaushalt zur Verfügung zu stellen. Bundesfinanzminister Fritz Schäffer (CSU), bekannt für seine restriktive Haushaltspolitik, sah jedoch keine Möglichkeit, diesen Beschluß zu verwirklichen. Nachdem er den Freistaat zunächst auf den horizontalen Finanzausgleich zwischen den Bundesländern verwiesen hatte, einigte man sich schließlich auf eine begrenzte Frachtverbilligung für Holz und Holzwaren sowie für Steine und Erden[87]. Nach einer Anlaufphase von fünf Monaten stellte das Bundesfinanzministerium ab April 1951 jährlich eine Summe von etwas über zwei Millionen DM bereit, die der Freistaat noch um knapp 700000 DM aufstockte. Dadurch erhielten die Unternehmen der ostbayerischen Landkreise auf ihre Versandkosten Ermäßigungen von zehn bis 30 Prozent. Die detaillierte Liste der erstattungsberechtigten Güter wurde ständig überarbeitet und dabei mehrmals erweitert. Wenn sich die Marktsituation für einzelne Produkte verbessert hatte, wurden die Ermäßigungssätze wieder gesenkt. Bund und Land erhöhten ihre Zuschüsse mehrfach und dehnten die „Frachthilfe für Ostbayern" ab 1956 auch auf den Straßenverkehr und die Binnenschiffahrt aus[88].

Ab Oktober 1953 kam die „Frachthilfe für das Zonenrandgebiet" hinzu. Diese Förderungsmaßnahme erstreckte sich auf sämtliche Landkreise im Bundesgebiet, die an die DDR oder die Tschechoslowakei grenzten. Im Gegensatz zur „Frachthilfe für Ostbayern" bezog sie damit zwar auch das unterfränkische Grenzgebiet mit ein, nicht jedoch einige westlicher gelegene Landkreise wie Parsberg oder Regensburg, außerdem begünstigte sie den Versand einer sehr viel größeren Güterpalette und ermäßigte über ein höchst komplexes und differenziertes Vergütungssystem auch die Kosten für den Bezug von Kohle[89]. Im Rahmen der „Erweiterten Kohlenfrachthilfe" erhielten die Unternehmen im Zonenrandgebiet ab Sommer 1955 zudem Abschläge für elektrische Energie und zeitweise auch für Gas. Nach Verhandlungen mit dem Bundesverkehrsministerium erklärte sich die Bundesbahn dazu bereit, ihrer Tarifberechnung ab März 1951 die Strecke über das thüringische Werratal zugrunde zu legen. Dadurch reduzierten sich die Transportkosten, die den Betrieben bisher dadurch entstanden waren, daß die DDR umfahren werden mußte, etwa um die Hälfte. Als der Bund 1957 begann, der

86 Arno Behrisch, Oberfranken im Würgegriff. Eine Zusammenfassung und Ergänzung der einschlägigen Denkschriften und Reden, Hof 1950, S. 8.

87 BayHStA, MF 71891, Fritz Schäffer an Hans Ehard vom 14. 9. 1950.

88 Vgl. Ringelmann/Stiglitz, Frachthilfemaßnahmen, S. 9–19; BayHStA, MF 71891, Vermerk von Ministerialrat Zehler (BStMWV) vom 24. 4. 1951; BStMWV, Vermerk vom 11. 5. 1953.

89 Vgl. Ringelmann/Stiglitz, Frachthilfemaßnahmen, S. 19–23; Kopper, Zonenrandförderung, in: Weisbrod (Hrsg.), Grenzland, S. 101 f.

Bundesbahn diese Mindereinnahmen zu erstatten, fielen die „Umwegfrachten" vollständig weg, da die Tarife nun anhand der kürzesten Verbindung durch die DDR berechnet wurden[90].

Die Problematik derartiger Subventionen, die immerhin klar als solche erkennbar blieben und nicht im gemeinwirtschaftlichen System „untergingen", sprach Bundesfinanzminister Schäffer bereits zu Beginn der Verhandlungen über die Frachthilfen an. Seiner Meinung nach war nämlich „ein völliger Ausgleich der Mehrkosten durch Umwegstrecken nicht am Platze, da die Änderung der Standortbedingungen in Deutschland Frachtverteuerungen mit sich gebracht hat und es nicht möglich sein wird, diese Verschiebungen auf Dauer mit öffentlichen Mitteln auszugleichen"[91]. Die Frachthilfen entwickelten sich aber nicht nur zu jener Dauereinrichtung, vor der Schäffer gewarnt hatte, sondern trugen auch zur Konservierung veralteter Produktionsstrukturen bei. So war Anfang der sechziger Jahre der Heizölverbrauch pro Industriebeschäftigten in den Gebieten am geringsten, die am stärksten von den Frachthilfen für Kohle profitierten. Doch trotz dieser Effekte empfahl das Gutachten, das die bayerische Staatsregierung 1964 zur Vorbereitung des Gesamtverkehrsplans in Auftrag gegeben hatte, die Beibehaltung der Frachthilfen, da ohne sie die „Entleerungstendenzen" in den Grenzgebieten noch weit stärker wären. Um ihren strukturkonservierenden Wirkungen zu begegnen und den Strukturwandel zu fördern, wurde sogar angeregt, auch Wachstumsindustrien in das System der Frachthilfen einzubeziehen. Bei der Frage, ob sich diese Art der Subventionen mit den EWG-Verträgen vereinbaren ließe, fiel das Ergebnis des Gutachtens ebenfalls im Sinne des bayerischen Wirtschaftsministeriums aus, das schwere Bedenken gegen die europäischen Harmonisierungs- und Liberalisierungsbemühungen auf dem Verkehrssektor hegte[92].

In den fünfziger Jahren kam den Frachthilfen mit Sicherheit eine nicht zu unterschätzende Bedeutung zu. Als sich 1951 am Ende der Anlaufphase die Fortsetzung der Hilfsmaßnahmen verzögerte, führte dies angeblich alsbald zu erneuten Absatzschwierigkeiten und steigenden Arbeitslosenzahlen[93]. In Unternehmerkreisen fanden die Frachthilfen jedenfalls ein höchst positives Echo, wie die zahlreichen Eingaben der Wirtschaftsverbände belegen[94]. Von wissenschaftlicher Seite hieß es sogar, die Frachthilfemaßnahmen hätten die Industrie Nordostbayerns vor dem Untergang bewahrt. Als Empfehlung wurde daraus der Schluß gezogen, diese Zuschüsse solange weiter zu gewähren, bis „die Industrie des Grenzlandes entsprechend rationalisiert ist und auf hochwertige Produkte

[90] BayHStA, MF 71891, Hans-Christoph Seebohm an das bayerische Staatsministerium der Finanzen vom 16. 1. 1951; Fritz Alexander Streit, Die Grundlagen der Verkehrsbeziehungen Nordostbayerns, Hof an der Saale 1959, S. 52f.

[91] BayHStA, MF 71891, Fritz Schäffer an Hans Ehard vom 14. 9. 1950; zu Subventionen im Verkehrssektor vgl. auch Gerd Aberle, Transportwirtschaft. Einzelwirtschaftliche und gesamtwirtschaftliche Grundlagen, München/Wien 1996, S. 104–111.

[92] Vgl. Förster/Voigt, Untersuchung, S. 327–345 und S. 532; Gesamtverkehrsplan Bayern 1970, S. 40–44 und S. 257–261.

[93] BayHStA, MF 71891, Hanns Seidel an Bundesfinanzminister Schäffer vom 23. 7. 1951.

[94] BayHStA, MF 71891, Süddeutsches Bergbaukontor an Finanzminister Zorn vom 23. 1. 1951 und Würzburger Entschließung der ostbayerischen Industrie- und Handelskammern zur Frage der Frachterleichterungen für Ostbayern vom 13. 11. 1950.

umgestellt hat“[95]. Dennoch kann man den Frachthilfen kaum aktive Erschließungseffekte für das Grenzland zusprechen, ihre Funktion war vielmehr präventiv: Sie sollten die Abwanderung von Betrieben verhindern, nicht unbedingt deren Ansiedlung fördern, weshalb sie langfristig auch zur Konservierung der ursprünglichen Produktionsstrukturen führten.

Im Verlauf der sechziger Jahre verloren die Frachthilfen ihre ursprüngliche Bedeutung, da immer weniger Produkte unter die diesbezüglichen Bestimmungen fielen und dementsprechend auch die Zahl der subventionierten Firmen erheblich sank. Waren es 1965 noch 2141 Betriebe, die von der Förderung profitierten, so war ihre Zahl sieben Jahre später schon auf 1520 Betriebe zurückgegangen. Dafür stieg der Anteil an verbilligter Elektrizität und Gas am gesamten Frachthilfeaufkommen von 30 Prozent auf zeitweise 46 Prozent. Durch mehrmalige Änderungen der Richtlinien reduzierte sich diese Quote allerdings wieder[96]. Bis zur Wiedervereinigung hielt die bayerische Staatsregierung an den Frachthilfen als wesentlichem Bestandteil ihrer Grenzlandpolitik fest; als sie 1990 eingestellt wurden, waren seit 1950 insgesamt etwa 1,1 Milliarden DM an bayerische Betriebe geflossen[97].

2. *Die Elektrifizierung der bayerischen Bundesbahnstrecken*

Im März 1948 erklärte Verkehrsminister Frommknecht vor dem bayerischen Landtag, daß „der Ausbau des elektrischen Bahnnetzes [...] für Bayern eine Lebensfrage geworden“ sei[98]. Zu diesem Zeitpunkt war der Wiederaufbau des Verkehrssystems noch keineswegs abgeschlossen, und es mußten daher schon gewichtigere Gründe für zusätzliche finanzielle Belastungen sprechen als bloß die Wiederbelebung einer bayerischen Tradition, die auf dem Gebiet der Elektrifizierung seit langem bestand. Schon seit dem Ende des Ersten Weltkriegs hatte das revierferne, aber wasserkraftreiche und gebirgige Bayern die Elektrifizierung forciert und die Führungsrolle auf diesem Gebiet übernommen. Mit den Linien von München nach Regensburg, Salzburg, Kufstein, Garmisch-Partenkirchen, Ulm (Stuttgart) und über Augsburg und Nürnberg nach Probstzella (Leipzig) verfügte es am Ende des Zweiten Weltkriegs über das weitaus größte elektrifizierte Streckennetz in Deutschland[99].

95 Karl G. Schmidt, Die Lage der nord- und ostbayerischen Grenzlandindustrie unter besonderer Berücksichtigung der finanziellen Probleme, Diss., München 1958, S. 227.

96 Vgl. Heino Nuppnau, Wirkungen der Zonenrandförderung. Analyse der regionalen Einkommenseffekte, Hamburg 1974, S. 58ff.; Bericht über die wirtschaftliche Entwicklung der strukturschwachen Gebiete Bayerns – Grenzlandbericht, hrsg. vom Bayerischen Staatsministerium für Wirtschaft und Verkehr, München 1976, S. 77; Stenographischer Bericht über die 48. Sitzung des bayerischen Landtags am 25. 10. 1972, S. 2551.

97 Vgl. ebenda und Stenographischer Bericht über die 11. Sitzung des bayerischen Landtags am 12. 4. 1967, S. 351; Gesamtverkehrsplan Bayern 1970, S. 261; Grenzlandbericht. Bericht über die wirtschaftliche, soziale und kulturelle Entwicklung des bayerischen Grenzlandes und der strukturschwachen Gebiete Bayerns im Kalenderjahr 1990, hrsg. vom Bayerischen Staatsministerium für Landesentwicklung und Umweltfragen, München 1992, S. 66f.

98 Stenographischer Bericht über die 62. Sitzung des bayerischen Landtags am 16. 3. 1948, S. 1145.

99 Vgl. Heinrich Nibler/Hermann Knorr, Der elektrische Zugbetrieb bei der Bundesbahndirektion München, in: Die Bundesbahn 30 (1956), S. 413–430.

Verkehrsministerium, Landtag und die bayerischen Reichsbahndirektionen hatten die Elektrifizierung neuer Strecken schon 1945/46 auf die Tagesordnung gesetzt. Hauptgrund dafür waren die Kohlenknappheit und insbesondere die immensen Kosten, die für den Import der für den Betrieb von Dampflokomotiven nötigen hochwertigen Ruhrkohle anfielen. Für die Stromerzeugung standen dagegen die Wasserkräfte der Alpenflüsse zur Verfügung. Aber selbst wenn die benötigte Elektrizität in Wärmekraftwerken erzeugt werden mußte, ließen sich durch deren höheren Wirkungsgrad Kohleneinsparungen von 60 bis 75 Prozent gegenüber dem Dampfbetrieb erzielen. Hinzu kamen die generellen Vorteile der elektrischen Traktion bei Betrieb, Unterhalt und Wartung von Lokomotiven und Bahnhöfen, auf Bergstrecken, wo mit E-Loks zwei- bis viermal so hohe Geschwindigkeiten erreicht wurden, sowie bei den Personalkosten, da man den Heizer einsparen konnte. Schließlich gab es auch beschäftigungspolitische Gründe, da man Entlassungen von elektro- und bautechnischen Facharbeitern verhindern und Beschäftigungsmöglichkeiten für weniger qualifizierte Arbeitslose schaffen wollte[100].

Den Vorteilen der Elektrifizierung standen allerdings so hohe Investitionskosten für die elektrotechnischen Anlagen und für die notwendige Erweiterung von Brücken und Tunnels gegenüber, daß sie aus wirtschaftlichen Gründen nur für stark ausgelastete Strecken in Frage kam[101]. Unter diesem Gesichtspunkt hätte die Strecke von Nürnberg über Würzburg nach Frankfurt, die die wichtigste Verbindung ins Ruhrgebiet darstellte, oberste Priorität genießen müssen. Die Schwierigkeiten, so kurz nach Kriegsende die notwendigen Unterwerke für die Stromversorgung zu beschaffen, und die teuren und langfristigen Investitionen, die wegen der Spessart-Durchquerung notwendig wurden, führten jedoch dazu, daß dieses Projekt von Bahn und bayerischer Staatsregierung zugunsten der relativ leicht zu realisierenden Elektrifizierung der Strecke Nürnberg-Regensburg zurückgestellt wurde. Da die Alliierten keine Einwände gegen diese Pläne erhoben, konnte im April 1948 die Genehmigung für den Ausbau der Strecke erteilt werden; die Arbeiten wurden im Juni aufgenommen und knapp zwei Jahre später abgeschlossen. Um Verzögerungen infolge der Währungsreform zu vermeiden, räumte der Freistaat der Bahn zwei Kredite über insgesamt fünf Millionen DM ein und finanzierte damit knapp die Hälfte der Umstellungskosten vor. Durch die starke Zunahme des Verkehrs auf dieser Linie wurde die erwartete Kohleneinsparung von etwa 60 000 Tonnen jährlich schon kurz nach der Fertigstellung um fast das Doppelte übertroffen[102].

[100] Vgl. Bernhard Duvenbeck, Die Betriebsumstellung auf elektrische Traktion im Rahmen einer gesunden Finanz- und Volkswirtschaft, in: Die Bundesbahn 28 (1954), S. 374–382; Hans Eger, Die Elektrisierung in Nordbayern, in: Die Bundesbahn 28 (1954), S. 383–394; AdbL, Protokoll der 17. Sitzung des Ausschusses für Aufgaben wirtschaftlicher Art am 8. 7. 1947 und Protokoll der 63. Sitzung des Ausschusses für den Staatshaushalt am 7. 12. 1951.

[101] Joachim Radkau, „Wirtschaftswunder" ohne technologische Innovation? Technische Modernität in den 50er Jahren, in: Axel Schildt/Arnold Sywottek (Hrsg.), Modernisierung im Wiederaufbau. Die westdeutsche Gesellschaft der 50er Jahre, Bonn 1993, S. 129–159, hier S. 148, scheint in seinem Urteil über die Elektrifizierungsskepsis bei der Bundesbahn deshalb zu einseitig.

[102] BayHStA, StK 114593, Deutsche Reichsbahn (Reichsbahndirektion Nürnberg): Elektrisierung Nürnberg-Regensburg vom November 1945, bayerisches Staatsministerium für Verkehrsangelegenheiten an die Hauptverwaltung Eisenbahnen in Bielefeld vom 19. 9. 1947, bayerisches Staats-

Der Kohlenmangel hatte zwar den entscheidenden Anstoß für die rasche Elektrifizierung der Bahnstrecken gegeben, deren Versorgung mit Strom war jedoch keineswegs sichergestellt. Nachdem das demontierte Dampfkraftwerk Muldenstein bei Halle nicht mehr zur Verfügung stand, stammte der Bahnstrom des süddeutschen Netzes zu 85 Prozent aus Wasserkraft, die aber im Winter häufig knapp wurde; 1949/50 mußten daher sogar wieder Dampflokomotiven auf längst elektrifizierten Strecken eingesetzt werden. Die schnellste Abhilfe versprach hier die Wiederaufnahme der während des Krieges abgebrochenen Bauarbeiten am Pechkohle-Kraftwerk Penzberg in Oberbayern, dessen erste Ausbaustufe 1951 fertiggestellt wurde. Auch bei diesem Projekt, das zugleich den gefährdeten Penzberger Bergbau auf mehrere Jahrzehnte sichern sollte, unterstützte der Freistaat die Bundesbahn mit Krediten[103]. Da Bahnstrom eine andere Frequenz als Normalstrom hatte, mußten für die Bahn spezielle Umspannwerke gebaut werden. Dabei stellte sich die Frage nach dem Verhältnis zur allgemeinen Energieversorgung des Landes und nach der Vereinheitlichung der beiden Systeme. Bei einem Einheitssystem hätten sich wirtschaftliche Vorteile ergeben, da es möglich gewesen wäre, ganz auf ein eigenes Bahnstromnetz zu verzichten.

Anfang der fünfziger Jahre stand daher für kurze Zeit die Anpassung des Bahnstromsystems ($16^2/_3$ Hz) an die Landesversorgung (50 Hz) zur Debatte. Wirtschaftsminister Seidel ließ in einem Brief an das bayerische Verkehrsministerium keinen Zweifel daran, daß es sich dabei um eine Maßnahme von weitreichender Bedeutung handelte: „Bei einer so folgenschweren Entscheidung muß die gegenwärtige Generation sich ihrer Verantwortung vor der Nachwelt bewußt sein." Seiner Meinung nach stand die Bundesbahn „im Gegensatz zu der überwiegenden Meinung der Fachwelt", wenn sie weiterhin an ihrer eigenen Stromversorgung festhielte. Da in Bayern aber erst etwa 15 Prozent der Strecken elektrifiziert seien und in den anderen Bundesländern noch viel weniger, könne „der Gesichtspunkt, im alten Netz weiterzubauen, nicht entscheidend sein"[104]. Tatsächlich kam der Wissenschaftliche Beirat beim Bundesverkehrsministerium zu einer anderen Einschätzung: Eine Umstellung auf ein einheitliches System brächte zwar gewisse

ministerium für Verkehrsangelegenheiten an das Bundesverkehrsministerium vom 19. 12. 1949; AdbL, Protokoll der 17. Sitzung des Ausschusses für Aufgaben wirtschaftlicher Art am 8. 7. 1947; Nürnberg-Regensburg elektrifiziert!, in: Die Bundesbahn 24 (1950), S. 281 ff.; Ernst Eger, Elektrisierung Nürnberg-Regensburg, das erste Teilstück der Elektrisierung Frankfurt-Passau-Wien, in: Festschrift der Eisenbahndirektionen Nürnberg und Regensburg zur Aufnahme des elektrischen Betriebes auf der Strecke Nürnberg-Regensburg, München 1950, S. 23–29.

103 Vgl. Wilhelm Klüsche, Die Entwicklung des elektrischen Zugbetriebs der Deutschen Bundesbahn nach dem zweiten Weltkrieg, in: Die Bundesbahn 28 (1954), S. 365–373; Heinrich Nibler, Die Stromversorgung der elektrischen Vollbahnzugförderung in Süddeutschland, in: Die Bundesbahn 28 (1954), S. 471–488; Nibler/Knorr, Der elektrische Zugbetrieb, S. 416 f.; BayHStA, StK 114593, bayerisches Staatsministerium für Verkehrsangelegenheiten an das bayerische Staatsministerium der Finanzen vom 10. 1. 1950, Anlage 3; Stenographischer Bericht über die 54. Sitzung des bayerischen Landtags am 23. 11. 1951, S. 843. Zu den strukturellen Problemen des Penzberger Bergbaus vgl. Klaus Tenfelde, Proletarische Provinz. Radikalisierung und Widerstand in Penzberg/Oberbayern 1900–1945, München/Wien durchgesehene und erweiterte Ausgabe 1982, S. 8–18.

104 BayHStA, MWi 13220, Hanns Seidel an das bayerische Staatsministerium für Verkehr betr. Arbeitsgemeinschaft Bahnstromversorgung vom 28. 1. 1952; ähnlich auch das Schreiben Hanns Seidels an Ministerialdirigent Brunner (BStMVer) vom 15. 4. 1952 im selben Bestand. Vgl. auch Stenographischer Bericht über die 5. Sitzung des bayerischen Landtags am 9. 1. 1951, S. 28.

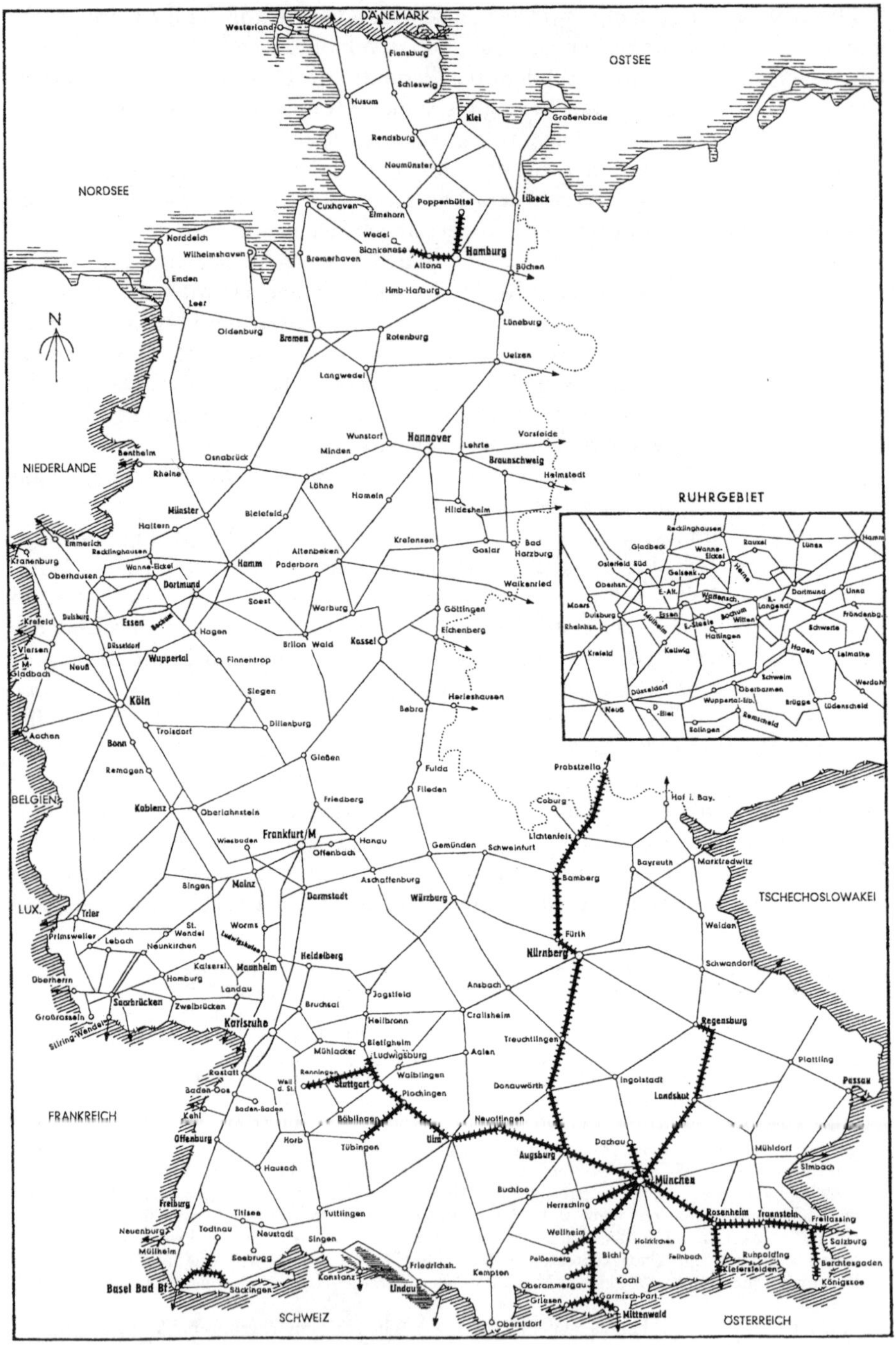

Die elektrifizierten Strecken im Jahre 1945

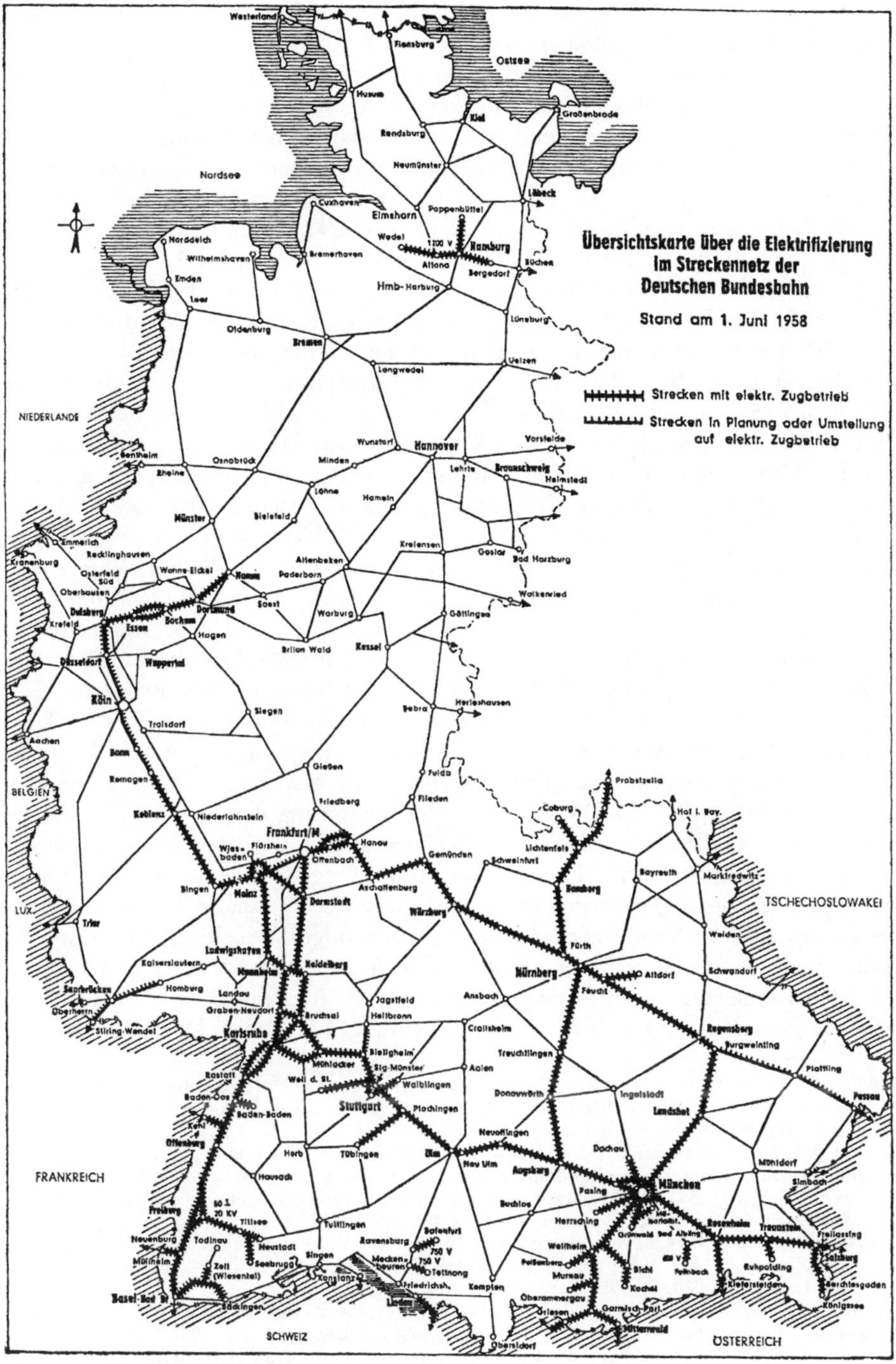

Übersichtskarte über die Elektrifizierung im Streckennetz der DB nach dem Stande vom 1. Juni 1958

Vorteile, diese seien aber so gering, daß sich die Kosten, die dafür aufzubringen seien, nicht in absehbarer Zeit amortisieren würden[105].

Da die Reichs- beziehungsweise Bundesbahn sich nach 1945 bei der Reparatur und Wiederbelebung ihres Streckennetzes primär selbst helfen mußte, war ihre finanzielle Situation entsprechend desolat. Sie war deshalb ständig auf fremdes Kapital angewiesen[106], das vor allem von den Ländern kam, die den Wiederaufbau und die Modernisierung der eigenen Streckennetze forcieren wollten und der Bundesbahn dafür Kredite gewährten. Dabei entwickelte sich vor allem unter den revierfernen süddeutschen Bundesländern bald eine regelrechte Konkurrenz. So hielt man sich im bayerischen Verkehrsministerium Anfang 1950 durchaus zugute, die Elektrifizierung der Strecke Nürnberg–Regensburg „im Wettbewerb gegen Württemberg-Baden bei der Hauptverwaltung der Deutschen Bundesbahn durchgesetzt“ zu haben[107]. Angesichts der Anstrengungen des süddeutschen Nachbarn machte sich aber schon ein Jahr später in München die Befürchtung breit, „daß die Elektrifizierung vom Ruhrgebiet vorerst nach Stuttgart betrieben wird“. „Unter diesen Umständen“, so hieß es weiter, „kann der Bayerische Staat auch bei seiner schwierigen Finanzlage nicht zurückstehen. Der verkehrswirtschaftliche Vorsprung dieser Länder würde sich noch weiter zum Nachteil Bayerns vergrößern.“[108] Entsprechend stark engagierte sich die Staatsregierung. Zwischen 1948 und 1950 stellte sie für die Bundesbahn in vier „Übereinkommen“ Kredite von über 44 Millionen DM für Elektrifizierungs- und Wiederaufbaumaßnahmen sowie die Beschaffung von Lokomotiven und Waggons bereit. Ende des Jahres 1951 standen zwei weitere Vereinbarungen mit der Bundesbahn zur Genehmigung im Landtag an. Das fünfte Übereinkommen sah Kredite über 16 Millionen DM für den Wiederaufbau von Bahnhofsanlagen sowie für die Instandsetzung und Anschaffung von Fahrzeugen vor, das sechste Kredite in Höhe von insgesamt 127 Millionen DM, die die Elektrifizierung der Strecke Nürnberg-Aschaffenburg sichern sollten. Beide Vereinbarungen wurden im zuständigen Landtagsausschuß wie im Landtag einstimmig angenommen. Umstritten war trotz der überaus angespannten Haushaltslage zeitweilig nur, ob das fünfte Übereinkommen, das weitere Arbeitsplätze versprach, oder das sechste, das die bayerische Position in der verkehrswirtschaftlichen Konkurrenz zu Württemberg-Baden verbessert hätte, Priorität genießen sollte[109]. Insgesamt gewährte der Freistaat der Bundesbahn Kredite in Höhe von rund 212 Millionen DM, hinzu kamen

[105] Vgl. Wissenschaftlicher Beirat beim Bundesverkehrsministerium, Die Systemfrage bei der Elektrifizierung von Eisenbahnen, Ein Gutachten der Gruppe Verkehrstechnik des Wissenschaftlichen Beirats, Bielefeld 1953.

[106] Vgl. Adolf Gerteis, Gedanken zur Lage der Deutschen Bundesbahn und zur Elektrifizierung von Bundesbahnstrecken, in: Die Bundesbahn 24 (1950), S. 550; Sechs Jahre Wiederaufbau, S. 94–100.

[107] BayHStA, StK 114593, bayerisches Staatsministerium für Verkehrsangelegenheiten an das bayerische Staatsministerium der Finanzen vom 10. 1. 1950, Anlage 4.

[108] BayHStA, StK 114594, bayerisches Staatsministerium für Verkehrsangelegenheiten an Finanzminister Zorn vom 14. 2. 1951; vgl. auch Stenographischer Bericht über die 54. Sitzung des bayerischen Landtags am 23. 11. 1951, S. 839.

[109] AdbL, Protokoll der 63. Sitzung des Ausschusses für den Staatshaushalt am 7. 12. 1951; Stenographischer Bericht über die 59. Sitzung des bayerischen Landtags am 18. 12. 1951, S. 1007f.; Beilage 2245 vom 29. 1. 1952, in: Verhandlungen des Bayerischen Landtags. II. Tagung 1951/52, Beilagenbd. III, München 1952. Die einzelnen Übereinkommen finden sich zum größten Teil in BayHStA, StK 114593/4/6.

Darlehen der Landesanstalt für Aufbaufinanzierung, die sich bis 1970 auf mehr als 260 Millionen DM beliefen[110].

Der Erfolg blieb nicht aus: 1952 konnte mit der Elektrifizierung der für Bayern so wichtigen Verbindung ins Ruhrgebiet begonnen werden. Das erste Teilstück zwischen Nürnberg und Würzburg war 1954 fertiggestellt, drei Jahre später auch die zweite Etappe bis nach Aschaffenburg. Aufgrund der schwierigen topographischen Verhältnisse – die Strecke kreuzte mit Frankenhöhe, Steigerwald und Spessart drei Mittelgebirge – war die Zeitersparnis beträchtlich. Allein auf dem nur sechs Kilometer langen Steilstück zwischen Laufach und Heigenbrücken in Unterfranken gewannen schwere Güterzüge gut 15 Minuten. Nach Angaben der Bundesbahn belief sich die jährliche Ersparnis im Vergleich zum Dampfbetrieb auf der gesamten Strecke auf sechs Millionen DM[111]. Bis 1959 kam in Bayern noch die Elektrifizierung der Strecke von Regensburg nach Passau hinzu. Damit war die Verbindung vom Ruhrgebiet nach Wien zur Gänze elektrifiziert[112].

Ende der fünfziger Jahre war das Netz zwischen dem Ruhrgebiet und Süddeutschland mit den beiden Knoten um Stuttgart und München sowohl über Karlsruhe als auch über Würzburg verknüpft. Vervollständigt wurde es durch die Elektrifizierung entlang der Rheinschiene zwischen Köln und Basel sowie durch die Verbindung von Mannheim nach Saarbrücken. Damit waren fast alle wichtigen Bahnlinien im Westen, Südwesten und Süden der Bundesrepublik elektrifiziert, während sämtliche Verbindungen im Norden und Nordosten noch mit Dampf betrieben wurden. Wie aus der folgenden Tabelle hervorgeht, waren in

Anteile der elektrifizierten Strecken und der Nebenbahnen in den bayerischen Bundesbahndirektionen 1959

Bundesbahn-direktion (BD)	Haupt-bahnen	elektrifiziert	Nebenbahnen	Bahnhöfe	Halte-punkte
		(% vom Gesamtnetz der jew. BD)			
Augsburg	854 km	198 km (14%)	560 km (39%)	217	158
München	1069 km	719 km (40%)	724 km (40%)	273	216
Nürnberg	1369 km	520 km (20%)	1140 km (45%)	364	356
Regensburg[1]	993 km	245 km (11%)	1093 km (52%)	304	248
Bayern[2]	4285 km	1682 km (21%)	3517 km (45%)	1158	978

[1] Zur BD Regensburg gehören noch 20 km Schmalspurbahnen. [2] Innerhalb Bayerns befinden sich außerdem zwei Strecken von ca. 18 km und 15 km, die zur BD Frankfurt bzw. Stuttgart gehören sowie 9 nichtbundeseigene Eisenbahnen mit einer Strecke von 201 km (Stand 1957). Quellen: Die Bundesbahn 30 (1960), H. 21/22, Tabelle nach S. 1168; Statistisches Jahrbuch für Bayern 26 (1958), S. 201.

110 Vgl. Gesamtverkehrsplan Bayern 1970, S. 137.

111 Vgl. Hans Schreiner, Die Bahnelektrifizierung über den Spessart, in: Die Bundesbahn 31 (1957), S. 892–902; Hans Schreiner, Die Elektrifizierung im Bereich der Bundesbahndirektion Nürnberg, in: Die Bundesbahn 31 (1957), S. 1389–1394; Die Elektrifizierung der Strecke Würzburg-Aschaffenburg, in: Die Bundesbahn 31 (1957), S. 1752ff.

112 Vgl. Jetzt auch vom Ruhrgebiet bis nach Wien elektrisch. Eröffnung des elektrischen Zugbetriebes Regensburg-Passau, in: Die Bundesbahn 33 (1959), S. 547–550.

Bayern 1959 durchschnittlich 21 Prozent des Streckennetzes elektrifiziert, davon lag mit rund 42 Prozent der größte Teil im Bereich der Bundesbahndirektion München. Im Bereich der Bundesbahndirektion Regensburg waren es dagegen nur elf Prozent des gesamten Streckennetzes, was etwa einem Anteil von 14 Prozent an den elektrifizierten bayerischen Strecken entsprach.

Was das für den Standort Bayern im einzelnen hieß, müßte noch in zahlreichen Spezialstudien detailliert und nach Regionen und Branchen getrennt untersucht werden. Insgesamt wird aber deutlich, daß Bayern durch sein frühes Engagement für die Elektrifizierung nicht nur an die westdeutsche Entwicklung anschließen konnte, sondern dadurch auch von Beginn an als integraler Bestandteil in die technische Infrastruktur der Bundesrepublik einbezogen war. Davon profitierten die großen Zulieferbetriebe in Nürnberg, München und Augsburg ebenso wie mittelständische Unternehmen in strukturschwachen Regionen, die leistungsfähige Verkehrswege zu ihren Bezugs- und Absatzmärkten erhielten. Unmittelbare wirtschaftliche Effekte ergaben sich daraus freilich nur für kurze Zeit, vielleicht nicht einmal ein Jahrzehnt lang, denn die Gütertransporte per Bahn verloren zunehmend an Bedeutung. Spätestens in den sechziger Jahren hieß es in Bayern dann nicht mehr: Ausbau und Elektrifizierung, sondern: Stillegung und Rationalisierung.

3. Die Stillegung von Nebenbahnen

Anfang der fünfziger Jahre umfaßte das Streckennetz der Bundesbahn in Bayern rund 4215 Kilometer Haupt- und 3760 Kilometer Nebenstrecken. Mit einem Anteil von 45 Prozent trugen die Nebenstrecken vor allem zur Flächenerschließung des Landes bei. Im Bereich der Bundesbahndirektion Regensburg, die neben Niederbayern und der Oberpfalz auch Teile Oberfrankens umfaßte, betrug der Anteil der Nebenbahnen sogar über 50 Prozent. Seitdem die Bahn in der Konkurrenz zur Straße ihr Transportmonopol verloren hatte, gab die geringe Wirtschaftlichkeit dieser Verbindungen wiederholt Anlaß, in einzelnen Fällen ihre Stillegung ins Auge zu fassen.

In aller Regel stieß die Bundesbahn mit solchen Plänen, die sie seit Mitte der sechziger Jahre forcierte, bei den betroffenen Gemeinden, den politischen Vertretern und den zuständigen Landesbehörden auf heftigen Widerstand. Denn durch ihre Beförderungspflicht und die „Tarifgleichheit im Raum" gab sie den angeschlossenen Regionen praktisch die Garantie, bestimmte Verkehrsleistungen zu festgelegten Tarifen in Anspruch nehmen zu können. Wollte die Bundesbahn auf einer Strecke den Betrieb einstellen, mußte sie dem Staatsministerium für Wirtschaft und Verkehr als der obersten Landesverkehrsbehörde die Gelegenheit zu einer Stellungnahme geben. Diese hörte ihrerseits die zuständige Bezirksregierung sowie die betroffenen Kreise und Gemeinden an, auch Industrie- und Handelskammer, Handwerkskammer und Bauernverband wurden gegebenenfalls um ein Urteil gebeten. Die Oberste Baubehörde gab schließlich ebenfalls noch eine Einschätzung, ob das betroffene Straßennetz den zusätzlichen Belastungen gewachsen war. Lehnte das Wirtschaftsministerium die geplante Stillegung ab, entschied zunächst der Verwaltungsrat der Bundesbahn, dessen Votum noch beim Bundesverkehrsministerium angefochten werden konnte[113].

Schon während des ausgehenden 19. Jahrhunderts brachten Bau und Betrieb von Nebenbahnen große wirtschaftliche Probleme mit sich. Um Kosten zu senken, wurden daher unter anderem stärkere Steigungen, engere Kurven und eine geringere Tragfähigkeit als auf den Hauptstrecken in Kauf genommen. Die Reisegeschwindigkeiten sanken dadurch zwar teilweise auf nur etwa 15 bis 20 km/h, betrugen damit aber immer noch das Dreifache der Konkurrenz von Postkutsche und Pferdeomnibus. Die einfache Ausführung, die seinerzeit die Wirtschaftlichkeit der Nebenbahnen gesichert hatte, erwies sich für die Zukunft jedoch als schwere Bürde. Mit dem aufkommenden Kraftverkehr und verstärkt mit der einsetzenden Massenmotorisierung in den fünfziger Jahren nahm die Auslastung der Strecken zum Teil rapide ab, wodurch sich die ohnehin schwierige Finanzlage der Bundesbahn weiter verschlechterte. Neben rückläufigen Fahrgastzahlen und schwindendem Güteraufkommen sah sich die Bundesbahn häufig auch aus „technischen Gründen" veranlaßt, eine Strecke stillzulegen. Ausschlaggebend war hier die Höhe der bevorstehenden Investitionen, die sich nach einer Instandsetzung nicht mehr hätten erwirtschaften lassen[114].

1958 erteilte der Bundestag einer Kommission unter dem Vorsitz des ehemaligen Bundesbahnpräsidenten Friedrich Brand den Auftrag, Vorschläge zur Sanierung der Bundesbahn auszuarbeiten. In ihrem Gutachten, das sie im Januar 1960 vorlegte, nahm die Brand-Kommission daher auch Stellung zur Wirtschaftlichkeit der Nebenbahnen. Diese würden für sich betrachtet zwar jährlich einen Verlust von rund 142 Millionen DM verursachen, stelle man jedoch ihren Zubringerwert für die Hauptstrecken in Rechnung, dann seien nur relativ wenige Nebenbahnen unrentabel. Sie seien, so der Bericht weiter, „für die DB genauso wichtig wie die Bäche für ein Flußsystem". Dennoch kam der Brand-Bericht zu der Empfehlung, immerhin 8000 km schwach belasteter Eisenbahnstrecken zumindest für den Personenverkehr stillzulegen und auf Omnibusse umzustellen[115].

Vier Jahre später veröffentlichte die Bundesbahn selbst Vorstellungen zur Verbesserung ihrer wirtschaftlichen Lage. Sie sprach darin zwar vom „Rückzug aus der Fläche", bewegte sich aber mit ihrem Katalog vorgesehener Stillegungen beim Personenverkehr noch im Rahmen des Brand-Berichts. Allerdings visierte sie vollständige Stillegungen in einer Größenordnung von 6000 bis 7000 km an, ohne jedoch bereits ins Detail zu gehen. Dazu dienten drei Stufenpläne, die in leicht modifizierter Form in das als „Leber-Plan" bekannt gewordene „Verkehrspolitische Programm der Bundesregierung für die Jahre 1968 bis 1972"

[113] Vgl. Gesamtverkehrsplan Bayern 1970, S. 135 f.; Seidenfus, Verkehrs- und Nachrichtenwesen, in: Jeserich/Pohl/Unruh (Hrsg.), Deutsche Verwaltungsgeschichte, Bd. 5, S. 488.

[114] Vgl. Dieter Ziegler, Eisenbahnen und Staat im Zeitalter der Industrialisierung. Die Eisenbahnpolitik der deutschen Staaten im Vergleich, Stuttgart 1996, S. 334–353; Horst Weigelt, Bayerische Nebenbahnen im Strukturwandel der Flächenbedienung, in: Die Bundesbahn 60 (1984), S. 153–162.

[115] Bericht über die Deutsche Bundesbahn (DB) vom 30. 1. 1960, S. 143 f. (abgedruckt als Drucksache 1602 vom 10. 2. 1960, in: Verhandlungen des Deutschen Bundestages. 3. Wahlperiode. Anlagen zu den stenographischen Berichten, Bd. 66, Bonn 1960); vgl. Schulz, Bundesbahn, in: Gall/Pohl (Hrsg.), Eisenbahn in Deutschland, S. 342 ff.; Klaus M. Medert, Interessen der Raumordnung bei Betriebsbeschränkungen der Deutschen Bundesbahn, in: Die Bundesbahn 42 (1968), S. 752–757.

Eingang fanden. In dem nach Bundesverkehrsminister Georg Leber (SPD) benannten Plan erklärte sich die Bundesregierung einerseits ausdrücklich bereit, der Bundesbahn für Strecken, die aus volkswirtschaftlichen oder raumordnungspolitischen Gründen erhalten werden sollten, einen Ausgleich zu gewähren. Andererseits gestattete sie aber auch erstmals Stillegungen im Zonenrandgebiet; hier waren nach den Vorstellungen der Bundesbahn immerhin Strecken von 1750 km Länge betroffen, von denen wiederum rund 900 km[116] in Bayern lagen. Noch das Bundesraumordnungsgesetz aus dem Jahr 1965 hatte in diesem Punkt die hergebrachte Politik bestätigt, nach der Betriebseinstellungen in diesen Gebieten so gut wie ausgeschlossen waren. Diesen Kurswechsel federte der Leber-Plan allerdings durch zusätzliche Hürden in dem vorgeschriebenen Prüfungsverfahren ab: Die letzte Entscheidung sollte hier nicht mehr allein beim Bundesverkehrsminister liegen, sondern bei einem interministeriellen Arbeitskreis der beteiligten Ressorts[117].

Die Argumente, die aus der Sicht von Betroffenen und Landespolitikern gegen Streckenstillegungen sprachen, blieben in den fünfziger und sechziger Jahren im wesentlichen gleich. Fast vollständig kamen sie beispielsweise in einer Diskussion des Landtagsausschusses für Wirtschaft und Verkehr im März 1954 zur Sprache, die von den Absichten der Bundesbahn angestoßen worden war, die gerade 8,7 km lange Eisenbahnverbindung von Gundelfingen ins württembergische Sontheim an der Brenz stillzulegen. Als Grund dafür machte die Bundesbahn nicht nur ein monatliches Defizit von 9500 DM geltend, sondern auch hohe Investitionskosten für notwendige Erneuerungsarbeiten, die in keinem Verhältnis zur Länge der Strecke stehen würden. Am schwersten hätte der kleine zwischen Gundelfingen und Sontheim gelegene Ort Bächingen unter der Stillegung zu leiden gehabt, da die direkte Straße nach Sontheim praktisch nicht befahrbar war und sich die Verbindung nach Gundelfingen ebenfalls in keinem guten Zustand befand. Ohne die Bahnlinie hätten die Bächinger daher in jedem Fall einen zeitraubenden Umweg über Gundelfingen und die in weitem Bogen nördlich verlaufende Landstraße nehmen müssen, um zu ihren Arbeitsplätzen nach Sontheim oder ins entferntere Heidenheim zu gelangen. Auch für die Gundelfinger war die Fahrt über die Landstraße nach Sontheim mit erheblichen Beschwernissen verbunden. Das Hauptproblem der Stillegung sah der Ausschuß daher in den Straßenverhältnissen, die auch die Einrichtung eines Omnibus- und Lkw-Verkehrs nicht ohne weiteres zuließen. Sofern jedoch die Möglichkeit bestehen würde, die Straße entsprechend auszubauen, wäre das für die Bächinger und Gundelfinger „vielleicht sogar bequemer" gewesen. Die notwendigen Mittel für den Straßenausbau sollten, nach Meinung des Antragstellers Martin Schweiger (BP), aber grundsätzlich „von seiten der Bundesbahn, des Landes oder des Bun-

[116] Davon sollte bei 473 km der Gesamtverkehr und bei 431 km der Reisezugverkehr stillgelegt werden; vgl. Gesamtverkehrsplan Bayern 1970, S. 161 f.

[117] Vgl. Medert, Interessen der Raumordnung; Vorstellungen des Vorstandes zur Verbesserung der wirtschaftlichen Lage der Deutschen Bundesbahn, hrsg. von der Deutschen Bundesbahn, Darmstadt 1964, S. 31–35 (DB Schriftenreihe – Folge 13); Deutscher Bundestag: Verkehrspolitisches Programm für die Jahre 1968 bis 1972, S. X (abgedruckt als Drucksache 2494 vom 19. 1. 1968, in: Verhandlungen des Deutschen Bundestages. 5. Wahlperiode. Anlagen zu den stenographischen Berichten, Bd. 118, Bonn 1968).

des" aufgebracht werden, da die betroffenen Gemeinden dazu meist nicht in der Lage seien. Entscheidend sei vor allem, daß die Stillegung erst nach einer Instandsetzung der Straßen erfolge.

Für die Pendler von Bächingen bot die Aussicht, künftig auf Omnibusse umsteigen zu müssen, jedoch keinen gleichwertigen Ersatz: Sie empörten sich vor allem über die Preiserhöhung von bis zu 20 Prozent, die sie von einem privaten Busunternehmer zu erwarten hatten, wie sich in einer Bürgerversammlung zeigte. Einige Ausschußmitglieder erinnerten auch an die 24000 Goldmark, die Bächingen einst für den Bau geleistet habe, und leiteten daraus entweder eine Art Betriebspflicht für die Bahn oder einen Entschädigungsanspruch der Ortschaft ab. In der Sitzung des Landtagsausschusses wurde außerdem der Bürgermeister Bächingens zitiert, der gegen die Stillegung eingewendet hatte, „daß man von der württembergischen Industrie die Errichtung eines Vorwerks" erwarte, was „bei den ärmlichen Verhältnissen der Gemeinde [...] die große Lösung" wäre. Schließlich sah man sogar noch eine Chance, die Strecke zu erhalten; sie lag, so meinte man, in der Umstellung von Dampf- auf Dieselbetrieb – im Fachjargon nur kurz „Verdieselung" genannt –, die durchaus noch ein Rationalisierungspotential für solche und ähnliche Strecken biete. Den Standpunkt der Regierung machte der Vertreter des Wirtschaftsministeriums deutlich: Bei einem Antrag auf Stillegung werde von Bayern grundsätzlich „sofort heftigster Einspruch erhoben", da man als revierfernes Land stark an der Aufrechterhaltung der Nebenbahnen interessiert sei[118]. Tatsächlich stimmte das Wirtschaftsministerium in diesem Fall dann aber doch nicht gegen die Betriebseinstellung, die schließlich im Jahr 1956 aus technischen Gründen erfolgte[119].

Die „Verdieselung" hatte den Wirtschaftsausschuß bereits unmittelbar zuvor beschäftigt. Im Grunde galten dafür ganz ähnliche Argumente wie für die Elektrifizierung des Streckennetzes. Im Unterschied zur Elektrifizierung lagen die Stärken des Dieselantriebs aufgrund der höheren Treibstoffkosten jedoch nicht auf den Hauptverbindungen, sondern eher auf den weniger belasteten Nebenstrecken und im Rangierbetrieb. Aufwendige Investitionen in elektrotechnische Anlagen und Streckenumbauten konnten bei der Verdieselung unterbleiben. Für die technische Modernisierung des Bahnbetriebs stellte sie damit das ideale Pendant zur Elektrifizierung dar. Um die Bundesbahn bei der Umstellung zu unterstützen, schlugen einige Ausschußmitglieder daher ein Finanzierungsmodell vor, demzufolge die Bahn wie bei der Elektrifizierung spezielle Kredite vom Land erhalten sollte. Auf diese Weise wollte man nicht nur möglichst viele Nebenbahnen vor der Stillegung bewahren, sondern dem bayerischen Lokomotivbau auch volle Auftragsbücher bescheren[120]. Verwirklicht wurde dieser Vorschlag allerdings nicht.

118 AdbL, Protokoll der 125. Sitzung des Ausschusses für Wirtschaft und Verkehr am 4. 3. 1954.

119 Vgl. Bernhard Marcinowski, Auswirkungen von Streckenstillegungen, dargestellt am Beispiel von Nebenbahnen in Bayern, Nürnberg 1983, S. 46, Tabelle 17.

120 AdbL, Protokoll der 125. Sitzung des Ausschusses für Wirtschaft und Verkehr am 4. 3. 1954; vgl. auch Friedrich-Wilhelm Felgner, Elektrifizierung und Verdieselung in ihrem Zusammenwirken in der Modernisierung des Eisenbahnbetriebs, in: Die Bundesbahn 32 (1958), S. 1231–1237; Hans Harres, Dieseltriebfahrzeuge als Mittel der Rationalisierung des Zugförderungsdienstes, in: Die Bundesbahn 32 (1958), S. 1238–1242.

Für sich genommen hätte die Umstellung von Dampf- auf Dieselloks aber ohnehin nur in seltenen Fällen ausgereicht, um unrentable Nebenbahnen zu retten. Das Ursachengeflecht war hier so verzweigt, daß eine technische Rationalisierung alleine die bestehenden Probleme nicht hätte lösen können.

Am ehesten ließen sich einzelne Stillegungsmaßnahmen noch mit dem Verweis auf die schlechten Verhältnisse der örtlichen Straßen verhindern oder doch wenigstens entscheidend verzögern. Die Stellungnahmen des Wirtschaftsministeriums lasen sich daher teilweise wie Straßenzustandsberichte. Angeführt wurden im einzelnen schwere Frostschäden, Fahrbahnbreiten, die keinen Omnibusverkehr erlaubten, eine unzureichende Tragfähigkeit der vorhandenen Brücken, Engstellen in Ortschaften oder einfach generell der schlechte Ausbauzustand. Erhebliche Konsequenzen ergaben sich aus Stillegungsmaßnahmen der Bundesbahn für die Straßen-Ausbaupläne der Obersten Baubehörde. Um möglichst schnell möglichst viele Straßen mit einer festen Fahrbahndecke zu versehen und dadurch „staubfrei" zu machen, war für einen Großteil des Straßennetzes ein kostengünstigerer Behelfsausbau vorgesehen. Wurden solche Straßen nach einer Betriebseinstellung der Bahn verstärkt von Omnibus- und schwerem Güterverkehr befahren, dann fiel diese Option weg, und es wurde statt dessen der fünf- bis zehnmal so aufwendige Vollausbau notwendig. Mit den Stillegungsmaßnahmen der Bundesbahn verlagerte sich daher nicht nur der Verkehr von der Schiene auf die Straße, sondern häufig gingen auch – wie die Landespolitik beklagte – finanzielle Lasten vom Bund auf die Länder und Gemeinden über[121].

Als im Frühjahr 1959 ein erster umfangreicherer Stillegungs-Katalog bekannt wurde, kam es zu einer größeren Debatte im bayerischen Landtag. Im Freistaat wollte die Bundesbahn 14 Nebenbahnen mit einer Länge von 126 km vollständig stillegen und auf weiteren sechs Strecken von 122 km Länge den Reisezugverkehr einstellen[122]. Darunter befand sich auch die knapp 20 km lange Strecke Regensburg/Walhallastraße–Wörth an der Donau, auf der seit 1889 eine der wenigen bayerischen Schmalspurbahnen fuhr. In den Jahren 1947 und 1948 hatte die sogenannte Wahlhalla-Bahn mit über 770000 beziehungsweise über 570000 Reisenden einen wahren Ansturm erlebt, so daß zu ihrer Entlastung eine private Omnibuslinie genehmigt wurde. Um den daraufhin einsetzenden Schwund der Fahrgäste aufzuhalten, nahm die Bundesbahn bald selbst Busse in Betrieb und machte damit ihrer eigenen Bahnlinie Konkurrenz. Der Erfolg ließ nicht lange auf sich warten; die Fahrgastzahlen sanken von knapp 120000 im Jahr 1950 auf gerade einmal 3100 im Jahr 1959. Obwohl der Omnibusbetrieb die Existenzberechtigung der Wahlhalla-Bahn ernstlich in Frage stellte, traten die oberpfälzische Regierung und vor allem die lokale Presse immer wieder für ihren Fort-

[121] AdbL, Protokolle der 7., 55. und 24. Sitzung des Ausschusses für Wirtschaft und Verkehr am 9. 4. 1959, 27. 1. 1966 und 8. 2. 1968; BayHStA, MWi 22266, Notiz Klaus Mayers (Landesplanungsstelle) vom 25. 11. 1964; BayHStA, StK 114598, Ministerialdirektor Kuchtner (BStMWV) an Fritz Baer (StK) vom 6. 4. 1966 und Ministerialdirigent Hofmann (BStMWV) an die Staatskanzlei vom 29. 7. 1966.

[122] Vgl. Karl Köbelin, Wenn Bahnstrecken auf der Strecke bleiben, in: Süddeutsche Zeitung vom 19. 3. 1959, S. 15.

bestand ein. Der Reisezugbetrieb wurde schließlich 1960 eingestellt, der Güterverkehr, der durch die Flußspatgruben bei Sulzbach weniger große Verluste aufwies, noch bis 1968 aufrechterhalten[123].

Auch im bayerischen Landtag lehnten die Redner aller Parteien die Pläne der Bundesbahn in der einen oder anderen Form ab. Während der Vertreter der SPD die Schuld an der Misere der Bundesbahn vor allem bei der Bundesregierung suchte, machten die Vertreter der CSU primär die Bundesbahn selbst dafür verantwortlich. Sie warfen ihr vor, weder ausreichende Vorbereitungen für die Konkurrenz mit Straße und Wasserstraße getroffen, noch im notwendigen Umfang ihren Betrieb rationalisiert zu haben, wie der hohe Personalkostenanteil eindeutig belege. Demgegenüber könne man auch die so häufig als Erklärung herangezogenen Kriegsfolgelasten beinahe vernachlässigen. Die Abgeordneten Andreas Haisch und Rudolf Hanauer, die für die CSU-Fraktion sprachen, versuchten auch Zweifel an den von der Bundesbahn für einzelne Strecken aufgestellten Betriebsergebnissen zu wecken. So erklärte Haisch etwa, daß die Bundesbahn ihre Einnahmen auf der Strecke Pfaffenhausen–Kirchheim mit jährlich 22500 DM angebe, tatsächlich seien aber „auf dem Bahnhof in Kirchheim zirka 192000 DM zur Einzahlung gekommen". In jedem Fall seien die von der Bundesbahn vorgelegten „Zahlen nicht der Ausgangspunkt, sondern das Ergebnis eines Aushungerungsprozesses", den man nun als „Gesundschrumpfungsprozeß" verkaufen wolle, wie Hanauer am Beispiel der Isartalbahn zu verdeutlichen versuchte.

Einzig die Bayernpartei erinnerte daran, „wie leicht man sich an neue Verkehrsmethoden und Verkehrseinrichtungen gewöhnt" habe. An seinen Kollegen von der CSU richtete der Abgeordnete Georg Bantele in diesem Zusammenhang die Frage, „was die Landwirtschaft wohl sagen würde, [...] wenn man ihr zumuten wollte, ihre Milch heute wieder auf der Eisenbahn und nicht in genossenschaftseigenen Lastern zu transportieren". So wie beim Milchtransport müsse die Beförderung auch allgemein „bequemer, schneller und billiger werden", die Bundesbahn verfolge mit den Stillegungen aber ein entgegengesetztes Ziel. Einen vergleichsweise zurückhaltenden Standpunkt vertrat gegen Ende der zum Teil recht heftig geführten Diskussion Wirtschaftsminister Otto Schedl. Er warnte davor, bei der notwendigen Rationalisierung der Bundesbahn eine „St. Florians-Politik" zu betreiben: Denn nur, wenn er bei den gänzlich unrentablen Bahnstrecken einer Stilllegung zustimme, könne er die leicht defizitären erfolgreich verteidigen. Außerdem müsse er sich wundern, wenn „die Durchführung eines Omnibusverkehrs im Winter als problematisch" hingestellt werde. Die Zahl der Beschwerden über eine schlechte Bedienung sei gleich Null. Daß die Omnibusse auch während der Wintermonate im allgemeinen regelmäßig verkehrten, führte Schedl nicht ohne Stolz auf die großen Verbesserungen im Straßendienst zurück[124].

Schedls Zurückhaltung war jedoch merklich geschwunden, als er sich gut vier Jahre später zu den „Vorstellungen [...] zur Verbesserung der wirtschaftlichen

[123] Vgl. Josef Dollhofer, Das Walhalla-Bockerl. Geschichte der Walhalla-Bahn mit besonderer Abhandlung über die Lokalbahn-Aktiengesellschaft in München, Regensburg ^{3}1978, S. 70–74 und S. 83.

[124] Vgl. Stenographischer Bericht über die 14. Sitzung des bayerischen Landtags am 15. 4. 1959, S. 424–445 (Zitate S. 432, S. 434ff., S. 441 und S. 444).

Lage der Deutschen Bundesbahn" äußerte, von denen Bayern weit stärker als die anderen Bundesländer betroffen schien[125]. Die Verwirklichung dieser Vorstellungen kam aus Schedls Sicht „für Bayern einer verkehrspolitischen Katastrophe" nahe, die „die industrielle Besiedlung des Landes und insbesondere des Grenz- und Zonenrandgebietes, die Bemühungen um die Verbesserung der ungünstigen bayerischen Standortverhältnisse, [...] kurz die wirtschaftliche, kulturelle und soziale Entwicklung" des Freistaats geradezu lähmen würde. Um dieses Schreckensszenario abzuwenden, brachte Schedl kurzzeitig sogar die durchaus konsequente Idee ins Spiel, „die Länder [...] formell am Vermögen der Deutschen Bundesbahn zu beteiligen". Er setzte hinzu, daß dies auch „den Leistungs- und Interessenverhältnissen" besser entspräche. Doch statt diesen Gedanken weiterzuverfolgen, deklinierte er anschließend den Katalog der „klassischen" Sanierungsmaßnahmen für die Bundesbahn durch und sicherte ihr dafür die Unterstützung Bayerns zu. „Ehe sich die Bundesbahn in dem beabsichtigten Umfang aus dem Flächenverkehr zurückzieht", sollte man seiner Meinung zufolge, „nach anderen Möglichkeiten zum Abbau des Defizits suchen"[126].

In Reaktion auf den von der Bundesbahn angekündigten „Rückzug aus der Fläche" forderte die IHK von der bayerischen Staatsregierung Zuschüsse für Nebenstrecken, um eine Verteuerung der Fracht für kleine und mittlere Betriebe zu vermeiden[127]. In dieser Frage war die Haltung des Wirtschaftsministeriums jedoch unmißverständlich: Abgesehen von Krediten für Rationalisierungs- und Wiederaufbaumaßnahmen wurde jede Betriebsbeihilfe für die Bundesbahn abgelehnt. Dabei wußte man sich mit den meisten anderen Bundesländern einig. Nach ihrer gemeinsamen Auffassung war „die Aufgabe der Bundesbahn zur gemeinwirtschaftlichen Verkehrsbedienung der Bundesrepublik nicht teilbar" und umfaßte den gesamten Verkehrsraum. Deshalb wiesen sie auch dem Bund die Pflicht zu, in all denjenigen Fällen einzutreten, „in denen die Bundesbahn mehr leisten müßte, als ihr nach wirtschaftlichen Gesichtspunkten zuzumuten sei". Außerdem würde „eine Zuschußgewährung durch die Länder entgegen den Bestimmungen des Bundesbahngesetzes die dem Bund obliegende Finanzverantwortung für die Deutsche Bundesbahn auf die Länder verschieben [...] und im Ergebnis auf eine weitere Benachteiligung revierferner und finanzschwacher Länder hinauslaufen"[128]. Während der bayerische Wirtschaftsminister von Landeszuschüssen für bedrohte Nebenbahnen nichts wissen wollte, brachte er gegenüber Bundesverkehrsminister Seebohm „eine Ausweitung des Güterliniennahverkehrs und eine Bindung der Konzessionen an gewisse Gebiete und Flächen" ins Gespräch, die „mit einer Art Betriebs- und Beförderungspflicht kombiniert werden" sollten. Nachdem sich die Straßenverhältnisse gegen Ende der sechziger Jahre allgemein stark verbessert hatten, wurde vor allem in strukturschwachen Gebieten die Betriebs- und Beförderungspflicht der Bundesbahn zum Hauptargument gegen die

[125] So auch der Abgeordnete Rudolf Soenning (CSU); vgl. Stenographischer Bericht über die 58. Sitzung des bayerischen Landtags am 5. 11. 1964, S. 2032.
[126] Vgl. Stenographischer Bericht über die 62. Sitzung des bayerischen Landtags am 4. 12. 1964, S. 2262–2272 (Zitate S. 2268 und S. 2270f.).
[127] Vgl. Nürnberger Nachrichten vom 11. 4. 1964: „Zuschüsse für Nebenstrecken".
[128] BayHStA, StK 114596, Otto Schedl an Alfons Goppel vom 11. 6. 1964.

Stillegung einzelner Strecken. Vor diesem Hintergrund ist auch Schedls – letztlich ergebnislose – Idee zu sehen, eine vergleichbare Verpflichtung für den Straßengüterverkehr einzuführen[129].

Trotz des heftigen politischen Widerstandes wurden in Bayern zwischen 1948 und 1974 schließlich insgesamt 47 Nebenbahnstrecken mit einer Gesamtlänge von 548 km vollständig stillgelegt und auf weiteren 60 Strecken oder Streckenabschnitten mit einer Länge von zusammen 744 km der Personenverkehr eingestellt, während Güterzüge weiterhin fuhren[130]. Entgegen aller Proteste und Kassandrarufe blieb der Rückzug der Bundesbahn aus der Fläche jedoch nahezu folgenlos. Statistisch war die Stillegung einer Strecke schon wenige Jahre später nicht mehr nachzuweisen. Bestätigt wurde dieses Ergebnis durch Befragungen in den betroffenen Gemeinden[131]. Im Personenverkehr erfolgte in jedem Fall eine Umstellung auf Omnibusse, sei es durch die Bundesbahn selbst oder durch private Betreiber. Die Qualität nahm dadurch in aller Regel sogar zu, denn im Gegensatz zur Bahn, deren Stationen meist außerhalb der Ortschaften lagen, konnte der Bus zentral gelegene Haltestellen direkt anfahren, auch Reisegeschwindigkeit und Bedienungsfrequenz lagen meist höher. Zwar verteuerten sich für gewöhnlich die Tarife, weil sich aber zugleich der Service verbesserte, waren die Fahrgäste insgesamt dennoch zufriedener als früher.

Im Unterschied zum Personenverkehr hatte eine Einstellung des Güterzugbetriebs für die Betroffenen zwar keinerlei Verbesserungen zur Folge, die negativen Auswirkungen hielten sich aber in Grenzen. Das lag zunächst daran, daß die Bahn, von technischen Gründen einmal abgesehen, Strecken in der Regel erst dann stillegte, wenn die Auslastung erheblich abgesunken war. Von dem gesamten Güteraufkommen einer Region transportierte die Bahn zuletzt nur noch Bruchteile, so daß der ursprüngliche Erschließungseffekt kaum noch wirksam war. Als wirtschaftlicher Standortfaktor, etwa bei der Planung von Gewerbegebieten, spielte ein Gleisanschluß ebenfalls nur noch eine untergeordnete Rolle. Vor allem die politisch besonders umhegte Klientel der kleinen und mittleren Betriebe legte nach Auskunft der Städte Crailsheim (Baden-Württemberg) und Amberg längst mehr Wert auf einen kurzen Weg zur Autobahn. Diese Entwicklung ist auch vor dem Hintergrund des allgemeinen Strukturwandels im Güterverkehr zu sehen, bei dem der Anteil der typischen Bahngüter wie etwa Kohle oder Zuckerrüben an dessen Gesamtaufkommen kontinuierlich zurückging[132]. Angesichts der Vorteile des Lastkraftverkehrs in der Flächenbedienung und im direkten („ungebrochenen") Transport „von Haus zu Haus" verblieben der Bahn auf den Nebenstrecken am Ende vor allem die Güter, die sie zu Subventionstarifen befördern mußte. Aber selbst bei diesen Gütern bevorzugten die

[129] BayHStA, StK 114598, Otto Schedl an Hans-Christoph Seebohm vom 27. 12. 1965; Gesamtverkehrsplan Bayern 1970, S. 160f.

[130] Vgl. Gesamtverkehrsplan Bayern 1975, S. 144.

[131] Als Grundlage auch für das folgende Marcinowski, Streckenstillegungen.

[132] Vgl. ebenda S. 175f.; Werner Allemeyer, Implikationen des wirtschaftlichen Strukturwandels für die zukünftigen Aufgaben der Deutschen Bundesbahn, in: Wirtschaftlicher Strukturwandel und Verkehr. Schriftleitung Peter Rüdiger Puf, Göttingen 1979, S. 218–278 (Beiträge aus dem Institut für Verkehrswissenschaft an der Universität Münster H. 89).

Kunden häufig den Lkw: So erhielten die Zuckerfabriken in Ochsenfurt und Zeil am Main schon Anfang der sechziger Jahre mehr Rüben über die Straße als über die Schiene; innerhalb von zehn Jahren ging der Anteil der Bahn an diesen Transporten von 49 Prozent auf 37 Prozent zurück[133].

Kaum einem anderen verkehrspolitischen Thema galt in der Landespolitik während der sechziger Jahre eine vergleichbare Aufmerksamkeit. Doch wie erklärt sich die Vehemenz der Empörung, wenn die Stillegung einer Nebenstrecke so gut wie keine negativen Auswirkungen mit sich brachte? Eine nicht zu unterschätzende Rolle spielte sicherlich die Wahrung von Besitzständen. Durch die Stillegung einer Nebenbahn erlitten die betroffenen Gemeinden einen Verlust, der durch die Einrichtung von Buslinien zunächst nicht adäquat kompensiert zu werden schien. Dabei war es beinahe gleichgültig, ob die Anwohner das Angebot der Bahn überhaupt noch in nennenswertem Umfang nutzten. Ähnlich lagen die Verhältnisse für die Landespolitiker. Für sie stellte jede Stillegung einen Rückschritt bei der Verkehrserschließung ländlicher Gebiete dar und belastete darüber hinaus ihre Wahlkampfposition.

Die Gründe für den Protest gingen aber nicht in bloßem Besitzstandsdenken auf, die Bahn verkörperte zugleich oftmals ein wichtiges Stück „Heimat", das man nicht widerstandslos verloren geben wollte. Einen Anhaltspunkt hierfür liefern etwa die Ausführungen des Abgeordneten Bantele von der Bayernpartei:

„Das Bähnle von Biessenhofen nach Füssen oder von Sontheim-Brenz nach Gundelfingen [...] gehör[t] nun einmal zur Landschaft, und die Menschen haben sich an ihre Bahn und an ihr Bähnle einfach gewöhnt, es ist schwer, sie aus der Gewöhnung zu lösen."[134]

Schließlich mag sich in dem Protest auch das gespannte Verhältnis vom Land zur Stadt spiegeln, wie die Klage des schwäbischen Landrats und ehemaligen Landtagsabgeordneten Andreas Haisch (CSU) aus dem Jahr 1966 nahelegt:

„Durch diese vorgesehene Stillegungsaktion wird das Land noch ärmer, das Landvolk noch mehr vernachlässigt, die Stadt und die Großstadt immer mehr versucht [sic], die Ballungsräume zu vergrößern. Und dies alles in einer Zeit des beginnenden Wahlkampfes!"[135]

Daß der Rückzug der Bahn aus der Fläche so problemlos verlief, lag aber nicht nur an den Veränderungen der alltäglichen Mobilität oder der Struktur des Güterverkehrs, sondern zweifellos auch am anhaltenden politischen Widerstand, der diesen Prozeß wesentlich verzögerte. Erst dadurch wurde es möglich, flächendeckend ein hochwertiges Straßennetz aufzubauen, das auch die Verlagerung des Verkehrs von der Schiene auf die Straße verkraften konnte.

133 Vgl. Marcinowski, Streckenstillegungen S. 136, Tabelle 47.

134 Stenographischer Bericht über die 14. Sitzung des bayerischen Landtags am 15. 4. 1959, S. 432. Als weiteres Indiz können die zahllosen Bildbände dienen, in denen es nicht nur um Eisenbahn-Nostalgie sondern auch um Heimatverbundenheit geht, z.B.: Bernd Ücker, 150 Jahre Eisenbahnen in Bayern, Fürstenfeldbruck 1985.

135 BayHStA, StK 114598, Andreas Haisch (Landrat in Mindelheim) an Otto Schedl, 15. 9. 1966.

4. Der Straßenbau

a) Finanzierungsprobleme und Ausbaupläne

1961 hielt die bayerische Straßenbauverwaltung Rückschau auf ihre Leistungen der vergangenen Jahre. „Zum Geleit" schrieb der damalige bayerische Innenminister Alfons Goppel, daß „wohl auf keinem Gebiet [...] seit Beendigung des zweiten Weltkriegs so umwälzende und jeden Rahmen sprengende Änderungen eingetreten [seien], wie auf dem Gebiete des Straßenverkehrs"[136]. Tatsächlich hatte sich in den fünfziger Jahre ein ständig wachsender Anteil des Güterverkehrs von der Schiene auf die Straße verlagert. Hinzu kam eine Motorisierungswelle im Individualverkehr, die im Verlauf des Jahrzehnts immer stärker anschwoll. Dieser Fahrzeugstrom quälte sich allerdings über ein Straßennetz, das dieser Flut in keiner Weise gewachsen war. Die bayerischen Straßen hatten zwar durch direkte Kriegseinwirkungen nicht allzu stark gelitten, sieht man von den über 1000 zerstörten Brücken ab, von denen 1956 noch 25 Prozent gar nicht oder zumindest nicht endgültig wiederhergestellt waren. Da die Instandhaltung der Straßen trotz einer hohen Inanspruchnahme durch den Lastkraftverkehr jedoch weitgehend vernachlässigt worden war, hatte sich deren Zustand nicht unwesentlich verschlechtert[137]. Seit Kriegsende flossen zwar erhebliche Mittel in den Unterhalt und die Instandsetzung sowie den Um-, Aus- und Neubau der Straßen, doch war das kaum mehr als ein Tropfen auf den heißen Stein, ihr Zustand schien sich in der ersten Hälfte der fünfziger Jahre unter dem Ansturm der Motorisierung sogar noch weiter zu verschlechtern. Ministerialdirektor Franz Fischer von der Obersten Baubehörde klagte vor dem Haushaltsausschuß im Mai 1952, daß man trotz der aufgewendeten Mittel „jetzt im Ausbau [...] genau so weit wie im Jahre 1948" sei: „In der Zwischenzeit sind die anderen Fahrbahndecken, die noch gut waren, restlos zum Teufel gegangen."[138] Dies galt vor allem für die Staats- und Kreisstraßen, deren Beschaffenheit den Bedürfnissen des modernen Kraftfahrzeugverkehrs vielfach nicht genügten. 1950 besaßen die Staatsstraßen noch zu 52 Prozent und die Kreisstraßen sogar noch zu 89 Prozent wassergebundene Decken, die bei Trockenheit zu starker Staubbelästigung führten, während sich nach längeren Niederschlägen schnell Spurrinnen und Schlaglöcher bildeten. Bei den Bundesstraßen hatten 1950 nur noch knapp sieben Prozent Schotterdecken oder wassergebundene Oberflächen, alle übrigen bereits mehr oder weniger gute Teerdecken, die freilich oft nur einer relativ geringen Verkehrsbelastung standzuhalten vermochten. Die durch den Schwerlastverkehr auftretenden Deformationen lieferten wichtige Argumente, als in den fünfziger Jahren auf Bundesebene über die Herabsetzung von Lkw-Maßen und -Achsenlasten diskutiert wurde, um die starke Straßenabnutzung zu reduzieren[139]. Fast noch wichtiger war hier aber die Verbreiterung der

[136] Max Röthlein (Hrsg.), Straßen und Brücken in Bayern, 2. Folge. Ein Überblick über die Jahre 1956–1960, München 1961, S. 7.
[137] Vgl. Bruner (Hrsg.), Straßen- und Brückenbau, S. IV (1066 Brücken).
[138] AdbL, Protokoll der 106. Sitzung des Ausschusses für den Staatshaushalt am 21. 5. 1952.
[139] Vgl. hierzu Klenke, Verkehrspolitik, S. 268–280.

Fahrbahnen, da 1950 nur 20 Prozent der Bundesstraßen die geforderte Mindestbreite von 6,5 Metern aufwiesen[140].

Die permanente Überlastung der Straßen führte vor allem in Bayern immer wieder zu schweren Frostschäden – und zwar in einem Ausmaß, das in der Vorkriegszeit unbekannt gewesen war und die Straßenbauverwaltungen weitgehend unvorbereitet traf. Nachdem die Schäden des Winters 1952/53 den Verkehr lange Zeit nachhaltig behindert und hohe Sanierungskosten nach sich gezogen hatten, verhängten die Behörden im Jahr darauf einschneidende Geschwindigkeits- und Gewichtsbegrenzungen. Da sich die Ausgaben für die Wiederherstellungsarbeiten dadurch bei den Bundesstraßen von 26,7 Millionen DM auf 6,8 Millionen DM und bei den Staatsstraßen von 21,4 Millionen DM auf 3,4 Millionen DM senken ließen, schienen sich diese Maßnahmen voll bewährt zu haben. Gleichzeitig führten sie aber offenbar dazu, daß einige wichtige Verkehrszentren nicht einmal mehr auf Umwegen erreichbar waren. Wenigstens dies sollte in Zukunft nicht mehr geschehen[141].

Anfang der fünfziger Jahre belief sich die Länge des Netzes der „klassifizierten Straßen" in Bayern auf 26627 Kilometer. An einen Ausbau war unter den damaligen finanziellen Bedingungen freilich kaum zu denken. Bis zum Ende des Jahrzehnts wuchs es dementsprechend nur um vier Prozent, im Bundesgebiet war der Zuwachs mit sieben Prozent immerhin fast doppelt so groß[142]. Für die Finanzierung von Straßen-Unterhalt, -Instandsetzung und -Neubau standen dem Freistaat grundsätzlich die Einnahmen aus der Kraftfahrzeugsteuer zur Verfügung. Deren Zweckbindung war zwar 1941 abgeschafft worden, die Staatsregierung verwandte die Kfz-Steuer seit 1949 dennoch fast ausschließlich für diese Aufgaben. Dies entsprach auch den Vorstellungen der meisten Abgeordneten, aus deren Reihen Anfang der fünfziger Jahre immer wieder der zweckgebundene Einsatz dieser Steuermittel angemahnt wurde. Trotzdem kam es im Haushaltsausschuß wie im Ausschuß für Wirtschaft und Verkehr des bayerischen Landtags über diese Frage zu lebhaften Diskussionen. Angesichts der sich verschlechternden Straßenverhältnisse mochten es einige Abgeordnete offenbar nicht recht glauben, daß die Gelder tatsächlich im vorgesehenen Sinne ausgegeben würden. Ausschlaggebend war jedoch, daß zwischen den meisten Abgeordneten und dem Finanzministerium unterschiedliche Auffassungen über das Ausmaß der Zweckbindung bestanden. Während die Abgeordneten überwiegend von der Annahme ausgingen, daß die Kfz-Steuermittel mehr oder weniger vollständig „verbaut" würden, sollten sie nach den Vorstellungen des Finanzministeriums auch alle übrigen Aufwendungen wie Straßenaufsichtsdienst, Winterdienst, Verwaltungsausgaben oder die Zuschüsse für den Straßenbau der Land-

[140] Vgl. Bruner (Hrsg.), Straßen- und Brückenbau, S. VIII-XIV; vgl. auch allg. Jürgen Schmädicke, Bessere Straßen braucht das Land. Der deutsche Straßenbau zwischen den Weltkriegen unter den Anforderungen des Lastkraftwagenverkehrs, in: Harry Niemann/Armin Hermann (Hrsg.), 100 Jahre LKW. Geschichte und Zukunft des Nutzfahrzeuges, Stuttgart 1997, S. 356–368.

[141] Vgl. Röthlein (Hrsg.), Straßen und Brücken in Bayern, 2. Folge, S. 37f.; BayHStA, StK 113542, bayerisches Staatsministerium des Innern an den Präsidenten des bayerischen Landtags vom 24. 8. 1954.

[142] Vgl. für den Bund Südbeck, Motorisierung, S. 94; für Bayern eigene Berechnungen.

und Stadtkreise abdecken[143]. Im Mai 1952 hielt ein Vertreter des Finanzministeriums den Abgeordneten im Haushaltsausschuß daher entgegen, daß es nicht schwer fiele, zusätzliche Mittel zu bewilligen, wenn der Zustand der Straßen in Bayern das einzige Problem wäre. „Leider sei es aber so, daß Notstände auch auf anderen Gebieten – Wasserversorgung, Kanalisation, Sozialer Wohnungsbau, Energiewirtschaft usw. – vorhanden seien." Die Positionen lagen jedoch nicht so weit auseinander. Ministerialdirigent Treßl erinnerte anschließend daran, daß die anderen Länder bei der zweckgebundenen Verwendung der Kfz-Steuer nicht so weit gegangen seien wie Bayern. „Wir haben in den vergangenen Jahren grundsätzlich das gesamte Kraftfahrzeugsteueraufkommen für den Straßenbau ausgegeben, weil auch wir der Meinung sind, daß es ja dazu da ist."[144]

Eine langfristige Wende zeichnete sich im Straßenbau schließlich mit dem Verkehrsfinanzierungsgesetz ab, das 1955 verabschiedet wurde. Es sah nicht nur die Erhöhung der dem Bund zustehenden Mineralölsteuer vor, sondern füllte durch die Anhebung der Kraftfahrzeugsteuer auch die Kassen der Länder[145]. Ähnlich große Bedeutung hatte das Straßenbaufinanzierungsgesetz von 1960, das – von einem 15-prozentigen Sockelbetrag abgesehen – die zeitlich unbegrenzte Zweckbindung des gesamten Mineralölsteueraufkommens vorsah. Ab diesem Zeitpunkt spielten Finanzierungsprobleme eine immer geringere Rolle[146]. Selbst der Autobahnbau kam nun zügig voran; bis 1955 hatte es in Bayern als einzige nennenswerte Neubaumaßnahme nur die Autobahn Wolnzach–Regensburg gegeben: Im Herbst 1954 wurde ein elf Kilometer langes Teilstück für den Verkehr geöffnet. Allerdings waren hier bei der Wiederaufnahme der Bauarbeiten im Jahr 1946 die Erdarbeiten und die Brückenbauten im wesentlichen abgeschlossen gewesen. Auch die Diskussion über Arbeitsbeschaffungsmaßnahmen für die in der Hallertau angesiedelten Heimatvertriebenen hatte das Projekt befördert[147]. Noch 1955 wurde dann das Autobahnprojekt Nürnberg-Würzburg-Aschaffenburg in Angriff genommen, dem als Hauptverbindung in Richtung Rhein und Ruhr für den Straßenverkehr eine ähnlich herausragende Bedeutung zukam wie der Elektrifizierung der entsprechenden Schienenverbindung für den Bahnverkehr. Bis zum Ende der fünfziger Jahre wurden zwei Teilstücke mit einer Länge von insgesamt 34 Kilometern für den Verkehr freigegeben, 1964 die letzte Lücke geschlossen[148].

Die Zweckbindung, die das Verkehrsfinanzierungsgesetz für das Mehraufkommen aus der Mineralölsteuer festlegte, erleichterte jetzt auch längerfristige Kalkulationen. Damit stieß es zugleich systematische Planungen für die Erweiterung des Bundesfernstraßennetzes an, die 1957 in einem ersten mehrjährigen Ausbauplan

143 AdbL, Protokolle der 106. und der 138. Sitzung des Ausschusses für den Staatshaushalt am 21. 5. und 24. 9. 1952 und der 92. Sitzung des Ausschusses für Wirtschaft und Verkehr am 21. 5. 1953.

144 AdbL, Protokoll der 106. Sitzung des Ausschusses für den Staatshaushalt am 21. 5. 1952.

145 Zum Verkehrsfinanzierungsgesetz vgl. Klenke, Verkehrspolitik, S. 191–261; zu dessen Wirkungen vgl. Südbeck, Motorisierung, S. 86–94.

146 Vgl. ebenda; Klenke, Freier Stau, S. 35–59.

147 BayHStA, StK 113736, Bundesverkehrsministerium an den persönlichen Referenten von Bundesfinanzminister Schäffer vom 14. 3. 1950, Wilhelm Hoegner an Hans-Christoph Seebohm vom 8. 8. 1951; Isar-Post vom 11. 9. 1954: „Bonn tat etwas Vernünftiges. Neues Autobahn-Teilstück München-Wolnzach-Regensburg dem Verkehr übergeben".

148 Vgl. Bruner (Hrsg.), Straßen- und Brückenbau, S. VII; Hermann Hach, Die Bundesautobahnen in Bayern, in: Straßen und Brücken in Bayern, 3. Folge, S. 38–53, hier S. 40f.

ihren Niederschlag fanden. Als oberste Kriterien legte das Bundesverkehrsministerium dabei für alle Baumaßnahmen den Vernetzungseffekt und die Verkehrsbelastung (beziehungsweise bei Neubauten die Entlastungseffekte) zugrunde. Der Ausbauplan ersetzte damit die bis dahin vorherrschenden Dringlichkeitslisten und Einzelprojekte. Im Rahmen von drei Vierjahresplänen sollten im ganzen Bundesgebiet neben dem Ausbau des bestehenden Netzes nun insgesamt 1990 km Autobahnen und 1050 km Bundesstraßen („Blaues Netz") neu gebaut werden. Bei den Bundesstraßen entfielen davon auf Bayern rund 418 km (39 Prozent), bei den Autobahnen circa 394 km (19 Prozent)[149].

Eine Intensivierung und Systematisierung der Planungstätigkeit bewirkte das Verkehrsfinanzierungsgesetz auch bei den Bundesländern, denen die Erhöhung der Kfz-Steuer zugute kam. In den Jahren 1958, 1961 und 1962 legte die bayerische Oberste Baubehörde mit dem „Grünen, Gelben und Grauen Netz" jeweils mehrjährige und untereinander abgestimmte Ausbaupläne für die bayerischen Staats-, Kreis- und Gemeindestraßen vor. In Verbindung mit dem „Blauen Netz" des Bundes sollten sie ein optimales Straßensystem schaffen und zugleich eine möglichst effiziente Verteilung der in Bayern zur Verfügung stehenden Mittel sicherstellen. Bei allen drei Plänen genoß die „Beseitigung der noch nicht staubfreien Fahrbahnen als dem fühlbarsten und am meisten Anstoß erregenden Mißstand" die höchste Priorität. Bei Straßen mit einer geringen Verkehrsbelastung war dafür ein kostengünstiger Zwischenausbau vorgesehen, nur Straßen mit hoher Verkehrsbelastung sollten voll ausgebaut werden und neben neuen Decken auch breitere Fahrbahnen, einen verbesserten Unterbau sowie eine dauerhafte Sicherung gegen Frostschäden erhalten. Vor allem beim „Grünen und Gelben Netz" beinhaltete der Vollausbau außerdem neue Ortsumgehungen und -durchfahrten sowie die Anlage von Kreuzungen, Brücken und Unterführungen, hinzu kamen noch Korrekturen der Trassenführung. Gemeinsam war den drei Plänen, daß die für den Voll- und für den Zwischenausbau ausgewählten Strecken in einem annähernd gleichen Verhältnis zueinander standen: Bei den Staatsstraßen war ein Zwischenausbau etwa für 2200 Kilometern und ein Vollausbau für weitere 2050 Kilometer geplant, veranschlagt wurde dafür rund eine Milliarde Mark und ein Zeitraum von zwölf Jahren[150].

Den Bau neuer Straßenzüge sahen die Ausbaupläne dagegen nur selten vor. Veränderungen in der Länge des jeweiligen Straßennetzes beruhten daher vor allem auf der Neuklassifizierung bestehender Straßen. So stufte der Bund Anfang der sechziger Jahre allein in Bayern rund 800 km Staatsstraßen zu Bundesstraßen auf. Das Land gab diese Entlastung an die Landkreise weiter, indem es seinerseits

[149] Vgl. Ausbauplan für die Bundesfernstraßen (Bundesstraßen und Bundesautobahnen), aufgestellt vom Bundesminister für Verkehr, Bonn 1957, S. 9 f. und S. 14, Anlagen 11 und 12; Südbeck, Motorisierung, S. 87 f.; Die Verkehrspolitik in der Bundesrepublik Deutschland 1949–1961. Ein Bericht des Bundesministers für Verkehr, Bad Godesberg 1961, S. 30 und S. 240–245. Im Zuge des Ausbaus von Bundesstraßen sollten außerdem 3150 km Ortsumgehungen neu gebaut werden.

[150] Ausbauplan für die bayerischen Staatsstraßen „Grünes Netz", aufgestellt bei der Gruppe Straßen- und Brückenbau der Obersten Baubehörde im Bayerischen Staatsministerium des Innern, München 1958, S. 30; vgl. Ausbauplan für die bayerischen Kreisstraßen „Gelbes Netz", aufgestellt bei der Obersten Baubehörde im Bayerischen Staatsministerium des Innern, München 1961, und Ausbauplan für die bayerischen Gemeindeverbindungsstraßen „Das Graue Netz" Oberbayern, aufgestellt bei der Obersten Baubehörde im Bayerischen Staatsministerium des Innern, München 1962.

Kreis- zu Staatsstraßen machte, was wiederum eine Aufstufungsaktion bei den Gemeindestraßen nach sich zog. Nach dem bayerischen Straßen- und Wegegesetz aus dem Jahr 1958 war dafür nun nicht mehr der Ausbauzustand einer Straße, sondern ihre Verkehrsbedeutung maßgebend. Finanzschwache Gemeinden hatten dadurch bessere Chancen, in den Genuß gut ausgebauter Straßen zu kommen[151].

b) Kommunaler Finanzausgleich und Gemeindestraßenbau

Ende der fünfziger Jahre hatten die bayerischen Landtagsabgeordneten und die Straßenbauverwaltung zunehmend den Eindruck, daß der Ausbau der großen Ortsverbindungsstraßen gute Fortschritte machte. In Bayern könne man „auf den Zustand der Bundesstraßen und der Staatsstraßen wirklich stolz sein", lobte der Abgeordnete Georg Bantele (BP) im November 1959 die Arbeit der Obersten Baubehörde[152]. Daher begann man sich nun verstärkt um die Kreis- und Gemeindestraßen zu kümmern, die im Vergleich zu den Bundes- und Staatsstraßen immer deutlicher abfielen. Dies hatte vor allem finanzielle Gründe, denn während dem Freistaat für Bau und Unterhalt seiner Straßen das Aufkommen aus der Kraftfahrzeugsteuer zur Verfügung stand und die Landkreise vom Land wenigstens kilometerbezogene Pauschalbeträge für die Kreisstraßen erhielten, waren die Gemeinden in den fünfziger Jahren noch gezwungen, ihre Straßenkosten aus den eigenen Haushaltsmitteln zu decken. Der Freistaat gewährte zwar Zuschüsse für größere Projekte, viele Gemeinden waren aber gar nicht in der Lage, diese in Anspruch zu nehmen, da ihnen dazu die notwendigen Eigenmittel fehlten.

Dabei fiel der weitaus größte Teil des bayerischen Straßennetzes in die Kompetenz der Kommunen. Eine erste detaillierte Bestandsaufnahme im Jahr 1956 ergab für die Gemeindeverbindungsstraßen eine Länge von 54466 Kilometern; damit übertrafen sie das Netz der klassifizierten Straßen um etwa das Doppelte. Zählte man noch die knapp 22000 Kilometer an innerörtlichen Straßen hinzu, machten die Gemeindestraßen sogar 73 Prozent des gesamten bayerischen Straßennetzes aus[153]. Dieser Sachlage mußte aus der Sicht der Betroffenen Rechnung getragen werden:

„Niemand kann es als gerecht empfinden, daß sich die Baulast der 250000 km bundesdeutscher Straßen zwischen Bund, Ländern und Gemeinden sowie kommunalen Baulastträgern nach der km-Zahl im Verhältnis 10:20:70 aufteilt, während die Straßenbaubeträge des Kraftverkehrs im Verhältnis 70:30:0 in die Kassen des Bundes oder des Landes fließen",

beklagte sich der Landrat des unterfränkischen Kreises Ochsenfurt im Sommer 1959 bei Ministerpräsident Hanns Seidel[154]. Um diese drückende Last zu vermindern, kam aus dem Landtag wie von den Kommunen wiederholt der Vor-

[151] AdbL, Protokoll der 18. Sitzung des Ausschusses für Wirtschaft und Verkehr am 12. 11. 1959; Gesamtverkehrsplan Bayern 1970, S. 111; Ludwig Spörl, Ein Jahrzehnt Straßenbau in Bayern, in: Straßen und Brücken in Bayern, 3. Folge, S. 8–21, hier S. 10f.

[152] AdbL, Protokoll der 18. Sitzung des Ausschusses für Wirtschaft und Verkehr am 12. 11. 1959; vgl. auch Stenographischer Bericht über die 111. Sitzung des bayerischen Landtags am 8. 2. 1962, S. 3534: „Damit sind wir praktisch im staatlichen Straßenbau außerordentlich schnell vorangekommen."

[153] Vgl. Statistisches Jahrbuch für Bayern 27 (1961), S. 198.

[154] BayHStA, StK 114164, Landrat Remling an Hanns Seidel vom 15. 6. 1959 (tatsächlich etwa 230000 km).

schlag, in besonders schwer betroffenen Landkreisen einen Teil der Gemeindestraßen aufzustufen. Bei der Obersten Baubehörde stießen solche Ideen allerdings auf wenig Gegenliebe, da sie die Neuklassifikation von Straßen auch in Zukunft an formale Kriterien und die Logik ihrer Ausbauplanungen gebunden wissen wollte[155].

Gleichwohl zeichnete sich eine Lösung ab. Seit 1957 überließ der Freistaat den Kommunen jährlich einen wachsenden Anteil des Kfz-Steueraufkommens zweckgebunden für den Straßenbau. Innerhalb von sechs Jahren erhöhte sich diese Quote von 20 auf 45 Prozent, das heißt, es flossen angesichts des steigenden Steueraufkommens zuletzt immerhin 122 Millionen DM in die Kassen der Gemeinden. Für den ab 1957 amtierenden Finanzminister Rudolf Eberhard, der aus seiner Zeit als Landrat in Ebermannstadt (Ofr.) die Probleme aus eigener Anschauung kannte, blieb diese Situation dennoch unbefriedigend. Aus seiner Sicht erforderte das unausgewogene Gewerbesteueraufkommen und die Belastung der Gemeindefinanzen durch die drängenden Probleme des Wohnungs-, Schul- oder Krankenhausbaus eine grundsätzliche Reform des kommunalen Finanzausgleichs. Neben einer Beteiligung der Gemeinden an der Lohnsteuer war Eberhards Konzept, das er seit 1961 propagierte und das später als Eberhard-Plan bekannt werden sollte, vor allem von dem Gedanken geleitet, das gesamte Aufkommen aus der Kfz-Steuer den Gemeinden und Landkreisen mit einer Zweckbindung für den Straßenbau zuzuweisen[156]. Größere Widerstände brauchte er nicht zu befürchten: Die Unterstützung durch die kommunalen Spitzenverbände verstand sich beinahe von selbst, die Presse war den Kommunen in der Regel ebenfalls wohlgesonnen, und auch bei der Opposition lief Eberhard offene Türen ein. Die SPD beantragte sogar, die vorgesehenen Finanzmittel den Gemeinden nicht erst 1963, sondern bereits ein Jahr früher zur Verfügung zu stellen[157]. Umstritten war lediglich der komplizierte Verteilungsschlüssel, aber auch hier lagen die verschiedenen Standpunkte nicht allzu weit auseinander[158].

Der Eberhard-Plan bedeutete eine nachhaltige Förderung des kommunalen Straßenbaus, dem 1963 dadurch 305 Millionen DM, drei Jahre später aber schon 434 Millionen DM zuflossen. Was mit dem Geld im einzelnen geschah, ist schwer zu sagen, doch im Überblick zeigt sich, daß die Länge der Gemeindestraßen in ganz Bayern bis zum Jahr 1966 immerhin um sieben Prozent zunahm. Vor allem

[155] Vgl. Stenographischer Bericht über die 111. Sitzung des bayerischen Landtags am 8. 2. 1962, S. 3534, AdbL, Protokolle der 7. und der 18. Sitzung des Ausschusses für Wirtschaft und Verkehr am 9. 4. 1959 und 12. 11. 1959.

[156] Vgl. Stenographischer Bericht über die 98. Sitzung des bayerischen Landtags am 17. 10. 1961, S. 3004–3011; Stenographischer Bericht über die 4. Sitzung des bayerischen Landtags am 20. 12. 1962, S. 22–28; vgl. auch zum folgenden Otto Barbarino, Die Beziehung zwischen Finanzausgleich und Raumordnung – dargelegt an der Finanzpolitik des Landes Bayern, in: Finanzpolitik als Gegenstand der Regionalplanung, Hannover 1969, S. 13–55, hier vor allem S. 45–52 (Akademie für Raumforschung und Landesplanung. Forschungs- und Sitzungsberichte 45).

[157] AdbL, Protokoll der 208. Sitzung des Ausschusses für den Staatshaushalt und Finanzfragen am 3. 7. 1962.

[158] AdbL, Protokoll der 11. Sitzung des Ausschusses für den Staatshaushalt und Finanzfragen am 22. 2. 1963 und Protokoll der 9. Sitzung des Ausschusses für Verfassungs-, Rechts- und Kommunalfragen am 25.2. 1963.

in den Regierungsbezirken Oberpfalz und Unterfranken, die Anfang der sechziger Jahre die geringste Dichte bei den Gemeindestraßen aufwiesen, war der Zuwachs besonders groß, wie aus der folgenden Tabelle hervorgeht.

Länge der Gemeindestraßen in den Jahren 1961 und 1966

	Innerortsstraßen			Außerortsstraßen		
	1961 km	1966 km	+ in %	1961 km	1966 km	+ in %
Oberbayern	7122	7907	11%	11324	11866	4%
Niederbayern	2428	2768	14%	8583	9263	7%
Oberpfalz	2590	3222	24%	6361	7060	11%
Oberfranken	2946	3347	13%	4470	4798	7%
Mittelfranken	3457	3634	2%	5090	5011	–1%
Unterfranken	2628	3199	22%	2388	2868	20%
Schwaben	4189	4554	8%	6187	5746	–7%
Bayern	25361	28632	12%	44490	46611	4%

Quellen: Die Gemeindestraßen in Bayern. Ergebnis der Statistik der Gemeindestraßen nach dem Stand vom 1. Januar 1961, hrsg. vom Bayerischen Statistischen Landesamt, München 1963, Tabelle 1 (Beiträge zur Statistik Bayerns 247); Öffentliche Straßen, Brücken und Parkeinrichtungen in Bayern. Ergebnisse der Statistik der Straßen in den Gemeinden sowie der Straßen- und Brückenbestandsaufnahme der staatlichen Straßenbauverwaltungen des Landes Bayern nach dem Stand vom 1. Januar 1966, hrsg. vom Bayerischen Statistischen Landesamt, München 1967, Tabelle 2 (Beiträge zur Statistik Bayerns 279).

Zustand der Gemeindestraßen in den Jahren 1961 und 1966
Veränderungen gegenüber 1961 in Klammern

	einfach bef. Fahrbahnen		wassergebundene Decken		staubfrei bef. Decken	
	1961 in %	1966 in %	1961 in %	1966 in %	1961 in %	1966 in %
Oberbayern	65,6	48,3 (–17,3)	14,8	16,1 (+1,3)	19,6	35,6 (+16,0)
Niederbayern	74,2	58,1 (–16,1)	15,2	11,4 (–3,8)	10,6	30,5 (+19,9)
Oberpfalz	59,6	42,2 (–17,4)	20,0	15,5 (–4,5)	20,4	42,3 (+21,9)
Oberfranken	47,4	35,3 (–12,1)	22,4	20,7 (–1,7)	30,2	44,0 (+13,8)
Mittelfranken	35,3	24,6 (–10,7)	34,0	28,9 (–5,1)	30,7	46,5 (+15,8)
Unterfranken	33,6	26,3 (– 7,3)	29,2	28,1 (–1,1)	37,2	45,6 (+ 8,4)
Schwaben	50,7	34,2 (–16,5)	20,6	20,3 (–0,3)	28,7	45,5 (+16,8)
Bayern	56,0	41,7 (–14,4)	20,0	18,8 (–1,2)	24,0	39,5 (+15,5)

Quellen: Die Gemeindestraßen, Tabelle 2 (Beiträge zur Statistik Bayerns 247); Öffentliche Straßen, Übersicht 10 (Beiträge zur Statistik Bayerns 279).

Zudem machte in der Oberpfalz auch der Ausbau der Gemeindestraßen die größten Fortschritte, der Anteil an staubfreien Straßenbelägen wuchs hier zwischen 1961 und 1966 um fast 22 Prozentpunkte. Ähnlich groß waren die Verbesserungen nur in Niederbayern, dessen Gemeindestraßen aber auch noch 1966 im schlechtesten Zustand waren. Insgesamt zeigen sich damit zwei bemerkenswerte Tendenzen. Zum einen scheinen die Gelder aus dem Eberhard-Plan – so wie es auch das von der Obersten Baubehörde 1962 vorgelegte „Graue Netz" vorsah – tatsächlich stärker für den Ausbau als für den Neubau von Straßen ausgegeben worden zu sein. Zum anderen wurde damit in den Regierungsbezirken die größte Wirkung erzielt, in denen Ausbauzustand oder Streckenlänge der Gemeindestraßen am weitesten unter dem Durchschnitt lagen[159].

Für die Wirkungen des Eberhard-Plans im Regierungsbezirk Oberpfalz, der davon in besonderem Ausmaß zu profitieren schien, liefert der Raumordungsplan für den „Östlichen Oberpfälzer Wald" aus dem Jahr 1966 weitere Anhaltspunkte. Er umfaßte mit den oberpfälzischen Landkreisen Cham, Neunburg vorm Wald, Oberviechtach, Roding und Waldmünchen sowie dem niederbayerischen Landkreis Kötzting eine Region, die als besonders strukturschwach galt. Das Gebiet grenzte an die ČSSR und war durch eine ausgeprägte Randlage innerhalb Bayerns und der Bundesrepublik gekennzeichnet. Im Raumordnungsplan wurde explizit betont, daß das untergeordnete Straßennetz durch die Ausbaumaßnahmen der letzten Jahre „teilweise beachtlich erweitert" worden sei. Im „Östlichen Oberpfälzer Wald" habe das Netz der klassifizierten Straßen zwischen 1956 und 1965 um gut 36 Prozent zugenommen[160].

Einwohner- und Straßendichte in ausgewählten Landkreisen am 1. Januar 1966
Veränderungen gegenüber 1961 in Klammern

Landkreise	Einwohner/ qkm	klass. Straßen km/100qkm	Gem. Straßen km/100qkm	Straßen ges. km/100qkm	Straßen ges. km/ 1000 Einw.
Cham	105,1	50,9 (+45%)	105,5 (+ 9%)	156,4 (+19%)	14,9
Neunburg v. Wald	52,5	51,5 (+23%)	87,6 (+41%)	139,1 (+34%)	26,5
Oberviechtach	56,0	57,4 (+39%)	90,8 (– 0,1%)	148,2 (+11%)	26,5
Roding	62,4	59,7 (+52%)	115,3 (+ 9%)	175,0 (+21%)	28,0
Waldmünchen	58,4	52,2 (+34%)	85,6 (+ 9%)	137,8 (+17%)	23,6
Kötzting	72,4	42,9 (+10%)	96,1 (+18%)	139,0 (+15%)	19,2
Oberpfalz[1]	71,8	47,5 (+27%)	103,0 (+16%)	150,5 (+19%)	20,9
Niederbayern[1]	79,7	52,5 (+26%)	109,9 (+ 9%)	162,4 (+14%)	20,3
Bayern[1]	95,2	47,8 (+22%)	100,7 (+ 8%)	148,5 (+12%)	15,5

[1] Nur Landkreise ohne kreisfreie Städte. Quellen: Die Gemeindestraßen, Tabelle 1 (Beiträge zur Statistik Bayerns 247); Öffentliche Straßen, Übersicht 4 (Beiträge zur Statistik Bayerns 279).

Wie die vorstehende Tabelle zeigt, lag die Dichte des klassifizierten Straßennetzes in allen oberpfälzischen Landkreisen jetzt etwas über dem bayerischen Durchschnitt, nur der niederbayerische Landkreis Kötzting darunter. Ähnliches galt für den Zuwachs gegenüber 1961, der vor allem auf Aufstufungsaktionen zurückzuführen sein dürfte. Rechnet man die Gemeindestraßen hinzu, blieben allerdings auch die Landkreise Neunburg und Waldmünchen unter den bayerischen Durch-

[159] Dieses Ergebnis liegt freilich auch in der Natur der Sache, da es sich dabei um sogenannte Basiseffekte handelt.

[160] Bayerisches Staatsministerium für Wirtschaft und Verkehr – Landesplanungsstelle, Raumordnungsplan Östlicher Oberpfälzer Wald, o.O. (München) 1966, S. 55; vgl. auch Joachim Strunz, Ausgewählte Schwerpunkte der landesplanerischen Tätigkeit in der Oberpfalz in den Jahren 1956–1983, in: Beiträge zur Entwicklung der Landesplanung, S. 145–162, hier S. 150–153.

schnittswerten, und das, obwohl Neunburg bei den Gemeindestraßen eine weit überdurchschnittliche Zunahme seit 1961 aufwies. Auch hier wird deutlich, daß die Gelder aus dem Eberhard-Plan wohl primär zum Ausbau des Gemeindestraßennetzes genutzt wurden. Auch wenn die Landesplaner mit der Dichte des Straßennetzes im Oberpfälzer Wald 1966 recht zufrieden waren, schätzten sie dessen Ausbauzustand noch als unzureichend ein: Die Staatsstraßen seien „teilweise selbst für mäßigen Verkehr unzulänglich", bei den Kreisstraßen seien die Verhältnisse „ähnlich"; für die Gemeindestraßen treffe dieses negative Urteil sogar zum „größten Teil" zu[161]. Zumindest die Fahrbahnen der Gemeindestraßen brauchten aber den Vergleich mit denen der übrigen bayerischen Landkreise nicht zu scheuen, wie sich aus der folgenden Tabelle ersehen läßt. Nur Kötzting und Neunburg verfehlten mit einem Anteil von jeweils etwa 32 Prozent staubfreien Straßenbelägen den bayerischen Durchschnitt knapp. Während die Qualität der Fahrbahnen also eher überdurchschnittlich war, lag ihre Breite zum Teil deutlich darunter.

Zustand der Gemeindestraßen in ausgewählten Landkreisen am 1. Januar 1966

Landkreise	Länge d. Gem. Str. in km	einfach bef. Fahrbahnen	wassergeb. Decken in %	staubfrei bef. Decken	Fahrbahnbreiten in % bis 4 m	4 bis 6 m	über 6 m
Cham	394,0	34,4	22,1	43,5	57,1	37,0	5,9
Neunburg	297,2	57,7	9,6	32,7	56,5	42,3	1,2
Oberviechtach	250,6	53,0	10,9	36,1	55,5	42,1	2,4
Roding	586,4	55,9	6,6	37,5	60,1	37,5	2,4
Waldmünchen	236,9	41,1	22,1	36,8	49,9	49,7	0,4
Kötzting	434,0	52,8	14,7	32,5	70,8	27,7	1,5
Oberpfalz[1]	9799,4	48,0	16,0	36,0	49,9	46,0	4,1
Niederbayern[1]	11728,6	58,8	11,6	29,6	56,6	40,3	3,1
Bayern[1]	69435,7	44,6	19,9	35,5	42,6	50,1	7,3

[1] Nur Landkreise ohne kreisfreie Städte. Quelle: Öffentliche Straßen, Übersicht 10 (Beiträge zur Statistik Bayerns 279).

Der positiven Bilanz, die sich nach der Änderung des kommunalen Finanzausgleichs bei den Gemeindestraßen ziehen ließ, stand allerdings eine Vernachlässigung der Staatsstraßen gegenüber. Ihr Ausbau und Unterhalt war bis dahin überwiegend aus den Mitteln der Kfz-Steuer bestritten worden und mußte nun aus dem allgemeinen Haushalt finanziert werden. Angesichts der deutlichen Verbesserungen beim Gemeindestraßenbau, machte sich beim Chef der Obersten Baubehörde bereits 1966 die Befürchtung breit, „die Staatsstraßen könnten schon in absehbarer Zeit eine negative Auslese darstellen"[162]. Nachdem die Klagen aus

[161] Raumordnungsplan Östlicher Oberpfälzer Wald, S. 55f. und S. 87.
[162] BayHStA, BBbB 970, Vermerk Ludwig Spörls (OBB) vom 28. 3. 1966; vgl. auch Stenographischer

der Straßenbauverwaltung über den schlechten Zustand der Staatsstraßen überhand genommen hatten, kam diesen ab 1967 wenigstens das jährliche Mehraufkommen aus der Kfz-Steuer zugute[163]. Das Ausbauziel bei den Staatsstraßen, für das 1958 im „Grünen Netz" ein Zeitraum von 12 Jahren veranschlagt worden war, konnte dennoch nicht mehr erreicht werden, während die Bilanz bei den Kreis- und Gemeindestraßen, wie erwartet, überwiegend positiv ausfiel[164]. In den negativen Konsequenzen für den Staatsstraßenbau lag vermutlich der wesentliche Grund, warum sich kein anderes Bundesland zu dem Schritt entschließen konnte, den Gemeinden das Kfz-Steuer-Aufkommen vollständig zu überlassen. Mit dem Eberhard-Plan schlug Bayern also vorübergehend einen Sonderweg ein, obwohl der Finanzminister mit seiner Reform ursprünglich genau das Gegenteil beabsichtigt hatte[165].

c) Bundeshilfen für den kommunalen Straßenbau

Während in den fünfziger Jahren der Wiederaufbau des Verkehrssystems, die Neuordnung des Güterverkehrs und die Finanzierung des Straßenbaus im Vordergrund der verkehrspolitischen Diskussion standen, wurde sie in den sechziger Jahren, wie erwähnt, von den Streckenstillegungen der Bahn und insbesondere von den Verkehrsproblemen der Städte dominiert. Eine mit dem wirtschaftlichen Strukturwandel einhergehende Konzentration von Arbeitsplätzen in den Zentren, die Verlagerung von Wohnstätten in Vororte und städtisches Umland und nicht zuletzt der rapide Anstieg des Individualverkehrs hatten vor allem in den Ballungsräumen zu einer immer stärkeren Überlastung der Straßen geführt. Um Lösungen für diese Fragen zu finden und ein entsprechendes Bundesgesetz vorzubereiten, gab der Bundestag 1961 ein umfassendes Gutachten in Auftrag, das „Maßnahmen zur Verbesserung der Verkehrsverhältnisse in den Gemeinden" aufzeigen sollte[166].

Bei der bayerischen Staatsregierung stieß diese Initiative nicht auf ungeteilte Zustimmung, da man wesentliche Eingriffe in die Landeskompetenzen erwartete. Auch die Zusicherung des Bundesverkehrsministers, das Gesetz und die Besetzung der Sachverständigenkommission, die das Gutachten vorlegen sollte, nur in engstem Einvernehmen mit den Ländern zu gestalten, konnten diese Bedenken nicht vollständig ausräumen. Konkret stand zu befürchteten, daß der Bund in Zukunft „nach eigenem Ermessen" und ohne Beteiligung der Länder Zuschüsse an die Gemeinden geben könnte. Diese Möglichkeit hatte bis dahin nur für Bundesstraßen, die durch Ortschaften führten, oder für Gemeindestraßen bestanden, die

Bericht über die 74. Sitzung des bayerischen Landtags am 6. 4. 1965, S. 2789 (Innenminister Heinrich Junker).

163 BayHStA, MWi 22266, Landesplanungsstelle an Referat IV/1d vom 3. 8. 1965; BayHStA, StK 114164, Vermerk Vaitls (Referat A I 2) vom 17. 10. 1967.

164 Vgl. Straßen und Brücken in Bayern, 4. Folge. Ein Überblick über die Jahre 1967–1972, hrsg. von der Obersten Baubehörde im Bayerischen Staatsministerium des Innern, München 1973, S. 21.

165 Vgl. Stenographischer Bericht über die 98. Sitzung des bayerischen Landtags am 17. 10. 1961, S. 3011.

166 Vgl. zum Stadtverkehr Schmucki, Traum vom Verkehrsfluß, S. 94–98; Drucksache 2628 vom 27. 3. 1961, in: Verhandlungen des Deutschen Bundestages. 3. Wahlperiode. Anlagen zu den stenographischen Berichten, Bd. 73, Bonn 1961.

eine wichtige Zu- oder Ableitfunktion für Bundesstraßen erfüllten. Für den bayerischen Staatsminister für Bundesangelegenheiten, Franz Heubl (CSU), stand damit fest, daß der Bund wieder einmal versuche, „durch den ‚goldenen Zügel' eine Verfassungswirklichkeit zu schaffen, die mit dem Wortlaut des Grundgesetzes im Widerspruch steht". Um den Gemeinden dennoch zusätzliche Mittel für den Verkehrsausbau zur Verfügung stellen zu können, schlug er vor, nicht wie beabsichtigt die Mineralölsteuer, sondern die Kfz-Steuer zu erhöhen, deren Aufkommen allein den Ländern zustand. Da der Gesetzentwurf ja die Entlastung der Ballungsräume zum Ziel habe, sei dies im übrigen auch sachlich geboten. In den Städten würden schließlich hauptsächlich kurze Strecken gefahren, so daß sich hier eine Erhöhung der Mineralölsteuer nicht so sehr bemerkbar mache. Dies gelte noch stärker für den ruhenden Verkehr, der immer mehr Flächen beanspruche. Heubl forderte in dieser Frage zwar ein gemeinsames Vorgehen der Bundesländer, konnte sein Konzept auf Bundesebene aber nicht durchsetzen[167].

Die meisten Vorschläge, die die Verkehrsexperten im Sachverständigenbericht 1964 vorlegten, fanden die grundsätzliche Zustimmung der Bundesregierung. Sie kritisierte jedoch, daß sich die Gutachter nicht nur auf die Verkehrsprobleme von Ballungsräumen und sogenannten Verkehrsregionen konzentriert, sondern deren Lösung auch allzu deutlich Priorität gegenüber denen der Kleinstädte, Dörfer und ländlichen Gebiete eingeräumt hätten. „Eine unterschiedliche Rangordnung zwischen den Verkehrsproblemen in den Verdichtungsräumen einerseits und denen der anderen Gemeinden der Bundesrepublik andererseits" war nach Meinung der Bundesregierung „nicht vertretbar"[168]. Tatsächlich hatten sich die Gutachter durch ihre thematische Selbstbeschränkung nur mit den Innerortsstraßen von Gemeinden mit mehr als 20000 Einwohnern befaßt. Davon waren in Bayern gerade einmal sieben Prozent aller Gemeindestraßen betroffen. Während die Bundesregierung selbst aber keine ernsthafte Kurskorrektur vornahm, schlossen sich ihrer ursprünglichen Kritik in den folgenden Jahren der Bundesrat sowie der Landkreis- und Gemeindetag an. Im Kern lautete ihre Argumentation, daß die Beseitigung von Verkehrsproblemen in den ländlichen Gebieten nicht nur zu einer Verbesserung der Situation vor Ort, sondern zugleich zu einer Entlastung der Ballungsräume beitragen würde[169].

Vor allem um die Verkehrssituation in den Gemeinden zu entspannen, wurde schließlich im Dezember 1966 die Mineralölsteuer um drei Pfennig pro Liter er-

167 BayHStA, BBbB 970, Franz Heubl an Alfons Goppel vom 31. 3. 1966, sowie BBbB 968, 262. Koordinierungsbesprechung in der bayerischen Staatskanzlei am 10. 7. 1961; vgl. auch Stenographischer Bericht über die 236. Sitzung des Bundesrats am 14. 7. 1961, S. 202. Zur Steuersystematik vgl. auch Barbarino, Finanzausgleich und Raumordnung, in: Finanzpolitik als Gegenstand der Regionalplanung, S. 46.

168 Josef-Walther Hollatz/Friedrich Tamms (Hrsg.), Die kommunalen Verkehrsprobleme in der Bundesrepublik Deutschland. Sachverständigenbericht und Stellungnahme der Bundesregierung, Essen 1965, S. VII.

169 BayHStA, MWi 22266, Bundesrat – Ausschuß für Verkehr und Post: Bericht über die 4. Sitzung des Unterausschusses „Verbesserung der Verkehrsverhältnisse der Gemeinden" vom 26. 8. 1965; Zum Thema: Verbesserung der Verkehrsverhältnisse. Kurzfassung der Stellungnahme des Deutschen Landkreis- und des Deutschen Gemeindetags zum Bericht der Sachverständigenkommission über eine Untersuchung von Maßnahmen zur Verbesserung der Verkehrsverhältnisse in den Gemeinden, in: Der Landkreis 35 (1965), S. 79f.

höht; die fünf Monate später erlassenen Richtlinien sahen dann die Zweckbindung dieser Gelder für kommunale Verkehrsprojekte vor. In diesen Regelungen sowie in der vom Bundesverkehrsministerium zusammengestellten Liste baureifer Vorhaben, die Bundeszuwendungen erhalten sollten, blieb die Kritik an der Einseitigkeit des „Sachverständigenberichts" allerdings noch so gut wie unberücksichtigt. 26 der 28 Projekte, die der Freistaat nach den Richtlinien für die Bundeszuwendungen auf die Liste gesetzt hatte, betrafen Städte, von den Landkreisen sollten nur Passau und Wolfstein kleinere Summen für den Ausbau einzelner Kreisstraßen erhalten. Noch stärker als bei der Auswahl der Projekte war die Konzentration bei der vorgesehenen Verteilung der Mittel des Bundes[170]: Sie sollten ganz überwiegend in die Ballungsräume München und Nürnberg/Fürth/Erlangen fließen, denen auch als einzige Gemeinden in Bayern noch weit höhere Summen für den Ausbau des öffentlichen Personennahverkehrs in Aussicht gestellt worden waren. Bestimmt waren sie ausschließlich für den U-Bahnbau[171]. So willkommen die Bundeszuwendungen für die Landeshauptstadt München waren, als Flächenstaat mußte Bayern auch die Verkehrserschließung seiner ländlichen Gebiete im Auge behalten. Die bayerischen Straßenbaubehörden begrüßten es daher ausdrücklich, als bei der Vorbereitung des 1971 erlassenen Gemeindeverkehrsfinanzierungsgesetzes der Katalog möglicher Ausbaumaßnahmen erweitert werden sollte. Damit bestand die Aussicht, auch für den Ausbau von Straßen in den Zonenrandgebieten und bei der Stillegung von Bahnstrecken Bundeszuschüsse in Anspruch nehmen zu können[172]. Tatsächlich kamen zwischen 1971 und 1978 die bayerischen Landkreise stärker als zuvor in den Genuß von Bundeszuschüssen. Elf Landkreise erhielten in diesem Zeitraum bis zu vier Millionen DM, 23 Landkreise zwischen vier und zehn Millionen DM und 35 Landkreise zwischen zehn und 25 Millionen DM. Der Landkreis Freyung-Grafenau kam sogar auf einen Betrag zwischen 25 und 75 Millionen DM, während der Landkreis Weißenburg-Gunzenhausen – als einziger in der ganzen Bundesrepublik – offenbar leer ausging. Summen über 75 Millionen DM blieben aber weiterhin den Großstädten München und Nürnberg vorbehalten[173].

[170] Nach der Liste baureifer Vorhaben (Drucksache 3884 vom 23. 2. 1969, in: Verhandlungen des Deutschen Bundestages. 5. Wahlperiode. Anlagen zu den stenographischen Berichten, Bd. 128, Bonn 1969) sollten ca. 67 Prozent der Bundeszuwendungen für den kommunalen Straßenbau in Bayern nach München und Nürnberg/Erlangen fließen, Bundeszuwendungen für den kommunalen Straßenbau in Bayern im Jahr 1967: 68,3 Millionen DM; 1968: 78,4 Millionen DM; 1969: 94,8 Millionen DM, 1970: 96,2 Millionen DM; 1971: 94,3 Millionen DM betragen.

[171] Vgl. Klenke, Freier Stau, S. 77ff.; Schmucki, Traum vom Verkehrsfluß, S. 213ff.; Bernd Reissert, Die finanzielle Beteiligung des Bundes an Aufgaben der Länder und das Postulat der „Einheitlichkeit der Lebensverhältnisse im Bundesgebiet", International Institute of Management, Wissenschaftszentrum Berlin I/75–21, 1975, S. 74–85; Hans Seeser/Rudolf Pawlack, Die kommunalen Straßen in Bayern, in: Straßen und Brücken in Bayern, 3. Folge, S. 76–83; Drucksache 3884 vom 23. 2. 1969, in: Verhandlungen des Deutschen Bundestages. 5. Wahlperiode. Anlagen zu den stenographischen Berichten, Bd. 128.

[172] Vgl. BayHStA, BBbB 970, Vormerkung Konrad Reglers vom 9. 12. 1966; BGBl. I, 1971, S. 239–242.

[173] Vgl. Bundesminister für Verkehr, Bericht über die Verwendung der Finanzhilfen des Bundes zur Verbesserung der Verkehrsverhältnisse der Gemeinden für das Jahr 1978, Bonn 1980, Karte A 2.

d) Straßenbäume als Streitobjekte

Seit der Verabschiedung des Straßenbaufinanzierungsgesetzes im Jahr 1960 schritt der Ausbau des gesamten Straßennetzes zügig voran. Durch die gesetzlich festgeschriebene Zweckbindung der Mineralölsteuer erhielt der Straßenbau zudem eine haushaltsrechtliche Sonderstellung, die die jährliche Budgetbewilligung zu einer bloßen Formsache werden ließ. Unter diesen Voraussetzungen trat der Straßenbau im Verlauf der sechziger Jahre als eigenständiges Politikfeld immer weniger in Erscheinung[174]. Auch Kritik an seinen negativen Auswirkungen auf die natürliche und soziale Umwelt regte sich nur in ersten Ansätzen[175]. Eine der wenigen Ausnahmen bildete die Diskussion um die Straßenbäume, an der sich über einen kleinen Kreis von Experten hinaus auch Politik und Presse sowie eine breitere Öffentlichkeit mit Petitionen und Leserbriefen beteiligte. Ausgangspunkt der Debatte war die gehäufte Zahl von Verkehrsunfällen im Zusammenhang mit Straßenbäumen, die oftmals besonders folgenschwer waren. Als sich daraufhin Stimmen zu Wort meldeten, die vehement die Entfernung der Bäume forderten, rief dies jedoch auch eine beträchtliche Anzahl von Fürsprechern auf den Plan, die sich vor allem um den Erhalt der alten, das Landschaftsbild bestimmenden Alleen sorgten. Stärker als andere Regionen war Bayern der Schauplatz dieser Auseinandersetzung, denn hier gab es, wie in der ADAC-Motorwelt zu lesen war, die „meisten Bäume“[176].

Als die Kontroverse 1957 im Landtag zur Sprache kam, ließ sie sich noch ohne eine längere Debatte erledigen. Innenminister August Geislhöringer (BP) konnte den Abgeordneten nämlich mitteilen, daß sich die Oberste Baubehörde mit den Naturschutzbehörden, der Landesverkehrswacht und dem Heimatbund Allgäu e.V. auf die Auffassung geeinigt habe, daß „nur wirklich verkehrsgefährliche Bäume zum Schutze des Verkehrs und im Kampf gegen den Unfalltod beseitigt werden“ sollten. Um „den berechtigten Forderungen des Landschaftsschutzes“ zu entsprechen, war außerdem die frühzeitige Beteiligung der Naturschutzbeauftragten und in Streitfällen die Entscheidung höherer Dienststellen vorgesehen[177]. Auf einstimmigen Wunsch der Abgeordneten hin wurde dieses Ergebnis als Entschließung abgefaßt. Sie brachte den Kompromiß zwischen Straßenbau und Naturschutz auf die Formel, daß „bei der Pflege des Baumbestandes an den Straßen [...] den Aufgaben aus der Straßenbaulast, den Forderungen aus der Verkehrssicherungspflicht, aber auch den Belangen des Natur- und Landschaftsschutzes Rechnung zu tragen“ sei. Außerdem waren in der Entschließung einige Vorteile der Straßenbäume für die Verkehrssicherheit aufgeführt sowie Nachpflanzungen an geeigneten Stellen grundsätzlich vorgesehen. Die Erläuterung der Gefahren,

[174] Vgl. Klenke, Freier Stau, S. 57 und S. 63.

[175] Zur Diskussion und zu den Initiativen auf Bundesebene vgl. Dietmar Klenke, Bundesdeutsche Verkehrspolitik und Umwelt. Von der Motorisierungseuphorie zur ökologischen Katerstimmung, in: Werner Abelshauser (Hrsg.), Umweltgeschichte. Umweltverträgliches Wirtschaften in historischer Perspektive, Göttingen 1994, S. 163–190.

[176] Bäume in Weilheim, in: ADAC-Motorwelt 22 (1969) H. 6, S. 25 f.

[177] Stenographischer Bericht über die 91. Sitzung des bayerischen Landtags am 26. 2. 1957, S. 3173 f.

die von den Bäumen ausgingen, und die Hinweise zu ihrer Entfernung dominierten aber deutlich[178].

Um weitere Anhaltspunkte darüber zu erhalten, wie mit den Straßenbäumen verfahren werden sollte, gab die Oberste Baubehörde 1961 eine Untersuchung bei dem Münchner Professor Franz Bitzl in Auftrag. Dieser wertete dazu 3038 Verkehrsunfälle aus, die sich zwischen 1958 und 1960 auf mehreren ausgewählten oberbayerischen und schwäbischen Bundes- und Staatsstraßen zugetragen hatten. Seine Analysen ergaben zweierlei: So ließ sich zwar nachweisen, daß bei Straßen, an deren Rändern Bäume standen, die Unfallziffern um rund elf Prozent angestiegen waren und daß Unfälle im Zusammenhang mit Bäumen im Durchschnitt besonders schwere Folgen nach sich gezogen hatten; Bitzls Studie ergab aber auch, daß keine wesentlichen Unterschiede zu baumlosen Straßen mehr existierten, wenn der Abstand zwischen Fahrbahn und Bäumen mehr als zwei Meter betrug[179].

Nicht zuletzt aufgrund von Bitzls Untersuchungsergebnissen brachte die FDP-Fraktion im bayerischen Landtag einen Antrag ein, mit dem in Zukunft die Pflanzung von Bäumen beim Neu- und Ausbau von Straßen verhindert und durch die Pflanzung von Hecken und Sträuchern ersetzt werden sollte. Als Begründung für die Vorlage führte Erich Freiherr von Loeffelholz vor dem Ausschuß für Wirtschaft und Verkehr im Januar 1964 außerdem an, daß die Ministerialentschließung von 1960 mit ihrer den Straßenbäumen entgegenkommenden Tendenz „den heutigen Verhältnissen nicht mehr gerecht“ werde. Andererseits wolle man aber nicht, „daß sofort sämtliche Alleebäume beseitigt werden“. In seiner Stellungnahme erklärte Ministerialrat Gerhard Hofmann, die Oberste Baubehörde sei in den letzten zehn Jahren praktisch dem Antrag entsprechend vorgegangen und würde ein zustimmendes Votum des Ausschusses „als eine Unterstützung in ihrem Kampf um die Verkehrssicherheit empfinden“. Hofmann beklagte in diesem Zusammenhang, daß „leider [...] immer noch starke Gegenkräfte am Werk“ seien und deutete an, daß die Alleebäume von den nachgeordneten Ämtern bisher nur in unzureichendem Ausmaß entfernt würden[180]. Tatsächlich scheint sich in der Straßenbauverwaltung wenigstens bis zur Mitte der sechziger Jahre auch Widerstand gegen eine allzu rigorose Beseitigung der Straßenbäume geregt zu haben. So sah Hermann Landgrebe, der ebenfalls Ministerialrat in der Obersten Baubehörde war, in der inneren „Verbundenheit der meisten älteren Straßenbaubeamten mit der überkommenen Straßenlandschaft ein Regulativ gegen die zu hemmungslosen Wünsche der Alleegegner“[181]. Zumindest in „begründeten Ausnahmefällen“ wollte die Oberste Baubehörde dann auch in Zukunft nicht darauf verzichten,

[178] Bäume an öffentlichen Straßen. Entschließung des bayerischen Staatsministerium des Innern vom 7. 3. 1960, in: Ministerialamtsblatt der bayerischen inneren Verwaltung 79 (1960), S. 294–298; vgl. auch Stenographischer Bericht über die 112. Sitzung des bayerischen Landtags am 7. 11. 1957, S. 3876.

[179] Vgl. Beilage 731 vom 7. 11. 1963, in: Verhandlungen des Bayerischen Landtags. V. Wahlperiode 1962/66, Beilagenbd. II, München 1964.

[180] AdbL, Protokoll der 22. Sitzung des Ausschusses für Wirtschaft und Verkehr am 23. 1. 1964.

[181] Hermann Landgrebe, Alleebäume an Straßen, in: Landschaftspflege an Verkehrsstraßen. Empfehlungen, Untersuchungsergebnisse, Berichte und Stellungnahmen, Bonn 1968, S. 15–18, hier S. 18 (Straßenbau und Straßenverkehrstechnik 69).

Alleen anzulegen, wie aus der auf den Antrag der FDP-Fraktion hin abgeänderten Entschließung hervorging[182].

Auch außerhalb des Landtags lieferte Bitzls Untersuchung den Straßenbaumgegnern neue Munition. So erschien im Mai 1964 ein tendenziöser Artikel in der ADAC-Motorwelt, die bereits im Jahr zuvor eindeutig Stellung gegen die Alleebäume genommen hatte[183]. Vor allem Bitzls Ergebnisse über die Gefährlichkeit der Straßenbäume dienten als Nachweis, daß die Verkehrssicherheit Vorrang vor dem Landschaftsschutz haben müsse. In zugespitzter Form ließ sich diese Argumentation auf die Frage reduzieren, ob „selbst die schönste Eiche und die älteste Linde den Tod nur eines einzigen wertvollen Menschen aufwiegen" könne? Dabei hielten sich die Baumgegner zugute, daß sie die Straße ja gar nicht unbepflanzt lassen wollten. Die Bäume sollten aber durch Strauchgruppen ersetzt werden, „die nicht nur durch ihre Farbenpracht leuchten, sondern auch dazu dienen, von der Straße abkommende Fahrzeuge abzubremsen"[184]. Mit der Behauptung „Bäume gehören in die Landschaft – nicht an die Straße" versuchten die Gegner schließlich die Straße und mit ihr die Straßenbäume gleichsam ganz aus der Landschaft auszugliedern[185]. Landschaft wurde nicht zuletzt das, was durch die Windschutzscheibe zu sehen war. Dabei konnten „die schnell am Auge des Autofahrers vorüberhuschenden Straßenbäume [...] auch störend wirken". Ihren Lesern riet die ADAC-Zeitschrift daher, auf den Unterschied zu achten: „Ohne Bäume rückt die Landschaft selbst ins Blickfeld, die Sicht wird frei und weit."[186]

Für ihre Fürsprecher stellten die Alleen dagegen einen integralen Bestandteil der Landschaft dar, der nicht ohne Not den Interessen des Kraftverkehrs geopfert werden sollte. Um den Nachweis, daß die Straßenbäume als Ursache für Verkehrsunfälle nur eine untergeordnete Rolle spielten, bemühte sich deshalb der Deutsche Rat für Landschaftspflege in einer Stellungnahme für Bundesverkehrsminister Seebohm. Hierzu nahm man ebenfalls auf Bitzls Untersuchung Bezug. Besonders dessen Hinweis, daß sich offenbar „bei einem bestimmten Seitenabstand der Baumreihen die Vor- und Nachteile der Bepflanzung die Waage" hielten, wurde hervorgehoben. Die Beseitigung der Straßenbäume wollte der Rat für Landschaftspflege deshalb nur auf die „*nachweislich* gefährlichen Fälle" beschränkt wissen, an Straßen mit geringer Verkehrsbelastung und besonders wertvollem Baumbestand sogar gänzlich davon absehen und durch Geschwindigkeitsbegrenzungen ersetzen[187]. Auch wenn die Naturschützer im Verlauf der Debatte

182 Beilage 1217 vom 27. 5. 1964, in: Verhandlungen des Bayerischen Landtags. V. Wahlperiode, Beilagenbd. II.

183 Vgl. Gottfried Reissinger, Zur Diskussion gestellt: Straßenbäume, in: ADAC-Motorwelt 16 (1963), S. 692 f; Straßenbäume, in: ADAC-Motorwelt 17 (1964) H. 5, S. 36–40, hier S. 38. Auch der zweite Artikel, der nicht namentlich gekennzeichnet war, stammte von Gottfried Reissinger, der als Oberforstmeister einen Expertenstatus in allen Baumfragen beanspruchte und der sich im weiteren Verlauf der Diskussion als ausgewiesener Straßenbaumgegner einen Namen machte.

184 Reissinger, Diskussion, S. 693; vgl. auch Straßenbäume, in: ADAC-Motorwelt 17 (1964) H. 5, S. 40.

185 Gerd Helder, Bäume gehören in die Landschaft – nicht an die Straße, in: ADAC-Motorwelt 21 (1968) H. 11, S. 40–45; vgl. auch Zeller, Landschaften, S. 254 ff.

186 Straßenbäume, in: ADAC-Motorwelt 17 (1964) H. 5, S. 36.

187 Deutscher Rat für Landschaftspflege, Bäume an Verkehrsstraßen, in: Landschaftspflege, S. 52 ff. (Hervorhebung im Original).

nichts unversucht ließen, um die Bedeutung der Alleen für die Landschaft und das Landschaftsbild zu verdeutlichen, etwa indem sie ihre Artikel mit eindrucksvollen Photographien illustrierten, befaßten sie sich doch sehr viel ausführlicher mit den verkehrstechnischen Vorzügen der Baumbepflanzungen, insbesondere mit ihrer visuellen Leitfunktion. Offenbar maßen sie diesen Argumenten eine größere Überzeugungskraft zu[188]. Ihre Kritik erschöpfte sich in den sechziger Jahren damit fast völlig in landschaftsästhetischen Einwänden, in denen auch Heimatverbundenheit und diffuser Traditionalismus mitschwangen, die aber kaum ökologisches Bewußtsein spüren ließen. Erst gegen Ende des Jahrzehnts begann sich der Naturschutz langsam anderen negativen Auswirkungen des Straßenbaus zuzuwenden: der Zerschneidung der Landschaft, dem Flächenverbrauch und der Bodenversiegelung. Bis die Schadstoffemissionen, die die schwersten ökologischen Folgeerscheinungen des Kraftfahrzeugverkehrs hervorrufen, zum Ziel einer breiten umweltpolitischen Kritik wurden, dauerte es von einer kurzen Phase Anfang der siebziger Jahre abgesehen sogar noch bis zur Diskussion um das „Waldsterben" in den achtziger Jahren[189].

In den ausgehenden sechziger Jahren nahm die Sensibilisierung für die umweltgefährdenden Konsequenzen des Straßenbaus zwar zu, aber auch die Kraftfahrt-Lobbyisten gingen verstärkt in die Offensive, wie sich wiederum am Beispiel der Straßenbaumdiskussion zeigen läßt[190]. So forderte der ADAC seine Mitglieder auf, verkehrsgefährdende Bäume den Ortsclubs zu melden, die dann zusammen mit den örtlichen Straßenbaubehörden für eine „Entschärfung der Gefahrenstellen" sorgen sollten[191]. Auch die Junge Union wurde aktiv. Der Kreisverband Weilheim veranstaltete im März 1969 unter dem Titel „Todbringende Straßenbäume – wie lange noch?" eine Podiumsdiskussion, um der öffentlichen Kritik an den Straßenbäumen endlich Taten folgen zu lassen. Zum gleichen Zweck wurde außerdem eine Aktion initiiert, bei der über 670 Unterschriften zusammenkamen, die dann an den bayerischen Innenminister weitergeleitet wurden[192]. Das wachsende Verkehrsaufkommen veranlaßte das Innenministerium im Oktober 1970 schließlich, die Straßenbaubehörden in einer Entschließung anzuhalten, der Verkehrssicherheit noch stärker als bisher Vorrang vor dem Erhalt der Straßenbäume zu geben. Die in diesem Zusammenhang angeordneten „Baumschauen" mündeten im Winter 1970/71 in einer groß angelegten Fällaktion. Während das Innenministerium dadurch einen Zustand erreicht sah, an dem im wesentlichen festgehalten

188 Vgl. Hermann Landgrebe, Perfekte und schöne Straßen, in: Natur und Landschaft 36 (1961), S. 49–53; Hermann Landgrebe, Alleebäume, in: Landschaftspflege, S. 15–18; Bäume am Straßenrand, in: Nachrichtenblatt für Naturschutz und Landschaftspflege 35 (1964), S. 13; Gerhard Olschowy, Bäume an Verkehrsstraßen – ja oder nein?, in: Natur und Landschaft 44 (1969), S. 58f.

189 Vgl. Klenke, Autobahnbau, in: Frese/Prinz (Hrsg.), Zäsuren, S. 491–495.

190 Vgl. Zeller, Landschaften, S. 248f.; Günter Bayerl, Automobil und Umwelt in den 1950er und 1960er Jahren, in: Hans Jürgen Teuteberg (Hrsg.), Beiträge zur Geschichte der Binnenschiffahrt, des Luft- und Kraftfahrzeugverkehrs, Bergisch Gladbach 1994, S. 323–348, hier S. 328–332 (Schriftenreihe der deutschen verkehrswissenschaftlichen Gesellschaft e.V. 169).

191 Sie können mithelfen, daß lebensgefährliche Bäume vom Straßenrand verschwinden, in: ADAC-Motorwelt 22 (1969) H. 1, S. 19f.

192 Weilheimer Tagblatt vom 27. 3. 1969: „Langen Reden sollen Taten folgen. Vielstimmige Anklage gegen die Gefahr am Straßenrand – Diskussionsabend der Jungen Union in Weilheim"; vgl. Weilheimer Tagblatt vom 10./11. 5. 1969: „Kampf gegen Bäume geht weiter. Kreisverband der Jungen Union schreibt an Innenminister – 674 Unterschriften".

werden könne, beklagte der sozialdemokratische Landtagsabgeordnete Otto Kahler für einige Landstriche einen „staatlich sanktionierten Straßenbaummord“[193]. Der Preis für die steigende Motorisierung war jedenfalls nicht zu übersehen: Allein in Bayern wurden zwischen 1960 und 1971 schätzungsweise 175000 Straßenbäume gefällt. Der tiefe Eingriff in das Landschaftsbild, der damit verbunden war, ließ sich auch durch die umfangreichen Ersatzpflanzungen von Sträuchern und Hecken nur in Ansätzen kompensieren[194].

5. Der Rhein-Main-Donau-Kanal

An keinem anderen verkehrspolitischen Projekt in Bayern schieden sich nach 1945 die Geister derart scharf wie am Rhein-Main-Donau-Kanal. Während sich die Befürworter vom Bau des Kanals große verkehrstechnische und regionalwirtschaftliche Vorteile versprachen sowie auf positive Impulse für die europäische Integration hofften, hielten seine Gegner die Wasserstraße für ein höchst unwirtschaftliches Großprojekt, das eine der letzten natürlichen Flußlandschaften Deutschlands unwiederbringlich zerstören würde. Mitte der siebziger Jahre entwickelte sich aus der Diskussion um den Kanal dann die mit allen Mitteln geführte und die Öffentlichkeit polarisierende Auseinandersetzung, die uns heute in Erinnerung ist; zuvor hatte sich der Kreis der Kritiker weitgehend auf die Führungsriege der Bundesbahn beschränkt.

Dem Rhein-Main-Donau-Kanal liegt die jahrhundertealte Idee zugrunde, die beiden großen Flußsysteme Mitteleuropas zu verbinden und für die Binnenschifffahrt nutzbar zu machen. Bereits im achten Jahrhundert ließ Karl der Große den heute als *fossa carolina* bekannten Graben anlegen, um zwischen der Altmühl und der nur wenige Kilometer entfernten Rezat eine schiffbare Verbindung herzustellen und so den überregionalen Handel zu fördern[195]. Ein zweiter Versuch, eine Verbindung zwischen Donau und Main zu schaffen, wurde unter der Regentschaft des bayerischen Königs Ludwig I. unternommen. 1830 lagen die ersten Planungsunterlagen für das Kanalprojekt vor, das dann zwischen 1836 und 1846 verwirklicht wurde. Seitdem konnten Schiffe, die nicht schwerer als 120 Tonnen waren, die 173 Kilometer lange Strecke zwischen Bamberg und Kelheim mit Hilfe von 100 Schleusen überwinden. Die wachsende Konkurrenz der Eisenbahn, aber auch die hohe Anzahl der Schleusen und die Tatsache, daß die Wasserstraße für größere Schiffe nicht passierbar war, ließen den „Ludwig-Kanal“ aber bald zu einem wirtschaftlichen Mißerfolg werden[196].

[193] Drucksache 825 vom 26. 5. 1971, in: Verhandlungen des Bayerischen Landtags. VII. Wahlperiode 1970/74, Drucksachenbd. III, München 1972.

[194] Vgl. Drucksache 4494 vom 24. 5. 1973, in: Verhandlungen des Bayerischen Landtags. VII. Wahlperiode 1970/74, Drucksachenbd. III, München 1974; Straßen und Brücken in Bayern, 4. Folge, S. 61 ff. Die Zahl der gefällten Bäume bezieht sich nur auf die vom Freistaat Bayern verwalteten Straßen.

[195] Vgl. Ralf Molkenthin, Die Fossa Carolina, in: Technikgeschichte 65 (1998), S. 1–26. Aufgrund technischer und geologischer Schwierigkeiten konnte die *fossa carolina* wahrscheinlich nicht im beabsichtigten Umfang fertiggestellt werden, dürfte ihren Zweck aber dennoch zumindest teilweise erfüllt haben, da die Schiffe über die restlichen Streckenabschnitte vermutlich geschleift wurden.

[196] Vgl. Wolfgang Bader, Die Verbindung von Rhein und Donau. Zur Geschichte eines bemerkens-

Ende des 19. Jahrhunderts begann daher die Diskussion über eine leistungsfähige Verbindung zwischen Main und Donau erneut. Es folgten die Gründung eines Vereins und die Ausarbeitung von verschiedenen Vorschlägen für eine künftige Kanaltrasse. Während des Ersten Weltkriegs erwachte dann auch bei den staatlichen Stellen das Interesse an diesem Projekt; konkrete Schritte wurden allerdings erst nach 1918 unternommen. Da nach der Weimarer Verfassung (Artikel 97) „die dem allgemeinen Verkehr dienenden Wasserstraßen in die Verwaltung und das Eigentum des Reichs" übergehen sollten, einigten sich Bayern und das Reich im Main-Donau-Vertrag vom 13. Juni 1921 als Kompensation auf den Bau einer Großschiffahrtsstraße von Aschaffenburg über Bamberg, Nürnberg und Kelheim bis nach Passau. Durchführen sollte dieses Projekt die noch im selben Jahr gegründete Rhein-Main-Donau AG, an der das Deutsche Reich mit 40 Prozent und der Freistaat Bayern zu 23,6 Prozent als Hauptgesellschafter beteiligt waren. Eine Reihe von zusätzlichen Verträgen modifizierte oder konkretisierte die 1921 getroffenen Vereinbarungen in den folgenden Jahren. Sie sahen vor, die Kosten des Kanals soweit wie möglich über den Kapitalmarkt sowie aus den Erträgen von Wasserkraftwerken an Main, Donau und Lech zu finanzieren, für deren Bau und Betrieb die Rhein-Main-Donau AG eine Konzession bis zum Jahr 2050 erhielt. Im Fall von Finanzierungslücken sollte das Reich zusammen mit dem Land Bayern einspringen[197].

Noch in den zwanziger Jahren wurden sowohl die Kanalisierung des Mains als auch der Ausbau der Donau von Aschaffenburg beziehungsweise von Passau aus in Angriff genommen. Doch während die Arbeiten am Main kontinuierlich fortschritten und 1962 mit der Eröffnung des Bamberger Hafens weitgehend abgeschlossen waren, brachte die in den fünfziger und sechziger Jahren vorgenommene Niederwasserregulierung der Donau für den Abschnitt zwischen Vilshofen und Regensburg nicht das gewünschte Ergebnis; bei geringer Wasserführung war dieses Teilstück für voll beladene Schiffe auch weiterhin nicht zu passieren. Die Arbeiten an dem 72 km langen Kanalabschnitt zwischen Bamberg und Nürnberg, der im wesentlichen dem Lauf der Regnitz folgt, begannen 1960 und waren 1972 abgeschlossen. Bis zur Vollendung der 99 km langen Südstrecke zwischen Nürnberg und Kelheim dauerte es dann noch 20 Jahre, da der Bund zeitweilig die Mittel kürzte und vorübergehend verhängte Baustopps die Bauzeit erheblich in die Länge zogen. In den siebziger Jahren wurde das Teilstück zwischen Regensburg und Kelheim kanalisiert, zwei weitere Staustufen bei Geisling und Straubing wurden 1985 beziehungsweise 1995 eröffnet. Seit 1992 ist die gesamte Strecke von Aschaffenburg bis Passau für Schiffe mit einer Tragfähigkeit von 1200 bis 1500 Tonnen (allerdings nicht ganzjährig) befahrbar, dabei müssen bisher 55 Staustufen passiert werden. Auf dem eigentlichen Kanalstück zwischen Bamberg und Kel-

werten Wasserstraßenprojekts, in: Deutsches Museum: Abhandlungen und Berichte 50 (1982) H. 2, S. 30–63. Seine größte Auslastung erreichte der „Ludwig-Kanal" bereits 1850 mit einem Frachtaufkommen von 196000 Tonnen. Bis 1862 konnte er noch mit Gewinn betrieben werden, Ende der dreißiger Jahre des 20. Jahrhunderts lag sein Verkehrsaufkommen nur noch bei 30000 bis 40000 Tonnen im Jahr. Nach schweren Zerstörungen in den letzten Monaten des Zweiten Weltkrieges wurde der Kanal schließlich aufgelassen.

[197] Vgl. Boy Henrich Timmermann, Der Rhein-Main-Donau-Kanal und seine Auswirkungen auf die europäische Binnenschiffahrt, Diss., München 1995, S. 96–103.

heim liegen 16 Schleusen, mit deren Hilfe ein Höhenunterschied von insgesamt 240 Metern überwunden wird[198].

Als die Arbeiten nach dem Zweiten Weltkrieg wieder aufgenommen wurden, stand zunächst die Suche nach Beschäftigungsmöglichkeiten für das Heer der Arbeitslosen im Vordergrund. Außerdem wirkten noch die Erfahrungen aus der Transportkrise vom Winter und Frühjahr 1946/47 nach, in der der Mangel an Frachtraum auch zu Schwierigkeiten bei der Energieversorgung geführt hatte. Für diese Probleme versprach vor allem die Kanalisierung des Mains nicht nur langfristige Lösungen, sondern mit der Errichtung jedes weiteren Laufkraftwerkes zugleich kurzfristig wirksame Erleichterungen[199]. Ein weiteres Argument für den Bau des Kanals war die geographische Randlage Bayerns im geteilten Europa[200]. In seinem Gutachten über die wirtschaftliche Bedeutung des Kanals kam das Münchner Ifo-Institut für Wirtschaftsforschung 1951 zu dem Schluß, daß es eine wesentliche Erleichterung bedeuten würde, „wenn der Ausbau der Rhein-Main-Donau-Großschiffahrtsstraße bis Nürnberg oder wenigstens bis Bamberg heute bereits vollendet" wäre, so daß „die hilfsbedürftigen Gebiete und Wirtschaftszweige Bayerns den Vorteil der billigeren Wasserfrachten" in Anspruch nehmen könnten. Diese Aussage bezog sich vor allem auf den Transport von Massengütern wie Kohle[201].

Am ausführlichsten setzte sich das Gutachten jedoch mit dem Verhältnis von Binnenschiffahrt und Bundesbahn auseinander. Der Konflikt zwischen den beiden Verkehrsträgern reichte bis in die Weimarer Zeit zurück, als die Reichsbahn begonnen hatte, sich gegen den forcierten Ausbau der Wasserstraßen durch das Reichsverkehrsministerium zu wehren[202]. Nach dem Zweiten Weltkrieg führten die Kritiker der Binnenschiffahrt deren Tarifvorteil gegenüber der Bahn primär auf die öffentlichen Subventionen für die Wasserstraßen zurück und bescheinigten dem Schienenweg eine größere Leistungsfähigkeit und Zuverlässigkeit. Die Investitionen für den Kanalbau sollten daher besser der angeschlagenen Bundesbahn zugute kommen und nicht in ein Projekt fließen, das nach seiner Fertigstellung die Konkurrenz zur Bahn noch verstärken und deren Sanierung zusätzlich beeinträchtigen werde. Außerdem verfüge die Bahn über ausreichend freie Kapazitäten, so daß der Bau des Kanals auch verkehrswirtschaftlich nicht zu begründen sei[203].

198 Vgl. mit vielen technischen Einzelheiten die Beiträge von Burkhart Rümelin, Der Main-Donau-Kanal, sowie von Burkhart Rümelin und Martin Eckoldt, Der Main bzw. Die Donau, in dem von Martin Eckoldt herausgegebenen Sammelband Flüsse und Kanäle. Die Geschichte der deutschen Wasserstraßen, Hamburg 1998, S. 87–89, S. 306–311 und S. 462–471.

199 Vgl. Süddeutsche Zeitung vom 14. 9. 1948: „Rhein-Main-Donau-Finanzierungsfragen. Auslandsinteresse am Großschiffahrtsweg"; Stenographischer Bericht über die 138. Sitzung des bayerischen Landtags am 18. 1. 1950, S. 482; Karl Förster, Produktive Arbeitslosenfürsorge. Rhein-Main-Donau Großschiffahrtsstraße als Beispiel, in: Der Volkswirt 4 (1950) Nr. 12, S. 15f.

200 Z.B. AdbL, Protokoll der 68. Sitzung des Ausschusses für Wirtschaft und Verkehr am 22. 5. 1958.

201 Die wirtschaftliche Bedeutung der Rhein-Main-Donau-Großschiffahrtsstraße, München 1951, S. 17 (Schriftenreihe des Ifo-Instituts für Wirtschaftsforschung Nr. 10); vgl. auch Stenographischer Bericht über die 145. Sitzung des bayerischen Landtags am 28. 5. 1953, S. 1441.

202 Als Anhaltspunkt für diese Debatte vgl. Josef Held/Heinrich Brüschwien, Rhein-Main-Donau. Die Geschichte einer Wasserstraße, Regensburg 1929, S. 270–275, und allgemein Anton Felix Napp-Zinn, Binnenschiffahrt und Eisenbahn. Werden, Gestalt und Problem ihres Verhältnisses im Deutschen Reich, Leipzig 1928.

203 Vgl. Hans Schneider, Neue Wasserstraßen – ja oder nein?, in: Das Flügelrad. Allgemeine Eisenbahn-Fachzeitschrift 14 (1959), S. 3–12; Der Spiegel vom 17. 8. 1955: „Kanalbau aus Wollust";

Für die Ifo-Gutachter und die meisten Kanalbefürworter kamen in den günstigen Schiffahrtstarifen dagegen *echte* (volkswirtschaftliche) Kostenvorteile zum Ausdruck, die daher weder den einzelnen Unternehmen noch der gesamten Volkswirtschaft vorenthalten werden dürften. Nach Meinung der Gutachter konnte auch keine Rede davon sein, daß der Kanalbau die Sanierung der Bundesbahn verhindere, denn im Verhältnis zu deren Finanzbedarf könne man die Ausgaben für die Schiffahrtsverbindung vernachlässigen. Ebensowenig sei nach der Vollendung der Rhein-Main-Donau-Wasserstraße eine schädliche Konkurrenz zwischen den beiden Verkehrsträgern zu befürchten: Den aus heutiger Sicht überaus optimistischen Prognosen des Ifo-Instituts zufolge sollte „ein effektiver Verlust von Eisenbahntransporten an der Wasserstraße überhaupt nicht eintreten", sondern nur eine Verlangsamung ihres Wachstums[204].

Da die Bundesbahn bei ihrer Kritik auch stets in eigener Sache sprach, mußte sie sich verständlicherweise den Vorwurf der Voreingenommenheit gefallen lassen. „Ihre Argumente sind interessenbedingt und schon deshalb nicht überzeugungskräftig", schrieb der CSU-Vorsitzende Hanns Seidel 1960 an seinen Parteifreund Hermann Höcherl[205]. Als die Bundesbahn durch das Angebot sogenannter „Als-ob-Tarife", die mit den Tarifen der Binnenschiffahrt wenigstens theoretisch hätten konkurrieren können, den Weiterbau des Kanals zeitweise zu verhindern suchte, war dies für Wirtschaftsminister Schedl nur „ein Beweis mehr" für die wirtschaftliche Bedeutung des Kanals. Im Gegensatz dazu sah der Bund der Steuerzahler dessen Notwendigkeit durch die Aussicht auf die günstigen Bahntarife erheblich in Frage gestellt[206].

In seiner Studie von 1951 hatte das Ifo-Institut auch „Standortverbesserungen für die bayerische Wirtschaft" vorausgesagt, wenn der Kanal gebaut würde. So kam nach Meinung der Gutachter dem verstärkten Abbau der oberfränkischen und oberpfälzischen Doggererze „nicht nur vom Standpunkt der bayerischen, sondern der westdeutschen Wirtschaft überhaupt" eine „ganz besondere Bedeutung" zu. Ihre Verhüttung sei aber nur dann wirtschaftlich, wenn „entweder Kohle sehr frachtbillig herangeschafft oder das Erzkonzentrat zu entsprechend niedrigen Beförderungspreisen den Hütten zugeleitet werden" könne. Auch bayerische Politiker und Landesplaner hatten neben dem verkehrstechnischen Nutzen der Wasserstraße immer wieder Standortverbesserungen für die unmittelbar angrenzenden Regionen wie für den ganzen nordostbayerischen Raum in den Vordergrund ihrer Argumentation gestellt[207]. Wie problematisch diese Annahme jedoch war, zeigt sich bereits, wenn man die Auseinandersetzungen um die Trassenführung des Kanals untersucht. Neben der später im wesentlichen ausgeführ-

Süddeutsche Zeitung am 1. 12. 1959: „Schiene gegen Wasserstraße. Bundesbahn hat Bedenken gegen Weiterführung des Rhein-Main-Donaukanals"; in diesem Sinne auch Helfrichs Vorstudie für den Landesentwicklungsplan, datiert auf den 17. 4. 1952, S. 30ff. (BayHStA, StK 113102).

204 Wirtschaftliche Bedeutung der Rhein-Main-Donau-Großschiffahrtsstraße, S. 14.

205 ACSP, LG-3.WP 78, Hanns Seidel an Hermann Höcherl vom 18. 2. 1960.

206 Stenographischer Bericht über die 104. Sitzung des bayerischen Landtags am 29. 11. 1961, S. 3176; ACSP, LG-5.WP 320, Bund der Steuerzahler in Bayern e.V. an Leo Wagner vom 8. 1. 1968.

207 Wirtschaftliche Bedeutung der Rhein-Main-Donau-Großschiffahrtsstraße, S. 17f.; vgl. auch Hanns Fischler, Die Bedeutung der Rhein-Main-Donau-Großschiffahrtsstraße für Nordbayern, in: Guthsmuths (Hrsg.), Raumordnung, S. 11–16.

ten Verbindung von Bamberg über Nürnberg, Hilpoltstein und Beilngries nach Kelheim waren seit der wiederauflebenden Debatte um die Jahrhundertwende auch alternative Trassierungen im Gespräch. Eine der am ernsthaftesten in Betracht gezogenen Varianten führte von Nürnberg über Treuchtlingen und mündete bei Stepperg oberhalb von Ingolstadt in die Donau. Die Länge des eigentlichen Kanals und die zu erwartenden bautechnischen Schwierigkeiten sprachen eher für als gegen diese Alternative, zudem hätte sie ein Gebiet erschlossen, das im Vergleich zu der Trasse über Beilngries ein erheblich höheres wirtschaftliches Potential besaß. Im Interesse der überregional orientierten Binnenschiffahrt fiel die Entscheidung jedoch gegen die sogenannte Stepperger Linie, da sich dadurch die Strecke zwischen Regensburg und Bamberg um insgesamt 60 Kilometer verlängert hätte[208].

Stärker noch als bei der Stepperger Linie standen regionalwirtschaftliche Interessen hinter einer Streckenvariante, die über Sulzbach-Rosenberg und Amberg nach Regensburg führen sollte. Dies hätte der oberpfälzischen Montanindustrie die günstigen Binnenschiffahrtstarife beschert, was sich zweifellos positiv auf ihre Wettbewerbsfähigkeit ausgewirkt hätte. Wegen der schwierigen Trassierung durch die mittlere Oberpfalz wären damit aber verkehrstechnische Nachteile wie eine größere Schleusenzahl und erhebliche Mehrkosten verbunden gewesen. Die Schätzungen für die zusätzlich notwendigen Mittel erreichten dabei Summen von 300 bis 1000 Millionen DM. Dennoch unternahm vor allem die Industrie- und Handelskammer Regensburg bis weit in die sechziger Jahre immer wieder Versuche, diese Streckenführung durchzusetzen. Während meist bereits von der bloßen Existenz des Rhein-Main-Donau-Kanals und unabhängig von der exakten Streckenführung weitreichende Standortverbesserungen erwartet wurden, von denen das oberpfälzische Schwerindustriegebiet so und so profitieren sollte, sahen dies, der „Süddeutschen Zeitung" zufolge, die Vertreter der IHK Regensburg ganz anders: „Die Streckenführung Nürnberg-Beilngries bringt für die Oberpfalz nicht nur keine Vorteile, sondern sogar Nachteile, weil so eines Tages die Erzeugnisse der Vereinigten Österreichischen Eisen- und Stahlwerke in Linz billig nach Süddeutschland verschifft werden könnten, während die oberpfälzischen Hüttenwerke weiter auf dem Trockenen bleiben."[209] Auch im bayerischen Landtag hatte die Amberger Linie lange Zeit eine ganze Reihe von Anhängern. Im Namen der sozialdemokratischen Landtagsfraktion vertrat der Abgeordnete Erwin Essl 1959 die Auffassung, daß „der Kanal nur dann seine volle wirtschaftliche Geltung" erhalte, „wenn die Trasse von Nürnberg ab über Sulzbach-Rosenberg und Amberg, also durch das oberpfälzische Industriegebiet geführt" werde. Kurz darauf schlug der Vertreter der Bayernpartei, Georg Bantele, in dieselbe Kerbe: „Für jeden, der die Wirtschaftskarte Bayerns zur Hand nimmt, ist es selbstverständlich, daß dieses

[208] Vgl. Held/Brüschwien, Rhein-Main-Donau, S. 74–78, S. 82f. und S. 136ff.; Donau-Kurier vom 10. 11. 1949: „Die Rhein-Main-Donau-Großschiffahrtsstraße und die Steppberger Linie"; die Schreibweise „Steppberg" findet sich noch in älteren Quellen.

[209] Süddeutsche Zeitung vom 15. 5. 1965: „Die Oberpfalz sieht ihr Glück in einem Kanal"; vgl. Leo Geiger, Allgemeine und spezielle Probleme der landesplanerischen Tätigkeit in der Oberpfalz von 1945–1970, in: Beiträge zur Entwicklung der Landesplanung, S. 127–143, hier S. 138–142.

Gebiet ausgebaut wird und nicht die Strecke über den Jura, wo bis Regensburg nichts mehr los ist."[210]

Im „Zwischenvertrag" war 1949 festgelegt worden, daß der Weiterbau des Kanals im Fall von Finanzierungslücken wie schon zuvor durch zinslose Darlehen der öffentlichen Hand an die Rhein-Main-Donau AG sichergestellt werden sollte. Seine Bestimmungen sahen dafür ein Verhältnis von zwei zu eins zwischen Bund und Freistaat vor. Tatsächlich lag der Anteil Bayerns bei der Fertigstellung des Kanals etwas darüber, wie aus der folgenden Tabelle ersichtlich ist. Weitere Verträge in den Nachkriegsjahren regelten die Finanzierung für bestimmte Streckenabschnitte oder Zeiträume im Detail[211].

Finanzierung des Rhein-Main-Donau-Kanals

in Mio. DM	Erträge[1]	Vorlagen[2]	Haushaltsmittel Bund	Haushaltsmittel Bayern	gesamt in Mio. DM	gesamt in Prozent
1948[3]	173,0	–	7,3	4,2	184,5	3,34
1948–60	81,7	66,6	101,7	54,3	304,3	5,51
1961–70	277,0	452,7	74,7	82,3	886,7	16,06
1971–80	379,2	104,1	778,0	329,5	1590,8	28,81
1981–90	561,4	205,3	837,0	452,1	2055,8	37,23
1991–93	141,6	–21,8	265,2	115,2	500,2	9,05
31. 12. 1993	1613,9	806,9	2063,9	1037,6	5522,3	100
in %	29,23	14,61	37,37	18,79	100	

[1] Erträge zu rd. 90 Prozent aus Wasserkraftwerken. [2] Vorlagen: Eigenmittel, Finanzschulden und Verbindlichkeiten. [3] Eröffnungsbilanz in DM. Quelle: Timmermann, Rhein-Main-Donau-Kanal, S. 147.

Der Baufortschritt des Rhein-Main-Donau-Kanals wurde daher entscheidend von den Zuweisungen des Bundes bestimmt, deren Höhe aber je nach aktueller Haushaltslage schwankte. Standen Kürzungen an, führte dies regelmäßig dazu, daß der Kanal in Bayern wieder auf die politische Tagesordnung zurückkehrte und mit Nachdruck eine Beibehaltung oder Steigerung der Haushaltsansätze gefordert wurde. Dabei verwiesen die bayerischen Politiker, gleich welcher Couleur, meist auf die Ausgaben des Bundes für Wasserstraßenbauten in anderen Bundesländern. So hielt Ministerpräsident Ehard Bundesverkehrsminister Seebohm bereits 1954 vor, „daß die [Bundes-]Mittel für den Ausbau der Neckarkanalisierung gegenüber dem Vorjahr von 8,5 auf neun Millionen DM erhöht, die Großschifffahrtsstraße Rhein-Main-Donau aber von zehn auf fünf Millionen DM gekürzt werden sollen". Ein Grund für diese Benachteiligung Bayerns sei jedoch nicht zu ersehen[212]. Neben der häufiger beklagten Zurücksetzung gegenüber Baden-Würt-

[210] Stenographischer Bericht über die 15. Sitzung des bayerischen Landtags am 21. 4. 1959, S. 451 und S. 455.

[211] Vgl. Timmermann, Rhein-Main-Donau-Kanal, S. 101 f.

[212] ACSP, LG-2.WP 86, Hans Ehard an Hans-Christoph Seebohm vom 29. 4. 1954; mit ähnlicher Argumentation auch Hanns Seidel, Die Großschiffahrtsstraße Rhein-Main-Donau. Eine wirtschaftliche Idee und ihre Wirklichkeit, München 1960, S. 58.

temberg dienten auch Kanalbauten in Norddeutschland als Beleg für die ungerechte Behandlung Bayerns durch den Bund. Der spätere Wirtschaftsminister Anton Jaumann machte 1965 vor dem Landtag „bestimmte nord- und nordwestdeutsche Kreise" dafür verantwortlich: Sie könnten sich nicht damit abfinden, „daß auch standortbenachteiligte Gebiete bestimmte Maßnahmen ergreifen, um den großen Nachteil wegen ihres Standortes zu mildern". Als Begründung für diese Mißgunst schien ihm – dabei traditionelle bayerische Ressentiments bedienend – „ein gewisser Nord-Süd-Gegensatz" offenbar auszureichen[213].

Der dauernde Kampf um die Bundeszuweisungen für den Rhein-Main-Donau-Kanal bot der SPD eine der wenigen Chancen, sich als verkehrspolitische Opposition zu profilieren. Im Frühjahr 1966 lieferten die in den Verhandlungen mit dem Bund erzielten mageren Ergebnisse dem Fraktionsvorsitzenden Volkmar Gabert den Nachweis dafür, „daß der Freistaat Bayern und die Bayerische Regierung nicht mit der gleichen Energie tätig gewesen sind wie die anderen Länderregierungen im Bundesgebiet". Ansonsten ließ die SPD aber kaum eine Gelegenheit aus, der CSU-geführten Staatsregierung ihre Unterstützung für den Bau des Rhein-Main-Donau-Kanal zuzusichern[214].

Angesichts der großen Bedeutung der Bundesmittel für den Kanalbau erhielten die bayerischen Bundestagsabgeordneten, insbesondere wenn sie den Regierungsfraktionen angehörten, in dieser Frage entscheidendes Gewicht. Dies galt vor allem für die Mitglieder der CSU-Landesgruppe. Um das umstrittene Projekt nicht zu gefährden, durften sie aus Sicht ihrer Parteifreunde in München nicht den leisesten Zweifel an der Notwendigkeit der geplanten Großschiffahrtsstraße aufkommen lassen. Als 20 CSU-Abgeordnete Anfang 1960 eine kleine Anfrage im Bundestag mitunterzeichneten, die auf Initiative des verkehrspolitischen Experten der CDU, Ernst Müller-Hermann, eine Überprüfung des Kanalbauprogramms der Bundesregierung anregte, stieß dies bei der Parteispitze auf heftige Kritik. Der Anfrage lag die Annahme zugrunde, im Verkehrsmarkt könnten sich durch den Bau von Pipelines und die Elektrifizierung des Schienennetzes so starke strukturelle Veränderungen vollzogen haben, daß der weitere Ausbau von Binnenwasserstraßen wirtschaftlich nicht mehr vertretbar sei. Unter den zur Überprüfung vorgeschlagenen Projekten stand der Rhein-Main-Donau-Kanal an erster Stelle[215].

Für Hanns Seidel handelte es sich dabei „um einen höchst befremdlichen Vorgang". An den Vorsitzenden der CSU-Landesgruppe, Hermann Höcherl, richtete er deshalb die Frage, „ob denn diese Parteifreunde nicht wissen, daß sie damit ihre eigene Landesregierung sabotieren und auf solche Weise nicht nur der Landesregierung sondern auch sich selbst in einer wichtigen, die ganze bayerische Wirtschaft angehenden Sache, die Glaubwürdigkeit nehmen". Er selbst habe den Ausbau des Kanals in seiner „Regierungserklärung vom 15. Januar 1958 als eines der wesentlichen Mittel zur Hebung der Wirtschaftskraft unseres Landes hervorge-

213 Stenographischer Bericht über die 70. Sitzung des bayerischen Landtags am 10. 3. 1965, S. 2611.
214 Stenographischer Bericht über die 98. Sitzung des bayerischen Landtags am 31. 3. 1966, S. 3685; vgl. Stenographischer Bericht über die 15. Sitzung des bayerischen Landtags am 21. 4. 1959, S. 451 f.; AdbL, Protokoll der 166. Sitzung des Ausschusses für den Staatshaushalt und Finanzfragen am 7. 6. 1966; Süddeutsche Zeitung vom 28. 3. 1968: „SPD verteidigt den Kanal".
215 Vgl. Drucksache 1613 vom 11. 2. 1960, in: Verhandlungen des Deutschen Bundestages. 3. Wahlperiode. Anlagen zu den stenographischen Berichten, Bd. 66.

hoben". Im übrigen müsse „man in diesem Zusammenhang ganz allgemein und mit Bitterkeit feststellen, daß es fast so aussieht, als ob sich mehr und mehr CSU-Bundestagsabgeordnete in der praktischen Politik nicht mehr an den Notwendigkeiten ihres Landes, in dem sich ihr Wurzelboden befindet und dem sie Sitz und Stimme im Deutschen Bundestag verdanken, orientierten, sondern sich fortschreitend in einen isolierten und ausschließlichen Bundeskomplex verlören"[216]. Höcherl gelang es daraufhin nicht nur, einen Teil der Abgeordneten dazu zu bewegen, ihre Unterschrift zurückzuziehen, sondern er fand durch Rücksprachen mit dem Verkehrsminister beziehungsweise dessen Staatssekretär auch Mittel und Wege, „die Dinge soweit abzusichern, daß die Antwort der Regierung positiv lauten" werde. „Um ganz sicher zu gehen", schrieb er beschwichtigend an Seidel, habe er noch „den zuständigen Ministerialdirektor im Bundeskanzleramt, Dr. Mercker, gebeten, die kleine Anfrage an sich zu ziehen, damit ja eine angemessene Antwort" erfolge[217].

Seidels Brandbrief an Höcherl ist ein beredtes Zeugnis für den Stellenwert, den der CSU-Vorsitzende dem Rhein-Main-Donau-Kanal zuwies. In seiner Funktion als Wirtschaftsminister hatte er bis 1954 dem Aufsichtsrat der Rhein-Main-Donau AG angehört, aber auch darüber hinaus setzte er sich wie kaum ein anderer Politiker für das Projekt ein. Seidel sprach vom Rhein-Main-Donau-Kanal als einer faszinierenden Idee, „deren Verwirklichung eine transkontinentale Wasserstraße schaffen" werde, „eine Wasserstraße, die sich als einziges europäisches Projekt seiner Größenordnung nach mit denen der Vereinigten Staaten von Amerika und Sowjetrußlands messen" könne[218]. Hinter Seidels Engagement verbarg sich ein fast technokratischer Impetus, der auch für viele seiner Kollegen charakteristisch war. Eher einer technischen als einer politischen oder wirtschaftlichen Logik folgend, wurde der Kanal dabei als nahezu alternativloses Konzept präsentiert, um die traditionelle Revier- und Seehafenferne des Freistaats zu überwinden und ihm die Vorteile einer durchgehenden Wasserstraße für Wirtschaft und Industrie zu verschaffen. Im Grunde kam dem Rhein-Main-Donau-Kanal damit keine geringere Aufgabe zu, als die Unzulänglichkeiten der geographischen Lage Bayerns zu korrigieren. Vergleichbare Ansprüche und Visionen hatten sich vor allem in den zwanziger und dreißiger Jahren mit hydrotechnischen Großprojekten verbunden, bei denen wie beim Rhein-Main-Donau-Kanal verkehrs- und energietechnische sowie wasserwirtschaftliche oder politische Ziele kombiniert werden sollten[219].

Auf lange Sicht zeichnete sich die Diskussion dadurch aus, daß die Befürworter neben dem überragenden verkehrstechnischen Nutzen immer auch die energie-

[216] ACSP, LG-3.WP 78, Hanns Seidel an Hermann Höcherl vom 18. 2. 1960. Einen in der Sache ähnlichen, im Ton jedoch deutlich moderateren Brief (LG-3.WP 79) erhielt Höcherl am 18. 2. 1960 auch vom bayerischen Ministerpräsidenten Hans Ehard.

[217] ACSP, LG-3.WP 78, Hermann Höcherl an Hanns Seidel vom 19. 2. 1960.

[218] Seidel, Großschiffahrtsstraße Rhein-Main-Donau, S. 7 (Zitat) und S. 45; vgl. Hans Ferdinand Groß, Hanns Seidel 1901–1961. Eine politische Biographie, München 1992, S. 99f.

[219] Vgl. Dirk van Laak, Weiße Elefanten. Anspruch und Scheitern technischer Großprojekte im 20. Jahrhundert, Stuttgart 1999, S. 53–97 und S. 229f.; Alexander Gall, Das Atlantropa-Projekt. Die Geschichte einer gescheiterten Vision. Herman Sörgel und die Absenkung des Mittelmeers, Frankfurt am Main/New York 1998. Zum vergleichbaren, aber gescheiterten Projekt des Neckar-Donau-Kanals vgl. Wolf-Ingo Seidelmann, Der Neckar-Donau-Kanal. 200 Jahre Planung für eine Wasserstraße quer über die Alb, St. Katharinen 1988.

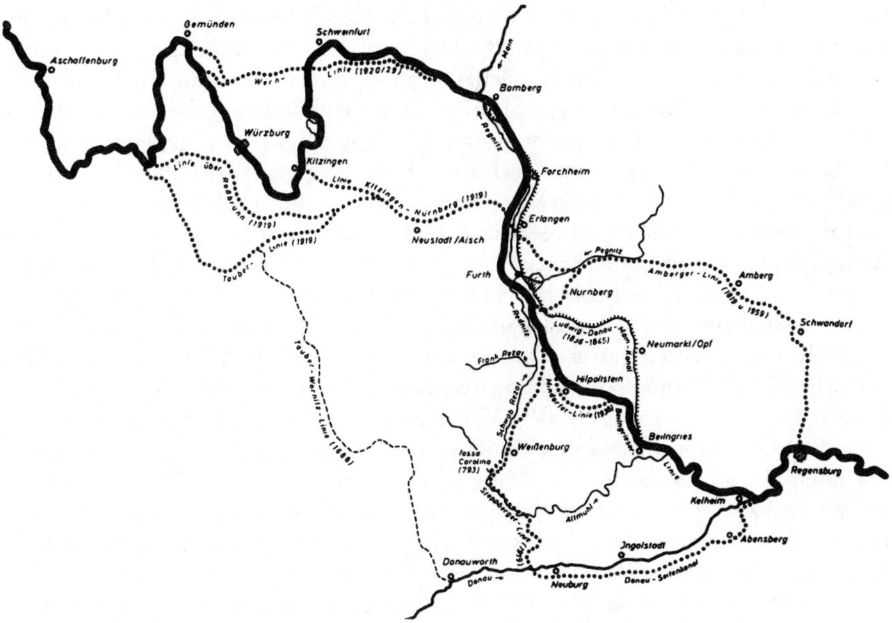

Varianten der Linienführung für die Main-Donau-Wasserstraße

und wasserwirtschaftlichen Vorteile der Kanalverbindung, ihren großen Wert als Standortfaktor oder ihre politische Bedeutung anführten. Sobald die Gegner des Projekts, die sich anfangs im wesentlichen auf den Kreis der Bundesbahn und den Bund der Steuerzahler beschränkten[220], dessen Nutzen oder Wirtschaftlichkeit in einem Punkt anzweifelten, konnte man ihnen daher leicht eine beschränkte Sicht der Dinge unterstellen und auf einen der anderen Aspekte verweisen. Vor allem der Hinweis auf die große politische Bedeutung, die der Kanal angeblich für Europa besitzen sollte, diente als eine Art „Totschlag-Argument", das sich jeder konkreten quantitativen Beurteilung entzog[221]. Unklar blieb dabei zumeist, ob hier die Technik in den Dienst von Europa oder Europa in den Dienst der Technik gestellt wurde[222]. Eine eher ungewollte Ambivalenz wohnte dagegen der Argumentation des CSU-Abgeordneten Hugo Geiger inne, der 1953 im Landtag die Befürchtung äußerte, daß beim bisherigen Baufortschritt die Verbindung zwi-

220 Vgl. z.B. die als Heft 2 der Diskussionsschriftenreihe des Studieninstituts für angewandte Haushalts- und Steuerpolitik e.V. erschienene Studie von Erwin Deischl, Milliarden Steuergelder für sinnlose Kanalbauten. Inwieweit sind Investitionen für Binnenwasserstraßen wirtschaftlich und politisch heute noch vertretbar?, München 1973.

221 Vgl. Wirtschaftliche Bedeutung der Rhein-Main-Donau-Großschiffahrtsstraße, S. 7; Richtlinienentwurf, S. 963; ACSP, LG-5.WP 320, Bruno Merk an Leo Wagner vom 9. 4. 1968; AdbL, Protokoll der 104. Sitzung des Ausschusses für den Staatshaushalt und Finanzfragen am 1. 2. 1978; Franz J. Schroiff, Das Binnenschiffahrt-Verkehrssystem. Die Bedeutung der Wasserstraßen und der Binnenschiffahrt für die räumliche Entwicklung, Hannover 1984, S. 222f.

222 Ein ganz ähnliches Muster stellte Joachim Radkau, Technik in Deutschland. Vom 18. Jahrhundert bis zur Gegenwart, Frankfurt am Main [2]1990, S. 348, bei den Plänen für die Europäische Atomgemeinschaft fest.

schen Frankfurt und Regensburg erst im Jahr 2000 hergestellt wäre: „Das ist ein Termin, bei dem man füglich bezweifeln kann, ob bis dahin bei der ganzen technischen Entwicklung nicht die Wirtschaftslage so verschoben sein wird, daß vielleicht eine Rentabilität dieses Kanals überhaupt nicht mehr gegeben ist."[223] Angesichts der hohen Investitionskosten und der Langlebigkeit des geplanten Kanals war Geigers Schluß, dessen Bau deshalb zu beschleunigen, nicht unbedingt zwingend. Zugleich machte Geiger aber damit auf eine entscheidende Problematik technischer Großprojekte aufmerksam: Durch den *time-lag* bis zu ihrer Fertigstellung können sich die Rahmenbedingungen leicht so stark verändern, daß ihr ursprünglicher Zweck erheblich in Frage gestellt ist[224].

War der Rhein-Main-Donau-Kanal schon in den fünfziger und sechziger Jahren nicht unumstritten gewesen, so verschärften sich die Konflikte in der Folgezeit erheblich. Die alte Frontstellung zwischen Bundesbahn und Binnenschiffahrt löste sich zwar keineswegs auf[225], wurde aber durch den zunehmenden Widerstand von Umwelt- und Naturschützern allmählich in den Hintergrund gedrängt. Nachdem die Kritik des Bundes Naturschutz in den dreißiger Jahren nahezu ungehört verhallt war, verlangten die zuständigen Behörden während des ersten Raumordnungsverfahrens in den sechziger Jahren für die Strecke im Altmühltal immerhin eine Planung „mit besonderer Sorgfalt". Um 1970 wiesen einzelne Landschaftsplaner und der Bund Naturschutz erneut auf gravierende Naturzerstörungen durch den Kanalbau hin, beschränkten sich aber auf die Forderung nach einer Reintegration der in Mitleidenschaft gezogenen Naturräume durch einen umfassenden Landschaftsplan. Er sollte durch die landschaftliche Einbindung des Bauwerks und den Erhalt besonders schöner oder ökologisch wertvoller Teilbereiche Technik und Natur versöhnen[226].

1973 gab die Rhein-Main-Donau AG schließlich einen entsprechenden Plan für den Kanalabschnitt im Altmühltal in Auftrag. Dabei stellten sich im wesentlichen die Aufgaben, den gestreckten Verlauf der 55 Meter breiten Wasserstraße in die stark gegliederte Landschaft des Altmühltals zu integrieren, den Grundwasserspiegel in der bisherigen Höhe zu halten und die Verluste an landschaftlicher und ökologischer Substanz auszugleichen. Auch wenn sich diese Probleme teilweise nur unzureichend lösen ließen, kam dem im darauffolgenden Jahr veröffentlichten Plan für die weitere Naturschutzgesetzgebung von Bund und Ländern Modellcharakter zu[227]. In seinem Vorwort stellte der Vorsitzende des Bundes Naturschutz in Bayern, Hubert Weinzierl, zwar klar, daß sein Verband am liebsten ganz auf den Bau des Main-Donau-Kanals verzichtet hätte, grundsätzliche Zweifel an dessen Notwendigkeit äußerte er jedoch nicht: „In realistischer Einschätzung der

[223] Stenographischer Bericht über die 145. Sitzung des bayerischen Landtags am 28. 5. 1953, S. 1426.
[224] Vgl. Elliot J. Feldman, Patterns of Failure in Government Megaprojects: Economic, Politics, and Participation in Industrial Democracies, in: Samuel P. Huntington/Joseph S. Nye (Hrsg.), Global Dilemmas, Cambridge/Mass. 1985, S. 138–158, hier S. 145f.
[225] Vgl. Deutsche Tagespost, Würzburg vom 15. 3. 1978: „Brückenschlag zwischen Rhein-Donau".
[226] Hans Peter Seidel, Landschaftsgestaltung und Ökologie beim Main-Donau-Kanal, in: Wasserwirtschaft 78 (1988), S. 554–558, hier S. 556; vgl. auch Nürnberger Zeitung vom 15. 8. 1970: „Von Meer zu Meer. Rhein-Main-Donau-Kanal – Brücke über Europa".
[227] Vgl. Seidel, Landschaftsgestaltung, S. 556f.; Michael Brix, Der neue Kanal, in: ders. (Hrsg.), Main-Donau-Kanal. Ersatzlandschaft im Altmühltal, München 1988, S. 37–64, hier S. 60f.

Gegebenheiten" habe man sich deshalb auf die Begrenzung der befürchteten Schäden konzentriert und in „zum Teil harten Diskussionen mit den Planungsträgern" an einem Landschaftsplan mitgewirkt, der einen „guten Kompromiß zwischen den Belangen des Wasserbaus einerseits und den Vorstellungen des Bundes Naturschutz andererseits" darstelle. Seiner Meinung nach sollte es dem Naturfreund nun möglich sein, „das ‚neue Altmühltal' nach dem Abschluß aller Bauarbeiten ohne ernste Einschränkungen zu akzeptieren"[228].

Dementsprechend stellte der Bund Naturschutz die Kanalstrecke zwischen Nürnberg und Kelheim in der Folgezeit auch kaum in Frage. Seine Kritik richtete sich aber gegen Neubaupläne für die B 4 (Erlangen–Bamberg), deren Trasse streckenweise im Bett des aufgelassenen Ludwig-Kanals verlaufen sollte und damit eines der wenigen Rückzugsgebiete für eine Reihe vom Aussterben bedrohter Vogelarten zerstört hätte. Zu einer der vordringlichsten Aufgaben machte sich der Bund Naturschutz außerdem die Bewahrung der durch den Donauausbau gefährdeten Auen zwischen Regensburg und Passau, die die meisten Umweltschützer für ökologisch noch wertvoller hielten als die reizvolle Landschaft des Altmühltals. Zunächst versuchte er nur ein neues Raumordnungsverfahren für dieses Gebiet sowie umfangreichere Schutz- und Ausgleichsmaßnahmen für die zahlreichen bedrohten Altwasser und Überschwemmungswiesen durchzusetzen; der Beschluß, einen vollständigen Baustopp für den Kanal zu fordern, fiel erst auf der Landesdelegiertenversammlung im Jahr 1979. Den Ausschlag dafür gaben neben der Landschaftszerstörung vor allem zunehmende Zweifel an der Wirtschaftlichkeit der geplanten Wasserstraße, die Vorlage detaillierter Ausbaupläne für das Donautal und neue Untersuchungen über die ökologischen Auswirkungen[229]. Zuvor hatten bereits einige ‚unmittelbar betroffene Anwohner begonnen, gerichtlich gegen den Kanalbau vorzugehen und dessen Einstellung zu beantragen[230].

Als mit Volker Hauff 1980 ein entschiedener Gegner des Kanals an die Spitze des Bundesverkehrsministeriums trat, erhielt der Widerstand zusätzlichen Schwung. Hauffs Vorgänger Lauritz Lauritzen (1972–1974) und Kurt Gscheidle (1974–1980) hatten sich trotz der verkehrspolitischen Neuorientierung der SPD Anfang der siebziger Jahre allenfalls vorsichtig von dem Projekt distanziert, im ganzen aber keinerlei Zweifel aufkommen lassen, daß sie die bestehenden Verträge erfüllen und weiterhin den Finanzierungsanteil des Bundes tragen wollten. Hauff machte aus seiner Abneigung gegen die Wasserstraße jedoch keinen Hehl, setzte Kürzungen bei den Bundesmitteln durch und ließ noch nicht einmal den ihm 1981 zugeschriebenen Ausspruch dementieren, der Rhein-Main-Donau-Kanal sei „ziemlich das dümmste Projekt seit dem Turmbau zu Babel". Unter seiner Ägide

228 Landschaftsplan Altmühltal. Main-Donau-Kanal, Strecke Dietfurt-Kelheim, hrsg. von der Rhein-Main-Donau AG, München 1974, S. 7.

229 Vgl. Hubert Weiger, Prüfstein des Naturschutzes, in: Blätter für Natur- und Umweltschutz 55 (1975), S. 106f.; Straßenbau-Vandalismus am Ludwigskanal, in: Natur und Umwelt 56 (1976) H. 4, S. 12f.; Mittelbayerische Zeitung vom 6. 8. 1976: „Naturschutzbund Bayern sieht große Gefahren"; Rhein-Main-Donau-Kanal zwischen Regensburg und Passau: Schwere Schäden im Donautal, in: Natur und Umwelt 58 (1978) H. 1, S. B 2; Hubert Weiger, Die Zerstörung der unteren Donau, in: Natur und Umwelt 59 (1979) H. 2, S. B 16f.; Für Baustopp am RMD-Kanal, in: Natur und Umwelt 59 (1979) H. 3, S. B 26.

230 Vgl. Süddeutsche Zeitung vom 26. 10. 1978: „Stop des Kanalbaus im Altmühltal beantragt".

liefen im Bundesverkehrsministerium schließlich Planungen an, mit der bayerischen Regierung über eine „qualifizierte Beendigung“ der Bauarbeiten zu verhandeln[231].

Die umweltpolitisch motivierten Gegner des Kanals griffen vor diesem Hintergrund tiefer ins argumentative Arsenal. Den Kanalbau machten sie nun nicht nur für die drohende Zerstörung einer einzigartigen Natur- und Kulturlandschaft sowie für die daraus resultierenden ökologischen Probleme verantwortlich, sie sprachen der Wasserstraße auch jede Wirtschaftlichkeit ab. Schon um der Verschwendung mehrerer hundert Millionen Mark an Steuergeldern Einhalt zu gebieten, schien ihnen deshalb der sofortige Abbruch der Bauarbeiten gerechtfertigt. Die von der Rhein-Main-Donau AG bestellten Landschaftspläne gerieten ebenfalls in die Kritik, ihre Ausgleichsfunktion wurde bestritten und vom Altmühltal abgesehen nur noch als „kosmetische Eingrünung“ gewertet[232]. Auf rechtlichem Gebiet wurde die Position der Kanalgegner durch ein Gutachten gestärkt, das der Bund Naturschutz beim Münchner Staatsrechtsprofessor Bruno Simma in Auftrag gegeben hatte. Es erkannte dem Bund prinzipiell das Recht zu, die mit dem Freistaat Bayern geschlossenen Rhein-Main-Donau-Verträge einseitig aufzukündigen[233]. Um ihre Ziele politisch durchzusetzen, bedienten sich die Umweltschützer darüber hinaus zunehmend öffentlichkeitswirksamer Protestformen, die von Ausstellungen über Schweigemärsche bis hin zu Kajak- und Schlauchboottouren reichten. Im Oktober 1981 wurde in Nürnberg außerdem eine bundesweite „Aktionsgemeinschaft gegen den Rhein-Main-Donau-Kanal“ gegründet, in der sich mit einer Reihe wichtiger Umweltschutzorganisationen und Bürgerinitiativen sowie der Gewerkschaft der Eisenbahner Deutschlands alte und neue Gegner der umstrittenen Wasserstraße zusammenfanden. Noch im selben Jahr initiierte sie eine Unterschriftenkampagne gegen die Fortsetzung des Kanalbaus, die mit einer Beteiligung von über 700 000 Bürgern innerhalb von zwölf Monaten eine der bis dahin größten Aktionen ihrer Art in der Bundesrepublik war[234]. Hierin kam nicht zuletzt das gestiegene Umweltbewußtsein einer breiteren Öffentlich-

[231] Süddeutsche Zeitung vom 31. 3. 1981: „‚Ziemlich das dümmste Projekt seit dem Turmbau zu Babel‘. Trotz aller Bedenken erscheint der Endausbau des Rhein-Main-Donau-Kanals als unvermeidlich“; Stuttgarter Zeitung vom 10. 10. 1981: „An 99 Kanal-Kilometern scheiden sich die Geister“; Süddeutsche Zeitung vom 10. 12. 1981: „Mit Baustop 3,4 Milliarden sparen. Naturschutz argumentiert gegen Rhein-Main-Donau-Kanal“.

[232] Hubert Weiger, Rhein-Main-Donau-Kanal ... ein bayerischer Alptraum. Der Bund Naturschutz antwortet auf die Darstellungen der Rhein-Main-Donau AG, München 1981, S. 22; vgl. auch Liesel Hartenstein, Der Baustop beim Rhein-Main-Donau-Kanal ist überfällig!, in: Natur und Umwelt 61 (1981) H. 3, S. B 25f.; Brix, Der neue Kanal, in: ders. (Hrsg.), Main-Donau-Kanal, S. 37–64.

[233] Vgl. Ulrich Fastenrath/Bruno Simma, Die Rhein-Main-Donau-Verträge. Rechtliche Würdigung der vertraglichen Grundlagen des Rhein-Main-Donau-Kanals, in: Deutsches Verwaltungsblatt 98 (1983), S. 8–20; Rhein-Main-Donau-Verträge sind großenteils verfassungswidrig, in: Natur und Umwelt 62 (1982) H. 1, S. B 7.

[234] Vgl. Süddeutsche Zeitung vom 22. 5. 1979: „Im Altmühltal staut sich Unmut. Zwei Tage lang Proteste gegen Bau der Rhein-Main-Donau-Großschiffahrtsstraße“; Stoppt den Bau des Rhein-Main-Donau-Kanals, in: Natur und Umwelt 62 (1982) H. 1, S. 12; Hubert Weiger, Neue Chancen für Baustopp, in: Natur und Umwelt 62 (1982) H. 2, S. 12; Hubert Weiger, Pro und Contra RMD-Kanal, in: Natur und Umwelt 62 (1982) H. 4, S. B 22; Heinz Höfl u.a., „Das Dümmste seit dem Turmbau zu Babel“. Der Rhein-Main-Donau-Kanal – ein Verkehrsweg, den niemand braucht, in: Jochen Bölsche (Hrsg.), Die deutsche Landschaft stirbt, Reinbek bei Hamburg 1983, S. 177–196.

keit zum Ausdruck, das sich durch die augenfälligen Naturzerstörungen[235] des strittigen Kanalprojekts auch ohne ein großtechnisches Gefahrenpotential, wie es etwa bei Kernkraftwerken gegeben war, vergleichsweise leicht mobilisieren ließ.

Trotz aller Widerstände hielt die bayerische Staatsregierung eisern an der Fertigstellung auch des letzten Teilstücks fest. Unterstützung erhielt sie dabei von den sozialdemokratischen Landtagsmitgliedern, die anders als ihre Bonner Parteifreunde den Bau des Kanals ausdrücklich befürworteten. Im Landtag wurde die Kritik an dem Großprojekt deshalb auch lange Zeit allein von der FDP vorgetragen. An einer möglichst zügigen Vollendung der Kanalstrecke waren schließlich die unmittelbar betroffen Kreise und Kommunen interessiert. Für sie stellten die anhaltenden Bauarbeiten eine erhebliche Belastung dar, die unter anderem zu einem Rückgang des Fremdenverkehrs führten. Als die Spar- und Beendigungspläne des Bundesverkehrsministeriums bekannt wurden, kam es deshalb auch auf Seiten der Kanalbefürworter zu Protestveranstaltungen und zur Gründung von Bürgerinitiativen. Bei vielen Kommunal- und Landespolitikern stand dabei nicht zuletzt die Furcht im Hintergrund, dauerhaft mit den Bauruinen leben zu müssen. Ob durch die „qualifizierte Beendigung", die dem Kanal zeitweise zu drohen schien, jedoch nennenswerte Einsparungen zu erzielen gewesen wären, blieb wegen der hohen Kosten für den Abriß oder die Rekultivierung bereits begonnener Teilprojekte sowie für den Ausstieg aus bestehenden Verträgen und vergebenen Aufträgen von Beginn an äußerst fraglich[236].

Mit dem Wechsel der Bundesregierung im Herbst 1982 mußten die Gegner des Kanals ihre Hoffnungen auf einen Baustopp begraben, denn der CSU-Politiker Werner Dollinger, der Hauff als Bundesverkehrsminister ablöste, ließ keinen Zweifel daran, daß der Rhein-Main-Donau-Kanal nun so schnell wie möglich fertiggestellt werden sollte[237]. Nach einer Bauzeit von nochmals knapp zehn Jahren wurde er schließlich im September 1992 eröffnet. Die jahrelangen Proteste waren jedoch nicht ganz vergeblich gewesen, haben sie doch zu einer Reihe von Plankorrekturen und umweltgerechteren Detaillösungen geführt. Inzwischen lassen sich auch erste Aussagen zu den verkehrs- und regionalwirtschaftlichen Auswirkungen des Rhein-Main-Donau-Kanals treffen. Zwischen 1993 und 1998 lag das Güteraufkommen auf dem Kanalabschnitt zwischen Bamberg und Kelheim jährlich zwischen 5,1 und 6,8 Millionen Tonnen. Die pessimistischen Prognosen aus den siebziger und frühen achtziger Jahren, die von 2,7 bis 3,7 Millionen Tonnen ausgegangen waren, wurden damit bereits deutlich übertroffen. Aber auch der Optimismus, den viele Gutachter bis Anfang der siebziger Jahre an den Tag

[235] Vgl. dazu auch den dokumentarisch angelegten Bildband von Herbert Liedel/Helmut Dollhopf, Der alte Kanal – Der neue Kanal. Landschaftsverluste im Altmühltal, Würzburg 1992.

[236] Vgl. Süddeutsche Zeitung vom 6. 2. 1981: „Untergangsstimmung im Altmühltal. Durch Verzögerung des Kanalbaus sehen Städte und Gemeinden ihren wirtschaftlichen Aufschwung gefährdet", vom 7. 3. 1981: „Kreistage auf den Kanal eingeschworen. Resolution gegen Bonner Sparpläne", vom 3. 12. 1981: „Tandler: Bayern nicht Babylon"; Stenographischer Bericht über die 82. Sitzung des bayerischen Landtags am 10. 3. 1981, S. 5160–5176.

[237] Vgl. Frankfurter Allgemeine Zeitung vom 5. 10. 1983: „Langsam vernarben die Wunden des Altmühltals"; auch zum vorigen Frankfurter Rundschau vom 8. 10. 1982: „Unter vier Augen versprach Kohl Strauß Weiterbau des Kanals".

gelegt hatten, scheint sich als ungerechtfertigt zu erweisen; ihre Schätzungen hatten sich damals meist um die 14 Millionen Tonnen bewegt[238]. Das Münchner Ifo-Institut hatte in seiner Untersuchung von 1971 nach einer Anlaufphase von fünf Jahren gar ein Aufkommen von rund 20 Millionen Tonnen für wahrscheinlich gehalten[239].

Eine ambivalente Bilanz ergibt sich auch für die regionalwirtschaftlichen Auswirkungen. Gerade in dem besonders umstrittenen Streckenabschnitt zwischen Nürnberg und Kelheim sind sie eher gering, da die Ansiedlung neuer Industriebetriebe bisher weitgehend ausblieb. Statt dessen nahm die Entwicklung des Fremdenverkehrs, dem viele Kritiker in Folge der Naturzerstörungen schwere Einbußen vorausgesagt hatten, einen ungeahnt positiven Verlauf. Der Kanal bietet nun die Voraussetzungen für organisierte Ausflugs- und Kreuzfahrten wie für die private Sportschiffahrt; die künstlichen Seen, die für die Versorgung der Scheitelhaltung und für die Wasserüberleitung vom Donau- ins Maingebiet angelegt wurden, entwickelten sich schnell zu einem beliebten Naherholungsgebiet für den Ballungsraum Nürnberg-Fürth-Erlangen[240].

Die Stadt Nürnberg, die immer zu den engagiertesten Befürwortern des Rhein-Main-Donau-Kanals gezählt hatte, profitierte in starkem Ausmaß von dem Anschluß an die Wasserstraße in Richtung Rhein und Ruhr im Jahr 1972. Von der 20 Jahre später geschaffenen Verbindung zur Donau und nach Osteuropa gehen für die Stadt zwar positive Impulse aus, ihre Bedeutung blieb bisher aber vergleichsweise marginal. Den wohl größten Nutzen konnte die Stadt Kelheim aus der endgültigen Fertigstellung des Kanals ziehen, etwa 150 der seitdem vor Ort geschaffenen Arbeitsplätze lassen sich nach Schätzungen des zuständigen Landratsamts unmittelbar darauf zurückführen. Allerdings kam es auch hier weniger zur erhofften Ansiedlung neuer Industriebetriebe, der Kelheimer Hafen entwikkelte sich vielmehr zu einem wichtigen Zentrum für Transport- und Logistikunternehmen. Dabei kommt Kelheim nicht nur die Nähe zur Industrieregion Ingolstadt und dem prosperierenden oberbayerischen Raum zugute, sondern auch seine gute Vernetzung mit Schiene und Straße[241]. Die Konflikte aus den siebziger und achtziger Jahren werden den Kanal wohl auch in Zukunft noch eine Weile begleiten, da für das verbliebene „Nadelöhr" zwischen Vilshofen und Straubing 1992 zwar das Raumordnungsverfahren eingeleitet wurde, aber bis heute keine Einigkeit über einen angemessen Ausbau herrscht.

[238] Vgl. Information 1, hrsg. von der Wasser- und Schiffahrtsdirektion Süd, Würzburg 1997, S. 26; Timmermann, Rhein-Main-Donau-Kanal, S. 202–228; Eugen Wirth, Die wirtschaftlichen Aspekte des „Europa-Kanals", in: Brix (Hrsg.), Main-Donau-Kanal, München 1988, S. 65–78.

[239] Vgl. Die internationale Bedeutung der fertiggestellten Rhein-Main-Donau-Großschiffahrtsstraße. Eine Untersuchung des Ifo-Instituts für Wirtschaftsforschung München, hrsg. vom Bayerischen Staatsministerium für Wirtschaft und Verkehr, München o.J. (1971).

[240] Vgl. Christian Glas, Wirtschaftsgeographische Neubewertung des Main-Donau-Kanals, Kallmünz/Regensburg 1996, S. 63–66.

[241] Vgl. ebenda, insbesondere S. 98–102; Timmermann, Rhein-Main-Donau-Kanal, S. 173–185 und S. 244–261; Die Zeit vom 2. 10. 1997: „Der Schmalspurkanal"; E-mail des Landratsamts Kelheim an den Verfasser vom 17. 3. 2000; Brief der E.H. Harms GmbH & Co. an den Verfasser vom 17. 3. 2000.

V. Bilanz und Ausblick

Nach dem Zweiten Weltkrieg stand Bayern vor großen verkehrspolitischen Herausforderungen. Die Zerstörung der Infrastruktur durch den Luftkrieg der Alliierten führte in ganz Deutschland zeitweise zu einer Blockade der wichtigsten Wirtschaftszweige; dadurch ging etwa die Zahl der für Bayern unentbehrlichen Kohlentransporte aus dem Ruhrgebiet empfindlich zurück. Um die Transportkrise zu überwinden, wurden die vorhandenen Ressourcen auf den Wiederaufbau des Verkehrssystems konzentriert. Dies bedeutete für Bayern indes nicht ganz so große Anstrengungen wie für andere Regionen. Als schwere und langfristige Bürde für die Verkehrssituation des Freistaats erwies sich jedoch die deutsche Teilung, die Bayern innerhalb der Bundesrepublik in eine Randlage brachte und insbesondere die wirtschaftlichen Verflechtungen Nordostbayerns zum mitteldeutschen Raum kappte. Seit dem Ende der vierziger Jahre machte es sich die bayerische Staatsregierung daher zu ihrer verkehrspolitischen Hauptaufgabe, die Verbindungen in Richtung Rhein und Ruhr auszubauen. Diesem Ziel dienten vor allem die großen Infrastrukturprojekte der fünfziger Jahre: die Elektrifizierung der Bahnverbindung von Nürnberg nach Frankfurt und der Bau der Spessart-Autobahn auf der entsprechenden Strecke. Dadurch wurde letztlich die Verkehrsachse des ganzen Landes von Nordosten um gut 90 Grad nach Nordwesten gedreht.

Den nord- und ostbayerischen Grenzgebieten, deren wirtschaftliche Misere nicht zuletzt von ihrer ungünstigen Verkehrslage herrührte, war aber mit dem Aufbau einer verbesserten Infrastruktur zunächst nur unzureichend zu helfen. Allein tarifpolitische Mittel und Subventionen wie die Frachthilfen konnten hier unmittelbar Abhilfe schaffen, da sie sofort wirksam wurden und die Konkurrenzfähigkeit der ansässigen Unternehmen trotz langer Transportwege aufrechterhielten. Die damit verbundenen Kosten trug der Bund zu fast drei Vierteln. Obwohl diese Maßnahmen als dauerhafte Unterstützungsstrategie ungeeignet waren, da die am stärksten geförderten Güter wirtschaftlich an Bedeutung verloren, hielt die Staatsregierung bis zur Wiedervereinigung daran fest.

Strukturelle Verbesserungen und die Erschließung des Freistaats in seiner gesamten Fläche waren langfristig nur vom Ausbau des Straßennetzes zu erwarten. Noch bevor alle Kriegsfolgen beseitigt waren, verschlechterte sich der Zustand der Straßen jedoch unter dem zunehmenden Schwerlastverkehr und der einsetzenden Massenmotorisierung Anfang der fünfziger Jahre bereits wieder. Dies änderte sich erst, als Mitte der fünfziger Jahre die Kfz- und die Mineralölsteuer in steigendem Ausmaß – und ab Beginn der sechziger Jahre nahezu vollständig – für die Finanzierung des Straßenbaus genutzt wurden. Mit dieser Zweckbindung der aus dem Wachstum der Motorisierung resultierenden Steuereinnahmen konnte der Ausbau des Straßennetzes großzügig vorangetrieben werden, was wiederum der Motorisierung weiteren Vorschub leistete[242]. Länge und Qualität des Straßennetzes nahmen seit Anfang der sechziger Jahre enorm zu und schufen damit die wichtigste Voraussetzung, um das schon früh in der bayerischen Landesplanung

[242] Vgl. Klenke, Freier Stau, S. 57.

verankerte Leitbild einer dezentralisierten Industriestruktur zu verwirklichen. Für die Ansiedlung von Gewerbebetrieben im ländlichen Raum wurden gute Straßenverhältnisse geradezu zu einer notwendigen Bedingung, die allerdings bald kaum mehr ausreichte, um bei der Standortwahl den Ausschlag zu geben.

Eine volkswirtschaftliche Studie kam Anfang der achtziger Jahre zu dem Schluß, daß sich die Wirtschaftskraft zwischen den Zentren und der Peripherie trotz der unzweifelhaften Erfolge der bayerischen Gewerbepolitik nicht angeglichen habe[243]. Einmal abgesehen davon, inwieweit dieses Urteil über den Untersuchungszeitraum der Studie hinaus Geltung besitzt, ist es zweifellos Ausdruck einer eindimensionalen Perspektive. Aus einem Blickwinkel, der die Lebensverhältnisse der Bevölkerung in peripheren Räumen in den Mittelpunkt rückt, wird klar, daß die Diskrepanz zwischen Stadt und Land trotzdem abnahm und sich die Standards anglichen: Straßenbau und Motorisierung trugen entscheidend dazu bei, die Abgeschiedenheit dörflicher Siedlungen zu überwinden. Aus dem Agrarsektor freigesetzte Arbeitskräfte konnten dadurch vielfach in ihrer angestammten Umgebung bleiben und als Pendler den täglichen Weg vom Wohnort zu den Arbeitsplätzen in der Industrie oder den Dienstleitungsbranchen selbst mit dem Auto zurücklegen. Zuvor hatte diese Möglichkeit nur einem vergleichsweise kleinen Bevölkerungskreis offen gestanden, der im städtischen Umland oder in den wenigen durch Bahn oder Busse erschlossenen Landstrichen wohnte. Die Nutzung privater Pkw weitete jedoch nicht nur die möglichen Einzugsgebiete der Pendler aus, sondern verkürzte den Befunden der Statistiker zufolge offenbar auch die Zeit für den Weg zur Arbeit. Im Durchschnitt nahm der dafür notwendige Zeitaufwand zwischen 1961 und 1970 von 37 auf 25 Minuten, also um fast ein Drittel, ab[244]. Das Auto definierte das Verhältnis der „Provinz“ zu ihrer Außenwelt neu und beendete „damit eine vom Gefälle zwischen Stadt und Land gekennzeichnete Epoche relativ schnell und für viele überraschend“, schrieb der langjährige Chefredakteur des Bayerischen Rundfunks, Heinz Burghart, rückblickend über diesen Prozeß[245].

Die Fortschritte des Freistaats beim Straßenbau zeigten sich auch im Vergleich mit den anderen Bundesländern. Obwohl Bayern auch Mitte der siebziger Jahre noch das Netz mit der geringsten Dichte klassifizierter Straßen besaß, reduzierten sich die Unterschiede in diesem Zeitraum immerhin um neun Prozentpunkte. Rechnet man die Gemeindestraßen hinzu, lag Bayern ohnehin im Mittelfeld. Noch stärker waren die Nivellierungstendenzen innerhalb des Freistaats; hier ging die Differenz zwischen dem Regierungsbezirk mit dem dichtesten und dem mit dem am wenigsten dichten Straßennetz sogar um 15 Prozentpunkte zurück. Sowohl innerhalb der Bundesrepublik als auch innerhalb Bayerns konnten also die Regionen am stärksten vom Straßenbau profitieren, die die ungünstigsten Ausgangspositionen besessen hatten. Trotz dieser schlechten Ausgangslage waren in Bayern schon Mitte der fünfziger Jahre die meisten Kraftfahrzeuge pro Kopf

[243] Vgl. Bernhard Oswald, Erfolgskontrolle in der Regionalpolitik. Eine theoretische und empirische Analyse für Bayern, Göttingen 1980, S. 289.

[244] Vgl. Hans Berger, Verkehrsmittel und Zeitaufwand für Arbeits- und Schulwege. Ergebnisse der Volkszählung am 27. Mai 1970, in: Bayern in Zahlen 27 (1973), S. 109–113.

[245] Burghart, Ende der „Provinz“, in: Jenal (Hrsg.), Gegenwart, S. 397.

registriert. 20 Jahre später hatte sich daran zwar wenig geändert, die Unterschiede hatten sich hier aber noch drastischer verringert als bei den Straßenverhältnissen.

Die Fortschritte beim Straßenbau und die Zunahme der Motorisierung bedrohten aber auch die Existenz vieler Nebenbahnen, die immer weniger genutzt wurden. Dennoch kämpften Bevölkerung, lokale Presse und Politiker vehement – aber meist vergeblich – gegen viele der Stillegungsmaßnahmen, die befürchteten Verschlechterungen blieben jedoch zumeist aus. Ursache und Wirkung lagen hier nah beieinander: Insgesamt war die gewachsene Bedeutung des Straßenverkehrs zwar der Hauptgrund für den Rückzug der Bahn aus der Fläche, doch machte die Staatsregierung den Ausbau der Straßen in den betroffenen Landesteilen und den Einsatz von Omnibussen meist zur Bedingung für ihre Zustimmung zu den Stillegungsmaßnahmen. Während Motorisierung und Ausbau des Straßennetzes vor allem in den sechziger Jahren eine außerordentliche Expansion erlebten, setzte bei der Bahn ein – bis in die Gegenwart anhaltender – Konzentrationsprozeß auf die Hauptverbindungen ein, der ihr Streckennetz zwar reduzierte, zugleich aber dessen Leistungsfähigkeit erhöhte: Elektrifizierung und Streckenstillegungen waren dabei zwei Seiten derselben Medaille. Für die Betroffenen ergab sich aus dem Ersatz der Bahn durch den Bus meist sogar ein insgesamt verbessertes Angebot, das kürzere Wege zu den Haltestellen und kürzere Fahrzeiten einschloß. Langfristig orientierten sich aber nahezu sämtliche Verhaltensmuster, die die Mobilität bestimmten, und die zur Verfügung stehende Infrastruktur in den dünn besiedelten Gebieten an der Nutzung privater Kraftfahrzeuge, was es immer schwieriger machte, ein adäquates Angebot im öffentlichen Personennahverkehr aufrechtzuerhalten. Die steigende Mobilität breiter Schichten zog damit teilweise auch abnehmende Mobilitätschancen für Minderheiten ohne Pkw nach sich[246].

Neben der Erschließung der Fläche und der Drehung der Verkehrsachse erblickte die Mehrzahl der bayerischen Politiker in der Revier- und Seehafenferne des Freistaats ein verkehrspolitisches Problem ersten Ranges. Eine Lösung erwartete man sich vom Bau des Rhein-Main-Donau-Kanals. Die ihm ursprünglich zugedachte Bedeutung hätte er jedoch nur dann erfüllen können, wenn die Kohlenimporte aus dem Ruhrgebiet für Bayern genauso wichtig geblieben wären wie Anfang der fünfziger Jahre. Die Staatsregierung grub dem Kanal also mit ihrer Öl- und Atompolitik gewissermaßen selbst das Wasser ab.

Die heftigen Proteste, die der Rhein-Main-Donau-Kanal im Verlauf der siebziger Jahre auslöste, stehen in auffallendem Kontrast zum verkehrspolitischen Konsens, der zwischen den im bayerischen Landtag vertretenen Parteien lange Zeit vorherrschte und auch die umstrittene Großwasserstraße einschloß. Natürlich erschien der Opposition die Regierungspolitik häufig unzureichend, einen verkehrspolitischen Richtungsstreit von Bedeutung wird man in den fünfziger und sechziger Jahren jedoch vergeblich suchen. Verkehrspolitisch ließen sich CSU und SPD von den strukturellen Problemen Bayerns leiten, Analyse und Vorschläge

[246] Vgl. Wolfgang G. Heinze/Detlef Herbst/Ulrich Schühle, Verkehr im ländlichen Raum, Hannover 1982, S. 30–57.

beider Parteien zu deren Bekämpfung wiesen nur geringe Unterschiede auf. Erst mit der Ölkrise begannen sich die parteipolitischen Fronten hier langsam zu verhärten.

Bis Anfang der siebziger Jahre standen alle verkehrspolitischen Zeichen – in Bayern und andernorts – auf permanentem Mobilitätswachstum. Als die Bundesregierung angesichts der dramatischen Ölpreissteigerungen im Herbst 1973 ein sonntägliches Fahrverbot verhängte, schien dies das Ende dieser Phase unbegrenzter Mobilität zu sein. Im Rückblick lassen die „autofreien Sonntage" jedoch nicht nur die Abhängigkeit der westlichen Industriestaaten vom Erdölimport deutlich werden, sondern auch die Abhängigkeit breiter Bevölkerungskreise vom Automobil. Denn am Mobilitätsverhalten der Bundesbürger änderte sich trotz des mit der Ölkrise verbundenen Schocks so gut wie nichts. Während der Heizölverbrauch nach der Krise nicht zuletzt aufgrund des energiebewußten Verhaltens vieler Bundesbürger auffallend zurückging, stieg der Treibstoffverbrauch weiter an[247].

Nachdem die wirtschaftlichen Folgen der Ölpreiskrise das Anfang der siebziger Jahre erwachte Bewußtsein für die sozialen und ökologischen Kosten des Kraftfahrzeugverkehrs zeitweilig zurückgedrängt hatten, machte es sich Ende der siebziger Jahre im verkehrspolitischen Diskurs erneut bemerkbar, wie sich beispielsweise in der Reduzierung der Straßenausbaupläne zeigte. Anders als bei den Versuchen des traditionellen Natur- und Heimatschutzes in den sechziger Jahren, die Alleebäume vor einer rigorosen Abholzung zu bewahren, wurde die Diskussion nun von den langfristigen Folgen des Straßenverkehrs für Gesundheit, Gesellschaft und das gesamte Ökosystem bestimmt. Doch auch als das Automobil mit der Debatte um das „Waldsterben" schließlich als erstrangiger Umweltsünder an den Pranger gestellt wurde, ließen sich verkehrspolitische Beschränkungen für breite Schichten wie etwa ein Tempolimit auf Autobahnen gar nicht oder nur unter größten Schwierigkeiten durchsetzen[248]. Nicht nur die in den fünfziger und sechziger Jahren ausgebaute Infrastruktur des Straßenverkehrs erwies sich als äußerst beständig und nur mit hohem Aufwand veränderbar, sondern auch das dadurch geprägte Mobilitätsverhalten.

[247] Schuld waren der Zuwachs bei den Fahrzeugzahlen und den gefahrenen Kilometern (bis 1989 52 bzw. 25 Prozent); beides ließ sich auch durch die sparsamere Konstruktion der Fahrzeuge nicht kompensieren; vgl. Jens Hohensee, Der erste Ölpreisschock 1973/74. Die politischen und gesellschaftlichen Auswirkungen der arabischen Erdölpolitik auf die Bundesrepublik und Westeuropa, Stuttgart 1996, S. 239.

[248] Vgl. Klenke, Freier Stau, S. 84–132.

Ulrike Lindner

„Wir unterhalten uns ständig über den Milchpfennig, aber auf die Gesundheit wird sehr wenig geachtet."[1]

Gesundheitspolitik und medizinische Versorgung 1945 bis 1972

I. Einleitung

Als die bayerische Staatsregierung im September 1974, wenige Monate vor der Landtagswahl, ihr Gesundheitsprogramm der Öffentlichkeit vorstellte, zog sie stolz Bilanz über die Arbeit der vergangenen Jahre. 777 Krankenhäuser mit mehr als 121 000 Betten gewährleisteten die medizinische Versorgung der Bevölkerung, für 10 000 Einwohner stünden jeweils 113 Krankenhausbetten zur Verfügung. Bayern liege „damit mit an der Spitze der Flächenstaaten in der Bundesrepublik Deutschland"[2].

Mitte der siebziger Jahre hatte das Gesundheitswesen in Bayern und insbesondere die medizinische Versorgung in den Krankenhäusern tatsächlich ein hohes Niveau erreicht, die medizinische Infrastruktur war in den sechziger Jahren generell stark ausgebaut worden. Zwei Dekaden zuvor aber hatte das bayerische Gesundheitswesen trotz des wirtschaftlichen Aufschwungs, der auch in Bayern spürbar gewesen war, noch große Defizite aufgewiesen. Gerade in den strukturschwachen, agrarisch geprägten Regionen des Freistaats hatte sich die medizinische Versorgung in den fünfziger Jahren sehr ungünstig gestaltet[3]: Die Krankenhäuser waren klein, unterbesetzt und schlecht ausgestattet, Fachärzte konnten vor Ort kaum konsultiert werden, die nächste Apotheke ließ sich schwer erreichen, da auch die Mobilität der Bevölkerung noch vergleichsweise eingeschränkt war. Selbst wenn sich Ärzte oder Krankenhäuser in der Nähe befanden, wurden sie auf dem Land seltener in Anspruch genommen, denn viele Bauern und ihre Familien waren nicht krankenversichert[4].

1 Anton Jaumann im Sozialpolitischen Ausschuß des bayerischen Landtags am 29. 4. 1960, wörtlich zitiert nach: Mittelbayerische Zeitung vom 30. 4./1. 5. 1960; das vollständige, hier für die Überschrift leicht gekürzte Zitat lautet: „Wir unterhalten uns ständig über den Milchpfennig und weiß Gott was, aber auf das wichtigste im Leben, die Gesundheit, wird sehr wenig geachtet".

2 Gesundheitsprogramm der Bayerischen Staatsregierung, hrsg. vom Bayerischen Staatsministerium des Innern, München 1974, S. 173 f.; die Zahlen beziehen sich auf das Jahr 1972.

3 Vgl. z. B. Ärztliche und zahnärztliche Versorgung der Bevölkerung auf dem Lande, in: Bayerisches Ärzteblatt 24 (1969), S. 878 f.

4 Vgl. Bernd van Deenen/Albert Harms, Zur Frage der sozialen Sicherung landwirtschaftlicher

In den Städten dagegen hatten die Menschen auch schon in den fünfziger Jahren mit geringeren Schwierigkeiten zu kämpfen. Hier war das Netz der medizinischen Infrastruktur dichter; Krankenhausbetten und Ärzte gab es meist in ausreichender Zahl. Dieses Gefälle zwischen Stadt und Land stellte eines der zentralen Probleme dar, vor denen die bayerische Gesundheitspolitik nach dem Zweiten Weltkrieg stand. Hier Lösungen zu finden, gestaltete sich jedoch sehr schwierig, da die Steuerungsmöglichkeiten der Landespolitik sehr eingeschränkt waren. Noch 1971 konstatierte die Staatsregierung ein „Versorgungsgefälle zwischen Stadt und Land"[5], wobei vor allem Landkreise in der Oberpfalz sowohl mit Ärzten als auch mit Krankenhäusern stark unterversorgt waren.

Dieser Aufsatz wird sich vor allem mit drei vielschichtigen Fragen beschäftigen: Wie sah, erstens, die Situation nach dem Ende des Zweiten Weltkriegs aus, wie wirkten sich Krieg, Hunger und Wohnungsnot auf den Gesundheitszustand der Bevölkerung aus, und welche Wege beschritt man, um das Schlimmste zu verhindern? Daran schließt sich, zweitens, die Frage an, welche Schwerpunkte die bayerischen Gesundheitspolitiker setzten, als die schlimmsten Kriegsfolgen überwunden waren. Dabei muß Bayern auch im Kontext des komplexen westdeutschen Gesundheitssystems mit seinen unterschiedlichen Akteuren, den Ärzten, den Trägern der Krankenhäuser, dem öffentlichen Gesundheitswesen und anderen Interessengruppen und Institutionen, gesehen werden. Insgesamt entwickelte sich in der Bundesrepublik ein sehr leistungsfähiges System der gesundheitlichen Versorgung, wobei sich allerdings die Machtverhältnisse zwischen den einzelnen Akteuren verschoben[6]. Während vor allem die Ärzteschaft ihre Stellung in den fünfziger Jahren stärken konnte, verlor das öffentliche Gesundheitswesen an Bedeutung[7]. Die Länder starteten zwar auch gesundheitspolitische Initiativen, Lücken in der medizinischen Versorgung der Bevölkerung wurden aber gerade in den sechziger Jahren durch Bundesgesetze geschlossen. Innerhalb dieses vielfältigen Beziehungsgeflechts gilt es nun, die Entwicklungen im bayerischen Gesundheitswesen zu beschreiben, Maßnahmen der Landespolitik zu erörtern und dabei die Handlungsspielräume Bayerns im Bereich der Gesundheitspolitik zu erläutern. Dabei soll versucht werden, Zäsuren herauszuarbeiten, wichtige Initiativen zu beschreiben, Erfolge und Mißerfolge politischer Steuerungsversuche zu analysieren und nach neuen Konzeptionen und ihren Trägern zu fragen. Gemäß der Themenstellung dieses Sammelbandes soll, drittens, dem Problem nachgegangen werden, wie im Gesundheitswesen die Erschließung der peripheren ländlichen Regionen Bayerns voranschritt, ja inwieweit es überhaupt bis Anfang der siebziger Jahre gelang,

Familien in der Bundesrepublik Deutschland. Ergebnisse einer empirischen Untersuchung in bäuerlichen Familienbetrieben 1959/60 und 1964/65, Bonn 1966, S. 18–21 (Forschungsstelle der Forschungsgesellschaft für Agrarpolitik und Agrarsoziologie Bd. 172).

[5] Raumordnungsbericht 1971, hrsg. vom Bayerischen Staatsministerium für Landesentwicklung und Umweltfragen, München 1972, S. 205.

[6] Vgl. Johannes Frerich/Martin Frey, Handbuch der Geschichte der Sozialpolitik in Deutschland, Bd. 3: Sozialpolitik in der Bundesrepublik Deutschland bis zur Herstellung der deutschen Einheit, München ^{2}1996, S. 76.

[7] Vgl. z.B. Winfried Süß, Gesundheitspolitik, in: Hans Günter Hockerts (Hrsg.), Drei Wege deutscher Sozialstaatlichkeit. NS-Diktatur, Bundesrepublik und DDR im Vergleich, München 1998, S. 55–100, hier S. 65.

das traditionelle Stadt-Land-Gefälle zu nivellieren, das es auf dem Feld der medizinischen Versorgung der Bevölkerung gab.

In diesem Beitrag können nicht alle Facetten des bayerischen Gesundheitswesens nach 1945 behandelt werden. Daher gilt es, einige Aspekte herauszugreifen, die nicht nur für die allgemeine Nachkriegsentwicklung, sondern auch für das bayerische Beispiel von besonderer Bedeutung sind. Kapitel II befaßt sich mit den schwierigen Jahren nach Kriegsende, wobei die Bekämpfung von Infektionskrankheiten wie Typhus oder Tuberkulose im Mittelpunkt der Betrachtung steht; diese hatten eigentlich schon in den zwanziger und dreißiger Jahren viel von ihrem Schrecken verloren, wurden nun aber gerade in den ländlichen Gebieten Bayerns, wo eine große Anzahl an Flüchtlingen untergebracht war, erneut zum Problem. Kapitel III beschäftigt sich mit der Gesundheitspolitik im engeren Sinne, also mit den Initiativen der Staatsregierung, des Landtags oder der Parteien. Hier sollen die Zuständigkeiten von Bund und Land geschildert, die Handlungsspielräume Bayerns erläutert, die Entwicklung des bayerischen Ärzte- und Krankenhauswesens und des öffentlichen Gesundheitsdiensts sowie die bayerische Politik gegenüber diesen Hauptakteuren des Gesundheitswesens beschrieben werden. Kapitel IV greift nochmals die Frage nach den für Bayern so problematischen regionalen Disparitäten auf und beschäftigt sich mit den gesundheitlichen Problemen der Landbevölkerung, die Anfang der sechziger Jahre zu einem wichtigen Thema der bayerischen Gesundheitspolitik wurden. Eine zusammenfassende Bilanz schließt den Beitrag ab.

Der Forschungsstand zu dieser Untersuchung muß als disparat bezeichnet werden. Zum Gesundheitswesen der Bundesrepublik gibt es zwar eine Fülle vor allem an soziologischer und politologischer Literatur – genannt seien etwa die Arbeiten von Jens Alber[8], Wolfgang Wanek, Marian Döhler oder Bernd Rosewitz und Douglas Webber[9]; historische Arbeiten liegen jedoch zu diesem Zeitraum kaum vor. Eine Ausnahme bilden die Studien von Alfons Labisch, der sich hauptsächlich mit dem öffentlichen Gesundheitswesen befaßt[10]. Gesundheitspolitik auf Länderebene ist insgesamt noch weniger erforscht[11], über Bayern selbst gibt es

[8] Vgl. Jens Alber, Das Gesundheitswesen der Bundesrepublik Deutschland, Frankfurt am Main/New York 1992.

[9] Vgl. z.B. Wolfgang Wanek, Machtverteilung im Gesundheitswesen, Frankfurt am Main 1994; Marian Döhler/Philip Manow, Strukturbildung von Politikfeldern. Das Beispiel bundesdeutscher Gesundheitspolitik seit den fünfziger Jahren, Opladen 1997; Bernd Rosewitz/Douglas Webber, Reformversuche und Reformblockaden im deutschen Gesundheitswesen, Frankfurt am Main/New York 1990.

[10] Vgl. Alfons Labisch/Florian Tennstedt, Prävention und Prophylaxe als Handlungsfelder der Gesundheitspolitik in der Frühgeschichte der Bundesrepublik Deutschland, in: Thomas Elkeles (Hrsg.), Prävention und Prophylaxe. Theorie und Praxis eines gesundheitspolitischen Grundmotivs in zwei deutschen Staaten 1949–1990, Berlin 1991, S. 129–158, sowie Alfons Labisch, Entwicklungslinien des öffentlichen Gesundheitsdienstes in Deutschland. Vorüberlegungen zur historischen Soziologie öffentlicher Gesundheitsvorsorge, in: ders., Gesellschaftliche Bedingungen öffentlicher Gesundheitsvorsorge, Frankfurt am Main 1990, S. 25–62.

[11] Für die Jahre der Besatzung vgl. z.B. Hans-Ulrich Sons, Gesundheitspolitik während der Besatzungszeit. Das öffentliche Gesundheitswesen in Nordrhein-Westfalen 1945–1949, Wuppertal 1983. Zur Gesundheitspolitik in Nordrhein-Westfalen vgl. Wolfgang Woelk, Gesundheit als politisches Problem? Historische Aspekte der Gesundheitspolitik und Gesundheitsverwaltung in Nordrhein-Westfalen und der Bundesrepublik Deutschland bis Mitte der 1960er Jahre, Diss., Düsseldorf 2001; vgl. auch Alfons Labisch/Wolfgang Woelk, Öffentliche Gesundheit in der Nach-

kaum einschlägige Literatur[12]. Der vorliegende Beitrag beschreitet somit in vielen Bereichen Neuland. Zudem ist die Quellenlage sehr problematisch. So sind die im Bayerischen Hauptstaatsarchiv verwahrten Akten der Gesundheitsabteilung des Staatsministerium des Innern, also ein Schlüsselbestand für das Thema dieses Aufsatzes, erst vorläufig verzeichnet und nur sehr eingeschränkt benutzbar, so daß lediglich einige Faszikel ausgewertet werden konnten[13]. Vieles ließ sich daher nur unvollständig über andere Bestände rekonstruieren, etwa über die Akten der Staatskanzlei, des Ministeriums für Arbeit und soziale Fürsorge oder den Nachlaß des Augenarztes und Gesundheitspolitikers Rudolf Soenning. Ausgewertet wurden auch die Überlieferungen der oberbayerischen Gesundheitsämter im Staatsarchiv München und die Protokolle des Ausschusses für Sozial- und Gesundheitspolitik im Archiv des bayerischen Landtags. Eine sehr wichtige Quelle waren zudem die Jahresberichte des Statistischen Landesamts über das Gesundheitswesen in Bayern.

II. Nachkriegsprobleme

1. Die Folgen des Krieges für die medizinische Versorgung

In den ersten Jahren nach dem Ende des Zweiten Weltkriegs bestimmte eine Vielzahl gravierender gesundheitlicher Probleme den Alltag in Bayern. Wie im übrigen Deutschland war die Situation auch hier durch die sehr schlechte Ernährung und die katastrophalen Wohnverhältnisse eines Großteils der Bevölkerung gekennzeichnet. Zudem genügten die völlig überfüllten Krankenanstalten den Anforderungen nicht: Einerseits war eine ganze Reihe von Krankenhäusern zerstört, andererseits wuchs die Bevölkerung durch den großen Flüchtlingszustrom erheblich an, so daß man eine große Zahl an zusätzlichen Betten benötigt hätte[14]. 1946 versuchte man unter anderem – auch auf Drängen der Militärregierung –, Notbetten in ungenutzten Räumlichkeiten aufzustellen. Dies gelang jedoch nur in geringem Maße, da es kaum leerstehende Räume gab, die nicht sowieso von Flüchtlingen oder Evakuierten genutzt wurden. Im Landkreis Aichach beispielsweise konnten 1946 trotz starker Bemühungen des Gesundheitsamts nur einige

kriegsgeschichte der Bundesrepublik Deutschland. Ein Bund-Länder-Vergleich von 1945–1965, in: Public Health Forum 12 (1996), S. 3 f.

12 Ausnahmen sind beispielsweise der Band von Jan Murken, Gesundheitspolitik im Wandel. Tätigkeitsbericht zum 40jährigen Bestehen des Bayerischen Landesgesundheitsrates, Starnberg 1994, der aber eher den Charakter einer Jubiläumsschrift hat und nicht auf die bayerische Gesundheitspolitik insgesamt eingeht, sowie die Abhandlung von Andreas Toppe, Die Wiedererrichtung der ärztlichen Standesvertretung in Bayern nach dem Zweiten Weltkrieg. Eine historische Darstellung aus Anlaß des 50. Bayerischen Ärztetages, München 1997, die ebenfalls eher Festschriftcharakter hat.

13 An dieser Stelle möchte ich Frau Dr. Andrea Schwarz, Bayerisches Hauptstaatsarchiv, danken, daß sie mir dennoch die Einsicht in einige wichtige Akten ermöglicht hat. Für wertvolle Hinweise und konstruktive Kritik danke ich zudem Dr. Lutz Sauerteig und Dr. Winfried Süß.

14 Vgl. Walther Koerting, Nachkriegsprobleme und Ärzteschaft, in: Bayerisches Ärzteblatt 4 (1949), S. 53.

Räume der Landwirtschaftsschule mit Notbetten belegt werden[15]. Der Neu- beziehungsweise notdürftige Wiederaufbau von Krankenhäusern machte ebenfalls größte Schwierigkeiten, da weder die Länder noch die Gemeinden ausreichende Mittel zur Verfügung hatten[16]. Gerade in Bayern wurden diese Probleme durch die vielen Vertriebenen und Flüchtlinge verschärft, die in ihrer neuen Heimat eine nicht gerade leistungsfähige Infrastruktur vorfanden. Manche Regionen in Niederbayern, der Oberpfalz und anderen agrarisch geprägten Gegenden waren auch vor dem Zweiten Weltkrieg mit Ärzten und Krankenhäusern eher schlecht ausgestattet gewesen[17]. 1945 hatte sich daran nichts geändert; durch die kriegsbedingten Zerstörungen und die große Anzahl an Flüchtlingen und Evakuierten hatte sich der Problemdruck vielmehr verschärft[18].

Die bayerische Gesundheitspolitik war also bis Anfang der fünfziger Jahre vor allem damit beschäftigt, die schlimmsten Mißstände zu beheben und den allgemeinen Mangel zu verwalten. Die Reserven, auf die dabei zurückgegriffen werden konnte, waren jedoch ausnehmend gering, und auch die amerikanische Besatzungsmacht, deren Public Health Branches gerade in den ersten äußerst kritischen Monaten nach Kriegsende Medikamente oder sonstige medizinische Versorgungsgüter zur Verfügung stellten und auch später beim Wiederaufbau der Krankenhäuser halfen, konnte nur punktuell für Linderung sorgen[19].

Dabei mußte das bayerische Gesundheitswesen vor allem sich rasch ausbreitende Krankheiten wie Typhus, Diphtherie und Ruhr bekämpfen, die vor dem Krieg nur noch marginale Bedeutung gehabt hatten, sowie der wieder stark ansteigenden Säuglingssterblichkeit entgegenwirken. Die Seuchenbekämpfung fiel dabei in den Aufgabenbereich des dem bayerischen Innenministerium unterstellten öffentlichen Gesundheitswesens mit seinen Gesundheitsämtern. Gerade diese zeigten sich aber oftmals den großen Schwierigkeiten der Nachkriegszeit nicht gewachsen; das hing mit fehlenden Kenntnissen bei der Seuchenbekämpfung zusammen, hatte aber auch mit personellen Problemen zu tun. Denn viele Amtsärzte,

15 StA München, Gesundheitsämter 678, Regierungspräsident an die Gesundheitsämter der Regierungsbezirke vom 30. 1. 1946 und Gesundheitsamt Aichach an den Regierungspräsidenten vom 20. 3. 1946.

16 Vgl. Krankenhausfragen und öffentliche Fürsorge in Bayern, in: Bayerisches Ärzteblatt 6 (1951), S. 49.

17 Zu den Krankenhäusern vgl. Bericht über das Bayerische Gesundheitswesen 59 (1950/51), S. 216; zu den Ärzten vgl. Konrad Krieger/Charlotte Mühle, Statistischer Bericht über das Bayerische Gesundheitswesen 1946 bis 1949, München 1950, S. 23 (Beiträge zur Statistik Bayerns 162).

18 Zur Flüchtlingsproblematik vgl. Franz J. Bauer, Flüchtlinge und Flüchtlingspolitik in Bayern 1945–1950, Stuttgart 1982; zu den Evakuierten vgl. Katja Klee, Im „Luftschutzkeller des Reiches". Evakuierte in Bayern 1939–1953: Politik, soziale Lage, Erfahrungen, München 1999.

19 Beispiele für den Pragmatismus und die Hilfsbereitschaft der U.S. Army bei Klaus-Dietmar Henke, Die amerikanische Besetzung Deutschlands, München ²1996; zur amerikanischen Militärregierung in Bayern vgl. Reinhard Heydenreuter, Office of Military Government for Bavaria, in: Christoph Weisz (Hrsg.), OMGUS-Handbuch. Die amerikanische Militärregierung in Deutschland 1945–1949, München ²1996, S. 143–315. Bis 1952 floß beispielsweise eine Million DM aus dem Special Projects Fund von High Commissioner John J. McCloy in das öffentliche Gesundheitswesen Bayerns. So wurde etwa das St. Elisabeth-Krankenhaus in Würzburg, das im Krieg schwer zerstört worden war, mit 180000 DM unterstützt, die städtische Klinik in Treuchtlingen mit 190000 DM oder das Krankenhaus der Stadt Sulzbach-Rosenberg mit 175000 DM. Vgl. die Aufstellung bei J.F.J. Gillen, The Special Projects Program of the Office of the U.S. High Commissioner for Germany, hrsg. von der Historical Division, Office of the U.S. High Commissioner for Germany, o.O. 1952, S. 68f.

die nicht selten politisch belastet waren und nun als Beamte relativ streng entnazifiziert wurden, mußten vorübergehend ihre Posten räumen. Sie wurden vielfach durch Militärärzte ersetzt, die oft weit überfordert waren[20]. Staatsminister Josef Seifried (SPD) äußerte sich zu diesem Problem im Juni 1947 vor dem Landtag:

„[...] wozu die verhinderten Parteigenossen kommen, die als beschäftigungslos gewordene Militärärzte plötzlich eine besondere Vorliebe für den amtsärztlichen Dienst bekundeten und die, begünstigt durch reaktionäre Strömungen, bis vor kurzem ca. 60 Prozent aller kommissarisch besetzten Amtsarztstellen bei uns innehatten."[21]

Die vielfältigen Gesundheitsprobleme in der bayerischen Nachkriegsgesellschaft können im vorliegenden Beitrag nur an einigen Beispielen beleuchtet werden, wobei damals besonders bedrohliche Infektions- und mangelbedingte Krankheiten in den Mittelpunkt der Betrachtung gerückt werden.

2. *Säuglingssterblichkeit*

Eine große Herausforderung für das bayerische Gesundheitswesen stellte die hohe Säuglingssterblichkeit dar. Sie nahm in Bayern zwar nie so dramatische Ausmaße an wie etwa in Berlin, wo im Juli 1945 72 von 100 Neugeborenen starben[22]. In den bayerischen Städten lag sie aber ebenfalls weit über den Werten, die vor dem Ausbruch des Zweiten Weltkriegs als normal gegolten hatten, in Augsburg 1945 beispielsweise bei 27 Prozent. Die Ursachen dieser Entwicklung sind vor allem in den schlechten Lebensbedingungen der ersten Nachkriegsmonate zu suchen. Die Mütter litten an Schwäche und Unterernährung. Das ließ zum einen die Zahl der Frühgeburten stark ansteigen, die sowieso geringere Überlebenschancen hatten, und machte es zum anderen vielen Müttern unmöglich, ihre Kinder zu stillen. Ersatz konnten auch die Milchsammelstellen nicht schaffen, die 1945/46 noch kaum funktionierten. Die schlechte Ernährung wiederum begünstigte Darminfektionen, an denen viele Säuglinge starben. Problematisch waren ferner die miserablen hygienischen Bedingungen bei der Entbindung, der Schmutz in den beengten, oft halb zerstörten Wohnungen und die fehlende Wäsche, welche die Ausbreitung von tödlichen Infektionen bei den Babys begünstigten[23]. Besonders schwierig war die Situation in den strukturschwächeren Gebieten Bayerns, der Oberpfalz und Niederbayern, in denen schon vor dem Krieg eine vergleichsweise hohe Säuglingssterblichkeit geherrscht hatte.

[20] Vgl. zur Entnazifizierung der Beamten in der bayerischen Verwaltung Lutz Niethammer, Entnazifizierung in Bayern. Säuberung und Rehabilitierung unter amerikanischer Besatzung, Frankfurt am Main 1972, S. 178–190.

[21] Stenographischer Bericht über die 20. Sitzung des bayerischen Landtags am 24. 6. 1947, S. 573.

[22] Vgl. Wilhelm Hagen, 10 Jahre Gesundheitswesen in der Bundesrepublik, in: Bundesgesundheitsblatt 1 (1958), S. 113–118, hier S. 113.

[23] Vgl. Konrad Krieger, Krankheit und Tod nach dem Zusammenbruch, in: ZBSL 80 (1948), S. 2–14, hier S. 6.

Säuglingssterblichkeit in Bayern 1939 bis 1950[24]

Jahr	Bayern gesamt Tote Säuglinge	auf 100 Lebend-geborene	Gestorbene auf jeweils 100 Lebendgeborene Obb.	Ndb.	Opf.	Ofr.	Mfr.	Ufr.	Schw.
1939	13554	7,6	7,6	9,9	10,5	7,0	7,0	7,0	7,1
1945	19206	16,6	13,7	20,8	20,5	17,4	15,4	17,0	14,4
1946	16480	11,1	10,6	12,9	14,4	9,4	9,4	10,5	11,7
1947	16079	9,7	8,9	11,8	12,4	8,1	7,9	10,4	9,2
1948	12672	7,7	7,7	10,1	10,1	6,5	6,5	7,0	7,5
1949	10649	6,8	6,8	8,2	8,3	6,1	6,1	6,3	6,7
1950	9648	6,3	6,3	8,1	8,0	5,8	5,8	5,6	6,0

Noch 1950 war die Säuglingssterblichkeit am Ostrand Bayerns am höchsten; hier hatte die Mortalitätsrate 1945 die höchsten Werte erreicht, die auch langsamer sanken als etwa in Oberbayern oder Unterfranken. In der Oberpfalz waren die Landkreise Cham, Roding, Nabburg, Weiden und Oberviechtach besonders betroffen, in Niederbayern Kötzting, Regen, Bogen, Wolfstein, Grafenau, Wegscheid und Eggenfelden[25]. Dies lag wohl generell an den hygienischen Verhältnissen, die dort besonders schlecht waren, an der ungenügenden medizinischen Versorgung und nicht zuletzt auch daran, daß in diesen ländlichen Regionen eine überproportional große Zahl an Flüchtlingen und Evakuierten versammelt war, die die traditionellen Probleme noch verschärften und zudem überaus schlecht mit Lebensmitteln versorgt waren. In den besser entwickelten Teilen Bayerns lag die Säuglingssterblichkeit dagegen deutlich niedriger – die geringste Quote hatten 1950 die auch damals schon wohlhabenden Kreise Starnberg und Bad Tölz sowie die Region Würzburg aufzuweisen – als in den weniger erschlossenen bayerischen Randgebieten. Als häufigste Todesursachen bei Säuglingen galten in der Nachkriegszeit allgemeine Lebensschwäche, Darmkatarrh und Lungenentzündung[26].

Tote Säuglinge (nicht älter als ein Jahr) auf 1000 Lebendgeborene in Bayern[27]

Krankheit	1938	1945	1946	1947	1948	1949
Lebensschwäche	14,0	46,0	21,0	15,8	12,8	9,8
Darmkatarrh	9,5	41,2	19,9	17,6	9,6	8,0
Lungenentzündung	10,8	17,5	12,3	11,8	11,3	–[28]

24 Zusammengestellt nach: Bericht über das Bayerische Gesundheitswesen 61 (1953), S. 105.
25 Vgl. Bericht über das Bayerische Gesundheitswesen 59 (1950/51), S. 18f.
26 Vgl. Charlotte Mühle, Die Todesursachen der Säuglingssterblichkeit in Bayern 1946, in: Bayern in Zahlen 2 (1948), S. 44f.
27 Zusammengestellt nach: Krieger/Mühle, Statistischer Bericht über das Bayerische Gesundheitswesen 1946 bis 1949, S. 9; Mühle, Todesursachen der Säuglingssterblichkeit, S. 44f.; Charlotte Mühle, Die Todesursachen in Bayern von 1947 und 1948 im Vergleich mit früheren Jahren, in: ZBSL 81 (1949), S. 144–152, hier S. 150.
28 Angabe fehlt.

Wie bei der Säuglingssterblichkeit insgesamt, so waren auch bei diesen Krankheiten die Zahlen sehr schnell rückläufig. Diese Entwicklung hing insbesondere mit der Verbesserung der allgemeinen Lebensverhältnisse zusammen, also der Ernährung, der Unterkünfte und damit auch der Hygienesituation. Mütter, die ihre Wohnungen verloren hatten oder aus ihrer Heimat vertrieben worden waren, konnten meist in Lagern unterkommen oder waren auf dem Land einquartiert worden. Auch das bayerische Gesundheitswesen reagierte relativ rasch und versuchte, die schlimmsten Mißstände zu mildern: Eine wichtige Rolle spielten dabei die Säuglingsberatungsstellen in den Gesundheitsämtern. Im Landkreis Schongau beispielsweise hatte vor dem Krieg in 16 Orten Säuglingsberatung stattgefunden. 1945 mußten diese Stellen wegen Platzmangels – in den Räumen wohnten Flüchtlingsfamilien – und schlechter Verkehrsmöglichkeiten geschlossen werden. Ab Mitte 1946 wurde die Beratung in den einzelnen Orten wieder aufgenommen[29]. In Oberbayern stieg die Zahl der Beratungsstellen zwischen 1946 und 1949 von 356 auf 460, in Niederbayern von 273 auf 353, in der Oberpfalz von 155 auf 194; bayernweit erhöhte sich die Zahl von 1483 auf 1822, was doch eine etwas bessere Betreuung der Säuglinge ermöglichte[30]. Zudem wurden über diese Stellen auch Spenden der UNICEF verteilt: Die Mütter erhielten hier beispielsweise Vitaminkapseln für ihre Kinder[31].

3. Geschlechtskrankheiten

Auch Gonorrhoe und Syphilis breiteten sich – wie generell in Kriegs- und Nachkriegszeiten – in den Jahren 1945 und 1946 stark aus[32]. Insbesondere in den bayerischen Großstädten, für die eine starke Bevölkerungsfluktuation kennzeichnend war und in deren Umgebung es viele amerikanische Garnisonen gab, wurden diese Krankheiten zu einem großen Problem. In München und Nürnberg konzentrierten sich die Fälle[33], weshalb Oberbayern und Mittelfranken auch die höchsten Zahlen an Geschlechtskranken zu verzeichnen hatten, während Niederbayern und die Oberpfalz mit diesem Problem weniger stark konfrontiert waren. Bei der Bekämpfung der Geschlechtskrankheiten arbeiteten die amerikanischen Besatzungsbehörden, die um die Gesundheit ihrer Soldaten fürchteten, relativ eng mit den bayerischen Gesundheitsämtern zusammen[34]. Die bayerischen Behörden waren schon deswegen zur Kooperation bereit, weil die Amerikaner über das wirksamste Medikament gegen diese Krankheiten, das Penicillin, verfügten. In der

[29] StA München, Gesundheitsämter 886, Gesundheitsamt Schongau an die Regierung von Oberbayern vom 14. 2. 1947.

[30] Vgl. Krieger/Mühle, Statistischer Bericht über das Bayerische Gesundheitswesen 1946 bis 1949, S. 67.

[31] StA München, Gesundheitsämter 886, Regierung von Oberbayern an die Gesundheitsämter des Regierungsbezirks vom März 1948.

[32] Vgl. Hagen, 10 Jahre, S. 113. Die Akten zum Thema Geschlechtskrankheiten aus den Beständen des bayerischen Innenministeriums sind erst vorläufig verzeichnet und noch nicht einsehbar, so daß das Thema gegenwärtig nicht ausführlicher abgehandelt werden kann.

[33] Vgl. Krieger/Mühle, Statistischer Bericht über das Bayerische Gesundheitswesen 1946 bis 1949, S. 60f.

[34] StA München, Gesundheitsämter 5382, Regierungspräsident an die staatlichen Gesundheitsämter des Regierungsbezirks Oberbayern und das städtische Gesundheitsamt München vom 12. 4. 1946.

Praxis sah die Zusammenarbeit folgendermaßen aus: Der behandelnde Arzt mußte die Geschlechtskranken dem Gesundheitsamt melden, das die Betroffenen dann in eine Penicillinstation der auf Anordnung der amerikanischen Militärregierung eingerichteten Venereal-Diseases-Kliniken einwies. 1946 gab es beispielsweise in Oberbayern sechs solcher Penicillinstationen, die von den Städten und Landkreisen getragen wurden. In anderen Krankenhäusern durfte Gonorrhoe nicht mehr behandelt werden. Nur in den Venereal-Diseases-Kliniken wurde von den Amerikanern Penicillin ausgegeben, niedergelassene Ärzte bekamen es nicht. Die meisten Patienten durften die Klinik nach einem kurzen stationären Aufenthalt wieder verlassen, mußten sich aber weiterhin Kontrollen unterziehen. Wenn man Frauen jedoch als Infektionsquellen für amerikanische Soldaten ansah, wurden sie erst nach drei Wochen wieder entlassen[35].

Geschlechtskrankheiten in Bayern nach Regierungsbezirken[36]

Jahr	Obb.	Ndb.	Opf.	Ofr.	Mfr.	Ufr.	Schw.	Bayern
				Syphilis				
1946	5165	1514	1717	2085	4129	1322	2195	18127
1947	7578	1749	2008	1698	4227	2042	2090	21392
1948	5866	1361	1672	1471	2519	1324	1484	15697
1949	3718	640	1206	755	1545	768	882	9514
1951	2068	203	604	330	685	500	410	4800
				Gonorrhoe				
1946	16821	4398	6470	5918	11734	2976	6075	54392
1947	15572	3423	3852	3488	8632	2838	4904	42709
1948	10186	2049	2731	2639	4508	2360	2599	27072
1949	5830	1298	1762	1859	2959	1641	1459	16808
1951	2759	319	675	719	1294	947	641	7354

[35] Ebenda. Aus der Bevölkerung gab es Widerstände gegen die Venereal-Diseases-Kliniken. Da die Amerikaner aber dieses Programm für Geschlechtskranke kontrollierten, konnten einzelne Gemeinden, die zum Teil vehement gegen die amerikanischen Einrichtungen protestierten, die Stationen nicht einfach schließen. Besondere Empörung lösten zudem die häufigen Razzien der Besatzungsbehörden aus, bei denen „verdächtige“ Frauen in der Öffentlichkeit aufgegriffen und zwangsweise auf Geschlechtskrankheiten untersucht wurden; vgl. dazu allgemein Dagmar Ellerbrock, Gesundheitspolitik in der amerikanischen Besatzungszone, Diss., Bielefeld 1999.

[36] Zusammengestellt nach: Krieger/Mühle, Statistischer Bericht über das Bayerische Gesundheitswesen 1946 bis 1949, S. 58f., und Bericht über das Bayerische Gesundheitswesen 59 (1950/51), S. 112f. Es ist grundsätzlich schwierig, für die Geschlechtskranken genaue Zahlen zu nennen: 1946 bis 1948 bestand zwar eigentlich eine strenge Meldepflicht, diese wurde aber gerade bei der Syphilisbehandlung offenbar von vielen niedergelassenen Ärzten unterlaufen, wie die Statistiker beklagten (Krieger/Mühle, Statistischer Bericht über das Bayerische Gesundheitswesen 1946 bis 1949, S. 12f.). Auch die Nachforschung nach den Kontakten der Infizierten gestaltete sich schwierig, so daß viele Fälle unentdeckt blieben. Nachdem 1948 die namentliche Meldung aufgegeben wurde, erfolgten ab 1949 nur noch freiwillige Meldungen, die in manchen Bezirken weitergeführt wurden, während man in anderen Gegenden jedoch eher nachlässig verfuhr. Dennoch ist der starke Rückgang sicherlich nicht nur auf diese statistischen Unzulänglichkeiten zurückzuführen.

Geschlechtskrankheiten in Bayern 1946 bis 1949[37]

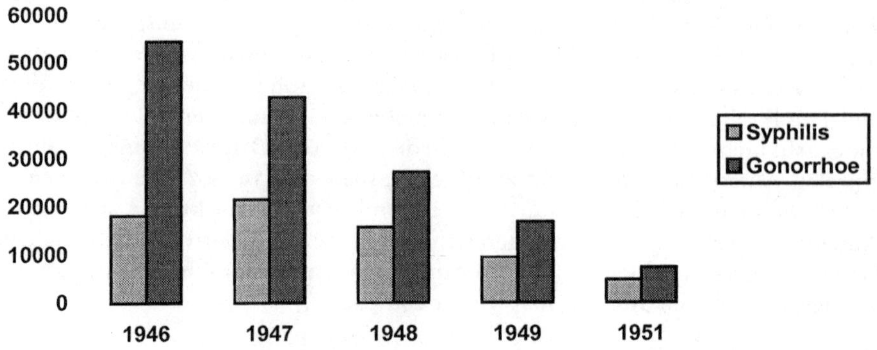

Gonorrhoe ließ sich auf diese Art wirksam bekämpfen, was die schon ab 1946 stark rückläufigen Zahlen gut belegen[38]. Syphilis dagegen, die anfangs noch traditionell mit einer Wismut/Salvarsan-Therapie beim niedergelassenen Arzt behandelt wurde, war weit schwerer in den Griff zu bekommen[39]. Dies lag unter anderem daran, daß sich die Wismut-Therapie relativ lange hinzog, Penicillin bei Syphilis bis 1948 nur in besonderen Fällen ausgegeben wurde und es zahlreiche Fälle von latenter Syphilis gab, die erst spät entdeckt wurden. Zudem galten Geschlechtskrankheiten immer auch als moralisches Problem. Während bei anderen Infektionskrankheiten die Meinung vorherrschte, die Ansteckung über Tröpfchen- und Schmierinfektion sei kaum zu verhindern, hatten Geschlechtskranke in den Augen der Zeitgenossen fahrlässig gehandelt. Bei vielen Kranken wird deswegen Scham einen Arztbesuch verzögert und eine Therapie behindert haben[40]. Ab 1948 war aber auch bei Syphilis ein deutlicher Rückgang zu beobachten, der wohl ebenfalls vor allem dem Einsatz von Penicillin zu verdanken war.

1950 wurde dann auch die Behandlung der Gonorrhoe wieder für niedergelassene Ärzte freigegeben und Penicillin in Apotheken vertrieben[41]. Die Zahl der Geschlechtskranken war mittlerweile so weit zurückgegangen, daß sich eine Exklusivbehandlung nicht mehr hätte rechtfertigen lassen. Die Gesundheitsbehörden konnten jedoch bei Infektionsgefahr immer noch die stationäre Behandlung anordnen[42].

[37] Zusammengestellt nach: Krieger/Mühle, Statistischer Bericht über das Bayerische Gesundheitswesen 1946 bis 1949, S. 58f., und Bericht über das Bayerische Gesundheitswesen 59 (1950/51), S. 112f.

[38] Vgl. Krieger/Mühle, Statistischer Bericht über das Bayerische Gesundheitswesen 1946 bis 1949, S. 12f., und Krieger, Krankheit, S. 10.

[39] StA München, Gesundheitsämter 5382, Merkblatt vom 30. 12. 1948.

[40] Vgl. Sons, Gesundheitspolitik, S. 120f. Die Beratungstätigkeit in den bayerischen Gesundheitsämtern wurde gerade wegen dieser Probleme ausgebaut. Die Zahl der Fürsorgestellen mit einer Nebenstelle für Geschlechtskrankheiten stieg in ganz Bayern zwischen 1946 und 1949 von 138 auf 146. Vgl. Krieger/Mühle, Statistischer Bericht über das Bayerische Gesundheitswesen 1946 bis 1949, S. 67.

[41] Bericht über das Bayerische Gesundheitswesen 59 (1950/51), S. 21.

[42] StA München, Gesundheitsämter 5382, Regierung von Oberbayern an die staatlichen Gesundheitsämter vom 18. 3. 1950.

Im Gegensatz zum Problem der Säuglingssterblichkeit, das durch direkte gesundheitspolitische Eingriffe nur wenig beeinflußt werden konnte, da Wohlergehen und Gesundheit von Schwangeren und Neugeborenen von verschiedensten Faktoren abhingen, waren die Geschlechtskrankheiten ein Beispiel dafür, wie mit Hilfe rigoroser Maßnahmen und insbesondere mit Hilfe wirksamer Mittel schnell Erfolge erzielt werden konnten. Daß dabei gerade die erkrankten Frauen unter rabiaten Methoden zu leiden hatten und teilweise ihrer Freiheit beraubt wurden, war die Schattenseite dieser für sich genommen sehr wirksamen Maßnahmen[43].

4. *Typhus*

Typhus war vor dem Zweiten Weltkrieg in Bayern nur noch äußerst selten aufgetreten. In den ersten Nachkriegsjahren stieg die Zahl der Fälle aber stark an, was vor allem durch Hunderttausende von Flüchtlingen und Evakuierten bedingt war, die zumeist in ländlichen Gegenden untergebracht wurden[44]. Die Kommunen waren in keiner Weise auf diesen Ansturm vorbereitet. Weder genügten die sanitären Einrichtungen den Anforderungen, noch war die Wasserversorgung ausreichend. Da die Wasserleitungen während des Krieges nicht instand gehalten worden waren, stellten sie ständige Infektionsquellen dar[45]. In vielen ländlichen Gemeinden wurden nach Kriegsende Behelfswasserleitungen eingerichtet, die wiederum hygienisch meist nicht einwandfrei waren. Da auch Reinigungs- und Desinfektionsmittel Mangelware waren, erkrankten viele ohnehin geschwächte Menschen durch verseuchtes Wasser. Das im Kompetenzbereich des Gesundheitsamts Gunzenhausen gelegene Dorf Theilenhofen war für Zustände dieser Art nur ein Beispiel von vielen:

„Das Dorf zählt über 600 Einwohner und macht einen nicht unsauberen Eindruck. Die Gegend ist sehr fruchtbar und die einzelnen Bauern reich. Theilenhofen besitzt keine zentrale Wasserversorgung, sondern die einzelnen Häuser haben einen oder mehrere Brunnen. Der Zustand dieser Brunnen ist in hygienischer Hinsicht größtenteils katastrophal. Es sind meist gemauerte Schächte, der Innenverputz ist abgebröckelt, Brunnenranderhebungen fehlen. Das Wasser wird durch Holzrohre gepumpt. Die Brunnen liefern in der Trockenzeit häufig kein Wasser mehr. Vor dem Dorf befinden sich in den Feldern 2 Schachtbrunnen, von denen der eine ein romantisch aussehender Schöpfbrunnen ist; der zum Schöpfen benutzte Kübel hatte einen grünlichen Algenüberzug. Der andere Brunnen ist miserabel überdeckt. Das Wasser wird durch Holzröhren gepumpt. Das Wasser beider Brunnen ist Grundwasser. Der Wasserspiegel ist etwa 2–3 m unter der Erde, so daß infolge der Juraformation das Wasser durch die die Brunnen umgebenden Felder verschmutzt werden kann. An sich ist das Wasser klar und kühl und wird von der Bevölkerung gelobt. In Trockenzeiten liefern diese beiden Brunnen noch Wasser, wenn die einzelnen Hausbrunnen kein Wasser mehr geben. Das Wasser wird dann häufig im Odelfaß zum Haus gefahren und dort wieder in den Hausbrunnen geschüttet. So wird es dann für den Haushalt verwendet, darunter auch zum Spülen der Milchkannen: die Bevölkerung dort ist sehr schwierig zu behandeln und uneinsichtig. In die-

[43] Vgl. dazu ausführlich Ellerbrock, Gesundheitspolitik.

[44] BayHStA, MInn vorl. Nr. M 1142.05, Abteilung III des bayerischen Staatsministeriums des Innern an den Innenminister vom 5. 4. 1949, und Bericht über das Bayerische Gesundheitswesen 59 (1950/51), S. 8.

[45] BayHStA, MInn vorl. Nr. M 1142.05, Entschließung des bayerischen Staatsministeriums des Innern vom 26. 4. 1949.

sem Dorf herrscht seit Jahr und Tag endemisch Typhus. Vor 2 Jahren war bereits ein gehäuftes Typhusvorkommen zu verzeichnen. Gemeldet waren damals 7 Typhuserkrankungen. Im Spätfrühjahr 1949 erkrankten ein älterer Verwandter des Bürgermeisters, eine im gleichen Haus wohnende Flüchtlingsfrau, die Frau des Bürgermeisters und die Mutter des Bürgermeisters. Noch vor 8 Tagen erklärte der Bürgermeister, daß diese Geschichte mit dem Typhus nicht so ernst sei. Inzwischen ist seine Frau, seine Mutter und seine Magd gestorben. Die Zahl der Typhuskranken belief sich in diesem Jahr auf 16."[46]

Ähnliche Berichte häuften sich Ende der vierziger Jahre, sie stammten beispielsweise aus Günzburg, Erding, Vilshofen, Traunstein und Kemnath[47]. 1948 gab es in Bayern kaum einen Bezirk, der von Typhus frei war. Es wurden 1659 Typhusfälle in 598 verschiedenen Gemeinden gezählt[48].

Ein anderes Problem lag darin, daß sich Quarantänemaßnahmen nur schwer verwirklichen ließen. Eigentlich hätten die Bewohner eines Hauses oder einer Wohnung, in der sich ein Typhuskranker befand, während der Inkubationszeit nicht in die Öffentlichkeit gehen und damit auch nicht arbeiten dürfen. Die Betroffenen konnten zwar krankgeschrieben werden, erhielten aber als Krankengeld nur 50 Prozent des Lohnes. Bei der damaligen wirtschaftlichen Notlage ließen sich solche Anordnungen kaum durchsetzen[49]. Hinzu kam die Nachlässigkeit vieler Verantwortlicher sowie das unkundige Personal in manchen Gesundheitsämtern. Bei einer Typhusepidemie im Raum Günzburg berichtete beispielsweise Dr. Freytag von der Bakteriologischen Untersuchungsanstalt in München, der das Gesundheitsamt Günzburg besucht hatte, entsetzt über die dortigen Zustände:

„Am 15.2. war ich in Günzburg, um mir über das Vorkommen von Typhus im Bereich des Gesundheitsamtes Günzburg einen Einblick zu verschaffen. [...] Das Personal des Gesundheitsamtes Günzburg hat keine Ahnung, wie eine Typhus-Epidemie aufgeklärt und bekämpft werden soll. Ich mußte mir erst aus dem Speicher des Gesundheitsamtes die Unterlagen der Typhuserkrankungen der Jahre 1948–45 heraussuchen lassen. Es ist mir völlig unverständlich, wie ein Gesundheitsamt eine Typhusbekämpfung vornehmen will, wenn es nicht die Möglichkeit benützt, Typhusbazillen-Dauerausscheider aus früheren Epidemien zu erfassen. Ich habe mit dem Amtsarzt zunächst die Richtlinien für die Bekämpfung seiner jetzigen Typhusepidemie besprochen und ihm die praktischen Wege dazu gewiesen. Leider mußte ich feststellen, daß das Gesundheitsamt einen Gesundheitsaufseher besitzt, der in keiner Weise für die Durchführung der Maßnahmen geeignet ist. [...] Nach Durchführung der primitiven Seuchenermittlungsarbeiten werde ich abermals nach Günzburg fahren und dann mit dem Amtsarzt das weitere veranlassen."[50]

Unter einer besonders schlimmen Epidemie, bei der über 100 Menschen starben, hatte die Gemeinde Neuötting zu leiden. Auch hier gab es Probleme mit einer alten, verseuchten Wasserleitung, deren Instandsetzung immer wieder verschoben wor-

[46] BayHStA, MInn vorl. Nr. M 1142.05, staatliche bakteriologische Untersuchungsanstalt an das bayerische Staatsministerium des Innern vom 21. 7. 1949.

[47] BayHStA, MInn vorl. Nr. M 1142.05, Abteilung III des bayerischen Staatsministerium des Innern an den Innenminister vom 5. 4. 1949.

[48] BayHStA, MInn vorl. Nr. M 1142.05, Entschließung des bayerischen Staatsministeriums des Innern vom 26. 4. 1949.

[49] BayHStA, MInn vorl. Nr. M 1142.05, staatliches Gesundheitsamt München an die Regierung von Oberbayern vom 8. 7. 1949.

[50] BayHStA, MInn vorl. Nr. M 1142.05, staatliche bakteriologische Untersuchungsanstalt an das bayerische Staatsministerium des Innern vom 17. 2. 1949.

den war und die man zusätzlich nicht richtig chlorierte[51]. Die Sorglosigkeit und Ignoranz, mit denen die Gesundheitsbehörde hier vorging, ließen den Ausbruch der Krankheit zu einer Katastrophe für Neuötting werden. Gegen die Verantwortlichen, den früheren Amtsarzt sowie den Bürgermeister, die danach auch eine Aufklärung des Falles verzögerten, kam es 1950 zu einem Verfahren wegen fahrlässiger Tötung vor der großen Strafkammer Traunstein. Den Beschuldigten wurde vorgeworfen, den Ausbau der neuen Wasserleitung nicht genügend vorangetrieben und die Chlorierung des Trinkwassers nicht zuverlässig kontrolliert zu haben. Der Leiter des Gesundheitsamts habe zudem die Typhusdiagnose nicht ernst genommen; es war sogar noch ein Volksfest in der Ortschaft gestattet worden[52].

Auch der bayerische Landtag nahm sich wiederholt der Sache an. Abgeordnete kritisierten das Verhalten des Gesundheitsamts scharf, forderten eine intensivere Aufsicht durch die zuständigen Behörden und mahnten eine bessere Information der Bevölkerung über die Gefahren des Typhus an[53]. Innenminister Willi Ankermüller (CSU) verteidigte in seiner Antwort die bayerische Gesundheitsverwaltung. Krieg und Vertreibung hätten die Seuchen mit sich gebracht. Das öffentliche Gesundheitswesen sei dafür nicht verantwortlich zu machen. In Bayern seien seit mehr als 15 Jahren weder die Leitungen für Trinkwasser noch die Abwasseranlagen instand gesetzt worden. In Neuötting sei der Ausbau der Trinkwasseranlage sofort nach Eintreten der Erkrankungen begonnen und lediglich wegen der schlechten wirtschaftlichen Verhältnisse vor der Währungsreform nicht beendet worden. Unmittelbare Schuld treffe weder bestimmte Personen noch das Gesundheitsamt. Ankermüller räumte aber ein, daß die Amtsärzte in Bayern überlastet seien. Viele von ihnen seien aus politischen Gründen aus ihren Ämtern entfernt und durch unerfahrene Kollegen ersetzt worden. Erst seit 1948 finde wieder eine Schulung der Amtsärzte statt; zur Aufklärung der Bevölkerung über die Typhusgefahr gebe es nun eine Wanderausstellung, und auch auf die Typhusschutzimpfung und die Reinhaltung der Quellfassungen werde von den Gesundheitsämtern immer wieder hingewiesen. Vor allem aber betonte der Innenminister, daß man Seuchen nur dann vorbeugend begegnen könne, wenn ausreichend Geld zur Verfügung stände. Für solche Entscheidungen sei jedoch der Landtag zuständig. Mit den beschränkten Mitteln der Gesundheitsverwaltung könnten auch nur beschränkte Maßnahmen durchgeführt werden[54].

51 Zum Fall Neuötting: BayHStA, MInn vorl. Nr. M 1142.05, Abteilung III des bayerischen Staatsministeriums des Innern an den Innenminister vom 5. 4. 1949.

52 Das Gericht verhängte zwar keine Strafen, das Urteil wurde aber in der ganzen Bundesrepublik besprochen und der Fall auch im Bundesinnenministerium diskutiert (vgl. Neue Zeitung vom 9. 8. 1950). Das Urteil wurde beispielsweise veröffentlicht in der Zeitschrift Städtehygiene – Organ für die gesamte Ortshygiene in Stadt und Land 1951 H. 2. Berichte und Korrespondenz über die Epidemie in: BAK, B 142/20.

53 Vgl. etwa die Aussprache anläßlich des Prozesses in Traunstein (Stenographischer Bericht über die 150. Sitzung des bayerischen Landtags am 8. 3. 1950, S. 73, und Stenographischer Bericht über die 151. Sitzung des bayerischen Landtags am 9. 3. 1950, S. 100) oder die Reaktion der Staatsregierung auf eine vom CSU-Abgeordneten Andreas Kurz, der den Stimmkreis Altötting vertrat, initiierte Interpellation (Stenographischer Bericht über die 173. Sitzung des bayerischen Landtags am 16. 8. 1950, S. 726–731).

54 Vgl. Stenographischer Bericht über die 106. Sitzung des bayerischen Landtags am 6. 4. 1949, S. 865 f.; Innenminister Ankermüller antwortete auf eine Anfrage des SPD-Abgeordneten Max

Ab 1949 wurde die Typhusbekämpfung vom Innenministerium intensiviert, das die Gesundheitsämter anwies, häufiger und ausführlicher als bisher zu berichten, um die Krankheit besser kontrollieren zu können. Typhusbakterienausscheider, also Personen, die nach überstandener Krankheit beschwerdefrei waren, aber weiterhin Bakterien ausschieden und so andere infizieren konnten, wurden nun verstärkt ermittelt. 1952 waren deshalb fünfmal so viele „Dauerausscheider" wie 1946 bekannt und konnten entsprechend behandelt werden[55]. Diese Maßnahmen, vor allem aber die Verbesserung der Wohnsituation und der wirtschaftlichen Lage der Bevölkerung führten bis Mitte der fünfziger Jahre dazu, daß die Zahl der Typhuskranken zurückging. Die Sanierung der Trinkwasserversorgung, die nun in vielen Orten begann, wirkte sich ebenfalls positiv aus. Die Zahl der Typhuserkrankungen sank wieder auf den Stand der dreißiger Jahre, und die Seuchengefahr war weitgehend gebannt. In den strukturschwachen ländlichen Gebieten der Oberpfalz und Niederbayerns gingen die Zahlen jedoch deutlich langsamer zurück als in anderen Regionen.

Typhuserkrankungen auf 100000 Einwohner[56]

Regierungsbezirk	1938	1946	1948	1950	1952	1954	1956
Oberbayern	2,3	37,7	45,9	6,3	3,6	2,3	2,0
Niederbayern	5,6	55,5	23,3	10,6	6,0	5,9	5,2
Oberpfalz	0,9	44,8	30,6	21,3	5,7	4,9	5,1
Oberfranken	0,6	60,2	13,3	9,4	6,9	3,0	3,6
Mittelfranken	1,3	40,2	16,1	9,4	5,2	5,1	3,2
Unterfranken	2,4	41,6	22,0	7,1	6,7	3,1	4,4
Schwaben	3,7	25,8	15,9	6,0	2,9	2,4	2,1
Bayern	2,4	42,8	26,7	9,1	4,9	3,5	3,3

5. Tuberkulose

Daß die Zahl der Tuberkulosekranken nach Kriegsende in die Höhe schnellte, lag zum großen Teil ebenfalls an den vielen Flüchtlingen, die in Lagern wohnen mußten und sich dort leicht infizieren konnten. Aber auch die Einheimischen waren durch die beengten und unhygienischen Wohnverhältnisse sowie die schlechte Ernährungslage gefährdet. Viele ehemalige Soldaten, die aus dem Krieg oder aus der Gefangenschaft zurückkehrten, litten ebenfalls an Tuberkulose (Tbc). 1946 war

Peschel; ein Bericht darüber in: BayHStA, MInn vorl. Nr. M 1142.05, Bayerischer Landtagsdienst vom 18. 5. 1949.

55 Vgl. Bericht über das Bayerische Gesundheitswesen 60 (1952), S. 21.

56 Zusammengestellt nach: Bericht über das Bayerische Gesundheitswesen 65 (1957), S. 90f. Bei den Zahlen ist zu beachten, daß das Auftreten der Seuche in einem einzigen Ort eines Regierungsbezirks zu einem überdurchschnittlich hohen Anstieg der Typhuszahlen dieses Bezirks führt (z.B. Oberbayern 1948 durch Neuötting), was die Angaben relativ schwer interpretierbar macht. Die Tendenz spricht dennoch für einen deutlichen Rückgang.

die Zahl der neuen Tuberkulosefälle am höchsten. Nachdem sich die Zustände aber etwas gebessert hatten, konnte man bereits 1947 und 1948 einen deutlichen Rückgang bei den Neuzugängen, insbesondere bei der geschlossenen, nicht aktiven Tbc beobachten[57].

Tbc-Neuerkrankungen auf 10 000 Einwohner in Bayern[58]

Jahr	offene Tbc der Atmungsorgane	geschlossene Tbc der Atmungsorgane
1946	13,1	16,5
1949	7,8	8,9
1952	7,2	8,3
1955	6,8	8,5

Nach wie vor gab es jedoch Gegenden, die von der Tuberkulose besonders schwer betroffen waren. In den strukturschwachen, agrarisch geprägten Landkreisen der Oberpfalz und Niederbayerns war die Zahl der Neuerkrankungen am höchsten gewesen, und hier gingen sie auch am langsamsten zurück. Das mag an der eher mangelhaften medizinischen Versorgung auf dem Land gelegen haben, wahrscheinlich aber auch an den vielen Flüchtlingen in den dortigen Lagern, die meist ausgehungert waren und keine ausreichende Kleidung besaßen.

Eine weitere Ursache für das höhere Tuberkuloserisiko in den ländlichen Gegenden war die weitverbreitete Rindertuberkulose. Über die Kuhmilch kam es gerade bei Kindern zu Infektionen. Nach 1954 wurde vom bayerischen Innenministerium ausdrücklich empfohlen, auf keinen Fall Milch vom Hof zu kaufen, sondern von Molkereien, die die Milch sachgemäß erhitzen und so die Tuberkelbazillen vernichten konnten. Im selben Jahr waren zwar 26,7 Prozent der Kühe, also 1 155 172, einem staatlich gelenkten Verfahren unterworfen, das tuberkulosefreie Milch durch entsprechende Verarbeitung garantierte, aber nur 367 492 Tiere in Bayern, ein mit 8,5 Prozent des Bestands geradezu verschwindend geringer Anteil, waren staatlich als tuberkulosefrei anerkannt[59]. So war es kein Wunder, daß Tuberkulose in den ländlichen Gebieten Bayerns eine weit häufigere Todesursache war als in den stärker urbanisierten Landesteilen. 1952 kamen in Niederbayern und der Oberpfalz 35 Tbc-Tote auf 100 000 Einwohner, in Oberbayern, Mittelfranken und Unterfranken waren es dagegen 25 bis 26[60].

[57] Von offener Tbc spricht man, wenn sich der Tuberkulose-Erreger in einer Kultur aus dem Sputum positiv nachweisen läßt. Bei geschlossener Tbc läßt sich der Erreger momentan nicht nachweisen, z. B. bei Einkapselung.

[58] Zusammengestellt nach: Bericht über das Bayerische Gesundheitswesen 65 (1957), S. 19.

[59] Vgl. den Artikel Rindertuberkulose, in: Bayerisches Ärzteblatt 9 (1954), S. 230.

[60] Vgl. Bericht über das Bayerische Gesundheitswesen 60 (1952), S. 78.

Neuerkrankungen an offener Tuberkulose der Atmungsorgane nach Regierungsbezirken (Fälle auf 10 000 Einwohner)[61]

Jahr	Obb.	Ndb.	Opf.	Mfr.	Ofr.	Ufr.	Schw.
1947	7,6	9,6	9,2	8,0	7,6	6,4	9,2
1949	5,9	6,7	7,1	5,8	5,9	5,2	5,4
1951	5,9	6,3	7,9	5,4	6,1	5,5	5,4
1953	5,5	6,7	7,1	4,9	5,3	5,4	4,2

In den ersten Nachkriegsjahren war die Unterbringung der Tuberkulosekranken ein großes Problem. Es gab zu wenig Betten in Sanatorien, so daß viele Tbc-Kranke zunächst in Kurhotels oder ähnlichen Gebäuden untergebracht werden mußten, die die Militärregierung oder das Staatskommissariat für Flüchtlingswesen beschlagnahmt hatten. Proteste der Eigentümer blieben nicht aus, und Anfang der fünfziger Jahre wurden viele dieser Einrichtungen zurückgefordert, die oft in attraktiven Erholungsgebieten lagen. So war beispielsweise auch das frühere Kurhotel Luitpoldbad in Bad Oberdorf 1946 in die Tbc-Heilstätte „Alpensanatorium" umgewandelt worden. Aufgrund der Klagen des früheren Eigentümers mußte es dann 1950 wieder geräumt werden, wogegen die 190 Patienten heftig protestierten[62]. Die Tuberkulosekranken konnten zwar letztlich in anderen Heilstätten untergebracht werden, dennoch war der Verlust der Heilstätte für den Landesfürsorgeverband Schwaben schwer zu verkraften, da es sowieso an Sanatorien mangelte. Zudem gab es ständig Beschwerden von Anwohnern, denen die Tbc-Heilstätten ein Dorn im Auge waren. In Herrsching am Ammersee zum Beispiel war in einer ehemaligen Fachschule der bayerischen Finanzbehörden ein Tbc-Krankenhaus eingerichtet worden, in dem Patienten aus ganz Oberbayern behandelt wurden. Die Gemeinde Herrsching versuchte in zahlreichen Petitionen, die Tbc-Kranken loszuwerden, da sie angeblich Badebetrieb und Fremdenverkehr störten[63]. 1954 wurde das Krankenhaus dann auch an die Finanzverwaltung zurückgegeben.

Ähnlich lagen die Dinge in Gauting, wo die Internationale Flüchtlingsorganisation ein riesiges Sanatorium vor allem für Tbc-kranke Displaced Persons unterhielt, das 1951 an den Freistaat übergeben wurde[64]. Als eine der größten Tbc-Heilstätten in Europa zog es immer wieder die Kritik der Lokalpresse und der Anwohner auf sich. Hier verdichtete sich das Unbehagen gegenüber Tbc-Kranken einerseits und gegenüber „Ausländern" andererseits zu einem allgemeinen Unwillen. 1954 häuften sich beispielsweise Angriffe in der Presse über angeblich fürchterliche Zustände: „Ausländer" aus dem Tuberkuloseheim würden im Ort

[61] Zusammengestellt nach: Bericht über das Bayerische Gesundheitswesen 61 (1953), S. 22.

[62] BayHStA, MInn 80889, Regierung von Schwaben an das bayerische Staatsministerium des Innern vom 13. 10. 1949.

[63] BayHStA, StK 113662, Patientenrat des Tbc-Krankenhauses Herrsching an den Beschwerdeausschuß des bayerischen Landtags vom 22. 10. 1954.

[64] BayHStA, MInn 80890, Auszug aus der Zeitschrift für Tbc-Kranke. Nachrichtenblatt für die gesundheitliche Förderung der Heilstätten und Pfleglinge vom 15. 1. 1952.

randalieren und „ehrbare Bürger" angreifen[65]. Diese Vorwürfe konnten zwar vom Aufsichtsausschuß des Sanatoriums entkräftet werden, der Widerstand aus der Einwohnerschaft blieb jedoch hartnäckig. Diese Beispiele waren keine Einzelfälle, sondern verweisen auf ein grundsätzliches Problem, mit dem sich die Gesundheitspolitik nach 1945 auseinandersetzen mußte.

Die Lage in den Tbc-Heilstätten entspannte sich im Laufe der Jahre, da die Zahl der Neuerkrankungen stark rückläufig war. Der Rückgang vollzog sich jedoch weitaus langsamer, als die genannten Zahlen vermuten ließen, weil der Gesamtbestand an Tuberkulosekranken nur allmählich abnahm[66]. Diese Entwicklung hing nicht zuletzt mit der drückenden wirtschaftlichen Lage vieler Tuberkulosekranker zusammen. Seit 1945 bestand in Bayern eine Regelung, die eine kostenfreie Tbc-Behandlung nur unterhalb einer sehr niedrigen Einkommensgrenze (1951: 3600 DM jährlich) gewährte. Viele Tuberkulosekranke, die diese Einkommensgrenze geringfügig überschritten, gerieten dadurch in erhebliche Bedrängnis. Für sie waren die Heilstättenkosten fast unbezahlbar, da sie nur selten auf Ersparnisse zurückgreifen konnten und auf Darlehen angewiesen waren. Zudem war es mit kurzen Kuraufenthalten nicht getan. Sollte die Krankheit vollständig ausgeheilt werden, waren – vor allem bei Patienten, die an Knochentuberkulose litten – zumeist langwierige Behandlungen nötig[67]. Aber selbst wenn die Tbc-Kranken den Heilstättenaufenthalt bezahlt bekamen, hatten sie anschließend meist große finanzielle Schwierigkeiten, wie die folgende Leidensgeschichte zeigt: Christian L., verheiratet und Vater von drei Kindern, war seit Oktober 1948 Patient in der Tbc-Heilstätte Parsberg gewesen und wurde im Februar 1949 mit einer Minderung der Erwerbsfähigkeit von 80 Prozent entlassen. Da er aber nur 83 DM Rente für sich und seine Familie erhielt, sah er sich gezwungen, wieder in seinem früheren Beruf als Isolatorenkitter zu arbeiten. Diese Arbeit belastete ihn aber gesundheitlich so stark, daß er im August 1950 erneut in die Heilstätte Parsberg eingewiesen wurde. Im März 1951 entließ man ihn mit einer Minderung der Erwerbsfähigkeit von 70 Prozent; die monatliche Rente betrug nun nur noch 52 DM. Erneut sah er seine einzige Chance darin, wieder in seinen früheren Beruf zurückzugehen. Christian L. hielt dieser Belastung nicht lange stand. Im Februar 1952 wurde er ein weiteres Mal in eine Heilstätte eingeliefert. Dort zeigte sich, daß die Tuberkulose mittlerweile so weit fortgeschritten war, daß eine Heilung Jahre dauern würde[68]. Solche Fälle, in denen aus finanziellen und wirtschaftlichen Gründen eine Ausheilung der Krankheit unmöglich schien, waren in den Nachkriegsjahren nicht selten.

[65] BayHStA, MArb-LFV 2089, Niederschrift über die Sitzung des Aufsichtsausschusses des staatlichen Tbc-Sanatoriums Gauting am 20. 10. 1954.

[66] Vgl. Bericht über das Bayerische Gesundheitswesen 65 (1957), S. 21.

[67] BayHStA, MInn 80889, Regierung von Mittelfranken an das bayerische Staatsministerium des Innern vom 31. 7. 1951.

[68] BayHStA, MInn 80890, Dr. Linker, Versehrtenheilstätte Wollershof, an das bayerische Staatsministerium des Innern vom 14. 6. 1952.

6. Flüchtlingslager

Krankheiten wie Typhus, Tuberkulose oder Ruhr bedrohten nach 1945 die gesamte Bevölkerung Bayerns. Ein besonderer Brennpunkt der gesundheitlichen Probleme waren jedoch die Flüchtlingslager. Nach Bayern strömte insbesondere in den Jahren 1946 und 1947, aber auch noch danach, eine wahre Flut von Vertriebenen. 1953 zählte man 2,1 Millionen Heimatvertriebene und Zugewanderte, was einem Anteil von 23,3 Prozent der Gesamtbevölkerung entsprach[69]. Ein Großteil dieser Menschen wurde in privaten Wohnungen einquartiert, viele waren jedoch zumindest für eine begrenzte Zeit in Flüchtlingslagern untergebracht.

Flüchtlingslager in Bayern[70]

Jahr	Anzahl der Lager	Vertriebene und Flüchtlinge in Lagern
1946	1 381	151 113
1947	787	97 809
1949	508	–[71]
1953	206	47 031

In den überfüllten Lagern herrschten oft katastrophale Zustände. Immer wieder brach Diphtherie aus, eine Krankheit mit manchmal tödlichen Folgen, von der gerade Kinder betroffen waren[72]. Manche Flüchtlinge kamen schon Tbc-krank in den Lagern an und konnten unter den dortigen Bedingungen nicht kuriert werden. 1949 diagnostizierte man in einem Lager bei Altdorf zwei Fälle von offener Tuberkulose. Die Kranken hatten in den engen, überbelegten Räumen bereits mehrere Kinder angesteckt[73]. Im Herbst 1951 kam man bei Untersuchungen in den unterfränkischen Lagern 23 Fällen von offener Tuberkulose, 20 Fällen von tuberkulosegefährdeten Kindern und 57 Personen mit geschlossener Tuberkulose auf die Spur[74]. Im Grenzlager Hof-Moschendorf traten im Winter 1951 zusätzlich noch zahlreiche Fälle von Lungenentzündung auf, weil die Baracken kaum geheizt waren[75].

In den meisten Lagern waren die sanitären Einrichtungen miserabel, was Typhus und andere Darminfektionen stark begünstigte. Die Beschwerden der Lagerfürsorgerinnen bei den jeweils zuständigen Behörden halfen selten weiter, da nicht genügend Geld zur Verfügung stand[76]. So erhielt das Landesdurchgangslager

[69] Vgl. Bericht über das Bayerische Gesundheitswesen 61 (1953), S. 7.
[70] Zusammengestellt nach: Bericht über das Bayerische Gesundheitswesen 60 (1952), S. 10.
[71] Angabe fehlt.
[72] BayHStA, MArb-LFV 2060, Regierungslager Valka – Tätigkeitsbericht für die Monate Juni und Juli 1951.
[73] BayHStA, MArb-LFV 2065, Tätigkeitsbericht der Sachbearbeiterin für Fürsorge bei der Regierung von Mittelfranken vom 1. 7.–30. 9. 1950.
[74] BayHStA, MArb-LFV 2060, Fürsorgebericht für Unterfranken für das 3. Quartal 1951.
[75] BayHStA, MArb-LFV 2060, Regierung von Oberfranken an das bayerische Staatsministerium des Innern, Quartalsbericht für den Zeitraum vom 1. 10.–31. 12. 1951.
[76] Die Lagerfürsorgerinnen kümmerten sich im Auftrag der Bezirksregierungen um die sozialen Belange der Flüchtlinge.

Unterfranken erst 1951 eine größere Anlage mit Toiletten und Waschmöglichkeiten; zuvor waren die hygienischen Verhältnisse völlig unzureichend gewesen[77].

Nur in größeren Lagern gab es Krankenreviere. Dort konnten Lagerinsassen eingewiesen werden, die nicht unbedingt ein Krankenhaus brauchten, deren Genesung aber in den überfüllten Wohnbaracken kaum zu erwarten war. Im Flüchtlingslager Hammelburg etwa wurde ein solches Krankenrevier erst im November 1949 eingerichtet[78]. Dort war in der Regel ein Lagerarzt tätig, meist jedoch nur als Teilzeitkraft. Die kleineren Lager hingegen wurden oft nur durch niedergelassene Ärzte aus den Nachbarorten betreut, was sich aber gerade bei schlechten Verkehrsverhältnissen im Winter oder beim Ausbruch von Epidemien als problematisch erwies. Die gesundheitliche Betreuung lag hier im allgemeinen bei den völlig überlasteten Lagerfürsorgerinnen, die sich eigentlich vor allem um soziale Probleme kümmern sollten und die auch die Berichte an die Bezirksregierungen beziehungsweise an das bayerische Innenministerium schrieben, dem die Flüchtlingsverwaltung bis 1955 unterstand. Nur selten arbeiteten Krankenschwestern in den Lagern, die die Fürsorgerinnen und Ärzte unterstützen konnten.

Die Kinder hatten in den Lagern besonders viel auszuhalten. Säuglinge litten häufig an Rachitis und anderen Mangelkrankheiten; da die Frauen keine Kinderwagen besaßen, wurden die Kinder kaum an die frische Luft gebracht[79]. Im Grenzlager Hof-Moschendorf beispielsweise gab es im April 1950 über 100 Säuglinge, die so dürftig untergebracht waren, daß die Fürsorgerin es schon als Fortschritt ansah, wenn sie den Müttern zumindest einen Fensterplatz vermitteln konnte[80]. Hier stand den Müttern auch nur eine einzige Säuglingsbadestube zur Verfügung, weshalb die Fürsorgerin in ihrem Bericht dringend um den Bau einer zweiten Waschmöglichkeit bat. Als relativ erfolgreich erwiesen sich in allen Lagern die Mütterberatungen, die meist von den Lagerfürsorgerinnen angeboten und von Frauen mit Säuglingen und kleinen Kindern gut aufgenommen wurden[81]. Auch die Gesundheit älterer Kinder litt in den Massenlagern. Eine Fürsorgerin berichtete über die Situation im Flüchtlingslager Hammelburg:

> „Im Massenquartier sind die Kinder den Einflüssen einer fremden Umgebung vollkommen preisgegeben. Von einer geordneten Nachtruhe vor Mitternacht kann kaum gesprochen werden. Wenn sich die Familien durch Spannen von Decken auch abgeteilte Wohnkabinen geschaffen haben, so findet das Kind trotzdem keine Ruhe.“[82]

Für ihre Schulaufgaben hatten die Kinder weder Zeit noch Raum. Viele von ihnen litten nach den Beobachtungen der Fürsorgerinnen an nervösen Störungen. Bei nicht wenigen waren bei Reihenuntersuchungen auch Narben und Schatten auf

[77] BayHStA, MArb-LFV 2060, Anlage zum Fürsorgebericht für den Zeitraum vom 1. 7.–25. 9. 1951.

[78] BayHStA, MArb-LFV 2066, Fürsorgebericht (Hammelburg) für den Zeitraum vom 1. 1. 1951–30. 6. 1951.

[79] BayHStA, MArb-LFV 2060, Tätigkeitsbericht der Fürsorgerin Ammon im Regierungslager München für August 1951.

[80] BayHStA, MArb-LFV 2065, Tätigkeitsbericht der Fürsorgerin des Grenzlagers Moschendorf für April 1950.

[81] BayHStA, MArb-LFV 2059, Flüchtlingsamt Bamberg, Sonderbericht der Fürsorgerin in der Flüchtlingsfürsorge vom 30. 9. 1951.

[82] BayHStA, MArb-LFV 2065, Bericht der Fürsorgerin an die Regierung von Unterfranken über das Lager Hammelburg. Beilage zum Monatsbericht für Oktober 1950.

den Lungenflügeln festgestellt worden. Die bayerischen Gesundheitsbehörden versuchten deshalb, den Müttern und vor allem den Kindern zu helfen und ihnen zumindest in den Sommermonaten einen Erholungsurlaub zu ermöglichen. Aus Oberbayern etwa wurden 1950 250 Kinder zu einem dreimonatigen Aufenthalt in die Schweiz, andere nach Spanien geschickt. Eine Fürsorgerin berichtete, daß sich die Kinder sehr gut erholt hätten und auch oft von den Pflegeeltern bestens ausgestattet zurückkämen[83]. Mütter auf Kur zu schicken, scheiterte meist daran, daß sie ihre Kinder nicht allein lassen konnten und die Erholungsheime die Kinder nicht aufnahmen[84].

Ein gravierender Wandel trat erst Ende der vierziger Jahre/Anfang der fünfziger Jahre ein, als sich die Baukonjunktur belebte[85] und die meisten Lager bis 1953 geschlossen werden konnten. Damit verschwanden die gesundheitlichen Gefährdungen wie Tbc, Infektionskrankheiten und Mangelernährung zwar nicht, die Lager als Kristallisationspunkte fielen nun aber als besondere Belastung des bayerischen Gesundheitswesens weg.

III. Gesundheitspolitik zwischen Krisenmanagement und Planung

1. Grundlinien

Daß die bayerische Gesundheitspolitik zunächst ganz im Zeichen der Kriegsfolgen stand, machte Ministerpräsident Hans Ehard (CSU) im Januar 1947 klar: „Die große Zunahme der Bevölkerung und die Tatsache der ungeheuren Überbelegung allen Wohnraums infolge der großen Ausfälle durch Vernichtung von Hunderttausenden von Wohngebäuden, außerdem die Erschwerung aller hygienischen Maßnahmen lassen das Gesundheitswesen noch wichtiger werden als früher", führte er in seiner ersten Regierungserklärung aus[86]. Als sich die Verhältnisse in den fünfziger Jahren zu normalisieren begannen und die akuten Gefahren weitgehend beseitigt waren, ging das öffentliche Interesse an gesundheitspolitischen Themen zurück. Auch die bayerische Landespolitik setzte in dieser Zeit ihre Schwerpunkte eher in anderen Bereichen. Projekte der medizinischen Infrastruktur spielten beispielsweise in den Vorüberlegungen für einen Landesentwick-

[83] BayHStA, MArb-LFV 2065, Fürsorgetätigkeitsbericht für Oberbayern für den Zeitraum vom 1. 1.–31. 3. 1950.

[84] BayHStA, MArb-LFV 2059, Anlage zum Fürsorgebericht für Unterfranken für den Zeitraum vom 1. 7.–25. 9. 1951.

[85] Die gemeinnützigen Wohnungsbaugesellschaften hatten von 1949 bis 1952 rund 74000 Wohneinheiten erstellt, durch private Bauherren waren 136000 und durch die öffentliche Hand 23100 Wohnungen gebaut worden. Durch diesen großen Zuwachs an Wohnraum in Bayern entspannte sich die Lage für die Vertriebenen deutlich, und viele konnten in eigene Wohnungen ziehen. Von den verbleibenden 47031 Lagerinsassen lebten 1953 zudem nur noch 8388 in Massenlagern. Die übrigen 37643 Personen wohnten in Behelfswohnlagern oder Wohnlagern. Zahlen nach dem Bericht über das Bayerische Gesundheitswesen 60 (1952), S. 9.

[86] Stenographischer Bericht über die 3. Sitzung des bayerischen Landtags am 10. 1. 1947, S. 39.

lungsplan in den Jahren 1951 bis 1953 keine Rolle[87]; auch in den Regierungserklärungen der Ministerpräsidenten Hans Ehard (CSU) und Wilhelm Hoegner (SPD) von 1951 und 1955 nahmen Themen aus dem Bereich Gesundheitspolitik nicht mehr als zwei Zeilen ein[88]. Staatsregierung und Landtag befaßten sich zwar mit gesundheitspolitischen Fragen; man debattierte über die Strukturen der medizinischen Versorgung ebenso wie über den Bau neuer Krankenhäuser und den Umgang mit ansteckenden Krankheiten, wobei die Tuberkulosevorsorge eine besondere Bedeutung gewann. Hier erließ die Landesregierung bereits im Juli 1953 ein Gesetz, das alle Bürger zu einer vorbeugenden Röntgenuntersuchung verpflichtete[89]. Auch bei anderen Gelegenheiten reagierten die bayerischen Gesundheitspolitiker schnell und mit Umsicht: Bayern führte beispielsweise als erstes Bundesland – die anderen zogen allerdings einige Monate später nach[90] – die Polioimpfung mit Lebendimpfstoff durch ein Gesetz ein[91]. Aber größer angelegte, umfassende Aktivitäten lassen sich in den fünfziger Jahren nur selten finden[92]. Ein Grund dafür war wohl die schlechte finanzielle Lage des Freistaats; Bayern zählte lange Jahre zu den steuerschwächsten Ländern der Bundesrepublik[93]. Hinzu kam, daß das Gesundheitswesen stets unter seiner organisatorischen Zersplitterung litt und die Gesundheitspolitiker ihre Interessen im Kabinett nicht nachdrücklich genug vertreten konnten. In der bayerischen Staatsregierung waren wie in vielen anderen Bundesländern die Belange der Gesundheitspolitik auf mehrere Ministerien verteilt[94]. Das öffentliche Gesundheitswesen und die Gesundheitsverwaltung unterstanden dem Innenministerium, für die Krankenversicherung, Arbeits- und Gewerbemedizin war das Arbeitsministerium zuständig, und um die Universitätskliniken kümmerte sich das Kultusministerium.

Eine wichtige Initiative der fünfziger Jahre war deshalb die Errichtung des bayerischen Landesgesundheitsrats, der die Zersplitterung partiell aufzuheben versprach. Der Anstoß dazu kam vom bayerischen SPD-Vorsitzenden Waldemar von Knoeringen und von Walter Seitz, dem Direktor der medizinischen Poliklinik München, die im Namen der SPD-Fraktion im Mai 1951 einen entsprechenden Antrag im Landtag einbrachten. Es dauerte jedoch noch mehr als zwei Jahre, bis

[87] Vgl. Die bayerische Landesplanung. Grundlagen für die Aufstellung von Richtlinien zu einem Landesentwicklungsplan, hrsg. von der Landesplanungsstelle im Bayerischen Staatsministerium für Wirtschaft und Verkehr, Teil 1: Bestandsaufnahme, Teil 2: Planung, o. O. o. J. (1951 und 1954).

[88] Vgl. Stenographischer Bericht über die 5. Sitzung des bayerischen Landtags am 9. 1. 1951, S. 26, und Stenographischer Bericht über die 3. Sitzung des bayerischen Landtags am 11. 1. 1955, S. 75.

[89] Vgl. BGVBl. 1953, S. 103: Gesetz über Röntgenreihenuntersuchungen vom 13. 7. 1953.

[90] Vgl. Gesetz über die freiwillige Schutzimpfung gegen Kinderlähmung (GVBl. für Schleswig-Holstein vom 13. 4. 1962, S. 137); Gesetz über die Schutzimpfung gegen Kinderlähmung mit Lebendimpfstoff, (GVBl. für das Land Hessen vom 6. 2. 1962, S. 18); Gesetz über die Schutzimpfung mit Lebendimpfstoff gegen übertragbare Kinderlähmung (GVBl. für Berlin vom 6. 2. 1962, S. 213).

[91] Vgl. BGVBl. 1960/61, S. 259: Gesetz über eine öffentliche Schutzimpfung gegen Kinderlähmung in Bayern vom 28. 12. 1961. Diese interessante Entwicklung konnte nicht näher untersucht werden, da die einschlägigen Akten des Innenministeriums nicht zugänglich sind.

[92] Vgl. die Stenographischen Berichte über die 73. Sitzung des bayerischen Landtags am 14. 2. 1952, S. 1590–1595, die 89. Sitzung am 4. 6. 1952, S. 2177f., die 194. Sitzung am 28. 4. 1954, S. 1227–1233, die 3. Sitzung am 11. 1. 1955, S. 22–39, die 85. Sitzung am 12. 12. 1956, S. 2944, die 106. Sitzung am 10. 7. 1957, S. 3733–3736, die 152. Sitzung vom 7. 11. 1958, S. 5283.

[93] Vgl. dazu allgemein Maximilian Lanzinner, Zwischen Sternenbanner und Bundesadler. Bayern im Wiederaufbau 1945–1958, Regensburg 1996, S. 242–265.

[94] Vgl. Peter Jakob Kock, Der Bayerische Landtag 1946–1986, Bd.1: Chronik, Bamberg 1986, S. 296–310.

nach langwierigen Beratungen im Sozialpolitischen Ausschuß des Landtags aus dem Antrag eine Gesetzesvorlage geworden war. Der Landesgesundheitsrat, so erklärte der Berichterstatter Paul Strenkert (CSU), solle „ein umfassendes, beratendes, gesundheitspolitisches Gremium für alle auf dem Gebiete des Gesundheitswesens tätigen Kräfte sein" und aus 28 „auf den Gebieten des Gesundheitswesens erfahrenen Personen" bestehen, von denen 14 von den Fraktionen der im Landtag vertretenen Parteien und 14 von den entsprechenden Verbänden und Körperschaften vorgeschlagen werden sollten. Der Landtag stimmte dem Gesetzentwurf am 23. Juni 1953 bei nur zwei Enthaltungen zu[95]. Der Landesgesundheitsrat wurde zu einem wichtigen Organ der bayerischen Gesundheitspolitik, das im Gegensatz zu ähnlichen Einrichtungen in anderen Bundesländern von der Regierung unabhängig war. Das Gremium hatte zwar kein Beschlußrecht und arbeitete für die verschiedensten Sachgebiete lediglich Vorschläge aus, es entwikkelte sich aber zu einer Plattform, auf der die Belange des bayerischen Gesundheitswesens intensiv diskutiert wurden[96].

Daß es in den fünfziger Jahren auf Landesebene kaum umfassende Aktivitäten oder Planungen im Gesundheitswesen gab, lag schließlich auch an generellen Strukturproblemen, von denen die Gesundheitspolitik in der Bundesrepublik gekennzeichnet war. Die Verhältnisse waren von Anfang an durch eine starke Verschränkung der Zuständigkeiten von Bund und Ländern geprägt. Der Bund konnte über internationale Abkommen und die Mitgliedschaft in supranationalen Organisationen – das betraf vor allem die Beziehungen zur Weltgesundheitsorganisation – sowie bei Maßnahmen zum Schutz der Zivilbevölkerung in eigener Regie entscheiden[97]. Alles andere fiel in den Bereich der konkurrierenden Gesetzgebung, das heißt, die Länder hatten die Befugnis, Gesetze zu erlassen, solange der Bund nicht tätig wurde. Das Initiativrecht des Bundes war allerdings noch weiter eingeschränkt: Nur wenn ein Bedürfnis nach einer bundesgesetzlichen Regelung bestand, weil die Angelegenheit durch die Gesetzgebung einzelner Länder nicht wirksam geregelt werden konnte, sollte der Bund eingreifen (Artikel 72 Absatz 2 des Grundgesetzes). An dieser Einschränkung scheiterte 1964 zum Beispiel das vom Bund initiierte Jugendzahnpflegegesetz, das der Bundesrat zwar grundsätzlich begrüßte. Zugleich bestritt er aber die Notwendigkeit eines Bundesgesetzes und lehnte das Gesetz daher ab[98]. In den Bereich der konkurrierenden Gesetzgebung fiel auch die Seuchenbekämpfung. Von seinem Gesetzgebungsrecht machte der Bund hier durch das Gesetz zur Bekämpfung der Geschlechtskrankheiten von 1953[99] sowie durch das Bundesseuchengesetz von 1961 Gebrauch[100];

[95] Stenographischer Bericht über die 149. Sitzung des bayerischen Landtags am 23. 6. 1953, S. 1610 ff.

[96] Vgl. BGVBl. 1953, S. 130: Gesetz über die Schaffung eines Landesgesundheitsrates vom 12. 8. 1953, und Rudolf Soenning, Wächter und Berater der Volksgesundheit, in: Gesundheitspolitik 2 (1960), S. 65–73, hier S. 65.

[97] Vgl. Das Gesundheitswesen in der Bundesrepublik Deutschland, Sonderdruck aus der Wochenschrift: Das Parlament vom 31. 8. 1966 für das Bundesministerium für Gesundheitswesen, S. 6.

[98] Vgl. Ludwig von Manger-Koenig, Der öffentliche Gesundheitsdienst zwischen gestern und morgen, in: Öffentliches Gesundheitswesen 37 (1975), S. 433–448, hier S. 438.

[99] Vgl. BGBl. 1953, Teil I/1, S. 700–706: Gesetz zur Bekämpfung der Geschlechtskrankheiten vom 23. 7. 1953.

[100] Vgl. BGBl. 1961, Teil I/1, S. 1012–1029: Gesetz zur Verhütung und Bekämpfung übertragbarer Krankheiten beim Menschen (Bundesseuchengesetz) vom 18. 7. 1961.

danach konnten die Länder auf diesen Gebieten nicht mehr gesetzgeberisch tätig werden. Die konkurrierende Gesetzgebung galt ferner für die Zulassung zu den ärztlichen Berufen und den sonstigen Heilberufen sowie die Regelung der Beziehungen zwischen den einzelnen Trägern des Gesundheitswesens[101]. In der Zuständigkeit des Bundes verblieb die gesetzliche Krankenversicherung. Hier konnte der Bund stark regulierend eingreifen, der Spielraum der Länder blieb beschränkt[102]. Eine geplante Struktur- und Gesamtreform des Krankenkassenwesens durch das Krankenversicherungsneuregelungsgesetz scheiterte allerdings 1961 auch auf Bundesebene[103].

Neben diesen Auseinandersetzungen, die aus der föderativen Ordnung der Bundesrepublik resultierten und oftmals gesundheitspolitische Initiativen blokkierten, bestand noch ein weiteres strukturelles Problem des westdeutschen Gesundheitswesens, das den Aktionsradius der Länder ebenfalls einengte: Die einzelnen Akteure im Gesundheitswesen, die Krankenkassen, die Ärzteschaft und die Träger der Krankenhäuser sowie staatliche Institutionen auf Bundes- und Landesebene, verfolgten durchwegs unterschiedliche Interessen, was stets zu Konflikten und Reibereien führte. Eine große Rolle spielten dabei die gesetzlichen Krankenkassen, deren Mitgliederkreis vorwiegend aus Arbeitern und Angestellten bis zu einer gewissen Einkommensgrenze und einigen nichterwerbstätigen Gruppen (von denen die Rentner die größte bildeten) bestand. Da Ehefrauen und Kinder im Rahmen der Familienversicherung mitversichert waren, gehörte letztlich der Großteil der Bevölkerung einer gesetzlichen Kasse an[104]. Den Kassen standen als Anbieter medizinischer Leistungen in der ambulanten Versorgung die Ärzte und in der stationären Versorgung die Krankenhäuser gegenüber. Die niedergelassenen Kassenärzte waren in der Bundesrepublik sowohl auf Landes- wie auf Bundesebene in Kassenärztlichen Vereinigungen organisiert und konnten mit den Kassen als selbstverwaltete und autonome Partner verhandeln. Die beständige Auseinandersetzung zwischen den gesetzlichen Krankenkassen und den privaten Leistungsanbietern, insbesondere den Ärzteverbänden, kennzeichnete die Gesundheitspolitik auch in Bayern. In dieses Spannungsverhältnis griff aber wiederum der Bund ein, ganz besonders durch das Kassenarztgesetz von 1955, das die Stellung der Ärzte stärkte und festigte[105]. Der Freistaat konnte hier kaum intervenieren. Die Träger der Krankenhäuser waren ebenfalls autonome Partner der Sozialversicherung. Im Bereich der Krankenhäuser konnten aber auch die einzelnen Länder durch gezielte Investitionen die Struktur des Gesundheitswesens wesentlich mitbestimmen[106].

[101] Der Bund erließ 1961 eine Bundesärzteordnung; allerdings war Bayern auf diesem Gebiet bereits seit 1946 wiederholt gesetzgeberisch tätig geworden; vgl. Gesundheitswesen in der Bundesrepublik Deutschland, S. 3f.; BGVBl. 1945/46, S. 193–196: Bayerisches Ärztegesetz vom 25. 5. 1946.

[102] Vgl. Alber, Gesundheitswesen, S. 17f.

[103] Vgl. dazu umfassend Ursula Reucher, Reformen und Reformversuche in der gesetzlichen Krankenversicherung 1956–1965. Ein Beitrag zur Geschichte bundesdeutscher Sozialpolitik, Düsseldorf 1999, oder auch Labisch/Tennstedt, Prävention und Prophylaxe, in: Elkeles (Hrsg.), Prävention und Prophylaxe, S. 152f., und Rosewitz/Webber, Reformversuche, S. 179ff.

[104] Vgl. Alber, Gesundheitswesen, S. 17f.

[105] Vgl. Wanek, Machtverteilung, S. 133.

[106] Vgl. Alber, Gesundheitswesen, S. 18.

Die Länder hatten also nur beschränkte Möglichkeiten, um sich gegen den Bund und die Leistungsanbieter im Gesundheitswesen durchzusetzen. Am stärksten war ihre Stellung zweifellos im Bereich des öffentlichen Gesundheitsdienstes. Dieser Zweig des Gesundheitswesens wurde in Deutschland vor allem durch die Gesundheitsämter repräsentiert, die in Bayern, wie auch in Baden-Württemberg, Niedersachsen, Rheinland-Pfalz, Saarland und Niedersachsen (bis 1978) als staatliche Sonderbehörden dem Land unterstanden, während sie in den anderen Bundesländern kommunal organisiert waren. Gerade in den ersten Nachkriegsjahren waren die Institutionen und Ärzte des öffentlichen Gesundheitswesens mit der Bekämpfung von verschiedensten Gesundheitsgefahren beschäftigt, die durch Armut, Wohnungsnot und Hunger hervorgerufen worden waren[107]. Die Machtverhältnisse zwischen den einzelnen Akteuren im Gesundheitswesen verschoben sich dann in den fünfziger Jahren relativ stark[108]. Während die Ärzteschaft ihre Position ausbauen konnte, wurde vor allem das öffentliche Gesundheitswesen in seinen Aufgaben beschnitten; es verlor zunehmend an Bedeutung und gab viele Aufgabenbereiche, zum Beispiel in der Vor- und Fürsorge, gänzlich an die niedergelassenen Ärzte ab[109]. Dies war neben den generellen Schwierigkeiten durch die Bund-Land-Rivalität und den Differenzen zwischen den Akteuren ebenfalls ein wichtiger Grund für die relative Schwäche der Landesgesundheitspolitik. Denn gerade im öffentlichen Gesundheitswesen hätten die Länder eine verhältnismäßig große Gestaltungsfreiheit gehabt. Allerdings nutzten sie ihren Handlungsspielraum selten konsequent aus. Von verschiedenen Organisationen wurde die Untätigkeit der Länder auf diesem Gebiet bemängelt und deswegen eine zentralistische Regelung gefordert. Die Deutsche Zentrale für Volksgesundheitspflege beispielsweise beklagte Mitte der fünfziger Jahre, daß noch kein freiwilliger unentgeltlicher Blutspendedienst von den Ländern durchgeführt werde, daß die Schulzahnpflege nicht funktioniere und daß es in der Schulgesundheitspflege an Ärzten und Etatmitteln fehle[110]. Versuche des Bundes, in das öffentliche Gesundheitswesen einzugreifen, wurden von den Ländern jedoch vielfach aus prinzipiellen Erwägungen abgelehnt[111].

Die unterschiedlichen strukturellen Probleme bestanden auch in den sechziger Jahren fort. Dennoch erhielt die bayerische Gesundheitspolitik seit dem Ende der fünfziger Jahre sichtlich neue Impulse[112]. Ging es in der Vergangenheit eher um Krisenmanagement und Wiederaufbau, so rückte nun die Perspektive längerfristiger Planung und eines systematischeren Ausbaus der medizinischen Versorgung in den Mittelpunkt. Eine günstigere Haushaltslage ließ der Staatsregierung mehr

[107] Vgl. Labisch, Entwicklungslinien, in: ders., Gesellschaftliche Bedingungen, S. 42.
[108] Vgl. Frerich/Frey, Handbuch, Bd. 3, S. 76.
[109] Vgl. Süß, Gesundheitspolitik, in: Hockerts (Hrsg.), Drei Wege, S. 65.
[110] BayHStA, NL Soenning Ordner AB, Blauer Plan für das Gesundheitswesen vom 8. 12. 1956.
[111] Vgl. Manger-Koenig, Gesundheitsdienst, S. 438.
[112] 1959 wies Ministerpräsident Hanns Seidel (CSU) in seiner Regierungserklärung etwa darauf hin, wie wichtig Vorbeugung und die Verhütung von Gesundheitsgefahren seien und stellte die Verbesserung des Impfschutzes bei Infektionskrankheiten als besondere Aufgabe des Gesundheitswesens heraus. Auch die stationäre Versorgung von Kranken sollte nun in den Mittelpunkt des Interesses rücken, und Seidel kündigte an, den Neu- und Ausbau von Krankenhäusern stärker als bisher zu fördern. Vgl. Stenographischer Bericht über die 4. Sitzung des bayerischen Landtags am 15. 1. 1959, S. 39.

Spielraum, das größere öffentliche Interesse mag ebenfalls ein Grund für die verstärkten Aktivitäten gewesen sein, ebenso die Errichtung des Bundesgesundheitsministeriums nach der Bundestagswahl von 1961. Auch deswegen konstituierte sich 1962 ein gesundheitspolitischer Arbeitskreis der Regierungspartei CSU[113], dessen Notwendigkeit folgendermaßen begründet wurde:

„Die zunehmende Bedeutung der Gesundheitspolitik läßt es geboten erscheinen, nun auch in der CSU einen besonderen Arbeitskreis für Gesundheitspolitik zu bilden. Die Konstituierung findet am 6. Juli dieses Jahres in München statt. Dieser soll sich besonders mit den einschlägigen Fragen im Rahmen der Landes- und Kommunalpolitik beschäftigen und möglichst engen Kontakt mit dem gesundheitspolitischen Ausschuß der CDU auf Bundesebene halten, um auf diese Weise eine möglichst einheitliche Gestaltung der von der CDU und CSU verfolgten gesundheitspolitischen Linie zu gewährleisten und programmatisch festzulegen."[114]

Die Gründung dieses Arbeitskreises war sicherlich ein wichtiger Schritt für die Landespolitik, zumal in den folgenden Jahren auch ein gesundheitspolitisches Programm der CSU erarbeitet und am 12. Mai 1965 der Öffentlichkeit vorgestellt wurde[115]. Als besondere gesundheitspolitische Vorhaben sollten unter anderem Gesundheitserziehung und Prophylaxe verstärkt werden; zudem wollte man darauf achten, daß die Gesetze zum Schutz des Wassers und der Luft vor gesundheitsschädlichen Verunreinigungen genau eingehalten wurden. Eine neue Bestallungsordnung für Ärzte, um deren Tätigkeit angemessen zu honorieren, sollte ebenso angestrebt werden wie eine moderne Ausbildung der Medizinstudenten und des Pflegepersonals.

Besonderer Wert wurde auf die Verbesserung des Krankenhauswesens gelegt: Dazu sollte der bayerische Krankenhausplan, der schon länger in Arbeit war, rasch abgeschlossen werden. Schon 1962 hatte der neue Ministerpräsident Alfons Goppel (CSU) angekündigt:

„Dem kranken Menschen sollen ausreichend große und modern eingerichtete Krankenhäuser zur Verfügung stehen. Auch hier sind die Vorhaben der verschiedenen Träger der Anstalten mit denen des Staates aufeinander abzustimmen und für sie die erforderlichen staatlichen Hilfen bereitzustellen."[116]

1965 wurde der Krankenhausplan von der Staatsregierung vorgelegt, der vor allem dazu dienen sollte, die staatlichen Investitionen besser zu steuern und die Mittel effektiver einzusetzen[117].

In den sechziger Jahren reagierte man auf gesundheitspolitische Probleme offensichtlich sensibler als früher, die medizinische Infrastruktur sollte nun verstärkt ausgebaut und das Präventions-, Heil- und Pflegeangebot erweitert werden. Damit sind allerdings nur die großen Linien staatlicher Gesundheitspolitik skizziert. In den folgenden Abschnitten wird nun die bayerische Gesundheitspolitik

113 BayHStA, NL Soenning Ordner B 8, Dr. Soenning an Dr. Hass vom 15. 7. 1965.
114 BayHStA, NL Soenning Ordner B 8, Grundsätze der Gesundheitspolitik der CSU vom 22. 6. 1962.
115 Vgl. Ärztliche Praxis vom 22. 5. 1965.
116 Stenographischer Bericht über die 3. Sitzung des bayerischen Landtags am 19. 12. 1962, S. 16.
117 AdbL, Protokoll der 70. Sitzung des Ausschusses für Sozial- und Gesundheitspolitik am 29. 9. 1966.

gegenüber den Ärzten und den Krankenhäusern, den wichtigsten Akteuren bei der medizinischen Versorgung der Bevölkerung, genauer untersucht, zudem sollen die wichtigsten Entwicklungen in diesen Bereichen nachgezeichnet werden. Dann folgt ein Abschnitt über staatliche Gesundheitspolitik, der sich besonders auf die Tuberkulosevorsorge konzentriert, wie sie in Bayern initiiert wurde[118].

2. *Die Ärzte*

Nimmt man *ganz Bayern* in den Blick, so wird man kaum behaupten können, in den ersten Nachkriegsjahren habe es einen Mangel an Ärzten gegeben. Die Statistik weist für 1946 5152 niedergelassene Ärzte aus, 1950 waren es schon 8041. Rechnet man die Krankenhausärzte hinzu, dann kommt man für 1949 auf insgesamt 11422 Mediziner; damit hatte sich die Zahl der Ärzte in Bayern seit 1938, als 4872 gezählt worden waren, mehr als verdoppelt[119]. Es muß allerdings offenbleiben, in welchem Maße die Praxen im Krieg gelitten hatten und ob dort eine adäquate medizinische Versorgung durchgeführt werden konnte.

Ärztedichte bezogen auf 10000 Einwohner in Bayern 1938 bis 1949

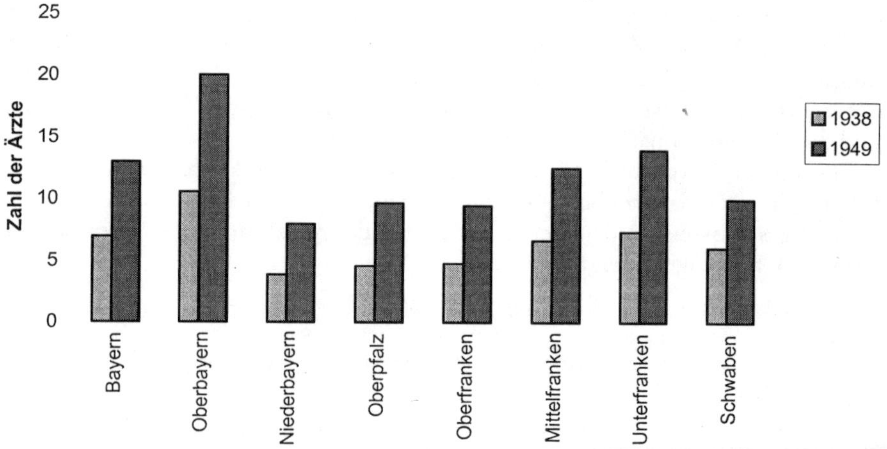

Generell bestand die Schwierigkeit für die Landespolitik also vor allem darin, die Ärztezahl zu begrenzen, da die Kassen einen übermäßigen Zuwachs nicht finanzieren konnten und die Verdienstmöglichkeiten der Ärzte zurückgingen, wenn ihre Zahl allzu stark zunahm. Außerdem sollte die Niederlassung der Ärzte in geordnete Bahnen geleitet werden, da sich diese in Bayern ganz unterschiedlich verteilten. In Niederbayern war die Ärztedichte schon 1938 sehr gering gewesen; 1949 gab es dort noch immer die wenigsten Ärzte, so daß die Bevölkerung trotz

[118] Auf eine ausführliche Untersuchung des öffentlichen Gesundheitswesens in Bayern, das hier als wichtiger Bereich der Gesundheitspolitik eines Landes ebenfalls betrachtet werden sollte, mußte leider verzichtet werden, da die einschlägigen Akten nicht zugänglich waren.

[119] Vgl. Bericht über das Bayerische Gesundheitswesen 59 (1950/51), S. 130. Angaben über die einzelnen Regierungsbezirke liegen lediglich für alle Ärzte vor, also auch für die, die nicht arbeiteten, und die, die in Krankenhäusern tätig waren.

des generellen Zuwachses im Verhältnis schlecht versorgt war. Oberbayern stand dagegen an der Spitze[120]. Im Jahresbericht des Gesundheitsamts Bad Tölz beispielsweise wurde bereits 1946 von einer „gewissen Sättigung“ gesprochen[121]. 1948 galt der Bezirk schon als deutlich überbesetzt, und 1952 hatte sich die Zahl der Ärzte gegenüber 1939 verdoppelt, während die Bevölkerung nur um ein Drittel zugenommen hatte[122]. Der Abstand zwischen den gut versorgten und unterversorgten Regionen hatte sich also trotz der allgemeinen Zunahme ebensowenig verändert wie das „ranking“ unter den übrigen Regierungsbezirken[123]. Für diesen Zuwachs waren vor allem die zahlreichen heimatvertriebenen Ärzte verantwortlich, die nach Bayern kamen. Vielfach fanden auch aus der Gefangenschaft heimkehrende Ärzte ihre evakuierte Familie in Bayern vor und ließen sich dort nieder. Dazu kam noch der Andrang von Militär- und Jungärzten aus den aufgelösten Kriegslazaretten und der zahlreiche Nachwuchs von den Universitäten, denn während des Krieges hatten verhältnismäßig viele Studenten Medizin studiert[124].

Für die Patienten war diese Entwicklung sicherlich von Vorteil, da der Zugang zum Arzt leichter wurde. Die etablierte Ärzteschaft sah das freilich anders; für sie waren gerade die Flüchtlingsärzte unliebsame Konkurrenten. Auch deswegen versuchten die Ärzte nach Kriegsende sofort, sich wieder zu organisieren und ihren Wunsch nach Selbstverwaltung durchzusetzen. Die ärztlichen Standesorganisationen, die bis zum Ende der nationalsozialistischen Herrschaft auf Reichsebene bestanden hatten, die Reichsärztekammer und die Kassenärztliche Vereinigung, wurden 1945 vom Alliierten Kontrollrat aufgelöst[125]. Die Ärzte bemühten sich deshalb darum, auf Landesebene Ärztekammern zu bilden und als Organe ihrer Selbstverwaltung anerkennen zu lassen[126]. Besonders die amerikanische Militärregierung stand diesen Bestrebungen anfangs relativ positiv gegenüber, da sie angesichts der großen gesundheitlichen Probleme und der Seuchengefahr an einem funktionierenden Gesundheitswesen stark interessiert war. So verzichteten die Besatzungsbehörden zunächst auf Reformen und versuchten, die Strukturen der ärztlichen Verwaltung ebenso wie die der Sozialversicherung möglichst aufrechtzuerhalten oder – wenn nötig – wiederherzustellen[127]. Auch die Entnazifizie-

120 Vgl. Krieger/Mühle, Statistischer Bericht über das Bayerische Gesundheitswesen 1946 bis 1949, S. 23.

121 StA München, Gesundheitsämter 5398, Jahresbericht des Gesundheitsamts Bad Tölz für 1946.

122 StA München, Gesundheitsämter 5400 und 5404, Jahresberichte des Gesundheitsamts Bad Tölz für 1948 und 1952.

123 Vgl. Krieger/Mühle, Statistischer Bericht über das Bayerische Gesundheitswesen 1946 bis 1949, S. 23.

124 Vgl. ebenda, S. 21 f., und StA München, Gesundheitsämter 651, bayerisches Staatsministerium des Innern an die Regierung von Oberbayern vom 21. 7. 1948: Denkschrift zur Niederlassungsordnung für Ärzte, Zahnärzte, Tierärzte und Dentisten.

125 Vgl. Hans-Ulrich Deppe, Zum gesellschaftlichen Charakter der gesetzlichen Krankenversicherung, in: ders. (Hrsg.), Vernachlässigte Gesundheit, Köln 1980, S. 85–140, hier S. 99.

126 Vgl. Thomas Gerst, Neuaufbau und Konsolidierung: Ärztliche Selbstverwaltung und Interessenvertretung in den drei Westzonen und der Bundesrepublik Deutschland 1945–1995, in: Robert Jütte (Hrsg.), Geschichte der deutschen Ärzteschaft. Organisierte Berufs- und Gesundheitspolitik im 19. und 20. Jahrhundert, Köln 1997, S. 195–242, hier S. 195, und Toppe, Wiedererrichtung, S. 16.

127 Die Briten verfuhren ähnlich, während in der französischen und in der sowjetischen Besatzungszone unterschiedliche Formen einer Einheitsversicherung eingeführt wurden.

rungsmaßnahmen der amerikanischen Militärregierung trafen die freie Ärzteschaft weit weniger hart als die verbeamteten Amtsärzte im öffentlichen Gesundheitswesen[128].

Die bayerische Staatsregierung kam den Anliegen der Ärzteschaft ebenfalls entgegen. Bereits am 25. Mai 1946 wurde in Bayern ein Ärztegesetz erlassen, das den Wünschen der eingesessenen Ärzteschaft weitgehend entsprach. Es erhob die Landesärztekammer zu einer Körperschaft des öffentlichen Rechts, der die Approbation der niedergelassenen Ärzte oblag. Die Zulassung erhielt nur, wer Mitglied der Kammer war und zehn Jahre in Bayern lebte[129]. Flüchtlingsärzte und ehemalige Militärärzte, die es nach Bayern verschlagen hatte, hatten damit keine Chance; sie waren praktisch von der Kassenpraxis ausgeschlossen. Diese vergleichsweise „freundliche" Politik der Staatsregierung gegenüber den ärztlichen Standesvertretern und deren Anliegen läßt sich auch in den folgenden Jahren weiterverfolgen.

Die bayerische Ärzteschaft wehrte sich in dieser Zeit zudem gegen eine Einheitssozialversicherung, die ihren Status gefährdet und ihre Position bei Honorarverhandlungen verschlechtert hätte; schließlich hätten die Ärztevertreter dann nicht mehr mit einer Vielzahl von Kassen, sondern nur noch mit einem einzigen Versicherungsträger verhandeln können[130]. Das von Albert Roßhaupter (SPD) geführte Staatsministerium für Arbeit und soziale Fürsorge hatte anfangs die Idee einer solchen Einheitsversicherung befürwortet, da auch die Alliierten solche Pläne zu unterstützen schienen[131]. Dieses Vorhaben kam jedoch wegen der zunehmenden Zwistigkeiten unter den Besatzungsmächten nicht voran und scheiterte schließlich bundesweit am Widerstand der Vertreter und Organisationen des deutschen Gesundheitswesens. Insbesondere konservative und liberale Kräfte wandten sich strikt gegen den Aufbau einer Einheitsversicherung[132]. Auch die Gesundheitsabteilung des bayerischen Innenministeriums und Ministerpräsident Ehard lehnten diese Pläne ab und unterstützten statt dessen eher die Wünsche der bayerischen Ärztekammer[133].

In Bedrängnis gerieten die Ärzte 1946/47 durch einen Kurswechsel der amerikanischen Militärregierung, die in ihren „Grundsätzen für wirtschaftliche und berufliche Vereinigungen" bestimmte, daß ein Berufsverband keine öffentlichrechtlichen Aufgaben wahrnehmen dürfe. Die Ärzte argumentierten dagegen, daß nur eine so organisierte Standesvertretung eine ethisch und moralisch hochstehende Ärzteschaft gewährleiste[134]. Unterstützt wurden sie wiederum von der

[128] Vgl. Toppe, Wiedererrichtung, S. 25. 1946 wurde beispielsweise lediglich über 39 niedergelassene Ärzte in Bayern ein Berufsverbot verhängt.

[129] Vgl. BGVBl. 1945/46, S. 193–196: Bayerisches Ärztegesetz vom 25. 5. 1946.

[130] BayHStA, StK 113647, Dr. Robert Steidle an Ministerpräsident Ehard vom 11. 1. 1947.

[131] Vgl. Rosewitz/Webber, Reformversuche, S. 21.

[132] Vgl. zum Scheitern dieser Pläne Hans Günter Hockerts, Sozialpolitische Entscheidungen im Nachkriegsdeutschland. Alliierte und deutsche Sozialversicherungspolitik 1945–1957, Stuttgart 1980, S. 51 ff.

[133] BayHStA, StK 113647, Dr. Robert Steidle an Ministerpräsident Ehard vom 11. 1. 1947.

[134] Vgl. Gerst, Neuaufbau, in: Jütte (Hrsg.), Geschichte, S. 209. Dieses Argument taucht auch später immer wieder auf, so in einem Sonderdruck aus dem Bayerischen Ärzteblatt von 1952. Dr. Karl Weiler, der Präsident der Bayerischen Landesärztekammer, betonte unter der Überschrift „Arzt,

bayerischen Staatsregierung, die sich auf eine heftige Auseinandersetzung mit den Amerikanern einließ. Der Beauftragte der Militärregierung für die öffentliche Gesundheitspflege, Robert I. Hood, verlangte schließlich am 27. Juni 1949 ultimativ, daß die Landesärztekammer entweder umstrukturiert oder aufgelöst werden müsse. Die Besatzungsbehörden betrachteten die Kammer als undemokratische Vereinigung und kritisierten insbesondere die Zwangsmitgliedschaft der Ärzte. Außerdem bemängelten sie, daß seit der Wiedergründung keine Wahlen und Vollversammlungen durchgeführt worden seien[135].

Die Staatsregierung hielt dennoch an ihrem Standpunkt fest und befürwortete auch die Zwangsmitgliedschaft in der Landesärztekammer: Es stehe jedem Arzt frei, sich in das Arztregister eintragen zu lassen und so die Voraussetzung für eine Kassenzulassung zu schaffen. Nur wenn er diese Kassenzulassung wolle, müsse er in die Ärztekammer eintreten, er könne sie aber jederzeit wieder verlassen[136]. Diese Argumentation war ausgesprochen einseitig, denn auch die Regierung wußte, daß sich ein niedergelassener Arzt ohne Kassenzulassung kaum halten konnte.

Die Frage der rechtlichen Stellung der ärztlichen Standesvertretungen wurde bis 1949 zwischen dem bayerischen Ministerpräsidenten, den Präsidenten der Landesärztekammer und der Landeszahnärztekammer sowie Vertretern der Militärregierung mehrfach erörtert. Im Herbst 1949 zogen sich die Amerikaner jedoch aus der Landespolitik zurück und ließen der Staatsregierung damit auch in der Ärztefrage freie Hand, bis – wie es hieß – eine bundeseinheitliche Regelung gefunden worden sei[137]. So blieb die Landesärztekammer als öffentlich-rechtliche Vereinigung mit Zwangsmitgliedschaft bestehen. Gleichzeitig wurde aber die anfangs in die Landesärztekammer integrierte Kassenärztliche Vereinigung, die für die Honorarverhandlungen mit den Kassen zuständig war, als eigenständige Einrichtung etabliert. Damit sollte wohl auch betont werden, daß in der Landesärztekammer wirtschaftliche Interessen nicht die entscheidende Rolle spielten[138].

Die bayerische Ärzteschaft war seit dem Ärztegesetz vom Mai 1946 eigentlich für die Niederlassungsgenehmigungen und die Zulassungen zum Arztberuf selbst verantwortlich, und sie nutzte die damit verbundenen Möglichkeiten zumeist zum Nachteil der Flüchtlingsärzte. Die bayerische Staatsregierung versuchte mehrfach vergeblich, diese Machtstellung wieder einzuschränken und ordnend einzugreifen[139]. Durch das Flüchtlingsgesetz vom 19. Februar 1947 änderte sich die Lage; auch den bayerischen „Neubürgern“ stand nun die Möglichkeit offen,

wohin gehst Du?“, daß nur die selbstverwaltete Ärzteschaft die Erhaltung eines „sittlich und wissenschaftlich hochwertigen Ärztestandes“ garantieren könne.

135 Vgl. Umorganisation der ärztlichen Berufsvertretung in Bayern, in: Bayerisches Ärzteblatt 4 (1949), S. 119.

136 BayHStA, MInn vorl. Nr. M 132/1, bayerisches Staatsministerium des Innern an die Staatskanzlei vom 14. 4. 1949.

137 BayHStA, StK 113649, bayerisches Staatsministerium des Innern an die Staatskanzlei vom 4. 2. 1950.

138 Vgl. Gerst, Neuaufbau, in: Jütte (Hrsg.), Geschichte, S. 210.

139 Vgl. Toppe, Wiedererrichtung, S. 29–36; vgl. dazu auch Stenographischer Bericht über die 7. Sitzung des bayerischen Landtags am 19. 2. 1947, S. 141–149.

sich als Arzt niederzulassen. Da die Zahl der Ärzte daraufhin stark anstieg, versuchte die Staatsregierung dieser Entwicklung durch ein Gesetz zum ärztlichen Niederlassungswesen vom Juli 1947 entgegenzusteuern; die Zulassungsordnung, die aufgrund diverser Schwierigkeiten erst im März 1948 in Kraft trat, führte jedoch wieder zu erheblichen Problemen, da sich sofort 2000 Ärzte um das Niederlassungsrecht bewarben[140]. In einer Denkschrift des Innenministeriums hieß es dazu:

„Die Niederlassung der noch nicht im Beruf stehenden Ärzte stellt ein Problem dar, das befriedigend jedenfalls nicht zu lösen ist, weder durch den Staat, noch durch die Berufsvertretung. Grund hierfür ist die Tatsache, daß alle Teile Bayerns schon seit Kriegsende so mit Ärzten überbesetzt sind, daß auch bei Anlegung eines großzügigen Maßstabes und unter Hintansetzung aller Einwendungen der bereits niedergelassenen Ärzte nur mehr einer verhältnismäßig geringen Anzahl von Ärzten die Niederlassungsgenehmigung erteilt werden kann. Für jede ausgeschriebene Stelle liegen dutzende von Bewerbungen vor. Jeder Bewerber macht für seine Person besonders dringliche und berücksichtigenswerte Verhältnisse geltend. Die Auswahl unter den vielen Bewerbern für eine Stelle ist bei den annähernd gleichen Verhältnissen, die bei den meisten Bewerbern gegeben sind, eine schwierige Sache und erfordert viel Zeit und Mühe."

Obwohl die staatliche Zulassungsbeschränkung schon im Dezember 1948 erneut aufgehoben wurde[141], entzog man vielen Ärzten, die nach 1939 als Kassenarzt anerkannt worden waren, die Zulassung Ende 1948 wieder mit dem Argument, es gebe zu viele Kassenärzte. Dieses Vorgehen führte zu scharfen Protesten beim zuständigen Innenministerium[142]. Zuletzt gestand die bayerische Staatsregierung bessere Bedingungen zu, die den jüngeren Kassenärzten und den Flüchtlingsärzten entgegenkamen[143]. Da die neue Regelung aber wiederum einen erheblichen Anstieg der Ärztezahl zur Folge hatte, war sie ebenfalls umstritten.

Schließlich sahen aber auch die ärztlichen Verbände ein, daß die Anliegen der Flüchtlingsärzte nicht dauerhaft ignoriert werden konnten. Sie bemühten sich deshalb um einen Ausgleich zwischen den niedergelassenen Ärzten, die um ihre Pfründe fürchteten, und den Flüchtlingsärzten. Ein Bericht des Flüchtlingsausschusses der Arbeitsgemeinschaft der westdeutschen Ärztekammern für das erste Halbjahr 1950 spiegelt diese Entwicklung wider:

„Die Statistik gibt ein beachtliches Bild der eigenen Initiative der Flüchtlingsärzte, der Selbsthilfe der Berufsvertretungen und der verständnisvollen Tätigkeit der Zulassungsausschüsse. Nächst den Schornsteinfegern, die durch Teilung ihrer Bezirke alle Flüchtlinge untergebracht haben, steht die Ärzteschaft mit einer Unterbringung von über 80% aller Berufsgenossen an erster Stelle. Die Grenzen der Leistungsfähigkeit sind erreicht. Diese Grenzen liegen einmal in der rechtlichen Lage. Die Zulassung war Länderrecht geworden, solange

[140] StA München, Gesundheitsämter 651, bayerisches Staatsministerium des Innern an die Regierung von Oberbayern vom 21. 7. 1948: Denkschrift zur Niederlassungsordnung für Ärzte, Zahnärzte, Tierärzte und Dentisten; das folgende Zitat ebenda.

[141] BGVBl. 1949, S. 2: Gesetz zur Regelung des ärztlichen Niederlassungswesens vom 23. 12. 1948.

[142] BayHStA, MInn vorl. Nr. M 132/1, Ärzte aus Bad Kissingen an die Gesundheitsabteilung des Innenministeriums vom 31. 12. 1948.

[143] BayHStA, MInn vorl. Nr. M 132/1, bayerisches Staatsministerium des Innern an die Staatskanzlei vom 14. 4. 1949. Allerdings darf man nicht außer acht lassen, daß viele Flüchtlingsärzte nach wie vor Schwierigkeiten hatten, wieder beruflich Fuß zu fassen. Entsprechende Akten finden sich im BayHStA, MInn vorl. Nr. M 70.

nicht ein Bundesgesetz über Ärzte und Krankenkassen erlassen ist. Weiterhin liegt die Grenze in der Tatsache, daß die Richtzahl ein Kassenarzt auf 600 Versicherte, wohlverstanden nicht Einwohner, fast überall erreicht und in den meisten Fällen unterschritten ist, und daß die Länder mit dieser Begründung eine weitere Zulassung von Flüchtlingskassenärzten verweigert haben. Der Flüchtlingsarztausschuß hat zusammen mit einigen Ärztekammern diese Verhältnisse zahlenmäßig geklärt. Er hat am 10. Juni 1950 nach stundenlangen schweren Verhandlungen, in denen Statistik gegen Statistik und wirtschaftliche Lage gegen wirtschaftliche Lage ins Felde geführt wurden, für die Umsiedlung der Flüchtlingsärzte ein Ergänzungsabkommen vorgeschlagen, das die Umsiedlung und Zulassung von 66 Kassenärzten vorsieht."[144]

1951 waren in Bayern von insgesamt 12577 Ärzten 1305 Vertriebene, das entspricht einem Anteil von 10,4 Prozent; der bundesweite Anteil der Vertriebenenärzte lag mit 11,1 Prozent nur wenig höher[145]. Mit dem Bundesvertriebenengesetz von 1953 durften sich schließlich die vertriebenen „Altkassenärzte" und „Altkassenzahnärzte", die schon vor 1939 kassenärztlich tätig gewesen waren, an ihrem neuen Wohnort ohne weiteres Zulassungsverfahren niederlassen. Da aber die meisten mittlerweile schon wieder tätig waren, hatte das Gesetz in der Praxis keine großen Auswirkungen[146].

Schwieriger war die Lage für jüngere Ärzte, die oftmals keine Zulassung erhielten. Sie mußten meist in Krankenhäusern als Assistenzärzte unbezahlt oder gegen geringes Entgelt arbeiten[147]. Proteste, wie die Denkschrift, mit der 1951 Volontäre und Assistenten der Universitätsklinik Würzburg auf ihre Situation aufmerksam machen wollten, nachdem sie erfahren hatten, daß ihre ohnehin dürftigen Gehälter gekürzt werden sollten, fanden bei den zuständigen Ministerialbeamten wenig Beachtung. Die Politik der bayerischen Staatsregierung orientierte sich auch diesmal an den Belangen und Forderungen der niedergelassenen Kassenärzte[148].

Dies zeigt sich genauso in anderen Bereichen. Alternative Modelle, die auf eine Stärkung des öffentlichen Gesundheitswesens oder der gesetzlichen Kassen als Anbieter von Gesundheitsleistungen zielten, wurden nicht berücksichtigt. Als die AOK 1951 beispielsweise eine Zahnklinik in Nürnberg wieder errichten wollte, die 1933 geschlossen worden war, stellte sich das Staatsministerium des Innern auf die Seite der Zahnärzte. Mit der Begründung, daß solche Einrichtungen letztlich den Zahnarztberuf als freien Beruf gefährdeten, wurde die Eröffnung der Zahnklinik verhindert:

„Bei Errichtung von Zahnkliniken der Sozialversicherungsträger muß sich aber zwangsläufig eine Entwicklung anbahnen, die in einer Beseitigung des zahnärztlichen Berufs als freier Beruf enden wird. In solchen Zahnkliniken werden die behandelnden Zahnärzte als Angestellte der Krankenkasse tätig, deren Bezahlung nicht nach persönlicher Leistung, sondern nach Tagewerken erfolgt. Ohne dabei das Können und die Tüchtigkeit der angestellten

144 BayHStA, MArb 2963, Bericht des Flüchtlingsausschusses der Arbeitsgemeinschaft der westdeutschen Ärztekammern für den Zeitraum vom November 1949 bis zum August 1950.

145 BayHStA, MInn vorl. Nr. M 69, Bericht des Flüchtlingsarztausschusses und Gesamtstatistik über die Vertriebenenärzte für 1952.

146 Vgl. I. Baser, Die erste Etappe ist erreicht, in: Die Stimme der Vertriebenen vom Mai 1953.

147 Vgl. Gerst, Neuaufbau, in: Jütte (Hrsg.), Geschichte, S. 204.

148 BayHStA, StK 113649, Memorandum der angestellten Ärzte der Kliniken und Institute der Universität Würzburg vom 11. 5. 1951.

Zahnärzte in irgendeiner Weise in Zweifel zu ziehen, kann eine Entlohnung nach anderen Grundsätzen nicht erfolgen. Kraft seiner Tätigkeit als Angestellter wird ein solcher Zahnarzt niemals in das bei jeder ärztlichen Tätigkeit unerläßliche Vertrauensverhältnis zum Patienten kommen, das nun einmal erste Voraussetzung für eine ersprießliche und im Interesse der Patienten gelegene ärztliche und zahnärztliche Tätigkeit ist. Bei der hohen Zahl der Pflichtversicherten und den erleichterten Möglichkeiten der freiwilligen Mitgliedschaft wird, wenn dem Beispiel der AOK Mittelfranken die anderen Krankenkassen folgen, für eine freiberufliche zahnärztliche Tätigkeit der Boden entzogen sein. Von den Kassen angestellte Zahnärzte können wohl nicht mehr als Interessenvertreter der Patienten, sondern nur als solche der Kassen angesehen werden. [...] Den Bedenken, die seitens der kassenzahnärztlichen Vereinigung Bayerns gegen die Wiedererrichtung der kasseneigenen Zahnklinik in Nürnberg vorgetragen worden sind, muß sich daher das bayerische Staatsministerium des Innern anschließen."[149]

Stets drangen die Ärzte mit ihrem Credo durch, nur ein freier Arzt könne das Vertrauen seiner Patienten erwerben und eine angemessene medizinische Versorgung garantieren[150]. Mit ähnlichen Argumenten wurde Ende der fünfziger Jahre auch die Errichtung staatlicher Krebsberatungsstellen abgelehnt. Hier unterstützte zudem der Landesgesundheitsrat die Belange der niedergelassenen Ärzte und empfahl die Gründung einer Arbeitsgemeinschaft zur Krebsbekämpfung, die dann bei der Landesärztekammer eingerichtet wurde[151]. Auch bei der Diskussion um die Einführung eines Mutterpasses befürwortete die bayerische Staatsregierung die Haltung der Ärzteschaft, obwohl ein entsprechender Modellversuch in Nordrhein-Westfalen relativ großen Erfolg hatte[152]. Der bayerische Ärztefunktionär Hans-Joachim Sewering äußerte sich damals folgendermaßen:

„So ist es uns jetzt gelungen, alle Bestrebungen – sie sind von der Sozialdemokratischen Landtagsfraktion ausgegangen – nach Einführung eines Mütterpasses in Bayern zu unterbinden. [...] Wir haben den Standpunkt vertreten, daß ärztliche Daten und Untersuchungsergebnisse in die Kartei des Arztes, aber nicht in die Handtasche der Frau gehören: Wenn sie in der Handtasche der Frau sind, werden sie Gegenstand von Unterhaltungen beim Kaffeeklatsch und bei sonstigen Gelegenheiten und führen nur zu einer unnötigen Beunruhigung der Frauen, die mit diesen nichts anzufangen wissen. [...] Die Angaben über die Untersuchungsergebnisse gehören in die Kartei des Arztes."[153]

Hintergrund dieser Auseinandersetzung war vor allem die Tatsache, daß durch den Mutterpaß das öffentliche Gesundheitswesen in die Schwangerenvorsorge eingebunden worden wäre und die bayerischen Ärzte dies in jedem Fall vermeiden wollten. Mit ihrer ärztefreundlichen Haltung verhinderte die Staatsregierung so sicherlich alternative Entwicklungen, sie befand sich damit aber auf der Linie der Bundespolitik. Gerade das 1955 in Bonn verabschiedete Kassenarztgesetz

149 BayHStA, MInn vorl. Nr. M 132/2, bayerisches Staatsministerium des Innern an das bayerische Landesversicherungsamt vom 12. 5. 1951.

150 BayHStA, StK 113653, Sonderdruck aus dem Bayerischen Ärzteblatt von 1952. Hier heißt es: „Ein echtes Arzttum kann auf die Dauer nur bestehen, wenn die Freiheit der ärztlichen Berufsausübung erhalten bleibt."

151 Vgl. Soenning, Wächter, S. 70f., und Murken, Landesgesundheitsrat, S. 24f.

152 Vgl. Kurt Gedicke, Der Gesundheitspaß für die werdende Mutter in Nordrhein-Westfalen, in: Bundesgesundheitsblatt 7 (1964), S. 337–341.

153 Hans Joachim Sewering, Tätigkeitsbericht der bayerischen Landesärztekammer, in: Bayerisches Ärzteblatt 19 (1964), S. 752.

hatte die Mediziner gestärkt, da es den niedergelassenen Ärzten im wesentlichen die gesamte ambulante Versorgung zuwies, die damit keine Konkurrenz mehr von Ambulatorien der Krankenkassen oder ähnlichen Einrichtungen zu fürchten brauchten[154].

Angesichts der starken Position der auf ihre Standesinteressen bedachten Ärzteschaft war es kein Wunder, daß die bayerische Staatsregierung einem ihrer wichtigsten Ziele, der möglichst gleichmäßigen Versorgung der Bevölkerung, in den fünfziger Jahren trotz eines Überangebots an Ärzten kaum näher kam. Die Landespolitik hatte hier ohnehin nur indirekte Einflußmöglichkeiten. Das einzige direkte Steuerungsinstrument lag in den Händen der Kassenärztlichen Vereinigungen, die nach den in der Reichsversicherungsordnung per Gesetz festgelegten Verhältniszahlen (Anzahl der Kassenpatienten pro Arzt) Praxen neu besetzten oder neu zuließen. Die Staatsregierung konnte lediglich versuchen, in unattraktiven Regionen, in denen trotz dieser Verteilungsschlüssel Ärztemangel herrschte, Anreize zu schaffen, etwa durch Darlehen für die Ärzte oder Praxisräume, die günstig zur Verfügung gestellt wurden.

1960 hob das Bundesverfassungsgericht die vorgeschriebenen Verhältniszahlen für die Niederlassung von Kassenärzten als verfassungswidrig auf[155]. Nun hatte jeder Mediziner das Recht, sich dort als Kassenarzt niederzulassen, wo er wollte. Zwar bemühten sich die Kassenärztlichen Vereinigungen in Bayern nach wie vor, vakante Arztstellen in unterversorgten Gebieten zu besetzen, und Gemeinden oder Landkreise warben auch weiterhin mit allerlei Vergünstigungen um einen Kassenarzt. Diese Anstrengungen waren jedoch nur selten von Erfolg gekrönt, denn die Kassenärzte konnten mittlerweile fast überall mit guten Verdienstmöglichkeiten rechnen[156].

Diese Entwicklung hatte für den Freistaat bedenkliche Folgen. Die traditionellen Disparitäten im bayerischen Gesundheitssystem wurden perpetuiert, in manchen Fällen sogar verschärft. Zwischen 1960 und 1967 stieg die Zahl der Kassenärzte in Bayern stark an; die meisten ließen sich in Oberbayern nieder. In München praktizierten 1968 1544 Kassenärzte, in der Oberpfalz dagegen nur 578 – hier waren 20 Kassenarztsitze nicht besetzt. Diese Tendenz bestätigt sich, wenn man die bayerische Landesstatistik über die Zahl aller niedergelassenen Ärzte (das heißt der Kassenärzte und der Ärzte mit Privatpraxis, wobei letztere nur einen geringen Anteil ausmachten) von 1955 bis 1970 verfolgt:

[154] Vgl. Deppe, Krankenversicherung, in: ders. (Hrsg.), Vernachlässigte Gesundheit, S. 100f. Die Kassenärztlichen Vereinigungen, die vor allem die ökonomischen Interessen der Ärzteschaft bei den Honorarverhandlungen vertraten, wurden durch dieses Gesetz ebenfalls zu Körperschaften öffentlichen Rechts. Ihnen wurde damit auch die Kontrolle über die Wirtschaftlichkeit des kassenärztlichen Handelns überlassen.

[155] Vgl. Wanek, Machtverteilung, S. 134.

[156] Vgl. Ärztliche und zahnärztliche Versorgung, S. 881; die folgenden Zahlen finden sich ebenda.

Zahl der niedergelassenen Ärzte nach Regierungsbezirken[157]

Gebiet	1946[158]	1950	1955	1958	1961	1964	1967	1970
Oberbayern	–	–	3108	3176	3617	3633	3645	3860
Niederbayern	–	–	678	646	649	632	622	630
Oberpfalz	–	–	624	623	622	610	611	623
Oberfranken	–	–	807	809	820	794	789	776
Mittelfranken	–	–	1150	1210	1244	1244	1210	1205
Unterfranken	–	–	864	889	885	884	876	882
Schwaben	–	–	1072	1069	1157	1172	1186	1169
Bayern	5152	8041	8303	8422	8994	8969	8939	9145

Auffällig ist hier vor allem, daß die Zahl der Ärzte in Bayern nach der Aufbauphase zwischen 1945 und 1955 nur noch geringfügig stieg, von 8303 im Jahr 1955 auf 9145 im Jahr 1970, wobei von der Zunahme vor allem Oberbayern[159] und in geringem Maße Schwaben profitierten, während die Zahl der Ärzte in Niederbayern, der Oberpfalz und in Oberfranken sogar abgenommen hatte und in Mittel- und Unterfranken konstant geblieben war. Die Entwicklung nach der Niederlassungsfreiheit im Jahr 1960 wird hier besonders augenfällig: Die Ärztezahl in Oberbayern erhöhte sich zwischen 1959 und 1961 sprunghaft von 3176 auf 3617, während in den anderen Regionen nichts Vergleichbares zu beobachten war. Korreliert man diese Daten mit der Bevölkerungszahl der Regierungsbezirke, wird ebenfalls deutlich, daß in Oberbayern bezogen auf die Gesamtbevölkerung deutlich mehr Ärzte tätig waren als in den anderen Regionen. Diese Unterschiede verringerten sich im Laufe der Jahre keineswegs, die Schere ging vielmehr weiter auseinander. Das wird besonders klar, wenn man die Region Oberbayern mit den Regierungsbezirken Oberpfalz und Niederbayern vergleicht, die ab 1961 eine in etwa halb so hohe Ärztedichte aufwiesen.

[157] Niedergelassene Ärzte mit und ohne Krankenhaustätigkeit. Zusammengestellt nach: Bericht über das Bayerische Gesundheitswesen, 59 (1950/51), S. 130f.; 64 (1956), S. 111; 66 (1958), S. 112; 69 (1961), S. 102; 72 (1964), S. 114; 75 (1967), S. 122; 79 (1971), S. 138.

[158] Für 1946 und 1950 gibt es zu den einzelnen Regierungsbezirken nur Angaben über alle Ärzte (einschließlich aller Krankenhausärzte), die infolgedessen nicht mit den späteren Zahlen vergleichbar sind. Nur bei der Zahl für ganz Bayern ließen sich die niedergelassenen Ärzte herausrechnen.

[159] Dabei sind die Zahlen für Oberbayern durch die in München ausnehmend hohe Dichte an niedergelassenen Ärzten mitbedingt; stets hatten zwischen 50 Prozent und 60 Prozent der oberbayerischen Ärzte dort ihre Praxis. 1958: 1701 niedergelassene Ärzte in München von 3176 Ärzten in Oberbayern, 1961: 2105 von 3890, 1964: 2096 von 3633, 1967: 2066 von 3645, 1971: 2111 in München von insgesamt 3860 in Oberbayern. Vgl. Bericht über das Bayerische Gesundheitswesen 69 (1961), S. 102; 72 (1964), S. 114; 75 (1967), S. 122; 79 (1971), S. 138.

Einwohner pro niedergelassenem Arzt[160]

Gebiet	1955	1958	1961	1964	1967	1970
Oberbayern	1 : 819	1 : 834	1 : 718	1 : 820	1 : 862	1 : 855
Niederbayern	1 : 1361	1 : 1489	1 : 1486	1 : 1554	1 : 1604	1 : 1612
Oberpfalz	1 : 1408	1 : 1397	1 : 1438	1 : 1506	1 : 1538	1 : 1539
Oberfranken	1 : 1343	1 : 1324	1 : 1372	1 : 1387	1 : 1405	1 : 1440
Mittelfranken	1 : 1141	1 : 1105	1 : 1115	1 : 1116	1 : 1203	1 : 1242
Unterfranken	1 : 1205	1 : 1195	1 : 1240	1 : 1290	1 : 1336	1 : 1343
Schwaben	1 : 1219	1 : 1238	1 : 1181	1 : 1214	1 : 1234	1 : 1279
Bayern	1 : 1103	1 : 1101	1 : 1066	1 : 1112	1 : 1150	1 : 1156

Die sehr unterschiedliche Verteilung der Ärzte bestätigt auch eine Erhebung von 1968, die sich allerdings lediglich auf die Kassenärzte bezog[161]. Die geringste Ärztedichte wiesen folgende Landkreise auf: In Karlstadt (Ufr.) kamen auf einen Kassenarzt 2731 Einwohner, in Roding (Opf.) war das Verhältnis 1: 3253, in Parsberg (Opf.) 1: 2975, in Neumarkt (Opf.) 1: 2961 und in Bogen (Ndb.) 1: 2651. Hier kann man tatsächlich von einem akuten Ärztemangel sprechen, der auch in den Jahresberichten der Gesundheitsämter immer wieder beklagt wurde[162].

Es zeigt sich allerdings auch, daß die Ärztedichte in den fünfziger Jahren in allen Regierungsbezirken stagnierte oder sogar leicht rückläufig war, am stärksten in Niederbayern. Dieses Absinken deutet darauf hin, daß nach der Ärzteschwemme der ersten Nachkriegsjahre, die durch die Flüchtlingsärzte noch verschärft wurde, nun offenbar eine Normalisierung eingetreten war. Erst Ende der sechziger Jahre, als viele Ärzte eine Vergütung von Einzelleistungen mit den Kassen aushandelten, steigerten sich die Verdienstmöglichkeiten der Ärzte drastisch[163]. Letztlich führte dies zu einem überproportionalen Anstieg ihrer Einkommen gegenüber anderen Berufsgruppen. Zuvor hatten die Krankenkassen lediglich sogenannte „Kopfpauschalen" pro Patient abgerechnet, wodurch eine derartige Erhöhung ausgeschlossen war. Die Kassen konnten diese Änderung der Abrechnungsmodalitäten, auf die die Ärzte schon lange gedrängt hatten, erst dank ihrer steigenden Finanzkraft in den sechziger Jahren verwirklichen. Die Gründe für den größeren finanziellen Spielraum der Kassen sind vor allem bei den steigenden Krankenkasseneinnahmen durch allgemein bessere Löhne und geringe Ar-

[160] Zusammengestellt nach: Bericht über das Bayerische Gesundheitswesen, 63 (1956), S. 111; 66 (1958), S. 112; 69 (1961), S. 102; 72 (1964), S. 114; 75 (1967), S. 122; 79 (1971), S. 138. Vor 1956 sind keine Angaben über die niedergelassenen Ärzte pro Regierungsbezirk und Bevölkerungszahl zu ermitteln, es wurden nur alle Ärzte mit Approbation eines Regierungsbezirks gezählt, egal ob sie als niedergelassene oder Krankenhausärzte tätig waren oder ihren Beruf nicht ausübten.

[161] Vgl. Ärztliche und zahnärztliche Versorgung, S. 876.

[162] Dies galt aber nicht nur für Niederbayern oder die Oberpfalz, sondern kam auch in unattraktiven, ländlichen und schlecht angebundenen Gemeinden in Oberbayern vor, wie aus den Berichten der Gesundheitsämter hervorgeht. In Aichach war man sich sehr unsicher, ob sich die Kassenarztpraxis in Ichenhofen wieder besetzen ließ, und das Gesundheitsamt Bad Tölz berichtete, wie problematisch es war, einen neuen Arzt für die abgelegene Gemeinde Jachenau zu finden. Belege in: StA München, Gesundheitsämter 5410 und 5412.

[163] Vgl. hierzu und zum folgenden Wanek, Machtverteilung, S. 135–137.

beitslosigkeit zu suchen. Aufgrund dieser Entwicklungen waren also wesentlich mehr Ärzte in der Lage, sich gewinnbringend niederzulassen, wodurch sich die Zahl der Ärzte dann ab Mitte der siebziger Jahre wieder deutlich erhöhte.

Bei den Fachärzten ergab sich ein ähnliches Bild; diese waren in manchen Gegenden lange rar. Sie ließen sich erst ab Ende der sechziger Jahre vermehrt nieder, als sich auch ihnen infolge des Übergangs zur Einzelabrechnung mit den Kassen bessere Verdienstmöglichkeiten boten[164]. Bei gynäkologischen Praxen kam beispielsweise noch hinzu, daß die Ärzte seit einer Gesetzesänderung von 1965 auch Vorsorgeuntersuchungen abrechnen und dadurch ebenfalls mehr verdienen konnten[165]. Bevor dies allerdings auf die Versorgung durchschlug, vergingen Jahre. In einer Strukturanalyse der Kassenärztlichen Vereinigung Bayerns aus dem Jahr 1972 zeigte sich deswegen immer noch das bekannte Mißverhältnis zwischen den einzelnen Regierungsbezirken: In Oberbayern kamen 2715 Einwohner auf einen Fachkassenarzt, in Niederbayern 4272, in der Oberpfalz 3881, in Oberfranken 3291, in Mittelfranken 3037, in Unterfranken 3460 und in Schwaben 2662; der Landesdurchschnitt lag bei 2626 Einwohnern je Facharzt[166]. Ministerpräsident Goppel hatte schon ein Jahr zuvor sogar in einer Regierungserklärung auf diese Mißstände hingewiesen:

> „Wie ausreichender Wohnraum ist auch die ärztliche Versorgung der Bevölkerung auf dem Land und in den Betrieben nicht überall in entsprechendem Maße gewährleistet. Staatsregierung, Landesärztekammer und kassenärztliche Vereinigungen werden mit dem Ziele zusammenarbeiten, daß sich junge Ärzte und Zahnärzte mit Hilfe eines Kreditprogramms in nicht genügend versorgten Landesteilen dauernd niederlassen können."[167]

Es gelang aber trotz dieser Ankündigungen und verschiedener Programme weder der bayerischen Staatsregierung noch der Kassenärztlichen Vereinigung, den Ärztemangel in den unterversorgten Gebieten der Oberpfalz und Niederbayerns zu beheben[168]. Mitte der siebziger Jahre versuchte dann der Bund, die Niederlassung von Kassenärzten gesetzlich zu steuern[169]. Die Kassenärztlichen Vereinigungen mußten nun Bedarfspläne erstellen, deren Ziel es war, der Unterversorgung abzuhelfen. Vorgesehen dafür waren Umsatzgarantien, Honorarzuschüsse und günstige Darlehen sowie Zulassungssperren in den bereits besser versorgten Zonen[170]. Das Ärzteproblem verschob sich Ende der siebziger Jahre dann allerdings relativ rasch zu einer generellen Überversorgung, so daß die Gesetzgebung wiederum anders reagieren mußte. Auch hier zeigte sich wieder, daß die Steuerungsinstrumente der Staatsregierung nur von begrenzter Reichweite waren und der Einfluß der Landespolitik, zumindest was die Angleichung der medizinischen Versorgung in Stadt und Land durch die freie Ärzteschaft angeht, nicht überschätzt werden darf.

164 Vgl. ebenda, S. 136.
165 Vgl. BGBl. 1965, Teil I/1, S. 912–919: Gesetz zur Änderung des Mutterschutzgesetzes und der Reichsversicherungsordnung vom 24. 8. 1965.
166 Vgl. Gesundheitsprogramm 1974, S. 154.
167 Stenographischer Bericht über die 5. Sitzung des bayerischen Landtags am 27. 1. 1971, S. 86.
168 Vgl. Ärztliche und zahnärztliche Versorgung, S. 878f.
169 Vgl. BGBl. 1976, Teil I/3, S. 3871–3877: Gesetz zur Weiterentwicklung des Kassenarztrechtes vom 28. 12. 1976.
170 Vgl. hierzu und zum folgenden Wanek, Machtverteilung, S. 135 und S. 142–145.

3. Die Krankenhäuser

Während die ambulante Versorgung in Bayern wie in der ganzen Bundesrepublik fast ausschließlich in den Händen der niedergelassenen Ärzte lag, gab es bei den Krankenhäusern, denen die stationäre Versorgung der Patienten oblag, verschiedene Organisationsformen[171]: Ein großer Teil wurde von der öffentlichen Hand, insbesondere von den Kommunen, betrieben. Dazu kamen die freigemeinnützigen Krankenhäuser, meist Einrichtungen kirchlicher Träger oder anderer Wohlfahrtsverbände. Diese Kliniken waren privatrechtlich organisiert und wirtschafteten nach dem Kostendeckungsprinzip. Schließlich gab es noch Privatkliniken, die gewinnorientiert arbeiteten[172].

In Bayern wurden 1951 780 Krankenhäuser unterhalten, 504 von öffentlichen Betreibern, 121 von freigemeinnützigen Organisationen und 155 von privater Seite[173]. Direkter staatlicher Verwaltung unterstanden lediglich die Universitätskliniken und die Versorgungskrankenhäuser, die vor allem für die Behandlung von Kriegsversehrten eingerichtet worden waren[174]. Die größte Krankenhausdichte läßt sich in Oberbayern ausmachen, wo man Ende 1951 260 Kranken- und Heilanstalten zählte, während es in Niederbayern 83 und in der Oberpfalz nur 68 gab[175] – die Strukturschwächen des bayerischen Gesundheitssystems zeigten sich also auch hier.

In den 780 Krankenanstalten standen 1951 85 466 Betten zur Verfügung, das entsprach etwa 9,4 Betten pro 1000 Einwohner. Bayern lag damit im Ländervergleich gemeinsam mit Rheinland-Pfalz an letzter Stelle[176]. Eine Quote von 9,4 war angesichts der damals herrschenden Wohnungsnot alles andere als ausreichend. Viele Patienten hatten keine Möglichkeit, zur Genesung in ihre Wohnungen zu-

[171] Die stationäre Versorgung der Kranken war in Deutschland seit längerem von der ambulanten deutlich getrennt. Bereits 1931 war der Sicherstellungsauftrag für ambulante Versorgung von den Krankenkassen auf die kassenärztlichen Vereinigungen übergegangen, davor konnten die Krankenkassen auch mit Krankenhäusern Verträge über die ambulante Behandlung von Patienten abschließen. Die Krankenkassen hielten jedoch auch nach 1931 an ihrer früheren Praxis fest, insbesondere als nach 1945 die Rechtslage relativ unklar war. Im Kassenarztgesetz von 1955 wurden die beiden Sektoren dann endgültig getrennt, und der ambulante Bereich ging gänzlich an die Kassenärzte über. Ein weiteres Charakteristikum des deutschen Systems war, daß die bei den gesetzlichen Krankenkassen versicherten Patienten zur stationären Behandlung von einem Kassenarzt eingewiesen werden mußten, also nicht selbst über eine Behandlung entscheiden konnten. Vgl. hierzu z. B. Hans Ulrich Deppe, Bundesrepublik Deutschland, in: ders. (Hrsg.), Gesundheitssysteme und Gesundheitspolitik in Westeuropa, Frankfurt am Main/New York 1983, S. 25–64, hier S. 38–41, oder Alber, Gesundheitswesen, S. 109f., sowie Rosewitz/Webber, Reformversuche, S. 90.

[172] Vgl. Deppe, Bundesrepublik, in: ders. (Hrsg.), Gesundheitssysteme, S. 38f.

[173] Vgl. Bericht über das Bayerische Gesundheitswesen 59 (1950/51), S. 122–126. Zu den Krankenanstalten zählen nach dieser Statistik: Allgemeine Krankenanstalten, Anstalten für Tuberkulosekranke, für Kinder und Säuglinge, Orthopädische Kliniken, Augenheilanstalten, Anstalten für Haut- und Geschlechtskranke, für Geisteskranke und neurologische Kranke, Entbindungs- und gynäkologische Anstalten, Anstalten für Infektionskranke und Krankenabteilungen in Strafanstalten. In anderen Statistiken, z.B. dem statistischen Jahrbuch für Bayern oder die Bundesrepublik finden sich davon abweichende Zahlen, da die gezählten Krankenanstalten unterschiedlich definiert wurden.

[174] BayHStA, StK 113682, bayerisches Staatsministerium des Innern an Innenminister Hoegner vom 6. 10. 1953.

[175] Vgl. Bericht über das Bayerische Gesundheitswesen 59 (1950/51), S. 122ff.; die folgenden Zahlen finden sich ebenda, S. 124.

[176] Vgl. Statistisches Jahrbuch für die Bundesrepublik Deutschland 1953, S. 82.

rückzukehren, da sie in miserablen Verhältnissen lebten; daher mußten sie länger in den Krankenhäusern bleiben. Vor allem in den Großstädten München und Nürnberg, deren Einzugsgebiete weit über die Stadtgrenzen hinausreichten, hätte man sehr viel mehr Betten benötigt.

Insbesondere fehlte es an Betten für Tuberkulose- und Infektionskranke[177]. Dies lag vor allem daran, daß viele Gemeinden alles daran setzten, die Schließung ihrer Tbc-Heilstätten zu erreichen, und daß sich andere gegen den Bau von Infektionskrankenhäusern wehrten[178]. In kleineren Kreiskrankenhäusern waren überdies meist keine geeigneten Isolierungsmöglichkeiten vorhanden. Der Unterhalt selbst einer nur kleinen Infektionsabteilung war für einen Krankenhausträger eine erhebliche Belastung, da die Infektionsbetten im Jahr durchschnittlich nur zu 25 Prozent belegt waren, weil die entsprechenden Krankheiten meist schubweise auftraten. Nach einer Verordnung des Reichsinnenministers von 1938 und nach Artikel 38 der bayerischen Verfassung von 1946 waren die Gemeinden zwar verpflichtet, Einrichtungen zur Verhütung und Bekämpfung übertragbarer Krankheiten zu schaffen und zu unterhalten[179]. Die Kommunen konnten diesen Vorschriften aber in vielen Fällen nicht nachkommen, da ihre Rücklagen nur allzu oft durch die Währungsreform verlorengegangen waren. Infektionsbetten waren also für einzelne Kreise oder Gemeinden zu teuer; die Einrichtung größerer überregionaler Infektionszentren scheiterte immer wieder an Streitigkeiten und Rivalitäten.

Hinzu kamen erhebliche strukturelle Defizite. 26,2 Prozent der Krankenanstalten der öffentlichen Hand hatten nur eine Kapazität von weniger als 50 Betten. Aufgrund der medizinischen Entwicklung und der daraus resultierenden nötigen Investitionen waren sie kaum rentabel zu betreiben und ständig auf Zuschüsse angewiesen. Auch mit Subventionen war es den Trägern solch kleiner Kliniken kaum möglich, ihre Einrichtungen nur annähernd auf den neuesten Stand zu bringen. Mehr als ein Viertel der öffentlichen Krankenhäuser hatte keinen zweiten Operationssaal, etwa ebenso viele kein Labor, 16 Prozent keine Röntgeneinrichtung, und fast die Hälfte mußte ohne Desinfektionsanlage auskommen. Auch von den vorhandenen Röntgen- und Laboreinrichtungen hätte ein großer Teil erneuert werden müssen. 151 bayerische Krankenhäuser mußten zudem ohne einen ständig anwesenden, voll verantwortlichen und besoldeten Arzt auskommen. Hierbei handelte es sich vor allem um kleine Anstalten, die als Belegkrankenhäuser fungierten. Im bayerischen Innenministerium lehnte man jedoch eine gesetzliche Regelung ab, die diesen Mißstand behoben hätte, da man mit großem Widerstand der Krankenhausträger rechnete.

Abhilfe konnten im Grunde nur hohe staatliche Zuschüsse schaffen, da sich die Krankenkassen – auch nach der Meinung der Staatsregierung – nicht in der Lage sahen, ihre Pflegesätze zu erhöhen und den Kliniken so mehr Geld zukommen zu lassen. Daher gewährte der Freistaat seit Anfang der fünfziger Jahre Zuschüsse für

[177] BayHStA, StK 113683, bayerisches Staatsministerium des Innern an den Landtag vom 9. 1. 1952.
[178] Vgl. etwa den Fall der Gemeinde Buxheim: BayHStA, StK 113682, Gemeinderat Buxheim an den Staatsminister der Finanzen vom 7. 11. 1953.
[179] BayHStA, StK 113683, bayerisches Staatsministerium des Innern an den Landtag vom 9. 1. 1952; das folgende nach diesem Dokument.

den Wiederaufbau bombengeschädigter Krankenhäuser ebenso wie für Neu- und Erweiterungsbauten. Diese deckten allerdings nur 20 bis 30 Prozent der reinen Bausummen ab; Geld für Inneneinrichtung und Ausstattung wurde überhaupt nicht zur Verfügung gestellt. So war es für die vielfach finanzschwachen Kommunen und Landkreise äußerst schwierig, die restlichen Mittel aufzutreiben. Der Erfolg des Programms fiel deswegen geringer aus als erhofft[180]. Wie prekär die finanzielle Lage der Krankenhäuser war, zeigt eine Erhebung der Deutschen Krankenhausgesellschaft, die für 1951 bundesweit einen Nachholbedarf von 300 DM je Krankenbett errechnete; für Bayern hielt man 250 DM pro Bett für notwendig. Bei rund 80000 Krankenbetten im Freistaat hätte die fehlende Kreditsumme damit rund 20 Millionen DM betragen – ein bei der damaligen Haushaltslage utopischer Betrag.

Die Träger der bayerischen Krankenhäuser wurden nicht müde, diese Mißstände zu beklagen. Bereits 1947 gründeten sie eine Arbeitsgemeinschaft, aus der 1950 die bayerische Krankenhausgesellschaft hervorging. Ihr gehörten der bayerische Städteverband, der Landkreisverband Bayern, der Verband der Landgemeinden Bayerns, die Arbeitsgemeinschaft der Spitzenverbände der freien Wohlfahrtspflege in Bayern, die Arbeitsgemeinschaft der Privatkrankenanstalten, die Bezirksverbände und der bayerische Staat – vertreten durch das Kultusministerium – an[181]. Die Krankenhausgesellschaft wies seit ihrer Gründung in zahlreichen Eingaben an die Staatsregierung immer wieder auf die außerordentliche Notlage der Krankenhäuser hin. Allerdings waren die Interessen der verschiedenen Träger (Gemeinden, Stiftungen, Wohlfahrtsverbände, private Krankenanstalten) in vielen Fragen diametral entgegengesetzt[182]. Wegen dieser Uneinigkeit befand sich die bayerische Krankenhausgesellschaft oft in schwieriger Verhandlungsposition.

Bezahlt wurden die Leistungen der Krankenhäuser vor allem durch die Pflegesätze der gesetzlichen Krankenversicherung, die von den Krankenhausträgern mit den Kassen ausgehandelt wurden. Dabei rechnete man pauschal pro Tag und Patient ab. Die Krankenkassen waren allerdings bis Anfang der siebziger Jahre nicht verpflichtet, kostendeckende Sätze an die Krankenhäuser zu zahlen, was auch in der Bundespflegesatzverordnung von 1954 noch einmal bestätigt worden war[183]. Die Krankenanstalten versuchten daher ständig darauf hinzuarbeiten, daß die Krankenkassen die Pflegesätze anhoben. Eine deutliche Erhöhung der Tagessätze hätte jedoch zu einer Einschränkung der anderen Leistungen der ebenfalls finanziell bedrängten gesetzlichen Kassen oder zu einer Erhöhung der Beiträge führen müssen, was damals wiederum die Arbeitnehmer extrem stark belastet hätte. Daher lehnten sowohl die Kassen als auch die bayerische Regierung solche Vorschläge immer wieder entschieden ab[184].

180 BayHStA, StK 113681, bayerisches Staatsministerium des Innern an Innenminister Hoegner vom 17. 8. 1951; die folgenden Angaben finden sich ebenda.
181 BayHStA, StK 113681, Arbeitsgemeinschaft für das Krankenhauswesen in Bayern an die Staatskanzlei vom 30. 10. 1950.
182 Vgl. Wanek, Machtverteilung, S. 146.
183 Vgl. ebenda.
184 BayHStA, StK 113681, bayerisches Staatsministerium des Innern an Innenminister Hoegner vom 17. 8. 1951.

Der Einfluß der Politik war in dieser Frage jedoch nicht allzu groß: Die Staatsregierung konnte im Streit zwischen Kassen und Krankenhausträgern lediglich vermitteln. Dies versuchte beispielsweise 1953 das für Preiskontrollen zuständige Wirtschaftsministerium, das zumindest eine gleichmäßige Behandlung sämtlicher Krankenhäuser forderte[185]. Die Entwicklung auf diesem Felde war nämlich seit der Währungsreform – bis dahin hatte man die Sätze auf sehr niedrigem Niveau eingefroren – ganz unterschiedlich verlaufen. Nur bei wenigen Krankenhäusern hatten sich die Pflegesätze um die eigentlich notwendigen 70 bis 80 Prozent erhöht, viele andere Anstalten mußten sich aber mit Sätzen begnügen, die lediglich um 20 bis 30 Prozent höher lagen als 1948, was unzureichend war, denn seither waren die Personal- und Sachkosten erheblich gestiegen.

Die Krankenkassen wehrten den Vorstoß des Wirtschaftsministeriums mit dem Argument ab, daß die Krankenhäuser unterschiedliche Arten von Pflegesätzen erhielten; bei einigen würde die ärztliche Behandlung extra vergütet, bei anderen nicht, manchen Krankenhäusern würden hohe Nebenleistungen gewährt, die bei anderen über die Pauschalsätze abgerechnet würden. Es sei deshalb unzulässig, die Pflegesätze pauschal zu vergleichen. Außerdem hätten die Krankenhäuser bei der „Deckung der Selbstkosten" sehr unterschiedliche Vorstellungen, und letztlich ginge bei einer Nivellierung der Pflegesätze auf derart hohem Niveau der „Wille zur sparsamen Wirtschaftsführung der Krankenanstalten" verloren[186].

Der staatliche Vermittlungsversuch scheiterte, und schließlich warfen beide Parteien der bayerischen Staatsregierung vor, sie begünstige die jeweils andere Seite. Das städtische Krankenhaus in Fürth etwa klagte über die dem Wirtschaftsministerium unterstehenden Preisbehörden:

„Bisher haben die Preisbehörden in Bayern sich damit begnügt, hinterher den Vereinbarungen zwischen den Krankenhäusern und den Kassen ihren Segen zu geben. Dazu brauchen wir die Preisbehörden nicht. Es geht nach unserer Meinung nicht an, daß man im Wirtschaftsministerium sogar noch davon befriedigt ist, daß bis jetzt noch kein Antrag auf Erhöhung der Pflegesätze im Entscheidungswege erledigt wurde. Wenn einmal ein Krankenhaus versucht, eine Entscheidung zu erzwingen, heißt es gleich, daß der Antrag dann da und dort zur Stellungnahme vorgelegt werden müsse, und daß das allein schon ½ Jahr dauere. Wenn einem Krankenhausträger die Kosten über dem Kopf zusammenschlagen und das Defizit ins Uferlose wächst, ist er gezwungen, sich zunächst an die Preisbehörde zu wenden, von dort auf dem Verhandlungsweg mit den Krankenkassen verwiesen, muß er sich entweder mit dem begnügen, was ihm diese gnädigst zugestehen wollen oder aber er läßt es auf eine Entscheidung ankommen, von der er aber weiß, daß sie im laufenden Rechnungsjahr bestimmt nicht mehr gefällt wird. [...] Diese lukrative Verzögerungstaktik wird seit Jahren mit Erfolg betrieben. Uns scheint, daß die Preisbehörden diese Zwangslage der Krankenhäuser nur zu gut kennen und deshalb auf deren Verhandlungsbereitschaft sich verlassen können. Wir wollen nicht behaupten, daß das Staatsministerium für Wirtschaft mit den Kassen unter einer Decke steckt. Aber es sollte doch jeder Anschein vermieden werden."[187]

[185] BayHStA, StK 113681, Rundschreiben des bayerischen Staatsministeriums für Wirtschaft und Verkehr vom 30. 9. 1953.

[186] BayHStA, MArb 2981, Arbeitsgemeinschaft der bayerischen Krankenkassenverbände an das bayerische Staatsministerium für Arbeit und soziale Fürsorge vom 28. 1. 1954.

[187] BayHStA, StK 113681, Stadtrat Fürth und Stadtkrankenhaus Fürth an die Staatskanzlei vom 28. 7. 1953.

Auch die Initiative einiger Krankenhausträger, mit den Kassen über ein Einzelabrechnungssystem zu einer Steigerung der dringend benötigten Einnahmen zu kommen, blieb ohne Erfolg[188], da die Kassen vor allem die Verwaltungsmehrkosten fürchteten. Die Debatte über kostendeckende Pflegesätze ging also weiter. Die Beteiligten suchten in den fünfziger und sechziger Jahren immer wieder nach einer Lösung[189]. Letztlich wurde die Frage erst durch das Krankenhausfinanzierungsgesetz des Bundes aus dem Jahr 1972 entschieden, das die Krankenkassen dazu verpflichtete, kostendeckende Pflegesätze zu zahlen, und gleichzeitig festlegte, daß Bund und Länder gemeinsam die Investitionskosten zu tragen hätten[190]. Inzwischen mußten vor allem die Träger der Krankenhäuser ständig Mittel zuschießen. Wie hoch diese Beträge waren, läßt sich nur schwer ermitteln. Aus den vorliegenden Zahlen ist aber zu ersehen, daß die Ausgaben der Kommunen für das Gesundheitswesen, und insbesondere für den Krankenhausbau, im Laufe der fünfziger und sechziger Jahre erheblich anstiegen.

Ausgaben der Gemeinden für Gesundheitswesen und Krankenhausbau in Millionen DM[191]

Jahr	1950	1956	1959	1962	1967	1971
Ausgaben für das Gesundheitswesen insgesamt[192]	122	305	444	630	1011	1322
davon für das Krankenhauswesen (mit Personalausgaben)	–	218	328	466	779	1060
davon Investitionen (Bauinvestitionen, Neuanschaffungen von beweglichem Vermögen, Grunderwerb)	–	44	68	110	200	194

Demgegenüber erscheinen die Zuschüsse des bayerischen Staats für das Krankenhauswesen in den fünfziger Jahren gering. Der Freistaat engagierte sich nach 1945 vor allem beim Wiederaufbau bombengeschädigter Krankenhäuser und stellte 1950 rund 1,3 Millionen DM für Investitionen im Gesundheitswesen bereit[193]; 1953 war dieser Betrag immerhin auf 2,3 Millionen DM gestiegen. Im selben Jahr wurden vom Land zusätzlich insgesamt 5,2 Millionen DM an Darlehen für den

[188] BayHStA, MArb 2981, Arbeitsgemeinschaft der bayerischen Krankenkassenverbände an das bayerische Staatsministerium für Arbeit und soziale Fürsorge vom 17. 2. 1953.
[189] Vgl. Rosewitz/Webber, Reformversuche, S. 172–178.
[190] Vgl. Wanek, Machtverteilung, S. 146.
[191] Zusammengestellt nach: Statistisches Jahrbuch für Bayern 24 (1952), S. 332; 26 (1958), S. 266; 27 (1961), S. 258; 28 (1964), S. 293; 29 (1969), S. 298f.; 30 (1972), S. 310f. Da alle Ausgaben im Gesundheitswesen in jedem Statistischen Jahrbuch vollkommen unterschiedlich zusammengefaßt werden, kann diese Tabelle lediglich eine Tendenz zeigen.
[192] Diese Zahl wurde mehrfach anders berechnet und definiert: 1950 Gesundheitswesen und Jugendpflege, 1956 nur Gesundheitswesen, 1959 Gesundheitswesen und Jugendhilfe, 1962 Gesundheitspflege, 1967 Gesundheitswesen, Sport und Leibesübungen, 1971 Gesundheitswesen. Die Zahlen stellen also nur Richtwerte dar.
[193] Vgl. Statistisches Jahrbuch für Bayern 24 (1952), S. 318.

Krankenhausbau aufgebracht[194]. 1954 erhielt die bayerische Krankenhausgesellschaft eine Million DM für Investitionen nur im Krankenhausbereich, 1956 nochmals denselben Betrag[195]. Bayern lag damit 1955 im Ländervergleich bei den Ausgaben für das Gesundheitswesen an vierter Stelle hinter Baden-Württemberg, Niedersachsen und Nordrhein-Westfalen, aber vor Schleswig-Holstein, Hessen und Rheinland-Pfalz[196].

Die bayerische Gesundheitsverwaltung bemühte sich dabei stets, die Regierungen der Bezirke dazu anzuhalten, die staatlichen Zuschüsse nach strengen Regeln zu vergeben und so zu verhindern, daß die Mittel unzweckmäßig verwendet wurden[197]. 1951 schlug das Innenministerium zum Beispiel vor, lieber eine Reihe kleiner und kleinster Krankenhäuser, die ihre Kostenträger stark belasteten, in Altersheime, Kinderkrippen oder Kindergärten umzuwandeln und zentral gelegene Krankenhäuser für mehrere Landkreise zu errichten, die dann die Kranken auch nach den Erkenntnissen der modernen Medizin behandeln könnten[198]. Zudem stand jede Maßnahme der bayerischen Regierung im Krankenhausbereich vor der Schwierigkeit, daß Planungen zur Errichtung oder Erweiterung von Krankenhäusern mit dem Selbstverwaltungsrecht der Gemeinden und Kreise kollidierten[199]. Solange diese keine Staatszuschüsse beanspruchten, fehlte die gesetzliche Grundlage, den Bau von höchstwahrscheinlich unrentablen Krankenhäusern zu unterbinden. Die Zusammenarbeit mehrerer Landkreise wäre zur Erstellung gut eingerichteter Krankenhäuser dringend notwendig gewesen; dies scheiterte jedoch nach der Einschätzung des Innenministeriums häufig an der engstirnigen Politik der Kreise und Gemeinden.

Die Bemühungen des Freistaats um das Krankenhauswesen genügten manchen bayerischen Landtagsabgeordneten nicht, und sie forderten immer wieder ein stärkeres Engagement der Staatsregierung, vor allem in finanzieller Hinsicht. Einer der energischsten und sachkundigsten Gesundheitspolitiker war Rudolf Soenning[200]. Soenning, 1904 in Memmingen geboren, hatte Medizin studiert und sich zunächst als Augenarzt in Berlin niedergelassen. Nach Beginn des Zweiten Weltkriegs wurde er zur Wehrmacht eingezogen, nach der Kapitulation kehrte er, weil seine Praxis in Berlin zerstört war, wieder in seine Geburtsstadt zurück. Hier engagierte er sich sehr schnell in der Politik und versuchte, die Gesundheitspolitik zu seiner Domäne zu machen[201]. Seit 1950 gehörte er dem Landtag an, zunächst für die FDP, dann für die CSU. Im Sozialpolitischen Ausschuß des Landtags wid-

[194] Vgl. Statistisches Jahrbuch für Bayern 25 (1954), S. 406.
[195] BayHStA, StK 113683, Landesgesundheitsrat an Ministerpräsident Hoegner vom 18. 7. 1955.
[196] Vgl. Statistisches Jahrbuch für die Bundesrepublik Deutschland 1957, S. 429; ohne West-Berlin, Bremen, Hamburg und das Saarland.
[197] Dies wird sowohl aus der Korrespondenz der Staatskanzlei als auch aus der des Innenministeriums deutlich.
[198] BayHStA, StK 113681, bayerisches Staatsministerium des Innern an Innenminister Hoegner vom 17. 8. 1951.
[199] Hierzu und zum folgenden BayHStA, StK 113683, bayerisches Staatsministerium des Innern an den Landtag vom 9. 1. 1952.
[200] BayHStA, StK 113682, Antrag des Abgeordneten Soenning vom September 1953.
[201] BayHStA, NL Soenning Ordner AB, Manuskript Dr. Rudolf Soenning, Stimmkreiskandidat der CSU, vom 8. 11. 1958.

mete er sich vor allem gesundheitspolitischen Angelegenheiten. Nach der Schaffung des Landesgesundheitsrats 1953 fungierte Soenning für 20 Jahre als Vorsitzender dieses Gremiums[202].

Soennings besondere Aufmerksamkeit galt dem Wiederaufbau und Ausbau der Krankenhäuser[203]. Schon 1953 legte er einen Plan für ein Krankenhausgesetz vor, in dem er ein staatlich koordiniertes Programm zum Bau neuer und zur Modernisierung bestehender Kliniken forderte. Dieser Entwurf wurde vom Innenministerium als nicht praktikabel abgelehnt. Einen so weitreichenden Eingriff in das Selbstverwaltungsrecht der Krankenhäuser wollte man nicht unterstützen, da man dadurch auch die Eigeninitiative der Träger zu schwächen glaubte. Die erhebliche Verschuldung der meisten Krankenanstalten konnte nach Meinung der Staatsregierung auch durch ein Gesetz nicht reduziert werden, da dem bayerischen Staat keine ausreichenden Mittel zur Verfügung standen[204].

1955 war es der Landtag, der – nicht zuletzt aufgrund der wiederholten Initiativen Soennings – die Staatsregierung aufforderte, einen Sanierungsplan für die bayerischen Krankenanstalten zu erstellen und entsprechende Erhebungen durchzuführen[205]. Das Innenministerium bestätigte zwar, daß viele bayerische Krankenhäuser der modernen Medizin nicht mehr genügten und dringend saniert werden müßten. Es kam für das Innenministerium aber nach wie vor nicht in Frage, zu diesem Zweck ein staatlich finanziertes Programm aufzulegen, das den modernisierungsbedürftigen oder wirtschaftlich angeschlagenen Krankenhäusern zugute kommen sollte. Die vom Landtag bewilligten Mittel dürften nicht unterschiedslos auf alle Krankenhäuser verteilt werden, deren ökonomische Lage schwierig sei. Zunächst müsse ein Gesamtplan verabschiedet werden, der förderungswürdige Krankenhäuser aufführe und einer Zusammenlegung kleiner Häuser im Rahmen einer sinnvollen Regionalplanung den Weg bereite.

Mittlerweile war jedoch ein deutlicher Anstieg der Krankenbetten in Bayern zu verzeichnen – von rund 82000 im Jahr 1950 auf circa 97000 im Jahr 1956 –, der wohl vor allem mit dem großen Engagement der Kommunen zusammenhing[206]. Lediglich die Zahl der Infektionsbetten war nicht gestiegen, weil man viele unzureichend ausgestattete Infektionsabteilungen geschlossen hatte, für die kein Ersatz geschaffen wurde.

[202] Vgl. Murken, Landesgesundheitsrat, S. 109f.

[203] Dies beschrieb er selbst in seinen Erinnerungen, und dies wird auch aus den Akten der Staatskanzlei deutlich: Rudolf Soenning, Ein unbequemer Zeitgenosse, o.O. (Memmingen) 1979, S. 165–173, und BayHStA, StK 113682; in diesem Akt finden sich viele Anträge des Abgeordneten Soenning.

[204] BayHStA, StK 113682, Antrag des Abgeordneten Soenning vom September 1953.

[205] BayHStA, StK 113683, bayerisches Staatsministerium des Innern an den Landtag vom 4. 2. 1957; das folgende nach diesem Dokument.

[206] BayHStA, StK 113683, bayerisches Staatsministerium des Innern an den Landtag vom 7. 8. 1956; Bericht über das Bayerische Gesundheitswesen 59 (1950/51), S. 126, und 76 (1968), S. 23.

Beihilfen des Freistaats Bayern für die Krankenhäuser[207]

Jahr	Zuschüsse in DM	Darlehen in DM
1957	1279000	7665000
1958	2005000	13213000
1959	1958000	12943000
1960	1995000	12685000
1961	3390000	20960000
1962	12469000	29872000
1963	13285000	30760000
1964	18830000	40212000
1965	21598000	48973000
1966	32543500	66508500
1967	29500000	75000000

Das Jahr 1958 kann man mit Blick auf das staatliche Engagement im Krankenhauswesen wohl als Wendepunkt bezeichnen, weil die staatlichen Beihilfen und Zuschüsse nun deutlich zunahmen. Bis 1967 überschritten sie die Grenze von 100 Millionen DM; damit betrugen diese Zuschüsse in etwa die Hälfte der Ausgaben der Kommunen. Trotz dieser wachsenden Unterstützung des Freistaats waren die Probleme der Krankenhäuser weiterhin groß. August Fischer, der erste Vorsitzende der bayerischen Krankenhausgesellschaft, stufte die Lage in den Krankenhäusern des Freistaats noch 1960 als sehr unbefriedigend ein[208]. Gemeinden und Landkreise seien beim Bau und beim Unterhalt von Krankenhäusern nach wie vor überfordert; Kliniken seien mittlerweile die teuersten Objekte, für die die Kommunen aufkommen müßten. Solche Klagen hatten einen realen Hintergrund: Die allgemeine Lage der Krankenhäuser hatte sich zwar inzwischen verbessert; auch die strukturellen Probleme wogen nicht mehr so schwer wie noch zehn Jahre zuvor.

Unter den circa 700 bayerischen Krankenhäusern befanden sich aber 1960 immer noch 114 mit weniger als 25 Betten, und 138, die zwischen 25 und 50 Betten unterhielten, also unrentabel und meist hoffnungslos veraltet waren. 22 der kleinen Anstalten hatten keine Zentralheizung, 161 keinen Aufzug und 71 keine eigene Röntgeneinrichtung. Im Bezirk des Gesundheitsamts Aichach beispielsweise gab es 1960 noch vier dieser „Zwergkrankenhäuser"; die Patienten wurden dort zum Teil nur von Belegärzten betreut, moderne Diagnosegeräte standen nicht zur Verfügung[209]. Solche Zustände ließen sich in Bayern noch lange finden, sie wurden aber mit dem Bau von Zentralkliniken und Großkrankenhäusern immer seltener[210]. Insgesamt stieg die Zahl der Krankenbetten deutlich an, wobei allerdings die regionale Verteilung sehr unterschiedlich blieb.

[207] AdbL, Protokoll der 25. Sitzung des Ausschusses für Sozial- und Gesundheitspolitik (mit den Mitgliedern des Landesgesundheitsrats) am 27. 6. 1968 (Anlage: Vorlage des Bayerischen Landesgesundheitsrats „Schwerpunkte der bayerischen Gesundheitspolitik").

[208] Hierzu und zum folgenden BayHStA, MArb 2982/III, Sonderdruck aus „Der Bayerische Bürgermeister" vom September 1960, S. 221 ff.

[209] StA München, Gesundheitsämter 727 und 730, Jahresberichte des Gesundheitsamts Aichach für 1957 und 1960.

[210] Vgl. hierzu die Tabelle „Krankenanstalten und Krankenbetten in Bayern 1950 bis 1970".

Bettendichte nach Regierungsbezirken 1953 bis 1971[211]

	Krankenhausbetten ohne Kurkrankenanstalten und ohne Krankenabteilungen in Strafanstalten (Normalbetten)											
	Anzahl in den Jahren						Auf 1000 der Bevölkerung in den Jahren					
	1953	1955	1958	1962	1967	1971	1953	1955	1958	1962	1967[212]	1971
Obb.	29753	31500	34 231	36907	37512	40793	11,9	12,4	12,9	12,9	11,9	12,3
Ndb.	7419	8102	9075	9567	9595	10437	7,2	8,2	9,4	9,9	9,6	10,3
Opf.	8113	8672	8954	9277	9213	9690	9,1	9,9	10,3	10,3	9,8	10,1
Ofr.	8176	8824	9476	10232	10485	11368	7,4	8,1	8,8	9,4	9,5	10,2
Mfr.	11731	12419	12847	13406	13905	14139	9,0	9,5	9,6	9,6	9,6	9,5
Ufr.	9214	10760	11355	13327	13495	14348	8,8	10,3	10,7	11,5	11,5	12,1
Schw.	12254	14308	15602	16757	17766	18813	9,2	10,9	11,8	12,1	12,1	12,6
Bayern	86660	94585	101540	109473	111971	119588	9,45	10,3	10,9	11,3	10,9	11,2

Auffallend schlecht schnitt in den fünfziger Jahren Niederbayern ab, während die Zahl der Krankenbetten in Oberbayern überdurchschnittlich hoch war. Die höchste Zahl an Krankenbetten (ohne Kurkrankenanstalten) hatten unter den Kreisen 1956 Bad Tölz, Miesbach und Berchtesgaden, unter den Städten Regensburg, Bayreuth, Erlangen, Würzburg sowie die Landeshauptstadt München. Am schlechtesten versorgt waren ausgesprochen ländliche Gebiete im Norden Bayerns wie Naila (Ofr.) oder Mellrichstadt (Ufr.), wo 1000 Einwohnern nicht einmal zwei Krankenbetten zur Verfügung standen. Manche Gegenden im Bayerischen Wald waren ebenfalls unterversorgt; hier kamen etwa vier Betten auf 1000 Einwohner[213].

Krankenanstalten und Krankenbetten in Bayern 1950 bis 1970[214]

Jahr	Krankenanstalten	Krankenbetten insgesamt	Krankenbetten auf 10000 der Bevölkerung
1952	767	86062	9,4
1954	790	92365	10,1
1956	799	96939	10,6
1958	807	101540	10,9
1960	823	105839	11,2
1962	833	109483	11,3
1964[215]	814	106498	10,7
1966	810	112239	11,0
1968	814	114697	11,0
1970	797	116612	11,0

[211] Zusammengestellt nach: Bericht über das Bayerische Gesundheitswesen 61 (1953), S. 24; 64 (1956), S. 16; 66 (1958), S. 18; 70 (1962), S. 99; 75 (1967), S. 99; 79 (1971), S. 112f. und S. 138.

[212] Der relative Rückgang an Krankenbetten zwischen 1962 und 1967 ist bedingt durch eine Änderung der Planbettendefinition. Nicht mehr ausreichend ausgestattete Betten wurden als nicht planmäßige, zusätzliche Betten gezählt, solange sie noch genutzt werden mußten, und dann abgeschafft.

[213] Vgl. Bericht über das Bayerische Gesundheitswesen 64 (1956), S. 17.

[214] Zusammengestellt nach: Bericht über das Bayerische Gesundheitswesen 76 (1968), S. 23.

[215] Der Rückgang 1964 war bedingt durch eine neue Planbettendefinition.

In den folgenden Jahren holten die anderen Regierungsbezirke gegenüber Oberbayern deutlich auf. Die strukturellen Defizite verloren an Schärfe, wie die Zahlen für das Jahr 1971 zeigen; lediglich Mittelfranken mit dem Ballungsraum Nürnberg-Fürth-Erlangen war nun relativ schlecht mit Betten ausgestattet.

Auffallend an dieser Entwicklung ist, daß der beachtlichen Zunahme der Bettenzahl nur eine geringfügige Zunahme der Zahl der Krankenhäuser gegenüberstand. Der bundesweite Trend zur Konzentration und Schaffung größerer Einheiten war auch in Bayern zu beobachten[216]. Änderte sich schon damit der Charakter der Krankenhäuser, so wurde dieser Trend noch deutlicher durch die Umwandlung von sogenannten Allgemeinbetten in Spezialbetten von Fachkrankenanstalten, -abteilungen oder -stationen, also etwa für Chirurgie, Gynäkologie, Röntgenologie, Urologie oder HNO-Krankheiten. Während 1960 noch 9,6 Prozent aller Klinikbetten[217] als Allgemeinbetten ausgewiesen waren, fielen 1968 nur noch 6,1 Prozent in diese Kategorie. Auch diese Entwicklung[218] verlief in den bayerischen Regierungsbezirken sehr unterschiedlich. Oberbayern hatte 1961 7,1 Allgemeinbetten für 10000 Einwohner, dafür über 59,9 Fachbetten in den vier großen Fachgebieten Chirurgie, Innere Krankheiten, Infektionskrankheiten und Gynäkologie. In Niederbayern und der Oberpfalz kamen dagegen 1961 noch 17,1 beziehungsweise 17,2 Allgemeinbetten auf 10000 Einwohner, jedoch nur 41,1 beziehungsweise 42,8 Fachbetten[219].

Diese Trends der Konzentration und Spezialisierung wurden weniger durch konkrete gesundheitspolitische Planung als vielmehr durch allgemeine medizinische und wirtschaftliche Tendenzen hervorgerufen. Bei der verbesserten Medizintechnik und dem ständig wachsenden Apparatebedarf lohnten sich kleine Krankenhäuser kaum noch, daher bemühten sich die Kostenträger, Kliniken zu erweitern, ihre Häuser auf bestimmte Gebiete zu spezialisieren und unrentable Krankenhäuser zu schließen. Die Kleinkrankenhäuser verfügten dagegen vor allem über Allgemeinbetten, hier war eher Pflege möglich, moderne Diagnostik und Therapie konnten jedoch nicht angeboten werden. Solche Krankenhäuser hielten sich – wie die Zahlen über die Allgemeinbetten und Fachbetten zeigen – vor allem in den strukturschwachen Gebieten am längsten, da hier kaum in neue Projekte investiert werden konnte.

Ein Instrument, um diesen Entwicklungen entgegenzusteuern, wäre ein Krankenhausplanungs- und -finanzierungsgesetz gewesen, das vor allem die SPD immer wieder gefordert hatte. Entsprechende Pläne scheiterten aber noch 1959 am Widerstand der CSU, die sich nicht durch ein verbindliches Finanzierungsgesetz

[216] Vgl. Deppe, Bundesrepublik, in: ders. (Hrsg.), Gesundheitssysteme, S. 40. Hierbei ist auch zu berücksichtigen, daß die durchschnittliche Verweildauer der Kranken seit den dreißiger Jahren stark zurückgegangen war, nämlich von 40 Tagen 1934 auf 36,2 Tage 1938, 29,1 Tage 1957 und 28,2 Tage 1961. Vgl. Das Gesundheitswesen in der Bundesrepublik Deutschland 1 (1963), S. 260.

[217] Kurbetten, Betten in Justizvollzugsanstalten und in anderen Sonderkrankenhäusern eingeschlossen.

[218] Vgl. Bericht über das Bayerische Gesundheitswesen 76 (1968), S. 24. Der Anteil der Fachbetten lag 1961 bei 55,6 Prozent und 1968 bei 59,2 Prozent. Dazu kam noch ein in etwa gleichbleibender Anteil an Betten in Sonderkrankenhäusern von 34,8 Prozent bzw. 34,7 Prozent. Diese Anstalten umfaßten Krankenhäuser für Tuberkulose, Psychiatrie, Suchtkranke, Rehabilitation sowie Kurkrankenhäuser und Krankenabteilungen der Justizvollzugsanstalten.

[219] Vgl. Bericht über das Bayerische Gesundheitswesen 69 (1961), S. 18.

festlegen wollte[220]. Allerdings mußte auch die Mehrheitspartei in den folgenden Jahren erkennen, daß man im Gesundheitswesen ohne ein gewisses Maß an vorausschauender Planung nicht mehr weiterkam. Seit 1961 wurde von der Staatsregierung ein bayerischer Krankenhausplan erarbeitet, der ursprünglich auf eine Initiative der FDP zurückging, die damals noch als Koalitionspartner der CSU im Kabinett vertreten war. Es dauerte vier Jahre, bis dieser Plan fertiggestellt werden konnte; da er jedoch nicht mit einem Finanzierungsgesetz verbunden war, bestand keine Klarheit über die künftigen finanziellen Verpflichtungen des Freistaats[221]. Der 1965 vorgelegte Krankenhausplan wurde deswegen vor allem von den Sozialdemokraten heftig kritisiert. Die SPD-Abgeordnete Hedwig Westphal wies in einer Sitzung des Sozialausschusses insbesondere darauf hin, daß in vielen Großstädten die Kliniken überlastet seien, da man sie mit Patienten von außerhalb belegt habe. Dies sei wiederum darauf zurückzuführen, daß in den letzten Jahren in manchen Kreisstädten Stadt- und Kreiskrankenhäuser nebeneinander gebaut worden seien, beide mit verhältnismäßig geringer Bettenzahl und beide ohne die notwendige moderne Einrichtung[222]. Die bisherige Finanzierungsform habe überörtliche Lösungen nicht gefördert. Dies strebe auch der neue Krankenhausplan nicht konsequent genug an. Trotz dieser Kritik billigte der Landtag 1966 die Denkschrift der Staatsregierung zur Krankenhausplanung ausdrücklich.

Zu einem bayerischen Krankenhausbedarfsplan kam es jedoch erst durch das Krankenhausfinanzierungsgesetz des Bundes von 1972[223], das auch die Krankenhauspflegesätze neu regelte. Dieses Bundesgesetz war einer Enquête gefolgt, die Ende der sechziger Jahre das enorme finanzielle Defizit der bundesdeutschen Krankenhäuser – ca. eine Milliarde DM jährlich – gezeigt hatte[224]. Dieser Fehlbetrag resultierte daraus, daß die Zuschüsse von Ländern und Kommunen bisher nicht ausgereicht hatten, um die Kosten für den Bau und die Ausstattung von Krankenhäusern zu decken, und die Krankenkassen aufgrund der Bundespflegesatzverordnung von 1954 zu niedrige Pflegesätze für die laufenden Kosten zahlten. 1972 wurde die gesamte Krankenhausfinanzierung neu geregelt. Bund und Länder kamen nun gemeinsam für alle Investitionskosten auf, die Krankenkassen hatten kostendeckende Pflegesätze zu zahlen. Im Gesetz wurde zudem festgelegt, daß jedes Bundesland einen Krankenhausbedarfsplan zu erstellen hatte, der als Grundlage für die Verteilung von Bundes- und Landeszuschüssen oder Darlehen dienen sollte. Auch das bayerische Arbeitsministerium fertigte einen solchen Plan an, nach dem die Krankenhäuser gemäß ihrem Leistungsangebot eingestuft und aufeinander abgestimmt werden sollten; überdies sah der Krankenhausbedarfsplan vor, das Bettenangebot zu vereinheitlichen[225]. Das Krankenhausfinanzierungsgesetz ermöglichte es den Krankenhäusern, ihre enormen finanziellen Defi-

220 AdbL, Protokoll der 70. Sitzung des Ausschusses für Sozial- und Gesundheitspolitik am 29. 6. 1966.
221 Vgl. Gesundheitsprogramm 1974, S. 180.
222 AdbL, Protokoll der 70. Sitzung des Ausschusses für Sozial- und Gesundheitspolitik am 29. 6. 1966.
223 Vgl. BGBl. 1972, Teil I/1, S. 1009–1017: Gesetz zur wirtschaftlichen Sicherung der Krankenhäuser und zur Regelung der Krankenhauspflegesätze vom 29. 6. 1972.
224 Vgl. Wanek, Machtverteilung, S. 146.
225 Vgl. Gesundheitsprogramm 1974, S. 180.

zite rasch abzubauen, und den Ländern, großzügiger und effektiver zu planen. Gleichzeitig verschlang das Krankenhauswesen nun aber so viel Geld, daß in Bonn bereits 1977 ein Kostendämpfungsgesetz verabschiedet werden mußte[226].

4. *Das öffentliche Gesundheitswesen*

a) Allgemeine Entwicklungen

1950 standen der bayerischen Bevölkerung 139 staatliche und drei kommunale Gesundheitsämter mit insgesamt 132 Amtsärzten und 316 Hilfsärzten zur Verfügung[227], die direkt dem Innenministerium unterstellt waren und besonders in der Seuchenbekämpfung und der Gesundheitsvorsorge tätig waren. In den folgenden Jahren förderte die bayerische Staatsregierung jedoch vor allem die freie Ärzteschaft, während der öffentliche Gesundheitsdienst zunehmend an Bedeutung verlor, wie es auch dem bundesweiten Trend entsprach. 1974, nach der Gebietsreform, gab es in Bayern 71 staatliche und drei kommunale Gesundheitsämter; im öffentlichen Gesundheitsdienst standen insgesamt 493 Planstellen für Ärzte zur Verfügung, allerdings waren davon 61 unbesetzt[228]. Dies war nicht zuletzt darauf zurückzuführen, daß es den Ärzten seit den sechziger Jahren nur noch wenig lukrativ erschien, sich für eine Stelle im öffentlichen Gesundheitsdienst zu bewerben; in einer eigenen Praxis ließ sich beträchtlich mehr verdienen. Entsprechend sah auch das Altersprofil der Ärzte im öffentlichen Sektor des Gesundheitswesens aus. Die Ärzte in den staatlichen Gesundheitsämtern, bei den Landgerichten und den Bezirksregierungen waren Anfang der siebziger Jahre im Schnitt rund 51 Jahre alt. Deswegen war man gezwungen, bestimmte Aufgaben wie schulärztliche Untersuchungen, die der öffentliche Gesundheitsdienst wahrnehmen mußte, zum Teil auf niedergelassene Ärzte und Krankenhausärzte zu übertragen.

Die Schulgesundheitsfürsorge war in der Nachkriegszeit zunächst völlig zum Erliegen gekommen[229], ab 1953/54 gab es jedoch wieder regelmäßige Untersuchungen in allen Schulen[230]. Die Amtsärzte der Gesundheitsämter untersuchten mit Unterstützung von freipraktizierenden Ärzten die Kinder der ersten, vierten und achten Klassen in den Schulen. Anfang der siebziger Jahre wurden auch hierfür 700 niedergelassene Ärzte und Krankenhausärzte sowie 1050 Zahnärzte auf Honorarbasis nebenberuflich beschäftigt[231]. Bei diesen Untersuchungen wurde nicht therapiert, es wurden lediglich Gesundheitsmängel festgestellt. Die Eltern der Kinder sollten bei einer entsprechenden Diagnose einen niedergelassenen Arzt aufsuchen und ihre Kinder behandeln lassen[232]. Durch die Schulunter-

[226] Vgl. Wanek, Machtverteilung, S. 150.
[227] Vgl. Bericht über das Bayerische Gesundheitswesen 59 (1950/51), S. 147f.
[228] Vgl. hierzu und zum folgenden Gesundheitsprogramm 1974, S. 210f.
[229] Vgl. Bericht über das Bayerische Gesundheitswesen 62 (1954), S. 21f.; StA München, Gesundheitsämter 694, Gesundheitsamt Aichach an die Regierung von Oberbayern vom 28. 7. 1947.
[230] Vgl. Bericht über das Bayerische Gesundheitswesen 62 (1954), S. 21f.; aufschlußreich sind in diesem Zusammenhang auch die jährlichen Berichte des Gesundheitsamts Bad Tölz: StA München, Gesundheitsämter 5398–5402.
[231] Vgl. Gesundheitsprogramm 1974, S. 210f.
[232] BayHStA, MInn vorl. Nr. M 1053.2, Bericht des bayerischen Staatsministeriums des Innern über die gesundheitlichen Verhältnisse der Kinder und Jugendlichen vom 7. 7. 1966.

suchungen erhielt man vor allem einen Überblick über den Gesundheitszustand der bayerischen Kinder, ihre Lebensverhältnisse konnten sie für sich genommen kaum verbessern.
Eine weitere wichtige Aufgabe des öffentlichen Gesundheitsdiensts waren die Mütter- und Kinderberatungen der Gesundheitsämter. Hier konnten Frauen mit ihren Säuglingen und Kleinkindern zu Vorsorgeuntersuchungen sowie zur allgemeinen Beratung kommen und Auskünfte über die richtige Ernährung und die notwendige Hygiene einholen; „bedürftige" Mütter erhielten zudem kostenlos Nährpräparate oder Mittel zur Rachitisprophylaxe[233].

Mütter- und Kinderberatung in bayerischen Gesundheitsämtern[234]

	Feste Beratungsstellen			Zahl der Untersuchungen von Kindern (einschließlich Säuglingen)		
	1953	1955	1959	1953	1955	1959
Oberbayern	449	474	464	92126	89113	104071
Niederbayern	344	315	344	33935	31336	32402
Oberpfalz	207	210	222	39784	36525	40280
Oberfranken	279	363	313	44015	41061	48314
Mittelfranken	343	399	448	72140	66369	82604
Unterfranken	197	212	265	37976	35714	46424
Schwaben	230	223	224	51966	45214	52059
Bayern	2049	2196	2280	371942	345332	406154

Die quantitative Entwicklung der Beratungsstellen und der Untersuchungen zeigt, daß die Staatsregierung die Mütter- und Kinderberatungen in den eher strukturschwachen Gebieten nicht weiter intensivierte, nachdem sie in den ersten Nachkriegsjahren forciert worden waren, um zumindest den Vorkriegsstandard zu erreichen. Gerade in Niederbayern und der Oberpfalz, wo die höchste Säuglingssterblichkeit zu beklagen war, nahm die Zahl der Beratungen und der Beratungsstätten kaum zu. Hier entwickelte die Staatsregierung in den fünfziger Jahren keine besonderen Programme für die bessere Betreuung der ländlicheren Gebiete. Daß dieser Bereich des öffentlichen Gesundheitsdiensts nicht verstärkt ausgebaut wurde, lag wohl vor allem an der bundesweiten Entwicklung. Pläne über eine vom öffentlichen Gesundheitsdienst getragene „vorbeugende Gesundheitsfürsorge" gerade für Mütter und Kinder scheiterten in den fünfziger Jahren auf Bundesebene[235]. Die freie Ärzteschaft wollte nun, nachdem sie seit 1955 das

[233] Vgl. Bericht über das Bayerische Gesundheitswesen 63 (1955), S. 120.
[234] Zusammengestellt nach: Bericht über das Bayerische Gesundheitswesen 61 (1953), S. 123; 63 (1955), S. 121; 67 (1959), S. 121. Nach 1959 wurden nur noch Säuglinge gezählt, die dem Arzt der Mütterberatungsstelle vorgestellt wurden, diese Zahlen sind jedoch nicht mit den Statistiken der Vorjahre zu vergleichen. 1969 wurden etwa 111157 und 1970 99283 untersuchte Säuglinge gezählt, also nur ein kleiner Teil der in Bayern geborenen Babys. Vgl. hierzu Bericht über das Bayerische Gesundheitswesen 77 (1969), S. 145, und Bericht über das Bayerische Gesundheitswesen 78 (1970), S. 143.
[235] Vgl. z.B. Labisch, Entwicklungslinien, in: ders., Gesellschaftliche Bedingungen, S. 43.

Monopol für die ambulante Versorgung der Kassenpatienten innehatte, auch diese Vorsorgeuntersuchungen in ihre Hand bekommen. Entsprechenden Bestrebungen stand man gerade in Bayern positiv gegenüber. Deswegen war ein stärkerer Ausbau der vorbeugenden Untersuchungen für Mütter und Kinder bei den Gesundheitsämtern politisch sicherlich nicht gewollt. Die Vorsorgeuntersuchungen wurden dann generell durch eine Reihe von Bundesgesetzen ab Mitte/Ende der sechziger Jahre Pflichtleistungen der Kassen und so an die freie Ärzteschaft übergeben[236].

Obwohl Landtag und Staatsregierung in vielen strittigen Fragen die freie Ärzteschaft unterstützt hatten, sah man die Mängel des öffentlichen Gesundheitswesens durchaus kritisch. Im Sozialpolitischen Ausschuß des Landtags wurde 1960 beklagt, daß es zu wenig Gesundheitsämter gebe, die sich um Landgemeinden kümmerten. Der Landtagsabgeordnete Leonhard Deininger (CSU) hob hier besonders das Gesundheitsamt Regensburg hervor, das in einem stark agrarisch geprägten Landkreis 124 Gemeinden zu betreuen habe. Der Einsatz der Gesundheitsämter auf dem Land solle besser geprüft werden[237]. Auch die Staatsregierung sah das Problem. Noch 1974 hieß es in ihrem Gesundheitsprogramm:

„Viele Gesundheitsämter befinden sich in Gebieten, die auch im ambulanten und stationären Arztbereich unterversorgt sind. Der Arbeit der Gesundheitsämter kommt dort erhöhte Bedeutung zu; sie wird aber zusätzlich erschwert, weil zur Entlastung der unterbesetzten Gesundheitsämter wegen der geringen Arztdichte auch nicht auf nebenberufliche Ärzte zurückgegriffen werden kann."[238]

b) Das Beispiel Tuberkulosebekämpfung

Die Bekämpfung der Tuberkulose zählte auch in den fünfziger Jahren zu den großen Problemen der bayerischen Gesundheitspolitik. 1953 gab es in Bayern noch 23 279 Fälle von offener Tuberkulose[239]. Allerdings war die Tuberkulosesterblichkeit vor allem wegen der neuen, hochwirksamen Chemotherapeutika bereits wieder unter den Vorkriegsstand gesunken; sogar bei der früher absolut tödlichen Tbc-Meningitis bestand nun Aussicht auf Heilung[240]. Auch Neuerkrankungen waren wesentlich seltener als früher, da sich die Lebensbedingungen spürbar verbessert hatten. Dagegen hatte man es zunehmend mit Patienten zu tun, deren Tuberkulose nur teilweise ausgeheilt war und immer wiederkehrte. So blieb der Bestand an Tuberkulösen gerade unter der männlichen Bevölkerung hoch und sank nur allmählich ab[241].

[236] Die Säuglingsuntersuchungen wurden beispielsweise durch das Gesetz zur Weiterentwicklung des Rechts der gesetzlichen Krankenversicherung vom 21. 12. 1970 zu Pflichtleistungen der Kassen gemacht. BGBl. 1970, Teil I/2, S. 1770–1773.

[237] AdbL, Protokoll der 32. Sitzung des Ausschusses für Sozial- und Gesundheitspolitik am 29. 4. 1960.

[238] Gesundheitsprogramm 1974, S. 211.

[239] BayHStA, MInn 80891, Oberste Baubehörde an den Bundesminister für Wohnungsbau vom 10. 12. 1954.

[240] Vgl. Hagen, 10 Jahre, S. 114.

[241] Zusammengestellt nach: Bericht über das Bayerische Gesundheitswesen 71 (1963), S. 17.

Bestand an Aktiv-Tuberkulösen in Bayern 1947 bis 1963

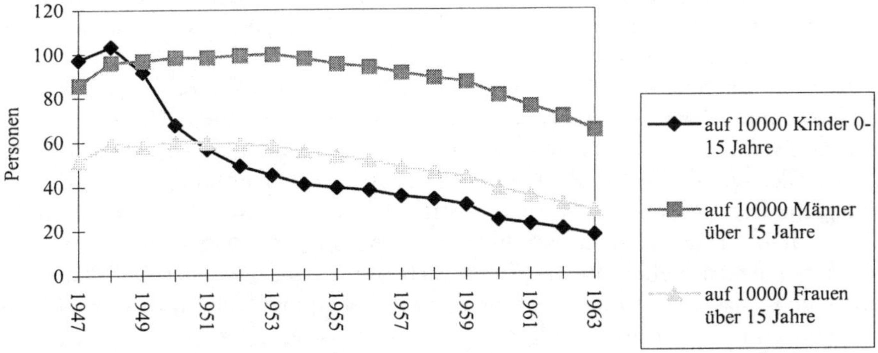

Angesichts dieses hohen Bestands an Aktiv-Tuberkulösen stellte sich die Frage der Unterbringung der Patienten immer wieder neu. Dabei war es weder nötig noch angesichts der begrenzten Kapazitäten überhaupt möglich, die vielen Kranken in Heilstätten unterzubringen. Statt dessen sollten sie zu Hause wohnen. Allerdings erwuchsen den Tuberkulosekranken aus dem allgemeinen Mangel an Wohnraum besondere Schwierigkeiten. Die Wohnungen mußten nämlich ausreichend groß sein, und dem Patienten mußte mindestens ein eigenes Schlafzimmer zur Verfügung stehen, um andere Familienmitglieder nicht zu gefährden. Bei vielen Tuberkulosekranken, die ihre wirtschaftliche Existenz verloren hatten und nicht arbeiten konnten, war das aber nicht der Fall. Von den ca. 23000 offen Tuberkulosekranken hatten 1953 etwa 10000 keinen eigenen Raum zur Verfügung, 300 besaßen nicht einmal ein eigenes Bett[242]. Bei der Wohnungssuche konnten die Behörden kaum weiterhelfen, da die Tbc-Kranken selten in der Lage waren, die Mieten für eine Sozialwohnung zu bezahlen oder gar das nötige Eigenkapital für den Bau von staatlich gefördertem Wohneigentum aufzubringen. So wurde ein Sofortprogramm zur Behebung der Wohnungsnot von Tbc-Kranken initiiert, für das der bayerische Staat ab 1953 jährlich 500000 DM zur Verfügung stellte. Dadurch konnte noch 1953 62 Tbc-Kranken eine Wohnung verschafft werden; 15 weiteren Familien griff im selben Jahr das „Bayerische Komitee zur Wohnraumbeschaffung für Tuberkulosekranke", eine caritative Organisation, unter die Arme, die Baukostenzuschüsse von insgesamt 20000 DM zur Verfügung stellte. Dieses Komitee blieb auch in der Folgezeit aktiv; es veranstaltete beispielsweise große Weihnachtsaktionen, deren Erlös für den Ankauf von Wohnungen verwendet wurde. 209 Familien konnten nach Angaben des Komitees in den Jahren 1953 bis 1957 dadurch in besseren Wohnungen untergebracht werden[243]. Diese Zahlen machen deutlich, daß solche Aktionen nur eine marginale Besserung für das Gros der Tuberkulosekranken bringen konnten. Man war sich auch in der Gesundheits-

[242] BayHStA, MInn 80891, Oberste Baubehörde an den Bundesminister für Wohnungsbau vom 10. 12. 1954; das folgende nach diesem Dokument.
[243] Vgl. Süddeutsche Zeitung vom 19. 11. 1957: „Gesunde Wohnungen für Tbc-Kranke".

abteilung des bayerischen Innenministeriums darüber im klaren, daß die Situation vieler Tbc-Kranker nur durch eine deutliche Erhöhung der Renten nachhaltig verbessert werden konnte[244]. Das erschien jedoch angesichts der schwierigen Finanzlage in den fünfziger Jahren unmöglich.

Auch im Bereich der Therapie und der wirtschaftlichen Versorgung der Tuberkulosekranken hatte der Freistaat kaum Handlungsspielraum. Bei der Tuberkulose übernahmen zudem nicht wie bei den meisten anderen Krankheiten die Krankenkassen, und damit die freie Ärzteschaft, die Behandlung, hier waren verschiedene Institutionen und öffentliche Einrichtungen zuständig, wobei sich die Gesundheitsämter vor allem um die Erkennung und Vorsorge zu kümmern hatten. Die meisten hielten Tuberkulosesprechstunden ab, bei denen sich Patienten untersuchen lassen konnten. Sie führten auch Nachuntersuchungen sowie Hausbesuche von Tuberkulosekranken durch und koordinierten die Wohnungsfürsorge für die Patienten. Die Gesundheitsämter beantragten bei den entsprechenden Stellen die Finanzierung der Heilbehandlung und Unterstützung für die Kranken und vermittelten sie an eine Heilstätte[245]. Die Kosten für die Tuberkuloseheilverfahren trugen dann bei den nicht rentenversicherten Patienten die Landesfürsorgeverbände, Kostenträger für die Rentenversicherten war die Rentenversicherung[246].

Nachdem die staatliche Gesundheitspolitik in diesen Bereichen kaum Eingriffsmöglichkeiten hatte, versuchte man in Bayern vor allem bei der Tbc-Prophylaxe neue Akzente zu setzen. Im Freistaat wie in anderen Bundesländern waren unmittelbar nach dem Krieg sporadisch Röntgenreihenuntersuchungen auf freiwilliger

[244] BayHStA, MInn 80891, Vermerk des bayerischen Staatsministeriums des Innern vom 21. 5. 1955.

[245] StA München, Gesundheitsämter 722, 724 und 730, Jahresberichte des Gesundheitsamts Aichach für 1952, 1954 und 1960, und BayHStA, MInn 80895, Niederschrift über die Besprechung der Ländervertreter betreffend die Neuordnung der Tuberkulosehilfe am 19. 2. 1954 in Frankfurt am Main, MInn 80892, Landesfürsorgeverband Oberbayern an das bayerische Staatsministerium des Innern vom 10. 1. 1958, und MInn 80898, Arbeitsgemeinschaft der bayerischen Landesfürsorgeverbände an die Arbeitsgemeinschaft der deutschen Landesfürsorgeverbände vom 12. 5. 1958.

[246] Diese Aufteilung entsprach dem sogenannten Verbindlichkeitserlaß des Reichsarbeitsministers von 1944 (BayHStA, MInn 80895, Tuberkulosefachberater Dr. Konrad Sixt an das bayerische Staatsministerium des Innern vom 20. 6. 1954). Nach 1945 versuchten die Rentenversicherungsträger, die Kosten für die Isolierung, Pflege und wirtschaftliche Versorgung der Kranken auf die Landesfürsorgeverbände abzuwälzen. So ging die Entwicklung dahin, daß auch die rentenversicherten Tbc-Patienten nach ihrer Heilstättenbehandlung meist von den Landesfürsorgeverbänden wirtschaftliche Hilfe erhielten. Die überlasteten Landesfürsorgeverbände versuchten jahrelang, eine bundeseinheitliche Neuregelung zu erreichen. Entsprechende Verhandlungen scheiterten jedoch zwischen 1952 und 1958 immer wieder an der Frage, ob die zusätzlichen Kosten aus Bundes- oder Landesmitteln bestritten werden sollten. Höhere Bundeszuschüsse waren jedoch die Voraussetzung für die von den Landesfürsorgeverbänden geplante Tbc-Hilfe; sie hätten sonst die Länder in die Pflicht nehmen müssen. Vor allem deswegen stand die bayerische Staatsregierung nachdrücklich auf der Seite der Landesfürsorgeverbände. Nach langen Querelen wurde im Juli 1959 das Tuberkulosehilfegesetz des Bundes verabschiedet, das die Landesfürsorgeverbände generell für die wirtschaftliche Tuberkulosehilfe als zuständig erklärte, also für die finanzielle Unterstützung des Kranken und seiner Familienmitglieder, Eingliederungsmaßnahmen für den Kranken, besondere Beihilfen für Ernährung und Einrichtung und ähnliches. BayHStA, MInn 80892, Landesfürsorgeverband Oberbayern an das bayerische Staatsministerium des Innern vom 10. 1. 1958, und MInn 80895, Niederschrift über die Besprechung der Ländervertreter betreffend die Neuordnung der Tuberkulosehilfe am 19. 2. 1954 in Frankfurt am Main, sowie BGBl. 1959, Teil I, S. 513–524: Gesetz über die Tuberkulosehilfe vom 23. 7. 1959.

Basis durchgeführt worden, um die Tbc-Kranken besser erfassen und rechtzeitig behandeln zu können. Hierbei hatte sich allerdings gezeigt, daß nur ein relativ kleiner Teil der Bevölkerung dieses Angebot wahrnahm[247]. Ein im Juli 1953 vom Landtag verabschiedetes Gesetz knüpfte an diese Erfahrungen an, machte es aber jedem zur Pflicht, der Vorladung zur Reihenuntersuchung Folge zu leisten[248], während man in einigen anderen Bundesländern weiterhin von Zwangsmaßnahmen Abstand nahm[249]. Wer sich in Bayern der Untersuchung entzog, mußte mit einer Geldstrafe von 150 DM rechnen[250].

Seit 1954 wurden bei den Bezirksregierungen sogenannte Schirmbildstellen eingerichtet, die sich aus einer zentralen Auswertungsstelle und dem „Schirmbild-Reisetrupp" zusammensetzten, der mit einem transportablen Spiegeloptik-Röntgengerät im Lande unterwegs war. 1958 arbeiteten bereits acht Schirmbildstellen, deren durchschnittliche Leistungsfähigkeit ca. 150000 Aufnahmen pro Jahr betrug, unter der Aufsicht der Medizinalreferenten bei den Bezirksregierungen. Der Leiter der Schirmbildstelle sollte eng mit den Gesundheitsämtern und den niedergelassenen Ärzten kooperieren. Zuerst wurden Röntgenaufnahmen angefertigt, dann untersuchte der Arzt der Schirmbildstelle etwa zwei Wochen später die geröntgten Personen nochmals persönlich, die dazu aber auch zu ihrem Haus- oder Facharzt gehen konnten. Hatte eine Schirmbildstelle ihre Arbeit in einer Stadt oder einem Landkreis abgeschlossen, wurden die Ergebnisse in einer Statistik zusammengefaßt und die neu erfaßten Kranken der Tbc-Fürsorgestelle zur weiteren Behandlung übergeben. Die Akzeptanz der Röntgenreihenuntersuchung scheint hoch gewesen zu sein[251], jedenfalls begehrten nur zwei oder drei Prozent der Vorgeladenen dagegen auf, folgten der Aufforderung nicht und ließen sich auch anderweitig nicht untersuchen. Eine Geldstrafe wurde jedoch nur höchst selten beantragt, obwohl sie im Gesetz eigentlich vorgesehen war. Die Zahl der unter-

[247] BayHStA, MInn 80893, Bericht von Tuberkulosefachberater Dr. Konrad Sixt: „Der Wert der Röntgenreihenuntersuchung für die Bekämpfung der Tuberkulose in Bayern" vom Juni 1958.

[248] Vgl. BGVBl. 1953, S. 103: Gesetz über Röntgenreihenuntersuchungen vom 13. 7. 1953. Bei den Beratungen des Landtags über das Gesetz im Oktober 1952 und Februar 1953 gab es kontroverse Diskussionen, ob eine solche gesetzliche Verpflichtung überhaupt mit den Grundrechten vereinbar sei. Diese Bedenken wurden vom Rechts- und Verfassungsausschuß des bayerischen Landtags schließlich mit der Begründung verworfen, daß im Interesse der Sicherung der Volksgesundheit die Zwangsuntersuchung unbedingt notwendig sei.

[249] Auch in Baden-Württemberg, Niedersachsen, Bremen und Schleswig-Holstein waren die Untersuchungen obligatorisch. Die anderen Bundesländer blieben bei freiwilligen Röntgenreihenuntersuchungen. Der Streit um die verpflichtende oder freiwillige Beteiligung war jedoch schon vom Ansatz her wenig sinnvoll. Angestrebt wurde ein Durchgang alle drei Jahre, was in keinem Land zu leisten war, da die mobilen Schirmbildgeräte eine Frequenzgrenze bei 80000 Aufnahmen pro Jahr hatten. Selbst Nordrhein-Westfalen mit seinen 17 Millionen Einwohnern konnte dies mit 20 Schirmbildstellen nicht erreichen. Vgl. F. J. Arens/E. Meier, Die Entwicklung der Schirmbildstellen in der Bundesrepublik Deutschland – Sachstandsbericht und Zukunftsperspektiven, in: Öffentliches Gesundheitswesen 50 (1988), S. 510–515, hier S. 511.

[250] Vgl. hierzu und zum folgenden Karl Weiler, Zum bayerischen Gesetz der Röntgenreihenuntersuchung, in: Bayerisches Ärzteblatt 8 (1953), S. 120.

[251] Ende der fünfziger Jahre wurde allerdings in der Öffentlichkeit die Gefährdung des menschlichen Organismus durch Röntgenstrahlen diskutiert. Das Innenministerium beschwichtigte zwar, das Strahlenrisiko sei bei fachmännisch durchgeführten Röntgenreihenuntersuchungen so minimal, daß es nicht ins Gewicht falle, setzte aber 1958 das Mindestalter von zehn auf 15 Jahre herauf. BayHStA, MInn 80893, Bericht von Tuberkulosefachberater Dr. Konrad Sixt: „Der Wert der Röntgenreihenuntersuchung für die Bekämpfung der Tuberkulose in Bayern" vom Juni 1958.

suchten Personen stieg nach der Einführung der Röntgenreihenuntersuchung erheblich an:

Anzahl der Untersuchungen der Tuberkulose-Fürsorgestellen seit 1950 und der Röntgenreihenuntersuchung in Bayern seit 1954[252]

	1950	1952	1954	1956	1957
Untersuchungen der Tuberkulose-Fürsorgestellen insgesamt	370099	475416	360416	376212	428395
Röntgenreihenuntersuchungen durch Schirmbildstellen nach dem Gesetz	–	–	304693	960455	979660

In den sechziger Jahren hörte die Tuberkulose auf, eine Bedrohung für die Gesundheit der bayerischen Bevölkerung zu sein. Vor allem die Zahl der Neuerkrankungen ging ständig zurück, was auch den allgemeinen Rückgang der Tuberkulose bedingte, die sich – wie andere Infektionskrankheiten auch – von einer häufigen Erkrankung und Todesursache zu einer seltenen, nicht mehr lebensgefährlichen Krankheit entwickelte. Dieser seit Beginn des Jahrhunderts anhaltende Trend (1900 starben 300 von 100000 der Bevölkerung an Tuberkulose, 1950 waren es 40 von 100000) war im Grunde lediglich durch einen kriegsbedingten Anstieg unterbrochen worden und setzte sich danach weiter fort[253]. Der Anteil der Reihenuntersuchungen des öffentlichen Gesundheitswesens an dieser Entwicklung ist kaum zu bestimmen. Schließlich wurde Tuberkulose vor allem durch Armut, Wohnungsnot und Unterernährung begünstigt, und gerade diese sozialen Ursachen verschwanden in den Jahren des wirtschaftlichen Aufschwungs, die von einem Ausbau des Wohlfahrtsstaats begleitet waren, weitgehend. Daß die Tbc auf dem Rückzug war, zeigte sich nicht zuletzt darin, daß bei den Röntgenreihenuntersuchungen immer weniger Fälle entdeckt wurden. Die Gesundheitspolitiker im bayerischen Innenministerium plädierten jedoch weiterhin dafür, diese Maßnahme beizubehalten, da sie befürchteten, daß sich sonst wesentlich weniger Personen untersuchen lassen würden. Auch eine Umstellung auf andere Methoden wurde abgelehnt, da der „Durchseuchungsgrad" der Bevölkerung, das heißt die Anzahl der tuberkulinpositiven[254] Personen, gerade in Bayern sehr hoch sei[255]. Als Hochzeit der Schirmbildstellen galten die sechziger Jahre[256]. Aber auch danach setzte man diese Untersuchungen fort, wenn auch der Schwerpunkt zunehmend auf Nachuntersuchungen sowie auf gezielten Untersuchungen bei gefährdeten

[252] Zusammengestellt nach: Bericht über das Bayerische Gesundheitswesen 65 (1957), S. 19.
[253] Vgl. Bericht über das Bayerische Gesundheitswesen 60 (1952), S. 14.
[254] Tuberkulinpositiv bedeutet, daß der Körper schon einmal Kontakt mit Tuberkulosebakterien hatte und Antikörper entwickelt hat.
[255] BayHStA, MInn 80893, Bericht von Tuberkulosefachberater Dr. Konrad Sixt: „Der Wert der Röntgenreihenuntersuchung für die Bekämpfung der Tuberkulose in Bayern" vom Juni 1958.
[256] Vgl. Arens/Meier, Entwicklung, S. 511.

Personen lag[257]. Mitte der achtziger Jahre reduzierte man schließlich die Anzahl der Schirmbildstellen in Bayern von neun auf zwei[258].

Befunde auf Tbc nach Röntgenreihenuntersuchungen[259]

	1955	1957	1959	1961	1963	1965	1967	1969	1971
Röntgen-aufnahmen gesamt	767242	979660	1189067	1101371	942483	1029562	986483	1016854	1033609
Neue Befunde	9077	10401	14293	10337	7552	8028	5095	4856	4219
Befunde auf 100000 Unters.	1183	1062	1202	938	801	779	516	478	408

IV. Brennpunkt ländlicher Raum

In den fünfziger und vor allem in den sechziger Jahren war die Erschließung des Landes mit medizinischer Infrastruktur insbesondere im Krankenhauswesen deutlich vorangekommen. Statistisch gesehen hatten kranke Menschen gerade in den ländlichen Gebieten eine größere Chance, erfolgreich therapiert zu werden, als zwanzig oder fünfzig Jahre früher. Ein wichtiger Indikator für diese Entwicklung ist die höhere Lebenserwartung, die in Bayern 1949/51 bei Männern noch 63,4 Jahre und bei Frauen 67,42 Jahre betrug[260], bis 1970/72 aber bei Männern auf 67,54 Jahre und bei Frauen auf 74 Jahre gestiegen war[261]. Damit lag der Freistaat in etwa im Trend; im Bundesdurchschnitt betrug die Lebenserwartung 1970/72 67,41 Jahre bei Männern und 73,83 Jahre bei Frauen[262].

Dies sollte jedoch nicht über die nach wie vor großen regionalen Disparitäten hinwegtäuschen. In den ebenso peripheren wie strukturschwachen Landkreisen des Bayerischen oder des Oberpfälzer Waldes etwa war es um die Gesundheit der Menschen schlechter bestellt als in den prosperierenden Fremdenverkehrsgebieten Oberbayerns mit ihren Kurorten oder in den wachsenden Einzugsbereichen überregionaler Zentren wie München, Nürnberg, Augsburg oder Würzburg. In den Teilen Bayerns, die man als „landesplanerische Problemgebiete" einstufte[263], hielten sich Krankheiten wie die Tuberkulose am längsten, und auch die Säuglingssterblichkeit war hier lange Zeit signifikant hoch. Noch 1959, als die Säug-

[257] Vgl. Bericht über das Bayerische Gesundheitswesen 79 (1971), S. 21 und Bericht über das Bayerische Gesundheitswesen 88 (1980), S. 155. Noch 1990 wurden in Niederbayern und der Oberpfalz 78271 Personen, jedoch vor allem bei gezielten Untersuchungen, bei den Schirmbildstellen geröntgt. Vgl. Bericht über das Bayerische Gesundheitswesen 98 (1990), S. 158.

[258] Vgl. Arens/Meier, Entwicklung, S. 512. Die Schirmbildaktionen wurden nach Auskunft der Abteilung Gesundheitswesen des bayerischen statistischen Landesamts erst 1996 komplett eingestellt.

[259] Zusammengestellt nach: Bericht über das Bayerische Gesundheitswesen 70 (1963), S. 18; 75 (1968), S. 22; 79 (1971), S. 22.

[260] Vgl. Statistisches Jahrbuch für Bayern 26 (1958), S. 39.

[261] Vgl. Statistisches Jahrbuch für Bayern 1978, S. 33.

[262] Vgl. Statistisches Jahrbuch der Bundesrepublik Deutschland 1974, S. 60.

[263] Vgl. Raumordnungsbericht 1971, S. 15f.

lingssterblichkeit in Bayern bei durchschnittlich 3,7 Prozent lag, erreichten Niederbayern (4,2 Prozent) und die Oberpfalz (4,0 Prozent) deutlich höhere Werte, während die Säuglingssterblichkeit in Unterfranken und Oberbayern bereits auf 3,3 Prozent beziehungsweise 3,4 Prozent zurückgegangen war.

Als Indiz, an dem stets das Funktionieren des Gesundheitswesens wie auch der Gesundheitszustand der Bevölkerung gemessen wird – auch im zwischenstaatlichen Vergleich –, weist eine sehr niedrige Säuglingssterblichkeit nicht nur auf einen guten Allgemeinzustand aller Mütter und damit der ganzen Bevölkerung hin. Sie setzt gleichzeitig eine sehr gut funktionierende, medizinische Infrastruktur, die auch hohen hygienischen Anforderungen genügt, voraus.

Säuglingssterblichkeit im ersten Lebensjahr in Bayern nach Regierungsbezirken[264]

	Bayern gesamt		Gestorbene auf jeweils 100 Lebendgeborene in						
	Zahl der Gestorbenen	auf 100 Lebendgeborene	Obb.	Ndb.	Opf.	Ofr.	Mfr.	Ufr.	Schw.
1950	9648	6,3	6,3	8,1	8,0	5,8	5,8	5,6	6,0
1951	8842	6,0	6,0	7,8	6,8	4,9	4,9	4,9	5,9
1954[265]	6483	4,5	–	–	–	–	–	–	–
1956	6121	4,0	–	–	–	–	–	–	–
1959	6113	3,7	3,4	4,2	4,0	3,4	3,7	3,3	3,9
1962	5590	3,1	3,1	3,8	3,5	3,0	3,1	2,7	2,8
1964	4995	2,7	2,7	2,8	3,0	2,6	2,6	2,6	2,6
1966	4641	2,6	2,6	2,7	2,8	2,4	2,5	2,4	2,6
1968	3984	2,4	2,3	2,7	2,4	2,5	2,2	2,2	2,4
1970	3560	2,5	2,6	2,6	2,4	2,4	2,3	2,3	2,5

Ein Grund für die bis in die sechziger Jahre großen Unterschiede war wohl die stark differierende Zahl der Anstaltsentbindungen mit ihren in den meisten Fällen hygienischeren Bedingungen. Während 1958 beispielsweise in Oberbayern 76,1 Prozent aller Lebendgeborenen in Krankenhäusern zur Welt kamen, waren es in Niederbayern nur 46,8 Prozent[266]. Mitte der sechziger Jahre glichen sich dann die Verhältnisse zwischen den städtischen und ländlichen Gebieten einander an. Dies lag mit Sicherheit an dem mittlerweile besseren Angebot an Krankenbetten auf dem Land; wichtig waren zudem die seit 1965 gesetzlich verankerten Vorsorgeuntersuchungen für Schwangere[267]. Damit wurden diese Untersuchungen Pflichtleistungen der Kassen, was wohl dazu führte, daß breitere Bevölkerungsschichten diese Angebote wahrnahmen und auch Frauen auf dem Land ohne besondere

[264] Zusammengestellt nach: Bericht über das Bayerische Gesundheitswesen 59 (1950/51), S. 105; 67 (1959), S. 13; 72 (1964), S. 86; 79 (1971), S. 102.

[265] Von 1953 bis 1958 liegen in den Veröffentlichungen des bayerischen statistischen Landesamts keine nach Regierungsbezirken aufgeschlüsselten Untersuchungen zur Säuglingssterblichkeit vor.

[266] BayHStA, MInn vorl. Nr. M 1053.1, Bericht des bayerischen Staatsministeriums des Innern vom 31. 5. 1960 über den Gesundheitszustand der bäuerlichen Bevölkerung.

[267] Vgl. BGBl. 1965, Teil I/1, S. 912–919: Gesetz zur Änderung des Mutterschutzgesetzes und der Reichsversicherungsordnung vom 24. 8. 1965.

Schwangerschaftsbeschwerden zum Arzt gingen[268]. So konnten mögliche Risiken für Mutter und Kind besser erkannt und behandelt werden.

Bemerkenswert ist, daß sich 1953 in der Bundesrepublik im Durchschnitt die Unterschiede bei der Säuglingssterblichkeit zwischen städtischen und ländlichen Regionen umkehrten. Bayern hielt mit diesem Trend nicht Schritt, die Säuglingssterblichkeit blieb auch nach 1953 auf dem Land höher als in der Stadt[269].

Säuglingssterblichkeit auf 100 Lebendgeborene 1953
im Vergleich zu anderen Bundesländern[270]

	Gemeinden mit weniger als 2000 Einwohnern	Großstädte mit mehr als 100000 Einwohnern	Insgesamt
Bundesgebiet	4,2	4,9	4,6
Baden-Württtemberg	4,0	4,3	4,1
Hessen	3,4	4,3	3,8
Bayern	4,9	4,6	4,8

Den politischen Entscheidungsträgern in München waren diese Probleme durchaus geläufig. Daß die Zahlen bei Infektionskrankheiten oder die Sterblichkeitsrate bei Säuglingen in ländlichen Regionen höher war, war allgemein bekannt und jedes Jahr in den Berichten über das bayerische Gesundheitswesen nachzulesen. Außerdem hatten in den fünfziger Jahren einige kleinere Untersuchungen ergeben, daß es um die Gesundheit der Landbewohner nicht zum besten stand. Zum Beispiel fand eine Studie im Landkreis Lüneburg heraus, daß die Stillfähigkeit von Landfrauen schlechter war als die von Stadtfrauen; bei Erhebungen in zwei Landkreisen und einer Stadt im Jahr 1958 zeigten sich bei den in der Landwirtschaft tätigen Personen mehr Skelettschäden und mehr Herz- und Kreislauferkrankungen[271].

Wenn sich die Aussagen solcher Untersuchungen wegen der kleinen Samples auch nicht verallgemeinern ließen, wurden sie doch in der Öffentlichkeit wahrgenommen. Wichtig für eine breitere Debatte waren auch die Ergebnisse der ersten Musterung, bei der die jungen Männer, die aus der Landwirtschaft kamen, schlechter abschnitten als die übrigen Gruppen, ausgenommen die Berufslosen[272].

[268] Vgl. Rosewitz/Webber, Reformversuche, S. 117.

[269] Hierzu und zum folgenden BayHStA, MInn vorl. Nr. M 1053.1, Sonderdruck aus Der Horizont 4 (1959): „Zur Frage der Landvolksgesundheit".

[270] Zusammengestellt nach ebenda.

[271] Vgl. Herbert Kötter/Bernd van Deenen, Gesundheitszustand in der landwirtschaftlichen Bevölkerung, Stuttgart 1963, S. 33–47.

[272] BayHStA, MInn vorl. Nr. M 1053.1, Sonderdruck aus Der Horizont 4 (1959): „Zur Frage der Landvolksgesundheit" und Bericht des bayerischen Staatsministeriums des Innern vom 31. 5. 1960 über den Gesundheitszustand der bäuerlichen Bevölkerung. Die Unterschiede zwischen den einzelnen Gruppen waren insgesamt gering. Bei den Bauernsöhnen ist zusätzlich zu beachten, daß sich darunter wohl viele befanden, die sich bemühten, krank zu wirken, da sie nicht vom Hof abkömmlich waren. Dennoch wurde das Ergebnis in der Öffentlichkeit als alarmierend wahrgenommen.

Tauglichkeitsunterschiede bei Berufsgruppen in der ersten Nachkriegsmusterung 1959 in Prozent[273]

Tauglichkeitsstufe	I	II	III	IV	V	VI
Acker- und Gartenbauern und Viehzüchter	7,7	47,3	25,0	8,3	8,8	3,0
Forst, Jagd und Fischerei	10,7	48,1	22,1	6,8	9,9	2,3
Metallerzeuger und -verarbeiter	11,4	50,9	20,4	5,8	10,1	1,3
Bauberufe	10,4	51,9	20,2	6,4	9,8	1,4
Schüler und Studenten	18,0	43,0	21,0	6,7	8,4	2,9
Nahrungs- und Genußmittelhersteller	9,5	47,9	24,6	7,0	9,7	1,4
Ohne Beruf	8,7	41,8	24,8	8,6	11,5	4,6
kaufmännische Berufe	9,9	44,6	23,6	7,7	11,3	2,9

Ende der fünfziger Jahre erschienen in der Presse Artikel mit Überschriften wie „Frische Landluft allein tut es nicht"[274] oder „Um die Gesundheit des Bauernstandes ist es schlecht bestellt"[275], die dem Klischee vom gesunden Landleben diametral widersprachen. Auch im bayerischen Landtag und seinen Ausschüssen begann man nun, intensiver über den Gesundheitszustand des „Landvolks" zu diskutieren[276]. Auffallend oft wurden diese gesundheitlichen Probleme auf die Ernährungsgewohnheiten der bäuerlichen Familien zurückgeführt. Beispielsweise hieß es 1957 in einem Artikel des „Landwirtschaftlichen Wochenblatts":

„Bis zum Ende des 1. Weltkrieges wurde im Bauernhaushalt vor allen Dingen Schrotmehl genossen. Mit der amerikanischen Weißmehlschwemme nach 1918 verlangten nicht nur die Städter, sondern auch das Gesinde auf dem Land nach fein ausgemahlenem Mehl. Im 75%gen Weißmehl sind aber 100% des Vitamins E und 75–80% des lebenswichtigsten Wirkstoffes des B-Komplexes entfernt. Vom Eisen werden vier Fünftel abgegeben. Für die Bäuerin ist es deshalb selbstverständlich, daß Jungvieh und Ferkel mit Kleie besser gedeihen. Für die Bauernkinder hält man dagegen das feinschmeckende, aber ernährungsmäßig unzureichende Weißmehl für besser. Kein Wunder, wenn im bayerischen Grünlandgürtel bis zu 90% der Kinder Zahnfäule, über die Hälfte Plattfüße und Kröpfe und mehr als ein Drittel Veränderungen der Wirbelsäule aufweisen. [...] Verschiedene nervöse Erscheinungen und die verminderte Abwehr von Infektionen dürften in den einzelnen Landstrichen mit einseitigen Küchenzetteln als Symptom von ernährungsbedingtem Mangel anzusehen sein. Der 2. Weltkrieg brachte mit der Milch- und Fettrationierung die sogenannte Fetteinheit. [...] Fett war gleich Fett ohne Rücksicht auf den unterschiedlichen Vitamingehalt. Der ehrwürdige Butterschmalztopf verschwand. Die Milch wurde aus verständlichen wirtschaftlichen Gründen auf

[273] BayHStA, MInn vorl. Nr. M 1053.1, Bericht des bayerischen Staatsministeriums des Innern vom 31. 5. 1960 über den Gesundheitszustand der bäuerlichen Bevölkerung. Musterungsschema der Bundeswehr: I für den Wehrdienst uneingeschränkt tauglich, II für jeden Wehrdienst tauglich mit Ausnahme bestimmter Sonderverwendungen, III für Waffen- und Truppendienst tauglich mit Einschränkung nach Maßgabe des ärztlichen Urteils, IV beschränkt tauglich (nicht wehrdiensttauglich für Friedenszeiten), V vorübergehend untauglich, voraussichtlich in befristeten Zeitraum mindestens tauglich III, VI untauglich.

[274] Frankfurter Allgemeine Zeitung vom 31. 12. 1960.

[275] Landshuter Zeitung vom 7. 12. 1960.

[276] Beispielsweise AbdL, 32. Sitzung des Ausschusses für Sozial- und Gesundheitspolitik am 29. 4. 1960.

einen einheitlichen Fettgehalt eingestellt. Jedes Prozent Fettverlust bedeutet aber ein entsprechendes Minderangebot an fettlöslichen Vitaminen aus der Milch. Die Entwicklung führte zugleich zur Verminderung des Topfenanfalles im Haushalt und zur Verlockung, die teuere Butter zu verkaufen und sie im eigenen Bauernhaushalt durch billigere Margarine oder Pflanzenfett zu ersetzen."[277]

Die Gesellschaft für Ernährungsbiologie, die 1958 im Auftrag des bayerischen Landwirtschaftsministeriums ein Gutachten über die Ernährungsgewohnheiten der Landbevölkerung erarbeitet hatte, kam zu ähnlichen Ergebnissen[278]. Mögliche Lösungen sah man vor allem in einer besseren Gesundheitserziehung und einer intensiven Schulung der Bäuerinnen, die in erster Linie für die Misere verantwortlich gemacht wurden und denen man pauschal Unkenntnis vorwarf[279].

Die bäuerliche Ernährungsweise war also in die Kritik geraten. Auch Senator Wolfram Freiherr von Gugel, selbst Mediziner und führendes Mitglied des Hartmannbundes in Bayern, erklärte Ende 1960 vor dem Landesgesundheitsrat, die bäuerliche Bevölkerung habe den Wert der Gesundheit noch nicht erkannt und betreibe Raubbau an ihren Kräften. Eine Ursache für den ungünstigen Gesundheitszustand sah er in der konservativen Art der Ernährung bei veränderten Grundprodukten. Mehl sei nun immer mehr ausgemahlen, deswegen fehlten Vitamine und Mineralsubstanzen; frisches Gemüse und Salat kämen nur selten auf den bäuerlichen Tisch. Eine Kampagne für Salat habe in Oberbayern nur den Verbrauch von Kartoffelsalat gesteigert.

Von Gugel machte aber nicht nur Fehler bei der Ernährung für die Misere verantwortlich, sondern lenkte den Blick auch auf die überaus große Belastung der Bäuerinnen, die zu gesundheitlichen Schäden führe[280]. Auf dieses Problem hatte auch eine vergleichende Studie über Pfaffenhofen, Kempen-Krefeld und Krefeld hingewiesen. Im stark agrarisch strukturierten Pfaffenhofen litten 63 Prozent der Frauen zwischen 35 und 55 Jahren an Herz- und Kreislauferkrankungen, in der Großstadt Krefeld dagegen nur 40 Prozent[281]. Die Ergebnisse der Volkszählung des Jahres 1961 legten eine ähnliche Interpretation nahe; danach war die Lebenserwartung der Frauen auf dem Land geringer als die der Männer, während es sich in der Stadt umgekehrt verhielt[282]. Warum gerade Frauen so stark von Herz- und

277 BayHStA, MInn vorl. Nr. M 1053.1, Sonderdruck aus dem Landwirtschaftlichen Wochenblatt 48/1957: H. Haubold, Hüterin der Gesundheit auf dem Lande in Vergangenheit und Gegenwart.

278 BayHStA, MInn vorl. Nr. M 1053.1, Bericht der Gesellschaft für Ernährungsbiologie vom 30. 7. 1958. Die Untersuchung konzentrierte sich vor allem auf den angeblichen Vitamin A- und Carotin-Mangel der Landbevölkerung, der nach der Meinung der Verfasser für viele Gesundheitsschäden verantwortlich war. Dies wurde darauf zurückgeführt, daß viele Bauern nicht mehr selbst butterten und kein eigenes Butterschmalz mehr herstellten, sondern ihre Milch verkauften und Milchprodukte aus Großmolkereien bezögen, die einen erheblich niedrigeren Carotingehalt hätten. Auch würde die Landbevölkerung dieses Manko nicht durch erhöhte Zufuhr von anderen Lebensmitteln, insbesondere Obst und Gemüse, ausgleichen.

279 Dies ähnelt stark den Argumenten der Hygieniker Ende des 19. Jahrhunderts, die damals vor allem die Arbeiterfrauen und deren Haushaltsführung für die schlechte Gesundheit der Arbeiterfamilien verantwortlich machten. Vgl. z.B. Ute Frevert, „Fürsorgliche Belagerung“: Hygienebewegung und Arbeiterfrauen im 19. und frühen 20 Jahrhundert, in: GuG 11 (1985), S. 420–446.

280 Vgl. Frankfurter Allgemeine Zeitung vom 31. 12. 1960: „Frische Landluft allein tut es nicht“.

281 Vgl. Kötter/van Deenen, Gesundheitszustand, S. 37.

282 Vgl. Sterblichkeit in Stadt und Land 1961, in: Wirtschaft und Statistik 1966, S. 627–631, hier S. 628. Die Sterbeziffern für Frauen betrugen in Gemeinden mit unter 2000 Einwohnern 10,6 und in

Kreislauferkrankungen betroffen waren, erklärte man sich auf einer Tagung der Landkrankenkassen, wo die Studie über Pfaffenhofen und die anderen Orte der Öffentlichkeit vorgestellt wurde, unter anderem so:

„Eine Behandlungsnotwendigkeit bei den mithelfenden Familienangehörigen wurde sehr viel häufiger festgestellt als bei Fremdarbeitskräften und Selbständigen. Sehr markant tritt dies bei den Herz-Kreislauf-Erkrankungen der weiblichen mithelfenden Familienangehörigen hervor. Diese auffallende Diskrepanz zwischen der ungefähren Gleichförmigkeit der Befundhäufigkeit und der pointiert erhöhten Behandlungsbedürftigkeit bei den mithelfenden Familienangehörigen deutet auf eine besondere Gefährdung dieser Gruppe hin – eine Gefährdung eigener Art, die damit zusammenhängen dürfte, daß die mithelfenden Familienangehörigen seltener zum Arzt gehen als die Fremdarbeitskräfte und die Bauern selbst. Der Landarbeiter geht eben zum Arzt, wenn er sich krank fühlt. Der Bauer ist ohnehin gelegentlich im größeren Nachbarort oder in der Stadt und findet daher ebenfalls leichter zum Arzt, wenn er sich krank fühlt. Die mithelfenden Familienangehörigen und besonders die Frauen sind jedoch viel stärker an den Hof gebunden, so daß bei ihnen die Gefahr der Verschleppung und Vernachlässigung von Krankheiten und Leiden besonders groß ist.“[283]

Auffällig war bei dieser Präsentation die städtische Perspektive, mit der man an die Probleme heranging und die sicher keine aussichtsreichen Lösungsstrategien eröffnete: Daß im Sommer fast die ganze Bevölkerung 14 Stunden pro Tag arbeitete, wurde als eine Besonderheit hervorgehoben; daß dies in der Erntezeit unvermeidbar war, wurde kaum angesprochen. Als besonders alarmierend empfand man, daß 88 Prozent der Männer und 85 Prozent der Frauen zwischen 35 und 55 noch keine Urlaubsreise gemacht hatten. Daß viele bayerische Bauernhöfe auf Milchwirtschaft spezialisiert waren, und so der Hof eigentlich nie allein gelassen werden konnte, wurde nicht erwähnt[284].

Bäuerinnen mußten häufig circa 80 Stunden in der Woche arbeiten; auf ihnen lasteten Haushalt und Kindererziehung, ein großer Teil der Arbeit auf dem Hof und im Stall sowie etwa ein Drittel der Feldarbeit. Anders als die Bauern, deren Wochenarbeitszeit etwas geringer war, konnten sich die Bäuerinnen auch im Winter nicht in dem Maße von den Strapazen erholen, weil Haus- und Stallarbeit unabhängig von der Jahreszeit erledigt werden mußten[285].

Der Sozialpolitische Ausschuß des bayerischen Landtags diskutierte dieses Problem im April 1960 anläßlich einer allgemeinen Aussprache über den Gesundheitszustand der Landbevölkerung[286]. Die Abgeordneten nahmen alarmiert die hohe Arbeitsbelastung der Bäuerinnen zur Kenntnis und waren bestürzt, als sie hörten, daß angeblich neun von zehn Bäuerinnen gesundheitliche Probleme hätten. Leonhard Deininger (CSU) berichtete zudem von den schwerwiegenden Problemen, die es gerade bei kinderreichen Bauernfamilien und auf mittelgroßen Höfen mit einer ungenügenden Ausstattung an modernen landwirtschaftlichen

Städten mit mehr als 100000 Einwohnern 9,9. Bei Männern war es umgekehrt; die Sterbeziffern betrugen für Männer in Gemeinden mit unter 2000 Einwohnern 11,9 in Städten 12,6.

283 BayHStA, MInn vorl. Nr. M 1053.1, Bericht über den Bundesverbandstag der Landkrankenkassen am 15./16. 10. 1959.

284 Vgl. ebenda.

285 Vgl. Kötter/van Deenen, Gesundheitszustand, S. 27f.

286 AdbL, Protokoll der 32. Sitzung des Ausschusses für Sozial- und Gesundheitspolitik am 29. 4. 1960.

Maschinen gebe; hier seien die Bäuerinnen eigentlich immer überlastet. Auch die Gefahren, die von Traktoren und anderem technischen Gerät ausgingen, wurden erwähnt. Die Zahl und Schwere der Unfälle sei Ende der fünfziger Jahre auf dem Land erheblich angestiegen. Aufgebracht stellte man darüber hinaus fest, daß es keine Seltenheit sei, daß zwölf- und vierzehnjährige Mädchen Zugmaschinen steuerten, stundenlang durchgeschüttelt würden und so ihre Gesundheit gefährdeten. Die Abgeordneten zeigten sich über diese Zustände empört, aber auch Selbstkritik war zu hören. Anton Jaumann (CSU) bemerkte, man unterhalte sich ständig über den Milchpfennig und alle möglichen Dinge, achte aber wenig auf das wichtigste im Leben, die Gesundheit[287].

Im Mai 1960 legte das bayerische Innenministerium einen vom Landtag in Auftrag gegebenen Bericht über den „Gesundheitszustand der bäuerlichen Bevölkerung“ vor, der sich vor allem auf die Regierungsbezirke mit dem niedrigsten und dem höchsten Anteil der Erwerbspersonen in der Land- und Forstwirtschaft bezog, also auf Oberbayern (22,1 Prozent) und Niederbayern (46,3 Prozent)[288]. Man wählte dieses Verfahren, weil keine aussagekräftigen Statistiken zur Verfügung standen, die nach Berufsgruppen differenzierten[289]. Das Innenministerium kam in seiner Studie, die auch Musterungsergebnisse und Erhebungen über die Säuglingssterblichkeit in die Untersuchung einbezog, zu dem Schluß, daß es um den Gesundheitszustand der bäuerlichen Bevölkerung sichtlich schlechter bestellt sei als um den anderer sozialer Gruppen. Auffällig seien insbesondere Wirbelsäulen- und Fußschäden sowie die hohe Anzahl der Landfrauen, die an Herz- und Kreislauferkrankungen litten. Selbst Kinder und Jugendliche hatten auf dem Land schon mit größeren gesundheitlichen Problemen zu kämpfen; besonders häufig wurden Haltungsschäden festgestellt.

Ergebnisse der schulzahnärztlichen Untersuchungen 1958/59[290]

	Von 100 zahnärztlich untersuchten Schülern in den Volksschulen waren behandlungsbedürftig:	
	In den kreisfreien Städten	In den Landkreisen
Oberbayern	34	74
Niederbayern	72	79
Oberpfalz	68	77
Oberfranken	74	77
Mittelfranken	36	65
Unterfranken	71	75
Schwaben	51	68)

[287] Vgl. ebenda.

[288] BayHStA, MInn vorl. Nr. M 1053.1, Bericht des bayerischen Staatsministeriums des Innern über den „Gesundheitszustand der bäuerlichen Bevölkerung“ vom 31. 5. 1960.

[289] Nur 1954 und 1955 wurde vom statistischen Landesamt eine Zählung der Todesursachen nach Alters- und Berufsgruppen durchgeführt; die Mittel waren dafür später nicht mehr bewilligt worden.

[290] Zusammengestellt nach: BayHStA, MInn vorl. Nr. M 1053.1, Bericht des bayerischen Staatsministeriums des Innern über den „Gesundheitszustand der bäuerlichen Bevölkerung“ vom 31. 5. 1960.

Diesen Befund führte man darauf zurück, daß die Kinder durch die Arbeit in der Landwirtschaft schon frühzeitig erheblichen körperlichen Belastungen ausgesetzt seien und regelmäßiger Turnunterricht fehle. Ähnliche Ergebnisse zeigten die Untersuchungen, die Zahnärzte an den Schulen durchführten: Kinder aus ländlichen Problemgebieten hatten deutlich schlechtere Zähne, was nach Ansicht der Experten vor allem an falscher Ernährung und mangelnder Hygiene lag.

Die Studie des Innenministeriums machte deutlich, daß der Ausbau der medizinischen Infrastruktur auf dem Land nicht genügte, um eine nachhaltige Verbesserung der Verhältnisse zu erreichen. Dazu wäre eine ganze Reihe von flankierenden Maßnahmen notwendig gewesen, angefangen von gezielten Hilfen für bestimmte Risikogruppen bis zu Initiativen zur Veränderung gesundheitsschädlicher Verhaltensweisen und Lebensbedingungen. Abgesehen davon, daß man auch Anfang der sechziger Jahre noch zu wenig Geld für solche Aktivitäten hatte, mußte die staatliche Gesundheitspolitik hier an ihre Grenzen stoßen. Schließlich waren gerade die gesundheitlichen Probleme der Landfrauen untrennbar mit der schwierigen Lage der bäuerlichen Familienbetriebe unter den Bedingungen eines forcierten sozioökonomischen Strukturwandels und mit den traditionellen Mustern der Arbeitsteilung zwischen Mann und Frau verknüpft[291].

Nach diesem Bericht wurde von verschiedenen Gremien ein Ausbau der Familienfürsorge auf dem Land, der vermehrte Einsatz von Dorfhelferinnen und die Intensivierung der Gesundheitsfürsorge angeregt. Der Landesgesundheitsrat forderte den Bayerischen Bauernverband auf, einen Ausschuß für ländliche Gesundheitsfragen zu bilden. Ferner sollte ein rationeller Ausbau der landwirtschaftlichen Betriebe die Bäuerinnen entlasten. Letzteres war aber aus finanziellen Gründen vor allem für viele Kleinbetriebe nicht möglich[292]. Eine wichtige Rolle bei der Umsetzung dieser Forderungen spielte das Müttergenesungswerk, das seit Mitte der sechziger Jahre spezielle Programme für Bäuerinnen auflegte. Für sie gab es nun Kuren, die anstatt der üblichen vier Wochen nur zehn oder vierzehn Tage dauerten. Mochte dieser Kompromiß auch aus medizinischen Gründen umstritten sein, so gab es doch keine andere Lösung, da die erholungsbedürftigen Bäuerinnen Hof und Familie nicht länger verlassen konnten. Aus der Sicht des Müttergenesungswerks war diese Form der Kur ein großer Erfolg, da die Bäuerinnen nicht nur Ruhe fanden, sondern sich auch über Fragen der Ernährung und der Gesundheitserziehung informieren konnten[293].

Hier zeigt sich ein Grundproblem, mit dem viele bäuerliche Familienbetriebe zu kämpfen hatten: Fielen der Betriebsleiter oder seine Frau auch nur wenige Wochen aus, sei es wegen einer Krankheit, wegen eines Unfalls oder wegen der Geburt eine Kindes, wurde die „Weiterbewirtschaftung des Hofes häufig in Frage gestellt oder unmöglich"[294]. Deswegen hatte der Landesgesundheitsrat auch 1961

[291] Vgl. dazu Heide Inhetveen/Margret Blasche, „Wenn's Weiber gibt, kann's weitergehn ..." Frauen in der kleinbäuerlichen Landwirtschaft, Opladen 1983.
[292] BayHStA, MInn vorl. Nr. M 1053.1, Bayerischer Landtagsdienst, handschriftlich gekennzeichnet Nr. 48/1961: Empfehlungen des Bayerischen Landesgesundheitsrats; die Datierung ist zweifelhaft.
[293] BayHStA, MInn vorl. Nr. M 1053.2, Deutsches Müttergenesungswerk an das bayerische Staatsministerium des Innern vom 16. 9. 1966.
[294] Gesundheitsprogramm 1974, S. 225f.

einen verstärkten Einsatz von Dorfhelferinnen gefordert[295], deren Aufgabe es war, den „Aufgabenbereich des gefährdeten oder kranken Menschen [zu] übernehmen", ihn im Bedarfsfall zu betreuen oder „ihm die erforderliche gesundheitliche Behandlung" zu ermöglichen[296]. Der Einsatz dieser Betriebs- und Haushaltshilfen wurde über die landwirtschaftliche Sozialversicherung finanziert und war seit 1965 in der landwirtschaftlichen Altershilfe beziehungsweise seit 1972 in der Unfall- und Krankenversicherung für Landwirte verankert. Anfang der siebziger Jahre gab es in Bayern immerhin 96 hauptberufliche Betriebshelfer und 176 Dorfhelferinnen, die bei den Landeskuratorien für katholische und evangelische Dorfhelferinnen sowie beim Landeskuratorium für Betriebshelfer angestellt waren. Der Freistaat Bayern erstattete diesen Institutionen 80 Prozent der Personal- und 50 Prozent der Sachkosten; 1974 standen dafür 3,9 Millionen DM aus Landesmitteln zur Verfügung.

Noch früher reagierte der Freistaat bei der Aufklärung und Gesundheitserziehung. Bereits 1962 wurden an den Volksschulen 350 000 Merkblätter über die Zahnpflege und 100 000 Broschüren mit dem Titel „Trampel nicht auf deiner Gesundheit herum" verteilt[297]. Landwirtschaftliche Berufsschulen boten Vorträge über gesundheitliche Fragen an. Auch werdende Mütter wurden besser auf die Geburt vorbereitet; 1962 erhielten immerhin 30 000 von ihnen Broschüren mit Ratschlägen für Schwangerschaft und Geburt. Vor allem in ländlichen Gegenden gab es nun „Gesundheitserziehungswochen". In den landwirtschaftlichen Berufs- und Haushaltungsschulen hielten Fürsorgerinnen Unterricht über Säuglingspflege. Initiativen aus anderen Bereichen kamen dazu, etwa die Verbesserung des schlechten Sportangebots in den Landschulen oder die Errichtung von Schwimmbädern auch in kleineren Gemeinden, damit die ländliche Jugend durch Schwimmen ihre Haltungsschäden korrigieren konnte[298].

Insgesamt war also ab Ende der fünfziger Jahre ein neues Problembewußtsein hinsichtlich der bäuerlichen Lebensweise und deren Gesundheitsgefahren in Bayern entstanden. Eine zentrale Frage wurde in der Debatte über die Gesundheit des „Landvolks" allerdings kaum angesprochen: Die fehlende Absicherung bäuerlicher Familien gegen die Kosten von Krankheit. Selbständige Landwirte mußten sich nämlich nicht krankenversichern[299]. Mehr und mehr Bauern erwarben zwar die Mitgliedschaft in einer gesetzlichen Krankenkasse über einen Nebenerwerb oder traten freiwillig in die Land- beziehungsweise Ortskrankenkassen ein. Es fanden sich aber gerade bei der älteren Generation viele Personen, die noch nicht versichert waren. Insbesondere mitarbeitende Verwandte, die nicht unter die Familienversicherung fielen, waren selten gegen die Kosten von Krankheit abge-

[295] BayHStA, MInn vorl. Nr. M 1053.1, Bayerischer Landtagsdienst, handschriftlich gekennzeichnet Nr. 48/1961: Empfehlungen des Bayerischen Landesgesundheitsrats; die Datierung ist zweifelhaft.
[296] Gesundheitsprogramm 1974, S. 225 f.; das folgende nach ebenda.
[297] BayHStA, MInn vorl. Nr. M 1053.2, bayerisches Staatsministerium des Innern an den Landtag vom 24.8. 1964.
[298] BayHStA, MInn vorl. Nr. M 1053.2, Abteilung III des bayerischen Staatsministeriums des Innern an das Ministerbüro vom Mai 1962.
[299] Vgl. van Deenen/Harms, Soziale Sicherung, S. 18–21. Eine Untersuchung speziell für Bayern existiert leider nicht.

sichert[300]. In den sechziger Jahren gehörten vor allem Vertreter der jüngeren Generation zu denen, die sich freiwillig versicherten. Viele Bauern waren nun auch nicht mehr privat versichert, sondern traten freiwillig einer gesetzlichen Krankenkasse bei, was früher nicht möglich gewesen war, da die Land- und Ortskrankenkassen nur Arbeitnehmer aufgenommen hatten und freiwillige Versicherungen nicht abgeschlossen werden konnten. Gerade bei den jüngeren Betriebsleitern und deren Frauen und Kindern war die Gruppe der Nichtversicherten zwischen 1959/60 und 1964/65 gesunken. Aber auch die ältere Generation war Mitte der sechziger Jahre deutlich besser versichert. Diese Veränderung ging einher mit einem allgemeinen Wandel der sozialpolitischen Anschauungen: 1955 war noch heftig diskutiert worden, ob soziale Sicherung überhaupt in das Landwirtschaftsgesetz aufgenommen werden sollte.

Formen des Krankenversicherungsschutzes[301]

		1959/60 in Prozent[302]			1964/65 in Prozent				
Personengruppen[303]	Alter	nicht versichert	gesetzlich vers.[304]	freiwillig vers.[305]	nicht versichert	gesetzlich vers.	freiwillig in GKV	private Vollvers.	private Teilvers.
Betriebsleiter	unter 45	13	10	79	8	16	40	22	14
Betriebsleiter	über 45	20	7	73	14	10	40	27	19
Ehefrauen	unter 45	11	11	80	6	15	45	20	14
Ehefrauen	über 45	17	7	76	13	11	32	27	18
Kinder, Enkel	unter 15	13	9	80	8	16	42	20	14
Söhne, Schwiegersöhne	über 15	19	12	70	14	18	31	22	15
Töchter, Schwiegertöchter	über 15	24	11	65	17	16	38	20	9
Altenteiler Männer	–	35	18	47	29	17	22	21	11
Altenteiler Frauen	–	31	14	56	25	22	21	19	13

Gerade der Bauernverband hatte darin eine Bedrohung der Selbständigkeit und Freiheit der Bauern als Unternehmer gesehen[306]. 1961 plädierten dann in einer – allerdings nicht repräsentativen – Umfrage immerhin 80 Prozent der befragten Landwirte für eine gesetzliche Krankenversicherungspflicht, nur 17 Prozent hielten eine Pflichtversicherung für selbständige Bauern für falsch und waren der

[300] Vgl. ebenda, S. 21. Bei den weiteren mitarbeitenden Personen handelte es sich meistens um die ledigen Geschwister der Betreibsleiter bzw. die Kinder und Geschwister des Altenteilers, die im Betrieb mitarbeiteten. Vgl. zur Versicherung der Landbevölkerung auch Constantin von Dietze/Max Rolfes/Georg Weippert (Hrsg.), Lebensverhältnisse in kleinbäuerlichen Dörfern. Ergebnisse einer Untersuchung in der Bundesrepublik 1952, Hamburg/Berlin 1953, S. 124f.

[301] Zusammengestellt nach van Deenen/Harms, Soziale Sicherung, S. 39f.

[302] Bei Summen über 100 Prozent liegen Doppelversicherungen in der gesetzlichen und in der privaten Krankenversicherung vor.

[303] Die Bezeichnung der Personengruppen ist der Untersuchung entnommen.

[304] Pflichtversichert aufgrund von Nebenerwerbstätigkeit.

[305] In gesetzlicher oder privater Kasse.

[306] Vgl. van Deenen/Harms, Soziale Sicherung, S. 5.

Meinung, dies solle jeder selbst entscheiden; drei Prozent der Befragten hatten zu diesem Thema keine Meinung[307].

Daß nicht versicherte Personen, deren Zahl in den fünfziger Jahren noch relativ hoch war, nur im äußersten Notfall zum Arzt gingen, da sie dafür ja selbst aufkommen mußten, liegt auf der Hand. Daß sich dieses Verhalten ungünstig auf ihren Gesundheitszustand auswirkte, ist ebenfalls nachzuvollziehen. Durch die steigende Anzahl der Krankenversicherten bei der bäuerlichen Bevölkerung wurde deren Gesundheitsschutz deutlich besser, was wiederum ihren Gesundheitszustand positiv beeinflußte. Es sollte aber noch bis 1972 dauern, bis dieses Problem mit dem Gesetz über die Krankenversicherung der Landwirte gelöst werden konnte. Damals wurde für die Bauern eine eigene landwirtschaftliche Krankenkasse eingerichtet, in der sowohl die Bauern als auch die mithelfenden Familienangehörigen nun pflichtversichert waren[308]. Die Bauern hatten damit den gleichen Versicherungsschutz wie der Großteil der Bevölkerung.

1964 legte das Innenministerium erneut einen Bericht über den Gesundheitszustand der ländlichen Bevölkerung vor, in dem es hieß, man könne nicht mehr von einem schlechteren Gesundheitszustand der Landbevölkerung sprechen. Die Säuglingssterblichkeit sei auf dem Land stärker zurückgegangen als in der Stadt und habe sich nun den Werten angeglichen, wie sie auch in den Städten üblich seien. Auch der Allgemeinzustand der Schüler in den ländlichen Regionen habe sich gebessert; nur einzelne „Körperfehler" wie Wirbelsäulenschädigungen träten noch gehäuft auf[309]. Dieser Befund wurde jedoch im Sozialpolitischen Ausschuß des Landtags stark angezweifelt[310]. Der Ausschuß trat auch im Jahr 1965 nochmals mit dem Vorschlag an die Staatsregierung heran, doch eine repräsentative Statistik des Gesundheitszustandes der in der Landwirtschaft Tätigen zu erstellen[311]. Das Innenministerium verwies jedoch darauf, daß eine solche Erhebung kaum noch möglich sei. Nach Regionen könne man nicht mehr untersuchen, da auf den Dörfern auch viele Nicht-Bauern lebten und sich so städtische und ländliche Lebensweise mischten. Bei der Todesursachenstatistik könne man wiederum kaum nach Berufen trennen, da die Berufsbezeichnungen auf den Leichenschauscheinen ungenau seien. Schwierigkeiten gebe es schon mit der Definition der Begriffe „bäuerliche Bevölkerung" und „Landbevölkerung", die in vielen Untersuchungen völlig unterschiedlich verwendet würden[312].

In einem weiteren Bericht des Innenministeriums über die gesundheitlichen Verhältnisse der Frauen und Mütter einschließlich der Landfrauen von 1966

307 Vgl. ebenda, S. 44.

308 Vgl. BGBl. 1972, Teil I/2, S. 1433–1458: Gesetz zur Weiterentwicklung des Rechts der gesetzlichen Krankenversicherung (Gesetz über die Krankenversicherung der Landwirte) vom 10. 8. 1972.

309 BayHStA, MInn vorl. Nr. M 1053.2, bayerisches Staatsministerium des Innern an den Landtag vom 14. 8. 1964.

310 BayHStA, MInn vorl. Nr. M 1053.2, Vormerkung der Abteilung III des bayerischen Staatsministeriums des Innern vom 7. 7. 1958.

311 BayHStA, MInn vorl. Nr. M 1053.2, Bayerischer Landtagsdienst vom 24. 6. 1965.

312 BayHStA, MInn vorl. Nr. M 1053.2, bayerisches Staatsministerium des Innern an den Landtag vom 14. 8. 1964. Weitere Berichte des Innenministeriums über den Gesundheitszustand der ländlichen Bevölkerung, obwohl sie immer wieder vom Landtag und vom Sozialausschuß angemahnt wurden, lagen bis zum Ende des hier untersuchten Zeitraums nicht vor. Die weiterführenden Akten des Innenministeriums zu diesem Thema waren leider noch nicht zugänglich.

wurde dieses Definitionsproblem erneut erwähnt[313]. Man kam hier insgesamt zu dem Schluß, daß die gesundheitliche Belastung der berufstätigen Frauen in der Stadt zwar qualitativ anders, aber kaum geringer sei als die der Landfrauen:

„Den berufstätigen Frauen mit Familie zu helfen, ist besonders schwierig. Den oft einseitigen Belastungen der arbeitenden Stadt- und Landfrauen kann ärztlich meist unmittelbar wenig begegnet werden: Die Vorschläge sind daher vorwiegend sozialhygienischer Natur. Entsprechend den Erscheinungsformen der Störungen ist die Mutter in der Stadt von der Sorge um ihre Kinder während der Arbeit zu entlasten. [...] Den mehr durch körperliche Leiden bedrohten Landfrauen brächte eine strukturelle Umstellung des bäuerlichen Betriebs zwangsläufig eine Besserung, d.h. durch Einsatz arbeitserleichternder und arbeitssparender Geräte könnte manchem vorgebeugt werden. Neben Rationalisierung der Arbeit wäre ebenso eine Modernisierung der Gebäulichkeiten erfolgversprechend."

Auch mit dem Gesundheitszustand der Kinder und Jugendlichen setzte man sich in diesem Jahr erneut auseinander, ohne sich jedoch intensiver mit den Problemen der Landbevölkerung zu befassen[314]. Thema waren vor allem die neuen „Zivilisationskrankheiten" wie „vegetative Labilität" und „Verhaltensstörungen", die alle Jugendlichen beträfen.

Letztlich glich sich also mit den Lebensbedingungen auch der Gesundheitszustand in Stadt und Land an. Was dabei die Maßnahmen der Staatsregierung und der Gesundheitsämter zur Stärkung des ländlichen Raums und zur Besserstellung der Landbevölkerung tatsächlich bewirkten, ist schwer zu sagen. Es läßt sich kaum mit der nötigen Trennschärfe feststellen, was den Initiativen der öffentlichen Hand und was der allgemeinen sozioökonomischen Entwicklung geschuldet ist.

V. Bilanz

Die bayerische Gesundheitspolitik hatte nur einen relativ eng begrenzten Handlungsspielraum, der vor allem auf die strukturellen Bedingungen von Gesundheitspolitik in der Bundesrepublik – die verschränkte Bund-Land-Zuständigkeit und die starke Stellung der nichtstaatlichen Akteure im Gesundheitswesen, der Ärzte, Kassen und Krankenhausträger – zurückzuführen war. Innerhalb ihrer Möglichkeiten unterstützte die bayerische Staatsregierung vor allem die Belange der freien Ärzteschaft und lehnte andere Vorstellungen, die das öffentliche Gesundheitswesen gefördert hätten, oftmals ab, was grundsätzlich den bundespolitischen Tendenzen entsprach.

Ende der fünfziger Jahre zeichnete sich in der bayerischen Gesundheitspolitik eine deutliche Zäsur ab. Zuvor erschienen die Anstrengungen im Gesundheitswesen wenig kohärent. Größere Pläne oder Konzepte wurden in den fünfziger Jahren nicht entwickelt. Danach investierte der Freistaat jedoch verstärkt in die medizinische Infrastruktur, insbesondere in den Ausbau des Krankenhauswesens. Aber nicht nur finanziell, auch konzeptionell trat das Gesundheitswesen im Staat

[313] BayHStA, MInn vorl. Nr. M 1053.2, Bericht des bayerischen Staatsministeriums des Innern über die gesundheitlichen Verhältnisse der Frauen und Mütter einschließlich der Landfrauen vom 26. 4. 1966; das folgende Zitat ebenda.

[314] BayHStA, MInn vorl. Nr. M 1053.2, Bericht des bayerischen Staatsministeriums des Innern über die gesundheitlichen Verhältnisse der Kinder und Jugendlichen vom 7. 7. 1966.

wie auch bei der Regierungspartei in den sechziger Jahren in den Vordergrund: Der gesundheitspolitische Arbeitskreis der CSU entstand 1962, ein Gesundheitsprogramm der Partei wurde 1965 vorgestellt, der Krankenhausplan der Staatsregierung im selben Jahr[315].

In den sechziger Jahren läßt sich eine Verbesserung des Gesundheitszustands der Bevölkerung beobachten; die Infektionskrankheiten waren zurückgegangen, die Lebenserwartung hatte zugenommen. 1960 lagen in Bayern vor allem Niederbayern (36,6 gestorbene Säuglinge auf 1000 Lebendgeborene) und die Oberpfalz (41,8 auf 1000) noch deutlich über dem Bundestrend bei der Säuglingssterblichkeit (35,7 auf 1000), während diese Zahlen in anderen Bundesländern ein weitaus niedrigeres Niveau aufwiesen (zum Beispiel in Hessen mit unter 30 gestorbenen Säuglingen auf 1000 Lebendgeborene)[316]. Bis 1970 hatten sich die Unterschiede innerhalb Bayerns im wesentlichen angeglichen, und die Werte hatten sich dem Bundestrend genähert[317]. Auch bei den Infektionskrankheiten, stellvertretend sei hier die Tuberkulose erwähnt, die früher zu den häufigsten Todesursachen zählte, hatten sich die Zahlen in allen Regierungsbezirken Bayerns dem stark sinkenden Bundestrend angepaßt. Bayern lag beim Bestand an Tuberkulosekranken bereits 1961 unter dem Bundesdurchschnitt[318]. Hierbei muß man aber wieder die starken regionalen Unterschiede innerhalb Bayerns berücksichtigen, besonders zwischen Oberbayern, Niederbayern und der Oberpfalz, die jedoch bis Anfang der siebziger Jahre auch bei dieser Krankheit zurückgingen[319]. Die sogenannten degenerativen oder Zivilisationskrankheiten, also neben Krebs vor allem Herz- und Kreislauferkrankungen, waren dagegen auch in Bayern auf dem Vormarsch[320]. Diese Entwicklungen sind wohl vor allem im Zusammenhang mit den allgemeinen Strukturveränderungen der Zeit zu sehen: Die Einkommen stiegen, so daß auch für die breiten Schichten Wohlstand möglich wurde und typische Armutskrankheiten fast verschwanden. Der Sozialstaat dehnte seine Leistungen auf beinahe alle Bereiche der Gesellschaft aus. Durch den höheren Lebensstandard und die steigende Lebenserwartung traten andere Krankheiten in den Vordergrund.

Gleichzeitig hatte sich jedoch auch die medizinische Infrastruktur in Bayern verbessert und dem Bundestrend weitgehend angeglichen: Die Ausstattung mit Krankenbetten lag in Oberbayern bereits 1960 deutlich über dem Bundesdurchschnitt (129 Krankenbetten auf 10000 Einwohner in Oberbayern, 104 im Bundes-

315 BayHStA, NL Soenning Ordner B 8, Grundsätze der Gesundheitspolitik der CSU vom 22. 6. 1962, und Gesundheitsprogramm 1974, S. 179f.

316 Vgl. Das Gesundheitswesen der Bundesrepublik Deutschland. Zahlen, Schaubilder, Übersichten, Bd. 1, Stuttgart 1963, S. 60.

317 Vgl. Bericht über das Bayerische Gesundheitswesen 78 (1970), S. 107, und Das Gesundheitswesen der Bundesrepublik Deutschland. Zahlen, Schaubilder, Übersichten, Bd. 3, Stuttgart 1968, S. 156.

318 Vgl. Gesundheitswesen der Bundesrepublik Deutschland, Bd. 1, S. 107. Dem entsprechen auch die Zahlen für 1966: Sowohl bei den Neuerkrankungen wie auch bei dem Bestand der Tuberkulosekranken lag Bayern 1966 unter dem Bundesdurchschnitt. Vgl. Gesundheitswesen der Bundesrepublik Deutschland, Bd. 3, S. 177f.

319 Vgl. Bericht über das Bayerische Gesundheitswesen 79 (1971), S. 106.

320 Bundesweit starben 1970 über 324000 Menschen an Herz- und Kreislaufkrankheiten, das entsprach 44 Prozent der Gestorbenen; vgl. Statistisches Bundesamt, Fachserie A: Bevölkerung und Kultur, Reihe 7: Gesundheitswesen, Wiesbaden 1970, S. 15. In Bayern waren es im selben Jahr 38 Prozent der Gestorbenen; vgl. Bericht über das Bayerische Gesundheitswesen 78 (1970), S. 13.

durchschnitt), während in Niederbayern und der Oberpfalz die Zahlen weitaus geringer waren (98 beziehungsweise 95 Betten auf 10000 Einwohner)[321]. Auch hier glichen sich die Zahlen etwas stärker dem Bundesdurchschnitt an: Insgesamt entsprachen die Verhältnisse in Bayern 1970 mit 112 Krankenbetten pro 10000 Einwohner genau dem Bundestrend; Oberbayern lag zwar weiterhin deutlich darüber, aber gerade Niederbayern und die Oberpfalz hatten mit ca. 100 Betten pro 10000 Einwohner etwas aufgeholt[322]. Die Anzahl der Ärzte in Bayern überstieg dagegen bereits in den fünfziger Jahren die Vergleichszahlen auf Bundesebene (1955 kamen in Bayern 14,3 Ärzte auf 10000 Einwohner, im Bundesdurchschnitt waren es 13,5). Besonders gegenüber den Ländern Rheinland-Pfalz (11,1 auf 10000), Nordrhein-Westfalen (12,7) und Niedersachsen (11,7) hob sich Bayern hier ab[323]. Die anderen Länder holten im Laufe der sechziger Jahre eher auf: 1966 lag Bayern mit 14,9 Ärzten auf 10000 Einwohner nur noch geringfügig über dem Bundesdurchschnitt (14,5)[324].

Die anfangs noch deutlichen Unterschiede zwischen städtischen und ländlichen Regionen hatten sich auch in Bayern verringert; die Entwicklung näherte sich insgesamt dem Bundestrend. Trotz einiger weiterhin spürbarer regionaler Disparitäten hatte inzwischen ein raumgreifender Strukturwandel in der bayerischen Gesellschaft stattgefunden. Das Krankenhauswesen war modernisiert und ausgebaut worden. Selbst kleine Gemeinden waren mittlerweile an das Straßennetz angeschlossen, so daß Transporte ins Krankenhaus kein größeres Hindernis mehr darstellten. Die hygienischen Verhältnisse in den ländlichen Gebieten hatten sich ebenfalls stark gebessert, besonders die Wasserleitungen waren mittlerweile modernisiert worden. Mitte der sechziger Jahre waren auch in kleinen Dörfern in vielen alten Häusern Bäder eingebaut worden, was die persönliche Hygiene erheblich erleichterte. Insgesamt war der Wohlstand der Bevölkerung gewachsen. Auch die Leistungen der gesetzlichen Krankenkassen wurden in den sechziger Jahren stark erweitert; Vorsorgeuntersuchungen gehörten nun mit zum Angebot.

Anfang der siebziger Jahre, am Ende des Untersuchungszeitraums, wurde dann durch verschiedene bundespolitische Gesetzesregelungen das Gesundheitswesen nochmals ausgebaut und die Versorgung der Bevölkerung verbessert. Durch das Krankenhausfinanzierungsgesetz von 1972 setzte eine verbesserte Regional- und Landesplanung im Krankenhauswesen ein; durch die neu geschaffene Krankenversicherung der Landwirte im gleichen Jahr konnte auch diese Bevölkerungsgruppe vom weiteren Ausbau der Krankenkassenleistungen profitieren[325]. Das „Ende der Provinz"[326] hatte nun auch im Bereich der medizinischen Versorgung begonnen.

[321] Vgl. Gesundheitswesen der Bundesrepublik Deutschland, Bd. 1, S. 260.
[322] Vgl. Statistisches Bundesamt, Gesundheitswesen, S. 170.
[323] Vgl. Gesundheitswesen der Bundesrepublik Deutschland, Bd. 1, S. 268.
[324] Vgl. Gesundheitswesen der Bundesrepublik Deutschland, Bd. 3, S. 463.
[325] Vgl. BGBl. 1972, Teil I/1, S. 1009–1017: Gesetz zur wirtschaftlichen Sicherung der Krankenhäuser und zur Regelung der Krankenhauspflegesätze vom 29. 6. 1972, und Teil I/2, S. 1433–1458: Gesetz zur Weiterentwicklung des Rechts der gesetzlichen Krankenversicherung (Gesetz über die Krankenversicherung der Landwirte) vom 10. 8. 1972.
[326] Heinz Burghart, Das Ende der „Provinz", in: Georg Jenal (Hrsg.), Gegenwart in Vergangenheit. Beiträge zur Kultur und Geschichte der neueren und neuesten Zeit. Festschrift für Friedrich Prinz zum 65. Geburtstag, München 1993, S. 391–417.

Winfried Müller, Ingo Schröder, Markus Mößlang

„Vor uns liegt ein Bildungszeitalter."[1]

Umbau und Expansion – das bayerische Bildungssystem 1950 bis 1975

I. Einleitung

Im Zentrum der vorliegenden Studie stehen Bildungspolitik und Bildungsgeschichte des Freistaats Bayern zwischen 1950 und 1975. Dabei werden auf allen Ebenen des Bildungswesens allein schon in quantitativer Hinsicht erhebliche Veränderungen festzustellen sein – und zwar nicht nur, wie man zunächst annehmen möchte, im Sinne einer Vermehrung der Bildungsinstitutionen. Im Volksschulbereich beispielsweise wurde der Bestand im Untersuchungszeitraum um mehrere tausend Einrichtungen verringert. Hintergrund dieser Entwicklung war die Zusammenfassung der oft winzigen Dorfschulen zu durchgegliederten Verbandsschulen, die unter dem Aspekt der Vermittlung von Wissen, das den Anforderungen der modernen Arbeitswelt entsprach, unumgänglich war. Parallel dazu setzte mit der Zusammenlegung von Volksschulen, die auch eine Fusion katholischer und evangelischer Bekenntnisschulen mit sich brachte, der schleichende Prozeß der Aushöhlung des nach dem Zweiten Weltkrieg restituierten und 1946 in der bayerischen Verfassung verankerten Konfessionsschulprinzips ein. Mit der 1968 beschlossenen Verfassungsänderung erging es der konfessionsgebundenen Volksschule wie zuvor schon der – als vormodern apostrophierten oder romantisch verklärten – Dorfschule: Sie wurde aus der bayerischen Schulgeschichte verabschiedet. Die Erschließung des Landes und die Mobilisierung seiner Bildungsreserven gingen im Primärschulbereich somit mit einem Verdichtungsprozeß einher. Diese Entwicklung ist teilweise auch im Berufsschulbereich zu konstatieren, wo die häufig als Anhängsel der Volksschulen geführten landwirtschaftlichen Berufsschulen ebenfalls einem Konzentrationsprozeß zum Opfer fielen.

Während also die kleinen Dorfschulen, die oft nur die nötigste pädagogische Grundversorgung sicherstellen konnten, zu größeren und leistungsfähigeren Einheiten zusammengefaßt wurden, ließ sich bei jenen Bildungseinrichtungen, die

[1] Stenographischer Bericht über die 97. Sitzung des bayerischen Landtags am 14. 5. 1957, S. 3410 (August Rucker); das vollständige, hier für die Überschrift leicht gekürzte Zitat lautet: „Vor uns, meine Damen und Herren, liegt ein Bildungszeitalter." – Winfried Müller verfaßte die Abschnitte zum allgemeinbildenden Schulwesen und zur Lehrerbildung, zudem besorgte er die Koordinierung der Teilabschnitte. Ingo Schröder behandelte die Philosophisch-Theologischen Hochschulen, Markus Mößlang die Universitäten.

Spezialwissen für die technischen Berufe und den Dienstleistungssektor oder zum Übertritt in den tertiären Bildungssektor berechtigende Abschlüsse vermittelten, der umgekehrte Prozeß beobachten: eine die bisherigen Schulzentren ergänzende Expansion und eine Dezentralisierung der Standorte hin zu den Mittel- und auch Kleinstädten. Diese Entwicklung begann mit dem von der Wirtschaft in den fünfziger Jahren vehement geforderten Ausbau des gewerblichen Berufsschulwesens, wobei die finanziellen Ressourcen der Städte bald nicht mehr ausreichten, so daß der Freistaat in die Bresche springen mußte. Sie setzte sich fort mit dem Aus- oder – besser gesagt – Neuaufbau des Mittel- beziehungsweise Realschulwesens und der Verdichtung des Netzes der höheren Schulen.

Seinen Abschluß fand dieser Streuungsprozeß in den Universitätsgründungen der sechziger und siebziger Jahre. War in der vorherigen Dekade das Projekt einer vierten Landesuniversität noch nicht als zwingend notwendig erachtet worden, so wurde zunächst in der Hoffnung auf eine Entlastung der bestehenden Hochschulen, dann verstärkt auch unter regionalpolitischen Aspekten, die bayerische Hochschullandschaft um nicht weniger als fünf staatliche (Regensburg, Augsburg, Bamberg, Bayreuth, Passau) und eine nichtstaatliche Universität (Eichstätt) bereichert; als Einrichtung des Bundes kam noch die Bundeswehrhochschule in München-Neubiberg hinzu.

Symptomatisch für die Tendenz zur quantitativen Ausweitung des sekundären und tertiären Bildungssektors war es, daß im Zuge dieser Gründungswelle ältere Bildungsanstalten den Anschluß an die Universitäten suchten, die mit dem Promotions- und Habilitationsrecht ausgestattet waren. Zum einen waren das die Institutionen der Volksschullehrerbildung; hier wurde, ausgehend von den traditionellen Lehrerbildungsanstalten, die ursprünglich nicht einmal das Abitur voraussetzten, der Weg zur Akademisierung beschritten, der zunächst 1958 zu Pädagogischen Hochschulen führte, die den Universitäten angegliedert waren, und der 1972 in den erziehungswissenschaftlichen Fachbereichen der Universitäten endete. Zum anderen waren es die Philosophisch-Theologischen Hochschulen, die vor allem der Ausbildung des katholischen Diözesanklerus verpflichtet waren; diese hatten zunehmend mit Nachwuchsproblemen zu kämpfen und gingen – allerdings nicht ganz freiwillig – in den Universitäten auf oder mutierten im Falle der nichtstaatlichen Hochschule in Eichstätt zur Universität.

Das Ende von Konfessions- und Dorfschule, der quantitative Schrumpfungsprozeß der Volks- und landwirtschaftlichen Berufsschulen, der Ausbau des Berufsschulwesens, der Aufbau des Mittelschul- und die Ausweitung des Gymnasialwesens, der erhebliche Statusgewinn der Lehrerbildung, das Verschwinden der Philosophisch-Theologischen Hochschulen, schließlich die Expansion der Universitäten – nimmt man alles zusammen, ist man angesichts der doch relativ kurzen Zeitspanne, in der sich das vollzog, geneigt, von dramatischen Vorgängen zu sprechen. Zumal dann, wenn man Veränderungen in der Binnenstruktur der einzelnen Sektoren des Bildungswesens hinzunimmt: die Differenzierung des Volksschulwesens in Grund- und Hauptschule oder die Einrichtung von Fachober- und Fachhochschulen sind hier ebenso zu nennen wie die Reform der gymnasialen Oberstufe, die aus Schülern Kollegiaten machte, oder der Übergang von der Ordinarien- zur Gruppenuniversität an den Hochschulen. Dieser Um- und

Ausbau des Bildungssystems vollzog sich denn auch teilweise nicht ohne aufsehenerregende Begleitumstände. In der Lehrerbildungsfrage etwa verstand es der Bayerische Lehrerinnen- und Lehrerverband (BLLV), seine Klientel zu mobilisieren. Im Volksschulbereich stieß die Bildung von Verbandsschulen auf teilweise massive Vorbehalte in kleinen Gemeinden, und die Verabschiedung des Konfessionsschulprinzips war bis zur Verfassungsänderung von 1968 über Jahre hinweg ein Politikum ersten Ranges, bei dem sich nur mühsam ein Konsens zwischen Staat und Kirchen finden ließ. Die Umstrukturierung im Universitätsbereich schließlich fiel zeitweise mit der Studentenbewegung zusammen, die sich gegen den Ballast aus vormodernen Traditionen und Normen an den Hochschulen richtete, deren Motive und Ziele aber freilich auch außerhalb der Universitäten lagen.

Aus diesen wenigen Andeutungen geht bereits hervor, daß die Bildungspolitik immer größere gesellschaftspolitische Relevanz gewann. Der Strukturwandel auf dem Land[2], der Bedarf an technisch geschultem Nachwuchs, wie er durch die Verkehrsentwicklung in der mobilen Gesellschaft, durch den Aufbau der Bundeswehr und durch die noch von keiner Skepsis gegenüber den Kosten des Fortschritts getrübten Hoffnungen auf Zukunftstechnologien hervorgebracht wurde – dies alles führte in den Jahren des sogenannten Wirtschaftswunders dazu, daß immer mehr Menschen bereit waren, längere und schwierigere Bildungswege in Kauf zu nehmen. Die Schule, und vor allem die höhere Schule, wurde – wie es Helmut Schelsky 1957 formulierte – „zur ersten und damit entscheidenden zentralen sozialen Dirigierungsstelle für die künftige soziale Sicherheit, für den künftigen sozialen Rang und für das Ausmaß künftiger Konsummöglichkeiten“[3]. Zugleich wurden Ende der fünfziger Jahre Befürchtungen laut, daß Deutschland aufgrund einer im internationalen Vergleich zu geringen Zahl an qualifizierten Bildungsabschlüssen mit den führenden Industrienationen nicht würde Schritt halten können, daß mithin verstärkte Investitionen in den Bildungssektor nötig seien, um die Jahre der Prosperität zu prolongieren.

Nachdem die Jahre nach 1945 im Zeichen der Rekonstruktion des bayerischen Bildungswesens und der Bewahrung seiner tradierten Struktur gegen Änderungswünsche der amerikanischen Besatzungsmacht gestanden hatten und nachdem auch in den fünfziger Jahren das Klima für bildungspolitische Experimente zunächst nicht gerade günstig gewesen war, zeigten sich etwa in der Mitte der Dekade die Vorboten einer Aufbruchstimmung. Die wachsende politische Bedeutung der Bildungspolitik in Bayern kündigte sich mit der Bildung der Viererkoalition im Dezember 1954 an, einem von der SPD geführten Bündnis unter Ausschluß der CSU[4], das beispielsweise der Lehrerbildungsfrage enormes Gewicht beimaß und mit einem nach Kultusminister August Rucker benannten Plan ein Wissenschaftsförderungsprogramm vorlegte, das auch die Aktivitäten in anderen Bundesländern befruchtete. Die bayerische Sozialdemokratie mit ihrem in bil-

[2] Vgl. Paul Erker, Revolution des Dorfes? Ländliche Bevölkerung zwischen Flüchtlingszustrom und landwirtschaftlichem Strukturwandel, in: Martin Broszat/Klaus-Dietmar Henke/Hans Woller (Hrsg.), Von Stalingrad zur Währungsreform. Zur Sozialgeschichte des Umbruchs in Deutschland, München [3]1990, S. 367–426.

[3] Helmut Schelsky, Schule und Erziehung in der industriellen Gesellschaft, Würzburg 1957, S. 17.

[4] Zur Viererkoalition vgl. Maximilian Lanzinner, Zwischen Sternenbanner und Bundesadler. Bayern im Wiederaufbau 1945–1958, Regensburg 1996, S. 372–391.

dungspolitischen Fragen besonders engagierten Vorsitzenden Waldemar von Knoeringen verstand es rascher als die Union, den Bildungsdrang und den Aufstiegswillen breiter Bevölkerungsschichten aufzugreifen und wirksam zu formulieren. Besorgt registrierte man denn auch im Bundesvorstand der CDU:

„Sie tut nichts anderes. Sie redet unablässig auf die akademische Existenz ein. Deshalb ist ihr zweites Wort: Wissenschaftsförderung, zweiter Bildungsweg, Hochschulförderung, Freiplätze bis zum Abitur usw. Alles das ist ein rührender Ausdruck des Bildungsglaubens der SPD und natürlich auch des Kampfs der SPD um eine Schicht, der sie sich zunächst verschlossen hatte.“[5]

Der vorliegende Beitrag nimmt vor allem die Dynamisierung und Politisierung des Bildungssektors in den späten fünfziger und in den sechziger Jahren in den Blick, die auch in diesem Zitat deutlich werden. Dieser Ansatz ermöglicht es nicht zuletzt, die Fokussierung der Forschung auf die Bildungs- und Wissenschaftsgeschichte der ersten Nachkriegsjahre zu durchbrechen[6]. Die Bedeutung der Besatzungszeit, die durch die Akten der alliierten Militärbehörden und der deutschen Kultusbürokratie zudem gut dokumentiert ist, für die deutsche Bildungsgeschichte soll damit in keiner Weise in Zweifel gezogen werden. Weil aber die in diesen Jahren konstitutive Debatte um die Demokratisierung und Neustrukturierung des Bildungswesens teilweise erst mit gehörigem zeitlichen Abstand ihre Wirkung entfaltete, scheint es geboten, die sechziger und frühen siebziger Jahre in die Forschung einzubeziehen, über die aus der Sicht der Bildungshistoriker noch vergleichsweise wenig bekannt ist. Was Bayern betrifft, so liegt dies nicht zuletzt daran, daß die einschlägigen Akten der bayerischen Kultus- und Wissenschaftsbürokratie erst in der zweiten Hälfte der achtziger Jahre sukzessive an das Bayerische Hauptstaatsarchiv abgegeben und archivalisch erschlossen wurden[7].

[5] Protokoll der Sitzung des Bundesvorstands der CDU am 23. 5. 1960, in: Adenauer: „... um den Frieden zu gewinnen“. Die Protokolle des CDU-Bundesvorstands 1957–1961, bearb. von Günter Buchstab, Düsseldorf 1994, S. 683.

[6] Vgl. etwa Karl Ernst Bungenstab, Umerziehung zur Demokratie? Reeducation-Politik im Bildungswesen der US-Zone 1945–1949, Düsseldorf 1970; Manfred Heinemann (Hrsg.), Umerziehung und Wiederaufbau. Die Bildungspolitik der Besatzungsmächte in Deutschland und Österreich, Stuttgart 1981; James F. Tent, Mission on the Rhine. Reeducation and Denazification in American-occupied Germany, Chicago 1982; Franz Knipping/Jacques Le Rider (Hrsg.), Frankreichs Kulturpolitik in Deutschland 1945–1950, Tübingen 1987; Stefan Zauner, Erziehung und Kulturmission. Frankreichs Bildungspolitik in Deutschland 1945–1949, München 1994; David Phillips, Pragmatismus und Idealismus. Das „Blaue Gutachten“ und die britische Hochschulpolitik in Deutschland 1948, Köln/Wien 1995; Alexandr Haritonow, Sowjetische Hochschulpolitik in Sachsen 1945–1949, Köln/Wien 1995. Speziell zu Bayern vgl. Winfried Müller, Schulpolitik in Bayern im Spannungsfeld von Kultusbürokratie und Besatzungsmacht 1945–1949, München 1995; Winfried Müller, Die Universitäten München, Erlangen und Würzburg nach 1945. Zur Hochschulpolitik in der amerikanischen Besatzungszone, in: Maximilian Lanzinner/Michael Henker (Hrsg.), Landesgeschichte und Zeitgeschichte. Forschungsperspektiven zur Geschichte Bayerns nach 1945, Augsburg 1997, S. 53–87, sowie die einschlägigen Beiträge in: Max Liedtke (Hrsg.), Handbuch der Geschichte des bayerischen Bildungswesens, Bd. 3: Geschichte der Schule in Bayern von 1918 bis 1990, Bad Heilbrunn 1997.

[7] Das bayerische Kultusministerium gab seit 1985 zunächst die Akten ab, die in der Nachkriegszeit auf dem Feld der Schulpolitik angefallen waren. Die Bestände, die die Universitäten betrafen, blieben zunächst von der Abgabe ausgenommen, was auch mit der vorübergehenden Teilung des Ministeriums zusammenhing, und wurden erst seit Anfang der neunziger Jahre an das Bayerische Hauptstaatsarchiv überstellt.

In der vorliegenden Studie werden der Umbau und die Expansion des Bildungssystems am Beispiel Bayerns behandelt, das als zunächst noch agrarisch strukturierter Flächenstaat zwar einige Besonderheiten wie die Streuung dörflicher Zwergschulen und die Zentralisierung des weiterführenden Schulwesens in relativ wenigen Städten aufwies, die aber nicht überbewertet werden dürfen, denn auch in anderen Bundesländern gab es regionalkulturelle Prägungen des Bildungswesens. Letztlich handelt es sich um überregionale, nicht auf ein Bundesland beschränkte Erscheinungen, die zunehmend auch von länderübergreifenden Koordinierungsinstanzen wie der Kultusministerkonferenz oder dem mit der Planung der hochschul- und wissenschaftspolitischen Aktivitäten betrauten Wissenschaftsrat sowie nicht zuletzt vom Bund beeinflußt wurden; letzterer spielte etwa bei der Finanzierung der Hochschulprogramme, bei der mit der Expansion der Universitäten und der Explosion der Studentenzahlen einhergehenden Suche nach Modellen der Ausbildungsförderung oder der zentralen Vergabe von Studienplätzen eine wichtige Rolle. Auch kostenintensive Großforschungsprojekte machten deutlich, daß Wissenschaftsförderung nicht mehr eine genuin landespolitische Aufgabe sein konnte, sondern der subsidiären Hilfe des Bundes bedurfte. So gesehen blieb das „Bildungszeitalter“, von dem im folgenden die Rede sein wird, auch nicht ohne Konsequenzen für die Entwicklung des föderativen Systems der Bundesrepublik Deutschland.

II. Schule im Wandel

1. Die Volksschulen

Daß die Erschließung des Landes und seines Bildungspotentials im Bereich der Volksschule von einem Verdichtungsprozeß gekennzeichnet war, dem die kleinen ländlichen Zwergschulen zum Opfer fielen, war von der bayerischen Schulpolitik anfangs keineswegs gewünscht worden. Das Schulorganisationsgesetz vom 8. August 1950 hatte nämlich in aller Eindeutigkeit festgelegt, daß „nicht nur die Kirche, sondern auch die Schule im Dorf bleiben“ sollte[8]. Lapidar wurde postuliert, daß in jeder Gemeinde „grundsätzlich wenigstens eine Volksschule zu errichten“ sei[9], auch wenn es sich dabei nur um eine Einrichtung mit einigen Dutzend Kindern handeln sollte. In den Landtagsberatungen, die der Verabschiedung des Gesetzes vorausgegangen waren, hatte Kultusminister Alois Hundhammer (CSU) die seit langem bekannten Vorwürfe gegen die ländlichen Zwergschulen noch einmal vehement zurückgewiesen – nicht zuletzt mit Reminiszenzen an die eigene Schulzeit. So führte der Kultusminister, der selbst eine ungeteilte Volksschule besucht hatte, aus:

[8] Franz Sonnenberger, Die Rekonfessionalisierung der bayerischen Volksschule 1945–1950, in: ZfBLG 45 (1982), S. 87–155, hier S. 148.

[9] Josef Mayer, Das Schulorganisationsgesetz. Erläuterungsschrift mit Abdruck der einschlägigen gesetzlichen Vorschriften, München 1951, S. 50.

„Ich möchte ausdrücklich sagen: Wenn ich jetzt die Wahl zwischen einer ganz durchgeteilten oder einer gering geteilten oder einer ungeteilten Schule hätte, würde ich aus meiner Lebenserfahrung heraus für mich persönlich die ungeteilte Schule wählen. Denn ich habe als Kind in der 1. Klasse sehr viel mitbekommen, was die Kinder in den höheren Klassen an Unterricht erhielten, und ich habe weitaus mehr im gesamten Unterricht gelernt als die anderen. [...] Ich habe damals die Möglichkeit gehabt, die Grundlagen zu meinem späteren raschen Fortschritt in meinem Werdegang zu legen."[10]

Daß Hundhammer und mit ihm die Mehrheit der christlich-sozialen Kulturpolitiker eine solche Lobeshymne auf die Dorfschulen anstimmten, ging freilich nicht nur auf die positiven Erfahrungen des Ministers zurück, vielmehr war es konservativer Grundkonsens, daß Schule und Lehrer ein kultureller Mittelpunkt des Dorfes sein sollten und daß sich nur in einer Atmosphäre dörflicher Geborgenheit eine sittliche und charakterbildende Erziehung der Kinder erreichen lasse. Von den Befürwortern gut ausgebauter Verbandsschulen, wie etwa dem BLLV und der SPD, wurde dies als „Romantik der Nestwärme" kritisiert, überhaupt sei das „Klischee vom orgelschlagenden Dorfschullehrer, der einst die dörfliche Kulturzentrale bildete", veraltet[11]. Kirchliche und konservative Kreise hingegen sahen mit den Verbandsschulen die Gefahr einer Entfremdung von Schule und Elternhaus heraufziehen, da der unmittelbare Kontakt der Erziehungsberechtigten mit den Lehrern verlorengehe und der Lehrer die persönlichen Verhältnisse der Kinder nicht mehr kenne. Die Kinder würden überdies der dörflichen Gemeinschaft und der Ortskirche entgleiten; gerade in den entwicklungspsychologisch wichtigen Jahren müßten sie von ihrem Seelsorger vor Ort unterrichtet werden und nicht von Religionslehrern, die mit ihren alltäglichen Sorgen nicht vertraut seien. Ferner seien weite Schulwege mit Gefahren für die Fahrschüler verbunden. Kurzum: Die positiv als „Lernfamilie" definierte Arbeits- und Erziehungsgemeinschaft der ungeteilten Dorfschule sei pädagogisch wertvoll. Es sei, so formulierte es die Kommission für Familie, Schule und Erziehung der deutschen Bischöfe noch 1961,

„ein Irrtum, wenn man meint, der pädagogische Wert einer Schule hänge ausschließlich oder nur in erster Linie von organisatorischen Maßnahmen ab und eine Schule sei um so leistungsfähiger, je reicher sie gegliedert ist. Auch die weniggegliederte und sogar die einklassige Schule hat, wie wir alle wissen, große Erfolge aufzuweisen."[12]

Die Ablehnung von Verbandsschulen hing eng mit einer wichtigen Grundsatzentscheidung aus der Besatzungszeit zusammen, nämlich mit der von Alois Hundhammer und der CSU forcierten Wiedereinführung der in der NS-Zeit beseitigten Bekenntnisschule[13], die gemäß Artikel 135 der bayerischen Verfassung von 1946 als Regelschule vorgesehen war. Daneben waren zwar auch Gemeinschaftsschulen zugelassen – allerdings nur auf Antrag und nur in Orten mit gemischt-konfessioneller Bevölkerung. Das Schulorganisationsgesetz von 1950 präzisierte diese Verfassungsbestimmung dahingehend, daß in Orten mit einer Bekenntnisminderheit von einem Prozent eine Gemeinschaftsschule zu errichten war, wenn mindestens

10 Stenographischer Bericht über die 168. Sitzung des bayerischen Landtags am 5. 7. 1950, S. 610.
11 Josef Mayer, Der Wiederaufbau des bayerischen Volksschulwesens. Darstellung im Lichte katholischer Schulpolitik, Passau 1965, S. 95 f.
12 Ebenda, S. 104.
13 Vgl. Müller, Schulpolitik, S. 190ff., und Sonnenberger, Rekonfessionalisierung, S. 87ff.

fünf Erziehungsberechtigte mit volksschulpflichtigen Kindern dies verlangten und dabei die Zustimmung von insgesamt 25 Erziehungsberechtigten mit Schulkindern fanden. Hatte eine Gemeinde, in der eine Gemeinschaftsschule beantragt wurde, bereits eine Bekenntnisschule, so war diese unter der Voraussetzung weiterzuführen, daß es eine ausreichende Zahl von Schülern gab. Durch diese Schutzklausel war die vage Möglichkeit, durch Beantragung einer Gemeinschaftsschule die Aufhebung einer Bekenntnisschule zu bewirken, weitgehend ausgeschlossen. Neben einer bereits bestehenden Bekenntnisschule konnte aber nicht nur eine Gemeinschaftsschule, sondern auch eine Konfessionsschule für das andere Bekenntnis eröffnet werden, vorausgesetzt, daß dies dem Willen der Erziehungsberechtigten entsprach, daß diese Schule in den folgenden fünf Jahren 25 Schüler haben würde und daß diesen Kindern der Besuch einer benachbarten Konfessionsschule des eigenen Bekenntnisses nicht zugemutet werden konnte.

Bei diesen Bestimmungen ist nun freilich zu beachten, daß die früher übliche konfessionelle Homogenität auf der Dorfebene – und das hätte im Grunde auch schon den Verfassungsvätern geläufig sein müssen – aufgrund des Flüchtlingszustroms nach dem Zweiten Weltkrieg nicht mehr existierte. Hatte es in Bayern 1939 noch 1353 ausschließlich katholische und 140 ausschließlich evangelische Gemeinden gegeben, so waren davon 1953 nur mehr 27 rein katholische Gemeinden übriggeblieben; eine rein evangelische war nicht mehr vorhanden[14]. Die Befürchtung, nach Erlaß des Schulorganisationsgesetzes werde es zu einer Flut von Anträgen für neue Bekenntnis- und Gemeinschaftsschulen kommen, bestätigte sich aber nicht. Offenkundig hielt sich das Bedürfnis der Eltern nach Errichtung neuer Schulen doch sehr in Grenzen, so daß die Lage aufs Ganze gesehen relativ stabil blieb: Im Schuljahr 1950/51 gab es in Bayern 4961 katholische und 1519 evangelische Bekenntnisschulen sowie 277 Gemeinschaftsschulen, im Schuljahr 1959/60 existierten 5204 katholische und 1557 evangelische Bekenntnisschulen sowie 242 Gemeinschaftsschulen. Wenn im gleichen Zeitraum die Zahl der einklassigen Volksschulen enorm anstieg – 1949 waren es 903 von 6529 Schulen, 1960 1853 von 7096[15] –, so war das also nicht auf eine vermehrte Gründung von Zwergschulen mit exklusivem Bekenntnischarakter zurückzuführen. Vielmehr war es so, daß sich in den fünfziger Jahren infolge des Rückgangs der Schülerzahlen – allgemein durch sinkende Geburtenraten verursacht, im ländlichen Bereich freilich durch die Landflucht verschärft – immer mehr Schulen zurückbildeten: voll oder gut ausgebaute zu drei-, vier- oder fünfklassigen, zwei- oder dreiklassige zu ungeteilten, in denen alle Schüler in einer Klasse unterrichtet wurden. 1959/60 besuchten so nur 29,8 Prozent aller Schüler eine voll ausgebaute Volksschule.

Wenngleich das Bekenntnisschulprinzip also nicht zu einer weiteren Fragmentierung der Volksschulen führte, so stand es einem Konzentrationsprozeß doch im Wege. Der an sich naheliegende Gedanke, ungeteilte oder wenig gegliederte Volksschulen zu leistungsfähigen, voll ausgebauten Verbandsschulen zusammenzufassen, stand nämlich im Gegensatz zum Verfassungsgebot der Konfessions-

[14] Vgl. hierzu und zum folgenden Müller, Schulpolitik, S. 219f. und S. 68f.

[15] Vgl. hierzu und zum folgenden Hans Lohbauer, Die Entwicklung des bayerischen Schulwesens von 1945/46 bis 1959/60, München 1960, S. 73 und S. 78 (Beiträge zur Statistik Bayerns 216).

schule als Regelschule. Denn mit der Bildung von Mittelpunktschulen wäre es ja auch zu Zusammenlegungen von Bekenntnisschulen verschiedener Konfessionen beziehungsweise von Bekenntnis- und Gemeinschaftsschulen gekommen. Das hätte nicht nur eine zunehmende konfessionelle Durchmischung der Schüler bedeutet, sondern zugleich wären die Kinder einer Konfession in eine Art Gastrolle in Schulen der anderen Konfession gedrängt worden – sofern die Verbandsschule nicht ohnehin als Gemeinschaftsschule geführt worden wäre. In beiden Fällen wäre wiederum das Elternrecht auf eine Bekenntnisschule des eigenen Glaubens unterlaufen worden. Ein weiteres Problem, das die Zusammenlegung zweier in ihrer konfessionellen Ausrichtung verschiedener Bekenntnisschulen mit sich gebracht hätte, wäre schließlich die Wahrung der konfessionellen Homogenität des Lehrkörpers gewesen, die eines der Hauptcharakteristika der Bekenntnisschule war.

Als man sich im Kultusministerium 1955 erstmals mit dem Gedanken der Aufhebung und Zusammenlegung von Zwergschulen befaßte, war man sich dieser grundsätzlichen Probleme durchaus bewußt: „Auf keinen Fall dürfe der Eindruck entstehen, als würde das Ministerium durch Verbesserung der Landschulverhältnisse auf kaltem Wege die Gemeinschaftsschule fördern wollen.“ Versuche, Schulen zusammenzulegen, sollten deshalb nur in Gegenden „mit möglichst wenig konfessionell gemischter Bevölkerung“ und in „Gebieten mit vorwiegend Arbeiterbevölkerung“ durchgeführt werden, „da dort den Absichten vermutlich mehr Interesse entgegengebracht wird“[16]. Schulen mit unterschiedlichem konfessionellen Charakter seien für Zusammenlegungen nicht geeignet – „schon gar nicht als Modellfall im Versuchsstadium“[17]. Wie nach der Erprobungsphase verfahren werden sollte, blieb offen. Die Zusammenlegung auch bekenntnisungleicher Konfessionsschulen ließ sich allerdings auf Dauer nicht vermeiden. So gesehen leitete die Landschulreform jenen Erosionsprozeß ein, mit dem „Stein um Stein aus dem Mosaik des konfessionellen Volksschulwesens“ herausgebrochen wurde[18].

Man näherte sich schließlich doch trotz aller Rücksichtnahme auf das Schulorganisationsgesetz und das Bekenntnisschulprinzip in der bayerischen Verfassung sowie auf den noch zu thematisierenden Lokalstolz der Schulgemeinden im bayerischen Kultusministerium behutsam dem Thema der Verbandsschulbildung an, da die Volksschule in ihrer hergebrachten Form nicht mehr als hinreichend leistungsfähig eingeschätzt wurde. Ministerialrat Bögl wies im April 1956 in einer Besprechung mit den Leitern der Schulabteilung der Bezirksregierungen in aller Deutlichkeit auf das Problem hin, daß in den ungeteilten Zwergschulen jeweils nur ein Jahrgang vom Lehrer intensiv betreut werden konnte, und verband dies mit der Frage, ob die den anderen Kindern auferlegte „Stillarbeit den unmittelbaren Unterricht ausgleichen kann“. Im Protokoll heißt es weiter:

16 BayHStA, MK 61234, Protokoll der Sitzung der Leiter der Schulabteilungen bei den Bezirksregierungen am 27. 4. 1956.
17 BayHStA, MK 61234, Vormerkung vom 3. 1. 1957.
18 Hubert Buchinger, Volksschule und Lehrerbildung im Spannungsfeld politischer Entscheidungen 1945–1970, München 1975, S. 455.

„Macht auf die Vorwürfe hinsichtlich des Leistungsrückgangs aufmerksam – erwartet weitere Kritik, wenn die Lehrlingsknappheit dazu zwingt, auch in gehobene handwerkliche Berufe weniger geeignete Kinder hereinzunehmen."[19]

Damit war ein Kernpunkt der künftigen Diskussion um die Landschulreform angesprochen, daß nämlich die Zwergschulen mit dem rapiden Strukturwandel[20], dem die Gesellschaft gerade auch auf dem Land unterworfen war, nicht mehr Schritt halten konnten. Die Leiter der Schulabteilungen sahen die Dinge ähnlich und waren einmütig der Auffassung, „daß die einklassige und auch die wenig gegliederte Landschule den Aufgaben von heute nicht mehr gerecht zu werden vermag". Gleichzeitig forderten sie sozusagen die Quadratur des Kreises, traten sie doch „geschlossen für die Erhaltung der dorfeigenen Schule ein und lehn[t]en Zentralschulen ab". Der Vertreter des Kultusministeriums meinte dazu, „an ein generelles Verdrängen der ungeteilten Schule sei nicht gedacht", und im übrigen könne die „Staatsführung nicht auf jede Reform nur deshalb verzichten [...], weil sie noch nicht anspricht"[21].

Die aus diesen Worten sprechende Entschlossenheit zur Durchführung der Landschulreform wurde freilich nicht nur von Zweifeln an der Leistungsfähigkeit ländlicher Zwergschulen genährt. Zugleich nagte ein weiterer Trend am Prinzip der dorfeigenen Schule, der dem Kultusministerium schwer zu schaffen machte. Gemeint ist der Mangel an Lehrkräften in den ländlichen Volksschulen, der Mitte der fünfziger Jahre virulent zu werden begann und ebenfalls einen Konzentrationsprozeß nahelegte[22]. Der Lehrermangel auf dem Lande hatte zwei Gründe: fehlender Nachwuchs und die Landflucht vieler Lehrer, die in den Städten einen höheren Wohngeldzuschuß erhielten, moderne Arbeitsbedingungen an gut gegliederten Schulen erwarteten, bessere Ausbildungs- und Beschäftigungschancen für die eigenen Kinder sahen und ein vielfältiges Kulturleben genießen wollten. Hinzu kam, daß viele Dorflehrer noch in den fünfziger Jahren von den Gemeinden zu gelegentlichen Hand- und Spanndiensten herangezogen wurden. Aufgeschreckt durch die Beschwerde eines Lehrers, der sich geweigert hatte, in seiner Landgemeinde beim Bau von Feuerlöschteichen mitzuwirken, und deshalb zu einer Ausgleichszahlung aufgefordert wurde, bemühte sich das Kultusministerium zwar intensiv, die Hand- und Spanndienste abzuschaffen[23]. Das zuständige Innenministerium konnte sich jedoch nicht zu einer rechtsverbindlichen Regelung zugunsten der Lehrer entschließen. Noch 1958 wurden in Bayern etwa 100 Lehrer zu den unbeliebten Gemeindearbeiten herangezogen.

Im Kultusministerium war man sich darüber im klaren, daß das lange auch im eigenen Haus beschworene Dorfidyll zunehmend wirklichkeitsfremder wurde

[19] BayHStA, MK 61234, Protokoll der Sitzung der Leiter der Schulabteilungen bei den Bezirksregierungen am 27. 4. 1956.

[20] Vgl. Erker, Revolution des Dorfes, in: Broszat/Henke/Woller (Hrsg.), Von Stalingrad zur Währungsreform, S. 368ff.

[21] Die Zitate finden sich in: BayHStA, MK 61234, Protokoll der Sitzung der Leiter der Schulabteilungen bei den Bezirksregierungen am 27. 4. 1956.

[22] Vgl. Winfried Müller, Schule und Schulpolitik 1950–1964, in: Liedtke (Hrsg.), Handbuch, Bd. 3, S. 691–746, hier S. 719ff.

[23] BayHStA, MK 65521, Kultusministerium an die Bezirksregierungen vom 10. 5. 1955, und MK 61234, Kultusministerium an das Landwirtschaftsministerium vom 1. 10. 1955.

und daß – die Regierung von Oberbayern brachte es auf den Punkt – gerade „die jüngere Lehrerschaft nicht mehr in dem Ausmaß wie früher bereit" sei, „sich in die Lebens- und Anschauungsweise des kleinen Ortes einzufügen"[24]. Der Lehrer, früher eine kulturelle Bezugsperson des Dorfes, schwinge sich vielmehr nach Schulschluß auf das Motorrad und kehre der Dorfgemeinschaft den Rücken[25]. Die Regierung von Mittelfranken konstatierte, daß viele Lehrer nicht mehr zur Übernahme außerschulischer Verpflichtungen, „die der Dienst an einer Landschule mit sich bringt (Organistendienst, Chorgesang usw.)", bereit seien. Sie

„verlassen das Dorf, weil sie fürchten, durch Ablehnung solcher Dienste in Gegensatz zum Dorf zu geraten. Für die Lehrer ergibt sich auf dem Lande leichter die Gefahr, in weltanschauliche und politische Spannungsfelder zu geraten. Solchen Möglichkeiten möchte man aus dem Wege gehen und zieht ein Leben in der Stadt, wo man in der Masse unbeachtet bleiben kann, vor. Offenbar scheuen viele Lehrkräfte die Einsamkeit, die das Leben auf dem Lande mit sich bringt."[26]

Die Regierung von Oberfranken ergänzte, daß das Ansehen der Lehrer in den letzten Jahrzehnten stark gelitten habe, so daß auch „aus der Minderbewertung des Lehrers, wie sie weithin auf dem Lande" bestehe, „die Landflucht des Lehrers erklärlich" sei[27].

Daß sich ab Mitte der fünfziger Jahre zunehmend weniger junge Leute für den Beruf des Volksschullehrers entschieden, war kein bayerisches Phänomen; dieses Problem stellte sich auch in anderen Bundesländern. Neben der mangelnden Attraktivität des ländlichen Schuldienstes waren dafür auch andere Gründe ausschlaggebend: „Entwicklung und Nachwuchsbedarf der Technik, wirtschaftlicher Aufschwung und Aussichten des guten Unterkommens in Handel und Industrie, Aufrüstung und Nachwuchsbedarf der Bundeswehr." Kurzum: In dem Maße, wie sich die Chancen auf dem Arbeitsmarkt verbesserten und neue, attraktive Berufsfelder mit Aussichten auf gutes Einkommen, erhöhtes gesellschaftliches Prestige und bessere Aufstiegsmöglichkeiten eröffnet wurden, verloren, wie mit einem gewissen Kulturpessimismus beklagt wurde, gerade Berufszweige, „die den Einsatz der ganzen Persönlichkeit, eine opfervolle Hingabe an andere Menschen, einen Verzicht auf manchen scheinbaren Lebensgenuß verlangen", an Anziehung[28]; das gelte für den Beruf des Priesters oder Krankenpflegers genauso wie für den des Lehrers.

Die Krise des Berufsbildes hatte aber auch, wie man im Kultusministerium selbstkritisch einräumte, Ursachen, für die man selbst verantwortlich war. So wurde es im nachhinein als verfehlt angesehen, daß man sich 1945 in Bayern, und zwar nur dort, an den höheren Schulen den Luxus eines Wiederholungsjahres geleistet hatte, wodurch ein ganzer Abiturientenjahrgang ausgefallen war. Vor allem aber beklagte man den verworrenen Zustand der Lehrerbildung: „Wenn die Lehrerbildung bald diese, bald jene Form zeigt, verliert der Beruf leicht sein Gesicht und das wertende Bewußtsein der Gemeinschaft geht an ihm vorüber oder ver-

[24] BayHStA, MK 61234, Regierung von Oberbayern an das Kultusministerium vom 9. 1. 1955.
[25] BayHStA, MK 61234, Protokoll der Sitzung des bayerischen Senats vom 17. 5. 1956.
[26] BayHStA, MK 61234, Regierung von Mittelfranken an das Kultusministerium vom 15. 1. 1955.
[27] BayHStA, MK 61234, Regierung von Oberfranken an das Kultusministerium vom 25. 1. 1955.
[28] BayHStA, MK 61875, Vormerkung vom 11. 6. 1957.

zichtet darauf, ihm durch Verleihung eines normativen Typs die berufliche Weihe zu geben."[29]

Qualitative Defizite der ländlichen Zwergschulen, Landflucht und Nachwuchsprobleme – das war der Hintergrund, vor dem man im Kultusministerium ab 1956 die Errichtung von Verbandsschulen ins Auge faßte. Zwar ließ das Schulorganisationsgesetz hierfür nicht allzuviel Spielraum, man wußte aber: „Im kommenden Schuljahr wird auch der Lehrermangel zwangsläufig dazu führen, daß Zwergschulen vereinigt werden."[30] In den ersten Plänen galt die Aufmerksamkeit vor allem den Zwergschulen mit höchstens 25 Schülern, die man für besonders unzeitgemäß hielt. Im Schuljahr 1954/55 waren das immerhin 423 Volksschulen; 82 dieser Schulen wurden von maximal 15 Schülern besucht, bei 170 Schulen lag die Schülerzahl zwischen 16 und 20, bei 261 Schulen waren es 21 bis 25 Kinder[31]. Die meisten dieser Zwergschulen lagen im Regierungsbezirk Unterfranken, wo auf Anweisung von Kultusminister August Rucker dann auch in den Landkreisen Bad Kissingen, Ebern und Gerolzhofen die ersten Straffungsversuche eingeleitet wurden.

Dabei stellte sich naturgemäß auch das völlig neue Problem der Bewältigung längerer Schulwege und des Einsatzes von Schulbussen, das angesichts des „geistigen Standorts bäuerlicher Erziehungsberechtigter und Gemeinderäte" nicht leicht zu lösen war. Selbst 1963, nach einer längeren Gewöhnungsphase also, wurde der „Begriff ‚Schulbus' automatisch mit der Vorstellung der Überwindung großer, der kindlichen Entwicklungsphase widersprechender Entfernungen zwischen Schul- und Wohnort und der Errichtung auf mechanische Weise zusammengeschlossener, dem bäuerlichen Leben entfremdeter ‚Zentralschulen'" verbunden[32]. Angesichts dieser Vorbehalte setzte man sich das Ziel, die Schulkinder zwar an besser gegliederte, jedoch nicht mehr als zehn Kilometer vom Heimatort entfernte Schulen zu bringen. Die „10 km-Grenze wurde aus psychologischen Gründen festgesetzt. Für den Omnibuszubringerdienst spielt sie keine große Rolle. Sie stellt aber die ‚erwanderbare Heimat' dar, von der im Bildungsplan die Rede ist".[33]

Die Landschulreform begegnete nicht nur solchen Vorbehalten, sie war auch politisch umstritten. Daß dabei die CSU, die sich seit Dezember 1954 in der Opposition befand, heftige Kritik an Kultusminister Rucker üben würde, war zu erwarten. Es mußte aber überraschen, daß selbst der Chef der Viererkoalition aus SPD, BP, FDP und GB/BHE, Ministerpräsident Wilhelm Hoegner (SPD), gegen die Auflösung der ländlichen Zwergschulen plädierte. Ganz bayerischer Traditionalist, erklärte Hoegner im Mai 1956, er habe

> „größte Bedenken [...] gegen die im Staatsministerium für Unterricht und Kultus erwogene Aufhebung von Dorfschulen. Die Schule gehört genauso gut zum Dorf wie die Kirche [...] Ich selbst bin in drei verschiedene Dorfschulen gegangen und habe keinen Schaden dabei gelitten [...] Ich meine deshalb, die Dorfschulen sollen nicht aufgehoben, sondern verbessert werden."[34]

[29] BayHStA, MK 61765, Vormerkung vom 15. 6. 1953.
[30] BayHStA, MK 61234, Vormerkung vom 3. 1. 1957.
[31] BayHStA, MK 61234, Vormerkung vom 21. 5. 1955.
[32] BayHStA, MK 61235, Regierung von Oberfranken an das Kultusministerium vom 12. 9. 1963.
[33] BayHStA, MK 61234, Vormerkung vom 21. 5. 1955.
[34] BayHStA, MK 61234, Rede Wilhelm Hoegners am 11. 5. 1956.

Es deutet nicht nur auf mangelnde Abstimmung innerhalb der bayerischen Staatsregierung hin, daß Hoegner seinem eigenen Kultusminister in die Parade fuhr. Zugleich war das ein Indiz dafür, daß die Landschulreform, ebensowenig wie die Bildung von Verbandsschulen, kein Programmpunkt der Viererkoalition war, der rasch durchgesetzt werden sollte, weil der Kultusminister nicht von der CSU gestellt wurde. Die Entscheidung für das quer durch die Parteien mit Skepsis betrachtete Experiment mit den Verbandsschulen hatte wenig mit parteipolitischer Programmatik zu tun, sondern gehorchte pädagogischen und personellen Sachzwängen, die den Politikern und der Öffentlichkeit durch die Ministerialbürokratie erst vermittelt werden mußten.

Das war keine leichte Aufgabe, zumal die Reformpläne in den Landgemeinden für erheblichen Unmut sorgten. Daß man in den Schulzusammenlegungen den „Beginn der Kolchosenwirtschaft" erblickte[35], war dabei sicherlich ein extremer Standpunkt. In der Regel speiste sich die Abneigung der Landbevölkerung gegen die Verbandsschulen aus einem engstirnigen Lokalpatriotismus und nicht zuletzt aus Ressentiments und Rivalitäten „mit tiefer dorfgeschichtlicher Verwurzelung"[36]. Die Dörfer wollten ihre Schulen behalten und sahen in deren Schließung gelegentlich sogar die ersten Vorboten des Verlustes der kommunalen Selbständigkeit. Sie weigerten sich deshalb auch, die finanziellen Belastungen für Bau und Unterhalt einer Verbandsschule zu tragen, die „dann ein anderes, nicht das eigene Dorf ziert"[37]. Außerdem befürchtete man, der Besuch einer Schule in einem anderen Ort würde die Bindung der Kinder an ihre Heimat lockern und sie später zur Abwanderung verleiten. Wortführer des Protests waren nicht selten Pfarrer und Lehrer. Erstere beklagten, daß sie den Kindern künftig keinen Religionsunterricht mehr erteilen könnten und daß die Schüler beim Frühgottesdienst fehlen würden, letztere befürchteten finanzielle Nachteile, da mit der Zahl der einklassigen Schulen zwangsläufig auch die Zahl der sogenannten Ersten Lehrer, die in den Genuß von Stellenzulagen gelangten, zurückgehen mußte.

Die Bestandsaufnahme des Kultusministeriums über die Fortschritte der Landschulreform von Anfang 1957 fiel deshalb ernüchternd aus. 1956, im ersten Versuchsjahr, waren in Oberbayern, Ober- und Unterfranken gerade einmal vier Schulen zusammengelegt worden, in Mittelfranken waren sieben Schulen in drei Verbandsschulen aufgegangen. In Niederbayern, Schwaben und der Oberpfalz war alles beim alten geblieben. Es bedurfte also noch intensiver Überzeugungs- und Öffentlichkeitsarbeit, um den Gedanken der Landschulreform zu popularisieren – zumal der Lehrermangel jede Alternative zur Auflösung von Zwergschulen zunichte machte. Einer Aufstellung des BLLV zufolge verfügten im Schuljahr 1958/59 1097 Volksschulklassen über keinen eigenen Lehrer – und das in Bayern, wo traditionell das Klaßlehrerprinzip galt. 281 dieser Klassen wurden durch außerplanmäßige Lehrer und 366 von Lehramtsanwärtern betreut,

[35] BayHStA, MK 61234, Vormerkung vom 22. 2. 1957.
[36] Werner Wiater, Die Geschichte der Verbandsschulen in Bayern, in: Liedtke (Hrsg.), Handbuch, Bd. 3, S. 842–856, hier S. 848.
[37] BayHStA, MK 61235, Regierung von Oberfranken an das Kultusministerium vom 12. 9. 1963.

450 Klassen – und das waren die eigentlichen Problemfälle – hatten einen Lehrer, der bereits eine andere Klasse führte[38].

Zu diesem Zeitpunkt hatte zwar – hier taten offenkundig die endlich erfolgte Neuordnung der Lehrerbildung und flankierende Werbemaßnahmen des Kultusministeriums für den Volksschullehrerberuf ihre Wirkung – ein beachtlicher Zustrom zu den neuen Pädagogischen Hochschulen eingesetzt, so daß absehbar war, daß die schlimmsten personellen Engpässe in etwa drei Jahren überwunden sein würden. Aber bis dahin mußten natürlich entlastende Maßnahmen ergriffen werden. Hier brachte vor allem die Ministerialentschließung vom 1. Juli 1960 eine Linderung[39]. Neben einer verstärkten Reaktivierung von Ruheständlern wurde nämlich verfügt, daß die Lehrer künftig ihr Regelstundenmaß voll ausschöpfen sollten. War es bis zu diesem Zeitpunkt so gewesen, daß sich die Zahl der von einem Lehrer gehaltenen Unterrichtsstunden aufgrund des Klaßlehrerprinzips mit der Zahl der Wochenstunden einer Klasse gedeckt hatte, wodurch das Regelstundenmaß von 30 Wochenstunden nicht erreicht worden war, so konnten nun zusätzliche Kapazitäten gewonnen werden, da die Lehrer nun auch in anderen Klassen zu unterrichten hatten. Damit wollte man zwar nicht vom Prinzip, daß jede Klasse ihren eigenen Lehrer haben sollte, abgehen. Es galt aber nun als mit „dem Klassenlehrersystem [...] vereinbar, daß ein Lehrer nur den Kernunterricht" in einer Klasse erteilte. Zwar sollte diese Neuregelung nur als „Übergangsmaßnahme zur Behebung des Lehrermangels zu betrachten" sein. Wenn es aber gleichzeitig hieß, „bleibend sollte jedoch der teilweise Fachunterricht auf der Volksschuloberstufe und der Stundenausgleich unter allen Lehrern einer Schule sein"[40], so deutete sich hier eine Dauerlösung und damit auch eine behutsame Auflockerung des Klaßlehrerprinzips an.

Beides wurde dann ab 1963 weiter forciert. Mit einer Bekanntmachung vom 20. Juni 1963 wurde das Pflichtpensum der Volksschullehrer auf 30 Wochenstunden festgesetzt. Um die Zusatzbelastung der Lehrer in Grenzen zu halten, führte man gleichzeitig die 45-Minuten-Unterrichtsstunde ein[41]. Außerdem griff man ab 1963 verstärkt auf Fachlehrkräfte zurück, was das Klaßlehrerprinzip natürlich ebenfalls aushöhlte. Waren bis dahin nur Handarbeits- und Hauswirtschaftslehrerinnen zum Einsatz gekommen, so wollte man sich künftig auch auf Fachlehrer für Zeichnen, Musik, Leibeserziehung sowie Kurz- und Maschinenschrift stützen.

Die zunehmende innere Differenzierung in Kern- und Kursunterricht fand auch im Curriculum eine gewisse Fortsetzung, und zwar in den „Richtlinien für die bayerischen Volksschulen" aus dem Jahr 1966[42]. Diese blieben aber noch deutlich hinter den Empfehlungen des „Hamburger Abkommens" zwischen den Ländern der Bundesrepublik zur Vereinheitlichung auf dem Gebiete des Schulwesens

[38] BayHStA, MK 61875, Aufstellung vom 3. 6. 1959.

[39] Vgl. Amtsblatt des Bayerischen Staatsministeriums für Unterricht und Kultus 1960, S. 177–180: „Bekanntmachung über die Milderung des Lehrermangels an Volksschulen" vom 1. 7. 1960.

[40] BayHStA, MK 61875, Vormerkung vom 25. 2. 1959.

[41] BayHStA, MK 61877, Pressemitteilung vom 31. 12. 1963.

[42] Vgl. Hans Jürgen Apel, Lehrplan- und Curriculumentwicklung in Bayern (1950–1993), in: Liedtke (Hrsg.), Handbuch, Bd. 3, S. 857–913, hier S. 869f.

vom 28. Oktober 1964 zurück[43], da sich Bayern zu diesem Zeitpunkt noch nicht zur Einführung des 9. Schuljahres und dem damit verbundenen Ausbau der Volksschuloberstufe zur Hauptschule entschließen konnte. Gerade weil er die Hauptschule befürworte, so Kultusminister Ludwig Huber (CSU) 1966 im Landtag, lehne er sie ab, solange „nicht auch die Inhalte auf die gewandelten gesellschaftlichen Verhältnisse abgestimmt würden". Statt dessen wurden erst einmal Kommissionen zur Erarbeitung von Richtlinien für die Volksschulen einschließlich des 9. Schuljahres eingesetzt, die dann in der Praxis erprobt werden sollten. 1969 war es dann aber auch in Bayern soweit: Mit der Einführung des 9. Schuljahres wurde die bisherige Volksschulunterstufe (1.–4. Klasse) zur Grundschule und die ausgebaute Volksschuloberstufe zur Hauptschule, die ihr eigenes Gepräge dadurch erhielt, daß neben dem Zeugnis über den erfolgreichen Hauptschulabschluß mit dem Qualifizierenden Hauptschulabschluß noch ein besonderes Attest für den berufsbezogenen Bildungsweg erworben werden konnte.

Diese Umstrukturierung der Volksschule spielte sich aber bereits vor einem veränderten Hintergrund ab. In der Zwischenzeit hatte sich nämlich mit der Auflösung oder Zusammenlegung kleiner Schulen zugunsten von Mittelpunktschulen eine Entwicklung durchgesetzt, die sich in der zweiten Hälfte der fünfziger Jahre angebahnt hatte. Dabei war auch die anfängliche Skepsis gegenüber der Landschulreform der Einsicht gewichen, daß Schulzusammenlegungen ein effektives bildungspolitisches Steuerungsinstrument sein konnten. In den Regierungsbezirken Niederbayern und Schwaben beispielsweise, wo in der Versuchsphase überhaupt keine Verbandsschulen gebildet worden waren, hatte man bereits 1959 völlig umgedacht. Der schwäbischen Bezirksregierung erschien es nun „äußerst mißlich, daß Zwergschulen in Gemeinden bis zu einer gegenseitigen Entfernung von drei Kilometern noch aufrecht erhalten werden müssen, wenn die Schülerzahl gering ist"[44]. Dieser Sinneswandel war nicht nur auf den nach wie vor bestehenden Lehrermangel zurückzuführen. Auch die anfängliche Zurückhaltung der Eltern gegenüber den Verbandsschulen hatte sich verflüchtigt. In den Schulverwaltungen hieß es jedenfalls, „daß bisher bei allen gelungenen Zusammenlegungen die Beobachtung gemacht werden konnte, daß die Eltern nach einiger Zeit von den besseren Bildungsmöglichkeiten für ihre Kinder überzeugt sind, so daß anfängliche Bedenken bald restlos verschwinden"[45].

Auch in Kirchen und Verbänden war die Aufgeschlossenheit gegenüber der Landschulreform gewachsen[46]. Die bayerischen Bischöfe sprachen sich in ihrer Verlautbarung zur Schulbildung vom 22. April 1963 ebenso für eine zeitgerechte Landschule aus wie der Bayerische Bauernverband, der 1965 strukturelle und pädagogische Verbesserungen forderte, um die Volksschüler „auf die Welt der Arbeit und der modernen Gesellschaft vorzubereiten". Besonders förderlich für den Fortgang der Reform dürfte es schließlich gewesen sein, daß 1964 auf dem

[43] Vgl. Norbert Seibert, Die Geschichte des bayerischen Bildungswesens von 1964 bis 1990, in: Liedtke (Hrsg.), Handbuch, Bd. 3, S. 747–841, hier S. 751 ff.; das folgende Zitat findet sich ebenda, S. 754.

[44] BayHStA, MK 61875, Regierung von Schwaben an das Kultusministerium vom 11. 5. 1959.

[45] BayHStA, MK 61234, Vormerkung vom 22. 2. 1957.

[46] Vgl. Wiater, Verbandsschulen in Bayern, in: Liedtke (Hrsg.), Handbuch, Bd. 3, S. 843 ff.; das folgende Zitat findet sich ebenda, S. 843.

bayerischen Gemeindetag in Regensburg signalisiert wurde, daß die Zusammenfassung ungegliederter oder wenig gegliederter Schulen Unterstützung verdiene, auch wenn der „damit verbundene Verzicht mancher Gemeinden auf ihre gemeindeeigene Schule [...] gewiß nicht immer leicht fallen" werde. „Die Landschulreform kann daher nicht nach Schema und nicht von heute auf morgen erfolgen. Sie kann nur allmählich reifen und bedarf der Rücksichtnahme auf die jeweils gegebenen örtlichen Verhältnisse."[47]

Die Regierungen griffen den Vorschlag auf, geschmeidig vorzugehen, und gingen dazu über, Schulen einzurichten, in denen nur noch Kinder eines bestimmten Alters lernten. Es wurden also „zur Erzielung einer besseren Schulgliederung die Schüler aus mehreren Schulen in der Weise ausgetauscht [...], daß an der einen Schule bestimmte Jahrgänge und an der anderen Schule die übrigen Jahrgänge unterrichtet werden und daß die Oberstufe von wenig gegliederten Schulen auf besser gegliederte Schulen aufgeteilt werden kann"[48]. Die Auflösung von Schulen ließ sich damit zwar nicht generell vermeiden, es war so aber doch möglich, zahlreichen Gemeinden ihren Rang als Schulort zu belassen. Gleichzeitig konnten damit sukzessive immer mehr Schulkinder in Jahrgangsklassen unterrichtet werden.

Die Errichtung von Unterstufen- und Oberstufenverbandsschulen war ein Kompromiß zwischen Verbandsschulidee und Dorfschulprinzip, der der Landschulreform 1965/66 nach einhelliger Aussage der Bezirksregierungen zum Durchbruch verhalf[49]. Was freilich noch fehlte, war eine hinreichende gesetzliche Grundlage, denn mit dem ersten Schulverbandsgesetz vom 26. Januar 1961 war man doch nur ein kleines Stück vom Postulat der dorfeigenen Schule abgerückt. Nötig war eine grundlegende Revision des Schulorganisationsgesetzes aus dem Jahr 1950, die Kultusminister Ludwig Huber, der sich seit seiner Amtsübernahme im Oktober 1964 als Befürworter größerer schulischer Einheiten zu erkennen gegeben hatte, mit dem Volksschulgesetz vom 17. November 1966 tatsächlich ins Werk setzte. Das Gesetz entsprach zwar nicht allen Wünschen der Opposition und des BLLV, da auf eine generelle Festschreibung von Jahrgangsklassen noch verzichtet wurde – „Volksschulen sind so zu errichten, daß die Schüler grundsätzlich auf Jahrgangsklassen, mindestens aber auf vier Klassen verteilt sind"[50] –, gleichwohl war nun die rechtliche Voraussetzung für einen in der bayerischen Schulgeschichte beispiellosen Konzentrationsprozeß gegeben, bei dem die Zahl der Volksschulen von rund 7000 auf weniger als 3000 sank[51].

Es versteht sich von selbst, daß sich dieser Prozeß nur sukzessive und nicht ohne Konflikte vollzog. Die Schulbusfrage und die damit zusammenhängenden Betreuungs- und Kostenfragen mußten geregelt werden, die Schulsprengel mußten neu eingeteilt werden, wobei sich – das hing auch mit der Gebietsreform zu-

[47] Alois Schardt/Manfred Brauneiser, Zwischenbilanz der Bildungspolitik. Schule und Universität in der Bundesrepublik, München 1967, S. 43f.
[48] BayHStA, MK 61226, Regierung von Oberfranken an das Kultusministerium vom 3. 3. 1966.
[49] BayHStA, MK 61234, Vormerkung vom 19. 2. 1967.
[50] Zit. nach Wiater, Verbandsschulen in Bayern, in: Liedtke (Hrsg.), Handbuch, Bd. 3, S. 844f.
[51] Vgl. ebenda, S. 846, sowie Alfons Otto Schorb, Entwicklungen im Schulwesen eines Flächenstaates am Beispiel Bayern, in: Bildung in der Bundesrepublik Deutschland. Daten und Analysen, hrsg. vom Max-Planck-Institut für Bildungsforschung, Projektgruppe Bildungsbericht, Bd. 2: Gegenwärtige Probleme, Stuttgart 1980, S. 759–816, hier S. 779ff.

sammen – die Zuweisung einzelner Dörfer zu einer Verbandsschule im Laufe der Jahre mehrfach ändern konnte. Nicht zuletzt aber mußte das gravierende Schulraumproblem gelöst werden. In vielen Dörfern standen jetzt Schulgebäude leer, während es in Gemeinden mit Verbandsschulen an Gebäuden mangelte, so daß die Kinder in mehreren Schulhäusern untergebracht werden mußten. Die Volksschule Rain beispielsweise, zu deren Einzugsbereich im Schuljahr 1969/70 14 Gemeinden gehörten, mußte ihre insgesamt 1027 Schüler auf acht verschiedene Gebäude in sechs Orten verteilen[52]. Von einer großzügigen Ausstattung der zentralörtlichen Schulen mit Fachzimmern und Sportanlagen kann im allgemeinen erst um 1972/73 ausgegangen werden.

Im Zuge des Konzentrationsprozesses wurde auch ein weiteres Problem gelöst, das sich auf dem Weg zur gegliederten Verbandsschule als ein enormes Hindernis erwiesen hatte und das auch mit dem Schulverbandsgesetz vom 26. Januar 1961 in der Schwebe gelassen worden war, wie nämlich die Zusammenlegung katholischer und evangelischer Bekenntnisschulen geregelt werden sollte, die sich nach dem endgültigen Durchbruch des Verbandsschulgedankens 1966 nicht länger vermeiden ließ. Die Fusionierung dieser beiden Schultypen warf zahlreiche Schwierigkeiten auf: Wenn beispielsweise eine kleine evangelische Bekenntnisschule in eine größere katholische Bekenntnisschule integriert wurde, so weckte dies bei der evangelischen Minderheit unweigerlich die Sorge, ihre Entfaltungsmöglichkeiten könnten beeinträchtigt werden. Hinzu kam die rechtliche Frage, wie man bei einer Zusammenlegung bekenntnisungleicher Konfessionsschulen mit dem gesetzlich verankerten Postulat der konfessionellen Homogenität des Lehrkörpers umgehen sollte. Man konnte ja schwerlich die Kinder der konfessionellen Minderheit in eine größere Schule der Bekenntnismehrheit schicken, die Lehrer der Bekenntnisminderheit aber nicht übernehmen.

Damit geriet ein Eckstein des Bekenntnisschulprinzips ins Wanken. Als es im Dezember 1963 im Kultusministerium zu einer Besprechung mit Vertretern der beiden Kirchen kam, wurde offen zugegeben,

„daß die Besetzung von Lehrerstellen an Bekenntnisschulen mit Lehrern des anderen Bekenntnisses nicht nur in den Nachkriegsverhältnissen (Flüchtlingszustrom, Lehrermangel wegen Entnazifizierung) ihre Ursache hatte, sondern daß dieses Problem auch neuerdings im Zusammenhang mit dem Bestreben, kleinere Bekenntnisschulen aufzulösen und in größeren, besser gegliederten Schulen des anderen Bekenntnisses zu integrieren, oder auch durch Zusammenlegen etwa gleichstarker Schulen verschiedenen Bekenntnisses [...] immer wieder in den Vordergrund tritt. Deshalb hält es das Kultusministerium für unumgänglich, im Einvernehmen mit den Kirchen zu einer grundsätzlichen Entscheidung zu gelangen."[53]

Für die Kirchenvertreter kam dieser Vorstoß angesichts der seit geraumer Zeit geführten Verbandsschuldiskussion nicht überraschend. Einmütig erklärten sie jedenfalls, „angesichts des Strebens der Elternschaft zur besser ausgebauten Volksschule" der „Integrierung einer Bekenntnisminderheit von Lehrern und Schülern in einer Schule des anderen Bekenntnisses" keine Hindernisse in den Weg legen zu

[52] Vgl. die detaillierte Fallstudie zu Rain am Lech bei Wiater, Verbandsschulen in Bayern, in: Liedtke (Hrsg.), Handbuch, Bd. 3, S. 849ff.

[53] Hierzu und zum folgenden BayHStA, MK 61202, Protokoll einer Besprechung mit Kirchenvertretern am 31. 12. 1963.

wollen. Dies sei auf alle Fälle der Alternative der Integration einer Bekenntnisschule in eine Gemeinschaftsschule vorzuziehen. Für die neue, aus bekenntnisungleichen Konfessionsschulen zusammengesetzte Schule hatte man auch schon einen Namen parat: modifizierte oder gemischte Bekenntnisschule sollte sie heißen. Daß damit die Probleme, die sich aus der Verfassung und den vertraglichen Vereinbarungen mit den Kirchen ergaben, nicht dauerhaft gelöst waren, war allen Beteiligten klar. Allerdings, so befand man, sei die Zeit für eine Verfassungsänderung noch nicht reif. Man strebte statt dessen eine Übergangslösung an, die eine konfessionelle Durchmischung der Lehrkörper zuließ und mit der zum Ausdruck gebracht werden sollte,

„daß die beiden Kirchen angesichts der in Bayern entstandenen und sich noch weiter verstärkenden gegenseitigen konfessionellen Vermischung der Bevölkerung im Interesse der Aufrechterhaltung der Bekenntnisschule heute zu deren Organisation einen anderen Standpunkt vertreten als zur Zeit des Inkrafttretens der Bayerischen Verfassung".

In diese Richtung wies auch eine Aussage von Julius Kardinal Döpfner, daß sich die Kirche nicht gegen notwendige Entwicklungen stemme. Sie stimme der Fusion bekenntnisungleicher Konfessionsschulen zu, allerdings unter der Bedingung, daß nach Möglichkeit bekenntnishomogene Klassen gebildet werden sollten und am Regelcharakter der Bekenntnisschule festgehalten werden müsse[54]. Ähnlich äußerte sich auch der evangelische Landesbischof Hermann Dietzfelbinger, der als Ausgleich für den Verzicht auf eigene, auch ungeteilte Bekenntnisschulen forderte, an Bekenntnisschulen mit mehr als 30 Schülern des Minderheitsbekenntnisses ein bis zwei Lehrkräfte anzustellen, die ebenfalls zur Minderheit gehörten. „Dabei ist an Klaßlehrer zu denken, die fähig und bereit sind, Religionsunterricht zu erteilen."[55]

Der „Minderheitenlehrer" stieß zwar bei der SPD auf erhebliche verfassungsrechtliche Bedenken, wurde aber in modifizierter Form von Kultusminister Huber akzeptiert[56] und fand so auch Eingang in das von der CSU eingebrachte und am 17. November 1966 im Landtag verabschiedete neue Volksschulgesetz. Volksschulen waren demnach als Bekenntnisschulen zu errichten. Wenn 35 Schüler einer Schule dem Minderheitenbekenntnis angehörten, mußte für deren Religionsunterricht ein eigener Lehrer bereitstehen, der auch in anderen Fächern einsetzbar war. Damit war die Reformdiskussion aber noch längst nicht zum Abschluß gelangt[57]. Die FDP beantragte nämlich ein Volksbegehren zugunsten der Gemeinschaftsschule, und die SPD rief in dieser Frage den Verfassungsgerichtshof an, der sich bei seinen Beratungen mit der Idee der christlichen Gemeinschaftsschule anzufreunden begann. Daraufhin entschloß sich im April 1967 auch die

[54] Vgl. Buchinger, Lehrerbildung, S. 460.

[55] Hugo Maser, Evangelische Kirche im demokratischen Staat. Der bayerische Kirchenvertrag von 1924 als Modell für das Verhältnis von Staat und Kirche, München 1983, S. 194.

[56] Vgl. Buchinger, Lehrerbildung, S. 467; Schardt/Brauneiser, Zwischenbilanz, S. 204ff.; Seibert, Geschichte, in: Liedtke (Hrsg.), Handbuch, Bd. 3, S. 756; Norbert Seibert, Christliche Volksschule in einer säkularisierten Gesellschaft? Traditionslinien und Probleme der Pflichtschule, Bad Heilbrunn 1995.

[57] Vgl. Seibert, Geschichte, in: Liedtke (Hrsg.), Handbuch, Bd. 3, S. 757ff.; Müller, Schulpolitik, S. 225f.

SPD zu einem Volksbegehren. Die christliche Gemeinschaftsschule sollte zur Regelschule, die Bekenntnisschule zur Antragsschule werden.

Die CSU hielt auch in dieser Situation am alten Kurs fest, während sich die Kirchen als wesentlich flexibler erwiesen. Diese stimmten dem Konzept einer christlichen Gemeinschaftsschule zu, in der neben konfessionell gemischten auch bekenntnismäßig homogene Klassen möglich sein sollten, die von einem konfessionell gemischten Lehrkörper in christlichem Geist zu unterrichten waren. Schließlich lenkte auch die CSU ein und griff diese Vorschläge in einem Volksbegehren zur Neuformulierung des Artikels 135 der bayerischen Verfassung auf. Nachdem die Kirchen mit ihren ökumenisch inspirierten „Leitsätzen für den Unterricht und die Erziehung nach gemeinsamen Grundsätzen der christlichen Bekenntnisse" vom 9. November 1967 einer Überwindung der parteipolitischen Gegensätze das Wort geredet hatten, trafen sich CSU, SPD und FDP zu Verhandlungen, die im Februar 1968 zum Erfolg führten. Anschließend mußte in Abstimmung mit den Kirchen noch die Änderung der das Bekenntnisschulprinzip berührenden Punkte von Kirchenvertrag und Konkordat erreicht werden, ehe am 30. April 1968 alle Parteien mit Ausnahme der NPD der verfassungsändernden Neuregelung zustimmten. Diese besagte, daß die öffentlichen Volksschulen gemeinsame Schulen für alle volksschulpflichtigen Kinder seien, an denen nach christlichen Grundsätzen unterrichtet werden mußte. Als Vorschlag des Landtags, nicht einer einzelnen Partei, wurde die Verfassungsänderung dann mit Volksentscheid vom 7. Juli 1968 angenommen. Damit war eine Verfassungsbestimmung revidiert, deren Praktikabilität schon zum Zeitpunkt ihres Inkrafttretens mit guten Gründen bezweifelt werden konnte. Sie war aber in der Nachkriegszeit noch so stark weltanschaulich besetzt, daß ein Ausgleich zwischen kirchlich-konservativen und liberalen Positionen nicht möglich war. In den sechziger Jahren fiel die Bekenntnisschule einem allmählichen, der Logik von Sachzwängen folgenden Strukturwandel im bayerischen Volksschulwesen zum Opfer, nicht aber einem Weltanschauungskampf, was es den beiden Kirchen erleichterte, relativ gelassen auf die veränderte Situation zu reagieren.

2. Die Berufsschulen

Auch bei den Berufsschulen kam es in den fünfziger und sechziger Jahren zu einem signifikanten Konzentrationsprozeß. Dieser bezog sich aber ausschließlich auf die landwirtschaftlichen Berufsschulen, während für den Sektor der nichtlandwirtschaftlichen Berufsschulen der gegenläufige Trend einer größeren Streuung zu beobachten war. Mit dieser Differenzierung ist bereits ein zentrales Strukturmerkmal des bayerischen Berufsschulwesens angesprochen, das im wesentlichen auf eine Verordnung vom 22. Dezember 1913 zurückging[58]. Aufbauend auf den gewerblichen Fortbildungsschulen des 19. Jahrhunderts hatten sich seinerzeit unter dem maßgeblichen Einfluß von Georg Kerschensteiner vor allem zwei Tendenzen durchgesetzt: Zum einen eine stärkere, an der Vielfalt der Berufe orien-

[58] Vgl. Konrad Bucher, Zur Situation der Berufsschulen in den Nachkriegsjahren 1945 bis 1950, in: Leo Heimerer/Johann Selzam (Hrsg.), Berufliche Bildung im Wandel. Beiträge zur Geschichte des beruflichen Schulwesens in Bayern von 1945 bis 1982, Bad Homburg 1983, S. 15–42, hier S. 27ff.

tierte Auffächerung der mit Lehrwerkstätten ausgestatteten gewerblichen Fortbildungsschulen, was schließlich zur Teilung der nichtlandwirtschaftlichen Berufsschulen in einen gewerblichen, kaufmännischen und hauswirtschaftlichen Zweig führte, und zum anderen die Einführung des Werktagsunterrichts. Der Unterricht wurde also nicht mehr, wie in den gewerblichen Fortbildungsschulen alten Stils, an Sonn- und Feiertagen oder am Abend erteilt, sondern an regulären Arbeitstagen zu den normalen Schulzeiten. Dem bis heute üblichen dualen System von Berufsausbildung und Berufsschulbesuch entsprechend, stellten die Meister ihre Lehrlinge für die Unterrichtszeit von der Arbeit frei. Mindestens 240 Unterrichtsstunden pro Jahr sah die Verordnung von 1913 für den auf drei Jahre angelegten Berufsschulbesuch vor.

Die Errichtung einer gewerblichen, kaufmännischen oder hauswirtschaftlichen Berufsfortbildungsschule – ab 1930 wurde sie Berufsschule genannt – war eine freiwillige Angelegenheit der Kommunen. Wenn diese keine Berufsschule gründeten, mußten die Lehrlinge die 1913 zur dreijährigen staatlichen Pflichtschule erklärte, an die Volksschule anschließende Volksfortbildungsschule besuchen. Da die Errichtung von Berufsfortbildungs- respektive Berufsschulen den Kommunen überlassen blieb, gediehen solche Einrichtungen vor allem auf städtischem Boden, wo eine hinreichende Schülerzahl und die finanziellen Ressourcen vorhanden waren. Ganz anders sah die Situation auf dem Land aus. Dort standen nur die in der Tradition der Sonn- und Feiertagsschulen stehenden Volksfortbildungsschulen zur Verfügung. Das Niveau dieser Schulen war nicht allzu hoch. Daran änderte auch die nomenklatorische Aufwertung während der NS-Zeit zu ländlichen Berufsschulen (1938) und später zu landwirtschaftlichen Berufsschulen (1941) wenig[59].

Nach dem Zweiten Weltkrieg stand man also vor der Aufgabe, die kleinen, weitverstreuten landwirtschaftlichen Berufsschulen zu einem Netz leistungsfähiger Mittelpunktschulen zu verknüpfen. Weitere Aufgaben, die gelöst werden mußten, resultierten aus den angedeuteten Unterschieden zwischen den beiden Typen des Berufsschulwesens. Die landwirtschaftlichen Berufsschulen hatten eine andere finanzielle Basis als die von den Kommunen errichteten nichtlandwirtschaftlichen Berufsschulen[60], die als kommunale Einrichtungen von den Städten getragen und vom Staat lediglich bezuschußt wurden. Die landwirtschaftlichen Berufsschulen hingegen wurden wie die Volksschulen behandelt, das heißt, der Staat kam für das Personal auf, die Gemeinden deckten den Sachbedarf. Hier bestand ebenso Neuordnungsbedarf wie bei der unterschiedlichen Schuldauer. Das Reichsschulpflichtgesetz von 1938 hatte zwar bei den nichtlandwirtschaftlichen Berufsschulen an der dreijährigen Schulpflicht festgehalten, den Besuch der landwirtschaftlichen Berufsschulen aber auf zwei Jahre verkürzt, was mit der gleichzeitigen Einführung des achten Volksschuljahres 1938 zusammenhing. Damit wurde der Landbevölkerung faktisch eine Verlängerung der Schulpflicht erspart.

[59] Vgl. Ernst Keitel, Die landwirtschaftlichen Berufsschulen, in: Heimerer/Selzam (Hrsg.), Berufliche Bildung, S. 192–206, hier S. 192.

[60] Vgl. Klaus Eichenberg, Die Berufsschulgesetzgebung, in: Heimerer/Selzam (Hrsg.), Berufliche Bildung, S. 43–96.

Erst das bayerische Schulpflichtgesetz von 1952 schuf hier Abhilfe; nun mußten alle Berufsschultypen drei Jahre lang besucht werden[61].

Schließlich ging es in der Diskussion um die Reform des Berufsschulwesens um das Verhältnis von spezifischer Berufsvorbereitung und Allgemeinbildung. Kerschensteiner hatte auch hier den Weg gewiesen und ein Konzept vorgelegt, das zwar effizienzorientiert war, sich zugleich aber auf das Problem der politischen Partizipation im modernen Verfassungsstaat bezog und darauf abzielte, den Schülern nicht nur berufliches Wissen zu vermitteln, sondern ihnen im Fach Bürger- und Lebenskunde auch eine staatsbürgerliche Erziehung angedeihen zu lassen[62]. Dieser Ansatz hätte sich nach 1945 nahtlos in die Reform- und Umerziehungspolitik der amerikanischen Besatzungsmacht eingefügt[63]. In der Diskussion um Lehrinhalte und im Zuge der damit zusammenhängenden Bemühungen, die Pflichtstundenzahl zu erhöhen und den Besuch der landwirtschaftlichen Berufsschule auf drei Jahre zu verlängern, war jedoch frühzeitig deutlich geworden, daß hier ein gewisser Gegensatz zu den pragmatischen Ausbildungsinteressen der Wirtschaft bestand[64]. Das bayerische Kultusministerium versuchte daher im März 1948 mit seinen Richtlinien für den Unterricht an Berufsschulen[65] – als vorläufig gedacht, dann aber bis 1953 in Kraft –, einen Kompromiß zu finden. An allen Berufsschulen wurde eine Stunde Bürger- und Lebenskunde pro Woche eingeführt. Sie waren damit der erste Schultyp, in dem das neue Fach Sozialkunde, wie es später genannt wurde, explizit im Lehrplan auftauchte. Gleichzeitig kam Bewegung in die Diskussion über die Dauer der Ausbildung an den landwirtschaftlichen Berufsschulen. Zwar hielt man an der zweijährigen Schuldauer noch fest, durch eine Erhöhung der Wochenstundenzahl sollte aber die Ausbildungsqualität der dreijährigen nichtlandwirtschaftlichen Berufsschulen erreicht werden.

In den fünfziger Jahren stauten sich im Bereich der Berufsschulen schwerwiegende Probleme. Das eine betraf die landwirtschaftlichen Berufsschulen, von denen es im Schuljahr 1947/48 nicht weniger als 3688 mit 109566 Schülern sowie 80 hauptamtlichen und 5346 nebenamtlichen beziehungsweise nebenberuflichen Lehrern gegeben hatte. Von der großen Zahl dieser Berufsschulen darf freilich nicht auf die Existenz eines leistungsfähigen Schulsystems geschlossen werden. Aussagekräftiger ist da schon das Mißverhältnis zwischen der Zahl der Schulen und der Zahl der hauptamtlichen Lehrer. Daraus geht hervor, daß es nur wenige selbständige landwirtschaftliche Berufsschulen gab. Meistens handelte es sich um bloße Anhängsel der Volksschulen, in denen einige wenige Wanderlehrer, ansonsten aber hauptsächlich die örtlichen Volksschullehrer unterrichteten. Daran änderte sich in den nächsten Jahren wenig; 1950 standen statt der benötigten 1000

[61] Vgl. Dirk Hewig, Die Schulpflicht, in: Heimerer/Selzam (Hrsg.), Berufliche Bildung, S. 97–115, hier S. 98f.

[62] Vgl. Walter G. Demmel, Das berufliche Schulwesen, in: Liedtke (Hrsg.), Handbuch, Bd. 3, S. 956–992, hier S. 956f.

[63] Vgl. Walter Radomsky, Entwicklung des beruflichen Schulwesens in Bayern in den Jahren 1945–1953 unter besonderer Berücksichtigung der Bildungspolitik der amerikanischen Militärregierung, Frankfurt am Main 1987, S. 77ff.; Müller, Schulpolitik, S. 232ff.

[64] Vgl. zu entsprechenden Stellungnahmen der Industrie- und Handelskammern Müller, Schulpolitik, S. 234f.

[65] Vgl. hierzu und zum folgenden Radomsky, Entwicklung, S. 56ff. und S. 176ff.

gerade einmal 296 Wanderlehrer zur Verfügung[66]. Es stellte sich somit die Aufgabe, die ländlichen Berufsschulen endlich zu einem effizienten Schultypus auszubauen und nicht weiterhin als „ein Überbleibsel der früheren Sonn- und Feiertagsschule" fortzuführen[67].

Aber auch bei den nichtlandwirtschaftlichen Berufsschulen bestand Handlungsbedarf; die zunehmende Technisierung und Spezialisierung sowie die Tatsache, daß das einmal vermittelte berufliche Wissen rasch überholt war, schrieen förmlich nach Modernisierung. Diese Anpassungsprozesse kosteten aber Geld, und hier erwies sich der übliche Finanzierungsmodus als hinderlich, zumal auch die Frage der staatlichen Bezuschussung nur unbefriedigend gelöst war. Die Zuschüsse an die Kommunen fielen im Regelfall alles andere als üppig aus. 1951 erhielten die nichtlandwirtschaftlichen Berufsschulen gerade einmal 2,6 Millionen DM von staatlicher Seite, während allein für die staatlichen höheren Schulen im gleichen Jahr rund 37 Millionen DM aufgewendet wurden. Viele Kommunen sahen sich deshalb nicht in der Lage, eine Berufsschule zu unterhalten oder sie nach modernen Kriterien auszustatten.

Es kam deshalb nicht von ungefähr, daß es in Bayern 1949 noch 38 Landkreise ohne Berufsschule gab. Von den Berufsverbänden wurde dieser Sachverhalt zunehmend als besorgniserregend empfunden. Die Arbeitsgemeinschaft der bayerischen Industrie- und Handelskammern kritisierte die schlechte materielle und personelle Ausstattung der Berufsschulen. Die gewerbliche Wirtschaft wende zwar „ihre ganze Aufmerksamkeit der Heranbildung qualifizierten Nachwuchses zu, weil sie weiß, daß die Leistungsfähigkeit der Betriebe entscheidend davon abhängt". Dieses Bemühen müsse aber durch ein gut ausgebautes Berufsschulwesen ergänzt werden: „Das Ziel kann nur erreicht werden, wenn die Ausbildungsleistungen in der Berufsschule das im Betrieb praktisch Erworbene vertiefen und ergänzen. Die Berufsschulen in Bayern können diese Aufgaben im ganzen gesehen vielfach nicht erfüllen."[68] Um hier eine Wende zum Besseren zu erreichen, müßten die Gemeinden und vor allem der Staat erheblich mehr finanzielle Mittel aufbringen, als das bislang der Fall gewesen war.

Nicht minder eindringlich wies der Bayerische Handwerkstag „bei jeder Gelegenheit auf die unzulänglichen Verhältnisse auf dem Gebiet des Berufsschulwesens" hin.

> „In gleicher Weise wie die Wirtschaft äußerste Anstrengungen um die Heranbildung eines tüchtigen Nachwuchses machen muß, in gleicher Weise müssen diese Bemühungen von Seiten des Staates durch Beförderung des Berufsschulwesens unterstützt werden. Wenn einer der beiden Bildungsträger versagt bzw. seine Aufgaben in nicht befriedigender Weise erfüllt, werden sich für das Wirtschaftsleben unabsehbare Schäden ergeben."

Sofern nach dieser geharnischten Kritik noch Unklarheit bestanden haben sollte, wer hier aus Sicht des Handwerkstags versagte, so wurde diese gleich beseitigt:

66 Vgl. Eichenberg, Berufsschulgesetzgebung, in: Heimerer/Selzam (Hrsg.), Berufliche Bildung, S. 45.

67 BayHStA, MK 62707, Denkschrift von Ministerialdirektor Josef Mayer vom 13. 10. 1950: Grundgedanken für die Neuregelung der Berufsschulpflicht in Bayern.

68 BayHStA, MK 62707, Arbeitsgemeinschaft der bayerischen Industrie- und Handelskammern an den Landtag vom 20. 10. 1949.

„Übereinstimmend klagen die Bezirke über mangelnde staatliche Zuschüsse an die Berufsschulen. Die Mittel reichen knapp zu den notwendigsten Unterhaltungs- und Reparaturarbeiten. Die überall so dringend erforderlichen Erweiterungsbauten können nicht durchgeführt werden."[69]

Mit einer gewissen Verbitterung wurde abschließend festgestellt, daß sich der Staat jeden Mittelschüler durchschnittlich 240 DM pro Jahr kosten lasse, während für einen Berufsschüler nur vier DM pro Jahr bereitgestellt würden.

Angesichts solch massiver Klagen kam 1949/50 Bewegung in die Berufsschulreform. 1949 erarbeitete das Kultusministerium einen Entwurf für ein neues Berufsschulgesetz, im Juni 1950 ergriff die SPD, unterstützt von der FDP, auf parlamentarischer Ebene die Initiative[70], und am 14. November 1950 stand in einer Sitzung des Landesschulbeirats, der dafür ausnahmsweise durch Vertreter der Berufsschullehrer, der Industrie- und Handelskammern, des Bayerischen Handwerkstags und der Gewerkschaften ergänzt worden war[71], ein revidierter Entwurf des Kultusministeriums zur Debatte. Umstritten daran war vor allem die starke Betonung des allgemeinbildenden Charakters der Berufsschulen. Aus Sicht des Kultusministeriums war die Berufsschule „die letzte Bildungseinrichtung", die „noch alle Jugendlichen erfaßt, soweit sie nicht andere Schulen besuchen". Sie könne „daher nicht bloß als Ausbildungsstätte", sondern müsse „als Bildungsstätte im vollen Sinne des Wortes aufgefaßt werden"[72]. Den Vertretern der Wirtschaft dagegen kam es primär auf eine berufsqualifizierende Ausbildung an. Im 1953 verabschiedeten Gesetzestext überbrückte man diese gegensätzlichen Auffassungen mit der Formulierung, daß die Berufsschulen „Bildungsanstalten" seien,

„in denen die Schüler nach erfüllter Volksschulpflicht unter Berücksichtigung ihrer Berufsausbildung unterrichtet und erzogen werden [...] Aufgabe der Berufsschule ist es, die Allgemeinbildung und Erziehung der Schüler gemäß der Verfassung zu erweitern und zu vertiefen, die theoretische und praktische Berufsausbildung zu fördern, religiös-sittliche Berufsauffassung, soziale Berufsgesinnung und staatsbürgerliche Einsicht zu wecken und zu pflegen."[73]

Das Berufsschulgesetz vom 25. März 1953 entsprach im wesentlichen der Vorlage des Kultusministeriums von 1950. Daß vom Entwurf bis zur Verabschiedung drei Jahre vergingen, hatte vor allem finanzielle Gründe. In der Frage einer Anhebung der staatlichen Zuschüsse für die nichtlandwirtschaftlichen Berufsschulen standen sich nämlich die Auffassungen von Kultus-, Innen- und Finanzministerium schroff gegenüber. Nach langem Tauziehen setzte sich schließlich das Kultusministerium durch, das für eine finanzielle Entlastung der Kommunen eingetreten war[74]. Das neue Gesetz modifizierte die Verordnung von 1913 in wesentlichen Punkten. War die Errichtung einer Berufsschule bis dahin den Kommunen anheimgestellt worden, so wurden die kommunalen Körperschaften nun ver-

[69] BayHStA, MK 62707, Bayerischer Handwerkstag an das bayerische Wirtschaftsministerium vom 25. 7. 1950.
[70] Vgl. Radomsky, Entwicklung, S. 152f.
[71] BayHStA, MK 62707, Sitzungsprotokoll vom 14. 11. 1950.
[72] BayHStA, MK 62708, 2. Entwurf des Berufsschulgesetzes vom 18. 1. 1951.
[73] Eichenberg, Berufsschulgesetzgebung, in: Heimerer/Selzam (Hrsg.), Berufliche Bildung, S. 92.
[74] BayHStA, MK 62708, Protokoll der außerordentlichen Sitzung des Ministerrats am 28. 8. 1951.

pflichtet, eine Berufsschule zu errichten und zu erhalten, sofern bestimmte Voraussetzungen erfüllt waren. Bei landwirtschaftlichen Berufsschulen war dies der Fall,

„wenn im Gebiet der Gemeinde mindestens 60 berufsschulpflichtige Jugendliche in landwirtschaftlichen Betrieben beschäftigt sind oder ohne berufliche Beschäftigung ihren Aufenthalt haben, wenn für diese im Sprengel der landwirtschaftlichen Berufsschule keine andere Berufsschule vorhanden ist".

Andere Berufsschulen – das Gesetz differenzierte hier zwischen gewerblichen, kaufmännischen und hauswirtschaftlichen – waren zu errichten, „wenn im Gebiet der Gemeinde zusammen mindestens 800 berufsschulpflichtige Jugendliche außerhalb der Landwirtschaft beruflich beschäftigt sind oder ohne berufliche Beschäftigung ihren Aufenthalt haben"[75]. Ergänzt wurde diese von manchen als verfassungsrechtlich bedenklicher Eingriff in das kommunale Selbstverwaltungsrecht interpretierte Verpflichtung der kommunalen Körperschaften durch eine Neuordnung der Finanzierung nichtlandwirtschaftlicher Berufsschulen, die bis dahin staatliche Zuschüsse erhalten hatten, deren Höhe je nach Haushaltslage stark variieren konnte. Nun wurde ein Fixum eingeführt, wonach der Staat 50 Prozent der Sach- und Personalkosten übernahm[76]. Ein anderer Finanzierungsmodus galt, wie erwähnt, für die landwirtschaftlichen Berufsschulen. Hier blieb es bei der alten Regelung, daß der Staat die Personalkosten und die Kommune die Sachkosten trug.

In den nächsten Jahren stiegen die staatlichen Zuschüsse drastisch an: Hatten diese 1951 noch bei 2,6 Millionen DM gelegen, so überschritten sie 1954 erstmals die Zehn-Millionen-Grenze. Eine auf Dauer befriedigende Lösung war allerdings auch mit dem 1953 entwickelten Bezuschussungsverfahren nicht gefunden worden. Es zeigte sich nämlich bald, daß die Gemeinden und Berufsschulverbände auch jetzt noch nicht in der Lage waren, ihre Berufsschulen auszubauen und zu modernisieren. 1960 wurde deshalb mit dem Gesetz über die Berufsschulen und Berufsaufbauschulen[77] – letztere sollten an den Berufsschulen errichtet werden und begabten Berufsschülern den Anschluß an weiterführende Schulen ermöglichen – eine neue Zuschußregelung getroffen, derzufolge der Staat 70 Prozent der Dienstbezüge der hauptamtlichen Lehrer übernahm. Das neue Gesetz trug im Bereich der nichtlandwirtschaftlichen Berufsschulen überdies dem Rückgang der Schülerzahl Rechnung; nachdem diese 1955/56 noch bei 299561 gelegen hatte, war sie Ende der fünfziger Jahre, als die geburtenschwachen Kriegsjahrgänge in die Berufsschulen kamen, auf 234455 Schüler zurückgegangen[78]. Vor diesem Hintergrund hatten die Gemeinden nur noch dann die Pflicht, eine Berufsschule zu errichten, wenn 1000 Schüler zu erwarten waren.

Zu solchen Konsequenzen konnte man sich 1960 bei den landwirtschaftlichen Berufsschulen nicht entschließen, obwohl die Entwicklung im ländlichen Raum allen Anlaß dazu gegeben hätte. Neben den geburtenschwachen Jahrgängen

75 Eichenberg, Berufsschulgesetzgebung, in: Heimerer/Selzam (Hrsg.), Berufliche Bildung, S. 93.

76 Vgl. hierzu und zum folgenden Radomsky, Entwicklung, S. 169f.

77 Vgl. Eichenberg, Berufsschulgesetzgebung, in: Heimerer/Selzam (Hrsg.), Berufliche Bildung, S. 54ff.

78 Vgl. Lohbauer, Entwicklung des bayerischen Schulwesens, S. 118.

wirkte sich hier vor allem der Auszehrungsprozeß in der Landwirtschaft aus: 1952/53 hatten die landwirtschaftlichen Berufsschulen mit 159375 Schülern ihren Höchststand verzeichnen können, 1959/60 wurden sie nur noch von 42194 Schülern besucht[79]. Gleichwohl wollte man 1960 dem Konzentrationsprozeß der seit 1953 ohnehin dramatisch zurückgegangenen landwirtschaftlichen Berufsschulen – 1952/53 hatte es noch 2962 gegeben, 1959/60 waren es nur mehr 335[80] – durch eine Anhebung der Mindestschülerzahlen nicht noch weiter Vorschub leisten. Wie zuvor reichten 60 in der Landwirtschaft tätige berufsschulpflichtige Jugendliche für die Errichtung einer Schule aus.

Die Talfahrt der landwirtschaftlichen Berufsschulen war allerdings nicht aufzuhalten. Aber erst als ihre Zahl 1969/70 auf 146 geschrumpft war und sich die Schülerzahl auf 21669 verringert hatte, wurde mit dem Gesetz über das berufliche Schulwesen vom 15. Juli 1972 die Tradition der heimatgebundenen landwirtschaftlichen Berufsschule aufgegeben. Es setzte sich nun endgültig die – auch die kleinen, kaum lebensfähigen nichtlandwirtschaftlichen kommunalen Berufsschulen erfassende – Tendenz zur Bildung größerer beruflicher Mittelpunktschulen durch. Dort wurde der Unterricht in Jahrgangsfachklassen erteilt, für Lehrlinge seltener Berufssparten gab es auch die Blockschulung[81].

Während die landwirtschaftlichen und nichtlandwirtschaftlichen Berufsschulen auf ältere Einrichtungen zurückgingen, die der neuen Zeit angepaßt wurden, handelte es sich bei den Berufsaufbauschulen um eine bildungspolitische Innovation, deren vorrangige Aufgabe es war, Begabungsreserven zu mobilisieren und das Stadt-Land-Gefälle zu vermindern. Bereits in den fünfziger Jahren waren an einigen Berufsschulen Bayerns Berufsaufbauklassen gebildet worden, die besonders strebsamen Lehrlingen den Übergang an die Ingenieur- und Meisterschulen erleichtern sollten[82]. Dabei hatte es sich aber um Initiativen einzelner Berufsschulen gehandelt, erst ab 1957 begann man über eine allgemeine staatliche Regelung nachzudenken. Den Anfang machte im Oktober 1957 die SPD, die im Landtag einen Antrag einbrachte, dessen Ziel es war, „für eine größere Zahl von Jugendlichen einen zweiten Bildungsweg zu schaffen". 1959 zog die CSU nach, und 1960 wurde ein Gesetz über die Einrichtung von Berufsaufbauschulen verabschiedet. Ausbildungsziel dieser neuen, einer Berufsschule oder einer zweijährigen Berufsfachschule angegliederten Einrichtung war es, den Lehrlingen neben einer abgeschlossenen Berufsausbildung den Erwerb der mittleren Reife zu ermöglichen, die etwa zum Eintritt in die Ingenieurschulen oder seit 1970 in die Fachoberschulen berechtigte. Damit erhielten auch solche Jugendliche eine Weiterbildungschance, deren Begabung erst spät erkannt worden war oder deren Eltern sich zunächst nicht für eine weiterführende Schule hatten entschließen können. Die Ausbildung an diesen Schulen war alles andere als leicht. Die Schüler hatten neben Berufsaus-

[79] Vgl. ebenda, S. 121.

[80] Vgl. Eichenberg, Berufsschulgesetzgebung, in: Heimerer/Selzam (Hrsg.), Berufliche Bildung, S. 54; die folgenden Angaben finden sich ebenda, S. 59.

[81] Vgl. Seibert, Geschichte, in: Liedtke (Hrsg.), Handbuch, Bd. 3, S. 775f.; Das berufliche Schulwesen in Bayern. Eine Information für Verwaltungen, Schulleitungen und berufliche Organisationen, hrsg. vom Bayerischen Staatsministerium für Unterricht und Kultus, München 1972, S. 30ff.

[82] Vgl. Demmel, Berufliches Schulwesen, in: Liedtke (Hrsg.), Handbuch, Bd. 3, S. 971ff.; das folgende Zitat und die folgenden Zahlen finden sich ebenda, S. 971 und S. 974f.

bildung oder Berufstätigkeit zuerst zwei Jahre Teilzeitunterricht und dann ein Jahr Vollzeitunterricht zu absolvieren. Trotz dieser Belastungen erfreuten sich die Berufsaufbauschulen wachsender Resonanz: 1960 hatten lediglich 14 Berufsaufbauschulen existiert, die von 929 Schülern besucht wurden, 1971 zählte man nicht weniger als 107 Schulen mit 15071 Schülern.

Mit dem Ausbau der Berufsaufbauschulen signalisierte das Kultusministerium auch, daß ihm nicht nur an den allgemeinbildenden Schulen und den Hochschulen gelegen war, die in den sechziger Jahren im Zentrum der bildungspolitischen Diskussion standen, sondern auch an der Intensivierung der berufsbezogenen Ausbildung. Weitere Schritte in Richtung auf die Gleichwertigkeit von beruflichem und allgemeinbildendem Schulwesen wurden dann 1970 mit der Gründung der auf der mittleren Reife aufbauenden Fachoberschulen und der Berufsoberschulen getan[83], für deren Besuch mittlere Reife und abgeschlossene Berufsausbildung erforderlich waren. Auf diesen Schulen konnte man die fachgebundene Hochschulreife erwerben und anschließend eine Fachhochschule besuchen; damit war eine „Brücke von beruflicher Bildung zum Hochschulbereich“ geschlagen worden[84]. Viele der neuen Fachhochschulen gingen im übrigen auf höhere Fachschulen zurück – neben den Ingenieurschulen zählten zu ihnen auch Wirtschaftsfachschulen, Fachschulen für Sozialarbeit und Sozialpädagogik und Werkkunstschulen –, die in der bildungspolitischen Aufbruchstimmung der späten sechziger Jahre nicht zuletzt aufgrund des Geschicks ihrer Dozenten zu Fachhochschulen (ohne Promotionsrecht) umgewandelt wurden. Der entscheidende Impuls ging hier von einem Abkommen der Länder vom Oktober 1968 aus, demzufolge die äußerst heterogenen höheren Fachschulen organisatorisch zu Fachhochschulen zusammengefaßt werden sollten.

Ziel dieses neuen Hochschultyps war es, den Studenten in sechs Studien- und zwei Praxissemestern eine anwendungsorientierte Ausbildung zu ermöglichen. Das Lehrpersonal sollte nun nicht mehr nur Praxiserfahrung haben, sondern mußte auch akademisch gebildet sein, damit die Vermittlung der wissenschaftlichen Grundlagen in den jeweiligen Fächern gewährleistet war. Die Umsetzung dieses Beschlusses der Ministerpräsidentenkonferenz zog sich allerdings in Bayern bis 1970 hin, als das Fachhochschulgesetz verabschiedet wurde[85]. Ein Jahr später, nachdem mit der Gründung der Fachoberschulen und der Einführung der Fachhochschulreife der Unterbau geschaffen worden war, nahmen anstelle der bislang 27 höheren Fachschulen acht Fachhochschulen in Augsburg, Coburg, München, Nürnberg, Regensburg, Rosenheim, Weihenstephan und Würzburg-Schweinfurt ihren Lehrbetrieb auf[86]. Verteilt auf insgesamt 13 Orte waren im

[83] Vgl. Franz Noichl, Die Fachoberschulen, in: Heimerer/Selzam (Hrsg.), Berufliche Bildung, S. 416–433; Friedrich Maximilian Bröcker, Aufbau, Aufgaben und Probleme der neuen Fachoberschule in Bayern, Diss., München 1974.

[84] Josef Hoderlein, 50 Jahre Schul- und Bildungspolitik in Bayern, in: Tradition und Perspektive. 150 Jahre Bayerisches Kultusministerium, hrsg. vom Bayerischen Staatsministerium für Unterricht, Kultus, Wissenschaft und Kunst, München 1997, S. 102–125, hier S. 113.

[85] Zur Einführung der Fachhochschulen in Bayern einschlägig: BayHStA, MK 67933–67954; zu den gesetzlichen Bestimmungen vgl. Wilhelm Volkert (Hrsg.), Handbuch der bayerischen Ämter, Gemeinden und Gerichte 1799–1980, München 1983, S. 194f.

[86] 1977 kamen noch die Fachhochschulen in Kempten und Landshut dazu.

Wintersemester 1971/72 17001 Studierende in den Ausbildungsrichtungen Technik, Wirtschaft, Sozialwesen und Gestaltung immatrikuliert. Die weitere Expansion dieses neuen Hochschulzweiges zeichnete sich bereits nach kurzer Zeit ab; allein zwischen 1971/72 und 1973 verdoppelte sich die Zahl der Studienanfänger. Noch bevor die neugegründeten wissenschaftlichen Hochschulen Bamberg, Bayreuth und Passau ihre Pforten öffneten, war mit den Fachhochschulen für eine deutliche Expansion des tertiären Bildungssektors gesorgt worden, die ganz im Zeichen der Regionalisierung stand.

3. Der Aufbau der staatlichen Mittelschulen

„Das Mittelschulwesen wird für jene Schüler geschaffen, die nicht zu wissenschaftlichem Studium an den Hochschulen gelangen wollen, doch aber eine über die Ziele der Volks- und Berufsschule hinausführende Bildung erstreben. Die Einrichtung von Mittelschulen entspricht einem dringenden Bedürfnis, das sich aus den Notwendigkeiten verschiedener Berufe und den Interessen und Begabungen der Jugendlichen ergibt. Die Arbeit des Werktätigen ist noch nicht so normiert und mechanisiert, daß es nicht innerhalb ihres Bereiches auch auf eine geistige Leistung ankäme. Die großen Betriebe brauchen führende Köpfe, die über hervorragendes praktisches Können, aber auch über vertiefte Einsicht verfügen, klar denken und Verantwortung übernehmen. Die Berufsgruppen der Werktätigen brauchen Glieder in ihrer Mitte, die die Interessen ihrer Gruppen im öffentlichen Leben vertreten. In der gemeindlichen und staatlichen Verwaltung, im Bahn- und Postdienst, im Kontor, in gehobenen technischen Berufen, in pflegerischen und fürsorgerischen Frauenberufen werden Kräfte benötigt, deren Wissen und Können über die Ausbildung an Volks- und Berufsschulen hinausgeht, ohne daß aber die Bildungshöhe wissenschaftlichen Studiums verlangt werden müßte."[87]

Eine Referentin des bayerischen Kultusministeriums umriß 1950 mit diesen Worten die Erwartungen, die sich mit einem Schultyp verbanden, der erst in den fünfziger Jahren aufgebaut wurde. Die Gründung der Mittelschulen für Jungen und Mädchen begann mit der Bekanntmachung vom 23. Mai 1949[88]. Der dahinter stehende Gedanke war in Bayern nichts grundsätzlich Neues, er läßt sich bis ins 18. Jahrhundert zurückverfolgen[89]. Aber von den während der NS-Zeit geschlossenen, nach 1945 dann rasch wieder eröffneten klösterlichen Mädchenmittelschulen einmal abgesehen[90], waren die im 19. Jahrhundert eingeführten Realschulen alterer Ordnung, wie sie in Abgrenzung von den hier in Rede stehenden Mittel- beziehungsweise Realschulen bezeichnet werden sollen, nach Kriegsende nicht mehr existent. Entweder hatten sie sich nicht behaupten können oder waren aufgewertet worden (Realgymnasium 1864, Oberrealschule 1907).

Die neuen Mittelschulen schlossen die Lücke zwischen Volks- und Berufsschule einerseits und dem Gymnasium andererseits, die gerade in der Phase des Wiederaufbaus schmerzte, als sich traditionelle Berufsbilder wandelten und neue

[87] BayHStA, MK 60930, Die Mittelschule im Rahmen der Schulreform. Rundfunkvortrag von Wilhelmine Böhm vom 2. 3. 1950; abgedruckt bei Hans Merkt (Hrsg.), Dokumente zur Schulreform in Bayern, München 1952, S. 313ff.

[88] Vgl. ebenda, S. 286f., sowie Müller, Schulpolitik, S. 242ff.

[89] Vgl. Hubert Buchinger, Die Geschichte der bayerischen Realschule, Teil 1: Die Entwicklung der bayerischen Realschule von ihren Anfängen bis zur Errichtung der Oberrealschule im Jahre 1907, Passau 1983.

[90] Vgl. Müller, Schulpolitik, S. 243ff.

Berufsfelder entstanden. Alle Schüler, die eine Schulbildung mit Fremdsprachenunterricht erwerben wollten, die über das Angebot der Volksschule hinausging, aber nicht das Abitur anstrebten, hatten nun neue Möglichkeiten. Im Kultusministerium unterschätzte man das Potential, das durch diese Schulen aktiviert werden konnte. Anfangs befürchtete man sogar, daß der neue Schultyp Imageprobleme haben würde. Auf keinen Fall dürfe dieser „als Rettungsanstalt für die in der Höheren Schule Gescheiterten" gelten, „denen der Weg zurück in die Volksschule erspart" werden solle[91]. So gesehen war es keine glückliche Lösung, daß die neue Schule 1949 nicht als Realschule bezeichnet wurde, sondern unter der Mittelmaß suggerierenden Bezeichnung „Mittelschule" firmierte. Das Kultusministerium hielt dies allerdings für sinnvoll, denn der Begriff Realschule war von der Oberrealschule beziehungsweise von deren Kurzform, der sechsjährigen Realschule mit zwei Fremdsprachen, besetzt. Erst als die Oberrealschulen 1965 in mathematisch-naturwissenschaftliche Gymnasien umbenannt wurden, war für die Mittelschulen der angemessene Terminus frei[92].

Bei den 1949 gegründeten Mittelschulen mußten die Gemeinden für den Raum- und Sachbedarf aufkommen, während der Staat auf Antrag die Personalkosten übernahm. Die Mittelschulen bauten auf sieben Jahren Volksschule auf; schwerpunktmäßig sollten die Schüler allgemeinbildenden, durch die Fremdsprache Englisch ergänzten Unterricht erhalten, wobei man zwischen einem wirtschafts- und handelskundlichen, einem gewerblichen und einem landwirtschaftlichen Zug unterschied. Gelehrt wurden ferner Maschinenschreiben und Stenographie, für Mädchen auch Hauswirtschaft. Nach dem Übergangslehrplan des Schuljahres 1949/50[93] wurden die Unterrichtsinhalte im Lehrplan vom 24. Juli 1950[94] und in dessen bereinigter Fassung vom 27. August 1955[95] verbindlich geregelt.

Die neuen Mittelschulen stießen bei den Gemeinden auf reges Interesse. Bis zum Sommer 1950 legten 42 Kommunen beim Kultusministerium Anträge auf Errichtung einer Mittelschule vor, bei deren Bearbeitung vor allem zwei Gesichtspunkte eine Rolle spielten: Zum einen förderte man die Gründung von Mittelschulen für Knaben, da es bereits eine ganze Reihe klösterlicher Mädchenmittelschulen gab. Zum anderen sollten Gegenden mit schwacher schulischer Infrastruktur bevorzugt berücksichtigt werden. So kam es am 1. Oktober 1950 in Grafenau, Hilpoltstein, Kemnath, Landshut, Naila, Thannhausen, Waldsassen und Weilheim zur Errichtung von Mittelschulen für Jungen. Mittelschulen mit einer Jungen- und einer Mädchenabteilung wurden in Dingolfing, Freyung, Furth im Wald, Helmbrechts, Neustadt an der Waldnaab, Ochsenfurt, Pfaffenhofen an der Ilm, Rehau, Viechtach und Wertingen eröffnet[96]. Bis zum Beginn des Schuljahrs

91 BayHStA, MK 60930, Stadtschulamt Kulmbach an das Kultusministerium vom 29. 1. 1951.
92 BayHStA, MK 60930, Vormerkung vom 1. 6. 1964.
93 Vgl. Amtsblatt des Bayerischen Staatsministeriums für Unterricht und Kultus 1949, S. 153–159: Bekanntmachung über den Unterricht an Mittelschulen für das Schuljahr 1949/50 vom 1. 8. 1949.
94 Vgl. Amtsblatt des Bayerischen Staatsministeriums für Unterricht und Kultus 1950, S. 161–200.
95 Vgl. Hubert Hettwer, Lehr- und Bildungspläne 1921–1974, Bad Heilbrunn 1976, S. 120ff.
96 Vgl. Merkt, Dokumente, S. 333. Mit Beginn des Schuljahres 1951/52 wurde den Mittelschulen in Weilheim, Grafenau, Kemnath, Hilpoltstein und Thannhausen jeweils noch eine Mädchenabteilung angegliedert.

1952/53 gab es bereits 39 staatliche Mittelschulen[97], im Schuljahr 1959/60 belief sich ihre Zahl auf 78; davon waren 18 ausschließlich für Jungen, zwei ausschließlich für Mädchen bestimmt, die anderen hatten eine Jungen- und eine Mädchenabteilung. Zu diesen staatlichen Mittelschulen kamen noch 19 kommunale und 97 private (darunter 86 von Orden der katholischen Kirche unterhaltene) Mittelschulen hinzu. Insgesamt verfügte Bayern somit 1959/60 über 194 Mittelschulen. Genauso sprunghaft wie die Zahl der Schulen stieg auch die der Schülerinnen und Schüler, wobei vor allem das Ziel, auch Jungen den Weg zur Realschulbildung zu eröffnen, erreicht werden konnte. Nachdem im Schuljahr 1949/50 lediglich 600 Jungen neben 10550 Mädchen die Mittelschulen besucht hatten, waren es im Schuljahr 1959/60 15979 Jungen und 27266 Mädchen[98].

Der Aufschwung der Mittelschulen war ein deutliches Indiz dafür, daß diese „einem dringenden Bedürfnis des deutschen Bildungswesens und Wirtschaftslebens" entsprachen. So hieß es jedenfalls in einer Erklärung der Ständigen Konferenz der Kultusminister der Länder vom 17. Dezember 1953, die den Mittelschulen im öffentlichen Bewußtsein größere Akzeptanz sichern sollte. Hauptaufgabe der Mittelschule sei es, „eine geeignete Schulvorbildung für den Nachwuchs in den gehobenen praktischen Berufen von Landwirtschaft, Handel, Handwerk, Industrie und Verwaltung sowie in pflegerischen, sozialen, technisch-künstlerischen und hauswirtschaftlichen Frauenberufen zu vermitteln"[99]. Gleichzeitig empfahl die Kultusministerkonferenz den Ländern den zügigen Ausbau ihrer Mittelschulen. In Bayern fiel diese Anregung auf fruchtbaren Boden; der Freistaat nahm hier zusammen mit Baden-Württemberg, Niedersachsen, Nordrhein-Westfalen, Rheinland-Pfalz und Schleswig-Holstein eine führende Stellung ein[100], wobei die Expansion neben der quantitativen Aufstockung vor allem von zwei Aspekten bestimmt war: der allmählichen Umstellung auf vierklassige Schulen und der Regelung der Mittelschullehrerbildung.

Was letztere betraf, so war sie in der Gründungsphase der neuen Schulen in keiner Weise geregelt. Entweder wurde auf Lehrkräfte, die die Prüfung für das Lehramt an höheren Schulen abgelegt hatten, oder auf bewährte Volksschullehrer mit einer Zusatzausbildung zurückgegriffen. Solche Zusatzlehrgänge fanden ab 1954 in München statt. Teilnehmen konnten Volksschullehrer, die für ein Jahr beurlaubt wurden, und bereits im Unterricht aktive Mittelschullehrer. 1957, als aufgrund des Mangels an Volksschullehrern das Hauptreservoir für die Lehrkörper der Mittelschulen zu versiegen drohte – immerhin kamen zu diesem Zeitpunkt 70 Prozent der hauptamtlichen Mittelschullehrer aus dem Kreis der Volksschullehrer[101] –, entdeckte das Kultusministerium jenen Abiturienten und Studierenden, dem „der Weg für das Lehramt an Höheren Schulen deswegen nicht zusagt, weil ihm die zunächst erforderliche strenge Wissenschaftlichkeit nicht liegt oder dem

[97] BayHStA, MK 60943, Vormerkung vom 27. 7. 1953.

[98] Vgl. Lohbauer, Entwicklung des bayerischen Schulwesens, S. 9.

[99] BayHStA, MK 60930, Beschluß der Ständigen Konferenz der Kultusminister vom 17. 12. 1953; vgl. auch Georg Keeser, Das mittlere Bildungswesen in der Bundesrepublik Deutschland. Entwicklung, Stand und Probleme, in: Zeitschrift für Pädagogik 9 (1963), S. 59–72.

[100] Vgl. ebenda, S. 64 ff.; Horst Wollenweber, Realschule, in: ders. (Hrsg.), Das gegliederte Schulwesen in der Bundesrepublik Deutschland, Paderborn 1980, S. 85–145, hier S. 93 ff.

[101] BayHStA, MK 60945, Vormerkung vom 31. 1. 1957; das folgende Zitat findet sich ebenda.

auf der anderen Seite der Weg zum Volksschullehrer deswegen versperrt erscheint, weil er sich nicht zutraut, in der ganzen Breite der Volksschulfächer" zu unterrichten. Um die Ausbildung zum Mittelschullehrer für diese Gruppe attraktiver zu gestalten, aber auch, weil sich die Mittelschule zu einem unverzichtbaren Bestandteil des bayerischen Schulwesens entwickelt hatte, wurde mit Wirkung zum 10. Oktober 1958 beschlossen, die Ausbildung für Mittelschullehrer auf eine neue Basis zu stellen und dem Institut für Lehrerbildung respektive der nachmaligen Pädagogischen Hochschule in München-Pasing ein „Staatsinstitut für die Ausbildung der Lehrer an Mittelschulen" anzugliedern.

Bei der Umstellung der bestehenden dreiklassigen Mittelschulen in vierklassige wurde das Kultusministerium im August 1956 initiativ[102]. 1956/57 und 1957/58 gab es bereits 21 staatliche und nichtstaatliche Mittelschulen mit vier Klassen. Bei diesen Versuchen zeigte sich, daß Eltern und Lehrer der längeren Schuldauer eindeutig den Vorzug gaben. Der Übergang auf die Mittelschule bereits nach dem sechsten Volksschuljahr wurde als psychologisch günstig angesehen, da die Kinder in diesem Alter noch anpassungs- und begeisterungsfähiger seien; außerdem könne so das Zusammentreffen von Schulwechsel und Pubertätsbeginn eher vermieden werden. Für günstig hielt man auch, daß sich die Kinder in der vierstufigen Mittelschule nicht bereits beim Schuleintritt, sondern erst nach der ersten Klasse auf eine bestimmte Wahlpflichtfächergruppe festlegen mußten. Die Entscheidung konnte so von den Lehrern noch beeinflußt werden. Und natürlich bedeutete der Ausbau auf vier Klassen auch eine stoffliche Entzerrung. Kurzum:

„Auf Grund der Erfahrungsberichte erscheint es nunmehr erforderlich, daß das Staatsministerium in die Lage gesetzt wird, an jenen Mittelschulen 4-stufige Züge einzurichten, wo der Schulträger dies wünscht und erklärt, daß er für den sächlichen Bedarf dieser Klassen aufkommt."[103]

Daß die Umwandlung nicht überall sofort erfolgen konnte, war im Ministerium kein Geheimnis. Immerhin aber wurde mit den Schulversuchen ein dann auch durch einen Landtagsbeschluß vom 17. Oktober 1958 sanktionierter, wichtiger Schritt in Richtung eines generellen Ausbaus der Mittelschulen getan[104]. In Zahlen ausgedrückt sah dieser so aus, daß 1962/63 in Bayern 208 Mittelschulen existierten, die von 58558 Schülern besucht wurden. Bis 1973/74 kletterte diese Zahl auf 307 Realschulen – so mittlerweile die offizielle Bezeichnung – mit 149702 Schülern[105]. Wenn angesichts dieser Entwicklung gerade die Realschule als die Schule des sozialen Aufstiegs apostrophiert wurde, dann ist das nicht nur in dem Sinne zu verstehen, daß nun auch Kinder aus Schichten mobilisiert wurden, die bislang keinen Zugang zu einer weiterführenden Schule gehabt hatten. Hinzu kommt noch, daß mit der regionalen Streuung der Realschulen vor allem jene sozialen Gruppen angesprochen wurden, für die Ortsnähe die entscheidende Voraussetzung war, um ihre Kinder auf eine weiterführende Schule zu schicken:

[102] Vgl. Müller, Schulpolitik, S. 247f.
[103] BayHStA, MK 60930, Erfahrungsbericht von Referat 18 über die versuchsweise eingeführten vierstufigen Züge an Mittelschulen vom 17. 3. 1958.
[104] BayHStA, MK 60930, Kultusministerium an Landtagspräsident Hans Ehard vom 11. 3. 1959.
[105] Vgl. Seibert, Geschichte, in: Liedtke (Hrsg.), Handbuch, Bd. 3, S. 797.

„Die Bildungsbeteiligung der Kinder aus den Oberschichtgruppen wird nur geringfügig durch den Umstand bestimmt, ob die gewählte Schule sich am Ort befindet oder nicht. Die Unterschichtgruppen sind dagegen in hohem Maße von der Ortsnähe der Schule abhängig [...] wobei dieser Effekt besonders bei der Realschule ins Auge springt [...] Ein ortsnahes Gymnasium kann die Beteiligungsquoten bei den Unterschichtgruppen nicht in gleichem Umfang steigern."[106]

So gesehen gingen vor allem von der Realschule Impulse für den Abbau sozialer Disparitäten beim Besuch weiterführender Schulen aus. Die Realschule wurde „die eigentliche Schule der Aufsteiger".

4. Das höhere Schulwesen

Das Gymnasium war nach 1945 am meisten umkämpft. Ziel der amerikanischen Besatzungsmacht war es gewesen, die höhere Schule in eine differenzierte Einheitsschule zu integrieren, in der die herkömmlichen Formen der Grund- und weiterführenden Schulen zu einheitlichen Lehranstalten mit einem für alle Schüler gemeinsamen Kernunterricht verschmolzen werden sollten. Die Verschiedenheit der Ausbildungsgänge und Berufsziele hätte dabei in Wahlfächern, nicht mehr in eigenen Schultypen Ausdruck gefunden. Nach sechs Jahren Grundschule, die für alle Schüler verbindlich gewesen wäre, und nach der dreijährigen Mittelstufe hätte höher gesteckten Ambitionen in der gleichfalls dreijährigen Oberstufe Rechnung getragen werden sollen.

Was aus amerikanischer Sicht für eine größere Durchlässigkeit zwischen den einzelnen Schultypen sorgen und die soziale Kastenbildung in der als Standesschule begriffenen höheren Schule verhindern sollte, wurde vom bayerischen Kultusministerium rundweg abgelehnt, weil es darin nur eine massive Bedrohung der traditionellen Formen der höheren Schule und insbesondere des bewährten Gymnasiums in seiner humanistischen Spielart erkennen konnte[107]. Kultusminister Alois Hundhammer griff deshalb zu einer ebenso zähen wie fintenreichen Verzögerungstaktik, um die Umsetzung der amerikanischen Pläne zu konterkarieren, und er hatte Erfolg damit: Im Sommer 1948 nahm die Besatzungsmacht endgültig Abstand von einem schulpolitischen Oktroi[108].

Nachdem „es gelungen ist, gegenüber allzu reformfreudigen Bestrebungen den bewährten Typ der höheren Schule für unser Land zu erhalten"[109], so Kultusminister Josef Schwalber (CSU) 1951, war das vorrangige Ziel zunächst einmal die behutsame Weiterentwicklung des Status quo ohne größere strukturelle Eingriffe. Der Akzent lag eindeutig auf der inneren Schulreform, weshalb die Geschichte der höheren Schule in Bayern in den fünfziger und frühen sechziger Jahren auf

[106] Schorb, Entwicklungen, in: Bildung in der Bundesrepublik Deutschland, Bd. 2, S. 776f.; das folgende Zitat findet sich ebenda, S. 777.
[107] Vgl. Karl Böck, Der Wiederaufbau des gymnasialen Schulwesens in Bayern während der Zeit der alliierten Besatzung, in: Helmut Kreutzer (Hrsg.), Wendepunkte. Acta Ising 1982, München 1983, S. 7–30; Müller, Schulpolitik, S. 138ff.; Manfred Heinemann, Wiederaufbau aus amerikanischer Sicht, und Hubert Buchinger, Wiederaufbau aus bayerischer Sicht, beide Beiträge in: Liedtke (Hrsg.), Handbuch, Bd. 3, S. 474–548, hier S. 522ff., und S. 549–594, hier S. 567ff.
[108] Vgl. Müller, Schulpolitik, S. 134ff.
[109] Josef Schwalber, Christliche Kulturpolitik. Reden und Aufsätze, München 1952, S. 88; das folgende Zitat findet sich ebenda, S. 92.

den ersten Blick auch wenig spektakulär verlief. 1951 wurde lediglich das in der NS-Zeit abgeschaffte 9. Schuljahr mit dem erklärten Ziel wieder eingeführt, in dieser Zeit, „von Lernstoff möglichst befreit, die Fähigkeit zu selbständiger, kritischer, geistiger Arbeit [zu] vermitteln". Ferner wurde das höhere Schulwesen um einen weiteren Typus bereichert, der allerdings keine größere Bedeutung erlangte. Es handelte sich um die Hinterlassenschaft der herkömmlichen Lehrerbildungsanstalten für Volksschullehrer, die ab dem Schuljahr 1948/49 auf Druck der Besatzungsmacht keine neuen Schüler mehr aufnehmen durften. Sie galten ab diesem Zeitpunkt als eine neue Form der höheren Schule, deren Besuch keinen berufsqualifizierenden Charakter mehr hatte. Nach langen Diskussionen wurde für diesen neuen Typus 1954 die Bezeichnung „Deutsches Gymnasium" gefunden[110].

Gleichzeitig bauten sich in den fünfziger Jahren jedoch auch Konflikte auf, die für die Entwicklung des höheren Schulwesens in den sechziger Jahren bestimmend wurden. Die Ausgangslage ergibt sich aus einer Rede, die Kultusminister Schwalber 1951 vor dem bayerischen Senat hielt. Vor dem Hintergrund rapide gestiegener Schülerzahlen – 1951/52 wurden an den staatlichen und nichtstaatlichen höheren Schulen Bayerns 127732 Schüler und Schülerinnen gezählt, 1937/38 waren es 70813 gewesen[111] – warnte er einerseits vor der Gefahr der Vermassung, der Diskrepanz zwischen quantitativem und qualitativem Zuwachs. Die höheren Lehranstalten müßten ihren „Charakter als Stätten der Ausbildung für wissenschaftlich abstraktes Denken, als Vorbereitung auf selbständiges geistiges Arbeiten an den Universitäten erhalten und damit Anstalten für die beste Begabung unseres Volkes bleiben". Auf der anderen Seite erkannte der Kultusminister aber auch, daß der Zustrom in die höheren Schulen „dem Streben nach einer gehobenen sozialen Stellung entspringt". Daß diese Bemerkung negativ konnotiert war, geht aus den weiteren Ausführungen Schwalbers hervor: Viele Kinder und Jugendliche würden über die höhere Schule lediglich einen Beruf suchen, der „sie der Handarbeit enthebt" und damit „nur zu einem Teil einem echten Bildungsbedürfnis folgen"[112].

Abgesehen davon, daß dieses „echte", in erster Linie mit dem humanistischen Gymnasium verknüpfte Bildungsbedürfnis nach 1945 kritisch hinterfragt wurde – „irgend etwas muß auch an unserer Schulerziehung nicht ganz gestimmt haben, wenn ein so abgrundtiefer Fall möglich war", gab beispielsweise Eduard Spranger zu Beginn der fünfziger Jahre zu bedenken[113] –, traf Schwalber mit seinem Hinweis auf den Aufstiegswillen breiter Kreise aber zweifelsohne einen Kernpunkt. Immer mehr Eltern wollten ihre Kinder in den Genuß einer höheren Schulbildung kommen lassen; der Anteil der Kinder und Jugendlichen, die höhere Schulen besuchten, an der Gesamtzahl der Gleichaltrigen hatte sich zwischen 1938 und 1959 verdoppelt, wobei die Steigerungsrate zwischen 1950 und 1955 besonders signifikant war[114]. Diese Entwicklung hing eng damit zusammen, daß in der dynami-

[110] Vgl. Müller, Schulpolitik, S. 184f.
[111] Vgl. Lohbauer, Entwicklung des bayerischen Schulwesens, S. 105.
[112] Alle Zitate aus Schwalber, Christliche Kulturpolitik, S. 52.
[113] Eduard Spranger, Pädagogische Perspektiven. Beiträge zu Erziehungsfragen der Gegenwart, Heidelberg [8]1964, S. 58.
[114] Vgl. Elmar Stuckmann, Gymnasium, in: Wollenweber (Hrsg.), Gegliedertes Schulwesen, S. 147–187, hier S. 150.

schen modernen Industriegesellschaft zunehmend häufiger der Grad der Bildung über den Zugang zu qualifizierten Positionen entschied[115] und daß der Bedarf an qualifizierten Kräften ständig stieg, was den Ruf nach einer Mobilisierung der Bildungsreserven laut werden ließ. Georg Picht gab mit seinen 1958 vorgelegten „Zehn Thesen über die höhere Schule" die Argumentationslinie vor. Auch er sah zwar die Gefahr, daß das Niveau der höheren Schule „durch den Massenandrang gefährdet" sei. Dessen ungeachtet wies er aber darauf hin, daß es nun einmal deren zentrale Aufgabe sei, „den Bedarf der Gesellschaft an Nachwuchskräften mit einem gehobenen Bildungsstand zu decken", und daß folglich „die Umstellung sämtlicher Lebensverhältnisse [...] vor den Toren der höheren Schule nicht haltmachen kann". Picht nannte hier vor allem die technische Entwicklung als wesentliche Herausforderung und verwies etwa auf den „Bedarf der Bundeswehr, der Kerntechnik und anderer sich neu entwickelnder Sektoren". Zugleich machte er auf die Folgen der zunehmenden Technisierung aufmerksam:

„Die Planung, die Koordination, die Überwachung des Betriebes, die Übersicht über technisch komplizierte Produktionsgänge, das Verständnis für wirtschaftliche Zusammenhänge, die Einsicht in die sozialpolitischen und menschlichen Probleme der modernen Gesellschaft, die Beherrschung der Verwaltungstechniken und der modernen Organisationsformen, schließlich die Sprachkenntnisse, die durch die internationalen Verflechtungen der Wirtschaft und Politik erforderlich werden: dies alles sind Fähigkeiten, die heute auch schon für mittlere Stellungen in Wirtschaft und Verwaltung vorausgesetzt werden müssen und die erheblich über dem Niveau der bisherigen mittleren Bildung liegen."[116]

Dieser Bedarf, so Picht Anfang der sechziger Jahre, lasse sich nur dann decken, wenn die enormen Defizite in der Bildungsförderung beseitigt würden. Die Bundesrepublik stehe

„in der vergleichenden Schulstatistik am unteren Ende der europäischen Länder. [...] Bildungsnotstand heißt wirtschaftlicher Notstand. Der bisherige wirtschaftliche Aufschwung wird ein rasches Ende nehmen, wenn uns die qualifizierten Nachwuchskräfte fehlen, ohne die im technischen Zeitalter kein Produktionssystem etwas leisten kann."[117]

Er schlug deshalb unter anderem den Ausbau des höheren Schulwesens mit dem Ziel einer Verdoppelung der Abiturientenzahlen in zehn Jahren vor. Pichts Thesen wurden einer breiteren Öffentlichkeit bekannt. Sie erschienen zunächst in der Wochenzeitung „Christ und Welt", dann in Buch- und Taschenbuchform mit dem Titel „Die deutsche Bildungskatastrophe". Damit rückte das vergleichsweise spröde Thema der Bildungsreform in den Mittelpunkt des öffentlichen Interesses, und das lag nicht zuletzt daran, daß Pichts Überlegungen offenkundig mit dem Wunsch breiter Bevölkerungsschichten nach sozialem Aufstieg korrespondierten:

„Die Erwartungshaltung war vorbereitet, es bedurfte nur noch des Propagandisten, der die derzeitigen wirtschaftlichen Probleme mit der Bildungskatastrophe begründete und ihre Überwindung in Aussicht stellte, wenn eine breite Nachwuchsförderung in Angriff genommen wurde."[118]

[115] In diesem Sinne das auf S. 275 wiedergegebene Zitat von Helmut Schelsky.
[116] Alle Zitate nach Georg Picht, Zehn Thesen über die höhere Schule, in: ders., Die Verantwortung des Geistes. Pädagogische und politische Schriften, Stuttgart 1969, S. 85–99.
[117] Georg Picht, Die deutsche Bildungskatastrophe, Freiburg im Breisgau 1964, S. 16.
[118] Stuckmann, Gymnasium, in: Wollenweber (Hrsg.), Gegliedertes Schulwesen, S. 168.

Die gesellschaftliche Öffnung der höheren Schulen war freilich nicht nur aus ökonomischen Erwägungen geboten, sondern hatte auch ihre gesellschaftspolitische Begründung. Das im Grundgesetz verankerte Gleichheitsprinzip implizierte nämlich auch die Gleichheit der Bildungschancen und eine diesem Grundsatz entsprechende Ausschöpfung des Intelligenzpotentials[119]. Die Diskussion um eine Reform der höheren Schule war somit untrennbar verknüpft mit jener über die Begabtenförderung, die dem Abbau sozialer und geschlechtsspezifischer Disparitäten dienen sollte.

Grundvoraussetzung dafür war, das Netz der höheren Schulen so dicht zu knüpfen, daß auch in „schulfernen" Regionen der Besuch einer weiterführenden Bildungsanstalt möglich wurde. Grundsätzlich mußte somit in diesem Bereich der umgekehrte Weg wie bei den Volksschulen beschritten werden. Wurden letztere im Interesse einer qualitativen Steigerung zu Mittelpunktschulen zusammengefaßt, so wurden die Gymnasien und Realschulen zahlenmäßig vermehrt und dezentral disloziert, um die Schulwege zu verkürzen und das Stadt-Land-Gefälle abzubauen. 1964, als es in Bayern 319 höhere Schulen mit 145 335 Schülern gab[120], besuchten in den kreisfreien Städten 152 von 1000 Jugendlichen zwischen zehn und 20 Jahren eine höhere Schule, während dieser Anteil in den Landkreisen bei lediglich 77 Jugendlichen lag. Der Ausbau des gymnasialen Schulwesens war also zwingend geboten. Der entscheidende Schub erfolgte hier in den späten sechziger und frühen siebziger Jahren: 1970 existierten bereits 347 Gymnasien mit 218 648 Schülern, 1975 zählte man 386 Gymnasien, die von 295 436 Schülerinnen und Schülern besucht wurden[121].

Im Zuge der sozialen Öffnung galt es mitunter, tiefsitzende Schwellenängste zu überwinden, ehe die brachliegenden Begabungsreserven mobilisiert werden konnten. Dem diente vor allem die in den sechziger Jahren massiv einsetzende Bildungswerbung, durch die Landbevölkerung und Arbeiterschaft über die Vorteile weiterführender Schulen informiert werden sollten. Der Erfolg stellte sich freilich nur langsam ein. Die Zunahme der Übertritte in die höheren Schulen setzte nämlich die alten schichten- oder klassenspezifischen Rekrutierungsmuster der Schüler keineswegs außer Kraft. Am ehesten ließ sich das, wie angedeutet, in den Mittelschulen beobachten[122]. Relativ bescheiden nahmen sich bis in die erste Hälfte der sechziger Jahre auch die Erfolge beim Abbau geschlechtsspezifischer Disparitäten aus. Zwar war die Zahl der Mädchen, die 1964 eine höhere Schule besuchten, deutlich höher als 1950 – 51 729 gegenüber 40 660[123] –, aber das Verhältnis zwischen Jungen und Mädchen hatte sich nur geringfügig geändert. 1950 lag der

[119] Vgl. Robert Ulshöfer, Die Geschichte des Gymnasiums seit 1945. Dokumente und Kommentare, Heidelberg 1967, S. 109 ff.; Stuckmann, Gymnasium, in: Wollenweber (Hrsg.), Gegliedertes Schulwesen, S. 149.

[120] Vgl. Die Gymnasien in Bayern 1963–1965, hrsg. vom Bayerischen Philologenverband, Ingolstadt o.J. (1966), S. 26. 1950 hatte es in Bayern 283 höhere Schulen mit 117 146 Schülern gegeben.

[121] Vgl. Seibert, Geschichte, in: Liedtke (Hrsg.), Handbuch, Bd. 3, S. 805.

[122] Vgl. Schorb, Entwicklungen in: Bildung in der Bundesrepublik Deutschland, Bd. 2, S. 773; Luitgard Trommer-Krug, Soziale Herkunft und Schulbesuch. Entwicklungen im Schulwesen eines Flächenstaates am Beispiel Bayern, in: Bildung in der Bundesrepublik Deutschland. Daten und Analysen, hrsg. vom Max-Planck-Institut für Bildungsforschung, Projektgruppe Bildungsbericht, Bd. 1: Entwicklungen seit 1950, Stuttgart 1980, S. 217–281, hier S. 230.

[123] Vgl. Gymnasien in Bayern 1963–1965, S. 26.

Anteil der Mädchen bei 34,7 Prozent, 1964 bei 35,6 Prozent. Entsprechend stabil blieben auch die Verhältnisse bei den Abiturientenzahlen; der Anteil der Mädchen betrug hier 1956 29,8 Prozent, 1964 29,9 Prozent[124]. Erst seit Mitte der sechziger Jahre war aufgrund des Ausbaus der Gymnasien, einer offensiven Bildungswerbung und der sich verändernden Geschlechterrollen ein sehr beachtlicher Anstieg zu verzeichnen: 1969 lag der Anteil der Mädchen bereits bei 34,2 Prozent, 1976 bei 44,4 Prozent[125].

Der Ausbau der höheren Schulen war von einer lebhaften Diskussion über die innere Ausgestaltung und die Lehrinhalte begleitet. Dabei wurde häufig der Vorwurf erhoben, das traditionelle Gymnasium habe zu einseitig die philologisch-schöngeistige Richtung gepflegt, naturwissenschaftlich-technische sowie wirtschafts- und sozialwissenschaftliche Ansätze aber vernachlässigt und damit auch die Wünsche der Wirtschaft ignoriert[126]. Bei den Beratungen zur Schulreform in Bayern dachte man deshalb bereits früh daran, die Nomenklatur zu vereinheitlichen und alle höheren Schulen als Gymnasium zu bezeichnen; „keine [...] wollte und konnte mehr unreal, keine durfte unhumanistisch sein. Daß ein gemeinsamer Name dies klar herausstellt, ist eine Forderung der Zeit."[127] 1964 wurde diese Forderung mit dem auf eine gewisse Vereinheitlichung des deutschen Schulwesens zielenden Hamburger Abkommen eingelöst[128]. Ab 1965 wurde in Bayern zwischen humanistischem, neusprachlichem (zuvor Realgymnasium), mathematisch-naturwissenschaftlichem (zuvor Oberrealschule) und musischem (zuvor Deutsche Oberschule) Gymnasium unterschieden. Außerdem wurden die traditionellen Typen der höheren Schule durch das Wirtschaftsgymnasium, 1960 als Wirtschaftsoberrealschule ins Leben gerufen, und das 1965 geschaffene sozialwissenschaftliche Gymnasium für Mädchen um zwei neue Varianten ergänzt[129].

Diese Reformen riefen natürlich auch Bedenken hervor. Damit sei, so meinten manche, das Ende der traditionellen, vor allem vom humanistischen Gymnasium gewährleisteten höheren Schulbildung eingeleitet und überhaupt eine Senkung des Bildungsniveaus verbunden. Diese Kritik war nicht neu. Bereits Ende der fünfziger Jahren waren Versuche unternommen worden, für alle Gymnasialtypen ein unabdingbares „Minimalmaß zur Definition der uneingeschränkten Studienberechtigung" festzulegen[130]. Besonders wichtig war dabei der von Vertretern der Kultusministerkonferenz und der Westdeutschen Rektorenkonferenz ausgearbeitete Tutzinger Maturitätskatalog vom April 1958, der der Oberstufe des Gymna-

[124] Vgl. Bildung und Wissenschaft in Zahlen 1955–1970, hrsg. vom Bayerischen Staatsministerium für Unterricht und Kultus, München 1970, S. 98.

[125] Vgl. ebenda; Schorb, Entwicklungen, in: Bildung in der Bundesrepublik Deutschland, Bd. 2, S. 771.

[126] Vgl. Otto Bessenrodt, Wirtschaft und höhere Schule, in: Hermann Röhrs (Hrsg.), Das Gymnasium in Geschichte und Gegenwart, Frankfurt am Main 1969, S. 135–142, hier S. 135 ff.

[127] Schulreform in Bayern. Arbeitsergebnisse der Stiftung zum Wiederaufbau des bayerischen Erziehungs- und Bildungswesens, bearb. von Hans Cramer und Adolf Strehler, Bad Heilbrunn 1953, S. 99.

[128] Vgl. Kulturpolitik der Länder 1963 und 1964, hrsg. von der Ständigen Konferenz der Kultusminister, Bonn 1965, S. 45.

[129] Vgl. Volkert (Hrsg.), Handbuch der bayerischen Ämter, Gemeinden und Gerichte, S. 211.

[130] Hans-Georg Herrlitz, Geschichte der gymnasialen Oberstufe, in: Dieter Lenzen (Hrsg.), Enzyklopädie Erziehungswissenschaften, Bd. 9, Stuttgart 1982, S. 105.

siums die Aufgabe zuwies, „grundlegende wissenschaftliche Geistesbildung vor den wissenschaftlichen Fachstudien" zu fördern, das heißt „in die vier Wurzeln der abendländischen Kultur (moderne Naturwissenschaft, Philosophie als Besinnung an antiken Texten, theologische Fragestellungen und der politisch/sozialkundliche Bereich) als geistige und geschichtliche Erfahrungsbereiche" einzuführen[131].

In diesen auf Wilhelm Flitner zurückgehenden Überlegungen wurde nicht zuletzt die auf das spätere Studium vorbereitende Funktion des Gymnasiums betont, wofür dann die Formel vom „exemplarischen Lernen" gefunden wurde. Gemeint waren damit die Konzentration auf wesentliche Themen und der Erwerb übertragbarer, zu wissenschaftlichem Fragen und Arbeiten befähigender Techniken, denen viele Gutachten und Empfehlungen gewidmet waren. Der 1959 vorgelegte „Rahmenplan zur Umgestaltung und Vereinheitlichung des allgemeinbildenden öffentlichen Schulwesens" des „Deutschen Ausschusses für das Erziehungs- und Bildungswesen", der Vorgängerinstitution des seit 1965 bestehenden „Deutschen Bildungsrates"[132], ist hier ebenso zu nennen wie die Beschlüsse der Kultusministerkonferenz: die Saarbrücker „Rahmenvereinbarung zur Ordnung des Unterrichts auf der Oberstufe des Gymnasiums" (1960)[133], die Stuttgarter „Empfehlungen an die Unterrichtsverwaltungen der Länder zur didaktischen und methodischen Gestaltung der Oberstufe des Gymnasiums" (1961) sowie die „Richtlinien und Empfehlungen zur Ordnung des Unterrichts in den Klassen 5 bis 11 der Gymnasien" (1966)[134].

Sämtliche Expertisen thematisierten das Problem einer Entlastung des Unterrichts vor allem der gymnasialen Oberstufe von einer überbordenden Stoffülle. In Bayern wurde es erstmals in der Bekanntmachung des Kultusministeriums vom 7. Dezember 1959 in Angriff genommen[135]:

> „Nach der neuen Ordnung [...] wird nunmehr ein Teil der zahlreichen Fächer bereits nach der 8. Klasse abgeschlossen, damit der Schüler in der 9. Klasse seine ganze Kraft auf die Gebiete konzentrieren kann, die seiner Begabung und Neigung entsprechen. Diese Fächerbeschränkung macht das Feld frei für einen neuen Arbeitsstil in der 9. Klasse. Es war eine Fehlentwicklung seit Beginn des 19. Jahrhunderts, daß die Zahl der Fächer und der Stoffe ständig wuchs. Ihre Begrenzung wird wieder eine gründliche Beschäftigung mit den Gegenständen des Unterrichts erlauben. Vertiefung der Arbeit und Selbsttätigkeit der Schüler werden dabei Hand in Hand gehen. Außerdem soll das gesamte Bildungsgut in einer Art studium generale überschaubar gemacht werden."[136]

[131] Werner Wiater, Reform der gymnasialen Oberstufe, in: Liedtke (Hrsg.), Handbuch, Bd. 3, S. 925–955, hier S. 926f.

[132] Zu den genannten Empfehlungen und Vereinbarungen vgl. den Überblick ebenda, S. 927ff.; Stuckmann, Gymnasium, in: Wollenweber (Hrsg.), Gegliedertes Schulwesen, S. 156ff.

[133] Vgl. Berthold Michael/Heinz-Hermann Schepp (Hrsg.), Politik und Schule von der Französischen Revolution bis zur Gegenwart. Eine Quellensammlung zum Verhältnis von Gesellschaft, Schule und Staat im 19. und 20. Jahrhundert, Bd. 2., Frankfurt am Main 1975, S. 368ff.

[134] Vgl. Kulturpolitik der Länder 1965 und 1966, hrsg. von der Ständigen Konferenz der Kultusminister, Bonn 1967, S. 293ff.

[135] Vgl. Ernst Höhne, Die neue Oberstufe der Höheren Schule, in: Anregung. Zeitschrift für die Höhere Schule 6 (1960) H. 1, S. 1–10; Wiater, Reform, in: Liedtke (Hrsg.), Handbuch, Bd. 3, S. 931.

[136] Stenographischer Bericht über die 58. Sitzung des bayerischen Landtags am 18. 5. 1960, S. 1725.

Diese Formulierungen nahmen im Grunde bereits jene „Individualisierungs- und Profilierungsdebatte“ vorweg[137], die später über die innere Ausgestaltung der Gymnasien geführt werden sollte. Dabei ging es, die Empfehlungen der Kultusministerkonferenz aufgreifend, vor allem darum, die Gymnasien so zu reformieren, daß die für die Hochschulreife erforderlichen Kenntnisse erworben werden konnten, wobei es den Schülern weitgehend selbst überlassen war, welche individuellen Schwerpunkte sie bei der Fächerwahl setzten. In Bayern fiel die entscheidende Phase dieser Umgestaltung in die späten sechziger Jahre[138]. 1968 trat auf Initiative des Direktors des 1966 gegründeten Staatsinstituts für Gymnasialpädagogik zunächst ein Arbeitskreis zusammen, um Grundfragen der gymnasialen Oberstufe zu diskutieren. Ein Jahr später nahm dann eine aus Vertretern des Staatsinstituts, des Kultusministeriums und der Lehrerschaft zusammengesetzte „Fachkommission für die Gestaltung der Oberstufe“ ihre Arbeit auf, die 1970 das „Modell für Versuche zur Gestaltung der Oberstufe als Gymnasialkolleg“ vorlegte.

Das war die Geburtsstunde des Kollegstufenmodells, bei dem die Klassenverbände nach der 11. Jahrgangsstufe aufgelöst und durch jeweils halbjährige Leistungs- und Grundkurse ersetzt wurden, die den Schülern eine Schwerpunktbildung ermöglichen sollten, die ihrer Begabung und Neigung entsprach. „Das Modell zielt auf eine wirkungsvollere Sicherung der Studierfähigkeit des Abiturienten, will diesen aber zugleich für andere Berufsausbildungen und für bestimmte Berufe unmittelbar befähigen.“[139] Seit September 1970 an einer Reihe bayerischer Gymnasien erprobt, wurde die Kollegstufe schließlich 1975/76 überall im Freistaat verbindlich.

Bayern traf dabei spezielle Regelungen, die unter anderem eine Abwahl bestimmter Kernfächer ausschließen sollten, während andere Bundesländer nicht so rigide vorgingen. Die Länder hatten sich 1972 zwar auf die „Vereinbarung zur Neugestaltung der gymnasialen Oberstufe in der Sekundarstufe II“ geeinigt; in der Praxis gab es aber beträchtliche Unterschiede zwischen den „sogenannten A-Länder[n] (mit SPD-dominierter Kultuspolitik und Tendenz zur Gesamtschule und gesellschaftsverändernder Schulreform)“ und den „sogenannten B-Länder[n] (mit CDU/CSU-dominanter Kultuspolitik und Tendenz zur Beibehaltung und Fortentwicklung des gegliederten Schulwesens)“[140]. Daraus resultierten nicht nur Schwierigkeiten bei der gegenseitigen Anerkennung von Reifezeugnissen. Angesichts der von Land zu Land verschiedenen Wahlmöglichkeiten und der dadurch entstandenen Uneinheitlichkeit der Ausbildung wurde auch die Frage aufgeworfen, inwieweit die Hochschulreife zwischen den einzelnen Bundesländern überhaupt kompatibel war – eine Frage, die sich alsbald in Klagen der Universitäten über die mangelnde Allgemeinbildung und die eingeschränkte Studierfähigkeit der Abiturienten verwandelte.

[137] Arno Schmidt, Das Gymnasium im Aufwind. Entwicklung, Struktur, Probleme seiner Oberstufe, Aachen 1991, S. 69.
[138] Zum folgenden vgl. vor allem Wiater, Reform, in: Liedtke (Hrsg.), Handbuch, Bd. 3, S. 927 ff.
[139] Hans Maier, Bildungspolitik am Scheideweg. Haushaltsrede vom 13. Juli 1971, München 1971, S. 21.
[140] Wiater, Reform, in: Liedtke (Hrsg.), Handbuch, Bd. 3, S. 940.

III. Auf dem Weg zur Akademisierung: Die Ausbildung der Volksschullehrer

Anfang der fünfziger Jahre wurden die Volksschullehrer noch an Lehrerbildungsanstalten ausgebildet, die nicht einmal das Abitur als Zulassungsvoraussetzung verlangten[141]. Der Weg, der von diesen zur Verlagerung der Lehrerbildung an Pädagogische Hochschulen und schließlich an die Universitäten führte, war Gegenstand heftigen Streits, der nach 1950 vorübergehend auf die ganze bayerische Landespolitik ausstrahlte. Dabei kündigte sich an, was in den sechziger Jahren zu einer allgemeinen Erfahrung der politischen Akteure und der Unterrichtsverwaltungen werden sollte: daß nämlich bildungspolitische Themen auf der Prioritätenskala immer weiter nach oben rückten.

Schon in der unmittelbaren Nachkriegszeit sorgte die Tatsache für heftige Konflikte mit der amerikanischen Militärregierung, daß in Bayern nach 1945 wieder an die schon vor 1933 umstrittene Form der Volksschullehrerbildung angeknüpft wurde[142]. Die Besatzungsmacht sah in der dürftigen Ausbildung der Volksschullehrer, die weit hinter der der Gymnasiallehrer zurückblieb, einen schlagenden Beweis für ihre Auffassung, daß das deutsche Schulsystem unsozial und undemokratisch sei. Bei der Neuorganisation der Volksschullehrerbildung sollte deshalb auf zweierlei geachtet werden: auf eine bessere Besoldung, um zu den Lehrern an höheren Schulen aufzuschließen, und auf eine bessere Ausbildung. Konkret war an ein das Abitur voraussetzendes drei- oder vierjähriges Studium auf Hochschulniveau gedacht.

Kultusminister Hundhammer zeigte wenig Neigung, sich auf diese Vorgaben einzulassen. Er sah mit der Preisgabe der Lehrerbildungsanstalten die Konfessionalität der Volksschullehrerbildung gefährdet, wie sie 1924 mit der katholischen und mit der evangelischen Kirche vereinbart worden war[143]. Der Unterricht in den Volksschulen konnte dementsprechend nur solchen Lehrern anvertraut werden, die geeignet und bereit waren, im Geiste des jeweiligen Bekenntnisses zu unterrichten, und die nachweisen konnten, daß sie eine dem Charakter der Bekenntnisschule entsprechende Ausbildung erhalten hatten. Das bedeutete, daß die Lehrerbildung auf die Erfordernisse der Bekenntnisschule abgestellt, also nach konfessionellen Gesichtspunkten organisiert werden mußte. Nachdem die bayerische Verfassung 1946 die weitere Gültigkeit von Konkordat und Kirchenvertrag ausdrücklich anerkannt hatte, mußte jede Neuordnung der Lehrerbildung schwierig werden.

141 Zu den hier nur knapp skizzierten früheren Formen der Volksschullehrerbildung vgl. Werner Sacher, Die zweite Phase in der Lehrerbildung. Ihre Entwicklung seit 1800 aufgezeigt am Beispiel Bayerns, Bad Heilbrunn 1975; Richard Steinmetz, Untersuchungen zum Wandel in der bayerischen Lehrerbildung von 1809 bis zur Gegenwart im Lichte der Volkskunde, Diss., München 1970; Franz Otto Schmaderer, Geschichte der Lehrerbildung in Bayern, in: Max Liedtke (Hrsg.), Handbuch der Geschichte des bayerischen Bildungswesens, Bd. 4: Epochenübergreifende Spezialuntersuchungen, Bad Heilbrunn 1997, S. 407–486, hier S. 407–427.

142 Vgl. Müller, Schulpolitik, S. 179ff.

143 Vgl. Anton Scharnagl, Das Recht der Bekenntnisschule in Bayern nach dem Konkordat, der Bayerischen Verfassung und dem Schulorganisationsgesetz, München 1954, S. 50f.; Maser, Evangelische Kirche, S. 266f.

Hundhammer wandte sich aber noch aus einem anderen Grund gegen eine Akademisierung der Volksschullehrerbildung. Er fürchtete, daß Lehramtskandidaten, die in den Genuß der vollen Studierfähigkeit gelangt waren, in verlockendere akademische Berufe abwandern könnten. Überdies dürfe nicht übersehen werden,

„daß Bayern unter allen deutschen Ländern die am meisten ländliche Siedlungsform hat, daß daher der überwiegende Teil der Volksschullehrerschaft zeitlebens auf dem Lande zu wirken hat und mit dem Landvolk auch der Dorfkultur innerlich verbunden sein muß, daß aus diesem Grunde auch der Zustrom zum Volksschullehrerberuf aus dem Landvolk nicht erschwert, sondern aufrechterhalten werden muß. Aus diesen und anderen Gründen soll die Ausbildung des Volksschullehrers auf besonderen Bildungsanstalten erfolgen, die auf der 7. Klasse der Volksschule aufbauen."[144]

Dieses Konzept war noch ganz auf das in der zweiten Hälfte der fünfziger Jahre allerdings rasch erodierende Postulat der dorfeigenen Schule zugeschnitten, für die offenkundig eine mediokre Ausbildung der Lehrer als hinreichend erachtet wurde. Daß dieses Berufsbild von der Lehrerschaft nicht mehr akzeptiert wurde, zeigten die Landflucht der Volksschullehrer und der sich anbahnende Lehrermangel[145].

Der Gegensatz zwischen dem bayerischen Kultusminister und der amerikanischen Militärregierung war dafür verantwortlich, daß sich die Volksschullehrerbildung zu Beginn der fünfziger Jahre in einem reichlich verworrenen und reformbedürftigen Zustand befand. Die unnachgiebige Besatzungsmacht hatte nämlich Ende 1947 vom Kultusministerium die Vorlage eines ihren Vorstellungen entsprechenden Reformplans verlangt und dies mit der Auflage verbunden, daß die alten Lehrerbildungsanstalten ab 1948/49 keine neuen Schüler mehr aufnehmen dürften. Die noch bestehenden 1.–3. Klassen sollten zur Hochschulreife geführt, die höheren 4.–6. Klassen hingegen sollten nach der alten Ordnung ausgebildet werden – also die letzten Volksschullehrer alten Schlages stellen.

Der „Plan für die Neuordnung der Lehrerbildung nach den Weisungen des Amtes der Militärregierung", den das Kultusministerium am 16. Januar 1948 vorlegte[146], sah in der Tat eine das Abitur voraussetzende Ausbildung der Volksschullehrer an Pädagogischen Instituten vor, „die in ihrer Organisation und in ihren Verfahren auf der Ebene einer Universität" stehen sollten. Zugleich sollte das sechssemestrige Studium wie an Hochschulen in Form von Vorlesungen und Übungen durchgeführt werden und seinen Schwerpunkt in wissenschaftlicher Pädagogik und Didaktik sowie in einer Vertiefung der Allgemeinbildung haben. Freilich hatte es das Kultusministerium mit der Errichtung der Pädagogischen Institute alles andere als eilig. Unter Hinweis auf Geldmangel, Raumprobleme und den Überhang an Volksschullehrern wurde diese vielmehr wiederholt vertagt[147]. Um die Kontinuität in der Volksschullehrerbildung zu sichern, wurden statt dessen in jenen Klassen der Lehrerbildungsanstalten, die eigentlich in eine allgemeinbildende höhere Schulklasse umgewandelt worden waren, doch wieder Volks-

[144] Merkt, Dokumente, S. 75.
[145] Vgl. S. 281 ff.
[146] Vgl. Merkt, Dokumente, S. 183 ff.
[147] Vgl. Müller, Schulpolitik, S. 187 f.

schullehrer ausgebildet. Dieses Modell war natürlich nicht beliebig fortsetzbar. Sofern sich also die Errichtung der Pädagogischen Institute weiter verzögerte, mußte eine Übergangslösung gefunden werden. Dies war im Oktober 1950 der Fall. An den ehemaligen Lehrerbildungsanstalten in Amberg, Bamberg, Bayreuth, Freising, Lauingen, München-Pasing, Schwabach, Straubing, Würzburg, Göggingen, Landshut-Seligenthal, Neuendettelsau und Passau-Freudenhain wurden Lehrgänge für Abiturienten installiert, die zu Volksschullehrern ausgebildet werden sollten. Das Abitur war damit immerhin erstmals offizielle Zulassungsvoraussetzung für den Volksschullehrerberuf, und die Lehrgänge waren auf eine Dauer von 18 Monaten angelegt, was in etwa einem viersemestrigen Hochschulstudium gleichkam. In einem Punkt war aber alles beim alten geblieben: Die Lehrgänge trugen der Konfessionalität der Lehrerbildung Rechnung.

Der CSU fiel es in den folgenden Jahren äußerst schwer, sich vom Konzept Alois Hundhammers zu lösen, auch wenn dieser im dritten Kabinett Ehard als Kultusminister von Josef Schwalber abgelöst worden war. Da die SPD 1950 zugleich mit einem Plan hervorgetreten war, der die Errichtung Pädagogischer Institute an den Universitäten vorsah und die Konfessionalität der Lehrerbildung in Zweifel zog[148], war klar, daß in der von CSU, SPD und BHE getragenen Koalition keine Gemeinsamkeit in der Lehrerbildungsfrage herrschen würde. In der Koalitionsvereinbarung, die eine „loyale Durchführung der Bestimmungen des Konkordates und der Kirchenverträge, insbesondere hinsichtlich des Schulwesens" ebenso vorsah wie die „Sicherung der Heranbildung geeigneter Lehrkräfte für die Bekenntnisschulen und für die Gemeinschaftsschulen" oder die „Lehrerbildung an pädagogischen Instituten der Universitäten"[149], war dieses Problem umgangen worden. Die widersprüchlichen Formulierungen erlaubten es der CSU, auf der Konfessionalität der Lehrerbildung zu beharren, während die SPD weiter auf die Pädagogischen Institute hoffen durfte. Im Grunde war die Lösung des Problems damit aber von vorneherein blockiert. Alle Versuche der SPD, am Konfessionalitätsprinzip zu rütteln und Pädagogische Institute durchzusetzen, scheiterten am hartnäckigen Widerstand des nunmehrigen Landtagspräsidenten Alois Hundhammer und des CSU-Fraktionsvorsitzenden, Prälat Georg Meixner. Um des Koalitionsfriedens willen wurde das Reizthema Lehrerbildung deshalb 1951 erst einmal ad acta gelegt: Für die Akademisierung der Lehrerbildung fehle es an den nötigen finanziellen Mitteln[150], hieß es.

Nachdem zwischenzeitlich FDP und BP mit Gesetzentwürfen zur Reform der Lehrerbildung aufgewartet hatten, zeigten sich die Differenzen zwischen den beiden großen Parteien 1952 und 1953 einmal mehr deutlich. Die SPD brachte am 17. Dezember 1952 erneut einen Antrag auf Ausbildung der Volksschullehrer an den Landesuniversitäten München, Würzburg und Erlangen sowie an der Technischen Hochschule München und der Wirtschaftshochschule Nürnberg im Landtag ein; das Studium dort sollte natürlich keinen konfessionellen Bindungen unterliegen:

148 Vgl. Merkt, Dokumente, S. 330ff.
149 IfZ-Archiv, ED 120 NL Hoegner 166, „Koalitions-Abmachungen", undatiert (Dezember 1950).
150 Vgl. Buchinger, Lehrerbildung, S. 521f.

„Die konfessionelle Ausbildung der Volksschullehrer erfolgt in enger Verbindung mit der Schulpraxis in einem über 2 Jahre sich erstreckenden Kursus während des vorgeschriebenen Vorbereitungsdienstes, wofür Einrichtungen gemäß Art. 5 § 3 des Konkordats und Art. 6 des Kirchenvertrages mit der evang.-luth. Landeskirche zu schaffen sind."[151]

Die CSU trat diesen Absichten sofort scharf entgegen und legte einen Tag danach einen eigenen Antrag vor, der zwar selbständige Pädagogische Hochschulen vorsah, aber an der Konfessionalität der Lehrerbildung festhielt:

„Zur Ausbildung für das Lehramt an Bekenntnisschulen sind Pädagogische Hochschulen mit Bekenntnischarakter, zur Ausbildung für das Lehramt an Gemeinschaftsschulen sind Pädagogische Hochschulen mit Gemeinschaftscharakter, entsprechend dem Bedarf, einzurichten."[152]

An den Pädagogischen Hochschulen, wie sie der CSU vorschwebten, sollten nur solche Lehrer eingesetzt werden, die nach den Bestimmungen von Konkordat und Kirchenvertrag dafür geeignet waren und gegen die die kirchlichen Oberbehörden keine Einwände erhoben.

Anfang 1953 spitzte sich die Kontroverse über die künftige Form der Lehrerbildung auch außerhalb des Landtags zu. Besonders aktiv war dabei der BLLV, der die Auffassung vertrat, das Konkordat schreibe konfessionelle Lehrerbildungseinrichtungen nicht zwingend vor. Höhepunkt seiner Kampagne waren zwei Kundgebungen in München und Nürnberg am 1. Februar 1953, auf denen nahezu 10000 Lehrer für die Forderungen des BLLV eintraten. Der CSU-Bezirksverband Oberbayern – Vorsitzender war Alois Hundhammer – und die Katholische Aktion forderten daraufhin die katholischen Lehrer erbost zum Austritt aus dem BLLV auf[153]. Ein noch schwererer Schlag war für den BLLV aber die Haltung der bayerischen Landesuniversitäten, die sich im Sommer 1953 auf Bitte von Kultusminister Schwalber zu der von SPD und FDP vorgeschlagenen Ausbildung der Volksschullehrer an den Universitäten äußerten. Als erste sprach sich die Universität Erlangen gegen solche Pläne aus. Die bayerischen Hochschulen verfügten nicht über die entsprechenden Ausbildungskapazitäten, und die

„deutsche Universität kann nur bei strenger Aufrechterhaltung ihres wissenschaftlichen und universellen Charakters als Stätte zweckfreier Forschung und Lehre ihr Ansehen im In- und Ausland wahren. Die im Zuge der fortschreitenden Akademisierung praktischer Berufe an sie herantretenden Ansprüche kurzfristiger Berufsschulung müssen diesen Charakter gefährden und enthalten in sich die Gefahr der Senkung des wissenschaftlichen Niveaus der Universität. Vollends würde die Beschränkung der Forschungs-, Lehr- und Lernfreiheit durch konfessionelle Bindungen von Lehrstühlen und bei der Zulassung zum akademischen Studium dem Geist der Universität widersprechen."[154]

Die Universität Erlangen schlug deshalb die Errichtung von Pädagogischen Akademien vor, die von den Universitäten organisatorisch getrennt sein sollten. Am 17. Juli 1953 wandte sich die Münchener Alma mater ohne Angabe von Gründen gegen eine Verlagerung der Volksschullehrerbildung an die Universitäten, und am

[151] Beilage 3765 vom 17. 12. 1952, in: Verhandlungen des Bayerischen Landtags. II. Tagung 1952/53, Beilagenbd. IV, München 1953.
[152] Beilage 3772 vom 18. 12. 1952, in: ebenda.
[153] Vgl. Buchinger, Lehrerbildung, S. 525ff.
[154] BayHStA, MK 61386, Gutachten der Universität Erlangen vom 24. 6. 1953.

11. August 1953 schloß sich die Universität Würzburg dem Gutachten der Universität Erlangen an.

Damit war die Debatte über die Lehrerbildungsreform erneut in eine Sackgasse geraten. Das konnte nur bedeuten, daß der Nachwuchs weiter in den 1950 als Übergangslösung etablierten Pädagogischen Lehrgängen gewonnen werden mußte und daß die Unzufriedenheit der Volksschullehrer weiter wuchs. Um diese etwas zu dämpfen, wurden 1954 die Bezüge angehoben und die Pädagogischen Lehrgänge in „Institute für Lehrerbildung" umgewandelt[155]. Diese Neuerungen erfolgten nicht zufällig im Jahr der Landtagswahl, die für die CSU mit einem satten Erfolg endete: Sie verbesserte sich von 27,4 Prozent auf 38,0 Prozent, war damit eindeutig stärkste Partei – und blieb doch von der Regierungsverantwortung ausgeschlossen[156]. Dieses Desaster hatte sie sich größtenteils selbst zuzuschreiben. Sie hatte nämlich die Absichtserklärung der SPD, die alte Koalition fortzusetzen, brüsk zurückgewiesen, war aber andererseits der Bayernpartei als dem favorisierten Koalitionspartner nicht weit genug entgegengekommen. Enttäuscht darüber war der BP-Vorsitzende Joseph Baumgartner daher zu Geheimverhandlungen mit der SPD bereit, die in der Nacht vom 6. auf den 7. Dezember 1954 zu einem Erfolg führten, der in den nächsten Tagen durch den Regierungseintritt von FDP und GB/BHE komplettiert wurde. Die CSU war von dieser Entwicklung völlig überrascht. Bei dem Versuch, eine Regierungsbildung unter Führung der SPD doch noch zu verhindern, bot sie selbst in der Lehrerbildungsfrage Zugeständnisse an. Die FDP, die damit gewonnen werden sollte, ließ sich freilich nicht mehr umstimmen. Am 15. Dezember 1954 wählte der Landtag Wilhelm Hoegner zum Ministerpräsidenten; Kultusminister wurde der von der Bayernpartei vorgeschlagene parteilose August Rucker.

Waldemar von Knoeringen, der Fraktionsvorsitzende der SPD, erhoffte sich von der neuen Regierung auch die überfällige Neuordnung der Lehrerbildung, die in den Koalitionsvereinbarungen einen hohen Stellenwert hatte: „Lehrerbildung an Universitäten oder gleichwertigen wissenschaftlichen Hochschulen auf der Grundlage des Vorschlags der Arbeitsgemeinschaft der bayerischen Lehrer- und Erzieherverbände."[157] Nachdem auch Hoegner in seiner Regierungserklärung vom 11. Januar 1955 dieses Vorhaben bekräftigt hatte, wurde der Öffentlichkeit am 28. Januar 1955 ein Gesetzentwurf vorgestellt[158]. Im Gegensatz zu den 1952 eingebrachten Anträgen von SPD, FDP und BP war dabei – hier hatten die Universitätsgutachten Wirkung gezeigt – nicht mehr von Pädagogischen Instituten an den Universitäten die Rede, sondern von der Errichtung selbständiger staatlicher, interkonfessionell organisierter Pädagogischer Hochschulen. Um Konkordat und Kirchenvertrag Genüge zu tun, wurden lediglich der konfessionellen Ausbildung dienende Lehrämter gesondert ausgewiesen.

Die CSU lehnte den Gesetzentwurf schroff ab. Aus ihrer Sicht genügte die Einholung der kirchlichen Zustimmung bei der Bestellung der Lehrer für Religions-

[155] Vgl. Müller, Schule und Schulpolitik, in: Liedtke (Hrsg.), Handbuch, Bd. 3, S. 706.
[156] Zur Bildung der Viererkoalition vgl. Lanzinner, Sternenbanner, S. 372ff.
[157] IfZ-Archiv, ED 120 NL Hoegner 170, Kulturpolitische Vereinbarungen der Viererkoalition vom 10. 12. 1954.
[158] Vgl. Müller, Schule und Schulpolitik, in: Liedtke (Hrsg.), Handbuch, Bd. 3, S. 707f.

pädagogik und Philosophie in keiner Weise den Bestimmungen von Konkordat und Kirchenvertrag. Sie beharrte deshalb auf der Errichtung konfessioneller Pädagogischer Hochschulen, und ihr mißfiel auch, daß im Gesetzentwurf nur staatliche Hochschulen erwähnt waren, während über die kirchlichen Lehrerbildungsstätten nichts gesagt wurde. Noch schärfer reagierten die Kirchen. Die bayerischen Bischöfe erblickten in der Regierungsvorlage eine klare Verletzung des Konkordats. „Der Wandel der Zeit“ dürfe „nicht den Wandel letztlich gültiger Erziehungsgrundsätze“ nach sich ziehen. „Die Bekenntnisschule und die bekenntnismäßige Ausbildung der an diesen Schulen tätigen Lehrer ist in Bayern von jeher Regel und Recht. Um dieses wertvolle Erbgut sollen unsere Kinder nicht durch unnötige und ungerechtfertigte Neuerungen gebracht werden.“ Man werde die katholischen Landtagsabgeordneten aller Parteien „auf die ernste und folgenschwere Verantwortung hinweisen, die sie durch ihre Haltung und Entscheidung in dieser Frage vor Gott tragen und für die Zukunft unseres bayerischen Volkes auf sich nehmen“[159]. Nicht minder hartnäckig hielt der evangelisch-lutherische Landeskirchenrat an der konfessionellen Lehrerbildung fest.

In den Beratungen im Plenum und im Kulturpolitischem Ausschuß des Landtags versuchte die Regierung, den Kirchen in mehreren Punkten entgegenzukommen. Wie wenig gerade die katholische Kirche zum Einlenken bereit war, ging allein schon daraus hervor, daß Joseph Kardinal Wendel unter Berufung auf Konkordatsdifferenzen 1955 und 1956 dem traditionellen Neujahrsempfang des bayerischen Ministerpräsidenten fernblieb. Im März 1955 verwarf sie zudem die viel beachteten Tutzinger Empfehlungen, die eine aus Theologen und Pädagogen zusammengesetzte Expertenkommission als Kompromiß erarbeitet hatte. Darin war unter anderem vorgeschlagen worden, das Konzept vollkonfessionalisierter Anstalten aufzugeben, dafür aber an die Pädagogischen Hochschulen unter Mitwirkung der Kirchen jeweils mindestens einen katholischen und einen evangelischen Religionspädagogen zu berufen, um die bekenntnismäßige Ausbildung der Studenten zu sichern[160]. Im November 1955 bezeichneten die bayerischen Bischöfe den revidierten Gesetzentwurf sogar als Bedrohung des katholischen Glaubens, und im Januar 1956 endete eine Aussprache zwischen Ministerpräsident Hoegner und Kardinal Wendel ohne greifbares Ergebnis. Eine erneute Lesung des Gesetzentwurfs im Landtag erschien damit sinnlos.

Gedeihlicher verliefen die Gespräche mit der evangelischen Kirche – nicht zuletzt, weil der auf das Konfessionalitätsprinzip eingeschworene Hans Meiser 1955 das Amt des Landesbischofs abgegeben hatte. Sein Nachfolger Hermann Dietzfelbinger wich zwar auf der Ansbacher Landessynode vom 7. November 1955 nicht grundsätzlich von der bisherigen Position der evangelischen Kirche ab, er signalisierte aber Gesprächsbereitschaft. In einem Memorandum vom 29. November 1955 präzisierte der Landeskirchenrat dann seine Vorstellungen und brachte dabei auch die Möglichkeit ins Spiel, unterschiedliche Typen von Pädagogischen Hochschulen zu gründen. Wenn schon davon abgegangen werden solle, die Lehrer wie früher konfessionell getrennt auszubilden, „so wäre es doch als ein Akt echter

[159] IfZ-Archiv, ED 120 NL Hoegner 170, Stellungnahme der bayerischen Bischöfe vom 30. 3. 1955.
[160] Vgl. Buchinger, Lehrerbildung, S. 565ff.

Toleranz und freiheitlicher Gesinnung im staatlichen Handeln zu betrachten", wenn evangelische, katholische und interkonfessionelle Lehrerbildungsstätten errichtet würden, deren Absolventen die gleichen Chancen haben sollten; beispielsweise sollte ein examinierter Student einer interkonfessionellen Anstalt auch an einer Bekenntnisschule eingesetzt werden können. Voraussetzung sei, daß die Lehrerbildung generell auf christlicher Grundlage erfolge, daß den Studenten an allen Hochschulen eine „glaubensmäßige Schwerpunktlegung" ermöglicht würde und daß die in Aussicht gestellten nichtstaatlichen Hochschulen nach konfessionellen Gesichtspunkten organisiert werden könnten[161].

Dennoch gestalteten sich die im Januar 1956 aufgenommenen Verhandlungen zwischen Landeskirchenrat und Staatsregierung reichlich zäh. Über die Haltung der katholischen Kirche unschlüssig, wollte sich die evangelische Kirche nämlich nicht auf allzu große Zugeständnisse einlassen: „Es ist die Frage, ob wir uns zu früh und zu stark binden sollen und ob wir dadurch nicht Gefahr laufen, politisch ausgespielt zu werden."[162] Trotz dieser Bedenken kam es im Februar 1956 zu einer Einigung, die den Kernforderungen Dietzfelbingers ebenso entgegenkam wie den Vorstellungen der Regierung von Pädagogischen Hochschulen mit bekenntnisspezifischen Lehrfächern[163].

Für die Regierung war damit freilich wenig gewonnen, da alle Bemühungen, mit dem Vatikan einen gemeinsamen Nenner zu finden, ergebnislos blieben. Außerdem rumorte es in der Viererkoalition. Der GB/BHE hatte schon seit geraumer Zeit in streng vertraulichen Gesprächen mit der CSU eine Auflösung der Koalition diskutiert. Nach dem schlechten Abschneiden der kleinen Parteien in der Bundestagswahl vom 15. September 1957 wuchs auch bei der Bayernpartei und der FDP die Entschlossenheit, das politische Heil in einem Koalitionswechsel zu suchen. Am 7. Oktober 1957 zog sich die Bayernpartei aus der Regierung zurück, tags darauf erklärte Ministerpräsident Hoegner seinen Rücktritt. Danach setzten die eigentlichen Koalitionsverhandlungen ein, die ein für die Bayernpartei überraschendes Ergebnis zeitigten. Sie, die die Viererkoalition verlassen hatte, um an einer von der CSU geführten Regierung beteiligt zu werden, blieb nämlich von der neuen Koalition aus CSU, GB/BHE und FDP ausgeschlossen.

Unter der CSU-geführten Regierung setzte in der Lehrerbildungsfrage sofort eine Tauwetterphase ein. Ministerpräsident Hanns Seidel kündigte eine zeitgerechte, mit den Kirchen abgestimmte Lösung an, und Kardinal Wendel überraschte mit der Feststellung, der revidierte Entwurf der Viererkoalition könne mit bestimmten Änderungen durchaus eine brauchbare Diskussionsgrundlage bieten[164]. Heftiges Störfeuer kam freilich aus Seidels eigener Partei. Der als harter Verfechter des Konfessionalitätsprinzips bekannte Fraktionsvorsitzende der CSU, Prälat Meixner, legte sich nämlich öffentlich auf vollkonfessionalisierte Lehrerbildungsstätten fest und desavouierte damit auch den Ministerpräsidenten.

[161] Archiv der Evangelisch-Lutherischen Landeskirche in Bayern, VI-1118/3, Memorandum vom 29. 11. 1955.
[162] Archiv der Evangelisch-Lutherischen Landeskirche in Bayern, VI-1118/3, Vormerkung vom 26. 1. 1956.
[163] Archiv der Evangelisch-Lutherischen Landeskirche in Bayern, VI-1118/3, Vorschläge vom 24. 2. 1956.
[164] Vgl. Buchinger, Lehrerbildung, S. 601.

Daraufhin kam es in der CSU zu intensiven Gesprächen zwischen den konservativen Abgeordneten um Meixner und den eher reformfreudigen Kräften. Das Ergebnis der Beratungen war der am 3. Februar 1958 vorgelegte Gesetzentwurf der CSU, besser bekannt als Seidel-Plan[165], der unter anderem vorsah:

„Die Pädagogischen Hochschulen haben bekenntnismäßigen Charakter [...] Meldet sich eine für den Lehrbetrieb einer Pädagogischen Hochschule ausreichende Zahl von Studierenden mit dem Begehren, an einer Pädagogischen Hochschule simultanen Charakters ausgebildet zu werden, so wird eine Hochschule dieses Charakters errichtet [...] Studierende, die sich um das Lehramt an Volksschulen mit Bekenntnischarakter bewerben, müssen ihre Pflichtvorlesungen [...] an einer Pädagogischen Hochschule mit entsprechendem Bekenntnischarakter, deren Wahl ihnen freisteht, hören und an einer solchen die Abschlußprüfungen ablegen; weitere Vorlesungen, Übungen und Seminare können sie an einer sonstigen Pädagogischen Hochschule oder einer Universität hören."[166]

Der Seidel-Plan stieß bei der politischen Opposition und bei den Lehrerverbänden auf deutliche Kritik, und innerhalb der Koalition zeigte sich die FDP nur mäßig begeistert. Zwar sah der Plan auch simultane Lehrerbildungsstätten vor und gestand den Studierenden in gewisser Hinsicht Freizügigkeit bei der Wahl der Studienanstalt zu, die aber durch die konfessionellen Pflichtvorlesungen empfindlich eingeschränkt wurde. Gerade weil diese weder nach Ausmaß noch Inhalt definiert waren, befürchteten die Gegner des Plans, das Freizügigkeitsprinzip werde nicht nur ad absurdum geführt, sondern durch die Pflichtvorlesungen werde indirekt das Konfessionalitätsprinzip festgezurrt.

In leicht modifizierter Form – Seidel hatte die Bekenntnisfächer präzisiert – wurde der Entwurf ab März 1958 im Kulturpolitischen Ausschuß des Landtags beraten. Zu einem ersten Höhepunkt der Beratungen kam es dabei am 20. März, als die SPD eine veränderte Haltung der Universitäten in der Lehrerbildungsfrage erkannt zu haben glaubte. Tatsächlich waren in einer auch von den bayerischen Rektoren gebilligten Verlautbarung der Westdeutschen Rektorenkonferenz die „bestehenden wissenschaftlichen Hochschulen in Zusammenarbeit mit besonderen Instituten" als Ausbildungsstätten für die Lehrer aller Schularten bezeichnet worden. Der Kulturpolitische Ausschuß sprach sich daraufhin einstimmig dafür aus, den Vorsitzenden der Westdeutschen Rektorenkonferenz und die bayerischen Rektoren zu dieser Frage zu hören. Im Rahmen der Anhörung erklärte der Vorsitzende des Schulausschusses der Konferenz, Wilhelm Flitner, am 17. April 1958: „Man sollte die Möglichkeit, eine enge Verbindung der Pädagogischen Sonderhochschule mit der Universität herzustellen, nicht vorübergehen lassen."[167]

Wie eine solche Verbindung aussehen könnte, wurde anschließend von den Rektoren der bayerischen Universitäten präzisiert. Der Münchener Rektor Egon Wiberg schlug vor, daß Universitätsprofessoren an den Pädagogischen Hochschulen lehren und umgekehrt deren Studenten an den Universitäten hören könnten. Am weitesten ging Rektor Karl Heinz Schwab von der Universität Erlangen; er erklärte, die Universität sei bereit, die theoretisch-wissenschaftliche Ausbildung der Lehramtsstudenten in den Erziehungswissenschaften und den für die künfti-

[165] Vgl. Hans F. Groß, Hanns Seidel 1901–1961. Eine politische Biographie, München 1992, S. 188 ff.
[166] Buchinger, Lehrerbildung, S. 608; das folgende Zitat findet sich ebenda, S. 619.
[167] Die bayerische Schule 11 (1958), S. 213.

gen Lehrer wichtigen Nachbardisziplinen wie Pädagogik, Psychologie, Soziologie und Philosophie zu übernehmen. Rektor Ulrich Stock von der Universität Würzburg sagte eine Prüfung des Erlanger Vorschlags zu.

Diese Äußerungen eröffneten aus Sicht des BLLV unerwartete Perspektiven. Für dessen Vorsitzenden Wilhelm Ebert war „eine völlig neue Situation" entstanden. Es sei ein zwar schmaler, aber gangbarer Weg gezeigt worden, wie Pädagogische Hochschulen und Universitäten in enge Beziehungen treten könnten. „Die Mitwirkung von Universitätsprofessoren in der Lehrerbildung" garantiere „zweifellos einen hochschulmäßigen Charakter der Ausbildung", eine „Pädagogische Hochschule ohne die Mitwirkung der Universität" bewege sich dagegen „zwangsläufig in der Richtung der früheren seminaristischen Lehrerbildung"[168]. Die Aussicht auf die Anbindung der Pädagogischen Hochschulen an die Universitäten, mit der die Volksschullehrerbildung auch das ersehnte Prädikat „hochschulmäßig" bekommen würde, erleichterte es dem BLLV, beim Problem der bislang strikt abgelehnten Konfessionalität eine flexiblere Haltung einzunehmen. Der BLLV wende sich ganz entschieden gegen eine Entchristlichung und eine „verstaubte Simultaneität, die vielleicht einstmals glaubte, in völliger Indifferenz ohne Religion und ohne das Bekenntnis auskommen zu können". Es gehe vielmehr darum, daß Studenten verschiedener Konfessionen die Möglichkeit erhielten, gemeinsam zu studieren: „Wir sagen ja zum konfessionellen Charakter der Pädagogischen Hochschule, wenn darunter das gemeinsame Studium von katholischen und evangelischen Studenten verstanden werden kann", in dessen Rahmen sie bekenntnismäßig gebundene Pflichtvorlesungen hören konnten.

Am 12. Mai 1958 legte Kultusminister Theodor Maunz (CSU) daraufhin einen Gesetzentwurf vor, in dem es hieß:

> „Die Zulassung zur Ausbildung als Lehrer setzt die Hochschulreife voraus. Die Ausbildung erfolgt in einem sechssemestrigen Studium an Pädagogischen Hochschulen der Landesuniversitäten. Die Studenten werden als ordentliche Studierende an den Universitäten immatrikuliert."

Die Lehrkräfte an den Pädagogischen Hochschulen wurden den Hochschullehrern gleichgestellt. Bei ihrer Auswahl waren bestimmte Grundsätze zu beachten, denn die „Pädagogischen Hochschulen haben bekenntnismäßigen Charakter nach Maßgabe dieses Gesetzes"[169]. Konkret hieß das, daß die Lehrer für Religionspädagogik und Religionslehre gemäß Konkordat und Kirchenvertrag, also im Benehmen mit den kirchlichen Oberbehörden, zu berufen waren. Weil diese Fächergruppen zum Pflichtprogramm gehörten, war zugleich – das war ja einer der Kernpunkte des Kompromisses mit den Kirchen – die Freizügigkeit der Studenten bei der Wahl der Studienanstalt eingeschränkt. Das Stundensoll in Religionspädagogik und -lehre wurde noch 1958 in einem Verwaltungsabkommen zwischen der Staatsregierung und den Kirchen präzisiert. Alle übrigen Vorlesungen, Übungen und Seminare konnten die Studenten in der Philosophischen oder Naturwissenschaftlichen Fakultät einer Universität oder an einer anderen Pädagogi-

168 Dieses und die nachfolgenden Zitate ebenda, S. 218 ff. und S. 246.

169 Buchinger, Lehrerbildung, S. 635; vgl. auch Schmaderer, Lehrerbildung, in: Liedtke (Hrsg.), Handbuch, Bd. 4, S. 431.

schen Hochschule besuchen – also auch an einer simultan geführten, deren Errichtung dann vorgesehen war, wenn sich eine ausreichende Zahl von Studierenden fand. Falls eine der beiden Kirchen an einer solchen Hochschule die Schaffung eines Lehrstuhls für Religionspädagogik verlangte, war dem stattzugeben.

Nachdem man sich im Kulturpolitischen Ausschuß geeinigt hatte, passierte der Entwurf von Kultusminister Maunz am 2. Juni 1958 den Landtag; am 1. August 1958 trat das neue Lehrerbildungsgesetz in Kraft. Damit wurden die Pädagogischen Hochschulen Augsburg, München und Regensburg der Universität München zugeordnet, die Pädagogischen Hochschulen Bayreuth und Nürnberg der Universität Erlangen und jene in Bamberg und Würzburg der Universität Würzburg. Die neuen Hochschulen in Augsburg, Bamberg, Regensburg und Würzburg sowie die erst 1958 errichtete nichtstaatliche Pädagogische Hochschule Eichstätt waren katholisch ausgerichtet, Bayreuth und Nürnberg evangelisch. Die Pädagogische Hochschule München war eine Verwaltungseinheit zweier Hochschulen, einer katholischen und einer evangelischen[170].

Im ersten Jahr ihres Bestehens wurden diese Pädagogischen Hochschulen von insgesamt 2273 Studenten besucht. Das waren 23 Prozent mehr als die 1774 Studenten, die im Jahr zuvor an den Instituten für Lehrerbildung eingeschrieben gewesen waren[171]. Diese Zunahme konnte gerade auch vor dem Hintergrund eines gravierenden Lehrermangels als verheißungsvoller Auftakt der Neuordnung der Volksschullehrerbildung angesehen werden – eine Neuordnung, die aufgrund der Konflikte zwischen Parteien, Kirchen und Verbänden sehr schwierig gewesen war, die aber gleichzeitig den von der Lehrerschaft ersehnten Anschluß an die Universitäten hergestellt hatte. Es lag in der Konsequenz dieser Entwicklung, daß es 1967 und 1970 zu zwei wesentlichen Modifikationen der Lehrerbildung kam. Zunächst einmal wurde am 12. Juni 1967 das in den fünfziger Jahren noch so heftig umkämpfte Problem der konfessionellen Bindung gelöst[172]. Weiter an ihr festzuhalten, war angesichts des zeitgleichen Abbaus der Bekenntnisschule obsolet geworden; das so heftig umkämpfte Konfessionalitätsprinzip hatte ausgedient. Die zweite Modifikation änderte zwar nichts am Lehrbetrieb, unterstrich aber noch einmal den Statusgewinn der Lehrerbildung: „Die Pädagogischen Hochschulen sind" – so hieß es in der Novelle des Lehrerbildungsgesetzes vom 27. Juli 1970 – „bis spätestens 1. 8. 1972 in die Landesuniversitäten einzugliedern." Mit dem Eingliederungsgesetz vom 25. Juli 1972 wurden die Pädagogischen Hochschulen als erziehungswissenschaftliche Fachbereiche Bestandteil der Universitäten.

[170] Vgl. Wolfgang Scheibe, Sechs Jahre neue Lehrerbildung in Bayern, in: Hermann Röhrs (Hrsg.), Die Lehrerbildung im Spannungsfeld unserer Zeit, Ratingen 1965, S. 171–177, hier S. 171 f.
[171] Vgl. Müller, Schule und Schulpolitik, in: Liedtke (Hrsg.), Handbuch, Bd. 3, S. 714.
[172] Vgl. Schmaderer, Lehrerbildung, in: Liedtke (Hrsg.), Handbuch, Bd. 4, S. 431; das folgende Zitat findet sich ebenda, S. 432.

IV. Die Hochschulen zwischen Umbau und Expansion

1. Die Philosophisch-Theologischen Hochschulen – Abwicklung eines Hochschultyps

Das neue Lehrerbildungsgesetz vom 14. Juni 1958, das die Pädagogischen Hochschulen an die drei Landesuniversitäten angliederte, machte die Lehramtskandidaten zu ordentlichen Studierenden an den Universitäten und verlieh ihnen damit den Status als „akademische Bürger einer Hochschule mit allen Rechten (Promotion, Habilitation) einer wissenschaftlichen Hochschule". Was die Volksschullehrer und ihre Standesvertretung, der BLLV, als Erfolg verbuchten, löste bei den Repräsentanten eines bestimmten Hochschultyps größte Besorgnis aus. Die Rektoren der weder über das Promotions- noch das Habilitationsrecht verfügenden Philosophisch-Theologischen Hochschulen Bayerns sahen nämlich die Gefahr, daß ihre Theologiestudenten gegenüber den zukünftigen Lehrern an Prestige verlieren könnten. Es könne sogar passieren, „daß die bisher schon gelegentlich sichtbare Kluft im Klerus selbst zwischen ehemaligen Universitätsstudenten und solchen, die an den Phil.-Theol. Hochschulen ihre Ausbildung erhalten haben, sich noch vertieft". Schon werde „in bestimmten Kreisen" – gemeint waren damit die Fakultäten für katholische Theologie an den Universitäten in München und Würzburg – gefordert, „2 oder 3 der bayerischen staatlichen Phil.-Theol. Hochschulen aufzuheben und die anderen entweder einer Universität anzugliedern oder entsprechend auszubauen". Die Aufhebung ihrer Hochschulen kam für die Rektoren verständlicherweise nicht in Frage. Aber auch eine Angliederung an die Landesuniversitäten lehnten sie einmütig ab, denn damit sei „die Gefahr der Verschmelzung mit den alten Fakultäten und damit die Aufhebung der Phil.-Theol. Hochschulen" verbunden[173]. Der Ausbau der Philosophisch-Theologischen Hochschulen zu Volluniversitäten wäre wohl die einzige Alternative gewesen; große Chancen für diese Form der Bestandsgarantie gab es aber nicht.

Die seit 1923[174] existierenden Philosophisch-Theologischen Hochschulen gingen auf die im frühen 19. Jahrhundert gegründeten philosophisch-theologischen Lyzeen zurück[175]. Sie dienten der Rekrutierung und Ausbildung des katholischen Priesternachwuchses, wobei sie diese Funktion gerade auch in universitätsfernen Regionen erfüllten. Nach 1933 waren sie massiven Repressionen ausgesetzt, die 1939/40 in ihrer Schließung gipfelten; einzig die nichtstaatliche Bischöfliche Hochschule in Eichstätt blieb davon ausgenommen[176].

Nach 1945 wurden die Philosophisch-Theologischen Hochschulen in Bamberg, Freising, Dillingen, Passau und Regensburg wiedereröffnet. Die drei über-

[173] Dieses und alle vorangegegangenen Zitate nach StA München, PTH Freising 102, Rektor der PTH Freising an Joseph Kardinal Wendel vom 21. 7. 1958.

[174] Vgl. Volkert (Hrsg.), Handbuch der bayerischen Ämter, Gemeinden und Gerichte, S. 188f.

[175] Zu den Lyzeen des 19. Jahrhunderts vgl. Rainer A. Müller, Akademische Ausbildung zwischen Staat und Kirche. Das bayerische Lyzealwesen 1773–1849, 2 Bde., Paderborn 1986.

[176] Vgl. Ernst Reiter, Die Eichstätter Bischöfe und ihre Hochschule im Dritten Reich. Abwehr der Versuche zur Politisierung der Hochschule und Sorge um deren Bestand, Regensburg 1982; Ernst Reiter, Die Hochschule im Dritten Reich, in: Rainer A. Müller (Hrsg.), Veritati et Vitae, Bd. 2: Vom Bischöflichen Lyzeum zur Katholischen Universität, Regensburg 1993, S. 93–108.

laufenen Landesuniversitäten[177] begrüßten dies, da sie sich davon eine gewisse Entlastung versprachen. Diese Hoffnung war nicht unbegründet, denn zum einen bestand traditionell die Möglichkeit, zwei an den Philosophisch-Theologischen Hochschulen absolvierte Semester auf ein entsprechendes Universitätsstudium anrechnen zu lassen, zum anderen versuchte man seit 1946, das Studium an den Philosophisch-Theologischen Hochschulen durch eine Ausweitung des Lehrangebots in den nichttheologischen Fächern auch für Studierende anderer Hochschulen attraktiver zu gestalten. Nachdem sich Probleme bei der Anrechnung ergeben hatten, wurde diese Variante des Grundstudiums im August 1947 präzisiert: bestimmte Studiengänge konnten nur mehr an einer bestimmten Philosophisch-Theologischen Hochschule absolviert werden. Eine besondere Stellung erlangten dabei die Hochschulen in Bamberg[178] und in Regensburg[179]. Ab dem Wintersemester 1947/48 konnten juristische Studien nur noch in Bamberg betrieben werden, ab dem Frühjahr 1949 konnte man dort sogar die erste juristische Staatsprüfung ablegen[180]. Das Medizinstudium war nur noch an der eigens als „Außenstelle der medizinischen Fakultät der Universität München in Regensburg" eingerichteten medizinischen Abteilung der Philosophisch-Theologischen Hochschule Regensburg möglich[181]. Der Sonderstatus dieser beiden Hochschulen drückte sich auch in den Hörerzahlen aus[182]: Im Wintersemester 1947/48 waren in Bamberg 1364 und Regensburg 1169 Studenten immatrikuliert. In Dillingen hingegen widmeten sich nur 357, in Eichstätt 338, in Freising 104 und in Passau 327 Studenten den nichttheologischen Disziplinen.

Der universitätsähnliche Studienbetrieb förderte Bestrebungen, die Hochschulen in Bamberg und Regensburg zusammenzulegen und zu einer vierten Landesuniversität auszubauen. Der aus Bamberg stammende bayerische Ministerpräsident Hans Ehard (CSU) und Prälat Meixner, der dem Domkapitel des Erzbistums Bamberg angehörte und zwischen 1951 und 1958 die CSU-Landtagsfraktion führte, gehörten zu den Befürwortern dieses Projekts, das aber auch bei Professoren und Studenten, Kommunen und in Wirtschaftskreisen großen Anklang fand. Bereits damals wurden dabei Argumente ins Feld geführt[183], die man auch in den

[177] Vgl. Müller, Universitäten, in: Lanzinner/Henker (Hrsg.), Landesgeschichte und Zeitgeschichte, S. 70f.

[178] Zu Bamberg vgl. Othmar Heggelbacher, Gestaltwandel der alma mater Bambergensis. Eine Studie, in: Pietati Bonisque Litteris: Universitas Bambergensis. Werden und Fortwirken der Universitätsstiftung zu Bamberg, Bamberg 1987, S. 51–84; Karl Möckl, Die Entwicklung nach dem Zweiten Weltkrieg: „Nachkriegsuniversität" – „Vierte bayerische Landesuniversität?" – „Ostuniversität", in: Franz Machilek (Hrsg.), Haus der Weisheit. Von der Academia Ottoniana zur Otto-Friedrich-Universität Bamberg, Bamberg 1998, S. 245–268.

[179] Zu Regensburg vgl. Martin Zehrer, Die Entwicklung der Naturwissenschaften an der Philosophisch-Theologischen Hochschule Regensburg (1923–1968), in: Acta Albertina Ratisbonensia 47. Festband Ekkehard Preuss, Regensburg 1991, S. 169–265.

[180] Vgl. Manfred Baldus, Die philosophisch-theologischen Hochschulen in der Bundesrepublik Deutschland. Geschichte und gegenwärtiger Rechtsstatus, Berlin 1965, S. 90; Heggelbacher, Gestaltwandel, in: Pietati Bonisque Litteris, S. 73f.

[181] Baldus, Philosophisch-theologische Hochschulen, S. 90.

[182] Vgl. Statistisches Jahrbuch für Bayern 22 (1938), S. 370, und 23 (1947), S. 250.

[183] Eine Bündelung aller Pro- und Contra-Argumente bietet die Landtagsdebatte vom 19./20. 1. 1950, in der insgesamt 13 Stunden über die Errichtung einer vierten Landesuniversität diskutiert wurde; vgl. Stenographischer Bericht über die 139. Sitzung des bayerischen Landtags am 19./20. 1. 1950, S. 514–596. Das folgende nach dem Diskussionsbeitrag von Prälat Georg Meixner; ebenda, S. 531.

sechziger Jahren hören konnte, als die bayerischen Universitäten massiv ausgebaut wurden. Zum einen sah man in einer neuen Universität ein probates Mittel, um die Kapazitätsprobleme der anderen Hochschulen zu entschärfen. Zum anderen wurden aber auch regionalpolitische Argumente bemüht, die in der Forderung nach einer „kulturelle[n] Dezentralisierung“ gipfelten. Von einer Universität erwartete man sich die Erschließung der bislang nicht hinreichend ausgeschöpften Bildungsreserven Niederbayerns, der Oberpfalz und Mittelfrankens und nicht zuletzt auch wirtschaftliche Impulse für die gesamte Region[184].

Die alten Landesuniversitäten fanden wenig Gefallen an einer neuen Universität Bamberg-Regensburg[185]. Eine Hochburg der Opposition gegen dieses Projekt war die unzerstörte und deshalb stark frequentierte Universität Erlangen, wobei der konfessionelle Gegensatz zwischen der protestantisch geprägten Universitätsstadt und den katholischen Bischofsstädten Bamberg und Regensburg eine nicht zu unterschätzende Rolle spielte[186]. Der Erlanger Rektor Eduard Brenner sprach mit Blick auf Bamberg gar von einer „Konfessionsuniversität“ und fand damit durchaus Widerhall in der evangelisch-lutherischen Landeskirche. Hinzu kam, daß auch die SPD und Teile der CSU das Universitätsprojekt ablehnten und daß im Finanzministerium schwerwiegende Bedenken dagegen erhoben wurden. Es überrascht deshalb nicht, daß die Pläne zur Errichtung einer vierten Landesuniversität 1950 im Landtag scheiterten. Mit 111 zu 46 Stimmen sprach man sich für eine Verschiebung der endgültigen Entscheidung um zwei Jahre aus. Nach der Landtagswahl im November 1950 verloren die Befürworter einer Universität Bamberg-Regensburg weiter an Rückhalt – die SPD stellte in der aus CSU, SPD und BHE gebildeten Koalitionsregierung den Finanzminister, Eduard Brenner trat als Staatssekretär in das Kultusministerium ein –, so daß das Projekt auch 1952 keine Mehrheit fand.

Das war nicht der einzige Rückschlag für die Philosophisch-Theologischen Hochschulen in den fünfziger Jahren. Im Zuge des Wiederaufbaus der drei Landesuniversitäten wurde auch der zunächst erweiterte Lehrbetrieb wieder schrittweise reduziert[187]. Am 30. September 1953 schloß die medizinische Abteilung in Regensburg. In Bamberg waren die letzten rechts- und staatswissenschaftlichen Lehrveranstaltungen bereits im Sommersemester 1952 abgehalten worden, während die naturwissenschaftlichen Studien noch eine Weile weitergeführt werden konnten: Die Zahl der Studierenden, die sich im Sommersemester 1950 auf 510 belaufen hatte, sank bis zum Wintersemester 1955/56 auf 47. Auch die philosophischen Abteilungen der Hochschulen in Dillingen, Eichstätt, Freising und Passau schrumpften bald auf ihre Vorkriegsgröße. Damit erfüllten die Philosophisch-Theologischen Hochschulen wieder ihre ursprüngliche Funktion als reine Ausbildungsstätten des Diözesanklerus. Statt in den erlauchten Kreis der mit Promo-

[184] Als Beispiel diente etwa die vom ehemaligen Berliner Chemiker Wolfgang Graßmann gegründete Forschungsstelle Eiweiß und Leder der Max-Planck-Gesellschaft, für deren weitere Existenz in Regensburg die Anbindung an eine Universität unerläßlich war. Vgl. Zehrer, Entwicklung der Naturwissenschaften, in: Acta Albertina Ratisbonensia 47, S. 241 ff.

[185] Vgl. S. 330 f.

[186] Vgl. Möckl, Entwicklung, in: Machilek (Hrsg.), Haus der Weisheit, S. 246 ff.

[187] Vgl. Baldus, Philosophisch-theologische Hochschulen, S. 91; Heggelbacher, Gestaltwandel, in: Pietati Bonisque Litteris, S. 74 ff.

tions- und Habilitationsrecht ausgestatteten Universitäten aufgenommen zu werden, mußten sie sogar fürchten, gegenüber den Pädagogischen Hochschulen ins Abseits zu geraten.

Um so wichtiger war es, daß sie im Herbst 1959 endlich eine neue Satzung erhielten[188], die die bis dahin geltenden „Organischen Bestimmungen" aus dem Jahre 1910 ablöste. Auch sie gewährte den Philosophisch-Theologischen Hochschulen zwar nicht das begehrte Promotions- und Habilitationsrecht, kam ihnen aber in manchen anderen Punkten – etwa der Einführung der Rektoratsverfassung – entgegen. Am wichtigsten war, daß sie als „staatliche wissenschaftliche Hochschulen" mit dem Recht der Selbstverwaltung gemäß Artikel 138 (Absatz 2) der bayerischen Verfassung bezeichnet wurden. Damit standen die Philosophisch-Theologischen Hochschulen nunmehr hochschulrechtlich auf einer Stufe mit den übrigen Hochschulen Bayerns.

Dauerhafte Sicherheit bot die neue Satzung freilich nicht. Dafür sorgte der 1960/61 herausgegebene erste Bericht des Wissenschaftsrats mit seinen Empfehlungen zum Aus- und Neubau des Hochschulwesens. Angesichts bundesweit steigender Studentenzahlen befürwortete der Wissenschaftsrat nämlich die Errichtung neuer Hochschulen[189]; die alten Universitäten waren unübersehbar an die Grenzen der Ausbaufähigkeit gestoßen und mußten entlastet werden. Von einer abermaligen Erweiterung des Lehrangebotes an den Philosophisch-Theologischen Hochschulen wurde dabei ausdrücklich abgeraten. Unter Hinweis auf deren eigentliche Zweckbestimmung als Ausbildungsstätten des katholischen Klerus empfahl der Wissenschaftsrat statt dessen eine Kapazitätserweiterung in den theologischen Abteilungen. Deren Ausstattung mit Lehrstühlen sei keineswegs mit dem Standard der entsprechenden Fakultäten an den Universitäten vergleichbar, vor allem fehle es an Lehrstühlen für Kirchengeschichte und Fundamentaltheologie. Die Philosophisch-Theologischen Hochschulen sollten daher – allerdings auf Kosten der philosophischen Abteilungen – „nach Analogie der theologischen Universitäts-Fakultäten ausgebaut und die Seminar- und Bibliotheksverhältnisse entsprechend verbessert" werden[190].

Die Ausführungen des Wissenschaftsrats stießen bei den Philosophisch-Theologischen Hochschulen auf lebhaften Widerspruch. Man erkannte in ihnen „geradezu eine Tendenz" hin zu einer „Schrumpfung des Lehrbetriebs dieser Hochschulen". Es sei „zu befürchten, daß im Rahmen der einmal zu ‚Richtlinien' gewordenen ‚Empfehlungen' auf weite Sicht nicht mehr auf eine Vermehrung der Lehrstühle an unseren Hochschulen ohne Verminderung der Professuren aus der

[188] Vgl. Amtsblatt des Bayerischen Staatsministeriums für Unterricht und Kultus 1959, S. 385: Satzung der staatlichen philosophisch-theologischen Hochschulen in Bayern vom 29. 9. 1959; auszugsweise abgedruckt in: Baldus, Philosophisch-theologische Hochschulen, S. 236 ff.

[189] Vgl. Empfehlungen des Wissenschaftsrates zum Ausbau der wissenschaftlichen Einrichtungen, Teil 1, Bonn 1960, S. 51 ff.

[190] StA München, PTH Freising 327, Die katholische Theologie nach den Empfehlungen des Wissenschaftsrats, erläutert von Professor Dr. theol. Theodor Klauser, Mitglied des Wissenschaftsrats, Bonn, 29. 11. 1960, S. 12. Erfolgen sollte dieser Aufbau allerdings auf Kosten der philosophischen Abteilungen. So wurde u. a. vorgeschlagen, daß der „für die theologischen Fakultäten geforderte Lehrstuhl für Religionspädagogik [...] in Dillingen, Bamberg, Passau und Regensburg durch Umwandlung des in der philosophischen Abteilung bestehenden Lehrstuhls für Pädagogik geschaffen werden" könnte. Empfehlungen des Wissenschaftsrates, S. 82 f.

philosophischen Abteilung und auch auf keine absolute Vermehrung derselben etwa um eine zweite Philosophieprofessur mehr zu hoffen ist“[191]. Ungeachtet dieser Kritik setzten sich in der katholischen Kirche diejenigen durch, die eine Angleichung der Studienordnungen der theologischen Fakultäten der Universitäten München und Würzburg und der Philosophisch-Theologischen Hochschulen forderten[192]. Hintergrund waren hier die Bestrebungen des Zweiten Vatikanischen Konzils zur Neuordnung der Priesterausbildung[193]. Der entscheidende Neuansatz lag dabei in der Ausrichtung der Studien auf die Seelsorge. Im Hinblick darauf sollten auch die traditionelle Trennung von Philosophie und Theologie aufgelockert und

> „die philosophischen und die theologischen Disziplinen besser aufeinander abgestimmt werden; sie sollen harmonisch darauf hinstreben, den Alumnen immer tiefer das Mysterium Christi zu erschließen, das […] im priesterlichen Dienst in besonderer Weise wirksam wird“[194].

Parallel dazu bemühte man sich auch um eine Anwendung dieser neuen Prinzipien auf das Studium an den Philosophisch-Theologischen Hochschulen Bayerns. Deren Entscheidungsgremien lagen dabei hinsichtlich der pastoralen Ausrichtung der Priesterausbildung zwar ganz auf der Linie des Konzils, hatten aber ihre eigenen Vorstellungen, wie dieses Ziel praktisch zu erreichen war. Im Sommer 1963 klagten die Rektoren nämlich über Bestrebungen, „zu Gunsten der theologischen Disziplinen die übrigen wissenschaftlichen Fächer zu beschränken oder zu schwächen“[195]. Eine derart verengte Ausbildung bedeute im Zeitalter der exakten Wissenschaften für die zukünftigen Priester „einen Verlust nicht nur an geistiger, sondern auch an menschlicher Substanz“. Das „müßte mit der Zeit unweigerlich zu einem ungesunden Spiritualismus und zur Lebens- und Weltfremdheit führen“, zu der von vielen Laien beklagten „Abstraktion der Theologie von den Fragen des Menschen, des Lebens und der Zeit“. Die Theologie könne „die sehr selbstbewußte öffentliche Geistigkeit von heute“ nur dann erreichen, wenn „die Philosophie das moderne wissenschaftliche Menschen- und Weltbild kritisch beleuchtet und metaphysisch bewältigt“.

Mit ihrer Kritik zielten die Hochschulrektoren vor allem auf den vom Konzil geforderten theologischen Einführungskurs. Zwar sei es richtig, die Priesteramtskandidaten so früh wie möglich an die Theologie heranzuführen. Die damit Hand in Hand gehende Reduzierung der philosophisch-vortheologischen Studien lehnte man aber ab, zumal die Rektoren befürchteten, die Philosophisch-Theologischen Hochschulen könnten durch die Beschneidung der philosophischen

[191] StA München, PTH Freising 327, Anmerkungen vom Standpunkt der PTH Passau vom 19. 12. 1960, S. 3 f.

[192] StA München, PTH Freising 102, Dr. Rupert Angermair, Leiter der Theologischen Abteilung der PTH Freising, an das Erzbischöfliche Ordinariat München-Freising vom 27. 5. 1959 und Dr. Rupert Angermair an Prof. Dr. Heinz Fleckenstein vom 25. 2. 1960.

[193] Vgl. dazu Anton Arens/Heribert Schmitz (Hrsg.), Ratio fundamentalis institutionis sacerdotalis. Priesterausbildung und Theologiestudium, Trier 1974, S. 45 ff.

[194] Dekret über die Ausbildung der Priester, Trier 1966, Nr. 14 (Dokumente des Zweiten Vatikanischen Konzils Bd. 6).

[195] Dieses und die folgenden Zitate nach BayHStA, MK 73022, Rektor der PTH Freising an den Vorsitzenden der bayerischen Bischofskonferenz, Julius Kardinal Döpfner, vom 17. 7. 1963.

Abteilungen „zu theologischen Fachschulen herabgedrückt“ werden und damit gegenüber den Pädagogischen Hochschulen erheblich an Bedeutung verlieren. Solche rein theologischen Fachschulen seien nicht mehr *Philosophisch*-Theologische Hochschulen im Sinne des bayerischen Konkordats von 1924 und könnten daher durch einen einseitgen staatlichen Akt jederzeit aufgehoben werden.

Die Angst vor einem Bedeutungsverlust oder gar vor der Aufhebung war nicht unbegründet. Im Zuge des vom Wissenschaftsrat angemahnten Ausbaus der wissenschaftlichen Einrichtungen sollte nämlich in Regensburg nun doch die früher zurückgestellte vierte Landesuniversität errichtet werden[196]. Das Ende der dortigen Philosophisch-Theologischen Hochschule als einer selbständigen Hochschule war damit vorprogrammiert. Im November 1966 wurde sie in der Tat als Fachbereich für katholische Theologie in die neue Universität Regensburg eingegliedert – aber nicht, wie von den Rektoren der Philosophisch-Theologischen Hochschulen befürchtet worden war, durch einen einseitigen staatlichen Verwaltungsakt, sondern im Einvernehmen mit der katholischen Kirche[197].

Weitere Abbaumaßnahmen scheint der bayerische Staat zunächst nicht erwogen zu haben. Die Initiative, die für das weitere Schicksal der Philosophisch-Theologischen Hochschulen richtungweisend sein sollte, kam auch nicht von staatlicher, sondern von bischöflicher Seite. Nachdem bereits die kirchlichen Bemühungen um eine Angleichung der Studienordnungen von Universitätsfakultäten und Philosophisch-Theologischen Hochschulen die Tendenz zur Vereinheitlichung der Priesterausbildung hatten erkennen lassen, machte der Erzbischof von München und Freising, Julius Kardinal Döpfner, im Frühjahr 1964 einen weiteren Schritt in diese Richtung. Der Oberhirte beabsichtige, so hieß es, das Priesterseminar in Freising nach München zu verlegen. Aufgrund der engen Verflechtung von Seminar- und Hochschulbetrieb mußte das die Auflösung der Philosophisch-Theologischen Hochschule Freising nach sich ziehen[198].

Ganz Freising protestierte gegen diese Pläne, konnte Döpfner aber nicht davon abbringen. Die Regierung hielt sich zurück und beteuerte gegenüber den Gegnern des bischöflichen Vorhabens ihre Machtlosigkeit. Die Verlegung des Priesterseminars sei eine „ausschließlich innerkirchliche Angelegenheit“[199], die vom Erzbischof entschieden werde. Döpfner hielt eine Aufhebung der Freisinger Hochschule allein schon mit Blick auf die rückläufigen Studentenzahlen für geboten[200] – eine Entwicklung, die neben dem allgemeinen Nachwuchsmangel nicht zuletzt auch auf die Abwanderung vieler Studenten an renommiertere Ausbildungsstätten wie München, Rom oder Innsbruck zurückzuführen war. Eine Konzentration der Ausbildung seines Diözesanklerus in München begründete der Kardinal aber

[196] Vgl. S. 337f. und S. 341–344.

[197] Vgl. BGVBl. 1966, S. 401f.: Vertrag zwischen dem Heiligen Stuhl und dem Freistaat Bayern über die katholisch-theologische Fakultät der Universität Regensburg vom 2. 9. 1966.

[198] Zum folgenden vgl. Dominikus Lindner, Die Philosophisch-Theologische Hochschule Freising von ihrer Hundertjahrfeier (1934) bis zu ihrer Auflösung (1969), in: Sammelblatt des Historischen Vereins Freising 27 (1970), S. 29–67, hier S. 48ff.

[199] BayHStA, MK 73018, bayerische Staatskanzlei an den Oberbürgermeister der Stadt Freising vom 23. 6. 1966.

[200] Zu den Argumenten Kardinal Döpfners vgl. Lindner, PTH Freising, S. 49ff.; StA München, PTH Freising 18, Pressekonferenz mit Generalvikar Prälat Matthias Defregger vom 3. 6. 1966: Die Verlegung des Freisinger Priesterseminars (Ordinariats-Korrespondenz).

auch damit, daß viele angehende Priester später dort zum Einsatz kämen. Aufgrund der Ausstrahlung Münchens in die Region sei die Vermittlung seelsorgerlicher Praktiken, die an den Bedürfnissen der Großstadt orientiert waren, aber auch für den künftigen Landklerus von Bedeutung. Und schließlich biete die zentrale Priesterausbildung in München die beste Gewähr dafür, daß der Bischof selbst auf die Studenten einwirken könne.

Die Auflösung der Philosophisch-Theologischen Hochschule Freising wurde 1966 in einem Staatsvertrag zwischen dem Freistaat Bayern und dem Heiligen Stuhl besiegelt[201]. Ungeachtet dessen lief der Hochschulbetrieb noch einige Jahre weiter, da sich die Suche nach einem geeigneten Standort für das Seminar in München schwieriger gestaltete, als man erwartet hatte. Vakante Lehrstühle wurden allerdings nicht mehr besetzt, sondern nur mehr vertretungsweise versehen. Die daraus resultierende unbefriedigende Studiensituation bewog viele Studenten, ihre Ausbildung an anderen Orten fortzusetzen, wie das Absinken der Zahl der Studierenden von 162 im Wintersemester 1964/65 auf 82 im Wintersemester 1967/68 zeigt[202]. Kardinal Döpfner ließ daher die Priesterausbildung bereits zum Wintersemester 1968/69 nach München verlegen, ohne, wie zuerst beabsichtigt, auf die Fertigstellung des neuen Seminargebäudes zu warten. Am 31. August 1969 wurde die Philosophisch-Theologische Hochschule Freising endgültig aufgelöst.

Die Amtsbrüder des Münchener Erzbischofs betrachteten die Entwicklung in Freising mit Sorge[203], weil sie der Meinung waren, das dortige Modell könne Schule machen. Das Kultusministerium versuchte zwar, diese Befürchtungen zu zerstreuen[204], und versicherte, die übrigen Philosophisch-Theologischen Hochschulen seien nicht gefährdet. Das hatte freilich mit der Realität wenig zu tun, denn nun begann man an den Hochschulen umzudenken und sich zumindest auf eine Teilaufhebung einzustellen. Der Senat der Philosophisch-Theologischen Hochschule Bamberg arbeitete schon seit Herbst 1967 auf eine Angliederung an die Universität Erlangen-Nürnberg als Fakultät für katholische Theologie hin[205]. Ausdrücklich bezog er sich dabei auf die Empfehlung des Wissenschaftsrats, die Zusammenfassung von Institutionen, zu der es etwa im Zuge der Auflösung der Hochschulen Freising und Regensburg gekommen war, auch in anderen Fällen zu erwägen. Zugleich machte der Senat der Bamberger Hochschule deutlich, daß eine Universitätsfakultät nicht nur für Priesteramtskandidaten attraktiv sei, sondern, bedingt durch die Fächervielfalt an den Universitäten, auch die Ausbildung von Laientheologen gewährleisten könne. Er verwies dabei auch auf die vom Konzil ausgehenden Anstöße für die Ausbildung der Theologen. So sei der von Rom angeregte ökumenische Dialog gerade auch Aufgabe der theologischen Fakultäten.

201 Vgl. BGVBl. 1966, S. 400: Vertrag zwischen dem Heiligen Stuhl und dem Freistaat Bayern über die Auflösung der PTH Freising und die wissenschaftliche Ausbildung der Studierenden der katholischen Theologie an der Universität München vom 2. 9. 1966.

202 Vgl. Lindner, PTH Freising, S. 56; zum folgenden vgl. ebenda, S. 58.

203 BayHStA, MK 73040, Kultusministerium an Bischof Simon Konrad Landersdorfer vom 20. 7. 1964.

204 StA München, PTH Freising 18, Beilage zum Schreiben des bayerischen Kultusministeriums vom 22. 12. 1966 über den Staatsvertrag über die Auflösung der PTH Freising.

205 BayHStA, MK 72963, Vormerkung vom 21. 11. 1967 und Stellungnahme des Senats der PTH Bamberg zum Status der Hochschule vom Mai 1968 (das folgende Zitat findet sich ebenda).

Die Bamberger Studenten hätten „offiziell den Senat in einer Denkschrift gebeten, den Anschluß an die Universität Erlangen zu betreiben, da auch ihnen für eine zeitgerechte Ausbildung, gerade auch im Sinne des zweiten vatikanischen Konzils, der Kontakt mit den anderen Wissenschaften geboten erscheint". Die Bamberger Nachwuchstheologen vertraten damit die offizielle Linie der Studenten aller drei Philosophisch-Theologischen Hochschulen. Unzufrieden mit der mangelhaften personellen und wissenschaftlichen Ausstattung, sprachen sich die Studentenvertreter Ende der sechziger Jahre mehrheitlich für die Auflösung der Hochschulen in Bamberg, Dillingen und Passau aus[206].

Das war ein weiteres Indiz dafür, daß die Philosophisch-Theologischen Hochschulen ihre einstige Anziehungskraft auf die Studenten verloren hatten[207]. Ein Studium dort galt mittlerweile als ein Studium zweiter Klasse. Entsprechend stark war der Rückgang der Studentenzahlen. Im Wintersemester 1968/69 waren an den Philosophisch-Theologischen Hochschulen Bayerns insgesamt nur noch 593 Studierende immatrikuliert[208]. Angesichts dieser Entwicklung sprach der Senat der Hochschule Dillingen in einem Brief vom 13. März 1967 an den Bischof von Augsburg, Josef Stimpfle, zu Recht von einer Strukturkrise der bayerischen Philosophisch-Theologischen Hochschulen. Eine Mitschuld an dieser Misere gab man dabei dem Erzbischof von München und Freising. Döpfners Kurs habe zu einer Abwertung sämtlicher Philosophisch-Theologischer Hochschulen im Freistaat geführt. Dem Vernehmen nach bestehe er sogar auf einer Universitätsausbildung in sämtlichen Diözesen[209].

Solchen Forderungen gegenüber war man in Dillingen besonders hellhörig, hatte man sich dort doch schon seit Mitte der sechziger Jahre mit den Hochschulambitionen Augsburgs auseinanderzusetzen[210]. Der ursprüngliche Plan, in Augsburg eine medizinische Akademie zu errichten, war aufgrund der Tatsache, daß

[206] Vgl. Elisabeth Roth, Entstehung und Frühphase der Gesamthochschule Bamberg 1968–1976, in: Machilek (Hrsg.), Haus der Weisheit, S. 269–278, hier S. 269. Eine Ausnahme bildeten die Passauer Studenten, die lieber einen Ausbau ihrer Hochschule gesehen hätten. Damit hatten sie einen gewissen Erfolg. Erst 1978 wurde die PTH Passau als Fachbereich für katholische Theologie in die neue Universität Passau eingegliedert. Vgl. Die drohende Auflösung, in: Der Blick. Zeitschrift der Studentenschaft der PTH Passau 2 (1968), S. 1; vgl. auch Matthias Blankenauer, Studienreform – Eine Illusion?, in: Der Blick. Zeitschrift der Studentenschaft der PTH Hochschule Passau 3 (1969), S. 1.

[207] BayHStA, MK 72963, Kultusministerium an den Rektor der PTH Bamberg vom 3. 5. 1968, darunter hausinterne Bemerkung für den Dienstgebrauch: Rektor Kolb habe mitgeteilt, daß die PTH Bamberg wegen des Rückgangs der Zahl der Theologiestudenten eine Auflösung der Hochschule und die Errichtung einer Fakultät für katholische Theologie an der Hochschule Erlangen-Nürnberg anstrebe.

[208] Vgl. Statistisches Jahrbuch für Bayern 29 (1969), S. 76. Bedauerlicherweise werden die PTH ab dem 29. Jahrgang nicht mehr einzeln aufgeführt, sondern nur noch unter der Rubrik „Philos.-theol. und kirchl. Hochschulen". Es lassen sich daher nur noch allgemeine Tendenzen ablesen; genauere Aussagen und Vergleiche zwischen einzelnen Hochschulen sind mit diesen Angaben nicht mehr möglich.

[209] Vgl. Hermann Lais, Die Gründungsgeschichte der Katholisch-theologischen Fakultät der Universität Augsburg, in: Jahrbuch des Historischen Vereins Dillingen an der Donau 83 (1981), S. 57–72, hier S. 59.

[210] Vgl. ebenda, S. 57 ff.; Karl Böck, Die Gründung der Universität Augsburg. Was nicht in den Akten steht, in: ders. (Hrsg.), Was nicht in den Akten steht... Für Ludwig Huber zum 65. Geburtstag, Passau o.J. (1996), S. 115–132.

man in München über eine zweite medizinische Fakultät debattierte, verworfen worden. Statt dessen arbeitete Augsburg seit 1966 auf die Gründung einer Hochschule für Wirtschafts- und Sozialwissenschaften hin, wobei das Fernziel eine fünfte Landesuniversität war. Da Dillingen den Anschluß an die aktuellen Entwicklungen im Hochschulwesen nicht verpassen wollte, begann man sich auch hier Gedanken zu machen, ob es nicht das beste sei, mit Augsburg gemeinsame Sache zu machen, ohne allerdings den Standort Dillingen aufzugeben. Im Kultusministerium war man sich bewußt, was die Aufhebung einer weiteren Philosophisch-Theologischen Hochschule bedeuten konnte. Sollte es tatsächlich zur Angliederung der Bamberger Hochschule an die Universität Erlangen-Nürnberg kommen, sei es fraglich, ob und wie lange sich dann die letzten Hochschulen in Dillingen und Passau noch würden halten können.

„Damit würde die durch Art. 3 und Art. 4 des Bayerischen Konkordats vorausgesetzte Institution der Phil.-theol. Hochschule als solche berührt. Der entscheidende Schritt dazu dürfte mit der Auflösung der Bamberger Hochschule getan werden."[211]

Das war freilich nicht im Sinne der Bischöfe, die auf Priesterausbildungsstätten in ihren Diözesen beharrten, damit aber auf verlorenem Posten standen. Gleichzeitig waren sie nämlich angehalten, die von der deutschen Bischofskonferenz verfügte Neuordnung der theologischen Studien[212] zum Wintersemester 1968/69 durchzuführen. Die wichtigste Neuerung war dabei die vom Konzil geforderte Aufgliederung des Ausbildungsganges in ein Grund-, ein Spezial- und ein Kontaktstudium, wobei der Hauptakzent auf der Ausrichtung der Studien auf die pastoralen Aufgaben der Priester lag. Im Zentrum der Ausbildung standen dementsprechend die theologischen Fächer, während – von Philosophie und (Religions-)Pädagogik abgesehen – die allgemeinbildenden Disziplinen im Pflichtvorlesungsplan nicht erwähnt wurden. Die Naturwissenschaften tauchten unter dem Titel „Grenzfragen zwischen Theologie und Naturwissenschaft" nur noch als Wahlfach auf, genauso wie die Zeitgeschichte, die Geschichte der christlichen Kunst und die sozialwissenschaftlichen Disziplinen Psychologie und Soziologie. Der Leiter der philosophischen Abteilung der Philosophisch-Theologischen Hochschule Bamberg, Alois Gerlich, erklärte im Juni 1968, was das für das Selbstverständnis der betroffenen Fachvertreter bedeutete: Deren spezieller Lehrauftrag sei durch den neuen Vorlesungsplan „sehr fragwürdig geworden". Sie sähen daher „in ihrem Wirken keine sinnerfüllte Tätigkeit mehr"[213].

Kultusminister Ludwig Huber reagierte auf seine Weise auf die Neuordnung. Da eine ausdrückliche Verpflichtung zum Studium allgemeinbildender Disziplinen fehlte, zog er den naheliegenden Schluß, daß man die philosophischen Abteilungen in der bisherigen Form nicht beibehalten könne; konsequent faßte er daher den Abbau einiger nichttheologischer Professuren ins Auge. Freiwerdende Stellen sollten, abgesehen von den Professuren für Philosophie, nicht mehr besetzt wer-

[211] BayHStA, MK 72963, Vormerkung vom 6. 5. 1968.
[212] Vgl. Neuordnung der theologischen Studien für Priesterkandidaten, in: Dokumente der Deutschen Bischofskonferenz, hrsg. vom Sekretariat der Deutschen Bischofskonferenz, Bd. 1: 1965–1968, Köln 1998, S. 416–432.
[213] BayHStA, MK 72963, Vormerkung vom 21. 6. 1968.

den. In Ausnahmefällen sah Huber eine Übertragung dieser Stellen an die Universitäten, an die Technische Hochschule München oder an die Pädagogischen Hochschulen vor. Die Initiative hierzu sollte freilich von diesen Institutionen selbst ausgehen[214].

Die Bischöfe von Bamberg, Augsburg und Passau stellten vor diesem Hintergrund strukturelle Überlegungen zur Sicherung der noch bestehenden Philosophisch-Theologischen Hochschulen an. Ihr Kernpunkt war die organisatorische Zusammenfassung der Hochschulen in Bamberg, Dillingen und Passau. Diese sollten einen Hochschulverband bilden, der in der Lage war, das durch die Studienreform notwendig gewordene Vorlesungsprogramm anzubieten[215]. Das Verbandsprojekt fand auch Eingang in den Vorentwurf des Kultusministers für ein bayerisches Hochschulgesetz. Wie die Universitäten, die Pädagogischen Hochschulen und die Wirtschafts- und Sozialwissenschaftliche Hochschule Augsburg sollten künftig auch „andere Hochschulen" das Recht haben, akademische Grade zu verleihen, die Lehrbefähigung festzustellen und die Lehrbefugnis zu erteilen. „Dieses Recht kann auch mehreren Hochschulen gemeinsam gewährt werden; die Hochschulen werden insoweit zu einem Verband [...] zusammengeschlossen."[216]. Dem Dillinger Senat war diese Formulierung freilich zu vage. Die Erteilung des Rechts zur Verleihung akademischer Grade sei „für unsere Hochschulen heute geradezu lebensnotwendig, zumal sie ohne dieses Recht gegenüber den damit ausgestatteten Pädagogischen Hochschulen von vorneherein als inferior angesehen werden müßten"[217].

Ende 1968 war der Plan einer organisatorischen Zusammenfassung der drei Hochschulen freilich bereits obsolet. Der Kultusminister befürwortete nämlich jetzt offiziell die Errichtung einer Teiluniversität in Augsburg mit einer wirtschaftswissenschaftlichen, einer juristischen, einer theologischen und einer philosophischen Fakultät. Die Dillinger Studenten sprachen sich sofort für eine Erhebung der theologischen Abteilung ihrer Hochschule zur theologischen Fakultät der Teiluniversität Augsburg aus und drohten sogar, nach München abzuwandern, wenn es nicht dazu kommen sollte. Der Apostolische Nuntius Corrado Bafile äußerte sich zwar zunächst skeptisch zu solchen Plänen, schließlich stimmte Rom der Errichtung einer vierten bayerischen Fakultät für katholische Theologie aber doch zu[218]. Selbst der Augsburger Bischof Stimpfle, der lange am Standort Dillingen festgehalten hatte, gelangte am Ende zu der Auffassung, daß die Priesterausbildung in seiner Diözese nur mit einer Verlegung nach Augsburg gesichert werden konnte. Nachdem der Kulturpolitische Ausschuß des bayerischen Landtags am 14. November 1969 beschlossen hatte, in Augsburg statt einer Teiluniversität eine Volluniversität zu errichten, wurde die Dillinger Hochschule Ende 1970 als Fachbereich für katholische Theologie in die neugegründete Universität Augsburg integriert.

214 BayHStA, MK 73040, Kultusminister Ludwig Huber an Bischof Josef Stimpfle vom 3. 9. 1968.
215 Vgl. Lais, Gründungsgeschichte, S. 63.
216 StA Augsburg, Hochschule Dillingen – Rektorat NR 301, Kultusministerium an die PTH Dillingen vom 7. 10. 1968 mit vorläufigem Entwurf eines bayerischen Hochschulgesetzes.
217 StA Augsburg, Hochschule Dillingen – Rektorat NR 301, Rektor der PTH Dillingen an das Kultusministerium vom 21. 11. 1968.
218 Vgl. Lais, Gründungsgeschichte, S. 63f.

Auch in Bamberg war inzwischen einiges in Bewegung geraten; Bamberg war auf dem Weg zur Universitätsstadt[219]. Die entscheidenden Initiativen dazu waren von der Stadt, den Bamberger Abgeordneten im Bundestag und im Landtag sowie den Senatsvertretern aus der Region ausgegangen. Anders als in Augsburg, wo jahrelange Debatten nötig gewesen waren, stellte sich der Erfolg in Bamberg erstaunlich rasch ein: Am 20. Oktober 1969 übermittelte Oberbürgermeister Theodor Mathieu dem bayerischen Ministerpräsidenten Alfons Goppel (CSU) die offizielle Bewerbung um „Aufnahme in die Universitäts- und Hochschulplanung des Freistaates Bayern", und bereits neun Monate später, am 16. Juli 1970, beschloß der bayerische Landtag neben der Errichtung neuer Universitäten in Bayreuth und Passau auch den Ausbau der in Bamberg bestehenden Hochschuleinrichtungen zu einer Teiluniversität.

Bei den Planungen dazu spielten natürlich auch die Philosophisch-Theologische Hochschule und die Pädagogische Hochschule eine Rolle. Bamberg, so das Ergebnis der Beratungen, sollte eine selbständige, vor allem geisteswissenschaftlich orientierte Universität werden, in der die beiden bestehenden Einrichtungen aufgehen sollten. Da zu erwarten war, daß Finanzmittel des Bundes eher zu erhalten sein würden, wenn man sich dem Trend zur Gründung von Gesamthochschulen anpaßte, schlug Kultusminister Hans Maier vor, in Bamberg eine „Gesamthochschule" zu errichten, ohne freilich das Fernziel einer Universität aus den Augen zu verlieren. Am 25. Juli 1972 beschloß der bayerische Landtag mit Wirkung vom 1. August 1972, dem Tag, an dem alle Pädagogischen Hochschulen in die Universitäten einzugliedern waren, die Gründung einer Gesamthochschule in Bamberg[220]. Damit verlor nach Regensburg, Freising und Dillingen nun auch die Philosophisch-Theologische Hochschule Bamberg ihren Status als selbständige Hochschule. Von den einstmals fünf staatlichen Philosophisch-Theologischen Hochschulen Bayerns war somit nur noch die in Passau übriggeblieben. Doch auch deren Tage waren gezählt. Gemäß dem erwähnten Landtagsbeschluß vom 16. Juli 1970 sollte ja auch dort eine Universität errichtet werden. Damit war im Grunde die weitere Entwicklung vorgezeichnet: Im Sommer 1978 avancierte die Philosophisch-Theologische Hochschule Passau zur Fakultät für katholische Theologie der dortigen Universität[221].

Dieser Prozeß berührte natürlich auch Selbstverständnis und Organisationsstruktur der einzigen nichtstaatlichen Anstalt, der bischöflichen Philosophisch-Theologischen Hochschule in Eichstätt, der 1958 die Pädagogische Hochschule Eichstätt zur Seite gestellt worden war[222]. Nachdem im Zuge der Neuordnung der

[219] Zum folgenden vgl. Roth, Entstehung und Frühphase, in: Machilek (Hrsg.), Haus der Weisheit, S. 269ff.

[220] Vgl. BGVBl. 1972, S. 296: Gesetz über die Errichtung der Gesamthochschule Bamberg vom 25. 7. 1972.

[221] Vgl. Karl Mühlek, Die Philosophisch-theologische Hochschule auf dem Weg der Integration als Fakultät der Universität Passau, in: Walter Schweitzer/Karl August Friedrichs (Hrsg.), Universität Passau. Gestern – heute – morgen. Festschrift für Karl-Heinz Pollok, Passau 1997, S. 44–48, sowie BGVBl. 1978, S. 498: Gesetz zur Eingliederung der PTH Passau in die Universität Passau vom 25. 7. 1978.

[222] Vgl. hierzu und zum folgenden Hubert Gruber, Die Eichstätter Hochschulen nach 1945, und Heinz Hürten, Wachstums- und Krisenjahre, beide Beiträge in: Müller (Hrsg.), Veritati et Vitae II, S. 109–132 und S. 133–148.

Volksschullehrerbildung die Lehrerbildungsanstalt Eichstätt geschlossen worden war, hatte nämlich der bayerische Episkopat in Eichstätt die Gründung einer kirchlichen Pädagogischen Hochschule initiiert, die als private Hochschule den staatlichen Pädagogischen Hochschulen gleichgestellt war. Für die Stellung der Pädagogischen Hochschule problematisch war dann allerdings das 1970 verabschiedete neue Lehrerbildungsgesetz, demzufolge die Pädagogischen Hochschulen unter Zuerkennung des Graduierungs- und Habilitationsrechts bis 1972 in die Landesuniversitäten zu integrieren waren. Im Gegensatz zu den bereits in Verbindung mit den Landesuniversitäten stehenden staatlichen Pädagogischen Hochschulen war ein solcher Anschluß für die kirchliche, das heißt private Eichstätter Hochschule nicht möglich. Es mußte also eine andere Konstruktion gefunden werden, die der Auflösung der exklusiv der Volksschullehrerbildung dienenden Pädagogischen Hochschulen und damit der Zusammenfassung von Volksschul- und Gymnasiallehrerbildung unter dem Dach einer Universität Rechnung trug.

Vor diesem Hintergrund beschlossen die bayerischen Bischöfe, die beiden Hochschulen in Eichstätt zu einer kirchlichen Gesamthochschule mit einem erweiterten Bildungsangebot zusammenzuschließen. Wegen der hohen Kosten, die eine Ausbildung in den technischen und naturwissenschaftlichen Disziplinen aufgeworfen hätte, einigten sich Staat und Kirche dabei darauf, in Eichstätt lediglich geisteswissenschaftliche Fächer zu etablieren. Diese Neukonstruktion, die 1972 wirksam wurde und 1974 auch in die novellierte Fassung des bayerischen Konkordats einging, schien zunächst nichts anderes als eine Reaktion auf die veränderte Rechtslage zu sein. Die neue Einrichtung war aber mehr, wie schon die Eröffnung des Fachbereiches Philosophie II zeigte, der die traditionellen Fachbereiche für katholische Theologie (die frühere Philosophisch-Theologische Hochschule) und Erziehungswissenschaften (die frühere Pädagogische Hochschule) ergänzte. Dennoch blieb die Vorstellung, daß es sich in Eichstätt lediglich um eine geisteswissenschaftlich ausgerichtete Lehrerbildungsstätte handelte, so lange vorherrschend, bis die Lehrerbildung infolge ungünstiger Berufsperspektiven in die Krise geriet. Die Hochschule sah sich damit vor die Herausforderung gestellt, von ihrer bisherigen Primärfunktion und auch vom entsprechenden Image abzurücken. Das geschah 1979 mit der Neuordnung der geisteswissenschaftlichen Fakultäten und 1980 mit der Umwandlung der Gesamthochschule in die Katholische Universität Eichstätt.

2. Die Expansion der Universitäten

Die Geschichte der bayerischen Universitäten wurde in den zurückliegenden Kapiteln indirekt bereits mitgeschrieben. Der Ausbau des höheren Schulwesens und die damit verbundene Steigerung der Abiturientenzahlen, die Akademisierung der Volksschullehrerbildung, die Verlagerung der theologischen Abteilungen der Philosophisch-Theologischen Hochschulen in Fakultäten für katholische Theologie – dies alles berührte jenen Sektor des Bildungssystems, der nach Abschluß des Wiederaufbaus in eine Aufbruch- und Ausbauphase eintrat, die alsbald sowohl die Vorstellung der Bildungsplaner als auch die Kapazitäten der Universitäten übersteigen sollte. Das ungeahnte Ausmaß dieser Expansion mag alleine daran deutlich werden, daß das Projekt einer vierten Landesuniversität anfangs noch mit dem Argument zu Fall gebracht werden konnte, es sei zweifelhaft, ob man die Kapazität der Hochschulen überhaupt ausbauen müsse. Daß sich seinerzeit insbesondere auch die drei bayerischen Landesuniversitäten in München, Würzburg und Erlangen gegen das Konkurrenzprojekt einer Universität Bamberg-Regensburg zur Wehr gesetzt hatten, war insofern verständlich, als zu befürchten war, daß der Neugründung dann jene Mittel zufließen würden, die von den alten Universitäten dringend benötigt wurden. Erinnert sei in diesem Zusammenhang nur an das Ausmaß der Kriegszerstörungen: In Würzburg waren 90 Prozent der Universitätsgebäude zerstört, bei der Ludwig-Maximilians-Universität München und der Technischen Hochschule München lag die Zerstörungsquote bei etwa 80 Prozent. Lediglich die Friedrich-Alexander-Universität in Erlangen war verschont geblieben[223]. Zum Raummangel kamen Labors, die nicht mehr benutzt werden konnten, veraltete Lehrmittel und fehlende Einrichtungen. Besonders gravierend und für den täglichen Betrieb von nicht zu unterschätzender Bedeutung war auch die Situation an den Bibliotheken[224]. In Würzburg waren von den ehemals 550000 Bänden 425000 verlorengegangen, an der Universitätsbibliothek München war es mit 350000 Bänden ein Drittel des Bestandes, und auch die Bayerische Staatsbibliothek hatte den Verlust von 500000 Bänden zu beklagen.

Der Zustand der Hochschulbibliotheken war symptomatisch für die Situation der bayerischen Universitäten im ganzen, für die es in der Phase des Wiederaufbaus darum ging, nicht nur die Kriegsschäden zu beseitigen, sondern durch laufende Neuanschaffungen, Modernisierungen und Anpassungsleistungen den Anforderungen der jeweiligen Fachwissenschaften gerecht zu werden. Dies traf auch für die unzerstört gebliebene Universität Erlangen zu, aus deren Reihen die Befürchtung zu hören war, gegenüber München und Würzburg das Nachsehen zu haben. Nach einem Besuch des Landtagsausschusses für den Staatshaushalt in Erlangen im Oktober 1952 profitierte freilich auch die mittelfränkische Universitätsstadt verstärkt von den Hochschul- und Wissenschaftsausgaben[225]. Unge-

223 Vgl. Müller, Universitäten, in: Lanzinner/Henker (Hrsg.), Landesgeschichte und Zeitgeschichte, S. 54; Ulrich Schneider, The Reconstruction of the Universities in American Occupied Germany, in: Manfred Heinemann (Hrsg.), Hochschuloffiziere und Wiederaufbau des Hochschulwesens in Westdeutschland 1945–1952, Teil 2: Die US-Zone, Hildesheim 1990, S. 1–8, hier S. 1; Ursula Huber, Die Universität München. Ein Bericht über den Fortbestand nach 1945, in: Friedrich Prinz (Hrsg.), Trümmerzeit in München. Kultur und Gesellschaft einer deutschen Großstadt im Aufbruch 1945–1949, München 1984, S. 156–160, hier S. 156. Zur Zerstörung der Universität Würzburg: BayHStA, MK 72378, Aufstellung des Grades der Beschädigung vom Januar 1946.

224 Die Bibliothek der TH München verlor rund zehn Prozent ihrer Altbestände. Zur Zerstörung und den Verlusten der bayerischen Hochschulbibliotheken: BayHStA, MK 68572, Interne Aufstellung anläßlich einer Anfrage der amerikanischen Militärregierung (OMGUS – Internal Affairs and Communications Division, Education and Religious Affairs Branch) vom 24. 7. 1946; vgl. ferner Georg Leyh, Die Lage der deutschen wissenschaftlichen Bibliotheken nach dem Kriege, in: Europa-Archiv 1 (1946/47) S. 234–240; Empfehlungen des Wissenschaftsrates zum Ausbau der wissenschaftlichen Einrichtungen, Teil 2: Wissenschaftliche Bibliotheken, Bonn 1964, S. 71, S. 178 und S. 186.

225 Vgl. Winfried Müller, Schließung und Wiedereröffnung der Universität Erlangen nach 1945, in: Christoph Friedrich (Hrsg.), Die Friedrich-Alexander-Universität Erlangen-Nürnberg 1743–1993. Geschichte einer deutschen Hochschule. Ausstellung im Stadtmuseum Erlangen 24. 10. 1993–27. 2. 1994, Erlangen 1993, S. 127–138, hier S. 136.

achtet des Baubooms[226], der in Erlangen, München und Würzburg bis Mitte der fünfziger Jahre einsetzte, waren die Wiederaufbauleistungen aus Sicht der Hochschulen alles andere als ausreichend. Auf die eindringlichen Mahnungen aus dem Kultusministerium, mit ihren Forderungen „den Boden der nun einmal gegebenen Tatsachen nicht ganz [zu] verlassen"[227], wollten die Hochschulen freilich nicht eingehen. Vor allem aus Kreisen der stark frequentierten Münchner Universität wurde zunehmend Kritik laut: „Die Universität ist in Not", schloß eine Denkschrift aus dem Jahr 1954. Trotz „anerkannter Verbesserungen der letzten Jahre" bedürfe die Münchner Universität „einer großzügigeren Lösung, wenn Forschung und akademische Lehre nicht zurückbleiben sollen hinter den fortschrittlichen Einrichtungen des In- und Auslandes"[228]. In diesem Sinne kommentierte auch die „Süddeutsche Zeitung" am 2. Februar 1954 unter der Überschrift „Stiefkind Universität", daß für München die Chance vertan werde, auf „kulturelle[m] Gebiet – und gerade hier – [...] Nachfolgerin der ehemaligen Reichshauptstadt Berlin zu werden"[229].

Die Staatsregierung, die zum Vorwurf der „tödlichen Langsamkeit des Wiederaufbaues" noch am selben Tage im Landtag Stellung nahm, sah dies freilich anders. Von einer Vernachlässigung der Landesuniversitäten Erlangen und Würzburg sowie der Technischen Hochschule München könne, so Kultusminister Schwalber, ebensowenig die Rede sein wie von einer „stiefmütterlichen Behandlung der Universität München"[230]. In der Tat hatten die Universitäten und die Technische Hochschule von 1948 bis 1954 mit 102,5 Millionen DM mehr als 60 Prozent der Bauausgaben im Kultusbereich erhalten. Allein der Universität München war über ein Viertel der Gesamtausgaben zugeflossen.

Der Konflikt zwischen der Staatsregierung und den Universitäten drehte sich freilich nicht nur ums Geld. Wissenschaft und staatliche Verwaltung trennten auch von der Mentalität her Welten. Während die selbstbewußten und von ihrer nationalen Bedeutung durchdrungenen Hochschulen den Anschluß an die internationale Forschung suchten und sich an der rasanten Entwicklung orientierten[231], die hier zu konstatieren war, blieb die Staatsregierung einem bedächtigen Wiederaufbaudenken verhaftet, wie es etwa in einer Regierungserklärung von Ministerpräsident Ehard aus dem Jahre 1951 zum Ausdruck kam: Die Hoch-

[226] Zuerst in München und Würzburg, dann auch in Erlangen; BayHStA, StK 13989, Kultusministerium an den bayerischen Senat vom 16. 1. 1953. Vgl. auch Müller, Universitäten, in: Lanzinner/Henker (Hrsg.), Landesgeschichte und Zeitgeschichte, S. 75.

[227] BayHStA, StK 113986, Bayerisches Statistisches Landesamt: Der Wiederaufbau der bayerischen Hochschulen. Die finanziellen Leistungen des Staates Bayern von 1946–1952.

[228] Ludwig-Maximilians-Universität München, Bericht über die Lage im Jahre 1954, München 1954, S. 35.

[229] Walter Panofsky, Stiefkind Universität, in: Süddeutsche Zeitung vom 2. 2. 1954, S. 1; das folgende Zitat ebenda.

[230] Stenographischer Bericht über die 178. Sitzung des bayerischen Landtags am 2. 2. 1954, S. 572; die folgenden Zahlen finden sich ebenda.

[231] Zum Selbstverständnis der westdeutschen Hochschulen in den fünfziger Jahren vgl. Hochschulautonomie – Privileg und Verpflichtung: Reden vor der Westdeutschen Rektorenkonferenz. 40 Jahre westdeutsche Rektorenkonferenz, 1949–1989, hrsg. von der Westdeutschen Rektorenkonferenz, Hildesheim 1989, S. 9–66. Aufschlußreich zur Haltung der Professoren: Hans Anger, Probleme der deutschen Universität. Bericht über eine Erhebung unter Professoren und Dozenten, Tübingen 1960.

schulen und Universitäten „sollen vordringlich mit jenen Einrichtungen, Instituten und Bibliotheken wieder ausgestattet werden, die sie nicht entbehren können“[232]. Die Neigung der Staatsregierung, die Erfolge ihrer Hochschulpolitik an den Wiederaufbauleistungen zu messen, blieb auch in den Folgejahren erhalten[233]. Vor allem gegenüber den anderen Bundesländern glaubte man dabei Boden gut gemacht zu haben. Die hohe Zahl der Studierenden an den bayerischen Hochschulen wurde deshalb auch nicht als Krisensymptom angesehen, sondern als Beleg für den „hohen Ruf in Lehre und Forschung“ interpretiert[234].

Dem Vorwurf einer Vernachlässigung des Wissenschaftssektors konnte darüber hinaus mit dem Hinweis begegnet werden, daß eine Reihe ehrgeiziger Projekte wie die Neu- und Erweiterungsbauten auf dem Stammgelände der Technischen Hochschule München in vollem Gange waren oder zumindest in der Planungsphase steckten. Daß man dabei gelegentlich viel Geduld brauchte, zeigte der Bau eines neuen, hochmodernen Universitätsklinikums am südlichen Stadtrand von München: Erste Vorüberlegungen für dieses damals größte Bauprojekt in der bayerischen Geschichte wurden mit der Ausschreibung eines Planungswettbewerbs bereits 1954 angestellt[235]. Da die Finanzierung lange ungeklärt blieb, konnte mit dem ersten Bauabschnitt erst 1967 begonnen werden. Von da ab vergingen noch einmal sieben Jahre, bis 1974 schließlich der Krankenhausbetrieb in Großhadern aufgenommen werden konnte[236].

Von ähnlich zukunftsweisender Bedeutung war der Bau des ersten westdeutschen Forschungsreaktors in Garching 1956/57[237]. Betrachtet man die wissenschaftspolitischen Rahmenbedingungen, so verweist gerade dieses Projekt auf zwei grundlegende Elemente, die für die weitere Entwicklung der bayerischen Hochschulen wegweisend wurden. Zum einen war die Entscheidung, der deutschen Kernforschung ein Zentrum zu geben, ein politisches Signal, nach den Jahren des Wiederaufbaus den Hochschulen neue und zukunftsweisende Gebiete für die Wissenschaft zu erschließen. Zum anderen zeigten kostenintensive Großforschungsprojekte, daß Wissenschaftsförderung keine genuin landespolitische Aufgabe sein konnte. Im Falle der Atomforschung war ohne die Pariser Verträge, die der Bundesrepublik eine friedliche Nutzung der Kernenergie erst ermöglichten, den Aktivitäten des Bundesministeriums für Atomfragen und der Deutschen

[232] Stenographischer Bericht über die 5. Sitzung des bayerischen Landtags am 9. 1. 1951, S. 32.

[233] Vgl. Stenographischer Bericht über die 197. Sitzung des bayerischen Landtags am 19. 5. 1954, S. 1295, wo Kultusminister Schwalber in seiner Haushaltsrede ausführte: „Man mag Kritik üben an dem, was noch nicht geschehen konnte, aber man darf nicht ungerecht sein und nicht nur das betrachten, was noch fehlt, sondern auch das, was geschaffen wurde, und das kann sich wahrhaft sehen lassen.“ Eine allzu kritische Beurteilung des Wiederaufbaus, so folgerte auch das Statistische Landesamt, schade dem guten Ruf des Hochschulstandorts Bayern: „Besonders ausländische Gäste bekommen zu leicht einen falschen Eindruck von der Leistungsfähigkeit der wissenschaftlichen Institute in Bayern, wenn sie, wie es nun seit Jahren urbi et orbi geschieht, nur Negatives hören.“ BayHStA, StK 113986, Bayerisches Statistisches Landesamt: Der Wiederaufbau der bayerischen Hochschulen. Die finanziellen Leistungen des Staates Bayern von 1946–1952.

[234] Stenographischer Bericht über die 153. Sitzung des bayerischen Landtags am 15. 7. 1953, S. 1741 (Josef Schwalber).

[235] Vgl. Bericht über die Lage der LMU 1954, S. 7.

[236] Zum Bau des Großklinikums in München-Großhadern vgl. Hochschulbau in Bayern, hrsg. von der Obersten Baubehörde im Bayerischen Staatsministerium des Innern, München 1972, S. 22.

[237] Vgl. dazu den Beitrag von Stephan Deutinger (S. 55–62) in diesem Sammelband.

Atomkommission an eine politische Durchsetzbarkeit nicht zu denken. Des weiteren galt für die Atomforschung wie überhaupt für die Förderung innovativer technologischer und naturwissenschaftlicher Fächer, daß die landeshoheitliche Wissenschaftspolitik rasch an ihre finanziellen Grenzen stieß. Während die länderübergreifende Finanzierung der Deutschen Forschungsgemeinschaft, der Max-Planck-Institute und anderer außeruniversitärer Einrichtungen durch das Königsteiner Abkommen gewährleistet war, mußten im Falle der Hochschulen neue Wege der gesamtstaatlichen Wissenschaftsfinanzierung und Koordination gefunden werden. Auch für die internationale Wettbewerbsfähigkeit der deutschen Hochschulen war eine Veränderung der wissenschaftspolitischen Rahmenbedinungen unerläßlich.

Vor diesem Hintergrund kam es 1956 und 1957 zu einer Neuorientierung der bayerischen Hochschulpolitik. Dies war zu einem nicht unerheblichen Maß auf die Aktivitäten der Viererkoalition zurückzuführen. Kultusminister August Rukker, Professor für Baukonstruktion und ehemaliger Rektor der TH München, und Waldemar von Knoeringen war es dabei vor allem zuzuschreiben, daß die Hochschulen in den Mittelpunkt der bayerischen Politik rückten[238]. Nachdem Rucker im Februar 1956 auf einer gemeinsamen Konferenz der Kultusminister und Hochschulrektoren eine verstärkte Kooperation von Bund und Ländern angeregt hatte, machte von Knoeringen am 22. März 1956 im Landtag auf die drängenden Zukunftsfragen von Wissenschaft und Technik aufmerksam[239]. In seiner Rede, die einen Monat später auch die grundsätzliche Zustimmung weiter Teile der CSU-Fraktion fand, ging von Knoeringen nicht nur auf die bekannten Forderungen der Industrie nach Erhöhung von Ausbildungskapazitäten und Anpassung der Ausbildung an den Stand der neuen Technologien ein. Für ihn handelte es sich „bei der Frage des technischen Nachwuchses" zugleich „um eine Angelegenheit von höchster politischer Bedeutung", von deren „Lösung das politische Schicksal der westlichen Welt wesentlich mitbestimmt" werde. Eineinhalb Jahre bevor der technologische Wettlauf zwischen Ost und West durch den „Sputnikschock" einen vorläufigen symbolischen Höhepunkt erreichte, erfaßte der „kalte Krieg der Hörsäle" damit auch die bayerische Hochschulpolitik[240].

Die Frage war nur, wie die neue Wissenschaftspolitik genau aussehen sollte, die Waldemar von Knoeringen so vehement forderte. Ein erster Schritt wurde mit

[238] Zu August Rucker vgl. Kurt Magnus (Hrsg.), 125 Jahre Technische Universität München, 1868–1993, München 1993, S. 122; zu Waldemar von Knoeringen vgl. Hartmut Mehringer, Waldemar von Knoeringen. Eine politische Biographie. Der Weg vom revolutionären Sozialismus zur sozialen Demokratie, München u.a. 1989.

[239] Vgl. Stenographischer Bericht über die 57. Sitzung des bayerischen Landtags am 22. 3. 1956, S. 1844–1851.

[240] Mit dem Wort vom „kalten Krieg der Hörsäle" zitierte Waldemar von Knoeringen den Vorsitzenden der amerikanischen Atomkommission, Lewis Strauss. Vgl. auch Waldemar von Knoeringen, Bewährungsprobe des Föderalismus, in: Die Zeit vom 1. 11. 1956, S. 1: „Die Machtpolitik in dieser Welt ruht heute nicht mehr nur auf moderner Waffentechnik, Voraussetzung aller militärischen Rüstung ist wissenschaftliche und technische Leistung und damit wirtschaftliche Stärke. In den Hörsälen und Laboratorien wird der Gang der Geschichte entscheidend bestimmt. Gerade hier liegen Deutschlands große Chancen." Zum wissenschaftspolitischen Klima der Jahre 1956 und 1957 vgl. ferner Thomas Stamm-Kuhlmann, Zwischen Staat und Selbstverwaltung. Die deutsche Forschung im Wiederaufbau 1945–1965, Köln 1981, S. 195–202; Richard Oechsle, Technischer Nachwuchs – eine Lebensfrage der westlichen Welt, München 1957.

dem sogenannten Rucker-Plan getan. Damit legte die bayerische Staatsregierung am 8. November 1956 einen umfassenden „Bedarfsplan für die Förderung der wissenschaftlichen Forschung und Lehre und des wissenschaftlichen und technischen Nachwuchses und dessen vorbereitende Ausbildungsstufen in Bayern“ vor. Auf zehn Jahre angelegt, wurden allein die als notwendig erachteten einmaligen Ausgaben mit 1,087 Milliarden DM beziffert; davon waren 424 Millionen für Forschung und Lehre an den Hochschulen vorgesehen. Dort sollten 150 neue Lehrstühle, 100 Diätendozenturen und 800 Stellen für Assistenten, Lektoren und Tutoren errichtet werden[241]. Der Rucker-Plan bezog sich aber nicht nur auf die Förderung der Hochschulen und staatlichen Ingenieurschulen, denen für die Sicherung des technischen Nachwuchses besondere Bedeutung zugesprochen wurde. Kennzeichen des „Königsgedankens der Koalition“[242] war vielmehr die Absicht, durch die Einbeziehung aller Schularten „die Bildung auf allen Ebenen zu heben“[243].

Der Rucker-Plan wurde aus finanziellen Gründen nicht in seinem ursprünglichen Umfang verwirklicht, und nach dem Scheitern der Viererkoalition entfernte sich das von CSU, FDP und GB/BHE getragene erste Kabinett Seidel immer weiter davon. Dennoch bedeutete er nicht nur für die bayerische Hochschulgeschichte einen wichtigen Schritt: „Bayern war in Deutschland“, wie Wilhelm Hoegner in seinen Erinnerungen festhielt, „wieder einmal vorangegangen“[244]. 1956 und 1957 wurden in allen übrigen Bundesländern Bedarfspläne nach bayerischem Muster aufgestellt, und auch in der Frage der Finanzierung einer modernen Wissenschafts- und Hochschulpolitik gingen vom Rucker-Plan wesentliche Impulse aus. Es sei klar, so von Knoeringen, daß

> „der Ruckerplan nur in Wirksamkeit treten kann, wenn es eine gesamtdeutsche Leistung wird. Niemand in Bayern könnte auch nur davon träumen, daß wir diese Leistungen allein aufbringen. [...] Einmal muß die Gemeinsamkeit in der Bundesrepublik geschaffen werden, die gemeinsame Leistung der ganzen Nation in der Bundesrepublik, und auf der anderen Seite darf die Kulturhoheit der Länder nicht in wesentlichen Punkten angetastet werden, das darf nicht sein. Wenn wir das erreichen, haben wir ein hervorragendes Stück politischer Arbeit geleistet, und in diesem Sinn ist auch die Finanzierung zu verstehen.“[245]

Forderungen nach einer Koordination der Wissenschaftspolitik und nach einem stärkeren finanziellen Engagement des Bundes in diesen Zukunftsfragen kamen nicht nur aus Bayern. 1956/57 bestand unter den Ländern ein weitgehender Konsens, daß der Bund verstärkt in die Verantwortung genommen werden müsse. Vor diesem Hintergrund begannen schließlich hochkomplexe Bund-Länder-Verhandlungen, bei denen der bayerische Ministerpräsident Hoegner den „erste[n] Schritt

241 Vgl. Anlage zur Rede von Staatsminister August Rucker, Bedarfsplan für die Förderung der wissenschaftlichen Forschung und Lehre und des wissenschaftlichen und technischen Nachwuchses und dessen vorbereitende Ausbildungsstufen in Bayern, in: Stenographischer Bericht über die 81. Sitzung des bayerischen Landtags am 8. 11. 1956, S. 2763–2777.

242 Buchinger, Lehrerbildung, S. 164.

243 Stenographischer Bericht über die 81. Sitzung des bayerischen Landtags am 8. 11. 1956, S. 2746 (August Rucker); vgl. auch Was will der Rucker-Plan?, hrsg. vom Bayerischen Staatsministerium für Unterricht und Kultus, München 1956.

244 Wilhelm Hoegner, Der schwierige Außenseiter. Erinnerungen eines Abgeordneten, Emigranten und Ministerpräsidenten, München 1959, S. 332.

245 Stenographischer Bericht über die 88. Sitzung des bayerischen Landtags am 30. 1. 1957, S. 3052.

zur Verwirklichung aller Vorschläge und Pläne" machte[246] und an deren Ende die Bildung eines sogenannten Wissenschaftsrats stand[247]. Das Ziel dieser am 5. September 1957 gegründeten Institution war es, „auf Grundlage der von Bund und Ländern im Rahmen ihrer Zuständigkeit aufgestellten Pläne einen Gesamtplan für die Förderung der Wissenschaften zu erarbeiten" und „Empfehlungen für die Verwendung derjenigen Mittel zu geben, die in den Haushaltsplänen des Bundes und der Länder für die Förderung der Wissenschaft verfügbar sind"[248]. Damit waren zwar weder Bund noch Länder an die Empfehlungen des Wissenschaftsrats gebunden, durch seine Zusammensetzung aus Repräsentanten der Bundesregierung und der Landesregierungen auf der einen Seite und Vertretern der Rektorenkonferenz und der Spitzenorganisationen der außeruniversitären Forschung auf der anderen Seite war aber sein zukünftiges politisches Gewicht gewährleistet[249].

Die Hoffnung, nach der Bildung des Wissenschaftsrats werde es zu einem raschen Ausbau der Hochschulen kommen, erfüllte sich nicht. Als er im Frühjahr 1958 seine Arbeit aufnahm, wurde er zunächst einmal mit einer umfassenden Bestandsaufnahme der Lage an den westdeutschen Hochschulen beauftragt. Dies beeinflußte auch die Situation in Bayern. Denn als die SPD forderte, dem Rucker-Plan nun endlich Taten folgen zu lassen, antwortete Hoegners Nachfolger Hanns Seidel, der Plan sei „nur eine einfache und noch dazu ungenaue Bedarfsrechnung" und müsse vom Wissenschaftsrat „durch Erhebungen an Ort und Stelle durch besondere Prüfungskommissionen nachgeprüft und entsprechend korrigiert" werden; zu einer planvollen Förderung gehöre „die Vermeidung von Überschneidungen und von Doppelarbeit"[250]. Damit war das Problem natürlich vertagt.

Daß Bayern selbst von weiterer Einzelplanung absah, wurde von der neuen Regierung, die in Fragen der Bildungspolitik deutlich weniger Elan entwickelte als die Regierung Hoegner, auch mit innerwissenschaftlichen Notwendigkeiten begründet. Nach Auffassung von Ministerpräsident Seidel war zunächst einmal „vor allem eine nach innen gelenkte, stille *Forscherarbeit* mit experimentellen und literarischen Ergebnissen" notwendig,

[246] Kurt Pfuhl, Der Wissenschaftsrat, in: Wissenschaftsrat 1957–1967, Bonn 1968, S. 11–21, hier S. 15. Bei diesem ersten Schritt handelte es sich um die Übersendung des Entwurfs eines Verwaltungsabkommens zwischen Bund und Ländern über die Errichtung einer Deutschen Kommission zur Förderung der Wissenschaft an die Regierungschefs der übrigen Länder.

[247] Zur Gründungsgeschichte des Wissenschaftsrats vgl. ebenda, S. 11–19; Gerhard Hess, Zur Vorgeschichte des Wissenschaftsrates, in: Wissenschaftsrat 1957–1967, S. 5–10; Stamm-Kuhlmann, Zwischen Staat und Selbstverwaltung, S. 202–219.

[248] Abkommen zwischen Bund und Ländern über die Errichtung eines Wissenschaftsrates, zit. nach Empfehlungen des Wissenschaftsrates zum Ausbau der wissenschaftlichen Einrichtungen, Teil I: Wissenschaftliche Hochschulen, Tübingen 1960, S. 454.

[249] Zu Organisation und Tätigkeitsfeldern des Wissenschaftsrates vgl. Stamm-Kuhlmann, Zwischen Staat und Selbstverwaltung, S. 219–223; Jürgen Raschert, Bildungspolitik im kooperativen Föderalismus. Die Entwicklung der länderübergreifenden Planung und Koordination des Bildungswesens der Bundesrepublik Deutschland, in: Bildung in der Bundesrepublik Deutschland, Bd. 1, S. 103–215, hier S. 152–165. Als Vertreter Bayerns gehörte dem Wissenschaftsrat neben Kultusminister Theodor Maunz auch der vom Bundespräsidenten im Februar 1958 berufene Physiker und ehemalige Rektor der Universität München, Walther Gerlach, an. Die Industrie war u.a. durch das Vorstandsmitglied der Erlanger Siemens-Schuckert-Werke, Heinz Goeschl, vertreten.

[250] Stenographischer Bericht über die 6. Sitzung des bayerischen Landtags am 29. 1. 1959, S. 115; das folgende Zitat findet sich ebenda, S. 116 (Hervorhebung im Original).

„für die eine Gesamtplanung, wie sie mir zugeben werden, von geringer Bedeutung ist. Auch in früheren Jahrzehnten hat die Wissenschaft vor allem Zeit und Muße gebraucht, um nach innen tätig zu sein, und sie hat dadurch in Deutschland Hervorragendes geleistet."

Die hochschulpolitischen Maßnahmen zielten vor diesem Hintergrund hauptsächlich auf die Fortführung bereits eingeleiteter Projekte und dienten, aufs Ganze gesehen, noch dem Wiederaufbau der bayerischen Universitäten, was freilich auch daran gelegen haben mag, daß sich die auf Vorschlag des Wissenschaftsrats zugewiesenen Bundesmittel für Hochschulbau und die entsprechenden Sachmittel mit 6,4 Millionen DM im Haushaltsjahr 1958 respektive 11 Millionen DM im Haushaltsjahr 1959 noch in engen Grenzen hielten.

3. Die Ausbauphase

Mit den am 14. Oktober 1960 von der Vollversammlung des Wissenschaftsrats verabschiedeten „Empfehlungen des Wissenschaftsrates zum Ausbau der wissenschaftlichen Hochschulen"[251] setzte in Bayern endgültig eine neue Phase der Hochschulentwicklung ein. Innerhalb nur weniger Jahre hatten sich die hochschulpolitischen Vorzeichen radikal gewandelt. Waren es 1956 und 1957 die Sorge um den wissenschaftlichen Nachwuchs im internationalen Wettbewerb und finanzielle Motive, die zur Schaffung des Wissenschaftsrats geführt hatten, so stand jetzt die allgemein als besorgniserregend erachtete Überfüllung der Hochschulen im Mittelpunkt[252]. An die Stelle des Mangels an technischem Nachwuchs traten nun die Probleme der Massenuniversität. Die starken Jahrgänge 1934 bis 1941 wie auch die Expansion der Gymnasien in den fünfziger Jahren schlugen sich jetzt in den Hochschulzugängen nieder[253]. Vom Wintersemester 1949/50 bis zum Wintersemester 1959/60 verdoppelte sich die Zahl der Studenten an den westdeutschen Universitäten. In Bayern stieg die Zahl im gleichen Zeitraum von 18361 auf 27140, wobei drei Viertel des Zuwachses auf die Universität München entfielen, die mit 18220 Studenten an der Spitze aller bundesdeutschen Universitäten stand[254].

Ab 1958 beschäftigte sich auch der Landtag immer wieder mit dem Notstand an den bayerischen Hochschulen: der katastrophalen Überfüllung in einigen Fachbereichen, überlangen Studienzeiten und nicht zuletzt mit der Überlastung der Professoren. Während die Lösungsvorschläge von Staatsregierung und CSU stark defensiv ausfielen – stärkere Auslese an den höheren Schulen sowie Zulassungsbeschränkungen und höhere Anforderungen an den Hochschulen[255] –, empfahl der Wissenschaftsrat eine Anpassung der Ausbildungskapazitäten an die gestiegenen und auf absehbare Zeit weiter steigenden Studentenzahlen:

[251] Vgl. Empfehlungen des Wissenschaftsrates, Teil I.

[252] Vgl. Gerhard Hess, Die deutsche Universität 1930–1970, Darmstadt 1970, S. 27.

[253] Vgl. Karl Friedrich Scheidemann, Überfüllung der Hochschulen. Eine Studie über Studentenzahlen und Fassungsvermögen der deutschen Hochschulen, Bonn 1959, S. 8–13.

[254] Zahlenangaben nach Empfehlungen des Wissenschaftsrates, Teil I, S. 463; Statistisches Jahrbuch für Bayern 24 (1952), S. 405, und 27 (1961), S. 65.

[255] Vgl. Stenographischer Bericht über die 53. Sitzung des bayerischen Landtags am 6. 4. 1960, S. 1528–1543 (Aussprache zu einer Interpellation der CSU-Fraktion betreffend Überfüllung der Hochschulen und Förderung des technischen Nachwuchses).

„Die Bundesrepublik muß als ein demokratisches Gemeinwesen ihre Bildungseinrichtungen so erweitern, daß sie dem Bedürfnis aller Volksschichten nach wissenschaftlicher Ausbildung entsprechen. Als hochindustrialisiertes Land kann sie nicht den Notwendigkeiten ausweichen, die sich aus der wissenschaftlich-technischen Entwicklung ergeben; diese verlangt mehr wissenschaftlich ausgebildetes Personal in Wirtschaft und Verwaltung."[256]

Die Vorschläge des Wissenschaftsrats bezogen sich nicht nur auf die bestehenden Hochschulen, sie hatten auch die Gründung neuer Hochschulen zum Ziel. Bei den alten Hochschulen wurde eine deutliche Erweiterung empfohlen, um das Mißverhältnis von Lehrenden und Studierenden zu beseitigen, das „eine gründliche Ausbildung gefährdet und das Studium der auf sich selbst angewiesenen Studenten unnötig verlängert". Die bayerischen Hochschulen figurierten in den Plänen des Wissenschaftsrats mit 125 zusätzlichen Lehrstühlen, was einem Zuwachs von 22 Prozent gleichgekommen wäre. Allein die Universität Würzburg sollte mit 44 neuen Professuren bedacht werden und damit ihren Lehrkörper um knapp die Hälfte vergrößern. Für das gesamte Bundesgebiet waren 1200 neue Lehrstühle vorgesehen.

Die bayerischen Hochschulen begrüßten „die durch den Wissenschaftsrat gebotenen Möglichkeiten für bessere Selbstentfaltung"[257]. Die Umsetzung der „großen Anstrengungen des Wissenschaftsrates" war jedoch nicht nur eine Frage des Willens, sondern vor allem des Geldes. Allein für die vorgeschlagenen Baumaßnahmen wurden von der bayerischen Staatsregierung Gesamtkosten in Höhe von mehr als 1,2 Milliarden DM veranschlagt[258]. Daß solche Summen nur langfristig aufzubringen waren, verstand sich von selbst; daran änderten auch die Empfehlungen des Wissenschaftsrats nichts, die ansonsten aber auch in Bayern überaus ernst genommen wurden. Wie in allen anderen Bundesländern bemühte man sich, die Vorgaben binnen fünf Jahren zu verwirklichen. Das Urteil von Helmut Schelsky, die ersten Empfehlungen des Wissenschaftsrats seien von Hochschulbehörden, Kultusministern und Parlamenten für die „erste Ausbauplanung der Hochschulen bis zum Jahre 1964/65 geradezu als sakrosankte Richtschnur ihrer Haushaltspolitik" betrachtet worden[259], gilt auch für Bayern: Von 1960 bis 1965 verdoppelten sich die Gesamtausgaben für die staatlichen wissenschaftlichen Hochschulen; sie lagen jetzt bei 465 897 000 DM, gegenüber 1955 war das eine Ausgabensteigerung von 426 Prozent[260].

Auf die Empfehlungen des Wissenschaftsrats war es auch zurückzuführen, daß die bayerische Staatsregierung nun mehrere Projekte ernsthaft zu prüfen begann, die schon seit längerem auf der Tagesordnung standen, aber immer wieder verschoben worden waren. In einer „Denkschrift über Ausbau und Neuerrichtung

256 Empfehlungen des Wissenschaftsrates, Teil I, S. 49; das folgende nach ebenda, S. 59f. und S. 70ff.
257 BayHStA, MK 68667, Rektor der Universität München an das Kultusministerium vom 7. 4. 1961.
258 BayHStA, StK 13989, Aufstellung der Aufwendungen für die Bauvorhaben der drei Landesuniversitäten und der Technischen Hochschule, die für den Ausbau aufgrund der Empfehlungen des Wissenschaftsrates erforderlich sind, vom Juli 1961.
259 Helmut Schelsky, Abschied von der Hochschulpolitik oder die Universität im Fadenkreuz des Versagens, Bielefeld 1969, S. 102.
260 Vgl. Bericht über die staatlichen wissenschaftlichen Hochschulen, hrsg. vom Bayerischen Obersten Rechnungshof, o.O. 1970, S. 4.

wissenschaftlicher Hochschulen in Bayern"[261] setzte sich die bayerische Staatsregierung im Mai 1962 mit der Gründung einer Technischen Hochschule in Nürnberg beziehungsweise einer technischen Fakultät an der Universität Erlangen, der Gründung von Medizinischen Akademien sowie der Errichtung einer vierten Landesuniversität in Regensburg auseinander. Zwar war man – aus finanziellen Gründen – immer noch relativ zurückhaltend gegenüber diesen Projekten, die Grundaussagen der Denkschrift folgten jedoch den Richtlinien des Wissenschaftsrats, die davon ausgingen, daß eine Kapazitätsausweitung der bestehenden Hochschulen nicht mehr zweckmäßig sei. Auch die Staatsregierung zielte jetzt auf die Errichtung neuer Hochschuleinrichtungen, die „von der Forderung nach einer Entlastung der Hochschulstadt München ausgehen".

Auf den Wissenschaftsrat beriefen sich auch die von der SPD unterstützten Befürworter einer Technischen Hochschule in Nürnberg, wo die Oberbürgermeister Otto Bärnreuther und Andreas Urschlechter bereits 1957 und 1959 entsprechende Wünsche vorgetragen hatten. Als „Mittelpunkt des industrie- und wirtschaftsintensivsten Raumes Bayerns" besitze Nürnberg, so der Stadtrat im November 1959, „einen berechtigten Anspruch"[262]. Mit dem Hinweis auf den „nordbayerischen Wirtschaftsraum"[263] argumentierte allerdings auch die Universität Erlangen, die einen Alternativvorschlag unterbreitete. Nachdem die dortige Universität mit der Integration der Handelshochschule Nürnberg als sechster Fakultät bereits 1960 zur Friedrich-Alexander-Universität Erlangen-Nürnberg avanciert war[264], konnte man nach den Empfehlungen des Wissenschaftsrats hoffen, den bereits 1957 gefaßten Beschluß zur Errichtung einer Technischen Fakultät endlich in die Tat umsetzen zu können. Für die Aufhebung der traditionellen Trennung von Technischer Hochschule und Universität – nach Auffassung der Staatsregierung ein „Stück Hochschulreform grundsätzlicher Art"[265] – sprachen im Fall Erlangens gewichtige finanzielle Argumente. So konnte eine neue Fakultät nicht nur verwaltungsmäßig in die alte Hochschule integriert werden. Anders als bei der Neugründung einer Technischen Hochschule in Nürnberg war es auch nicht nötig, die mathematisch-naturwissenschaftlichen und allgemeinwissenschaftlichen Fächer zu etablieren – sie waren in Erlangen bereits weitgehend vorhanden.

Darüber hinaus konnte sich Erlangen der Unterstützung des bedeutendsten technisch-industriellen Arbeitgebers der Region Mittelfranken sicher sein. Das

[261] Abgedruckt in: Rolf Neuhaus (Hrsg.), Dokumente zur Gründung neuer Hochschulen. Anregungen des Wissenschaftsrates, Empfehlungen und Denkschriften auf Veranlassung von Ländern in der Bundesrepublik Deutschland in den Jahren 1960–1966, Wiesbaden 1968, S. 148–201; das folgende Zitat findet sich ebenda, S. 200.

[262] Denkschrift der Stadt Nürnberg für die Errichtung einer Technischen Hochschule in Nürnberg, Nürnberg 1961, S. 6 f.

[263] Friedrich-Alexander-Universität Erlangen-Nürnberg, Denkschrift über die Begründung einer Technischen Fakultät an der Friedrich-Alexander-Universität Erlangen-Nürnberg, 1961, S. 4.

[264] Vgl. Reinhard Wittenberg/Günter Büschges, Von der Handelshochschule zur Wirtschafts- und Sozialwissenschaftlichen Fakultät, in: Henning Kößler (Hrsg.), 250 Jahre Friedrich-Alexander-Universität Erlangen-Nürnberg, Festschrift, Erlangen 1993, S. 699–735, hier S. 714 ff. Allgemein zur Nürnberger Handelshochschule Georg Bergler, Geschichte der Hochschule für Wirtschafts- und Sozialwissenschaften Nürnberg 1919–1961, 2 Bde., Nürnberg 1963 und 1969.

[265] BayHStA, MK 68576, Auszug aus der Niederschrift über die Ministerratssitzung am 3. 5. 1961; zur Errichtung der Technischen Fakultät vgl. Helmut Volz/Günther Kuhn, Die Technische Fakultät, in: Kößler (Hrsg.), 250 Jahre Friedrich-Alexander-Universität, S. 737–758, hier S. 737–750.

Referat für Technischen Nachwuchs der Siemens-Schuckertwerke hatte bereits 1956 die „Errichtung von technischen Fakultäten an Universitäten" gefordert[266]. Der Landtag befürwortete am 10. Juli 1962 das Vorhaben der Universität Erlangen-Nürnberg[267]. Damit war nicht nur das Monopol der Technischen Hochschule München in der wissenschaftlichen Ingenieurausbildung gebrochen. Die am 3. November 1966 eröffnete Fakultät orientierte sich mit den Schwerpunkten Elektronik, Regelungs-, Anlagen- und Verfahrenstechnik zugleich stärker, als dies in München der Fall war, an den Erfordernissen der regionalen Industrie. Auch wenn die Errichtung einer Technischen Fakultät an der Universität Erlangen für die weitere Entwicklung der Hochschulen „nicht typenbildend"[268] wurde, so war die mehr aus pragmatischen als aus reformerischen Erwägungen getroffene Entscheidung für den Hochschul-, vor allem aber für den Wirtschaftsstandort Erlangen-Nürnberg von erheblicher Bedeutung.

Am 10. Juli 1962 votierte der Landtag auch für die Errichtung einer Medizinischen Akademie in Augsburg. Wie im Falle Erlangen-Nürnberg hatten auch hier ältere Bestrebungen durch die Empfehlungen des Wissenschaftsrats erheblichen Auftrieb erhalten. Augsburg, dessen Wünsche nach Ansiedlung von Forschungseinrichtungen oder -instituten bislang eher unspezifisch geblieben waren[269], nahm nun den Vorschlag des Wissenschaftsrats auf, eigenständige Medizinische Akademien zu gründen[270]. Die Vorzeichen für ein solches Vorhaben, bei dem man langfristig auch an den Ausbau zu einer Universität dachte, schienen günstig. Unter den Befürwortern einer Medizinischen Akademie fanden sich nicht nur Vertreter der lokalen Politik und der Ärzteschaft, auch der Landtag unterstützte diesen Plan und forderte die Staatsregierung auf, Maßnahmen zu ergreifen, um die Überfüllung der medizinischen Ausbildungsstätten an der Universität München abzubauen[271].

Die Gründungseuphorie, die dem Beschluß des Landtags vom 10. Juli 1962 folgte, dauerte allerdings nur bis 1965. Bis dahin setzte sich nämlich in der bayerischen Staatsregierung die Auffassung durch, daß die Gründung einer Medizinischen Fakultät an der Technischen Hochschule München sinnvoller sei[272], zumal

[266] Technischer Nachwuchs. Studie über den zukünftigen Ingenieurbedarf. Zusammengestellt vom Referat für Technischen Nachwuchs der Siemens-Schuckertwerke AG, Erlangen 1956, S. 28.

[267] Vgl. Stenographischer Bericht über die 127. Sitzung des bayerischen Landtags am 10. 7. 1962, S. 3980.

[268] Alfred Wendehorst, Geschichte der Friedrich-Alexander-Universität Erlangen-Nürnberg 1743–1993, München 1993, S. 247. Zu einer Integration technikwissenschaftlicher Fächer in eine traditionelle Universität kam es lediglich an der 1961 gegründeten Ruhr-Universität Bochum.

[269] BayHStA, MK 68575, Vormerkung der Hochschulabteilung vom 2. 1. 1959. Neben der Überführung der PTH Hochschule Dillingen wurde u.a. auch die Angliederung einzelner Institute der Universität München erwogen. BayHStA, MK 68706, Vormerkung der Abteilung I vom 9. 2. 1959.

[270] Vgl. Stadt Augsburg, Denkschrift über die Errichtung einer medizinischen Akademie in Augsburg, Augsburg 1961, S. 5–9; Empfehlungen des Wissenschaftsrates, Teil I, S. 56; vgl. auch den Beschluß des Westdeutschen Medizinischen Fakultätentages vom 18. 4. 1961, in: Westdeutsche Rektorenkonferenz, Empfehlungen, Entschließungen und Nachrichten vom Präsidenten mitgeteilt (Schwarze Hefte), Stücke 1–163/1962, S. 23.

[271] BayHStA, MK 68706, Theodor Maunz an Landtagspräsident Rudolf Hanauer vom 2. 8. 1963.

[272] Vgl. Udo Zeiler, Die Geschichte der Fakultät für Medizin der Technischen Universität München, in: Gerhard Pfohl/Magnus Schmid (Hrsg.), Die Fakultät für Medizin der Technischen Universität

die Kosten für eine neu zu errichtende Akademie auf mindestens 500 bis 600 Millionen DM geschätzt wurden, während das Projekt in München sehr viel billiger war, weil mit den städtischen Kliniken rechts der Isar und Biederstein bereits zwei geeignete Lehrkrankenhäuser existierten. Nicht zuletzt aufgrund des Durchsetzungsvermögens von Georg Maurer[273], des ärztlichen Direktors des Krankenhauses rechts der Isar, fiel die Entscheidung schließlich zugunsten der TH München, deren neue Medizinische Fakultät am 1. September 1967 eröffnet wurde.

Im Wintersemester 1967/68 nahm auch die neugegründete Universität Regensburg den Lehrbetrieb auf. Fünf Jahre nachdem im Landtag das Gründungsgesetz verabschiedet worden war, hatte Bayern damit seine vierte Landesuniversität, deren Wurzeln weit zurückreichten. Bereits 1948 war es zur Gründung eines Universitätsvereins gekommen, der nicht müde wurde, die landespolitische Bedeutung eines solchen Vorhabens zu betonen – auch gegen den Widerstand der drei Landesuniversitäten, die noch 1961 angesichts „der Dringlichkeit der Ausbauvorhaben der bestehenden Hochschulen [...] die Inangriffnahme der Errichtung weiterer Landeshochschulen [...] für verfrüht" hielten[274]. Die hartnäckige Überzeugungsarbeit des Universitätsvereins zahlte sich nun endlich aus, zumal auch die Empfehlungen des Wissenschaftsrats eine Abkehr von der bislang vertretenen Auffassung nahelegten, wonach „eine vierte bayerische Landesuniversität keine Lösung für die Überfüllungsprobleme in München darstellt"[275]. Nun erwartete man sich von einer neuen Universität die „Bewältigung des Massenproblems"[276].

Für den Standort Regensburg sprachen neben seiner Tradition als Sitz der Philosophisch-Theologischen Hochschule – sie sollte in der neuen Universität als Theologische Fakultät aufgehen – somit vor allem die erwarteten Entlastungseffekte. Während eine Hochschulneugründung in München nur zu einem weiteren Zustrom in die Landeshauptstadt geführt hätte, konnte eine Universität Regensburg nach Auffassung der Staatsregierung, die in diesem Punkte die Argumente der Stadt und des Universitätsvereins übernahm, tatsächlich eine Erleichterung bewirken[277]. In der bereits erwähnten Denkschrift von 1962 hieß es ferner, daß für

München. Vorgeschichte und Geschichte. Eine Dokumentation, München 1977, S. 77–155, hier S. 79f.

273 Zur Rolle Maurers vgl. Hermann Greissinger, Die hochschulrechtlichen Prozesse des außerplanmäßigen Professors Georg Maurer gegen die Ludwig-Maximilians-Universität München, in: Pfohl/Schmid (Hrsg.), Fakultät für Medizin, S. 15–75.

274 Zur Frage weiterer Landeshochschulen in Bayern. Beschluß der bayerischen Rektorenkonferenz vom 10. 10. 1961, in: Westdeutsche Rektorenkonferenz, Empfehlungen, Stücke 1–163/1962, S. 25.

275 Stenographischer Bericht über die 72. Sitzung des bayerischen Landtags am 20. 10. 1960, S. 2189 (Klaus Dehler); vgl. auch Stenographischer Bericht über die 53. Sitzung des bayerischen Landtags am 6. 4. 1960, S. 1535 (Theodor Maunz): „Zu den verschiedenen Maßnahmen, die zu keiner Entlastung der Universität München führen würden, gehört dagegen die Gründung einer vierten Landesuniversität. Wie schon jetzt das Beispiel von Erlangen und Würzburg zeigt, würde sich dadurch keine nennenswerte Zahl von Studierenden bewegen lassen, von München wegzugehen."

276 Eröffnungsansprache von Kultusminister Maunz bei der Konstituierung des Organisationsausschusses für die Universität Regensburg am 6. 9. 1962, zit. nach Westdeutsche Rektorenkonferenz, Empfehlungen, Stücke 1–163/1962, S. 63–67, hier S. 66; vgl. auch Peter Jakob Kock, Der Bayerische Landtag. Eine Chronik, Würzburg 1996, S. 146.

277 Vgl. Denkschrift über Ausbau und Neuerrichtung, S. 175 und S. 199 f; 4. Landesuniversität in Regensburg, hrsg. von Stadt und Universitätsverein Regensburg, Regensburg 1961, S. 12f. Zu den Gründungszielen der Universität Regensburg vgl. auch Hubert Raupach/Bruno W. Reimann,

eine Neugründung auch die künftig zu erwartende Nachfrage nach Studienplätzen spreche; einschränkend wurde aber hinzugefügt, daß „aus der beruflichen Bedarfssituation als solcher [...] nicht die Gründung einer neuen Universität gefordert werden" könne, da „in der Mehrzahl der Fächer der Bedarf mit den Absolventen der bestehenden Hochschulen gedeckt" werde[278].

Trotz dieser für die frühen sechziger Jahre nicht untypischen Fehleinschätzung des zukünftigen Bedarfs an Akademikern hatte sich die Politik der Staatregierung letztlich doch grundlegend gewandelt. So hatten der

„fundamentale Strukturwandel der modernen wissenschaftlichen Forschung selbst und viele andere Umstände [...] dazu beigetragen, daß die Notwendigkeit einer wissenschaftlichen Ausbildung oder das Erfordernis wissenschaftlicher Arbeiten in weit stärkeren Maße betont werden, als dies bis vor kurzem noch der Fall gewesen ist".

Die Orientierung an der „gewaltige[n] naturwissenschaftliche[n] und technische[n] Entwicklung" gelte um so mehr, als in Artikel 128 der bayerischen Verfassung der „Anspruch aller Bewohner Bayerns auf eine Ausbildung, die ihren erkennbaren Fähigkeiten und ihrer inneren Berufung entspricht [...], ausdrücklich anerkannt" sei.

In der Debatte um die Errichtung der Universität Regensburg spielten darüber hinaus auch regionalpolitische Argumente eine Rolle, die zunächst vor allem von Sprechern kleinerer Parteien vorgetragen wurden. Der Abgeordnete Paul Wüllner von der Vertriebeneninteressen besonders verpflichteten Gesamtdeutschen Partei sah in diesem Projekt etwa „ein Stück *eigener* Entwicklungshilfe" für das Grenzland[279], Josef Panholzer von der bayerisch-konservativen BP betonte, es gebe in Bayern Gebiete, „aus denen noch sehr viel herausgeholt werden kann, weil es da noch unverbrauchte Kräfte und gute Köpfe gibt"[280]. Dieses Argument wurde in abgewandelter Form auch von den lokalen und regionalen Interessenvertretern bemüht. Die IHK Regensburg wandte sich „im Interesse der ostbayerischen Wirtschaft"[281] an das Kultusministerium, und die Elternbeiräte der höheren Schulen der Oberpfalz und Niederbayerns überreichten den Landtagsabgeordneten im Münchener Maximilianeum im Namen von 25 000 Eltern eine Denkschrift[282], in der es ebenfalls hieß, daß das Hochschulangebot für die Oberpfalz und Niederbayern zu wünschen übriglasse. Anfang der sechziger Jahre trafen hier auf 1000 Einwohner circa 1,9 bis 2,3 Studenten; das war etwa die Hälfte des Anteils auf Landes- und Bundesebene. Angesichts der überdurchschnittlichen Zuwachsraten im höheren Schulwesen, das 1964 im Einzugsbereich der Universität Regensburg mit 6,5 höheren Schulen auf je 50 000 Einwohner die Durchschnittszahlen auf

Hochschulreform durch Neugründungen? Zu Struktur und Wandel der Universitäten Bochum, Regensburg, Bielefeld, Bonn-Bad Godesberg 1974, S. 315–318.

278 Denkschrift über Ausbau und Neuerrichtung, S. 177; die folgenden Zitate finden sich ebenda, S. 178.

279 Stenographischer Bericht über die 116. Sitzung des bayerischen Landtags am 15. 3. 1962, S. 3703; Hervorhebung im Original.

280 Stenographischer Bericht über die 114. Sitzung des bayerischen Landtags am 13. 3. 1962, S. 3623.

281 BayHStA, MK 68576, IHK Regensburg an das Kultusministerium vom 17. 3. 1961.

282 BayHStA, StK 13989, Denkschrift der Elternbeiräte aller Höheren Schulen der Oberpfalz und Niederbayerns, circa Juni 1961.

Landes- und Bundesebene übertroffen hatte, war die Erschließung des hochschulfernsten Raums der Bundesrepublik in der Tat überfällig[283].

Kultusminister Ludwig Huber, der insgesamt bildungsfreundlicher war als sein Vorgänger Maunz, machte sich diese Argumente zu eigen. Die neue Universität in Regensburg, so Huber, diene nicht nur der Entlastung des Hochschulraums München, sie ermögliche es zugleich, „die Begabungsreserven der Region Regensburg, zu der weite Gebiete der Regierungsbezirke Oberpfalz und Niederbayern mit annähernd 2 Millionen Einwohnern auf 20000 qkm Gebietsfläche zu rechnen sind, zu erschließen"[284], und könne auch zu einer Angleichung der Ausbildungschancen im Freistaat beitragen. An der gesellschaftlichen Bedeutung von Hochschule und Wissenschaft bestand für den neuen Kultusminister kein Zweifel:

> „Die Wissenschaft hat heute nicht mehr allein die Aufgabe, das Leben zu deuten, sondern das Leben meistern zu helfen. Die Wissenschaft gehört heute neben Kapital, Boden und Arbeit zu den fundamentalen Produktionsmitteln aller menschlichen Gemeinschaft."[285]

Auch wenn sich Ludwig Huber in Abgrenzung vom Pichtschen Diktum der „Bildungskatastrophe" nicht von einer „Katastrophenstimmung"[286] leiten lassen wollte, war Bayern nunmehr auch im Hochschulbereich auf den Kurs vermehrter Bildungswerbung eingeschwenkt.

Dieser Aspekt der Erschließung ostbayerischer Bildungsreserven wurde um so mehr in den Vordergrund gestellt, je deutlicher sich herauskristallisierte, daß der vom Wissenschaftsrat erwartete Entlastungseffekt durch die Errichtung neuer Universitäten nicht im erhofften Umfang eintrat. Das lag vor allem daran, daß die Zuwachsraten der Studierenden Mitte der sechziger Jahre alle Bedarfsprognosen über den Haufen geworfen hatten. In den Empfehlungen des Wissenschaftsrats von 1960 hatte man für die Universität München, wo im Wintersemester 1959/60 18220 Studierende immatrikuliert gewesen waren, als Rückbauziel 13050 angegeben[287]. 1966 war die Zahl der Studenten aber auf über 22000 angestiegen. Daß eine vierte Landesuniversität die überfüllte Münchner Universität entlasten könnte, wurde so schon vor der Aufnahme des Studienbetriebs in Regensburg immer unwahrscheinlicher. Untersuchungen zur „Bildungswanderung" gaben darüber hinaus Anlaß zu der Vermutung, daß an der neuen Universität überwiegend Studierende aus der Region Regensburg zu erwarten seien, was sich später auch als richtig erwies[288]. 1978 lag die sogenannte Regionalquote der Universität Regens-

[283] Vgl. Franz Mayer, Entwicklung und Stand der Universitätsneugründung Regensburg, in: Regensburger Universitätszeitung 2 (1966) H. 8, S. 2–8; Franz Mayer, Gründung und Aufbau einer Universität in Regensburg. Ihre Bedeutung für die Wirtschaft Ostbayerns, in: Regensburger Universitätszeitung 2 (1966) H. 11, S. 7–12, und S. 21 f.

[284] Ludwig Huber, Die Universität Regensburg, in: Die Universität Regensburg. Struktur und Aufbau, München 1966, S. 3 ff., hier S. 4; Raupach/Reimann, Hochschulreform, S. 316.

[285] Ludwig Huber, Kultur und Politik. Haushaltsrede vom 16. März 1965, München, 1965, S. 8.

[286] So Ludwig Huber in einem Interview mit Günter Gaus („Gegen den ‚verplanten' Menschen") in der Süddeutschen Zeitung vom 28. 10. 1964.

[287] Vgl. Empfehlungen des Wissenschaftsrates, Teil I, S. 272.

[288] Zum Entlastungsaspekt und dem erwarteten Einzugsbereich der Universität Regensburg vgl. Clemens Geissler, Hochschulstandorte, Hochschulbesuch, Teil 1: Text und Tabellen, Hannover 1965; Werner Müller/Gunther Kurtz-Solowjew, Regionale Aspekte des Hochschulbesuches in England und der Bundesrepublik, Mannheim 1967, S. 105–108.

burg bei 70 Prozent[289]. Die Region Regensburg hatte damit, wie Kultusminister Huber bereits bei der Grundsteinlegung des ersten Universitätsgebäudes im September 1965 betont hatte, in erster Linie „ein ihr gemäßes Bildungszentrum" erhalten[290].

4. Die zweite Phase des Hochschulausbaus

Der vom Wissenschaftsrat erwartete Entlastungseffekt von Hochschulneugründungen blieb nicht die einzige Fehleinschätzung der sechziger Jahre. Vor allem die 1964 vom Wissenschaftsrat vorgelegte Vorschätzung der Studentenzahlen bis 1980 war „eine der verhängnisvollsten und folgenschwersten Fehlprognosen [...], die aber leider nicht nur die Hochschulpolitik der Länder, sondern auch die Planung des Wissenschaftsrats selbst noch allzu lange beeinflußte"[291]. Die Schätzungen gingen bundesweit von einem Anstieg der Abiturientenzahl bis 1980 um maximal 43,1 Prozent gegenüber dem Jahr 1962 aus; gleiches wurde auch für Bayern prognostiziert[292]. In Wirklichkeit stieg die Zahl aber um das zweieinhalbfache. Nimmt man die Absolventen von Fachoberschulen hinzu, die ab Anfang der siebziger Jahre die Fachhochschulreife erlangten, kam es – verglichen mit den Zahlen des Jahres 1962 – 1980 sogar fast zu einer Vervierfachung der potentiellen Studienanfänger[293].

1967 herrschte noch keine Klarheit über diese Entwicklung. Der Wissenschaftsrat legte den Länderregierungen sogar nahe, zunächst die eingeleiteten Neugründungen zügig fertigzustellen, weitere Gründungen aber auch angesichts des „Mangels an Hochschullehrern" nicht einzuleiten[294]. Als sich jedoch spätestens 1970 abzeichnete, daß die Bedarfsprognose des Wissenschaftsrats weit an der Realität vorbeiging – in Bayern lag die Zahl der Abiturienten 1970 bereits knapp 50 Prozent über der Schätzung[295] –, kam es zu einem regelrechten Gründungsboom. Nachdem der Landtag im Dezember 1969 das Gründungsgesetz der Universität Augsburg verabschiedet hatte, befürwortete er gut ein halbes Jahr später die Errichtung von drei weiteren Universitäten in Bamberg, Bayreuth und Passau. 1971 wurde das Gründungsgesetz für die Universität Bayreuth beschlossen, 1972 das für die Gesamthochschule Bamberg[296] und die Universität Passau. In das Jahr

[289] Vgl. Gerhild Framhein, Alte und neue Universitäten. Einzugsbereiche und Ortswahl der Studenten, Motive und Verhalten, Bad Honnef 1983, S. 62f.

[290] Ludwig Huber, Die vierte Bayerische Landesuniversität, in: Regensburger Universitätszeitung. Sonderheft anläßlich der Grundsteinlegung für das Sammelgebäude der Universität am 20. 11. 1965, S. 14.

[291] Schelsky, Abschied, S. 103.

[292] Vgl. Abiturienten und Studenten. Entwicklung, Vorschätzung der Zahlen 1950 bis 1980, hrsg. vom Wissenschaftsrat, Bonn 1964, S. 54, S. 157f. und S. 166.

[293] Vgl. Statistisches Jahrbuch für die Bundesrepublik Deutschland 1981, S. 347; Statistisches Jahrbuch für Bayern 33 (1981), S. 63.

[294] Empfehlungen des Wissenschaftsrates zum Ausbau der wissenschaftlichen Hochschulen bis 1970, Bonn 1967, S. 160.

[295] Vgl. Abiturienten und Studenten, S. 166; Statistisches Jahrbuch für Bayern 30 (1971), S. 66.

[296] Gesamthochschulen, also die Zusammenfassung von wissenschaftlichen, pädagogischen und Fachhochschulen unter einem Dach, waren zwar im bayerischen Hochschulgesetz vorgesehen, dem Konzept wurde seitens der Staatsregierung jedoch mit unverkennbarer Skepsis begegnet. Mit den Gesamthochschulen Bamberg und Eichstätt (vgl. S. 329f.) verfügte Bayern – sieht man einmal von der Hochschule der Bundeswehr ab – über zwei derartige Einrichtungen, ohne daß es dann zu

1972 fiel auch die Genehmigung der Kirchlichen Gesamthochschule Eichstätt, der späteren Katholischen Universität, und 1973 wurde mit der Gründung der Hochschule der Bundeswehr in München die vorläufig letzte wissenschaftliche Hochschule in Bayern geschaffen[297].

Die bayerische Hochschullandschaft hatte sich damit innerhalb eines halben Jahrzehnts grundlegend verändert. Auffallend daran war, daß sich auch die Motive, die zur Gründung von Universitäten führten, gewandelt hatten. Statt der noch im Fall Regensburg stark betonten Entlastungsfunktion trat jetzt die Erschließungsfunktion hochschulferner Räume in den Vordergrund. Bamberg beispielsweise warb mit der wachsenden Verflechtung mit dem Umland und dem „verkehrsmäßig sehr günstigen Standort im Schnittpunkt mehrerer Flußtäler"[298], während Passau unter Berufung auf den von Ralf Dahrendorf geprägten Leitsatz vom Bürgerrecht auf Bildung[299] auf die große Bildungsnachfrage in der Region verwies:

„Die Errichtung weiterführender Schulen in Niederbayern seit 1964 hat hier zu einer Bildungsexplosion geführt. [...] Dabei ist beachtlich, daß das Bildungsangebot in überraschendem Ausmaß von sozial schwächeren Schichten angenommen worden ist. [...] Diesen jungen Menschen muß die Möglichkeit eröffnet werden, ihre Bildung an einer nahegelegenen Universität zu vervollständigen. Ortsnah muß sie deswegen sein, weil wirtschaftlich schwächere Kreise erfahrungsgemäß vor einem Universitätsstudium in der Großstadt zurückschrekken."[300]

Das „Kuratorium Universität Passau" trug daneben aber auch wirtschaftliche Gründe vor, die für eine Universitätsgründung sprachen. Der „niederbayerischen Wirtschaft, die im Raum Passau einen Schwerpunkt hat", gingen

„seit Jahrzehnten befähigte Nachwuchskräfte verloren, da die Abiturienten Universitäten und Hochschulen außerhalb Niederbayerns besuchen müssen. Vor allem die Industrie der Hochschulregion Passau steht daher vor dem zunehmend schwierigen Problem der Gewin-

der vom Wissenschaftsrat empfohlenen Ausformung kam. Sowohl Bamberg als auch Eichstätt wandelten sich 1978/80 in Universitäten um. Zum Gesamthochschulkonzept vgl. Harry Hermanns u.a. (Hrsg.), Integrierte Hochschulmodelle. Erfahrungen aus 3 Ländern, Frankfurt am Main u.a. 1982.

297 Überblick über die Gründungsgesetze bei Hans Maier, Das Verhältnis von Staat und Hochschule in Bayern nach 1945, in: Revue d'Allemagne 9 (1977), S. 461–477, hier S. 462f.; Werner Wiater, Geschichte der Universitäten und Hochschulen. Von 1900 bis 1990, in: Liedtke (Hrsg.), Handbuch, Bd. 4, S. 679–717, hier S. 706. Zum Ausbau der neugegründeten staatlichen Hochschulen vgl. Bayerischer Hochschulgesamtplan, hrsg. vom Bayerischen Staatsministerium für Unterricht und Kultus, München 1977; zur Gründungsgeschichte der Universität Augsburg vgl. Böck, Gründung der Universität Augsburg, in: ders. (Hrsg.), Was nicht in den Akten steht, S. 115–132; zu Bamberg vgl. Othmar Heggelbacher, Der Weg zur Universität, in: Siegfried Oppolzer, Die Universität Bamberg. Aspekte ihrer Entstehung, Struktur und Funktion, Bamberg 1983, S. 70–80; zu Bayreuth vgl. Klaus D. Wolff, Vision und Beharrlichkeit. Zur bildungs- und raumpolitischen Bedeutung der Universität Bayreuth, in: Rudolf Endres (Hrsg.), Bayreuth. Aus einer 800jährigen Geschichte, Köln u.a. 1995, S. 1–18, sowie Hans Walter Wild, Denk ich an damals ...: Bayreuths Weg zur Universität, Bayreuth 1995; zur Hochschule der Bundeswehr vgl. Jahrbuch 1978 der Hochschule der Bundeswehr München (Bericht über Organisation und Aufbau sowie wissenschaftliche Arbeitsschwerpunkte 1973 bis 1978); zu Eichstätt vgl. S. 329f.

298 Stadt Bamberg, Bamberg als Universitätsstadt, Bamberg 1970, nicht paginiert (S. 14).

299 Vgl. Ralf Dahrendorf, Bildung ist ein Bürgerrecht. Plädoyer für eine aktive Bildungspolitik, Hamburg 1966.

300 Universität Passau. Zur Standortfrage, hrsg. vom Kuratorium Universität Passau e.V., o.O. (Passau) o.J. (1970), S. 3; das folgende Zitat findet sich ebenda, S. 36.

nung bzw. Rückgewinnung eines qualifizierten Nachwuchses an Führungskräften aus den Ballungsgebieten. Die Errichtung einer Universität in Passau, u.a. mit wirtschafts- und naturwissenschaftlichen Fachbereichen, wird die Situation der niederbayerischen Wirtschaft verbessern. Sie würde aber auch insgesamt gesehen wesentlich zur wirtschaftlichen Entwicklung des niederbayerischen Raumes beitragen, dessen Wirtschaftskraft weit unter dem Bundes- und Landesdurchschnitt liegt und daher besonderer Förderung bedarf."

In dieser Verknüpfung von Bildung und wirtschaftlicher Entwicklung zeigen sich die beiden zentralen regionalen Dimensionen der Hochschulgründungen der siebziger Jahre. Zum einen steht die 1965 erstmals empirisch festgestellte regionale Seßhaftigkeit der Studierenden in einem direkten Zusammenhang mit dem relativen Hochschulbesuch in einer Region[301]. Die Bereitstellung von Studienmöglichkeiten konnte damit die Bildungschancen in dieser Region erhöhen. Zum anderen ist die Tendenz zur Seßhaftigkeit der Studierenden nicht nur auf die Studienzeit beschränkt, sondern gilt auch – so die Ergebnisse der Hochschulforschung – für die Zeit nach dem Examen. Durch die Bindung der Studienabsolventen an die Hochschulregion werden langfristig hochqualifizierte Arbeitskräfte bereitgestellt, und diese spielen, so auch die Denkschrift des Passauer Universitätskuratoriums, „bei der Standortentscheidung im Rahmen der Industrieansiedlung eine wesentliche Rolle"[302]. Zur „raumstrukturellen Relevanz"[303] der Neugründungen zählten darüber hinaus auch Beschäftigungsimpulse, die von den neuen Hochschulen als Arbeitgeber oder als Nachfrager ausgingen, und die vor allem in kleinen Hochschulstädten nicht zu unterschätzende Wirtschaftskraft der Studenten und des Universitätspersonals.

Kennzeichnend für die Universitätsgründungswelle der siebziger Jahre war es, daß sie von planenden und steuernden Aktivitäten enormen Ausmaßes flankiert wurden. Kaum ein anderer Bereich war in einem solchen Ausmaß Gegenstand planerischer Überlegungen wie die Hochschulen. Eine Bibliographie zur Hochschulplanung nennt allein für 1970 600 einschlägige Titel[304]. Daß die jeweiligen Planungen nicht der Weisheit letzter Schluß waren, versteht sich von selbst. Fehlprognosen taten den planerischen Aktivitäten allerdings keinen Abbruch. Auch das bayerische Kultusministerium folgte mit einer gewissen Verspätung diesem allgemeinen Trend: 1966 wurde das Staatsinstitut für Bildungsforschung und Bildungsplanung gegründet, 1972 das Staatsinstitut für Hochschulforschung und

[301] Vgl. Geissler, Hochschulstandorte Teil 1, S. 32–89; Framhein, Alte und neue Universitäten, S. 14; Wolff-Dietrich Webler, Regionalisierung der Bildungsangebote im tertiären Bereich, in: Aylâ Neusel/Ulrich Teichler (Hrsg.), Hochschulentwicklung seit den sechziger Jahren. Kontinuität, Umbrüche, Dynamik?, Weinheim u.a. 1986, S. 179–211, hier S. 184f.

[302] Universität Passau, S. 12.

[303] Framhein, Alte und neue Universitäten, S. 14.

[304] Vgl. Bibliographie Hochschulplanung 01. Titelaufnahme-Nummern 2851–3450, hrsg. vom Zentralarchiv für Hochschulbau, o.O. 1971. Zur Bildungs- und Hochschulplanung vgl. Jens Hoffer, Zur Problematik der Planung im Hochschulbereich. Methodische und organisatorische Aspekte der Hochschulplanung in der Bundesrepublik Deutschland, Köln u.a. 1974; Jürgen Fischer/Christoph Oehler/Jochen Pohle, Hochschulentwicklungsplanung. Konzepte, Verfahren, Arbeitshilfen, München 1975; Horst Albach/Günter Fandel/Wolfgang Schüler, Hochschulplanung, Baden-Baden 1978; Jens Naumann, Entwicklungstendenzen des Bildungswesens der Bundesrepublik Deutschland im Rahmen wirtschaftlicher und demographischer Veränderungen, in: Bildung in der Bundesrepublik Deutschland, Bd. 1, S. 47ff.; Christoph Oehler, Hochschulentwicklung in der Bundesrepublik Deutschland seit 1945, Frankfurt am Main/New York 1989, S. 189–206.

Hochschulplanung[305]. Ludwig Huber bekannte am 23. März 1966 vor dem Landtag, die Institutionalisierung staatlicher Bildungsplanung sei angezeigt, um „in der verwirrenden Vielfalt der bildungspolitischen Diskussion" den Überblick zu behalten[306].

Wie die Aufgabenstellung des Staatsinstituts für Bildungsforschung zeigt, war Bildungsplanung längst nicht mehr nur eine Angelegenheit der Kultusverwaltungen. So gehörte es zu den Aufgaben des Staatsinstituts, „Zusammenhänge zwischen den verschiedenen Bildungseinrichtungen und deren Wechselwirkung mit anderen Bereichen, vor allem mit der Wirtschaft und der Landesplanung zu untersuchen"[307]. In der Tat wurde Landesplanung zu einem immer wichtigeren Stichwort, und die Oberste Landesplanungsbehörde avancierte beim Ausbau des bayerischen Hochschulwesens zu einer bestimmenden Instanz[308]. Die Städte Passau und Bamberg berücksichtigten das, als sie Argumente für eine Universität zusammentrugen. In Passau wies man bei der Schilderung der regionalen Einbindung auf den Vorentwurf des Raumordnungsplanes „Unterer Bayerischer Wald" hin[309], und in Bamberg betonte man, daß mit einer Hochschulgründung „dem Grundsatz der Raumordnung Rechnung getragen werden" könne, „eine Verdichtung von Wohn- und Arbeitsstätten anzustreben, die dazu beiträgt, eine räumliche Struktur mit den gesunden Lebens- und Arbeitsbedingungen sowie ausgewogenen wirtschaftlichen, sozialen und kulturellen Verhältnissen zu erhalten und zu verbessern"[310]. Entsprechende Bezüge stellten auch Augsburg und Bayreuth her[311]. Wichtige Impulse für die Regionalisierung der Hochschulen gingen schließlich auch vom 1965 in Kraft getretenen Bundesraumordnungsgesetz aus, in dem erstmals Grundsätze für das Bildungswesen aus der Perspektive der Raumordnung festgelegt wurden. Der dort bekräftigte Grundsatz, daß „Kultur- und Bildungseinrichtungen verstärkt in zentralen Orten der schwach strukturierten Gebiete" zu errichten seien[312], wurde 1970 in das bayerische Landesplanungsgesetz übernommen.

Der Einfluß des Bundes auf die Hochschulentwicklung gewann 1969 mit der Bildung der sozialliberalen Koalition eine neue Dimension. Das lag weniger an den Reformvorstellungen der neuen Regierung und ihrer Ankündigung, auch im

305 Vgl. Volker Fritsche, 10 Jahre wissenschaftliche Beratung. Ein Rückblick auf die Arbeit des Staatsinstituts für Bildungsforschung und Bildungsplanung, in: ders./Hans Maier/Alfons Otto Schorb, 10 Jahre wissenschaftliche Beratung 1968–1978. Vortragsveranstaltung am 27. November 1978. Ein Rückblick auf die zehnjährige wissenschaftliche Arbeit des Instituts, München 1978, S. 9–17; Bayerisches Staatsinstitut für Hochschulforschung und Hochschulplanung. Tätigkeitsbericht 1973, München 1974; Volkert (Hrsg.), Handbuch der bayerischen Ämter, Gemeinden und Gerichte, S. 213.

306 Ludwig Huber, Kultur, Staat, Gesellschaft. Haushaltsrede vom 23. März 1966, München 1966, S. 19.

307 Fritsche, 10 Jahre, in: ders./Maier/Schorb, 10 Jahre wissenschaftliche Beratung, S. 15.

308 Vgl. Raumordnungsbericht 1971, hrsg. von der Bayerischen Staatsregierung, München 1972, S. 187–190; Norbert Anders, Landesplanerische Einflußnahme auf die Hochschulplanung in Bayern, in: Informationen zur Raumentwicklung 3/4 (1977), S. 221–226.

309 Vgl. Universität Passau, S. 35.

310 Bamberg als Universitätsstadt, nicht paginiert (S. 16).

311 Vgl. Waldemar Nowey, 20 Jahre Universität Augsburg. Entwicklungen der Bildungsstrukturen im Einzugsbereich einer regionalen Reformuniversität. Eine Dokumentation der Bildungsforschung in Bayern, Augsburg 1991, S. 22–25; Wild, Denk ich an damals, S. 51 ff.

312 Anders, Landesplanerische Einflußnahme, S. 221.

Bildungssektor für mehr Demokratie und soziale Gerechtigkeit zu sorgen, als vielmehr an den länderübergreifenden Problemen, die sich mit den rapide ansteigenden Studentenzahlen einstellten und die ein größeres Engagement des Bundes geradezu erzwangen. Handlungsbedarf bestand vor allem wegen der ungleichen Verteilung der Studierenden auf die einzelnen Bundesländer. Im Wintersemester 1968/69 bezifferte man den sogenannten „Studentenimport" an den bayerischen Hochschulen auf 8092 Studentinnen und Studenten[313], was den bayerischen Landtag 1970 veranlaßte, einen sogenannten „Landeskinder-Bonus" bei der Vergabe zulassungsbeschränkter Studienplätze einzuführen. Eine befriedigende Lösung brachte allerdings erst ein Staatsvertrag der Bundesländer im Jahr 1973, nachdem das Bundesverfassungsgericht die bayerische Sonderregelung in weiten Teilen für verfassungswidrig erklärt hatte[314].

Weniger Probleme hatte man in Bayern mit dem zweiten Grund, der dazu führte, daß der Bund immer größere hochschulpolitische Kompetenzen an sich zog. Hier ging es um die stärkere finanzielle Einbindung des Bundes bei weiteren Ausbaumaßnahmen. Nachdem bereits die Gründung des Wissenschaftsrats den Übergang zum kooperativen Kulturföderalismus zwischen Bund und Ländern eingeleitet hatte, wurde nun die Finanzierungsfrage zum Ausgangspunkt für die Schaffung neuer Strukturen in der Hochschulpolitik[315]. Ein erster Schritt in diese Richtung war bereits 1964 getan worden, als Bund und Länder sich in einem Verwaltungsabkommen verpflichtet hatten, den Ausbau der Hochschulen gemäß den Empfehlungen des Wissenschaftsrats zu fördern. 1969 folgte ein weiterer, als die Finanzreform der Bundesregierung zu einer Änderung des Grundgesetzes führte. Mit Artikel 91a des Grundgesetzes wurden jetzt „Ausbau und Neubau der Hochschulen einschließlich der Hochschulkliniken" als Gemeinschaftsaufgaben von Bund und Ländern definiert. Mit dem Hochschulbauförderungsgesetz vom 1. September 1969[316] wurde die „gemeinsame Planung und Finanzierung der Hochschulen [...] über die Ländergrenzen hinweg auf die Ebene des Gesamtstaates gehoben"[317].

[313] Vgl. Bildung und Wissenschaft in Zahlen 1974, hrsg. vom Bayerischen Staatsministerium für Unterricht und Kultus, München 1974, S. 36.

[314] Vgl. Werner Thieme, Deutsches Hochschulrecht. Das Recht der wissenschaftlichen, künstlerischen, Gesamt- und Fachhochschulen in der Bundesrepublik, Köln 2., vollständig überarbeitete und erheblich erweiterte Aufl. 1986, S. 613–637. Zur zentralen Studienplatzvergabe vgl. Zentralstelle für die Vergabe von Studienplätzen (ZVS), Erster Bericht mit Materialien zu den Vergabeverfahren 1973/74, Dortmund 1973.

[315] Zum Wandel des Bund-Länder-Verhältnisses im Bildungswesen vgl. Hoffer, Problematik, S. 13–32; Hansgert Peisert/Gerhild Framhein, Das Hochschulsystem in der Bundesrepublik Deutschland. Funktionsweise und Leistungsfähigkeit, Stuttgart ²1980, S. 30–44; Raschert, Bildungspolitik, in: Bildung in der Bundesrepublik Deutschland, Bd. 1, S. 103–215; Christoph Führ, Zur Koordination der Bildungspolitik durch Bund und Länder, in: ders./Carl-Ludwig Furck (Hrsg.), Handbuch der deutschen Bildungsgeschichte, Bd. IV/1: 1945 bis zur Gegenwart – Bundesrepublik Deutschland, München 1998, S. 68–86.

[316] Vgl. BGBl. 1969, Teil 1, S. 1556–1559.

[317] Peter Lichtenberg/Jürgen Burckhardt/Dietrich Eichlepp (Hrsg.), Gemeinschaftsaufgabe Hochschulbau. Erläuterungen und Materialien zum Hochschulbauförderungsgesetz sowie Entwicklungen im Hochschulbereich mit einem Überblick über parlamentarische Institutionen sowie Organisationen für den Bereich Bildung und Wissenschaft, Bad Honnef 1971; vgl. ferner Klaus Jürgen Luther/Dieter Swatek, Regionalisierung der Gemeinschaftsaufgabe Hochschulbau, in: Informationen zur Raumentwicklung 3/4 (1977), S. 227–240, hier S. 227ff.; Thieme, Hochschulrecht, S. 145–148, sowie die kritische Auseinandersetzung bei Jürgen Lüthje, Hochschulreform als

Der Bund reagierte auf die neue Situation – zu erwähnen sind hier auch die in den Artikeln 75 und 91b des Grundgesetzes verankerten Mitwirkungsrechte bei der Hochschulplanung[318] – noch im Jahr 1969 mit der Erweiterung des Bundesministeriums für wissenschaftliche Forschung zum Bundesministerium für Bildung und Wissenschaft und mit der Errichtung des Planungsausschusses für Hochschulbau. Die Länder konnten die damit verbundenen Kompetenzverluste um so leichter verschmerzen, weil Artikel 91a des Grundgesetzes festlegte, daß jeweils die Hälfte der Ausgaben für den Aus- und Neubau von Hochschulen vom Bund und dem betreffenden Land getragen werden sollte. Die Gründungswelle bayerischer Hochschulen beruhte deshalb auch nur bedingt auf bayerischer Eigenleistung und stand spätestens seit 1973, als der Bildungsgesamtplan der Bund-Länder-Kommission für Bildungsplanung und Forschungsförderung von den Regierungschefs der Länder gebilligt wurde, auch unter bundespolitischen Vorzeichen[319].

Auch die Hochschulgesetzgebung blieb von der neuen Lage zwischen Bund und Ländern nicht unberührt. Nachdem die bereits in den sogenannten Schwalbacher Richtlinien vom Dezember 1947 erhobenen Forderungen nach einer inneren Demokratisierung der Universität weitgehend folgenlos geblieben waren[320], erzeugten vor allem der Zustrom von immer mehr Studenten und der enorme Ausbau des akademischen Mittelbaus einen Reformdruck, der auch die traditionellen Strukturen der Ordinarienuniversität in Frage stellte. Überdies ließ die zunehmende Binnendifferenzierung und Spezialisierung in den einzelnen Wissenschaftszweigen den funktionalen Zusammenhang zwischen Lehre und Forschung fragwürdig erscheinen[321].

Mit den Neugründungen der sechziger Jahre wollte man auch auf den Reformdruck antworten und nicht zuletzt die Binnenstruktur der Hochschulen umgestalten. Diese sollten nach dem Willen des Wissenschaftsrats „die herkömmlichen Organisationsformen da und dort" verlassen[322] und so ein Stück Hochschulreform darstellen. Die Reformimpulse, die dabei zur Wirkung kamen, unterschieden sich allerdings von Universität zu Universität und von Bundesland zu Bundesland beträchtlich. Während etwa die Universität Bielefeld eine „Verlebendigung der Gemeinschaft von Lehrenden und Lernenden" zum Ziel hatte[323] und in Bochum und Erlangen die Ingenieurwissenschaften neben den klassischen Fä-

Bundesaufgabe. Gutachten zur Gesetzgebungskompetenz des Bundes für das Hochschulwesen, in: Bundeskompetenz und Bildungsplanung, hrsg. von der Bundesassistentenkonferenz, Bonn 1971, S. 7–29.

318 Vgl. Peisert/Framhein, Hochschulsystem, S. 41 f.

319 Vgl. Bayerischer Hochschulgesamtplan, S. 18–21; Bildung und Wissenschaft in Zahlen 1974, S. 20 f.; Fischer u. a., Hochschulentwicklungsplanung, S. 13–21.

320 Druck der Schwalbacher Richtlinien bei Rolf Neuhaus (Hrsg.), Dokumente zur Hochschulreform, 1945–1959, Wiesbaden 1961, S. 262–288; vgl. dazu auch Müller, Universitäten, in: Lanzinner/Henker (Hrsg.), Landesgeschichte und Zeitgeschichte, S. 62–66.

321 Vgl. Oehler, Hochschulentwicklung, S. 17 ff.; Wilhelm Schumm, Kritik der Hochschulreform. Eine soziologische Studie zur hochschulpolitischen Entwicklung in der Bundesrepublik Deutschland, München 1969, S. 16–39; Ulrich Wengenroth, Die Technische Hochschule nach dem Zweiten Weltkrieg. Auf dem Weg zu High-Tech und Massenbetrieb, in: ders. (Hrsg.), Technische Universität München. Annäherungen an ihre Geschichte, München 1993, S. 261–298, hier S. 280–289.

322 Anregungen zur Gestalt neuer Hochschulen, hrsg. vom Wissenschaftsrat, Tübingen 1962, S. 9 f.

323 Oehler, Hochschulentwicklung, S. 20.

chern aufgebaut wurden, setzte man im Falle von Regensburg auf die Neuordnung der Studiengänge, die Zusammenfassung der Lehrstühle zu Fachbereichen, die Schaffung einer Einheitsverwaltung und nicht zuletzt auf die Campus-Idee, um den Willen zur Reform zum Ausdruck zu bringen[324]. Zu einer Reformhochschule wie Bielefeld, Bochum oder Konstanz wurde Regensburg damit nicht: „Was schließlich als Regensburger Reformmodell angeboten wurde, entpuppte sich schnell als kaum variierte Fortschreibung traditioneller Strukturen."[325] Symptomatisch dafür waren die Beibehaltung der „wissenschaftsorganisatorischen und personellen Strukturen der traditionellen Ordinarienuniversität"[326] bei der Organisation der Hochschulselbstverwaltung und nicht zuletzt die Lösung der konfliktreichen Frage der Mitbestimmung, die nach Meinung des akademischen Mittelbaus und der Studierenden den Übergang von der Ordinarienuniversität zur Gruppenuniversität markieren sollte, schließlich aber an der Dominanz der Professoren kaum etwas änderte[327].

Diese Lösung der Universität Regensburg stand im Einklang mit dem Entwurf eines bayerischen Hochschulgesetzes, den die Staatsregierung 1966 vorlegte. Während die SPD eine „Erweiterung des Selbstverwaltungsrechts der Universitäten und die stärkere Einbeziehung der Studenten in die Selbstverwaltung" befürwortete[328], sollten nach dem Gesetzentwurf der Staatsregierung die Hochschulen in die Lage versetzt werden, ihre auf Tradition begründete Eigenart zu erhalten. Dagegen liefen zahlreiche Studenten Sturm[329], für die die Verhältnisse an den Hochschulen und deren Reformbedürftigkeit das zentrale Thema waren. Die zunehmende Radikalisierung der Studentenbewegung seit 1968, der Versuch, soziale Utopien auch in den Universitäten zu verwirklichen, und nicht zuletzt die Abrechnung mit der NS-Vergangenheit einiger Hochschullehrer trugen zur Verschärfung und nach Ansicht von Kultusminister Huber auch zur Verlängerung der Debatte um die Hochschulreform bei: „Was die Hochschularbeit offensichtlich behindert, ist das herausfordernde Auftreten einer Gruppe radikaler Studenten, deren Ziel nicht die Reform, sondern das Chaos ist."[330] Höhepunkt des Kon-

[324] Zu den Reformkonzepten der neugegründeten Hochschulen vgl. Raupach/Reimann, Hochschulreform; Neuhaus (Hrsg.), Dokumente zur Gründung. Speziell zu Regensburg vgl. Hansjochen Atrum, Die Strukturvorschläge für die Universität Regensburg. Ein Beitrag zur Hochschulreform, in: Die Universität Regensburg. Struktur und Aufbau, München 1966, S. 6 ff.

[325] H. Brammerts, Regensburg – eine bayerische Variante staatlicher Wissenschaftsplanung, in: Studentische Politik 3 (1970) H. 8, S. 11–14, hier S. 14.

[326] Raupach/Reimann, Hochschulreform, S. 337.

[327] Vgl. ebenda, S. 337–345. Allgemein zur Mitbestimmungsfrage und dem Übergang zur Gruppenuniversität vgl. Marianne Kriszio, Innere Organisation und Personalstruktur der Hochschule, in: Neusel/Teichler (Hrsg.), Hochschulentwicklung, S. 213–255. Zu den Zielen des akademischen Mittelbaus vgl. Kreuznacher Hochschulkonzept. Reformziele der Bundesassistentenkonferenz, hrsg. von der Bundesassistentenkonferenz, Bonn 1968.

[328] Für größere Selbstverwaltungsrechte der Universitäten. SPD-Landtagsfraktion legt ihren Entwurf für ein Hochschulgesetz vor, in: Regensburger Universitätszeitung 2 (1966) H. 7, S. 5.

[329] Zur Studentenbewegung in Bayern vgl. Stefan Hemler, Von Kurt Faltlhauser zu Rolf Pohle: Die Entwicklung der studentischen Unruhen an der Ludwig-Maximilians-Universität München in der zweiten Hälfte der sechziger Jahre, in: Venanz Schubert (Hrsg.), 1968. 30 Jahre danach, St. Ottilien 1999, S. 209–241; Herbert Ganslandt, Die 68'er Jahre und die Friedrich-Alexander Universität, in: Kößler (Hrsg.), 250 Jahre Friedrich-Alexander-Universität, S. 839–870; Werner Kohn u. a. (Hrsg.), In Bamberg war der Teufel los. K(l)eine 68er APOlogie, Bamberg 1993.

[330] Ludwig Huber, Schul- und Hochschulreform. Haushaltsrede vom 12. März 1969, München 1969, S. 21. Zu den Vorstellungen der Opposition vgl. Hochschulpolitische Leitsätze 1972, hrsg. von der

flikts war die zweimalige Sprengung der – schließlich unter starkem Polizeischutz in der Münchner Residenz abgehaltenen – Wahl von Nikolaus Lobkowicz zum Rektor der Universität München durch protestierende Studentengruppen[331]. Während die Staatsregierung den radikal auftretenden Studierenden unterstellte, die Universität zur Kaderschmiede der Revolution machen zu wollen, sah man innerhalb der SPD-Fraktion in der Verschleppung der Hochschulreform die Ursache der Radikalisierung[332].

Es hatte indes nicht nur landespolitische Gründe, daß ein bayerisches Hochschulgesetz so lange auf sich warten ließ. Entscheidend war vielmehr – und hier ist erneut auf die konkurrierende Kompetenz von Bund und Ländern hinzuweisen – die parallel geführte Diskussion um ein Hochschulrahmengesetz, zu dem der Bund mit den Grundgesetzänderungen des Jahres 1969 ermächtigt worden war. Ein solches Bundesgesetz wollte man in Bayern zunächst abwarten. Nicht zuletzt weil Fragen der Ausbildungsförderung[333] – das Bundesausbildungsgesetz löste 1971 das Bad Honnefer Modell der Studienförderung ab – und der Studienplatzvergabe bildungspolitische Kapazitäten fesselten, zog sich die Verabschiedung des bundesdeutschen Hochschulrahmengesetzes jedoch bis Dezember 1975 hin[334].

Daß Bayern dem Hochschulgesetz des Bundes dennoch mit einem eigenen Hochschulgesetz zuvorkam, verdankte man dem sogenannten Mitbestimmungsurteil des Bundesverfassungsgerichts vom Mai 1973. Damit war, so sah man es jedenfalls im Kultusministerium, „die seit Jahren verfolgte Linie bayerischer Hochschulpolitik eindrucksvoll bestätigt“ worden[335]. Nachdem die Karlsruher Richter die auch von der bayerischen Staatsregierung grundsätzlich anerkannten Mitbestimmungsrechte der Universitäten mit der Einschränkung versehen hatten, daß bei Fragen der Lehre, der Forschung und der Berufung von Professoren „der Gruppe der Hochschullehrer der ihrer besonderen Stellung entsprechende maßgebende Einfluß verbleiben“ müsse[336], stand der Verabschiedung des bayerischen Hochschulgesetzes am 28. November 1973 nichts mehr im Wege[337]. Da das baye-

Sozialdemokratischen Partei Deutschlands, Landesverband Bayern, Landtagsfraktion, München 1972. Ziele der SPD waren u.a. die integrierte Gesamthochschule, die Einführung eines Kuratoriums als vermittelnde Instanz zwischen Staat und Hochschulen und die gleichberechtigte Beteiligung der universitären Gruppen an der Selbstverwaltung der Hochschulen.

331 Vgl. Süddeutsche Zeitung vom 13. 7. 1971: „Lobkowicz zum Uni-Rektor gewählt“.

332 Vgl. Stenographischer Bericht über die 21. Sitzung des bayerischen Landtags am 14. 7. 1971, S. 1045 und S. 1050.

333 Zur Ausbildungsförderung vgl. Oehler, Hochschulentwicklung, S. 46ff.; Ausbildungsförderung im Rahmen der Hochschulfinanzierung, hrsg. von der Bund-Länder-Kommission für Bildungsplanung und Forschungsförderung, Bonn 1976. Zum Honnefer Modell vgl. Die Studienförderung nach dem Honnefer Modell in der Bundesrepublik und Berlin 1957, hrsg. von der Westdeutschen Rektorenkonferenz, Bad Godesberg 1957; Neuhaus (Hrsg.), Dokumente zur Hochschulreform, S. 459–466.

334 Zum Hochschulrahmengesetz vgl. Thieme, Deutsches Hochschulrecht, S. 53f.; Kriszio, Innere Organisation, in: Neusel/Teichler (Hrsg.), Hochschulentwicklung, S. 228ff.

335 Bayerisches Hochschulgesetz, hrsg. vom Bayerischen Staatsministerium für Unterricht und Kultus, München 1974, S. 4.

336 Urteil des Ersten Senats vom 29. 5. 1973, in: Entscheidungen des Bundesverfassungsgerichts 35 (1974), S. 76f.

337 Vgl. Andreas Reich, Bayerisches Hochschulgesetz (vom 21. Dezember 1973). Kommentar, Bad Honnef 1977; Maier, Verhältnis, S. 468–476; Bayerisches Hochschulgesetz, hrsg. vom Bayerischen Staatsministerium für Unterricht und Kultus München 1978; Thieme, Deutsches Hochschulrecht, S. 199.

rische Hochschulgesetz das Karlsruher Urteil bei der Formulierung der Mitbestimmungsrechte der nichtprofessoralen Gruppen voll berücksichtigte, mußte es nur noch leicht modifiziert werden, nachdem 1976 das Hochschulrahmengesetz in Kraft getreten war; allerdings führte die Einführung einer Mindestwahlbeteiligung (Quorum) bei der Wahl der universitären Organe (Versammlung, Senat und Fachbereichsräte) zu massiven Protesten der Studierenden, die dadurch soeben erst gewonnene Rechte unterhöhlt glaubten. Für weniger Unruhe sorgten hingegen jene Bestimmungen der 1978 beschlossenen Novelle des bayerischen Hochschulgesetzes, die Aufbau und Organisation der Hochschule regelten. So traten an die Stelle der Fakultäten kleinere und handlungsfähigere Fachbereiche – eine Maßnahme, die bereits durch die Vermehrung der Fakultäten in den sechziger Jahren ihren Anfang genommen hatte und spätestens ab 1972 mit der Integration der Pädagogischen Hochschulen an den bayerischen Universitäten unumgänglich geworden war. Einen tiefen Einschnitt erfuhr auch die Hochschulleitung. Um „der Forderung nach größerer Effektivität, Entscheidungsbefugnis und Kontinuität"[338] zu entsprechen, wurde die bisherige Rektoratsverfassung in eine Präsidialverfassung umgewandelt. Der hauptberufliche Präsident – er mußte im Gegensatz zum Rektor nicht aus den Reihen der Hochschule selbst kommen – war in Zusammenarbeit mit dem vom Kultusministerium eingesetzten Kanzler für die gesamten Verwaltungsaufgaben der Hochschule zuständig. Daß die Präsidialverfassung dann allerdings ab Ende der achtziger Jahre an den meisten bayerischen Hochschulen wieder abgeschafft wurde, ist nur ein Indiz dafür, daß der Reformprozeß keineswegs abgeschlossen war und die Universitätsreform ebenso eine Daueraufgabe blieb wie die Studienreform.

V. Bilanz

Nach den Debatten um die Hochschulgesetzgebung dauerte es nicht lange, bis sich die Gemüter an den Universitäten wieder beruhigten. Die Phase der hochgradigen Politisierung der Studenten ging rasch ihrem Ende entgegen, und auch der Reformeifer legte sich schnell. Ernüchterung machte sich aber nicht nur an den Universitäten, sondern im gesamten Bildungsbereich breit, weil es immer schwieriger wurde, die Mittel aufzubringen, um die Bildungsexpansion mit all ihren Folgen zu finanzieren und Schulen und Universitäten zugleich auf dem neuesten Stand von Lehre und Forschung zu halten. Dieses unsanfte Erwachen aus den bildungspolitischen Träumen der sechziger und frühen siebziger Jahre ließ jedoch häufig auch die Tatsache in Vergessenheit geraten, daß man mittlerweile ein Niveau erreicht hatte, von dem zwanzig Jahre zuvor niemand zu träumen gewagt hätte: Die Zahl der Studenten an den bayerischen Hochschulen war zwischen 1947 und 1972/73 von etwa 18000 auf fast 60000 angewachsen; dabei sind die mehr als 10000 Studierenden an der Technischen Universität in München noch

[338] Die bayerischen Hochschulen in ihrer neuen Gliederung, hrsg. vom Bayerischen Staatsinstitut für Hochschulforschung und Hochschulplanung, München 1975, S. 13.

nicht einmal mitgezählt[339]. Bei den Gymnasien gab es ebenfalls außerordentlich hohe Zuwachsraten; zwischen 1946/47 und 1972/73 stieg ihre Zahl von 222 auf 361 und die Zahl ihrer Schüler von 94350 im Jahr 1947 auf 257154 im Herbst 1972[340]. Nicht anders war es bei den Mittel- und Realschulen, von denen es nach einer ersten Ausbauphase 1963/64 212 gegeben hatte; 1971/72 waren es schon 298[341]. Eine Begleiterscheinung dieses Expansionsprozesses im sekundären und tertiären Bildungssektor war freilich der „doppelte Flaschenhals"[342]: Einerseits drängten sich immer mehr Abiturienten auf den knappen Studienplätzen, andererseits traf die steigende Zahl der Hochschulabsolventen auf einen zunehmend gesättigten Arbeitsmarkt.

Vieles deutet darauf hin, daß von der Expansion des Bildungswesens nicht nur die urbanen Zentren profitierten, in denen die Bildungschancen schon immer vergleichsweise gut gewesen waren. Die Bildungsoffensiven, die in der zweiten Hälfte der fünfziger, aber vor allem in den sechziger und frühen siebziger Jahren gestartet wurden, erfaßten auch die ländlichen Regionen, die in vielerlei Hinsicht als Bildungsbrache gelten konnten. Dort verschwanden nun die Zwergschulen und die kümmerlichen Berufsschulen, dort wurden nun Realschulen aufgebaut, und auch die Gymnasien rückten so nahe an die Dörfer heran, daß sie mit Schulbussen oder öffentlichen Verkehrsmitteln erreichbar waren. In Niederbayern etwa hatten im Schuljahr 1948/49 nur 8426 Schülerinnen und Schüler eine höhere Schule besucht, 1972 zählte man an 37 Gymnasien dagegen schon 21246 Schülerinnen und Schüler[343]. Nicht anders war es in der Oberpfalz und in Unterfranken, und der gleiche Befund ist dort für die Realschulen zu konstatieren. Zwischen 1963/64 und 1971/72 stieg die Zahl der Realschulen in der Oberpfalz von 29 auf 40 und in Niederbayern von 25 auf 38[344].

Die Erschließung des Landes und die Mobilisierung der Bildungsreserven, von der in den sechziger Jahren so oft die Rede war, gingen dabei, wie es scheint, Hand in Hand, denn der Aufbau eines leistungsfähigen und engmaschigen Schulsystems eröffnete erstmals auch Mitgliedern von sozialen Gruppen Bildungs- und damit auch neue berufliche Karriereperspektiven, die zuvor nur in besonders gelagerten Einzelfällen in den Genuß einer höheren Schulbildung oder gar eines Studiums gekommen waren. 1950 waren Gymnasien und Universitäten noch fast Tabubezirke für Kinder aus Handwerker-, Arbeiter- oder Bauernfamilien gewesen; zwei Dekaden später konnten sie nicht mehr als Exoten unter den Schülern gelten. Es bedeute „eine erhebliche Steigerung", hieß es 1966 in einer Veröffentlichung des bayerischen Statistischen Landesamts,

339 Vgl. Statistisches Jahrbuch für Bayern 23 (1947), S. 250, und Bayern in Zahlen 27 (1973), S. 260.

340 Vgl. Statistisches Jahrbuch für Bayern 23 (1947), S. 245f., und Bayern in Zahlen 27 (1973), S. 307.

341 Vgl. Statistisches Jahrbuch für Bayern 28 (1964), S. 56; 30 (1972), S. 63, sowie Hans Lohbauer, Bayerns Hochschulen in der Nachkriegszeit 1945 bis 1952, München 1953, S. 26–35 (Beiträge zur Statistik Bayerns 181).

342 Gerhard Ortner/Ulrich Lohmar (Hrsg.), Der doppelte Flaschenhals. Die deutsche Hochschule zwischen Numerus clausus und Akademikerarbeitslosigkeit, Paderborn 1975.

343 Vgl. Hans Lohbauer, Das bayerische Schulwesen im Schuljahr 1948/49. Ergebnisse der statistischen Erhebung vom 2. Mai 1949, München 1949, S. 21 (Beiträge zur Statistik Bayerns 152), bzw. Bayern in Zahlen 27 (1973), S. 2 f.

344 Vgl. Statistisches Jahrbuch für Bayern 28 (1964), S. 56, und 30 (1972), S. 63.

„wenn in der 13. Klasse nur jeder 16., in der 10. jeder 11., in der untersten Klasse aber jeder 6. Schüler aus einer Arbeiterfamilie kommt. [...] Noch größer ist der Erfolg bei den Realschulen: 32,7%, rund ein Drittel der Schüler, sind Arbeiterkinder; in den untersten Klassen der öffentlichen Realschulen befinden sich sogar 35,5% Arbeiterkinder."[345]

Damit waren die alten sozialen und regionalen Disparitäten allerdings keineswegs vollständig beseitigt, denn das Schulangebot im Bayerischen Wald, im Rottal oder im oberfränkischen Grenzgebiet war natürlich noch immer weniger reichhaltig als in Großstädten wie München, Augsburg oder Nürnberg und dem Umland dieser Zentren, das einem immer stärkeren Urbanisierungsprozeß unterworfen war. Auch die traditionellen Rekrutierungsmuster der Gymnasien und Hochschulen waren nicht obsolet geworden. Unter den Oberschülern und Studenten überwogen nach wie vor die Söhne und Töchter aus sozial bessergestellten Familien; auch der Unterschied zwischen Stadt und Land war noch immer kraß. „Während der größere Teil der Bevölkerung Bayerns (65%) in Landkreisen wohnt, der kleinere (35%) in den kreisfreien Städten, ist es bei den Studierenden umgekehrt: In den Landkreisen sind nur 40% beheimatet, in den kreisfreien Städten dagegen 60%", stellte das Statistische Landesamt 1967 fest. In der Stadt Passau beispielsweise besuchten von tausend 20 bis 26jährigen 55 eine Universität, im nahegelegenen Landkreis Wolfstein dagegen nur elf und im unterfränkischen Alzenau sogar nur acht[346].

Aufs Ganze gesehen wird man aber doch sagen können, daß in den fünfziger und sechziger Jahren ein bedeutender Schritt in Richtung Chancengleichheit getan werden konnte. Dabei wurden – und das war nicht die geringste Folge – enorme Bildungs- und Begabungsreserven mobilisiert, die man in der schnell expandierenden Industrie ebenso brauchte wie im öffentlichen Dienst oder in den sozialen Berufen. Schulen und Universitäten waren zweifellos ein Standortfaktor, um die Struktur peripherer Räume zu stärken und den ökonomischen Strukturwandel zu unterstützen. Sie waren aber auch die Voraussetzung dafür, daß die Infrastruktur, die parallel zum Bildungssektor in anderen Bereichen aufgebaut wurde, genutzt und mit Leben erfüllt wurde. Ob Bayern damit den Anschluß an die Entwicklung auf Bundesebene gewann und wie der Freistaat in Relation zu anderen Flächenländern abschnitt, ist schwer zu sagen, weil bei einem bilanzierenden Vergleich viele Faktoren zu berücksichtigen wären, ganz zu schweigen davon, daß auch zwischen Quantität und Qualität unterschieden werden müßte. Klar ist aber, daß der Ausbau des Bildungssystems in Bayern nicht nur auf Eigenleistung beruhte – vor allem im Bereich der Universitäten profitierte auch Bayern vom finanziellen Engagement des Bundes – und daß die unbestreitbaren Erfolge nicht nur einer Partei gutgeschrieben werden können. Die hegemoniale Position, die die CSU in den sechziger und frühen siebziger Jahren in der bayerischen Politik errungen hat, verstellt nur allzu leicht den Blick dafür, daß in den fünfziger Jahren vor allem Sozialdemokraten wie Waldemar von Knoeringen oder Liberale

[345] Hans Lohbauer, Die soziale Herkunft der Schüler der Gymnasien und Realschulen, in: Bayern in Zahlen 20 (1966), S. 298–301, hier S. 300; vgl. dazu auch Statistisches Jahrbuch für Bayern 23 (1947), S. 248.

[346] Vgl. Hans Lohbauer, Die wissenschaftlichen Hochschulen in Bayern und ihre Studierenden, in: ZBSL 99 (1967), S. 1–17, hier S. 1 (Zitat) und S. 16f.

wie Hildegard Hamm-Brücher den Umbau und die Expansion des bayerischen Bildungssystems voranzutreiben suchten und daß es mit August Rucker der Kultusminister der Viererkoalition war, der wichtige Weichen hierfür stellte. Die CSU befand sich dagegen lange Zeit in einer Art konfessionell-agrarromantisch motivierten strategischen Defensive, aus der sie erst mit Ministerpräsident Goppel und Kultusminister Huber herausfand. Seither trieb auch die bayerische Unionspartei die Modernisierung des Bildungssektors im Freistaat voran, wenn auch die „konservativen Auspizien" dieser Politik nicht zu übersehen waren[347].

[347] Von einer „Modernisierung unter konservativen Auspizien" sprach in anderem Zusammenhang Christoph Kleßmann, Ein stolzes Schiff und krächzende Möwen. Die Geschichte der Bundesrepublik und ihre Kritiker, in: GuG 11 (1985), S. 476–494, hier S. 485.

Wolfgang Schmidt

„Eine Garnison wäre eine feine Sache."[1]

Die Bundeswehr als Standortfaktor 1955 bis 1975

I. Einleitung

„In Ihren Händen, sehr geehrter Herr Bundesminister, liegt das Wohl und Wehe unserer Stadt und ich kann es nicht glauben, daß wir vollkommen abgewiesen werden sollen und wirklich keine Garnison bekommen sollen. [...] Sie haben doch erst in Roding wieder einen Kasernenbau genehmigt und den Grundstein dazu gelegt. Warum gehen Sie an Laufen vorbei? Auch in Bad Reichenhall werden bald die Jäger Einzug halten. Warum kann man sich nicht entschließen, nach Laufen, das doch bereits während des letzten Krieges Gebirgsjäger stationiert hatte, wieder Jäger herzutun? Kann man denn wirklich unserem armen Städtchen nicht zu Hilfe kommen?"[2]

Diese Zeilen richtete der Bürgermeister der Stadt Laufen an der Salzach am 23. September 1957 an den Bundesminister der Verteidigung, Franz Josef Strauß. Sie stehen beispielhaft für die Enttäuschung zahlreicher bayerischer Gemeinden, die keine Garnisonen erhielten, als nach 1955 mit der Aufstellung der Bundeswehr begonnen wurde. Bundeswehreinrichtungen waren damals außerordentlich gefragt. Noch das Landesentwicklungsprogramm für Bayern aus dem Jahr 1976 sah vor, neue Garnisonen „möglichst in geeigneten zentralen Orten im ländlichen Raum, insbesondere in Gebieten, deren Struktur zur Verbesserung der Lebens- und Arbeitsbedingungen nachhaltig gestärkt werden soll, und in sonstigen ländlichen Gebieten" zu errichten[3].

Der vermeintliche oder tatsächliche Zusammenhang zwischen einer ständigen militärischen Besatzung und dem wirtschaftlichen Wohlergehen einer Gemeinde oder Region, der damit suggeriert wird, ist keineswegs neu. Bereits der kurbayerische Oberst Joseph von Gaza, Weggefährte und Vertrauter des bayerischen Sozial- und Militärreformers Benjamin Thompson Graf Rumford, hatte dies erkannt und 1788 in einer Denkschrift über die Organisationsreform des kurpfälzisch-bayerischen Heeres vermerkt[4]. Damit war von Gaza seinen Zeitgenossen aber um Jahrzehnte voraus. Erst als Folge der Militärreformen des frühen 19. Jahrhunderts – Einführung der Wehrpflicht, Aufwertung des Soldatenstands, allmähliche Abkehr vom Einquartierungswesen – setzte sich diese Auffassung langsam durch.

1 Süddeutsche Zeitung vom 15. 7. 1955.

2 BA-MA, BW 1/5377, Bürgermeister von Laufen an Verteidigungsminister Strauß vom 23. 9. 1957.

3 BGVBl. 1976, Anlagen: Landesentwicklungsprogramm, S. 119.

4 BayHStA, Abt. IV (Kriegsarchiv), HS 39 (von Gaza), Entwurf einer neu einzuführenden Organisation bey einem Churpfalz-Bayerischen Militär, S. 22 und S. 55.

Hauptsächlich begründet mit der Hoffnung auf wirtschaftliche Verbesserungen, baten bis 1920 schließlich 153 bayerische Gemeinden in 753 an den König beziehungsweise das Kriegsministerium oder dessen Nachfolgebehörde gerichteten Gesuchen um Erweiterung einer schon vorhandenen oder um Berücksichtigung beim Aufbau einer neuen Garnison[5].

Und manche Kommune hatte damit auch Erfolg – zumindest, als die Zeiten für den Ausbau der Streitkräfte noch günstig waren. Hatte die Aufstockung des Heeres vor 1914 nämlich auch zu einer Vermehrung der Garnisonen geführt, so mußten nach dem Ersten Weltkrieg zahlreiche Standorte aufgegeben werden, da der Vertrag von Versailles die Truppenstärke des Deutschen Reiches auf 115000 Mann festgeschrieben hatte. Von diesen waren etwa 14000 in Bayern stationiert, die sich auf die bereits existierenden Kasernements in zwanzig Garnisonstädten verteilten[6]. Zahlreiche weitere Kasernen wurden einer zivilen Nutzung zugeführt und für Verwaltungszwecke oder als Wohnungen verwendet[7]. Die Führung der Reichswehr tat freilich alles, um die Rüstungsbeschränkungen zu unterlaufen und der perzipierten Bedrohung von außen zu begegnen. Schon in den zwanziger Jahren gab es konkrete Aufrüstungsschritte, die ab 1933 von den Nationalsozialisten weiter forciert wurden. Die Dislozierung der neu aufgestellten Truppenteile[8] stand in engem Zusammenhang mit den militärischen und außenpolitischen Zielen des neuen Regimes. Zwar sollte möglichst auf schon bestehende Garnisonen zurückgegriffen werden, aber auch an neue Standorte wurde gedacht[9]. Beispielhaft läßt sich diese Entwicklung in Bayern nördlich der Donau beobachten. Während man in den alten Garnisonsorten Würzburg, Bamberg, Nürnberg, Amberg und Regensburg weitere Kasernen baute, wurden in den grenznahen Kleinstädten Hof, Weiden und Deggendorf, die an zentralen Straßenverbindungen zur Tschechoslowakei lagen, neue Standorte mit je einem Infanteriebataillon (rund 800 Soldaten) etabliert[10]. Allein für das Heer entstanden in Bayern 69 neue Kasernen, was einem Anteil von 13 Prozent an den 532 Heereskasernen entsprach, die zwischen 1934 und 1938 im ganzen Reich erbaut wurden[11]. Nimmt man die Liegenschaften der Luftwaffe sowie die Nachschubeinrichtungen, Munitions- und Treibstoffdepots, Lazarette, militärischen Wohnsiedlungen und Truppenübungsplätze hinzu, so wird man sagen können, daß Bayern bis 1945 außergewöhnlich dicht mit Militär belegt war.

[5] Vgl. Rainer Braun, Garnisonswünsche 1815–1914. Bemühungen bayerischer Städte und Märkte um Truppen oder militärische Einrichtungen, in: Bernhard Sicken (Hrsg.), Stadt und Militär 1815–1914. Wirtschaftliche Impulse, infrastrukturelle Beziehungen, sicherheitspolitische Aspekte, Paderborn 1998, S. 311–335.

[6] Vgl. Ulrich Heiß, Militärbauten, in: Winfried Nerdinger (Hrsg.), Bauen im Nationalsozialismus. Bayern 1933–1945. Ausstellung des Architekturmuseums der Technischen Universität München und des Münchner Stadtmuseums, München 1993, S. 462–513, hier S. 463.

[7] Vgl. Stephan Kaiser, Das deutsche Militärbauwesen. Untersuchungen zur Kasernierung deutscher Armeen vom Anfang des 19. Jahrhunderts bis zum Zweiten Weltkrieg, Diss., Mainz 1994, S. 178.

[8] Bis Kriegsbeginn 1939 belief sich allein die Zahl der Heeressoldaten in Bayern auf etwa 50000 Mann; vgl. Heiß, Militärbauten, in: Nerdinger (Hrsg.), Bauen im Nationalsozialismus, S. 464.

[9] Vgl. Hans-Jürgen Rautenberg, Drei Dokumente zur Planung eines 300000 Mann Friedensheeres aus dem Dezember 1933, in: Militärgeschichtliche Mitteilungen 2 (1977), S. 103–139.

[10] Vgl. Heiß, Militärbauten, in: Nerdinger (Hrsg.), Bauen im Nationalsozialismus, S. 462.

[11] Vgl. Benno Becker, Die Leistungen der Heeresverwaltung in den Jahren 1934 bis 1938, den Jahren des Aufbaues der deutschen Wehrmacht, dargestellt in Zahlen, in: Bundeswehrverwaltung 3 (1963), S. 75–81.

Diese Einrichtungen und die dazugehörige Infrastruktur prägten die Struktur des Raums nachhaltig[12] – ein Prozeß, der sich jedoch ausschließlich aufgrund militärischer Planungen vollzog. Die betroffenen Gemeinden hatten darauf kaum einen Einfluß[13]. Im Sinne der nationalsozialistischen Staatsauffassung war das aber nur konsequent, denn trotz reichsgesetzlicher Regelungen durch die sogenannten Militärlastengesetze waren die Befugnisse zu Eingriffen in die Rechtssphären natürlicher und juristischer Personen im Prinzip unbegrenzt[14]. Der von den nationalsozialistischen Zielen diktierte Vorrang militärischer vor zivilen Forderungen ging so weit, daß der 1935 für die Landbeschaffung der öffentlichen Hand – insbesondere der Wehrmacht – gegründeten Reichsstelle für Raumordnung „die zusammenfassende übergeordnete Planung und Ordnung des deutschen Raumes“ übertragen wurde[15]. In der propagandistischen Denkschrift „Bayern im ersten Vierjahresplan“ von 1937 wurde dann auch augenfällig die Landesplanung unmittelbar nach der Würdigung der Kasernenneubauten vorgestellt[16].

Der forcierten Aufrüstung nach 1933 folgte der für Deutschland und einen großen Teil Europas verheerende Zweite Weltkrieg. Auf die Hoffnungen vieler Gemeinden, von militärischen Einrichtungen könnten wirtschaftliche Impulse ausgehen, hatten diese Erfahrungen allerdings nur geringen Einfluß, wie das zitierte Schreiben der Stadtväter von Laufen belegt, die die Aufstellung von Streitkräften als Teil der Landesentwicklung begriffen. Die Frage, inwieweit die Bundeswehr als Faktor der Landesentwicklung anzusehen ist, wirft eine ganze Reihe von Teilfragen auf, die der Klärung bedürfen. So ist angesichts der rigiden Praxis zwischen 1933 und 1945 zu untersuchen, ob unter den Bedingungen einer freiheitlich-demokratischen Grundordnung und im Rahmen der westlichen Verteidigungsallianz die von der Wiederbewaffnung der Bundesrepublik Deutschland nach 1955 betroffenen Kommunen Einfluß auf die Standortplanungen nehmen konnten oder ob ihnen bei der Etablierung vor allem neuer Standorte gar Gestaltungsmöglichkeiten eingeräumt wurden. Blieb dies auf das lokale Umfeld begrenzt oder fanden auch Gesichtspunkte Berücksichtigung, die überregionales planvolles Handeln erforderten? Die Passage aus dem Landesentwicklungsprogramm des Jahres 1976 deutet darauf zumindest hin. Hier wäre nachzufragen, ob die bayerische Staatsregierung diese Chance schon frühzeitig erkannte, vollzog sich die Aufstellung der Bundeswehr und die damit einhergehende Garnisonsplanung doch vornehmlich in den späten fünfziger und sechziger Jahren. Inwieweit

[12] Umfassend hierzu Heiß, Militärbauten, in: Nerdinger (Hrsg.), Bauen im Nationalsozialismus, S. 463–513.

[13] Allgemein hierzu Kaiser, Militärbauwesen, S. 212. Beispielhaft für Bayern ist die Verfahrensweise in Regensburg; vgl. Helmut Halter, Stadt unterm Hakenkreuz. Kommunalpolitik in Regensburg während der NS-Zeit, Regensburg 1994, S. 241.

[14] Vgl. Helmut Rumpf, Verteidigungslasten in der Bundesrepublik, Bonn 1960, S. 100.

[15] Raumordnung und Landesplanung im 20. Jahrhundert, Hannover 1971, S. VIII (Akademie für Raumforschung und Landesplanung. Forschungs- und Sitzungsberichte 63); vgl. auch Martin Pfannschmidt, Landesplanung Berlin-Brandenburg-Mitte, in: ebenda, S. 29–54, hier S. 31; Jörg-Detlef Kühne, Bauverwaltung zwischen Städtebau und Raumordnung, in: Kurt G. A. Jeserich/ Hans Pohl/Georg-Christoph von Unruh (Hrsg.), Deutsche Verwaltungsgeschichte, Bd. 4: Das Reich als Republik und in der Zeit des Nationalsozialismus, Stuttgart 1985, S. 823–831, hier S. 829ff.

[16] Bayern im ersten Vierjahresplan. Denkschrift der Bayerischen Landesregierung zum 9. März 1937, München 1937, S. 251–255.

konnte die Bundeswehr aber überhaupt von einer Landesregierung für deren strukturpolitische Ziele instrumentalisiert werden, wo doch das Grundgesetz die Kompetenz in Verteidigungsangelegenheiten dem Bund zugewiesen hatte? Erforderte die in den fünfziger Jahren perzipierte Bedrohung aus dem Osten nicht gerade rasches militärisches Handeln – ohne Rücksicht auf partikulare Interessen? Oder gab es im Zusammenhang mit Garnisonsgründungen konkurrierende Zuständigkeiten zwischen Bund, Ländern und Gemeinden? Ferner stellt sich die Frage nach den Auswirkungen des in der Tat enormen militärischen Landbedarfs und der zahlreichen Infrastrukturmaßnahmen in ländlichen Räumen[17]. Schließlich: Erfüllten die neu gegründeten Garnisonen wirklich die Hoffnungen auf wirtschaftliche Prosperität, und entsprachen sie dem gewünschten Innovationsschub? Waren die zweifelsohne strukturverändernden Folgen einer Garnisonsansiedlung überwiegend positiv, oder kam es im Hinblick auf die mögliche Entwicklung militärischer Monostrukturen nicht auch zu negativen Effekten?

Der Freistaat Bayern mit 65 Garnisonen im Jahre 1974 eignet sich für eine Untersuchung dieser Fragen ganz besonders, finden sich doch in den strukturschwachen Gebieten Nord- und Ostbayerns ausnehmend viele neue Bundeswehrstandorte (fünf in Oberfranken, 15 in der Oberpfalz, vier in Niederbayern). Ende der fünfziger und Anfang der sechziger Jahre bewarben sich allein im Regierungsbezirk Oberpfalz 24 Gemeinden um eine Garnison; 13 Bewerbungen waren erfolgreich, was einem Drittel aller Garnisonsbewerbungen in Bayern entsprach[18]. In nur 15 Jahren entstanden in Ostbayern zwischen Pfreimd im Norden, Freyung im Süden und Hemau im Westen folgende Heeresgarnisonen in Kleinstädten: Bogen (1958), Cham (1959), Roding (1959), Regen (1960), Kümmersbruck (1960), Oberviechtach (1961), Neunburg vorm Wald (1963), Hemau (1966), Pfreimd (1971). Sieht man von den alten Garnisonstädten Amberg, Regensburg und Weiden sowie dem nun nicht wieder beanspruchten Deggendorf ab, so hatte es in dieser überwiegend von der Landwirtschaft geprägten Region bis dahin keine Militärstandorte gegeben. Es hat den Anschein, als könne man hier regionale Strukturpolitik mit Händen greifen. Andererseits mögen mit Blick auf den „Eisernen Vorhang“ an der Grenze zur Tschechoslowakei auch verteidigungsplanerische Aspekte mitbestimmend oder gar ausschlaggebend für diese Standortentscheidungen gewesen sein, die sich mit den strukturpolitischen Vorstellungen der verantwortlichen Politiker lediglich deckten.

17 1978 verfügte die Bundeswehr in Bayern über eine Liegenschaftsfläche von 273,061 km^2, was einem Anteil von 0,387 Prozent an der Gesamtfläche Bayerns entsprach. Der durchschnittliche Flächenbedarf einer Garnison betrug 420 ha. Vgl. Johann L. Weiskopf, Garnisonen der Bundeswehr als Instrument der Landesplanung unter besonderer Berücksichtigung des Raumes Bayern, Diplomarbeit, München 1978, S. 28.

18 Vgl. Joachim Strunz, Ausgewählte Schwerpunkte der landesplanerischen Tätigkeit in der Oberpfalz in den Jahren 1956–1983, in: Beiträge zur Entwicklung der Landesplanung in Bayern, Hannover 1988, S. 145–162, hier S. 149 (Arbeitsmaterial der Akademie für Raumforschung und Landesplanung 125), und Karlheinz Witzmann, Zur Geschichte der Landesplanung in Bayern nach dem 2. Weltkrieg: Regierungsbezirke und Regionen, in: Zur geschichtlichen Entwicklung der Raumordnung, Landes- und Regionalplanung in der Bundesrepublik Deutschland, Hannover 1991, S. 134–152, hier S. 139f. (Akademie für Raumforschung und Landesplanung. Forschungs- und Sitzungsberichte 182).

Die Quellen zur Beantwortung dieser Fragen sind vielfältig. Das im Bundesarchiv-Militärarchiv in Freiburg gelagerte Schriftgut, hier vornehmlich die Überlieferung der Abteilung U (Unterbringung und Liegenschaften) im Bundesministerium der Verteidigung[19], ermöglicht es, Planung und Entwicklung jedes Standorts in den fünfziger und sechziger Jahren nachzuzeichnen, und zwar von der militärischen Reklamierung alter Wehrmachtliegenschaften, über die Bewerbung einer Stadt bis hin entweder zum abschlägigen Bescheid oder der Ankündigung zur Übergabe der neuen Kaserne an die Truppe. Bei den kommunalen Gesuchen um die Errichtung einer Garnison mit ihren oftmals erweiterten Bewerbungsunterlagen kann man gar von einer eigenen Quellengattung sprechen, geben diese Dokumente doch Auskunft über die sozialen, kulturellen und wirtschaftlichen Verhältnisse der Petenten[20]. Wenig ergiebig sind die Infrastrukturakten jedoch im Hinblick auf die hinter jeder Standortentscheidung stehende und als geheim eingestufte Verteidigungsplanung.

Die im Bayerischen Hauptstaatsarchiv in München verwahrten Akten der Staatskanzlei, die mit allen den Aufbau der Bundeswehr betreffenden Fragen seit Mai 1955 federführend betraut war[21], und das Schriftgut der weitgehend mit gutachtlicher Koordinierung beauftragten Landesplanungsstelle des Staatsministeriums für Wirtschaft und Verkehr erhellen im wesentlichen die Umsetzung der militärischen Projekte auf Landesebene, meist in Abstimmung mit dem Verteidigungsministerium, und geben eine Vorstellung von den landespolitischen Erwartungen, die mit dem Aufbau der Bundeswehr verbunden waren.

Als besonders wichtig erwiesen sich einige wirtschafts- und organisationswissenschaftliche Studien, die bereits in den siebziger und achtziger Jahren an der Universität der Bundeswehr erarbeitet worden sind und sich speziell mit dem ostbayerischen Raum beschäftigen[22]. Die Verfasser, zumeist Volkswirte, interessierten sich vor allem für die Frage, ob Garnisonen der Bundeswehr überhaupt ein regional- und strukturpolitisches Instrument für die Entwicklung und Förderung benachteiligter Teilräume sein können. Konkreter Anlaß hierfür waren Behauptungen in der militärkritischen Literatur der frühen siebziger Jahre, wonach Rüstungskäufe nicht zur Entwicklung rückständiger Regionen beitragen, sondern die Disparitäten im Gegenteil eher noch verstärken[23]; aus diesem Blickwinkel erschienen auch Garnisonen als ungeeignetes Werkzeug der Landesplanung[24]. Ferner wollte man „den optimalen Standort" generieren; von diesem Idealtypus

19 Zur Organisationsgeschichte des Bundesministeriums der Verteidigung vgl. Verteidigung im Bündnis. Planung, Aufbau und Bewährung der Bundeswehr 1950–1972, hrsg. vom Militärgeschichtlichen Forschungsamt, München 1975.

20 Zur Bedeutung der Garnisonsgesuche bayerischer Gemeinden im 19. Jahrhundert für die Landesgeschichte vgl. Braun, Garnisonswünsche, in: Sicken (Hrsg.), Stadt und Militär, S. 311 f.

21 BA-MA, BW 1/28937, Runderlaß des bayerischen Ministerpräsidenten an alle Staatsministerien vom 4.5. 1955.

22 Vgl. Bernd Arnal, Garnisonen im ostbayerischen Grenzland – eine wirtschaftsgeographische Untersuchung, Diplomarbeit, München 1966; Weiskopf, Garnisonen der Bundeswehr; Helmut Maneval/Günter Neubauer, Untersuchungen über die Wirkung von Verteidigungsausgaben auf die regionale Wirtschaftsstruktur, München 1978 (Forschungsbericht Nr. 1).

23 Vgl. Horst Zimmermann, Öffentliche Ausgaben und regionale Wirtschaftsentwicklung, Basel/Tübingen 1970, S. 215.

24 Vgl. Carola Bielfeldt, Rüstungspolitische Aspekte der Regionalpolitik oder regionalpolitische Aspekte der Rüstungspolitik, in: ami (antimilitaristische Information) 2 (1974), S. 46–50.

wurden perspektivische Planungsimpulse für die Zukunft erwartet. Um einen solchen Standortnukleus aber schaffen zu können, sammelten die Autoren mit Blick auf den ostbayerischen Raum und auf der Basis der Akten der dem Freistaat Bayern regional entsprechenden Wehrbereichsverwaltung VI zahlreiche Informationen, die Aussagen über die Beziehungen von Garnison und Region zulassen. Die dabei entstandenen Datenreihen beschränkten sich aus methodisch-statistischen Gründen zwar hauptsächlich auf die siebziger Jahre und lassen Rückschlüsse nur bedingt zu. Dennoch sind sie eine hervorragende empirische Quelle zur historischen Analyse von Bundeswehrstandorten als einem raumwirksamen Strukturelement und liefern Antworten auf die strittigen Fragen nach den Auswirkungen von Garnisonen auf lokale Strukturen[25] und nach ihrer Rolle als Instrument der Landesplanung[26].

Der vorliegende Beitrag ist wie folgt aufgebaut: Zu Beginn sollen die grundlegenden Bedingungsfaktoren für die Einrichtung von Garnisonen dargelegt werden: die Ziele der bayerischen Landesplanung sowie der sicherheitspolitische und verteidigungsplanerische Rahmen, in dem sich die Bundesrepublik Deutschland befand. Anschließend wird versucht, die Standortplanungen und -entscheidungen vor dem Hintergrund des komplexen Gefüges von landesplanerischen Vorstellungen und militärischen Notwendigkeiten nachzuvollziehen. Schließlich gilt es, die Wirkungen neuer Garnisonen auf strukturschwache Räume so differenziert wie möglich herauszuarbeiten.

II. Landesplanung und Verteidigungsplanung

1. Faktoren der Landesplanung

Am 5. Februar 1954 machte der CSU-Bundestagsabgeordnete Alois Niederalt das Parlament auf die Not im bayerisch-tschechoslowakischen Grenzgebiet aufmerksam. Zwar habe der Bundestag bereits am 2. Juli 1953 ein umfangreiches Hilfsprogramm für dieses Gebiet beschlossen, doch würden die Maßnahmen nur wenig bewirken. Während die Arbeitslosenquote im Bundesdurchschnitt am 31. Dezember 1953 8,9 Prozent betrug, lag sie in den Arbeitsamtsbezirken Cham und

[25] Vgl. Helmut Maneval/Günter Neubauer/Peter Nohr, Wirkungen eines militärischen Standortes auf die regionale Wirtschaftsstruktur. Untersucht am Beispiel der Gemeinde Mittenwald, in: Wehrwissenschaftliche Rundschau 27 (1978), S. 86–91. Eher positiv z.B. Hartmut Meyer-Truelsen, Bundeswehr und Gemeinden, in: Bundeswehrverwaltung 27 (1983), S. 73–77. Mit Hinweisen auf negative Folgen Hermann Baer, Raumwirksamkeit staatlicher Dezentralisierungspolitik. Die Beispiele der Bundeswehr, der US-Army und des Bundesgrenzschutzes in Bayreuth/Bindlach, Bayreuth 1981, S. 14f. (Universität Bayreuth. Arbeitsmaterialien zur Raumordnung und Raumplanung 18).

[26] Vgl. Hans-Jürgen Kleber, Militärische Dislozierung und Landesplanung, in: Bundeswehrverwaltung 24 (1980), S. 176f. Eine Ende der sechziger Jahre von der Abteilung Raumordnung im Bundesinnenministerium in Auftrag gegebene wissenschaftliche Studie über die Auswirkungen der Einrichtungen und Anlagen der zivilen und militärischen Verteidigung auf die räumliche und wirtschaftliche Entwicklung in der Bundesrepublik Deutschland wurde leider niemals realisiert. Vgl. Hartmut Meyer-Truelsen, Die Auswirkung der Bundeswehr auf die wirtschaftliche und die räumliche Entwicklung der Garnisonsgemeinden, in: Bundeswehrverwaltung 13 (1969), S. 123–126, hier S. 126; Weiskopf, Garnisonen der Bundeswehr, S. 27.

Deggendorf, die zu seinem Wahlkreis gehörten, bei 35,8 beziehungsweise 33,1 Prozent[27].

Die Regierungsbezirke Niederbayern und Oberpfalz mit dem Bayerischen und Oberpfälzer Wald zählten zusammen mit dem Frankenwald und der Rhön zu den „klassischen Notstandsgebieten" Bayerns. Seit der Jahrhundertwende bemühten sich Land und Reich zwar mit Hilfe verschiedener Förderprojekte und unter dem Einsatz großer finanzieller Mittel um Linderung der Armut, wobei aber von einer planvollen Bekämpfung oder gar einer Lösung der Strukturprobleme nicht gesprochen werden konnte. Nach 1945 kam es noch schlimmer, denn der „Eiserne Vorhang" trennte nicht nur die Produktionsstätten dieser Region von den traditionellen Absatzmärkten in Thüringen oder in Böhmen und zerstörte jahrhundertealte kulturelle Beziehungen, der ostbayerische Raum rückte nun gänzlich in eine ökonomische Randlage. Beginnend mit dem „Sanierungsprogramm des Bundes" setzte man deshalb ab 1951 verstärkt auf eine ganze Reihe von Projekten zur Förderung des „Zonenrandgebietes". Als ein wesentliches Kriterium für die Förderungswürdigkeit galt dabei die überdurchschnittliche Arbeitslosigkeit. Von den Mitteln, die bis 1954 aus dem Sanierungsprogramm des Bundes nach Bayern flossen (29,4 Millionen DM), kam die Hälfte allein dem Sanierungsgebiet Ostbayern zugute.

Auf das Sanierungsprogramm folgte ab 1953 das von Niederalt zitierte „Grenzlandprogramm des Bundes", bei dem sich die Förderwürdigkeit aufgrund der Lage der betreffenden Gebiete innerhalb eines 40 km breiten Streifens entlang der Grenze zur DDR respektive zur Tschechoslowakei ergab. Später wurde die Förderung auf zentrale Orte konzentriert, die in der Nähe der Zonengrenze lagen. Neben die Programme des Bundes traten auch solche des Landes, wie beispielsweise die Gewährung von Krediten aus dem „Grenzlandprogramm des Landes Bayern". Der Erfolg all dieser Maßnahmen war indes zwiespältig. Vor allem konnten grundlegende Strukturdefizite wie die mangelhafte Infrastruktur zumindest in den fünfziger Jahren noch nicht beseitigt werden[28].

Die bayerische Staatsregierung bemühte sich deshalb schon frühzeitig, die ökonomischen und sozialen Disparitäten durch strukturpolitische Initiativen in den Griff zu bekommen[29]. So forderte Ministerpräsident Hans Ehard in seiner Regierungserklärung am 9. Januar 1951, die Industriepolitik „unter besonderer Berücksichtigung der notleidenden Gebiete fortzusetzen" und „die Heimatvertriebenen aus den Gebieten mit hoher Arbeitslosigkeit an die Brennpunkte des Arbeitskräftebedarfs heranzubringen"[30]. Dem hinter solchen Vorschlägen stehenden

[27] Vgl. Stenographischer Bericht über die 13. Sitzung des deutschen Bundestags am 5. 2. 1954, S. 383f.

[28] Vgl. Klaus Schreyer, Bayern – ein Industriestaat. Die importierte Industrialisierung. Das wirtschaftliche Wachstum nach 1945 als Ordnungs- und Strukturproblem, München/Wien 1969, S. 256ff., und Paul Erker, Keine Sehnsucht nach der Ruhr. Grundzüge der Industrialisierung in Bayern 1900–1970, in: GuG 17 (1991), S. 480–511, hier S. 501f.

[29] Allgemein zur Entwicklung der regionalen Strukturpolitik Horst Zimmermann/Rolf-Dieter Postlep, Regionale Strukturpolitik, in: Kurt G. A. Jeserich/Hans Pohl/Georg-Christoph von Unruh (Hrsg.), Deutsche Verwaltungsgeschichte, Bd. 5: Die Bundesrepublik Deutschland, Stuttgart 1987, S. 861–874.

[30] Zit. nach Winfried Terhalle, Zur Geschichte der Landesplanung in Bayern nach dem Zweiten Weltkrieg: Landesebene, in: Zur geschichtlichen Entwicklung, S. 105–133, hier S. 112.

langfristigen Ziel der Angleichung der Lebens- und Arbeitsbedingungen in allen Teilgebieten des Landes kam man in den folgenden Jahrzehnten tatsächlich näher[31], es bedurfte freilich eines sehr differenzierten Instrumentariums zur Planung und Lenkung der notwendigerweise komplexen strukturpolitischen Maßnahmen. Hierzu war die 1945 vom bayerischen Ministerrat errichtete und dem Staatsministerium für Wirtschaft angegliederte Landesplanungsstelle prädestiniert[32].

Im Verlauf der ersten Hälfte der fünfziger Jahre kristallisierten sich drei Schwerpunkte der Landesplanung heraus. Zunächst wurden alle „räumlich bedeutsamen Tatbestände und Entwicklungstendenzen der Bevölkerungs-, Sozial- und Wirtschaftsstruktur“ erfaßt und „damit die theoretischen und zahlenmäßigen Grundlagen für die weitere wirtschafts- und verkehrsmäßige Erschließung und Entwicklung des Landes geschaffen“[33]. Ein zweites, besonders wichtiges Anliegen war die Förderung der Ostrand- und Sanierungsgebiete. Die dritte Aufgabe bestand in der Koordination der Fach- und regionalen Teilplanungen im Raumordnungsverfahren, dessen Zweck darin bestand, „in kürzester Frist eine umfassende systematische Beurteilung und Abstimmung der verschiedenen Fachplanungen zu ermöglichen“, um nicht zuletzt unter dem Gesichtspunkt der Gleichwertigkeit der Lebensverhältnisse eine ausgewogene Raumstruktur zu erreichen. Genau an diesem dritten Punkt im Aufgabenspektrum der Landesplanung trafen die Vorstellungen regionaler Strukturpolitik mit den Vorhaben der Sicherheits- und Verteidigungspolitik aufeinander.

Eine Denkschrift der Landesplanungsstelle vom November 1956 über Aufgaben und Arbeitsergebnisse der Landesplanung in Bayern listet 14 raumordnungswirksame Bereiche auf, wobei die Mitarbeit an militärischen Vorhaben noch vor Umsiedlungsmaßnahmen von Heimatvertriebenen oder Planungen der Industrie den ersten Rang einnahm: „1. Planungen der Stationierungsstreitkräfte. 2. Standortvorschläge und Planungen der Bundeswehr. 3. Zivile Verwertung ehemaliger Wehrmachtsliegenschaften.“ Dieser Prioritätenkatalog verdeutlicht, wie wichtig die Angelegenheiten des Militärs seit 1951 für die Landesplaner waren. In der Tat wurden bis 1968 in Bayern 4000 Raumordnungsverfahren für Aufgaben der Verteidigung durchgeführt[34]. Dabei galt es nicht nur, personalintensive und großdimensionierte militärische Anforderungen mit örtlichen sowie überörtlichen zivilen Interessen in Einklang zu bringen, sondern dies auch noch unter großem Zeitdruck zu bewerkstelligen, den die sicherheitspolitische Lage diktierte.

31 Vgl. Bayerisches Staatsministerium für Wirtschaft und Verkehr (Hrsg.), Bayerns Wirtschaft an der Schwelle der 80er Jahre. Bilanz und Ausblick aus regionaler Sicht, o. O. o. J.

32 Bis zur Bildung des dritten Kabinetts Goppel 1970/71 war die Landesplanungsstelle ein integraler Bestandteil des Wirtschaftsressorts, dann wurde sie dem neu geschaffenen Staatsministerium für Landesentwicklung und Umweltfragen angegliedert; vgl. Terhalle, Landesplanung in Bayern, in: Entwicklung der Raumordnung, S. 108–111, und Wilhelm Volkert (Hrsg.), Handbuch der bayerischen Ämter, Gemeinden und Gerichte 1799–1980, München 1983, S. 240.

33 BayHStA, MWi 22501, Aufgaben und Arbeitsergebnisse der Landesplanung in Bayern, Denkschrift vom November 1956, S. 4; die folgenden Zitate ebenda, S. 8.

34 Vgl. Arndt-Diether Thormeyer, Landnutzung für sicherheitspolitische Bedürfnisse in der Bundesrepublik Deutschland und ihre Auswirkungen auf die Umweltentwicklung, dargestellt an Beispielen aus dem Freistaat Bayern, Diss., München 1975, S. 19.

2. *Faktoren der Sicherheitspolitik*

Die Debatte um den westdeutschen Verteidigungsbeitrag und der Aufbau der Bundeswehr vollzogen sich vor dem Hintergrund des Kalten Krieges, der das geteilte Deutschland besonders betraf[35]. Die westliche Welt hatte mit der Gründung der NATO im April 1949 ihren Willen zu gemeinsamen Verteidigungsanstrengungen demonstriert. Dies war jedoch zunächst nur ein politisches Signal, da die NATO-Staaten der Sowjetunion auf konventioneller Ebene in Europa nur wenig entgegensetzen konnten. Insbesondere die USA hatten ihre Truppenstärke nach Kriegsende drastisch reduziert. Am 1. Juli 1947 waren in Europa lediglich 135 000 GIs stationiert, davon knapp 104 000 in Deutschland; bis 1950 reduzierte sich ihre Zahl auf 79 500[36]. Bei den Landstreitkräften wurde das Kräfteverhältnis auf 4:1 und bei den Luftstreitkräften auf 5:1 zugunsten der Sowjetunion geschätzt; damit schien ein sowjetischer Vorstoß zum Rhein in fünf und zur Kanalküste in vierzehn Tagen möglich[37]. Westeuropa war zu diesem Zeitpunkt allein durch die abschreckende Wirkung des amerikanischen Nuklearpotentials geschützt, doch nach der Zündung einer sowjetischen Atombombe im August 1949 und dem von Moskau angepeilten raschen Aufbau nuklearer Streitkräfte mochte sich dieser Schutz als trügerisch erweisen. Der Korea-Krieg demonstrierte seit Juni 1950 nicht nur nachhaltig die weitere Bedeutung konventioneller Streitkräfte, sondern führte auch zu einem mehrjährigen Ringen um eine gemeinsame Organisation der amerikanisch-europäischen Verteidigung schon im Frieden. Im Kontext der hier zu behandelnden Fragen und bezogen auf Deutschland beziehungsweise Bayern erscheinen dabei zwei Aspekte von zentraler Bedeutung: Truppenstärke und Verteidigungsplanung.

Als erstes sollte die konventionelle Unterlegenheit in Mitteleuropa minimiert werden. Nach Auffassung des NATO-Oberbefehlshabers Dwight D. Eisenhower waren zur Verteidigung Westeuropas 50 bis 60 Heeresdivisionen nötig, die durch starke Luft- und Seestreitkräfte unterstützt werden sollten. Doch nur Bruchteile davon waren vorhanden[38]. Unter diesem Gesichtspunkt mochte die im April 1951 angelaufene Verlegung von vier amerikanischen Divisionen nach Deutschland[39]

[35] Grundlegend hierzu die Ergebnisse des Projekts „Anfänge westdeutscher Sicherheitspolitik 1945–1956“, die zwischen 1982 und 1997 vom Militärgeschichtlichen Forschungsamt publiziert worden sind.

[36] Vgl. Gerhard Elser, United States Constabulary. Zwischen Besatzungspolizei und Kampftruppe 1946–1952, in: Militärgeschichte 4 (1993), S. 43–49, und Hubert Zimmermann, Why they did not go home: The GIs and the battle about their presence in the 1960s and 1970s (Vortragsmanuskript für eine Tagung des Internationalen Wissenschaftsforums Heidelberg zum Thema „GIs in Germany 1945–2000“ vom 9.–11. 11. 2000).

[37] Vgl. Christian Greiner, Die alliierten militärstrategischen Planungen zur Verteidigung Westeuropas 1947–1950, in: Roland Foerster u.a., Anfänge westdeutscher Sicherheitspolitik 1945–1956, Bd. 1: Von der Kapitulation bis zum Pleven-Plan, München/Wien 1982, S. 119–323, hier S. 199.

[38] Vgl. Wilhelm Meier-Dörnberg, Die Planung des Verteidigungsbeitrages der Bundesrepublik Deutschland im Rahmen der EVG, in: Lutz Köllner u.a., Anfänge westdeutscher Sicherheitspolitik 1945–1956, Bd. 2: Die EVG-Phase, München 1990, S. 605–756, hier S. 627.

[39] Vgl. Bruno Thoß, The Presence of American Troops in Germany and German-American Relations, 1949–1956, in: Jeffry M. Diefendorf/Axel Frohn/Hermann-Josef Rupieper (Hrsg.), American Policy and the Reconstruction of West Germany, 1945–1955, Washington D. C. 1993, S. 411–432, und Hans-Jürgen Schraut, U.S. Forces in Germany 1945–1955, in: U.S. Military Forces in Europe. The early Years, 1945–1970, Boulder u.a. 1993, S. 153–180.

zwar nur wie ein Tropfen auf den heißen Stein wirken, mit ihrem Personalumfang, der sich durch weitere Verstärkungen bis 1954 rasch auf über 256000 Mann erhöhte, und dem damit verbundenen Bedarf – insbesondere an Übungsplätzen – hatte sie dennoch so beträchtliche Auswirkungen auf ihren Hauptstationierungsraum Bayern, daß die hierfür erforderlichen Maßnahmen an die Spitze des Aufgabenkatalogs der Landesplanungsstelle gesetzt wurden. So mußten zum Beispiel in Unterfranken zwischen 1950 und 1956 mehr als 50 Anträge der US-Stationierungsstreitkräfte auf Bereitstellung von Übungsgelände und Biwakplätzen behandelt werden, wobei die zuständigen Behörden es für sich in Anspruch nahmen, „daß weit über 10000 ha land- und forstwirtschaftliche Nutzflächen, die beansprucht werden sollten, der uneingeschränkten Bewirtschaftung erhalten bleiben. Allein in den Räumen Alzenau, Aschaffenburg, Wildflecken und im Hochspessart wurden Anforderungen auf 6600 ha abgelehnt."[40]

Auch in Niederbayern und in der Oberpfalz kam man den Amerikanern nicht in jeder Hinsicht entgegen; hier blieb man etwa 8000 ha hinter den amerikanischen Wünschen zurück. Die als Leistungsschau abgefaßte Denkschrift von 1956 gibt allerdings keinen Aufschluß über den von den US-Streitkräften tatsächlich beanspruchten Liegenschafts- und Raumbedarf, der zu Beginn der fünfziger Jahre noch meist durch Beschlagnahme gedeckt wurde[41]. Aufgrund der Probleme, die sich aus der Aufstockung der Besatzungstruppen ergaben, sah sich die bayerische Staatsregierung daher vor die Notwendigkeit gestellt, ein Gremium zu bilden, das „vor allem die mit der Unterbringung der Alliierten Truppen zusammenhängenden Fragen behandelt"[42]. Ein hierfür am 25. Oktober 1950 eingerichteter Interministerieller Ausschuß für Fragen der Kasernenfreimachung in Bayern übernahm Koordinierungsaufgaben hinsichtlich der Räumung von Kasernen, der Erweiterung von Truppenübungsplätzen und sonstiger Fragen des Landbedarfs für die US-Verbände, wobei bis 1955 in regelmäßigen Sitzungen bis ins Detail gehende Lösungsmöglichkeiten angestrebt wurden. Wie die Akten belegen, wurde dabei um jeden Fall gerungen, egal, ob es um die Beschlagnahme von Ackerland oder Ansprüche auf inzwischen zivil genutzte Kasernen ging[43]. Gerade die Forderung, erst kurz zuvor freigegebene Liegenschaften erneut dem Militär zuzuführen, löste manche Spannungen aus. Schließlich diente das ab 1949 von der amerikanischen Besatzungsmacht an die Landesverwaltung übergebene und nicht benötigte Wehrmachtgut[44] doch zur Linderung der Wohnungsnot, oder es wurde gewerblich beziehungsweise industriell genutzt. Die in der Regel gut erschlossenen Areale erleichterten die Gründung von sogenannten Flüchtlingsunternehmen, die mit 1324 Betrieben unterschiedlicher Größenordnung 1956 insgesamt

[40] BayHStA, MWi 22501, Aufgaben und Arbeitsergebnisse der Landesplanung in Bayern, Denkschrift vom November 1956, S. 9.

[41] Vgl. Winfried Mönch, „Little America" in Groß-Stuttgart. Anmerkungen zur U.S.-Garnisonierung 1945–1992, in: Die alte Stadt 1 (1994), S. 19–31.

[42] BayHStA, BBbB 867, bayerische Staatskanzlei an Bevollmächtigten Bayerns beim Bund vom 17. 10. 1956.

[43] Vgl. die Vorgänge in: BayHStA, StK 115026–115171.

[44] Vgl. Waldemar Gressl, Das rechtliche Schicksal der ehem. Wehrmachtsliegenschaften, in: Bundeswehrverwaltung 5 (1961), S. 132ff., hier S. 132.

knapp 19000 Personen beschäftigten und damit „einen bemerkenswerten Aktivposten der bayerischen Wirtschaft" darstellten[45].

Angesichts der großen Differenzen bei den Truppenstärken zwischen Ost und West war es Staaten wie Großbritannien und den USA allerdings schon bald klar, daß eine erfolgversprechende Verteidigung Europas nicht ohne das westdeutsche Potential zu realisieren war. Erste Überlegungen dazu gehen auf die Jahre 1947/48 zurück; 1949/50 folgten dann Erwägungen der Bundesregierung, die einen westdeutschen Verteidigungsbeitrag nicht nur als Instrument der Sicherheitspolitik begriff, sondern auch als Mittel zur Erlangung weiterer Souveränitätsrechte[46]. Der Korea-Krieg wirkte zwar auch hier als Katalysator, doch sollte es noch vier verhandlungsreiche Jahre dauern, bis das gründlich entmilitarisierte Westdeutschland mit dem Aufbau eigener Streitkräfte beginnen konnte. Nach dem Scheitern der zunächst angestrebten Europäischen Verteidigungsgemeinschaft verfolgte die Bundesrepublik Deutschland nach ihrem NATO-Beitritt am 9. Mai 1955 die Absicht, binnen drei Jahren eine Armee von einer halben Million Soldaten aufzustellen. Diese von vornherein unrealistische Zielvorgabe konnte allerdings nicht eingehalten werden. Ungenügende organisatorische und legislative Vorarbeiten, Überschätzung des Freiwilligenreservoirs, knappe Haushaltsmittel sowie nicht zuletzt ein eklatanter Mangel an Unterkünften, um nur einige der Störfaktoren zu nennen, machten 1956 eine Neuplanung unumgänglich. Nun wurde eine Personalstärke von 343000 Soldaten bis zum 31. März 1961 festgelegt, die anfangs anvisierte Endstärke aber nicht aufgegeben[47]. Um die damit zusammenhängenden Probleme einordnen zu können, die sich seit 1955 mehr und mehr zu allianz- und innenpolitischen Konflikten auszuwachsen drohten, seien hier einige Zahlen zur personellen Entwicklung der Bundeswehr zwischen 1956 und 1965 genannt[48]:

Jahr	Umfang	Jahr	Umfang
1956	67000	1961	360000
1957	120000	1962	390000
1958	172100	1963	410000
1959	230000	1964	430000
1960	272200	1965	449800

Am 27. Januar 1956 gab das für Bayern zuständige Wehrbereichskommando VI, das sich seinerseits noch im Aufbau befand, bekannt, das Verteidigungsministerium plane, in Bayern 100000 Soldaten des Heeres und der Luftwaffe sowie 20000

45 BayHStA, MWi 22501, Aufgaben und Arbeitsergebnisse der Landesplanung in Bayern, Denkschrift vom November 1956, S. 11.

46 Vgl. Norbert Wiggershaus, Die Entscheidung für einen westdeutschen Verteidigungsbeitrag 1950, in: Anfänge westdeutscher Sicherheitspolitik, Bd. 1, S. 325–402, hier S. 327–338.

47 Umfassend hierzu Christian Greiner, Die militärische Eingliederung der Bundesrepublik Deutschland in die WEU und die NATO 1954 bis 1957, in: Hans Ehlert u.a., Anfänge westdeutscher Sicherheitspolitik 1945–1956, Bd. 3: Die NATO-Option, München 1993, S. 561–850.

48 Vgl. Militärgeschichte der BRD. Abriß. 1949 bis zur Gegenwart, hrsg. vom Militärgeschichtlichen Institut der DDR, Berlin 1989, S. 506.

Zivilbedienstete zu stationieren[49]. Tatsächlich standen hier am 23. Mai 1978 exakt 97129 Soldaten sowie über 32000 zivile Mitarbeiter[50].

Bezogen auf die Interessenlage der bayerischen Landesplaner sind diese Zahlen aber lediglich ein Faktor und zudem einer von nur bedingter Aussagekraft. Entscheidend ist vielmehr, welche militärischen Vorstellungen damit verbunden waren. Diese, soviel sei vorausgeschickt, änderten sich im Untersuchungszeitraum mehrfach und sollen hier nur angedeutet werden[51]:

Rückzug und Führung der Verteidigungsschlacht am Rhein war die erste operative Planungsempfehlung der Oberkommandierenden der westlichen Besatzungstruppen kurz nach dem Ende der Berlin-Blockade 1948. Es versteht sich von selbst, daß diese Aussicht vor allem für Frankreich und die Benelux-Staaten wenig verlockend war, denn im Kriegsfalle wären sowjetische Truppen nicht nur sehr rasch an deren Grenzen gestanden, sondern die Kampfhandlungen hätten sich größtenteils auch auf ihrem Territorium abgespielt. Besonders auf das niederländische Drängen hin, eine Verteidigung schon „irgendwo in Deutschland" vorzusehen, entschloß sich die NATO im Dezember 1950 zu einer „forward strategy" als politische Richtlinie für die militärstrategischen Planungen:

> „Die Verteidigung des NATO-Gebietes erfordert, daß Westeuropa so weit im Osten wie möglich verteidigt wird. [...] Das ist nur möglich, wenn die westeuropäische Region eine Vorwärtsstrategie anwendet und ihre Verteidigung so dicht am Eisernen Vorhang wie möglich beginnt. [...] Die Anwendung einer solchen Strategie ist auch notwendig, damit das beträchtliche Potential Westdeutschlands dem Feind verweigert und für die Alliierten gewonnen wird, um der Land- und Luftverteidigung Tiefe und Dauerhaftigkeit zu geben, um die Zusage der Besatzungsmächte, Westdeutschland zu schützen, abzusichern und den guten Willen von Westdeutschland zu gewinnen."[52]

Von der Absichtserklärung bis zur konkreten Umsetzung in militärische Operationspläne war es jedoch noch ein weiter Weg. Hinzu kam, daß diese Strategie im Kriegsfall massive Folgen für die Bundesrepublik gehabt hätte, denn dort wäre nun das Hauptschlachtfeld gewesen. Eine Front im eigentlichen Sinn sollte nämlich nach wie vor erst am Rhein aufgebaut werden. Östlich davon sollte allenfalls an einer grob markierten Linie, wie sie 1957 etwa südlich des Mains durch das mittlere Franken, die Oberpfalz über Regensburg in Richtung auf den Chiemsee ins Auge gefaßt worden war, hinhaltender Widerstand geleistet werden. Weil diese Linie aber nur sehr dünn mit eigenen Truppen besetzt und somit relativ leicht durchstoßen werden konnte, sah das operative Konzept weiter vor, den Gegner zur Massierung zu zwingen und ihn dann mit taktischen Nuklearwaffen zu bekämpfen. Damit wäre die gesamte Bundesrepublik zu einem nuklearen Gefechts-

[49] Vgl. Süddeutsche Zeitung vom 27. 1. 1956: „Für Bayerns Garnisonen 100000 Soldaten".

[50] Vgl. Weiskopf, Garnisonen der Bundeswehr, S. 162f.

[51] Hier sei auf eine umfangreiche Studie hingewiesen, die derzeit am Militärgeschichtlichen Forschungsamt im Rahmen des Großforschungsprojekts „Sicherheitspolitik und Streitkräfte in der Konsolidierungsphase der Bundeswehr 1955–1965/67" erarbeitet wird: Bruno Thoß, Bündnisstrategie und nationale Verteidigungsplanung. Der Aufbau der Bundeswehr im Spannungsbogen von Nuklearstrategie und konventioneller Streitkräftestruktur.

[52] Zit. nach Greiner, Alliierte militärstrategische Planungen, in: Anfänge westdeutscher Sicherheitspolitik, Bd. 1, S. 302; allgemein zur Strategiediskussion in den ersten Jahren der Bundeswehr vgl. Frank Buchholz, Strategische und militärpolitische Diskussionen in der Gründungsphase der Bundeswehr 1949–1960, Frankfurt am Main u.a. 1991.

feld geworden – mit unermeßlichen Zerstörungen. Ein im Juni 1955 unter dem Namen „Carte Blanche" durchgeführtes NATO-Luftmanöver mit dem fiktiven Einsatz von 345 taktischen Atombomben auf beiden Seiten ließ die auch gegenüber der Öffentlichkeit nicht verheimlichten Folgen erahnen: 1,7 Millionen Tote und 3,5 Millionen Verletzte[53].

Kein Wunder, daß sich die Bundesregierung von Beginn an vehement für eine Verteidigung schon an der Ostgrenze einsetzte, was unter anderem eine Dislozierung der Verbände östlich der oben skizzierten Linie erforderte. Die Stationierungsräume sollten so ausgesucht werden, daß die Verbände relativ rasch in ihre Einsatzstellungen verlegt werden konnten[54]. Dabei mußten allerdings gewisse faktische Zwänge berücksichtigt werden, die nur bedingt sicherheitspolitischer Logik entsprachen. Aufgrund der bereits erfolgten Verteilung der alliierten Verbände auf dem nicht beliebig zu vermehrenden und für Truppenaufstellungen auch geeigneten Territorium der Bundesrepublik war man nämlich dazu gezwungen, die Kontingente der Bundeswehr ziemlich nahe am „Eisernen Vorhang" zu dislozieren, „weil hier die anderen noch Platz gelassen haben"[55]. 1963 wurde die Hauptverteidigungslinie vom Rhein an die Flüsse Weser, Fulda, Main und Lech verlegt, worauf dann im selben Jahr bei der auch für die Bundesrepublik zuständigen NATO-Kommandobehörde (AFCENT) ein Verteidigungsplan in Kraft trat, nach dem in Mitteleuropa kein Territorium mehr kampflos preisgegeben und der Abwehrkampf unmittelbar an der Grenze zu DDR und ČSSR aufgenommen werden sollte. Im Falle einer sowjetischen Aggression zwischen Ostsee und Donau rechnete man in den sechziger Jahren mit mehreren Angriffsschwerpunkten. Den Hauptstoß erwartete man vom Raum um Berlin ausgehend über die norddeutsche Tiefebene in Richtung Ruhrgebiet oder aus Thüringen nach Frankfurt am Main und in die Pfalz. Darüber hinaus stellte man in der Lagebeurteilung fest:

> „Als weitere Angriffsrichtungen sind solche aus Böhmen heraus über Nürnberg in Richtung Stuttgart-Karlsruhe sowie über Regensburg in Richtung Augsburg-Freiburg-Belfort anzusehen. Sie könnten – unter Mißachtung der österreichischen Neutralität – durch eine über Wien-Linz herangeführte weitere Angriffsgruppe aus der ČSSR oder aus Ungarn begleitet oder verstärkt werden."[56]

Angesichts solcher Bayern ganz konkret betreffender Bedrohungsanalysen stellt sich die Frage, ob und inwieweit die bayerische Staatsregierung die Möglichkeit hatte, auf eine Standortplanung einzuwirken, die sich aus militärstrategischen und operativen Überlegungen ergab, und ob es ihr gar gelang, dabei strukturpolitische Aspekte zur Geltung zu bringen.

[53] Vgl. Catherine McArdle Kelleher, Germany and the Politics of Nuclear Weapons, New York/ London 1975, S. 35–43. Zur innenpolitischen Debatte vgl. die Stenographischen Berichte über die 70. Sitzung des deutschen Bundestags am 25. 2. 1955 und über die 100. Sitzung des deutschen Bundestags am 16. 7. 1955.

[54] Deutscher Bundestag, Parlamentsarchiv, 2. Legislaturperiode, stenographisches Protokoll der 145. Sitzung des Ausschusses für Verteidigung am 18. 3. 1957.

[55] Hanns Werner, Bodennutzung und Landanforderungen für Aufgaben der Verteidigung, in: Raumforschung und Raumordnung 2/3 (1954), S. 80–90, hier S. 89.

[56] Ulrich de Maizière, Verteidigung in Europa-Mitte: Studie im Auftrag der Versammlung der Westeuropäischen Union, München 1975, S. 27.

III. Landes- und Standortplanung im Spannungsfeld von zivilen und militärischen Interessen

1. Anlaufschwierigkeiten und die Entwicklung des Organisationsgefüges

„Wenn wir einem Engländer, einem Franzosen, einem Italiener, einem Amerikaner sagen: Wir haben keine Kasernen, und infolgedessen können wir keine Leute einziehen, dann sagt uns jeder von denen: Fabriken der modernsten Art könnt ihr bauen, ihr könnt unendlich vieles andere tun auf dem Gebiet des Wohnungsbaues und der sonstigen öffentlichen Bauten, nur Kasernen wollt ihr nicht bauen können! Das glauben wir euch nicht, daß ihr das nicht könnt."[57]

Es war kein geringerer als Konrad Adenauer, der am 23. November 1956 vor dem CDU-Bundesvorstand den Finger in eine offene Wunde westdeutscher Sicherheitspolitik legte; es war die ungelöste Unterbringungsfrage, die es so schwierig machte, den ursprünglichen Zeitplan für die Aufstellung der Bundeswehr einzuhalten[58]. Diese Probleme führten innerhalb der NATO zu einigen Irritationen und ließen sogar Zweifel an der Fähigkeit oder dem Willen der Bundesrepublik aufkommen, ihre vertraglich vereinbarten Verpflichtungen zu erfüllen. Dabei hatte sich dieser Konflikt bereits während der EVG-Verhandlungen abgezeichnet[59], als deutsche Stellen im April 1952 mit einer ersten Bestandsaufnahme von Unterbringungsmöglichkeiten für eigene Streitkräfte begannen, die verfügbar waren oder verfügbar gemacht werden konnten[60]. Von den 560 Kasernenanlagen, die zu dieser Zeit in der Bundesrepublik existierten, waren etwa 380 von den Alliierten belegt, 180 dienten als Ersatzunterkünfte für Flüchtlinge, Betriebe oder Behörden. Auf Bayern entfielen Ende 1951 etwa 245 vormals von der Wehrmacht oder der SS genutzte Liegenschaften. Davon waren 102 in der Hand der US-Truppen, 122 Anlagen beherbergten Flüchtlingsorganisationen, Gewerbebetriebe oder Behörden, der Rest war überwiegend zerstört[61]. Die Liegenschaftsabteilung in der Dienststelle Blank hoffte, bei Aufstellungsbeginn im gesamten Bundesgebiet zumindest auf 100 der eigentlich für notwendig erachteten 200 Kasernen zurückgreifen zu können, doch die Besatzungsstreitkräfte waren bei der Freimachung überaus zurückhaltend. Nur mit einem Neubau von wenigstens 100 Liegenschaften vor Aufstellungsbeginn schien dieses Problem lösbar[62].

[57] Adenauer: „Wir haben wirklich etwas geschaffen." Die Protokolle des CDU-Bundesvorstands 1953–1957, bearb. von Günter Buchstab, Düsseldorf 1990, S. 1115.

[58] Dieser Auffassung war zumindest der Leiter der Haushaltsabteilung im Verteidigungsministerium, Ministerialdirektor Volkmar Hopf; vgl. Werner Abelshauser, Wirtschaft und Rüstung in den fünfziger Jahren, in: ders./Walter Schwengler, Anfänge westdeutscher Sicherheitspolitik 1945–1956, Bd. 4: Wirtschaft und Rüstung, Souveränität und Sicherheit, München 1997, S. 1–185, hier S. 157.

[59] Vgl. Meier-Dörnberg, Planung des Verteidigungsbeitrages, in: Anfänge westdeutscher Sicherheitspolitik, Bd. 2, S. 745.

[60] Vgl. Heinz-Michael Koller-Kraus, Die Anfänge der „Militärischen Infrastruktur" in der Bundeswehr. Ein chronologischer Dokumentationsrückblick, in: Europäische Wehrkunde 27 (1978), S. 71–77, hier S. 72.

[61] BA-MA, BW 1/3474, Übersicht über die im Land Bayern vorhandenen Kasernen vom 12. 12. 1951.

[62] Vgl. Meier-Dörnberg, Planung des Verteidigungsbeitrages, in: Anfänge westdeutscher Sicherheitspolitik, Bd. 2, S. 744–747.

An dieser Situation änderte sich bis 1955 wohl nichts Grundlegendes. Dennoch versicherte die deutsche Seite der NATO, bis Ende 1956 etwa 96000 Freiwillige rekrutiert zu haben. Man glaubte, bei der Unterbringung keine Schwierigkeiten zu haben, zumal lediglich bereits vorhandene Kasernen hergerichtet werden mußten; erst 1957 wurden militärische Neubauten für notwendig gehalten. Auch hinsichtlich der Beschaffung entsprechender Grundstücke war man zuversichtlich[63]. Doch weit gefehlt! Bereits vor Weihnachten 1955 hatte die Abteilung Gesamtstreitkräfte im Bundesministerium der Verteidigung über den totalen Zusammenbruch der Unterbringungsplanung geklagt, wodurch nicht nur eine „ungewöhnlich ernste Situation" hervorgerufen, sondern das Heer zu entscheidenden organisatorischen Planungsänderungen gezwungen worden sei[64]. Ein „NATO-visiting team" deckte dann im Sommer 1956 die unzureichenden Unterbringungsmöglichkeiten als die eigentliche Ursache für den nicht mehr zu verbergenden Rückstand beim Aufbau der Bundeswehr auf[65].

Die deutsche Seite führte das Unterbringungsproblem zu einem Gutteil auf die mangelnde Bereitschaft der Stationierungsstreitkräfte zur Räumung von Kasernen zurück. „Alles Planen über das Freiwerden von Kasernen war in Nichts zerstoben", so die illusionslose Erklärung von Verteidigungsminister Blank, der darin sogar den eigentlichen Grund für seinen „Rausschmiß aus dem Kabinett" erblickte[66], am 20. September 1956 vor dem CDU-Bundesvorstand[67]. Auch sein Nachfolger Franz Josef Strauß brandmarkte in einer NATO-Prüfungssitzung am 29. Oktober 1956 das zögerliche Verhalten der ehemaligen Besatzungstruppen in der Kasernenangelegenheit. Die Schwierigkeiten beim Aufbau der Bundeswehr hatten aber nicht nur damit, sondern auch mit den mangelhaften gesetzgeberischen Vorarbeiten und dem verbreiteten innenpolitischen Argwohn zu tun, auf den die Wiederbewaffnung stieß[68]. Zu Recht hatte Blank in einer Rechtfertigungsrede vor dem Bundesvorstand der CDU am 23. November 1956 darauf hingewiesen, daß der Bundesminister für Verteidigung „nicht in der Lage [ist], auch nur eine einzige Kaserne zu bauen und zu räumen"[69].

Diese Aussage berührte einen wesentlichen Punkt in den Debatten um die deutsche Wiederbewaffnung, nämlich den vor dem Hintergrund der Rolle des Militärs in Deutschland bis 1945 besonders heiklen Komplex der „civil control". Dem Verteidigungsminister als Inhaber der Befehls- und Kommandogewalt im Frieden sollten zwar die Planung, Führung, Aufstellung, Ausbildung und Ausrüstung der Streitkräfte obliegen, doch blieben die damit teilweise verbundenen administrativen Aufgaben zivilen Bundes- beziehungsweise Landesbehörden vorbehalten, weil man angesichts eines seit 1949 existierenden, auf demokratischer

63 Vgl. Greiner, Eingliederung der Bundesrepublik Deutschland, in: Anfänge westdeutscher Sicherheitspolitik, Bd. 3, S. 652.
64 BA-MA, BW 9/25277, Besprechung der Abt. IV im BMVg vom 21. 12. 1955.
65 Vgl. Greiner, Eingliederung der Bundesrepublik Deutschland, in: Anfänge westdeutscher Sicherheitspolitik, Bd. 3, S. 755f.
66 Abelshauser, Wirtschaft und Rüstung, in: Anfänge westdeutscher Sicherheitspolitik, Bd. 4, S. 157.
67 CDU-Bundesvorstandsprotokolle 1953–1957, S. 1064.
68 Allgemein hierzu Hans Ehlert, Innenpolitische Auseinandersetzung um die Pariser Verträge und die Wehrverfassung 1954 bis 1956, in: Anfänge westdeutscher Sicherheitspolitik, Bd. 3, S. 235–560.
69 CDU-Bundesvorstandsprotokolle 1953–1957, S. 1118.

und föderativer Grundlage ruhenden staatlichen Gemeinwesens eine zu starke militärische Sonderverwaltung als Störfaktor empfand[70]. Konkret hieß das: Nachdem 1945 die Reichsbauverwaltung in die Befugnis der Länder übergegangen war – in Bayern an das Staatsministerium der Finanzen mit seinen nachgeordneten Finanzbauämtern bei den Oberfinanzdirektionen –, fielen auch die Kasernenbauten der Bundeswehr in die Kompetenz dieser Behörden[71]. Eine eigenständige militärische Bauverwaltung wurde nicht errichtet, ein Umstand, den man im Verteidigungsausschuß noch 1965 bedauern sollte: „Abg. Kreitmeyer spricht sich für eine eigene Bauorganisation der Bundeswehr aus. Als der Ausschuß vor zehn Jahren noch mit dem berühmten Mißtrauen an die Bundeswehr herangegangen sei, habe er ihr eine solche Bauorganisation verweigert."[72] Dabei wußte derselbe Ausschuß aber bereits im Sommer 1956, daß die planmäßige Aufstellung der Bundeswehr nur dann durchführbar war, „wenn ausreichende Unterkünfte rechtzeitig bereitgestellt werden"[73]. Das hieß: Neue Kasernen mußten gebaut werden.

Grundlage aller Neubaumaßnahmen war jedoch, daß man über ausreichend Grund und Boden verfügen konnte. Die Dienststelle Blank versuchte, in erster Linie auf in Bundesbesitz befindliches ehemaliges Wehrmachtgut zurückzugreifen[74], ein Vorhaben, das allein schon wegen der zwischenzeitlichen Fremdnutzungen schwer durchführbar war. Bereits Anfang 1955 mußte Blank die Mitglieder des Verteidigungsausschusses darauf hinweisen, daß es noch keinen detaillierten Standortplan gebe, was nicht zuletzt auch mit der ungeklärten Landfrage zusammenhing[75]. Bei der Beschaffung von Land, das nicht der öffentlichen Hand gehörte, war die Beteiligung der Länder erforderlich, und es mußte hier auch mit starkem öffentlichen Widerstand gerechnet werden. Als Gerüchte über Beschlagnahmungen kursierten, bevor noch die ersten Kontingente der Bundeswehr aufgestellt waren, soll es zu Unruhe in der Bevölkerung gekommen sein; die bayerische Staatskanzlei erwartete sogar eine Zunahme solcher Fälle[76].

Problematisch war die Landfrage auch deshalb, weil hierfür zunächst keine gesetzliche Grundlage existierte. Das Gesetz über die Landbeschaffung der Wehrmacht vom 29. März 1935 sowie seine Ausführungsanordnungen waren am 1. April 1946 außer Kraft getreten und entsprachen ohnehin nicht den rechtsstaatlichen Maximen des Grundgesetzes[77]. Hinzu kam, daß in einer ganzen Reihe von

70 Vgl. Hans-Günter Bode, Militärische und zivile Verteidigung, in: Jeserich/Pohl/Unruh (Hrsg.), Deutsche Verwaltungsgeschichte, Bd. 5, S. 518–563, hier S. 539ff.

71 Vgl. Benedikt Strobel, Vom Militärbauwesen im Königreich Bayern zur bayerischen Finanzbauverwaltung: Die Geschichte einer Bauverwaltung und ihrer Beamten, München 1985, S. 43–49. Zum Verfahrensgang bei Bundeswehrbauten vgl. M. E. Müller, Bauen für die Bundeswehr. Ein Überblick, in: Bundeswehrverwaltung 17 (1973), S. 104–107 und S. 129–133.

72 Deutscher Bundestag, Parlamentsarchiv, 4. Legislaturperiode, stenographisches Protokoll der 115. Sitzung des Ausschusses für Verteidigung am 15. 6. 1965.

73 Deutscher Bundestag, Parlamentsarchiv, 2. Legislaturperiode, stenographisches Protokoll der 100. Sitzung des Ausschusses für Verteidigung am 21. 6. 1956.

74 Bulletin des Presse- und Informationsamts der Bundesregierung Nr. 166 vom 6. 9. 1955, S. 1390f.

75 Deutscher Bundestag, Parlamentsarchiv, 2. Legislaturperiode, stenographisches Protokoll der 30. Sitzung des Ausschusses für Verteidigung am 26. 1. 1955.

76 BayHStA, StK 115175, Vormerkung betr. Benachrichtigung des Presseamts bei Beschlagnahmen für Verteidigungszwecke vom 27. 6. 1955.

77 Vgl. Waldemar Gressl, Die Landbeschaffung für Zwecke der Bundeswehr, in: Bundeswehrverwaltung 4 (1960), S. 329–332, hier S. 329.

Fällen – in Bayern zum Beispiel beim Standortübungsplatz Berchtesgaden oder den Flugplätzen Giebelstadt und Fürstenfeldbruck – alte Ansprüche aus Landabgaben für die Wehrmacht noch nicht geregelt waren und die Bereitschaft zu neuerlicher Grundabtretung zumindest bei der bayerischen Bauernschaft kaum vorhanden war[78].

Nachdem schon während der EVG-Verhandlungen ein Landbeschaffungsgesetz für Aufgaben der Verteidigung stecken geblieben war[79], war es schließlich der Bundesrat, der am 7. Oktober 1955 eine entsprechende Gesetzesvorlage einbrachte. Der Entwurf der Länderkammer sah vor, bei der Beschaffung von Land für Zwecke der Verteidigung die Erfordernisse der Raumordnung nach Anhörung der Regierungen der Länder „angemessen" zu berücksichtigen. In der Begründung wiesen die Antragsteller darauf hin,

> „daß eine Landbeschaffung größeren Ausmaßes sich als Eingriff in das wirtschaftliche, soziale, landschaftliche und kulturelle Gefüge des betroffenen Gebietes auswirken kann. Daher ist die fachmilitärische Überprüfung einer Landanforderung durch Überlegungen zu ergänzen, die den Erfordernissen der Raumordnung Rechnung tragen. Dabei werden die zu berücksichtigenden Interessen zweckmäßig durch die jeweils dazu berufenen Sachwalter zur Geltung zu bringen sein. [...] Es wird zu beachten sein, daß die einzelnen Landanforderungen in einem möglichst frühzeitigen Stadium unter dem Gesichtspunkt der Raumordnung geprüft werden."[80]

Als der Bundestag das Gesetz am 23. Februar 1957 verabschiedete, wurde dieses Grundanliegen dann auch verpflichtend verankert. Der Bund mußte nun bei der Beschaffung von Grundstücken für die Streitkräfte die jeweilige Landesregierung beiziehen, die ihrerseits „nach Anhörung der betroffenen Gemeinde (Gemeindeverband) unter angemessener Berücksichtigung der Erfordernisse der Raumordnung, insbesondere der landwirtschaftlichen und wirtschaftlichen Interessen sowie der Belange des Städtebaues und des Naturschutzes, zu dem Vorhaben Stellung nimmt"[81].

Die Rücksichtnahme auf die Belange der Raumordnung, die auch schon vor der Verabschiedung des Landbeschaffungsgesetzes praktiziert wurde, lag im übrigen durchaus im Interesse des Bundes. In seiner Antwort auf eine große Anfrage der SPD-Fraktion setzte der Leiter der Liegenschaftsabteilung im Verteidigungsministerium 1957 den Verteidigungsausschuß von den zentralen Prinzipien in Kenntnis, welche die Dislozierungsplanung bestimmen sollten. Dabei legte er Wert auf die Feststellung, die Lebensfähigkeit der betroffenen Gebietskörperschaft sei

[78] BayHStA, MWi 22429, Vormerkung der Landesplanungsstelle betr. Bereinigung alter Ansprüche aus Landabgaben für die frühere Wehrmacht vom 11. 7. 1958. Vgl. auch StA München, LRA 15913, wonach sich die Gemeindeverwaltung Maisach am 18. 11. 1946 gegenüber dem Landwirtschaftsministerium nicht nur über die 1935/36 erfolgte Enteignung großer landwirtschaftlicher Flächen für den Bau des Fliegerhorstes Fürstenfeldbruck beklagte, sondern auch berichtete, daß für die gepachteten Flächen lediglich bis 1943 vom Luftgaukommando VII der Pachtzins bezahlt worden sei.

[79] Vgl. Werner, Bodennutzung und Landanforderung, S. 85.

[80] Deutscher Bundestag. Parlamentsarchiv – Gesetzesdokumentation, A1 II/358, Bundesratsdrucksache Nr. 330/55, Gesetz über die Landbeschaffung für Aufgaben der Verteidigung (Landbeschaffungsgesetz) vom 7. 10. 1955, S. 4.

[81] BGBl. 1957, Teil I, Gesetz über die Landbeschaffung für Aufgaben der Verteidigung (Landbeschaffungsgesetz) vom 23. 2. 1957, S. 134–146, hier Paragraph 1, S. 134.

nicht nur zu erhalten, sondern „gegebenenfalls durch solche Maßnahmen – besonders in grenznahen Gebieten, in Gebieten einer wirtschaftlichen Unterentwicklung – zu steigern". Dahinter stehe das Ziel, „daß einseitig kleinbäuerlich orientierte Gebiete durch zusätzliche Verdienstmöglichkeiten, die durch die Einrichtungen der Bundeswehr in diesen Gebieten eröffnet werden können, zu einer stärkeren Gesundung kommen und nicht mehr nur einseitig kleinbäuerlich strukturiert sind"[82].

Die Abteilung Infrastruktur des Verteidigungsministeriums ließ sich aber keineswegs nur von engeren wirtschaftlich-raumordnerischen Gesichtspunkten leiten. Dahinter stand durchaus eine sehr umfassende militärpolitische Ratio, die sich aus der Logik der Systemkonfrontation ergab und die auf eine größtmögliche gesellschaftliche wie wirtschaftliche Stabilität im „Frontstaat" Deutschland zielte. Dazu gehörten der Versuch, Ballungsräume von Militär möglichst freizuhalten, und die Absicht, durch raumordnerische Impulse auch „die Ausgewogenheit der Teilgebiete im Sinne ihrer Widerstandsfähigkeit bei Erschütterungen wirtschaftlicher Art im Sinne einer Krisenfestigkeit zu steigern oder zu erhalten". Konkret wurden in diesem Zusammenhang der Bayerische Wald und die fränkischen Gebiete an der Zonengrenze angesprochen[83]. Dieser Maxime konnten sich auch die Militärs nicht verschließen. Zwar hatte der Führungsstab des Heeres erhebliche Bedenken gegen allzu grenznahe Standorte wie beispielsweise Mellrichstadt in Unterfranken, dennoch sollte „die Grenznähe für die Auswahl von neuen Garnisonen, vor allem in sogenannten Notstandsgebieten, keine ausschlaggebende Rolle spielen"[84].

Das Landbeschaffungsgesetz von 1957 garantierte die Beteiligung der Länder beim Grunderwerb, bei der Standortwahl konnten sie aber nur indirekt über das Raumordnungsverfahren mitwirken. Eine nicht nur in diesem Zusammenhang stärkere Position wäre den Bundesländern zugefallen, wenn ein 1956 eingebrachtes Gesetz über die Organisation der militärischen Landesverteidigung zustande gekommen wäre. Entsprechend einer Zusage der Bundesregierung vom 27. Juni 1955, bei der Errichtung oder Aufgabe von Garnisonen sowie sonstiger Verteidigungsanlagen wie Flugplätzen mit den Ländern Rücksprache zu nehmen[85], und

[82] Deutscher Bundestag, Parlamentsarchiv, 2. Legislaturperiode, stenographisches Protokoll der 127. Sitzung des Ausschusses für Verteidigung am 9. 1. 1957; das folgende Zitat ebenda.

[83] Vgl. allgemein Baer, Raumwirksamkeit staatlicher Dezentralisierungspolitik, S. 17f.

[84] BA-MA, BH 1/6466, Vorschläge des Kommandierenden Generals des II. Korps für die Stationierung vom 10. 9. 1959. Relativierend muß an dieser Stelle jedoch darauf hingewiesen werden, daß im Unterschied zur eben skizzierten Politik einer Stärkung der Krisenfestigkeit zum damaligen Zeitpunkt militärische Planungen für den Verteidigungsfall durchaus auch die Möglichkeit der Räumung großer Teile bundesdeutschen Gebiets in Betracht zogen. In einem in der Presse heftig diskutierten, in der Zeitschrift „Wehrkunde" unter dem Titel „Das Flüchtlingsproblem in der Bundesrepublik Deutschland" erschienenen Aufsatz konfrontierte der Autor die Öffentlichkeit beispielsweise mit einem 150 km breiten Massenevakuierungsstreifen entlang der Zonengrenze. Aus Bayern sollten etwa 40 Prozent der Bevölkerung (ca. drei Millionen) nach dem Westen verbracht und die Masse der südlich der Donau wohnenden Bevölkerung in die Alpen „verweist" werden. Vgl. Wilhelm Kohler, Das Flüchtlingsproblem in der Bundesrepublik Deutschland, in: Wehrkunde 7 (1958), S. 209–216. Zur Diskussion in der Presse vgl. Hamburger Echo vom 16. 4. 1958: „Evakuierungsplan für 14 Millionen Deutsche"; Westfälische Rundschau vom 16. 4. 1958: „Über 14 Millionen sollen evakuiert werden"; Der Spiegel vom 30. 4. 1958: „Die Nation marschiert".

[85] Verteidigungsminister Blank sprach gar davon, „den Wünschen der Länder Rechnung" zu tragen. Stenographischer Bericht über die 92. Sitzung des deutschen Bundestags am 27. 6. 1955, S. 5216.

unter augenscheinlicher Rückbesinnung auf entsprechende Bestimmungen im Wehrgesetz vom 23. März 1921[86] hatte es in diesem Gesetzentwurf geheißen:

„Bei der Stationierung und personellen Zusammensetzung der Streitkräfte sind im Rahmen der militärischen Möglichkeiten die Gliederungen des Bundes in Länder und die besonderen landsmannschaftlichen Verhältnisse zu berücksichtigen. Die Länder sind zu hören, soweit ihre kulturellen und wirtschaftlichen Interessen berührt werden, insbesondere vor der Einrichtung und Aufhebung von Standorten und Verteidigungsanlagen. Auf ihre Belange ist im Rahmen der militärischen Möglichkeiten Rücksicht zu nehmen."[87]

An diesem letzten Satz schieden sich die Geister. Während der Bundesrat die Streichung vorschlug, weil die Berücksichtigung der landsmannschaftlichen Verhältnisse ihrer Auffassung nach „nicht nur im Rahmen des militärisch möglichen, sondern grundsätzlich erfolgen" sollte, beharrte die Bundesregierung mit dem Argument darauf, aufgrund der NATO-Mitgliedschaft sei man „insbesondere auf dem Gebiet der Dislozierung und Stationierung an militärische Entscheidungen gebunden, die gelegentlich auch zu einer Nichtberücksichtigung der landsmannschaftlichen Interessen zwingen können".

Das Organisationsgesetz wurde nie verabschiedet. Der Entwurf verweist aber auf das Spannungsverhältnis zwischen zivilen, vornehmlich wirtschaftlichen Interessen auf der einen und militärischen Erfordernissen auf der anderen Seite, das für alle Entscheidungen über die Standorte neuer Bundeswehr-Garnisonen konstitutiv war. Beide Seiten bemühten sich jedoch um einvernehmliche Lösungen, zumal in der ersten Phase, als die gesetzlichen Grundlagen zur Landbeschaffung noch weitgehend fehlten und nicht nur die grundlegenden, sondern auch die größte Zahl der Standortentscheidungen getroffen wurden. Die Politik des Verteidigungsministeriums zielte dabei auf frühzeitige und umfassende Information der Ministerpräsidenten ab[88]. Insbesondere gegenüber Bayern legte Blank größten Wert darauf, bei allen Maßnahmen hinsichtlich Truppenstärke und Dislozierung Einvernehmen herzustellen[89]. Dem Verteidigungsminister waren aber oft die Hände gebunden, weil er alliierte Wünsche und Entscheidungen zu berücksichtigen hatte. So mußte Blank bereits im Januar 1955 vor dem Verteidigungsausschuß auf die Frage, ob für künftige Standorte schon ein Grundplan vorliege, mit Nein antworten[90].

86 Vgl. RGBl. 1921, S. 332.

87 Drucksache 2341 vom 26. 4. 1956, in: Verhandlungen des Deutschen Bundestages. 2. Wahlperiode. Anlagen zu den stenographischen Berichten, Bd. 42, Bonn 1956; die folgenden Zitate aus den Änderungsvorschlägen des Bundesrats und aus der Stellungnahme der Bundesregierung zu diesen Vorschlägen finden sich in Anlage 2 und Anlage 3 zur Drucksache 2341.

88 Vgl. Bulletin des Presse- und Informationsamts der Bundesregierung Nr. 166 vom 6. 9. 1955, S. 1390f.

89 BayHStA, StK 115174, Bevollmächtigter Bayerns beim Bund an Ministerpräsident Hoegner vom 10. 2. 1955.

90 Bemerkenswert im Hinblick auf die hier zu untersuchende Rolle von Garnisonen als einem raumwirksamen Strukturelement ist die Äußerung des Ausschußvorsitzenden Richard Jaeger (CSU), der in derselben Sitzung darum bat, im Rahmen der militärischen Planungen keine örtlichen Interessen zur Geltung zu bringen, da sonst in der letzten Konsequenz „strategische Planungen nach Wahlkreisinteressen gemacht werden". Deutscher Bundestag, Parlamentsarchiv, 2. Legislaturperiode, stenographisches Protokoll der 30. Sitzung des Ausschusses für Verteidigung am 26. 1. 1955.

Im Oktober 1955 gab es immerhin einen Unterbringungsplan für die Periode bis zum 1. April 1956 und eine Standortplanung für das erste Aufstellungsjahr[91]. Im September 1956 mußte Blank aber erneut einräumen, daß man nach wie vor über keinen Gesamt-Unterbringungsplan verfüge. Zur Begründung dieses auch für die Bundeswehr unbefriedigenden Zustands gab er außer dem Hinweis auf die beengten Raumverhältnisse sowie das fehlende Landbeschaffungsgesetz an:

„Endgültige Abmachungen über die Dislozierung der Bundeswehr und der Stationierungsstreitkräfte liegen noch nicht vor; sie werden in erster Linie von strategischen Gesichtspunkten bestimmt. Die Entscheidung darüber ist gemäß den Verpflichtungen der Bundesrepublik aus den Pariser Verträgen grundsätzlich vom Atlantischen Oberbefehlshaber in Europa (SHAPE) im Einvernehmen mit den zuständigen nationalen Verteidigungsbehörden zu treffen. Eine solche Entscheidung von SHAPE ist noch nicht erfolgt."[92]

Blank reagierte damit auf ein Schreiben des bayerischen Ministerpräsidenten Hoegner vom Vormonat, in dem dieser nicht zuletzt aus Raumordnungsgründen um einen solchen Gesamt-Standortplan gebeten hatte[93]. Dieser Briefwechsel macht deutlich, daß sich der sozialdemokratische Ministerpräsident nicht nur der Bedeutung und der Konsequenzen bewußt war, die die Errichtung von Garnisonen für Bayern haben würde, sondern daß ihm trotz seiner urspünglichen Abneigung vor allem gegen die Struktur der Bundeswehr – er war, offenbar geprägt durch seine Emigration während der NS-Zeit, ein Anhänger des Milizsystems der Schweiz – mittlerweile an einer gedeihlichen Zusammenarbeit mit dem CDU-geführten Verteidigungsministerium gelegen war[94]. Glaubt man einem Vermerk Wolfgang Cartellieris, Ministerialrat im Verteidigungsministerium, daß im Frühjahr 1955 ein Besuch von Vertretern aus dem Verteidigungsressort in Bayern deshalb „schief gelaufen [sei], da Herr Ministerpräsident Hoegner offensichtlich keine Zeit gehabt und auch andere Minister oder Ministerialbeamte nicht zugezogen hatte"[95], gab es bei dieser Zusammenarbeit jedoch gewisse Anfangsschwierigkeiten. Einem mit „Bayern und die Dienststelle Blank" überschriebenen Artikel in der Bayerischen Staatszeitung zufolge fand aber am 23. März 1955 in München eine gründliche Aussprache zwischen Hoegner und Blank statt, an der auch Vertreter der mit einschlägigen Fragen befaßten Ressorts teilnahmen. Bei dieser Besprechung versäumte es die bayerische Staatsregierung nicht, darauf hinzuweisen, daß sie der Landbeschaffung sowie der Ausrüstung der Streitkräfte entscheidende Bedeutung beimesse[96].

Nach dieser Klärung kam es mehrfach zum persönlichen Gedankenaustausch zwischen dem Ministerpräsidenten und dem Verteidigungsminister. Dabei entwickelten sich anscheinend so gute Beziehungen zwischen Blank und Hoegner, daß sich der CSU-Vorsitzende Hanns Seidel beim Bundeskanzler darüber beschwerte, nicht über die Bayern betreffenden Planungen der Bundeswehr infor-

91 Deutscher Bundestag, Parlamentsarchiv, 2. Legislaturperiode, stenographisches Protokoll der 52. Sitzung des Ausschusses für Verteidigung am 13. 10. 1955.

92 BayHStA, StK 115174, Verteidigungsminister Blank an Ministerpräsident Hoegner vom 17. 9. 1956.

93 BayHStA, MWi 22426, Ministerpräsident Hoegner an Verteidigungsminister Blank vom 13. 8. 1956.

94 Zur Haltung Hoegners zu Wiederbewaffnung und Bundeswehr vgl. Peter Kritzer, Wilhelm Hoegner. Politische Biographie eines bayerischen Sozialdemokraten, München 1979, S. 336f.

95 BA-MA, BW 1/28936, Vermerk vom 21. 10. 1955.

96 Vgl. Bayerische Staatszeitung vom 23. 4. 1955.

miert zu werden. Wie Adenauer gegenüber seinem politisch schon angeschlagenen Minister bissig bemerkte, mochte diese Beschwerde, ob sie zutreffend war oder nicht, „manches hinsichtlich der Animositäten der CSU Ihnen gegenüber erklären“[97]. Aber auch Blanks Nachfolger im Amt des Verteidigungsministers lag viel an einer gedeihlichen Zusammenarbeit mit dem sozialdemokratischen Ministerpräsidenten. In einer Sitzung des bayerischen Ministerrats am 3. April 1957, an der auch Franz Josef Strauß teilnahm und die nicht zuletzt einberufen worden war, um die leidigen Unterkunftsprobleme zu lösen, verdeutlichte Hoegner pointiert und ohne parteipolitische Scheuklappen seine Grundauffassung zum Aufbau der Bundeswehr:

„Bayern lege nicht nur Gewicht darauf, daß seine verfassungsmäßigen und geschichtlichen Rechte erhalten blieben. Es werde aber immer mit der Bundesregierung loyal zusammenarbeiten. Was die Wehrfrage anbelange, so gebe es nur eine Meinung, nämlich daß die Verteidigung der Bundesrepublik und damit der Freiheit notwendig sei. Über die Art und Weise, wie dies geschehen könne, seien verschiedene Auffassungen möglich. Nachdem aber das Bundesgesetz über die allgemeine Wehrpflicht verabschiedet sei, habe man sich daran zu halten und die Verpflichtung seitens der Länder loyal mit der Bundesregierung zusammenzuarbeiten.“[98]

Insofern war Hoegner konsequent, als er versicherte, daß die bayerische Staatsregierung „alles tun werde, um die Pläne des Bundesverteidigungsministeriums zu unterstützen“. Dies schloß freilich ein hartes Verhandeln in der Stationierungsfrage zur Durchsetzung bayerischer Interessen keineswegs aus. Hoegner war jedenfalls fest dazu entschlossen, wie sich auch daran zeigte, daß er die mit dem Bundeswehraufbau verbundenen Aufgaben direkt an sich zog. Die bayerische Staatskanzlei hatte bereits im Februar 1955 die Einrichtung einer besonderen Stelle vorgeschlagen, „die als korrespondierender Teil“ zum Amt Blank die „gesamten Aufgaben, Wünsche und Anforderungen koordiniert“ – und zwar innerhalb des Organisationsrahmens der Staatskanzlei[99]. Man befürchtete nämlich, „daß trotz des vorhandenen Koordinierungsausschusses für diese Angelegenheit die Dinge nicht nach ihrer politischen Substanz, sondern nach Ressortgesichtspunkten bewertet werden“, wenn die bayerischen Ministerien wie bisher direkt mit dem Verteidigungsministerium in Bonn verhandelten[100].

Diese Befürchtungen waren nicht aus der Luft gegriffen, nachdem bereits im Sommer 1954 die Landesplanungsstelle im Staatsministerium für Wirtschaft und Verkehr mit Vertretern der Dienststelle Blank erste Gespräche über Standortvorschläge für deutsche Garnisonen geführt hatte[101] und im Frühjahr 1955 im Landwirtschaftsministerium ein Referat eingerichtet worden war, „das die Interessen

[97] Konrad Adenauer an Theodor Blank vom 13. 8. 1956, abgedruckt in: Adenauer. Briefe 1955–1957, bearb. von Hans Peter Mensing, Berlin 1998, S. 226.
[98] BayHStA, StK 115174, Protokoll der außerordentlichen Sitzung des Ministerrats am 3. 4. 1957; das folgende Zitat ebenda.
[99] BayHStA, StK 115173, Vormerkung betr. Zusammenarbeit mit der Dienststelle Blank vom 14. 2. 1955; das folgende Zitat ebenda.
[100] Hinter dem Koordinierungsausschuß verbarg sich ein in Bayern in der Folge der Verstärkung der alliierten Truppen seit dem 25. 10. 1950 eingerichteter Interministerieller Ausschuß für Fragen der Kasernenfreimachung. BayHStA, BBbB 867, bayerische Staatskanzlei an Bevollmächtigten Bayerns beim Bund vom 17. 10. 1955.
[101] BayHStA, BBbB 867, Landesplanungstelle an BMVg vom 18. 2. 1955.

des Landes gegenüber den Bonner Plänen zur Errichtung von Truppenübungsplätzen, Schießständen und Kasernen" wahrnehmen sollte[102]. Unter der übertriebenen Schlagzeile „Anti-Blank-Referat" hatte die Tageszeitung „Die Welt" damals geschrieben, dieses Referat solle „die bayerischen Bauern vor der Beschlagnahme ihrer Felder für Truppenübungsgelände und Flugplätze durch das Amt Blank schützen"[103].

Die hier angedeuteten Probleme zwangen förmlich zur Konzentration der Kompetenzen in der Staatskanzlei. Dies hatte auch den Vorteil, daß dadurch die Verantwortlichkeit der Politik gegenüber dem Militär gestärkt werden konnte. Hoegner machte sich diese Auffassung zu eigen, und er erhielt in der erwähnten Unterredung am 23. März 1955 von Blank auch die Zusage, sich in Fragen von grundsätzlicher Bedeutung in Zukunft direkt an die Staatskanzlei zu wenden. Ausdrücklich wurde vereinbart, daß künftig insbesondere Absprachen mit einzelnen Behörden über Landbedarf, Standorte, Übungsplätze und sonstige militärische Anlagen unterbleiben sollten[104]. Umgekehrt wies Hoegner die Ressorts an, jeglichen Schriftverkehr mit der Dienststelle Blank ausschließlich über die Staatskanzlei zu führen, und auch den Kommunen wurde nahegelegt, ihre Verhandlungen ebenfalls unter Einschaltung der Staatskanzlei zu führen[105].

Dort richtete man, aufbauend auf das schon seit 1945 bestehende Referat für Besatzungsfragen, im April 1955 ein Wehrreferat ein, das federführend und im Einvernehmen mit den zuständigen Ressorts alle mit der Aufstellung der Streitkräfte zusammenhängenden Fragen bearbeiten sollte. Zum ersten Leiter des Wehrreferats wurde der Regierungsrat und Referent für staatsbürgerliche Bildung bei der bayerischen Landespolizei, Franz Pöschl, bestellt. Als Oberstleutnant der Wehrmacht und Mitglied im Personalgutachterausschuß für die Streitkräfte war er dafür besonders prädestiniert[106]. Hinzu kam, daß er die bayerische SPD in allen Wehrfragen beriet und insbesondere Hoegners Vorstellungen von einer Milizarmee mit militärfachlichen Argumenten untermauert hatte[107]. Schließlich wurde auch noch der direkt dem Ministerpräsidenten unterstellte Amtsgerichtsrat Dr. Gerhard Reischl als eine Art „Militärbevollmächtigter" an die Dienststelle des bayerischen Bevollmächtigten beim Bund abgeordnet; ihm oblag die Bearbeitung aller Angelegenheiten, die mit dem Ausschuß des Bundesrats für Fragen der europäischen Sicherheit zusammenhingen[108].

Daß es sich, wie im Frühjahr 1955 von Mitarbeitern der bayerischen Staatskanzlei erwartet, bei Landbeschaffung und Standortwahl um eminent politische Fragen handelte, sollte bereits 1956 deutlich werden. Die Debatten, die daraus re-

[102] Nürnberger 8 Uhr Blatt vom 5. 4. 1955: „Bayern wehrt sich gegen Blank".
[103] Die Welt vom 5. 4. 1955: „Anti-Blank-Referat wurde in Bayern gebildet".
[104] BayHStA, StK 115174, Regierungserklärung des Ministerpräsidenten vom 23. 3. 1955.
[105] BA-MA, BW 1/28937, Rundschreiben des Ministerpräsidenten an alle Staatsministerien vom 4. 5. 1955.
[106] Franz Pöschl trat am 1. 1. 1961 als Oberstleutnant wieder in die Bundeswehr ein und schied 1978 als Generalleutnant aus.
[107] Vgl. Franz Pöschl, Der Verteidigungsbeitrag der Bundesrepublik – Wehrpflicht oder Berufsheer, Kochel 1956 (Schulungsunterlage der Georg von Vollmar-Schule Nr. 6).
[108] BA-MA, BW 1/28937, Ministerpräsident Hoegner an Verteidigungsminister Blank vom 26. 10. 1955; vgl. auch Wilhelm Hoegner, Bayern und die Aufstellung der deutschen Streitkräfte, in: Bayerische Staatszeitung vom 7. 1. 1956, S. 1 f.

sultierten, zeigten freilich auch, daß zumindest in dieser Angelegenheit erheblich größere politische Gemeinsamkeiten zwischen dem sozialdemokratischen Ministerpräsidenten und dem jeweiligen Verteidigungsminister aus den Reihen der Union herrschten als zwischen Blank und Strauß auf der einen und Teilen der CSU auf der anderen Seite. Als beispielsweise am 1. März 1956 im Landtag ein Antrag des Bayernpartei-Abgeordneten Konrad Frühwald debattiert wurde, bei der Errichtung von Truppenübungsplätzen und Garnisonen in erster Linie auf Staatsbesitz zurückzugreifen, warf der CSU-Abgeordnete Franz Magerl der Ministerialbürokratie – insbesondere den Beamten des Landwirtschaftsministeriums – vor, sich dem beharrlich entgegenzustellen und statt dessen auf bäuerlichen Privatbesitz zurückzugreifen. Dies führe zur Vernichtung zahlreicher Existenzen. Ohne auf Magerls Vorwürfe direkt einzugehen, nahm der Ministerpräsident die Debatte zum Anlaß, die Abgeordneten zunächst einmal über die Flächenanforderungen für die Bundeswehr zu informieren. So fielen für den Landübungsplatz eines Pionierbataillons 50 ha und für einen Wasserübungsplatz 15 bis 20 ha an. Ein Infanterie- oder Artilleriebataillon benötigte für seinen Standortübungsplatz 150 ha, ein Panzerbataillon etwa 300 ha. Das seien, so die „Süddeutsche Zeitung“, „900 bayerische Tagwerk oder das Gelände von zehn Großbauernhöfen“[109].

Sich der Wirkung solcher Zahlen wohl bewußt, schloß Hoegner seine Ausführungen mit dem Versprechen, „diese Anforderungen der Bundeswehr nach Möglichkeit herabzuschrauben und vor allem landwirtschaftlich wertvollen Boden zu verschonen“[110]. Wie sich am 3. April 1957 in einer Ministerratssitzung im Beisein von Verteidigungsminister Strauß zeigen sollte, fühlte sich die Staatsregierung an diese Zusage durchaus gebunden[111]. Während Hoegner selbst über den erheblichen Widerstand der Bauern und ihrer Interessenvertreter gegen die geplante Errichtung des Flugplatzes bei Giebelstadt referierte, der dann vermutlich aus militärischen Erwägungen nicht gebaut wurde, wies Staatssekretär Simmel aus dem Landwirtschaftsministerium auf die teilweise großen Schwierigkeiten hin, die die Landanforderungen für die Bauern mit sich brachten. Oftmals stünden die Landwirte vor dem Verlust ihrer Existenz. Strauß erkannte diese Härten durchaus an, führte sie jedoch auf die engen finanziellen Grenzen bei der Entschädigung sowie auf bürokratische Hemmnisse zurück. Um für eine Debatte im Bundeskabinett gewappnet zu sein, bat er um Mitteilung besonders krasser Einzelfälle.

Bei solchen Spitzengesprächen ging es nicht nur darum, die Landanforderungen der Bundeswehr möglichst zu minimieren, sondern auch darum, Einfluß auf ganz besonders schwierige oder mit weitreichenden Konsequenzen verbundene Standortplanungen zu gewinnen. Die bayerischen Vorstöße waren dabei nicht immer erfolgreich. Gleich zu Beginn der Unterredung mit Strauß machte Hoegner nämlich auf ein „besonderes Sorgenkind für die Bayerische Staatsregierung“ aufmerksam, und zwar auf Laufen an der Salzach. Die Stadt habe bereits erhebliche finanzielle Vorleistungen in Höhe von 195000 DM zum Ankauf von Tauschflächen erbracht. Daß Laufen nun keine Garnison erhalten solle, bedeute für die

[109] Süddeutsche Zeitung vom 2. 3. 1956: „Blanks Landanforderungen an Bayern“.
[110] Stenographischer Bericht über die 54. Sitzung des bayerischen Landtags am 1. 3. 1956, S. 1716.
[111] BayHStA, StK 115174, Protokoll der außerordentlichen Sitzung des Ministerrats am 3. 4. 1957.

unter hoher Arbeitslosigkeit leidende Stadt einen schweren Schlag. Strauß ließ sich aber nicht umstimmen und antwortete lapidar, es bestehe wohl vorerst keine Möglichkeit, Laufen zu berücksichtigen.

Die konstruktive Zusammenarbeit von Ministerpräsident und Verteidigungsminister in der Landbeschaffungsfrage war allerdings schon wenige Wochen später gefährdet. Mit Bezug auf eine dpa-Meldung, der zufolge „in der nächsten Zeit militärische Projekte auf bayerischem Boden wenig Aussicht auf Genehmigung durch die Bayerische Staatsregierung haben"[112], bat Strauß um Aufklärung darüber, ob das Kabinett Hoegner seinen bisher sehr loyalen Kurs gegenüber dem Verteidigungsministerium zu ändern gedenke. Falls es zuträfe, daß der Kurswechsel durch einige CSU-Landräte meist bäuerlicher Herkunft herausgefordert worden sei, die „in Versammlungen erklärt hätten, daß die gegenwärtige Koalitionsregierung unter Befürwortung der SPD sich nicht scheue, den Bauern Land für militärische Zwecke abzunehmen", bäte er um die Namen der Redner. Er selbst, so Strauß weiter, stehe im übrigen nach wie vor auf dem Standpunkt, Projekte der Verteidigung weder nach partei- noch nach wahltaktischen Aspekten zu behandeln, eine Position, die er nach den bisherigen Gesprächen auch vom bayerischen Ministerpräsidenten erwarte. In der umgehend formulierten Antwort ließ Hoegner daran auch keinen Zweifel aufkommen. In der Sache selbst bestätigte er jedoch die dpa-Meldung; bei den Verhandlungen mit dem Verteidigungsministerium hätten in letzter Zeit keine vernünftigen und tragbaren Vereinbarungen erzielt werden können, weil sich insbesondere „Freunde Ihrer Partei" den militärischen Vorhaben oftmals entschieden widersetzt und auch die bayerische Staatsregierung wegen ihrer loyalen Haltung zu den Anforderungen der Streitkräfte angegriffen hätten. Um Strauß über diese Entwicklung aufzuklären und um noch einmal die Position der bayerischen Staatsregierung zu fixieren, fügte Hoegner seinem Brief ein längeres Zitat einer Rede an, die er am 25. Mai 1957 vor der Versammlung des Landkreisverbands Bayern gehalten hatte:

„Es ist für mich eine schmerzliche Überraschung, daß jetzt bei der Durchführung unangenehmer staatlicher Aufgaben da und dort versagt und eine Sprache geführt wird, die des Ostens würdig wäre. Es handelt sich um die Landbeschaffung für die Bundeswehr. Die Bayerische Staatsregierung ist bestrebt, bei der Beschaffung von Flug- und Übungsplätzen wertvolles Land zu schonen, den Notwendigkeiten der Landesverteidigung aber Rechnung zu tragen. Nun geht es wahrlich nicht an, einerseits patriotische Worte im Munde zu führen, dann aber, um sich die Gunst der Wähler nicht zu verscherzen, vernünftige Abmachungen wieder über den Haufen zu werfen. Ich muß es ein für allemal ablehnen, die gegenwärtige Bayerische Staatsregierung für die bitteren Notwendigkeiten der deutschen Aufrüstung aus parteipolitischen Gründen verantwortlich machen zu lassen. Ich werde an den Herrn Bundesminister für Verteidigung die Frage richten, was er zu tun gedenkt, um die Bayerische Staatsregierung bei der Durchführung der Bundeswehrgesetze zu unterstützen. Landräte, die unangenehme staatliche Aufgaben nicht erfüllen, sondern nur nach dem Beifall ihrer Wähler schielen, sind fehl am Platze. Es ist meine bitterernste Erfahrung, daß man wieder die Frage aufwerfen muß, ob unser Volk wirklich reif für die Demokratie sei."[113]

[112] BayHStA, StK 115174, Verteidigungsminister Strauß an Ministerpräsident Hoegner vom 27. 5. 1957; das folgende Zitat ebenda.

[113] BayHStA, StK 115174, Ministerpräsident Hoegner an Verteidigungsminister Strauß vom 1. 6. 1957.

Das Verhalten mancher CSU-Politiker in der Landbeschaffungsfrage veranlaßte den Landesvorsitzenden der bayerischen SPD, Waldemar von Knoeringen, dazu, sich eindeutig hinter die Staatsregierung zu stellen. Er ironisierte die Argumente aus dem Bauernflügel der CSU mit den Worten, daß diese „einer antimilitaristischen Auffassung alle Ehre und den Gegnern der Aufrüstung Freude machen“[114]. Aufgrund der Informationen von Hoegner ließ Strauß über Friedrich Zimmermann, den Generalsekretär der CSU, bei sämtlichen Untergliederungen der Partei klarstellen, daß die militärischen Vorhaben nur nach sachlichen Gesichtspunkten behandelt werden dürften und alle wahl- respektive parteitaktischen Erwägungen dem Staatsinteresse zuwiderliefen[115].

Die Opposition aus dem Bauernflügel der CSU gegen die mit dem Bundeswehraufbau verbundenen Belastungen lenkt den Blick einmal mehr auf den Transformationsprozeß, in dem sich die CSU seit 1955 befand und der sich parallel zu den strukturellen Wandlungsprozessen vollzog, denen Wirtschaft und Gesellschaft in Bayern unterworfen waren[116]. Daraus zu folgern, daß nur die bayerische SPD die Garnisonsansiedlungen als Chance zur Modernisierung des Landes begriffen hätte, wäre allerdings irrig, wie die Bemühungen zahlreicher reformfreudiger CSU-Bürgermeister und Landräte um Einrichtungen der Bundeswehr zeigten, von denen noch die Rede sein wird.

Auch in der Folgezeit spielte die parteipolitische Zusammensetzung des bayerischen Kabinetts – die von Hoegner geführte Viererkoalition aus SPD, Bayernpartei, GB/BHE und FDP wurde im Oktober 1957 von einer Koalition von CSU, FDP und GB/BHE abgelöst, an deren Spitze Hanns Seidel stand – bei der Diskussion der Probleme, die mit dem Aufbau der Bundeswehr zusammenhingen, nur eine untergeordnete Rolle. So blieb beispielsweise Franz Pöschl bis zu seinem Eintritt in die Bundeswehr 1961 Leiter des Wehrreferats in der Staatskanzlei. Auch das Protokoll der außerordentlichen Sitzung des Ministerrats am 14. Juli 1958, an der wiederum Franz Josef Strauß teilnahm, macht deutlich, daß beide Seiten in schwierigen Fällen, wie beispielsweise beim in Mittenwald sehr umstrittenen und letztlich nicht realisierten Gebirgsschießplatz im Krottenkopfgebiet zwischen Garmisch-Partenkirchen und Mittenwald[117], gemeinsam nach vertretbaren Lösungen suchten.

Dennoch läßt sich gerade zu dieser Zeit eine gewisse parteipolitische Polarisierung nicht ganz verleugnen. Vor dem Hintergrund der Debatte um die nukleare Bewaffnung der Bundeswehr und der von der SPD gemeinsam mit den Gewerkschaften und anderen Organisationen geführten Kampagne gegen den Atomtod[118] mag die Loyalität unter Parteifreunden das Verhalten von Ministerpräsi-

[114] Schwäbische Landeszeitung vom 7. 5. 1957: „Landbedarf der Bundeswehr ein heißes Eisen“.

[115] BayHStA, StK 115174, Verteidigungsminister Strauß an Ministerpräsident Hoegner vom 13. 8. 1957.

[116] Allgemein zum Wandel der CSU vgl. Alf Mintzel, Die CSU. Anatomie einer konservativen Partei, Opladen 1975.

[117] BA-MA, BW 1/21828 und 21829, Mittlerer Gebirgsübungsplatz Krottenkopf – Ministerbriefe an die betroffenen Gemeinden, Interessenverbände, Einzelpersonen usw. 1957/58.

[118] Vgl. Lothar Wilker, Die Sicherheitspolitik der SPD: 1956–1966. Zwischen Wiedervereinigungs- und Bündnisorientierung, Bonn 1977, S. 70–95, und Kurt Klotzbach, Der Weg zur Staatspartei: Programmatik, praktische Politik und Organisation der deutschen Sozialdemokratie 1945 bis 1965, Berlin/Bonn 1982, S. 467–475.

dent Seidel im Falle einer damals geplanten Raketenstellung bei Miltenberg durchaus mitbestimmt haben. Ohne hierauf an dieser Stelle näher einzugehen, läßt Seidels Bemerkung, ob es angebracht sei, „die Sache weiter dilatorisch zu behandeln“[119], doch aufhorchen. Offenbar verstand man unter dilatorischer Behandlung ein Beschwichtigen der in der Bevölkerung vorhandenen diffusen Angst vor den Folgen der nuklearen Rüstung, die mit dem Terminus Rakete nicht zu Unrecht assoziiert wurde. Schon im Januar 1958 hatte Seidel auf eine Anfrage vor dem Landtag durchaus korrekt erklärt, die Staatsregierung wisse von keiner Absicht der Bundeswehr oder der Stationierungsstreitkräfte, in Bayern Abschußbasen für – wie er sie nannte – Mittelstreckenraketen zu errichten. Er bestätigte allerdings die Planung für einen von der Nordsee bis zu den Alpen reichenden Luftverteidigungsgürtel mit Flugabwehrraketen, wozu in der Tat die Gegend bei Miltenberg als Stellungsraum ins Auge gefaßt worden sei. Da dies nur der Verteidigung und dem Schutz der Zivilbevölkerung diene, erhebe die Staatsregierung keine Einwendungen dagegen[120]. Davon, daß die Flugabwehrraketen vom Typ „Nike“, mit denen diese Basis bestückt werden sollte, aber sehr wohl zur Bekämpfung hochfliegender Bomberverbände auch mit einem nuklearen Gefechtskopf ausgerüstet werden konnten, sprach man allerdings nicht.

2. Dislozierung bei unsicheren Rahmenbedingungen

Hoegner hatte die Probleme, die sich für Bayern aus dem Aufbau der Bundeswehr ergaben, 1955 zwar zur Chefsache gemacht, die Fachabteilungen der betroffenen Ressorts waren damit aber nicht überflüssig geworden. Während das Wehrreferat der Staatskanzlei überwiegend koordinierte, kümmerten sich insbesondere die Landesplanungsstelle im Staatsministerium für Wirtschaft und Verkehr und die ihr nachgeordneten Bezirksplanungsstellen um die konkreten Standortvorhaben. Gerade bei der Standortwahl verstand sich die Landesplanungsstelle gegenüber dem Militär keineswegs nur als reaktives Element, sondern sie war von Anfang an bestrebt, möglichst großen Einfluß auf die Entscheidungen zu nehmen. Bereits Anfang August 1955 hatte Staatsminister Otto Bezold im Landtag auf die Weitsicht des Wirtschaftsministeriums hingewiesen, das Erhebungen über geeignete Flächen für das Militär eingeleitet habe, „um bei plötzlich auftretendem Landbedarf Vorschläge machen zu können, die größere Schädigungen der bayerischen Landwirtschaft und der allgemeinen Entwicklungstendenzen vermeiden helfen“[121].

Nach ersten, in den Quellen nicht mehr faßbaren Vorschlägen unterbreitete die Staatsregierung am 18. Februar 1955 – nach Rücksprache mit dem Amt Blank – eine neue Wunschliste:

[119] BayHStA, MWi 22429, Protokoll der außerordentlichen Sitzung des Ministerrats am 14. 7. 1958.
[120] Vgl. Stenographischer Bericht über die 118. Sitzung des bayerischen Landtags am 28. 1. 1958, S. 4063 f.; vgl. auch Münchner Merkur vom 29. 1. 1958: „Nur ‚Nike‘ Raketen nach Bayern“.
[121] Stenographischer Bericht über die 29. Sitzung des bayerischen Landtags am 2. 8. 1955, S. 874.

Regierungsbezirk	Standortvorschlag
Oberbayern	Laufen
Niederbayern	Passau
	Straubing
	Bogen
	Plattling
Oberpfalz	Schwandorf
	Weiden
Oberfranken	Stadtsteinach
	Marktredwitz
	Wunsiedel
Mittelfranken	Feucht
	Feuchtwangen
	Wassertrüdingen
	Neustadt an der Aisch
	Treuchtlingen
Unterfranken	Kitzingen
Schwaben	Günzburg
	Friedberg

Bemerkenswert an diesen Vorschlägen waren aber nicht die einzelnen Orte, sondern die gegenüber der Dienststelle Blank abgegebene Begründung, daß „bei ihrer Auswahl meist bzw. in erster Linie Überlegungen wirtschaftlicher Art maßgebend" gewesen seien. „Die wirtschaftliche Belebung, die eine Gemeinde durch eine Garnison erfahren wird, kommt im besonderen Maß dort zur Geltung, wo es sich um gewerblich unterentwickelte Räume handelt."[122] Dabei war man sich aber durchaus der Tatsache bewußt, daß eine Überprüfung dieser Standortvorschläge nach militärischen Gesichtspunkten notwendig sein würde. Wie ein Blick auf die im Bundeshaushalt 1956 genehmigten ersten Kasernenneubauten zeigt, waren die Vorstellungen von Militärs und Landesplanern jedoch vorerst nur im Fall Bogen kongruent[123].

Neben der hier angedeuteten bayerischen Linie aktiver Mitwirkung bei der Standortplanung scheinen in der Anfangsphase des Streitkräfteaufbaus aber auch andere Vorgehensweisen angedacht, wenn nicht sogar teilweise praktiziert worden zu sein. Da man den Landbedarf der Bundeswehr für erheblich hielt und zugleich an einem vernünftigen Ausgleich zwischen militärischen Notwendigkeiten und sozioökonomischen Entwicklungsmöglichkeiten interessiert war, hatte der Bundesminister des Innern im Juni 1955 die Landesregierungen auf eine in Baden-Württemberg angefertigte Karte aufmerksam gemacht, auf der Gebiete eingezeichnet waren, die möglichst truppenfrei gehalten werden sollten. Gerhard Schröder (CDU) schwebte ein solcher nach einheitlichen Kriterien erarbeiteter Übersichtsplan für das gesamte Bundesgebiet vor, in dem die Pläne der Bundes-

122 BayHStA, BBbB 867, Landesplanungsstelle an Amt Blank vom 18. 2. 1955.
123 Deutscher Bundestag, Parlamentsarchiv, 2. Legislaturperiode, gemeinsame Sitzung des Haushaltsausschusses und des Ausschusses für Verteidigung am 5. 7. 1956. Anlage: Vorlage des Bundesministers der Finanzen an den Vorsitzenden des Haushaltsausschusses betr. Vorwegbewilligung von Haushaltsmitteln für den weiteren Aufbau der deutschen Bundeswehr.

länder durch die Arbeitsgemeinschaft der Landesplaner zusammengefaßt werden sollten[124]. Diese Anregung wurde ausweislich einer Marginalie vom 30. Mai 1956 auf einem nicht ausgefertigten Schreiben des bayerischen Staatsministeriums für Wirtschaft und Verkehr an Schröder von Anfang August 1955 nicht weiterverfolgt; die Argumente, die man dagegen ins Feld führte, verdeutlichten aber einmal mehr die spezifisch bayerische Position. So legte man Wert auf die Feststellung, daß der Plan aus Baden-Württemberg weder von der dortigen Landesregierung gebilligt noch darüber befunden worden sei, ob davon über den internen Bereich der Landesbehörde hinaus Gebrauch gemacht werden sollte. Zudem hielt man es nicht für sinnvoll, nur einen Negativplan zu erstellen, „der lediglich die Sperrgebiete ausweist, alles übrige Land aber gewissermaßen zur Verfügung stellt". Aber auch föderalistische Erwägungen scheinen das Wirtschaftsministerium zu seiner Ablehnung der Schröder-Initiative geführt zu haben.

Die Strategie, bei der Auswahl der Standorte wirtschaftliche Interessen zur Geltung zu bringen, diente dem Wirtschaftsministerium im übrigen auch als Argument, um die Ansprüche anderer Ressorts auf die Landesplanung abzuwehren. So hatte die zur Staatsvereinfachung eingesetzte Kollmann-Kommission 1953 die Überführung der Landesplanung in das Innenministerium empfohlen und die Vorlage einer Denkschrift über die bisherige Arbeit der Landesplanungsstelle angeregt. Diese Bilanz vom November 1956 ließ auch die Leistungen der Landesplaner bei der Auswahl künftiger Garnisonen und ihre Mitarbeit bei sonstigen raumprägenden Planungen der Bundeswehr nicht unerwähnt[125]. Als Erfolg wurde in der Denkschrift zweierlei verbucht: Zum einen wies die Landesplanungsstelle darauf hin, daß es ihr seit 1950 gelungen sei, die Landanforderungen der Streitkräfte wesentlich zu reduzieren und somit wertvollen Grund und Boden der Land- und Forstwirtschaft zu erhalten. Zum anderen hielt man es für eine große Leistung, den komplexen Ausgleich zwischen zivilen und militärischen Interessen auch in schwierigen Fällen ohne Komplikationen durchgeführt zu haben. Auch die Bundestagsabgeordneten im Unterausschuß Infrastruktur waren der Meinung, daß durch die Arbeit der Landesplanungsstelle die Planungen wesentlich rascher und reibungsloser verwirklicht worden seien als in anderen Bundesländern, deren Landesplaner nicht eingeschaltet worden waren[126].

Einschränkend muß hier allerdings gesagt werden, daß es zu diesem Zeitpunkt noch nicht möglich war, die Arbeit der Landesplaner abschließend zu beurteilen, weil in den meisten Fällen die Entscheidung des Verteidigungsministeriums noch ausstand. Bis diese Entscheidungen fielen, konnten zuweilen mehr als zehn Jahre vergehen. Die Gründe dafür hingen mit dem kaum kalkulierbaren Verhalten der Stationierungsstreitkräfte bei der Kasernenräumung zusammen. Die neuen Verbände der Bundeswehr konnten deshalb nur dort untergebracht werden, wo Kasernen frei waren. 1956 erklärte Verteidigungsminister Blank dem bayerischen

124 BayHStA, MWi 22426, Bundesminister des Innern an die Landesregierungen betr. Raumordnung und Landbedarf für die Verteidigung vom 10. 6. 1955; das folgende Zitat ebenda.

125 Vgl. Terhalle, Landesplanung in Bayern, in: Entwicklung der Raumordnung S. 114; letztlich verblieb die Landesplanungsabteilung im Staatsministerium für Wirtschaft und Verkehr.

126 Deutscher Bundestag, Parlamentsarchiv, 2. Legislaturperiode, stenographisches Protokoll der 109. Sitzung des Ausschusses für Verteidigung am 12. 9. 1956; vgl. auch Süddeutsche Zeitung vom 30. 6. 1956: „Abgeordnete suchen Exerzierplätze".

Ministerpräsidenten Hoegner, „daß die Dislozierung den jeweiligen Unterbringungsmöglichkeiten angepaßt werden muß. Diese sind aber nicht genügend voraussehbar, um eine Gesamtplanung zu ermöglichen."[127] Wegen der unübersichtlichen, von der deutschen Seite vielleicht auch zu optimistisch eingeschätzten Lage bei der Kasernenfreimachung und wegen der unterschiedlichen Auffassungen von Verteidigungs- und Finanzminister über die Finanzierung der Aufrüstung konnten auch die notwendigen Mittel für den Bau von Kasernen erst relativ spät im Bundeshaushalt eingestellt beziehungsweise bewilligt werden. So legte Fritz Schäffer, der Bundesminister der Finanzen, dem Haushaltsausschuß erst am 21. Juni 1956 einen Vorwegbewilligungsantrag für einen Nachtrag zum Verteidigungsetat in Höhe von etwas mehr als 1,4 Milliarden Mark vor, die Baumaßnahmen der Bundeswehr dienen sollten; darin waren 690 Millionen für Kasernenneubauten enthalten. Davon sollten bundesweit in 29 Standorten 42 Kasernenanlagen errichtet werden, darunter acht Bataillonskasernen in sechs bayerischen Orten[128]:

Ort	Anzahl	Finanzrahmen in Mio. DM
Bogen	1	16,4
Mellrichstadt	1	14,5
Roding	2	27,1
Ingolstadt	1	26,4
Landsberg	2	32,8
Cham	1	15,5

Zusätzlich wurde die Standortplanung – und dies dürfte von wesentlicher Bedeutung gewesen sein – durch den Strategiewechsel der NATO mit seiner stärkeren Betonung der nuklearen Komponente erschwert[129]. Die Bundeswehr wurde damit bereits in der ersten Aufstellungsphase zu einer tiefgreifenden Umrüstung und Umplanung gezwungen, so daß das Heer zwischen 1955 und 1958 wiederholt kurzfristige Änderungen in der Dislozierung vornehmen mußte. Nach Ansicht des Leiters der Abteilung Unterbringung und Liegenschaften im Verteidigungsministerium, Hansgeorg Schiffers, sah es Ende 1957 so aus, als könnte ein großer Teil der Garnisonsvorhaben nicht weiterverfolgt werden[130]. Die Ursache dafür war ein neuer, nach Henry I. Hodes, dem Oberbefehlshaber der US-Streitkräfte in Europa, benannter Plan, demzufolge ein großer Teil der in Bayern südlich der Donau stationierten amerikanischen Truppen in den Raum beiderseits des Mains

127 BayHStA, StK 115174, Verteidigungsminister Blank an Ministerpräsident Hoegner vom 17. 9. 1956.

128 Deutscher Bundestag, Parlamentsarchiv, 2. Legislaturperiode, gemeinsame Sitzung des Haushaltsausschusses und des Ausschusses für Verteidigung am 5. 7. 1956. Anlage: Vorlage des Bundesministers der Finanzen an den Vorsitzenden des Haushaltsausschusses betr. Vorwegbewilligung von Haushaltsmitteln für den weiteren Aufbau der deutschen Bundeswehr.

129 Vgl. Johannes Steinhoff/Reiner Pommerin, Strategiewechsel: Bundesrepublik und Nuklearstrategie in der Ära Adenauer-Kennedy, Baden-Baden 1992.

130 BA-MA, BW 1/5363, Vermerk betr. Garnisonsplanung Hemau vom 6. 12. 1957.

beziehungsweise nach Hessen verlegt werden sollte[131]. Damit wären nicht nur Kasernen für deutsche Verbände verfügbar geworden, sondern auch der Bedarf an Neubauten und Standorten geringer ausgefallen. In Nord- und Ostbayern waren Ebern, Eschenbach, Hemau und Pressath betroffen; den verantwortlichen Politikern dieser Gemeinden wurde 1957 zunächst eröffnet, sie kämen als Garnison voraussichtlich nicht mehr in Frage. 1958, nach dem Scheitern des Hodes-Plans, tauchten sie dann wieder in der Planung auf[132].

Im Januar 1958 war die Abteilung Gesamtstreitkräfte im Verteidigungsministerium noch davon ausgegangen, daß nach der Umsetzung des Hodes-Plans, der seit dem 6. November 1957 den vielsagenden Namen „Seventh Heaven" trug, genügend Unterkünfte für die in Bayern zu stationierenden Bundeswehreinheiten vorhanden wären und man somit auf kostspielige Neubauten verzichten könnte[133]. Im Oktober 1958 war klar, daß „Seventh Heaven" zu den Akten gelegt würde. Dies hatte zur Folge, daß die Stationierungsplaner jetzt einen Ausfall von etwa 34000 Unterkunftsplätzen, die nicht geräumt werden konnten, durch Umdispositionen kompensieren mußten. Im nord- und ostbayerischen Dislozierungsraum der 4. Division war diese Entwicklung besonders deutlich zu spüren, zumal zeitgleiche Strukturveränderungen bei den Heeresverbänden deren Unterkunftsbereich nicht nur vergrößerten, sondern jetzt wiederum zahlreiche Kasernenneubauten erforderlich machten. Durch die Umstellung von bisher geplanten konventionellen, aus Kampfgruppen bestehenden Divisionen auf nunmehr aus Brigaden zusammengesetzte Großverbände, sogenannten Einheitsdivisionen, hatte sich die Zahl der Bataillone nämlich deutlich erhöht. Um ein Beispiel zu nennen: Roding, das zunächst unter anderem den Stab einer Kampfgruppe aufnehmen sollte, schied nach der neuen Heeresplanung vom Herbst 1958 als Standort für den Brigadestab und seine Stabseinheiten aus, weil die Garnison wegen des großen Übungsplatzes jetzt mit Truppen belegt werden mußte, die einen hohen Platzbedarf hatten. Während die Kampfgruppe ursprünglich auf die Standorte Freyung, Regen, Cham und Roding verteilt werden sollte, mußten die Experten des Verteidigungsministeriums mit Passau und Pocking zwei weitere Garnisonen in ihre Planungen aufnehmen[134].

Für den gesamten Wehrbereich VI hieß das, daß die Liegenschaftsabteilung im Verteidigungsministerium im Sommer 1958 auf eine Reihe von Projekten zurückkam, die ein Jahr zuvor noch storniert worden waren, nun aber reaktiviert werden mußten, um den Bedarf an Kasernen für die bis zum 1. März 1962 aufzustellenden Truppenteile der Bundeswehr zu decken. Im einzelnen waren dies:

131 BA-MA, BH 1/6466, Schriftwechsel im Führungsstab des Heeres vom 10. 9. 1959; zur Unterbringung der US-Streitkräfte auch einschlägig: BA-MA, BW 2/2667.

132 BA-MA, BW 1/5352, Eschenbach, BW 1/5363, Hemau, BW 1/4512, Pressath. In Ebern wurden sogar die bereits eingeleiteten Grunderwerbs- und Planungsmaßnahmen im Mai 1957 eingestellt. BA-MA, BW 1/5351, BMVg Abt. IX B 6 an bayerische Staatskanzlei betr. Garnisonsneugründung Ebern vom 13. 6. 1957.

133 BA-MA, BW 1/5352, BMVg Abt. B IV 4 an Abt. U I 7 betr. Garnisonsplanung Eschenbach vom 16. 1. 1958.

134 BA-MA, BW 1/4522, BMVg Fü H III an Abt. U vom 14. 10. 1958.

Fertigstellungstermin	Standorte
1. März 1960	Mellrichstadt, Wildflecken, Ebern
1. März 1961	Eschenbach, Kemnath, Würzburg, Bayreuth
1. März 1962	Karlstadt, Neunburg vorm Wald, Königshofen, Oberlauringen, Thurnau, Höchstadt an der Aisch, Pegnitz, Wiesau

Darüber hinaus wurde die bayerische Staatsregierung davon in Kenntnis gesetzt, daß man folgende Standortvorschläge erneut zu prüfen gedenke: Grafenau, Greding, Hemau, Höchstadt, Königsbrunn, Laufen, Nabburg, Neu-Ulm, Nittenau, Passau, Pfreimd, Plattling, Schweinfurt, Simbach, Waldkraiburg, Wassertrüdingen, Wörth und Zwiesel[135].

Das Hin und Her ließ zu keiner Zeit die Planungssicherheit aufkommen, die sowohl von der Bundeswehr als auch von den Landesbehörden dringend eingefordert worden war. Im Wehrreferat der Staatskanzlei zweifelte man angesichts der diffusen Situation bereits im Januar 1957 daran, ob hinter den Flächenplänen der Bundeswehr überhaupt eine strategische Konzeption vorhanden sei[136]. Offenbar war eine solche aber auch für das Verteidigungsministerium nur schwer zu realisieren. Die Unterbringungs- und Liegenschaftsabteilung favorisierte nämlich ebenfalls zu Jahresbeginn 1957 den Grundsatz, „daß der Stationierungsplan von den operativen Überlegungen getrennt behandelt und nach anderen Grundsätzen entwickelt werden sollte"[137]. Explizit wurden neben den operativen Richtlinien landesplanerische, volkswirtschaftliche und grenzlandpolitische Erwägungen angeführt, die freilich auch nach dem Gesetz beachtet werden sollten. Bei einer Vorlauffrist für Planung und Baudurchführung von 18 bis 20 Monaten bis zur endgültigen Belegungsfähigkeit einer Kaserne war es daher dringend geboten, die Stationierungsplanung für 1958/59 baldmöglichst abzuschließen, damit sich die Einleitung der Liegenschafts- und Baumaßnahmen nicht weiter verzögerte.

Ende 1957 schien sich beim Infrastrukturprogramm der Bundeswehr eine gewisse Stabilisierung abzuzeichnen. Zumindest teilte der Leiter der Unterbringungs- und Liegenschaftsabteilung dem Verteidigungsausschuß nun zuversichtlich mit, daß man erstmalig in der Lage sei, „einen Gesamtplan – synchron mit der Aufstellungsplanung der Bundeswehr – für die Unterbringung der Bundeswehr wenigstens in Umrissen zu konzipieren"[138]. Dies war aber auch weiterhin Wunschdenken. Noch während der Beratungen des Haushaltsentwurfs für 1961 betonte Karl Wienand, der Sprecher der SPD im Verteidigungsausschuß, daß die Landesregierungen ständig klagten, vom Verteidigungsministerium nicht „definitiv mitgeteilt zu bekommen, was an Anforderungen an die Landesregierungen

[135] BA-MA, BW 1/5351, BMVg Abt. U an bayerische Staatskanzlei betr. Errichtung von Kasernenbauten im Wehrbereich VI vom 28. 8. 1958.
[136] BayHStA, MWi 22427, Vermerk der Landesplanungstelle vom 8. 1. 1957.
[137] BA-MA, BW 2/2666, BMVg Abt. IX an Abt. IV betr. Klärung einer Grundfrage hinsichtlich der Dislozierung der Bundeswehr vom 25. 2. 1957.
[138] Deutscher Bundestag, Parlamentsarchiv, 3. Legislaturperiode, stenographisches Protokoll der 6. Sitzung des Ausschusses für Verteidigung am 29. 1. 1958.

herangetragen werde"[139]. Heinrich Kaumann, Leiter der Abteilung Unterbringung und Liegenschaften, verstand den Wunsch der Länder nach Information über die militärischen Planungen, allerdings schien seine Abteilung selbst nur unzureichend informiert zu sein. Er erklärte nämlich, daß der Stand der Dinge „in den Fällen", wo er „überhaupt erkennbar sei", auch mitgeteilt würde. Fast entschuldigend verwies er in einem Nachsatz auf die Entwicklung neuer Waffensysteme, die zum Beispiel unvorhersehbare zusätzliche Ausstattungen der Einheiten mit Fahrzeugen mit sich brächten und damit zu zusätzlichen Landanforderungen oder gar Umdispositionen bei der Standortplanung führen könnten.

Ständig veränderte Dislozierungspläne blieben auch in den sechziger Jahren ein Ärgernis für Behörden und Kommunalpolitiker. Das damit verbundene „Hinhalten und im Unklaren lassen" der Gemeinden wurde im Verteidigungsausschuß selbst von Abgeordneten der Regierungsparteien bemängelt[140] und führte insbesondere in zahlreichen Orten Nord- und Ostbayerns, die sich Hoffnungen auf eine Garnison gemacht hatten, zu Verunsicherung und Resignation. Da man nämlich auf eine Umgruppierung von Verbänden der CENTAG[141] verzichtete und den Heeresumfang neu festlegte, hatten sich im Frühjahr 1964 Truppenstärke und Auftrag der deutschen Heeresstreitkräfte im süddeutschen Raum so geändert, daß eine Stationierungsneuplanung unumgänglich wurde. Hinzu kam, daß bei der Luftwaffe der Luftraumbeobachtungsdienst entlang der Grenze in einen radargestützten Tieffliegererfassungsdienst umgewandelt wurde, weshalb auch hier mehrere geplante Truppenunterkünfte zur Disposition standen. Das Heer verzichtete auf ursprünglich geplante Garnisonen in Tirschenreuth, Kemnath, Ebermannstadt, Markt Bergel und Stadtlauringen, die Luftwaffe auf Königshofen, Furth im Wald und Laufen.

Das Problem, das sich der Liegenschaftsabteilung im Verteidigungsministerium nun aber stellte, bestand darin, daß die finanziellen Aufwendungen von Bund und Kommunen teilweise einen solchen Umfang angenommen hatten, daß man Staatssekretär Volkmar Hopf und Verteidigungsminister Kai-Uwe von Hassel davon in Kenntnis setzte.

Geplanter Standort	Bisherige Grunderwerbskosten in Mio. DM	Bisherige Planungskosten in Mio. DM	Bisherige Bundesfinanzhilfen in Mio. DM
Tirschenreuth	1,1		
Kemnath	0,280	0,190	0,610
Markt Bergel	0,790	0,235	
Stadtlauringen	2,0		0,600
Königshofen	0,153	0,060	
Furth im Wald	0,700		
Laufen	0,100	0,283	

139 Deutscher Bundestag, Parlamentsarchiv, 3. Legislaturperiode, stenographisches Protokoll der 105. Sitzung des Ausschusses für Verteidigung am 12. 1. 1961; das folgende Zitat ebenda.

140 So etwa vom CDU-Abgeordneten Georg Kliesing am 15. 6. 1965; Deutscher Bundestag, Parlamentsarchiv, 4. Legislaturperiode, stenographisches Protokoll der 115. Sitzung des Ausschusses für Verteidigung am 15. 6. 1965.

141 Central Army Group mit dem Dislozierungsraum zwischen der Linie Köln – Kassel im Norden und den Alpen im Süden.

Die Frage war, ob die bereits gewährten Finanzhilfen des Bundes, die in direktem Zusammenhang mit den projektierten Truppenunterkünften standen, abgeschrieben werden mußten. Die Abteilung U im Verteidigungsministerium glaubte tatsächlich nicht mehr ernsthaft an die Rückzahlung der bereits verausgabten Gelder; im Hinblick auf mögliche Kritik des Bundesrechnungshofs schlug man jedoch vorsichtshalber eine Prüfung der Rechtslage vor. Darüber hinaus mußte auch mit Schadensersatzansprüchen der Gemeinden gerechnet werden, „weil sie in Erwartung der kommenden Garnison und im Vertrauen auf die Zusicherung von Bundeswehrdienststellen Aufwendungen getätigt haben"[142]. Das Verteidigungsministerium neigte in solchen Fällen zur Zurückweisung aller Ansprüche und stellte sich auf den Standpunkt, es notfalls auf einen Rechtsstreit ankommen zu lassen.

Zunächst schien es aber dringend notwendig, die bayerische Staatsregierung und die betroffenen Gemeinden von der neuen Lage zu unterrichten und die Dienststellen der Mittelinstanz anzuweisen, an den aufgegebenen Standorten alle weiteren Maßnahmen einzustellen. Der Auffassung der Liegenschaftsabteilung, die Probleme auf der „Arbeitsebene" anzupacken, konnte sich Staatssekretär Hopf allerdings nicht anschließen. Diffizile Aspekte der internationalen Sicherheitspolitik und erste Ansätze einer bundesdeutschen Abrüstungs- und Rüstungskontrollpolitik spielten dabei eine Rolle. Weil weder die Gemeinden noch das Verteidigungsministerium etwas dafür könnten, daß „wegen der nicht vorausgesehenen sogenannten Entspannung die Schwergewichte im Bundeshaushalt anders verteilt werden"[143], sollte das Problem auf höchster politischer Ebene gelöst und sofort im Bundesverteidigungsrat und im Bundeskabinett vorgetragen werden. Der Verteidigungsminister billigte dieses Vorgehen und untersagte es, die bayerische Staatsregierung und die betroffenen Gemeinden zu informieren, bevor die Angelegenheit nicht in der Abteilungsleitersitzung seines Ministeriums, im Verteidigungsrat und notfalls auch im Kabinett erörtert worden sei. Die Entscheidungsfindung dauerte jedoch geraume Zeit.

Städte wie Tirschenreuth und Kemnath, die sich nach dem Stand der Dinge erkundigten, erhielten im Sommer 1964 binnen weniger Wochen zwei unterschiedliche Antworten. Während man den Petenten im Juni lediglich mitteilte, die Garnisonsplanungen im nordbayerischen Raum würden noch überprüft und mit einem Abschluß der Untersuchungen sei nicht vor Mitte Juli zu rechnen[144], gab man im August bekannt, daß die Errichtung neuer Garnisonen in der nördlichen Oberpfalz von einer Entscheidung der französischen Stationierungsstreitkräfte abhänge. Ein Ergebnis bei den dazu laufenden Verhandlungen sei aber nicht vor Spätherbst oder Winter 1964 zu erwarten[145].

142 BA-MA, BW 1/181202, BMVg Abt. U I an Minister betr. Aufgabe von Garnisonsvorhaben in Bayern vom 13. 5. 1964.

143 BA-MA, BW 1/181202, Vermerk Staatssekretär Hopfs vom 20. 5. 1964; allgemein zur Sicherheits- und Entspannungspolitik in der ersten Hälfte der sechziger Jahre Helga Haftendorn, Sicherheit und Entspannung. Zur Außenpolitik der Bundesrepublik Deutschland 1955–1982, Baden-Baden 1983, S. 179–206, hier besonders S. 196f.

144 BA-MA, BW 1/181202, BMVg Abt. U I 7 an MdB Franz Weigl vom 3. 6. 1964.

145 BA-MA, BW 1/181202, BMVg Abt. U I 7 an Bundesminister für Angelegenheiten des Bundesrats und der Länder, Alois Niederalt, vom 20. 8. 1964; das folgende nach diesem Dokument.

Allen ursprünglichen Überlegungen zum Trotz scheinen die Probleme der Standortplanung in Nordbayern nur im Verteidigungsministerium erörtert worden zu sein; eine Debatte im Verteidigungsrat oder im Kabinett unterblieb. Am 15. Februar 1965 legte der Führungsstab der Bundeswehr dem Minister neue Pläne vor, die mit den Führungsstäben des Heeres und der Luftwaffe sowie der Abteilung Unterbringung und Liegenschaften abgestimmt waren. Dabei hatte man die geplanten Garnisonen in drei Kategorien eingeteilt und bei jedem Standort ausführlich begründet, weshalb das Projekt aufgegeben oder fortgeführt werden sollte.

In die Gruppe A fielen die Standorte, die aufgegeben werden mußten:

Standort	Begründung
Pressath	Nach Übernahme von US-Unterkünften in Regensburg, Straubing und Landshut kein Bedarf mehr. Aufgabe der Planung ohne weitere Folgerungen, da von seiten der Stadt nur geringe Bereitschaft und mit erheblichen Schwierigkeiten beim Grunderwerb gerechnet werden muß.
Karlstadt	Durch Wegfall eines Pionierbataillons der Territorialverteidigung am Main kein Bedarf mehr. Keine weiteren Folgerungen, da bisher keinerlei Kosten angefallen sind und Stadt kein Interesse an Garnison bekundet hat.
Markt Bergel	Durch Tausch mit und Freigabe von Anlagen der US-Streitkräfte kein Bedarf mehr.
Königshofen	Durch Einschränkung Luftraumbeobachtungsdienst kein Bedarf mehr.
Furth im Wald	Durch Einschränkung Luftraumbeobachtungsdienst kein Bedarf mehr.
Laufen	Durch Einschränkung Luftraumbeobachtungsdienst kein Bedarf mehr.

Gruppe B umfaßte Standorte, die auf Grund der Stationierungsplanung bis 1971 benötigt wurden:

Standort	Truppenteil	Voraussichtlicher Baubeginn
Pegnitz	Panzer- und Panzergrenadierbataillon 1100 Mann	1966
Tirschenreuth	Grenadierbataillon 800 Mann	1967
Höchstadt an der Aisch	Artilleriebataillon 700 Mann	1968
Stadtlauringen	Panzerartilleriebataillon 500 Mann	1968
Kemnath	Versorgungsbataillon 500 Mann	1969

Die Errichtung gerade dieser Garnisonen war nach damaliger Auffassung im strategischen Konzept der Vorwärtsverteidigung nicht nur besonders notwendig, sondern korrespondierte auch mit einem Programm zum Neubau von Heereskasernen, wobei die Standorte nach der militärischen Dringlichkeit ausgewählt wurden und mit dem Bau zwischen 1965 und 1969 begonnen werden sollte.

Baubeginn	Standort
1965	Pfreimd, Heidenheim
1966	Volkach, Pegnitz
1967	Tirschenreuth, Peißenberg
1968	Höchstadt a. d. Aisch, Eichstätt, Stadtlauringen
1969	Grünau, Kemnath, Nittenau

Wirklich gebaut wurden allerdings nur die Kasernen in Pfreimd und Volkach sowie in Markt Bergel, obwohl dieser Standort eigentlich bereits verworfen worden war. Gruppe C, also Garnisonen, die von militärischer Seite noch nicht fest eingeplant waren, bestand nach der Vorlage des Führungsstabs der Bundeswehr lediglich aus Ebermannstadt.

Auf einer Abteilungsleitersitzung am 2. April 1965 wurde der Stationierungsplan für Nordbayern im wesentlichen auch so beschlossen. Die Standorte der Gruppe A sollten endgültig entfallen, die der Gruppe B dagegen errichtet werden, sofern mit dem Bau spätestens 1966 begonnen werden konnte. In allen anderen Fällen behielt man sich vor, die definitive Entscheidung jeweils ein Jahr vor dem beabsichtigten Baubeginn zu treffen[146]. Jetzt konnten auch die bayerische Staatsregierung und die betroffenen Kommunen unterrichtet werden.

Zwei Jahre später war das 1965 beschlossene Konzept jedoch wieder hinfällig geworden. Die wirtschaftliche Rezession und die daraus resultierenden Löcher im Bundeshaushalt zwangen den Verteidigungsminister dazu, im Frühjahr 1967 alle noch nicht begonnenen Kasernenneubauten zurückzustellen[147] – sehr zum Leidwesen der militärischen Planer. Da die Einheiten der Bundeswehr zu diesem Zeitpunkt vor allem in München und in Südbayern konzentriert waren, wäre es im Ernstfall schwierig gewesen, rasch die Verteidigung an der nord- und ostbayerischen Grenze aufzunehmen.

Die Truppen hätten ja erst über große Entfernungen in ihre vorgesehenen Einsatzräume verlegt werden müssen, die zumeist nördlich der Donau lagen. Eine Studie der Westeuropäischen Union stellte hierzu fest, daß die Dislozierung der Truppen im Frieden „nicht in einem optimalen Verhältnis zu den vorgesehenen Einsatzräumen steht. Insoweit kann man mit Recht von Stationierungsmängeln (‚maldeployment') sprechen, durch die die Herstellung der vollen Abwehrbereitschaft zeitlich verzögert wird."[148]

Die Tatsache, daß in der zweiten Hälfte der sechziger Jahre eine ganze Reihe von geplanten Garnisonen dem Rotstift zum Opfer fiel, verdeutlicht aber auch, daß die entscheidenden Parameter der Standortplanung von bayerischer Seite kaum beeinflußt werden konnten. Die Strategiewechsel der NATO, die nicht ohne Folgen für die Bundeswehr bleiben konnten, und die zunehmend schwieri-

[146] BA-MA, BW 1/181202, Vermerk Ministerbüro über das Ergebnis der Abteilungsleitersitzung betr. Garnisonsvorhaben in Nordbayern vom 2. 4. 1965. Zur Situation des Verteidigungsetats vgl. Bundesminister der Verteidigung (Hrsg.), Weißbuch 1969 zur Verteidigungspolitik der Bundesregierung, Bonn 1969, S. 68f.
[147] BA-MA, BW 1/181202, BMVg Abt. U an MdB Franz Weigl vom 16. 3. 1967.
[148] De Maizière, Verteidigung in Europa-Mitte, S. 39.

geren wirtschaftlichen und finanziellen Rahmenbedingungen wogen viel schwerer als die Wünsche und Vorstellungen der Landesplaner. Zudem waren Landesregierung und Kommunen zwar formell an der Landbeschaffung für militärische Zwecke beteiligt und konnten den angemeldeten Bedarf auf seine räumliche Verträglichkeit hin prüfen. Einfluß auf die Dislozierung der Truppen hatten sie jedoch nicht. Immerhin konnte die Landbeschaffung für die bayerischen Garnisonen fast immer auf freiwilliger Basis und somit ohne größere politische Verwerfungen abgewickelt werden. Auf Erwerbsfälle und Flächen umgerechnet wurden in Bayern vom 1. April 1950 bis zum 31. Dezember 1972 für die alliierten Stationierungsstreitkräfte und die Bundeswehr zusammen 7873 Ankäufe mit 18280 ha getätigt. Davon mußten lediglich 1020 ha (5,6 Prozent) enteignet werden[149].

In den späten sechziger und frühen siebziger Jahren sah es nicht nach der Errichtung neuer Garnisonen aus, obwohl die Truppen nach wie vor nicht optimal disloziert waren und offensichtlich Bedarf an weiteren Kasernen bestand. Dennoch gab die bayerische Staatsregierung ihre mit der Bundeswehr verbundenen strukturpolitischen Zielsetzungen nicht auf. Im Gegenteil: Das 1976 als langfristiges Konzept verabschiedete, rechtlich verbindliche Landesentwicklungsprogramm verknüpfte die Anforderungen der Landesplanung mit den Überlegungen der Militärs. Ausgehend von der geostrategischen Lage, den völkerrechtlichen Verpflichtungen der Bundesrepublik Deutschland und der Sorge um die territoriale Unversehrtheit und den Schutz der Zivilbevölkerung setzte man auf ein Netz von Einrichtungen zur Unterbringung, Versorgung und Ausbildung der Streitkräfte, das so dicht sein müsse, daß es nahezu keine militärfreien Räume geben könne[150]. Außerdem erhob man die Forderung, Verteidigungseinrichtungen so zu lokalisieren, „daß sie zur Verwirklichung der Ziele der Raumordnung und Landesplanung beitragen“[151]. Deshalb sollte sich die Verteidigungsplanung möglichst in die vorhandene wirtschaftliche, soziale und räumliche Struktur einfügen, bevorzugte Fremdenverkehrs- und Naherholungsgebiete sollten von größeren militärischen Anlagen freigehalten werden. Die Lozierung von Kasernen sollte in ländlichen Gebieten und zentralen Orten nicht nur zur nachhaltigen Verbesserung der Lebens- und Arbeitsbedingungen führen, sondern durch die dazu erforderlichen infrastrukturellen Maßnahmen ganz allgemein die Struktur dieser Orte verbessern. Als das Landesentwicklungsprogramm 1984 fortgeschrieben wurde, wurden diese Ziele noch einmal wiederholt und bekräftigt, obwohl es zwischen 1976 und 1984 weder zur Errichtung neuer Garnisonen noch zu vergleichbar großflächigen Verteidigungsvorhaben kam. Allerdings war es unübersehbar, daß sich der Stellenwert militärischer Einrichtungen für die Landesplaner geändert hatte. Rangierten in der Denkschrift der Landesplanungsstelle von 1956 die Anforderungen der Streitkräfte noch auf den Plätzen eins bis drei des Aufgabenkatalogs, so setzte das neue Landesentwicklungsprogramm diese an die letzte Stelle.

149 Vgl. Thormeyer, Landnutzung, S. 19 und S. 41.
150 Vgl. Baer, Raumwirksamkeit staatlicher Dezentralisierungspolitik, S. 17f.
151 BGVBl. 1976, Anlagen: Landesentwicklungsprogramm, S. 119.

IV. Strukturveränderungen durch Bundeswehransiedlung

Angesichts der über Jahrzehnte kaum nachlassenden Bemühungen der bayerischen Staatsregierung, den Aufbau der Bundeswehr für die weit gesteckten Ziele der Landesentwicklung zu instrumentalisieren, stellt sich die Frage, ob die von ihr ja nur bedingt beeinflußbare „Garnisonspolitik" tatsächlich strukturelle und vor allem positive Veränderungen bewirkt hat. Wo, auf welchen Gebieten und in welchem Umfang haben neu geschaffene Truppenstandorte ihren Teil dazu beigetragen, die Lebensverhältnisse in allen Regionen des Landes einander anzugleichen? Dabei muß freilich betont werden, daß die Ziele der Gemeinden, in denen Garnisonen errichtet wurden, nicht zwingend mit denen der Landesregierung korrespondierten. Um daher neben der politisch angestrebten „Gleichwertigkeit der Lebensverhältnisse" einen weiteren Beurteilungsmaßstab zu gewinnen, wird nachfolgend die Erwartungshaltung derjenigen referiert, die von der Stationierung am meisten betroffen waren – der Bewohner der kleineren Städte auf dem Land. Daran schließt sich eine Analyse der Wirkungen auf die Raum- und Siedlungsstruktur, zivile Infrastruktur, Sozialstruktur, Erwerbs- und Beschäftigungsstruktur sowie die Wirtschaftsstruktur an.

1. Garnisonsbewerbungen

Die Schlagzeile der „Süddeutschen Zeitung" vom 15. Juli 1955, eine Garnison sei „eine feine Sache" für strukturschwache Orte, wurde zumindest statistisch durch die große Zahl an Bewerbungen bestätigt. Allein aus der Oberpfalz bemühten sich Anfang der sechziger Jahre 24 Gemeinden darum, als Truppenstandort berücksichtigt zu werden. Das war ein Drittel aller Gesuche aus Bayern, und immerhin 13 waren erfolgreich[152]. Im bundesweiten Vergleich sollen aus dem Freistaat die Mehrzahl der Bewerbungen gekommen sein[153].

Sieht man sich die Motive der Kommunen oder Landkreise näher an, so stand das Bedürfnis nach wirtschaftlicher Sanierung an erster Stelle, gefolgt von der Hoffnung auf den Ausbau der Infrastruktur oder einer modernen Ortsgestaltung durch den Bau von Bundeswehrwohnungen[154]. Im Falle von Cham etwa stand ursprünglich ein einstimmiger Beschluß des Bundestags Pate, dort eine Kaserne für eine Hundertschaft des Bundesgrenzschutzes zu bauen, um „den Bayerischen Wald als wirtschaftliches Notstandsgebiet zu stützen"[155]. Prägnant faßte der Landrat von Gunzenhausen die Erwartungen in einem Satz zusammen: „Mit dem Eintreffen der Soldaten und ihrer Familien würde die Kaufkraft gesteigert, das

[152] Vgl. Strunz, Schwerpunkte, in: Beiträge zur Entwicklung der Landesplanung in Bayern, S. 149.
[153] Vgl. Süddeutsche Zeitung vom 5. 7. 1961: „Viel Platz für Panzer und Artillerie". Noch 1966 lagen im BMVg 250 Anträge von Gemeinden aus der ganzen Bundesrepublik vor; vgl. Ulrich Roeder, Auswirkungen von Bundeswehrgarnisonen auf die regionale Wirtschaftsstruktur, Nürnberg 1989, S. 49 (Nürnberger wirtschafts- und sozialgeographische Arbeiten Bd. 41).
[154] Allgemein zu den Erwartungen von Gemeinden an eine Garnison Meyer-Truelsen, Auswirkung, S. 124.
[155] BA-MA, BW 1/4492, Innenministerium an BMVg vom 1. 4. 1956.

Straßennetz verbessert und das landschaftlich reizvolle Gebiet auch für den Fremdenverkehr erschlossen."[156]

Solche oft ungelenken und dramatisch klingenden Eingaben wurden nicht selten schon vor dem eigentlichen Aufstellungstermin der Bundeswehr verfaßt und sollten beim Adressaten in erster Linie Aufmerksamkeit für die mißliche Lage der Kommune wecken. So brachten „die in jeder Hinsicht sozial- und volkswirtschaftlich denkenden Stadtväter [von Ebern] große Opfer um ihrer Heimatstadt die Ehre und das Glück zu ermöglichen, Garnisonsstadt zu werden". Eine Garnison hielt man nicht nur für „wirtschaftlich notwendig", sondern erachtete sie auch als wichtigen Faktor „für die geistige und kulturelle Weiterentwicklung"[157]. Die Stadt Eschenbach begründete ihren Antrag 1955 mit der Errichtung des Truppenübungsplatzes Grafenwöhr 1907 und seiner Erweiterung 1938; seither fehle das wirtschaftliche Hinterland, da „eine unüberbrückbare Todeszone an unserer Stadtgrenze" geschaffen worden sei[158]. Als sich die Entscheidung über mehrere Jahre hinzog, führte der Bürgermeister 1959 Verteidigungsminister Strauß die Verbitterung vor Augen, die das zögerliche Vorgehen seines Hauses „sowohl bei der Bevölkerung als auch unter Parteifreunden" hervorgerufen habe. Durch die Stationierung von Soldaten, so meinte er, werde seine Stadt „einen bescheidenen Platz am Wirtschaftswundertisch der Bundesrepublik" erhalten[159]. Als bekanntgeworden war, daß Laufen zunächst nicht mit einer Garnison belegt werden sollte, stand für den stellvertretenden Meister der Kreishandwerkerschaft gar „die Existenz der Stadt und ihrer Einwohner, welche sich dadurch eine Besserung der wirtschaftlichen Situation erwarteten, auf dem Spiel"[160]. Zur Bekräftigung dieser düsteren Einschätzung hatten Dutzende von Geschäftsleuten den Brief mit ihren Firmenstempeln versehen. Nach dem Protokoll einer Bürgerversammlung in Pfreimd waren sich 300 Bürger bewußt, daß etwas geschehen müsse, „um das Wirtschaftsleben der Gemeinde vor einem völligen Ruin zu bewahren". Sie begrüßten deshalb das Bestreben des Bundestagsabgeordneten Alois Niederalt, „die Einbeziehung der armen Oberpfalz in das Aufbauprogramm des Bundesverteidigungsministeriums zu erreichen"[161].

Wirtschaftliche Strukturdefizite wie fehlende Industrie und zu wenige sichere Arbeitsplätze alleine boten aber keine Gewähr, als Standort berücksichtigt zu werden, auch wenn die bayerische Staatskanzlei solche Aspekte mehr oder weniger nachdrücklich hervorhob und in aller Regel die zuständigen Bundestagsabgeordneten im Verteidigungsministerium vorstellig wurden. Für das Ministerium war es dagegen von entscheidender Bedeutung, ob ein Standort grundsätzlich mit der Verteidigungsplanung kompatibel war, ob die infrastrukturellen Gegebenheiten und die verkehrsgeographische Lage den Anforderungen entsprachen und ob das benötigte Land problemlos erworben werden konnte. Gemeinden, die sich um eine Garnison bewarben, trugen diesen Ansprüchen Rechnung und lieferten

[156] BA-MA, BW 1/5362, Landrat von Gunzenhausen an Inspekteur des Heeres vom 24. 9. 1956.
[157] BA-MA, BW 1/5350, Stadtrat Ebern an Landratsamt Ebern vom 19. 11. 1955.
[158] BA-MA, BW 1/5352, Stadtrat Eschenbach an Amt Blank vom 31. 1. 1955.
[159] BA-MA, BW 1/5352, Stadtrat Eschenbach an Verteidigungsminister Strauß vom 29. 9. 1959.
[160] BA-MA, BW 1/5377, stellvertretender Meister der Kreishandwerkerschaft an Bürgermeister von Laufen vom 12. 7. 1957.
[161] BA-MA, BW 1/4508, Protokoll der Bürgerversammlung von Pfreimd vom 30. 6. 1956.

teilweise sehr differenzierte Ortsbeschreibungen – in manchen Fällen auch etwas geschönt oder wenig aussagekräftig, wie zwei Beispiele illustrieren können: Durch die Bewerbung aufmerksam geworden, erbat das Verteidigungsministerium aus Ebern eine Karte mit Vorschlägen für Kaserne und Standortübungsplatz sowie Informationen über Schulen und Verkehrsverbindungen. Letztere waren nach Auskunft des Bürgermeisters „einzigartig. Sowohl Eisenbahn wie Fernstraßen verbinden die Stadt mit den entlegensten Winkeln unseres Vaterlandes."[162] Womöglich rechnete sich der Stadtrat von Höchstadt an der Aisch bessere Chancen aus, als er die Hinweise auf die gute ärztliche Versorgung und das neue städtische Krankenhaus mit der Bemerkung ergänzte, daß der „gegenwärtige Leiter des Krankenhauses [...] bei der ehem. Wehrmacht als Chirurg tätig" gewesen sei[163].

Ob eine Kaserne an einem bestimmten Ort errichtet wurde oder nicht, hing jedoch vor allem davon ab, ob genügend Land zur Verfügung stand. In den Bewerbungsschreiben – wie etwa in dem aus Ebern – liest man zwar häufig davon, daß die Grundeigentümer „ihre volle Zustimmung [zu] einer freiwilligen Abtretung" gegeben hätten[164]. Tatsächlich aber ergaben sich sehr oft Schwierigkeiten mit einzelnen Bauern oder ganzen Gruppen von Landbesitzern, die um ihre Existenz fürchteten. Schon hier zeigt sich, daß nicht alle Bürger eine Garnison für erstrebenswert hielten.

In Günzburg kam es beispielsweise zum Eklat, als die Bauern angeblich aus der Zeitung erfuhren, daß der Stadtrat „in geheimer Sitzung den Beschluß gefaßt hat, entsprechendes Gelände zur Anlegung eines Truppenübungsplatzes mit Kasernen anzubieten, ohne daß die dadurch in Mitleidenschaft gezogenen Bevölkerungskreise vorher befragt oder in Kenntnis gesetzt wurden". Man warf dem Stadtrat nicht nur Kompetenzüberschreitungen vor, man beschuldigte ihn auch, „in einer vollkommen undemokratischen Weise über die soziologische Gestaltung [sic!] einer Stadt auf Jahrzehnte hinaus eine nicht zu verantwortende Entscheidung getroffen" zu haben[165]. In Gunzenhausen war der Fall ähnlich gelagert. Dort regten sich die Grundbesitzer darüber auf, daß bei einer Gemeindeversammlung „alle Leute ob Bauer, Landwirt, Vertriebener, Fürsorgeempfänger usw. zur Abstimmung zugelassen" worden seien[166]. Als Verteidigungsminister Strauß davon erfuhr, wandte er sich an den zuständigen Bundestagsabgeordneten, seinen Parteifreund Friedrich Bauereisen, damit dieser im Sinne der notwendigen Verteidigungsmaßnahmen Aufklärungsarbeit gegen die „von einigen Wortführern gesteuerte Aktion" leiste[167].

Am 7. September 1959 mußte die Wehrbereichsverwaltung VI der Liegenschaftsabteilung im Verteidigungsministerium mitteilen, daß wegen starker Widerstände aus landwirtschaftlichen Kreisen mit einem baldigen Abschluß des Raumordnungsverfahrens für eine Kaserne in Höchstadt an der Aisch nicht zu

162 BA-MA, BW 1/5350, Bürgermeister von Ebern an BMVg vom 5. 9. 1955.
163 BA-MA, BW 1/5364, Stadtrat von Höchstadt an der Aisch an BMVg vom 9. 1. 1957.
164 BA-MA, BW 1/5350, Stadtrat Ebern an Landratsamt Ebern vom 19. 11. 1955.
165 BA-MA, BW 1/12321, Ortsbauernschaft Günzburg an BMVg vom 12. 3. 1956.
166 BA-MA, BW 1/5362, Protestschreiben vom 15. 12. 1959.
167 BA-MA, BW 1/5362, Verteidigungsminister Strauß an MdB Friedrich Bauereisen, undatierter Reinentwurf vom Januar 1960.

rechnen sei[168]. In einer von dreißig Personen unterzeichneten Denkschrift zur Errichtung einer Garnison in Oberviechtach kritisierten die Autoren nicht nur den im Hinblick auf sechs weitere Truppenstandorte in der Region ihrer Meinung nach überflüssigen Kasernenneubau, sondern sie behaupteten, daß dieser für die überwiegend bäuerliche Bevölkerung existenzgefährdend sei. Zahlreiche Familien hätten keine andere Möglichkeit, als von ihrem seit Generationen kultivierten und vererbten Land abzuwandern. Weiter hieß es: „Und dazu getrieben wurden sie durch Minderheiten, die sich an der Errichtung einer Garnison mit ihren unausbleiblichen Erweiterungen und den damit verbundenen Grundstücksabtretungen gewisse persönliche Vorteile versprechen."[169]

Dieser Vorwurf verweist auf den tiefgreifenden Transformationsprozeß, in dem sich die jahrhundertealten Sozialstrukturen auf dem Lande damals befanden. So sah sich 1956 der Bezirksverband des Bayerischen Bauernverbands nicht nur von den an einer Garnison interessierten Rodinger Geschäftsleuten unter Druck gesetzt, der Kreisobmann soll während einer politischen Versammlung im Beisein von Landtagsabgeordneten beleidigt worden und „knapp an der Verprüglung durch den Gastwirt Zierer vorbeigekommen" sein[170]. Scharfe Vorwürfe richteten die Bauernvertreter vor allem an die Adresse jener Grundbesitzer, die ihre Felder seit Jahren nicht mehr selbst bewirtschaftet, sondern verpachtet hatten – und nun darauf spekulierten, sie an die Bundeswehr verkaufen zu können. Diesen Zeitgenossen sei es völlig gleichgültig, „was die große Zahl der Rodinger Kleinlandwirte für Existenzgrundlagen in der Zukunft haben".

Besonders deutlich lassen sich solche sozioökonomischen Verwerfungen aus zwei Protestbriefen herauslesen, in denen gegen die Abgabe von Land für eine Kaserne der Panzertruppe im mittelfränkischen Heidenheim Stellung bezogen wurde. So beklagten sich die Bewohner von Degersheim am 14. Oktober 1959 beim Verteidigungsministerium, der Bürgermeister habe entsprechende Zusagen eigenmächtig und gegen den Willen der Grundbesitzer gemacht. Zudem warfen sie dem Bürgermeister vor, eigene Interessen zu verfolgen, und wandten sich vehement dagegen, bei einer Gemeindeversammlung zur Klärung der Vorfälle auch Nicht-Landwirte wie Vertriebene und Fürsorgeempfänger zuzulassen[171]. Am 15. Dezember schlossen sich fünfzig Bauern aus Heidenheim dem Protest an und kamen in einem ebenfalls an das Verteidigungsministerium gerichteten Schreiben auf den eigentlichen Grund ihrer Befürchtungen zu sprechen: Bei der Abgabe von 300 ha verlören mehrere selbständige Landwirte die Existenzgrundlage, sie würden

„als Fabrikarbeiter auf die Straße gedrückt, wie Landrat Klaus[s] bei der Bauernbundversammlung am 12. 12. 59 zutreffend sagte. ‚Nach Gunzenhausen müßte Industrie kommen, damit ein Kleinlandwirt, der von seinem Betrieb nicht mehr leben kann, sich umstellen und in die Fabrik gehen kann'. Das ist eine sonderbare Einstellung des Vertreters seines Kreises

[168] BA-MA, BW 1/5364.
[169] BA-MA, BW 1/4503, Denkschrift vom 22. 11. 1958.
[170] BA-MA, BW 1/4520, Bayerischer Bauernverband, Bezirksstelle Cham, an Bezirksplanungsstelle vom 9.2. 1956; das folgende Zitat ebenda.
[171] BA-MA, BW 1/5362, Protestschreiben vom 14. 10. 1959.

für seine Landwirte. Der Bauer hängt an seiner Scholle. Die Einwohner von Heidenheim ernähren sich ausschließlich durch Ackerbau und Viehzucht."[172]

Am 8. Januar 1960 erreichte das Verteidigungsministerium – „Abteilung Errichtung von Panzergarnisonen" – ein noch schärfer formulierter Brief. Die Unterzeichner bekräftigten darin nicht nur ihren Standpunkt, sondern verwiesen als weiteres Argument auf die Unsicherheit von Arbeitsplätzen in der Industrie. Auf eine Aussage des Landrats, die gefährdeten Kleinbauern sollten doch in die Fabrik nach Gunzenhausen gehen, erwiderten sie: „Wielang? Bis die Industrie keine Absatzmöglichkeiten mehr hat. Und was dann? Wir sind ehrliche und anständige Bauern und Landwirte und übergeben unseren Kindern das Gut, was wir von unseren Vätern erhalten haben."[173]

Die Angst vieler Landwirte vor sozialer Deklassierung stieß jedoch vor allem in den Grenzregionen auf taube Ohren, wo die Lebenschancen für Nichtbauern sehr ungünstig waren. Diese Tatsache wurde von den Kommunalpolitikern meist besonders betont, wenn sie sich um eine Garnison bewarben. Gegenüber der bayerischen Staatskanzlei vertrat der Landrat von Neunburg vorm Wald 1956 die Auffassung, daß die Ursache für die extreme Steuerschwäche seines Landkreises in der geringen Zahl an krisensicheren Arbeitsplätzen begründet liege. Vor allem im Winter stünden „die Stempler Schlange bei der Nebenstelle des Arbeitsamtes"[174]. Eine Kaserne, so der Landrat weiter, „bedeutet für das Wirtschaftsgebiet Neunburg v. Wald in seiner Auswirkung einen Betrieb". Auch in Mellrichstadt[175] und Regen glaubte man, mit einer Garnison fehlende Dauerarbeitsplätze schaffen und zugleich ein vor allem in Ostbayern bekanntes soziales Problem lösen zu können:

„Bekanntlich werden im Frühjahr viele arbeitsfähige Männer nach dem Westen durch das zuständige Arbeitsamt in Arbeit vermittelt. Alle Arbeiter, die bisher seit Jahren im Frühjahr zur Arbeit wegfahren müssen, freuen sich schon jetzt darauf, wenn für sie durch den Kasernen- und Wohnungsbau im kommenden Jahre die Möglichkeit besteht, endlich einmal daheim bei der Familie bleiben zu können."[176]

Kommunalpolitiker, die mit solchen Argumenten um eine Garnison warben und dabei wenig Rücksicht auf diejenigen nahmen, die das Land dafür zur Verfügung stellen mußten, entstammten nur selten dem bäuerlichen Milieu. Politische Gesinnung oder parteiliche Bindung spielten in der Debatte in der Regel nur eine untergeordnete Rolle, auch wenn nicht überall so großes Einvernehmen herrschte wie in Regen, wo der Stadtrat Wert auf die Feststellung legte, daß der Beschluß zur Bewerbung um eine Garnison einstimmig gefaßt worden sei. Auch in Cham stimmten der Stadtrat und eine hierzu einberufene Bürgerversammlung einstimmig für eine Bewerbung um eine Garnison[177]. Aus Höchstadt an der Aisch hingegen erfuhr der Staatssekretär im Verteidigungsministerium, Josef Rust, daß die

[172] BA-MA, BW 1/5362, Protestschreiben vom 15. 12. 1959.
[173] BA-MA, BW 1/5362, Protestschreiben vom 8. 1. 1960.
[174] BA-MA, BW 1/4498.
[175] BA-MA, BW 1/5378, Gutachten des Landratsamts Mellrichstadt betr. Garnisonsbewerbung vom 19. 8. 1955.
[176] BA-MA, BW 1/4513, CSU-Ortsverband Regen an Verteidigungsminister Strauß vom 22. 11. 1956; das folgende nach diesem Schreiben.
[177] Vgl. Chronik des Jägerbataillons 113, o.O. (Cham) o.J. (1997), S. 29.

Vertreter der Bürgerschaft die Stationierung von Truppen zwar begrüßten; von den 16 Stadträten hätten sich jedoch die drei Vertreter der SPD ihrer Stimme enthalten[178]. In Neumarkt stimmten die acht Stadträte der SPD offen dagegen, weil sie von einer Garnison keine Vorteile für ihre Stadt erwarteten[179]. Auch in Mellrichstadt hatte die Parteizugehörigkeit eine gewisse Bedeutung in der Diskussion um das Für und Wider einer Garnison. Wie das Landratsamt dem Verteidigungsminister berichtete, versuchten die „linksgerichteten Kreise der Mellrichstädter Bevölkerung [...] mit allen Mitteln zu verhindern [...], daß Mellrichstadt Garnisonsstadt wird"[180]. Der Landrat versäumte es dabei auch nicht, auf seine langjährige CSU-Mitgliedschaft und auf seinen persönlichen Einsatz bei der Überzeugung der Bevölkerung „von der Richtigkeit der Wehrpolitik der Deutschen Bundesregierung" hinzuweisen.

Allem Anschein nach führten parteipolitische Friktionen aber nur in einem Fall dazu, daß in Bayern ein Garnisonsprojekt aufgegeben werden mußte – und zwar in Würzburg. Hier hatte die SPD, unterstützt von einigen Professoren der Universität, das Motto für den Kommunalwahlkampf von 1956 ausgegeben: „Würzburg braucht keine Kasernen". Gegenüber Ministerpräsident Hoegner begründete die Landtagsabgeordnete Gerda Laufer die ablehnende Haltung der Würzburger SPD und eines großen Teils der Öffentlichkeit mit dem Argument, daß die Erinnerung an die fürchterlichen Zerstörungen durch die Luftangriffe während des Zweiten Weltkrieges noch relativ frisch seien. Zudem herrsche bei den Bürgern die Auffassung vor, „ohne die Kasernen wäre Würzburg Lazarettstadt geworden und der Angriff wäre in dieser brutalen Form nicht erfolgt"[181]. Die Standortplaner wichen daraufhin in das benachbarte Veitshöchheim aus.

Bunte Blüten trieb das parteipolitische Konkurrenzdenken in den oberpfälzischen Städten Tirschenreuth und Wiesau, die sich beide als Truppenstandort beworben hatten. Der CSU-Bundestagsabgeordnete Franz Wittmann setzte sich am 28. November 1958 bei Verteidigungsminister Strauß aber nicht nur deshalb für Tirschenreuth ein, weil dieses Kreisstadt war, sondern weil dort ein sehr aufgeschlossener CSU-Bürgermeister regiere, während der sozialdemokratische Bürgermeister von Wiesau „etwas schwiriger [sic!] zu behandeln" sei[182]. Gut zwei Wochen später wurde Wittmann in einem weiteren Brief massiver:

> „Als die Kommission zur Besichtigung des Geländes in Wiesau durch die Gemeinde Leugas fuhr, haben die Bauern der Gemeinde Leugas sich mit Dreschflegeln und Sensen bewaffnet an die Straße gestellt und eine drohende Haltung eingenommen, weil sie keinesfalls Grundstücke für den Kasernenbau abgeben wollen. Der SPD-Bürgermeister von Wiesau hat der Wehrbereichsverwaltung nicht die Wahrheit gesagt, wenn er angab, die Grundstücksfrage in Wiesau sei gelöst."[183]

Es waren aber schließlich nicht diese wenig dezenten Hinweise, die den Ausschlag für Tirschenreuth gaben. Der Führungsstab des Heeres begründete seine Ent-

[178] BA-MA, BW 1/5364, Stadtrat Höchstadt an der Aisch an BMVg vom 9. 1. 1957.
[179] Vgl. Neumarkter Tagblatt vom 20. 10. 1959: „Stadtrat plädiert für eine Garnison in Neumarkt".
[180] BA-MA, BW 1/5379, Landratsamt Mellrichstadt an Verteidigungsminister Strauß vom 14. 4. 1957.
[181] BA-MA, BW 1/115175, MdL Gerda Laufer an Ministerpräsident Hoegner vom 4. 12. 1956.
[182] BA-MA, BW 1/4530, MdB Franz Wittmann an Verteidigungsminister Strauß vom 26. 11. 1958.
[183] BA-MA, BW 1/4530, MdB Franz Wittmann an Verteidigungsminister Strauß vom 9. 12. 1958.

scheidung damit, daß Tirschenreuth die größere Stadt sei und über bessere schulische und kulturelle Einrichtungen verfüge als Wiesau[184]. Groß war die Überraschung für den Bürgermeister von Tirschenreuth jedoch, als sich seine „Untertanen“ – so das „Coburger Tagblatt“ – darüber keineswegs begeistert zeigten und sogar beim Stadtrat energisch gegen den geplanten Kasernenbau protestierten. Der Bürgermeister, der befürchtete, die Vorteile einer Garnison fielen jetzt an die Nachbargemeinde Wiesau, reagierte in einer Sitzung des Stadtrats mit den bezeichnenden Worten: „Wir aber haben die Protestunterschriften. Sie werden in die Chronik der Stadt aufgenommen, auf daß einmal unsere Nachfahren wissen, wer den wirtschaftlichen Aufstieg ihrer Heimatstadt hintertrieben hat.“[185]

Die ablehnende Haltung von Teilen der Bürgerschaft blieb jedoch ohne Konsequenzen. Die Bundeswehr hielt am Standort Tirschenreuth fest. Erst als 1967 wegen der schlechten Haushaltslage neue Garnisonen nicht mehr finanzierbar waren, stellte man vermutlich zum Bedauern mancher die Planung zunächst zurück, um sie später ganz aufzugeben[186].

2. *Auswirkungen auf die Raum- und Siedlungsstruktur*

Obwohl, so die Aussage in der Literatur, die Bereitstellung von ausreichendem Gelände für die Standortübungsplätze in der dicht besiedelten Bundesrepublik teilweise auf „kaum überbrückbare Schwierigkeiten“ stieß[187], konnten bis 1963 für die Bundeswehr 73 000 ha Land beschafft werden[188]. 1967 war die Bundeswehr Eigentümerin von 170 000 ha Land, das zu 74,2 Prozent für Übungs- und Schießplätze genutzt wurde; auf 7,5 Prozent der Fläche standen Kasernenanlagen[189]. In Bayern verfügte die Bundeswehr 1978 über Liegenschaften im Umfang von 27 306 ha. Berücksichtigt man die großen Truppenübungsplätze Grafenwöhr, Hohenfels und Wildflecken, die zwar unter US-Nutzungsrecht standen, wo aber auch Truppen der Bundeswehr ihre Übungen abhielten, erhöhte sich das von deutschen Streitkräften beanspruchte Gebiet auf über 74 360 ha – immerhin ein Anteil von 1,054 Prozent an der gesamten Landesfläche[190].

Das meiste Land mußte bei der Einrichtung neuer Garnisonen beschafft werden, und zwar jeweils für die Truppenunterkunft, den Standortübungsplatz (StOÜbPl), die Standortmunitionsniederlage (StMunNdlg) und die Standortschießanlage (StOSchAnl). Allein die Garnisonen des Heeres in Oberviechtach,

184 BA-MA, BW 1/4530, BMVg Fü H III 4 an U I 7 vom 16. 2. 1959.
185 Coburger Tagblatt vom 4. 2. 1960: „Es geht um den Bau einer Kaserne“.
186 BA-MA, BW 1/181202, BMVg Abt. U an MdB Franz Weigl vom 16. 3. 1967.
187 De Maizière, Verteidigung in Europa-Mitte, S. 42.
188 Bei 20 000 Beschaffungsfällen bis 1964 lag die Quote der nach dem Landbeschaffungsgesetz vorgenommenen Enteignungen bei nur 0,4 Prozent; vgl. Kai-Uwe von Hassel, Gemeinde und Landesverteidigung, in: Bundeswehrverwaltung 8 (1964), S. 193–198, hier S. 195. In Bayern kam es im Zuge der bis 1968 durchgeführten 4000 Raumordnungsverfahren lediglich zu fünf Enteignungsmaßnahmen; vgl. Thormeyer, Landnutzung, S. 19.
189 Vgl. Die Liegenschaften der Bundeswehr in Zahlen, in: Bundeswehrverwaltung 11 (1967), S. 213.
190 Die US-Streitkräfte verfügten 1990 in der Bundesrepublik über 877 Militäreinrichtungen mit einer Gesamtfläche von 117 989 ha. Davon entfielen 240 mit einer Fläche von 84 684 ha auf Bayern. Vgl. Herbert Schott, Die Struktur der amerikanischen Armee in Unterfranken nach 1945 – ein erster Versuch, in: Mitteilungen für die Archivpflege in Bayern 9 (1992), S. 342–352, hier S. 342.

Neunburg vorm Wald, Cham und Roding benötigten zusammen 972 ha. Die Flächenverteilung sah im einzelnen folgendermaßen aus[191]:

Standort	Kaserne in ha	StOÜbPl in ha	StOMunNdlg in ha	StOSchAnl in ha
Oberviechtach	27,1	196,8	11,3	9,1
Neunburg vorm Wald	30,7	292,5	7,9	4,5
Cham	25,9	143,5	7,7	5,6
Roding	32,6	165,8	7,6	2,8

Besonders viel Land beanspruchten die Standortübungsplätze, wobei die intensive militärische Nutzung schwerwiegende ökologische Schäden nach sich zog. Hinzu kamen die Folgen der Waldabholzung, die kaum ohne Einfluß auf das Mikro- oder Standortklima blieben. Auch andere Umweltschäden ließen nicht auf sich warten: Schwere Kettenfahrzeuge ruinierten die Vegetation, Flora und Fauna wurden empfindlich gestört, der Boden bis hin zur Erosion degradiert. Bereits 1973 mußte daher festgestellt werden, daß die „Selbstregulation des Ökosystems auf militärischen Dauernutzungsflächen [...] heute vor allem bei Befahrung mit gepanzerten Kettenfahrzeugen unmöglich" ist[192].

Die zum Teil schwerwiegenden Eingriffe in die Landschaft ließen sich auch statistisch belegen. So waren bei 12 bayerischen Standortübungsplätzen mit einer Fläche von 2196 ha im Verlauf von 9,4 Jahren bis 1973 die Freiflächen von 41 Prozent auf 45 Prozent angewachsen, während der Forstbestand bezogen auf die Gesamtfläche von 52 Prozent auf 45 Prozent abgenommen hatte. Besonders deutlich hatte sich die Landschaftsstruktur des zur Garnison Neunburg vorm Wald gehörenden Standortübungsplatzes Bodenwöhr verändert. Waren 1964 bei der Übernahme des 292 ha großen Geländes lediglich 1,20 ha Freifläche zu verzeichnen gewesen, so betrug diese 1973 bereits 99,33 ha. Der Forstbestand verringerte sich im gleichen Zeitraum von 288,72 ha um weit über ein Drittel auf 178,97 ha. Dagegen betrug die Länge der befestigten Straßen nicht mehr nur 150 m, sondern 4000 m.

Zivile Stellen wie auch die Bundeswehr gingen mit den ökologischen Folgen auf den Standortübungsplätzen zwiespältig um. Bereits während der Planungsphase bedauerten manche Behörden, die im Rahmen des Raumordnungsverfahrens zur Stellungnahme aufgefordert worden waren, die Zweckentfremdung von land- und forstwirtschaftlichem Boden. Das Landwirtschaftsamt Cham etwa enthielt sich nur deshalb eines Einspruchs, weil „in diesem Falle das öffentliche Interesse an diesem, für das Wirtschaftsleben des ganzen Grenzlandbezirkes im allgemeinen und das der Stadt Cham im besonderen, bedeutsamen Projekte in einem Maße überwiegt, daß Einwände und Bedenken der Landwirtschaft zurückgestellt werden müssen"[193]. Nicht so das Forstamt Ebern, das 1955 die wirtschaftlichen

[191] Daten nach Weiskopf, Garnisonen der Bundeswehr, S. 32.
[192] Thormeyer, Landnutzung, S. 23; die folgenden Angaben finden sich ebenda, S. 52.
[193] BA-MA, BW 1/4492, Landwirtschaftsamt Cham an Bezirksplanungsstelle Regensburg vom 23. 5. 1956.

Gründe für die Einrichtung einer Garnison zwar anerkannte, diese jedoch „aus forstlichen Gesichtspunkten heraus" nicht befürwortete[194]. Der Einspruch wurde allerdings, wie andernorts auch, übergangen. Die ökologisch begründeten Bedenken blieben aber augenscheinlich bestehen, so daß sich Verteidigungsminister von Hassel 1964 gar zu der Polemik hinreißen ließ, daß es nicht darauf ankomme, ob „ein Panzerübungsplatz [...] vielleicht eines Tages ein schöner Erholungsort und eine Erholungsstätte oder ein Erholungsgebiet werden könnte. Lediglich die Frage sei interessant, ob auf diesem Panzerübungsgelände deutsche oder sowjetische Panzer führen. Etwas anderes interessiert leider nicht!"[195]

Im großen und ganzen aber scheint die Bevölkerung der Garnisonstädte die negativen Begleiterscheinungen der Truppenpräsenz zumindest in den fünfziger und sechziger Jahren weitgehend klaglos akzeptiert zu haben. Schließlich waren die Übungsplätze militärisches Sperrgebiet und abseits der zivilen Wohngebiete gelegen. Erst in den siebziger Jahren wurde verstärkt Kritik laut. Vermutlich war der höhere Stellenwert ökologischer Fragen dafür verantwortlich, daß das Thema Umwelt und Bundeswehr ein Gegenstand der öffentlichen Auseinandersetzung wurde. Umstritten war vor allem die Neuanlage ausgedehnter Übungsareale in der Nähe von städtischen Verdichtungsräumen. So forderte der bayerische Landtag aufgrund eines Dringlichkeitsantrags der SPD-Fraktion die Staatsregierung am 24. Juni 1971 auf, darauf hinzuwirken, daß im Südosten von Nürnberg kein neuer Übungsplatz angelegt werde[196]. Heftiger Bürgerprotest aus Mittelfranken gegen eine militärische Nutzung dieses letzten waldreichen Naherholungsgebiets, die möglicherweise eine Gefährdung des Wasserschutzgebiets nach sich gezogen hätte[197], führte 1973 nicht nur zu einem weiteren Antrag im Landtag, sondern veranlaßte die zuständigen Stellen der Bundeswehr, das Vorhaben schließlich ganz aufzugeben[198]. Einen ähnlich gelagerten Fall gab es in Oberbayern. Dort hatten die zuständigen Landesbehörden 1972 einen neuen Standortübungsplatz der Münchner Garnison bereits genehmigt und die Einwände verschiedener Anrainergemeinden deshalb abgelehnt, weil man sie „im Verhältnis der Bedeutung der Maßnahme als nicht durchgreifend" ansah[199]. 1979 konnte der Übungsbetrieb auf dem 1000 ha großen Gelände zwar aufgenommen werden, ein Rechtsstreit zwischen den betroffenen Gemeinden und dem Bund endete aber damit, daß die Bundeswehr den Standortübungsplatz noch im selben Jahr räumen mußte. Und selbst im ausgesprochen bundeswehrfreundlichen Cham gründete sich 1979 eine Bürgerinitiative, die zum Widerstand gegen die Erweiterung des Standortübungsplatzes aufrief[200].

Außer den Standortübungsplätzen wirkten sich selbstverständlich auch die in aller Regel 20 ha großen Kasernenareale durch ihre Hoch- und Straßenbauten

[194] BA-MA, BW 1/5350, Forstamt Ebern an Stadtrat Ebern vom 24. 10. 1955.
[195] Von Hassel, Gemeinde und Landesverteidigung, S. 197.
[196] Vgl. Stenographischer Bericht über die 19. Sitzung des bayerischen Landtags am 24. 6. 1971, S. 930.
[197] Vgl. Militär und Umwelt. Probleme militärischer Raumnutzung, bearb. von Peter Jurczek, Stuttgart 1977, S. 18 (Militärpolitik: Dokumentation 6).
[198] Vgl. Drucksache 4166 vom 6. 4. 1973, in: Verhandlungen des Bayerischen Landtags. VII. Wahlperiode 1970–1974, Drucksachenbd. XII, München 1974.
[199] Heinz Schaefgen, Militärische Infrastruktur zwischen Umweltschutz und Rechtsentwicklung, in: Bundeswehrverwaltung 30 (1986), S. 235–239, hier S. 238.
[200] Vgl. Chronik des Jägerbataillons 113, S. 140.

negativ auf die Beschaffenheit des Bodens aus. Da die Standortplaner gefordert hatten, Heereskasernen in der Nähe von Ortschaften anzulegen, veränderten diese gerade auf dem Land das traditionelle Ortsbild gravierend. Schon im Juli 1955 warnte die Landesgruppe Bayern der Deutschen Akademie für Städtebau und Landesplanung vor nicht wiedergutzumachenden Schäden im Landschaftsbild[201]. Nach ersten Veröffentlichungen in der Presse gab der Bund Deutscher Architekten in Bayern Anfang 1956 gegenüber dem Präsidenten des bayerischen Senats der Befürchtung Ausdruck, daß aus Zeitmangel „die sorgfältige Vorarbeit für die Standortwahl und für den Entwurf nicht gewährleistet sein wird [...] und bei ungenügender Planung in künstlerischer wie auch in wirtschaftlicher Hinsicht Fehlleistungen entstehen, die nicht zu verantworten sind“[202]. Der Architektenverband sah es als seine Verpflichtung an, das Landschafts- und Städtebild zu erhalten und die kulturelle Substanz Bayerns zu schützen. So wies man als positives Beispiel für eine gelungene landschaftsgebundene Bauweise auf die bayerischen Postbauten aus den zwanziger und dreißiger Jahren hin, einen Baustil, der die Architekten übrigens schon damals bei der Errichtung der süddeutschen Wehrmachtkasernen beeinflußt hatte[203]. Um sicherzustellen, daß die neuen Kasernen landschaftsadäquat sein würden, schlug der Bund Deutscher Architekten vor, unverzüglich Arbeitsgemeinschaften aus führenden Baubeamten und Architekten zu bilden, „die in planender Hinsicht eine Anpassung zukünftiger Bauten an Standorte und Umgebung bewirken sollen“[204].

Über die Wirkung dieses Vorstoßes ist zwar nichts bekannt, immerhin setzte Ministerpräsident Hoegner aber Verteidigungsminister Strauß im Herbst 1956 davon in Kenntnis, daß bei der Prüfung militärischer Bauvorhaben auch städtebauliche Belange entsprechende Berücksichtigung finden sollten[205]. Mit dieser Aufgabe war der auf König Ludwig I. zurückgehende bayerische Landeskunstausschuß beauftragt worden, ein aus Vertretern der Landesdenkmalpflege und prominenten Architekten zusammengesetztes Gremium, das bei überörtlich bedeutenden öffentlichen Bauvorhaben beratende Empfehlungen abgeben sollte. Der Ausschuß beriet zum Beispiel am 21. Februar 1957 über die Modellentwürfe der Heereskasernen in Neuburg an der Donau, Donauwörth, Maxhof bei Starnberg, Feldafing und Bogen. Während die Mitglieder des Ausschusses die Truppenunterkunft bei Neuburg für besonders gelungen hielten und auch der Planung von Bogen ohne weitere Einwände zustimmten, kritisierten sie den geplanten Bau einer Kaserne auf dem Schellenberg bei Donauwörth. Die Anordnung der Gebäude trage dem Geländeverlauf nicht Rechnung, und durch die Anlage der Exerzierplätze werde das Areal „gesprengt“. Grundsätzlich abgelehnt wurde die Errich-

201 BayHStA, StK 115175, Deutsche Akademie für Städtebau und Landesplanung, Landesgruppe Bayern, an bayerische Staatskanzlei vom 16. 7. 1955.

202 BayHStA, StK 115175, Bund Deutscher Architekten in Bayern an Senatspräsident vom 27. 2. 1956.

203 Vgl. Wolfgang Voigt, Von der Postbauschule zur Luftwaffenmoderne, in: Florian Aicher/Uwe Drepper (Hrsg.), Robert Vorhoelzer. Die klassische Moderne der Post, München 1990, S. 162–167.

204 BayHStA, StK 115175, Bund Deutscher Architekten in Bayern an Senatspräsident vom 27. 2. 1956.

205 BayHStA, StK 115174, Ministerpräsident Hoegner an Verteidigungsminister Strauß vom 29. 11. 1956.

tung der Fernmeldeschule des Heeres auf dem Gelände der ehemaligen NAPOLA in Feldafing, weil in die „Erholungszone des Starnberger Sees, die für die Stadt München von allergrößter Wichtigkeit ist, [...] keine Anlage von zentraler militärischer Bedeutung und einer hohen Verkehrsfrequenz" gehöre[206]. Zudem würden die geplanten dreigeschossigen Gebäude in der Seelandschaft irritierend wirken. Da die Vorschläge des Landeskunstausschusses allerdings nur empfehlenden Charakter hatten, wurden sowohl die Fernmeldeschule in Feldafing als auch die Schellenbergkaserne in Donauwörth gebaut[207].

Wenig erfolgreich waren auch die Bemühungen um eine „landschaftsgebundene" Bauweise, die man in den neuen Garnisonen in den ländlichen Gebieten Bayerns vergeblich sucht. Die aus Kostengründen in der Regel aus nüchternen Zweckbauten zusammengesetzten Kasernen hoben sich mit ihren langgestreckten zwei- bis dreigeschossigen Kompaniegebäuden und den großen Kraftfahrzeughallen deutlich von der gewachsenen Bausubstanz ab[208]. Sie waren zwar ein Fremdkörper, wurden aber wegen ihrer Modernität zugleich als Symbol des Aufschwungs betrachtet, auf den man allzulange gewartet hatte. Der Reporter der „Süddeutschen Zeitung" hörte bei der Einweihung der Truppenunterkunft in Roding deshalb nur anerkennende Bemerkungen: „‚Ausschaun tut's da wie in an Sanatorium', sagten die meisten Leute, als sie die neue Kaserne – hellgetünchte Gebäude mit übergroßen Fenstern – besichtigen durften."[209] Als Problem erwiesen sich auch die sogenannten Bundeswehrsiedlungen. Da der Wohnungsmarkt in den neuen Garnisonstädten meist nicht in der Lage war, den Bedarf an Wohnungen für Zeit- und Berufssoldaten und deren Familien zu decken, war die Bundeswehr gezwungen, Wohnungen „in oder angelehnt an eine größere Gemeinde" bauen zu lassen[210]. Bis 1965 waren zwar rund 92000 Wohnungen erstellt worden, nach Erhebungen des Wehrbeauftragten wurden aber weitere 40000 – das Verteidigungsministerium sprach nur von 23000 – benötigt[211]. Bis zum Sommer 1967 hatte sich die Zahl der Neubauwohnungen dennoch nur leicht auf 92118 erhöht, von denen 18770 (20,4 Prozent) in Bayern errichtet worden waren[212].

Genügend Wohnungen zu bauen, war die eine Schwierigkeit, die andere bestand darin, die neuen Wohnviertel möglichst sinnvoll in die alte Siedlungsstruktur einzupassen. Bereits im Zuge des ersten Wohnungsbauprogramms hatte das

206 BA-MA, BW 1/5383, Bayerischer Landeskunstausschuß an Oberfinanzdirektion München vom 26. 2. 1957.

207 Vgl. Josef Eckert, Die Fernmeldeschule der Bundeswehr in Feldafing. Schüler untersuchen die Raumwirksamkeit einer militärischen Einrichtung, in: Geographie 1 (1980), S. 27–36.

208 Zu den Kasernenbauten der Bundeswehr vgl. Hansjörg Schwalm, Die Entwicklung der Unterbringung von Streitkräften in Deutschland, in: Bundeswehrverwaltung 26 (1982), S. 177–184, hier S. 184f., und Hansjörg Schwalm, Militärbauten: Von den Anfängen bis zur Infrastruktur der Bundeswehr, Heidelberg/Hamburg 1982. Kritische Stimmen zu den neuen Kasernen kamen auch aus dem Lager der organisierten ehemaligen Wehrmachtsoldaten; vgl. Kasernen – „ganz modern". Ein neuartiges Baukonzept bei der Bundeswehr, in: Alte Kameraden 4 (1959), S. 10.

209 Süddeutsche Zeitung vom 24. 2. 1959: „Roding verbündet sich mit der Bundeswehr".

210 Erlaß des Verteidigungsministeriums vom 6. 2. 1958, zit. nach Eberhard Schneider, Probleme der Wohnungsfürsorge für die Bundeswehr, 3 Teile, in: Bundeswehrverwaltung 6 (1962), S. 300–304 und S. 368–372, sowie 7 (1963), S. 51–54, hier Teil 1, S. 301.

211 Deutscher Bundestag, Parlamentsarchiv, 4. Legislaturperiode, stenographisches Protokoll der 115. Sitzung des Ausschusses für Verteidigung am 15. 6. 1965.

212 Vgl. Wohnungsbestand und Bautenbestand. Stand 30. 6. 1967, in: Bundeswehrverwaltung 11 (1967), S. 214.

Schellenberg-Kaserne in Donauwörth. Im oberen Bildteil links die sogenannte Parksiedlung; Aufnahme vom 16. Juli 1974

Verteidigungsministerium die Wehrbereiche angewiesen und das Wohnungsbauministerium darum ersucht, eine sogenannte Ghettobildung möglichst zu vermeiden. Es stellte sich aber bald heraus, daß sich dieses Ziel nur in Mittel- und Großstädten realisieren ließ, während „in kleinen Städten und Landgemeinden [...] die bei Streusiedlungen auftretenden hohen Erschließungskosten nicht zu verkraften" waren[213]. Die geschlossenen Bundeswehrsiedlungen, die meist im Anschluß an das Kasernenareal hochgezogen worden waren – in Cham wurden zwischen 1958 und 1962 zum Beispiel 144, in Roding 140 Wohneinheiten errichtet[214] –, erweckten oftmals den Eindruck eines gänzlich unverbundenen Nebeneinanders von Bundeswehr und zivilem Umfeld. In manchen Standorten ging das soweit, daß die ursprüngliche Gemeinde „teilweise den Charakter einer vorstädtischen Wohnsiedlung annahm"[215].

[213] Deutscher Bundestag, Parlamentsarchiv, 3. Legislaturperiode, stenographisches Protokoll der 52. Sitzung des Ausschusses für Verteidigung am 20. 3. 1959.

[214] Vgl. Roeder, Auswirkungen von Bundeswehrgarnisonen, S. 108.

[215] Otto Weiß/Ruprecht Haasler, Kleine Gemeinde – viele Soldaten, in: Truppenpraxis 9 (1965), S. 873–876, hier S. 874.

Ungeachtet der Gefahr gravierender Bausünden und mangelhafter sozialer Integration der Soldaten und ihrer Familien in die Standortgemeinde erkannte aber auch manche Kommune die Chance, die militärische Infrastruktur für den in den sechziger und siebziger Jahren boomenden zivilen Wohnungsbau zu nutzen[216]. Bereits 1961 berichtete die „Süddeutsche Zeitung" unter der Schlagzeile „Parksiedler auf der Panzerstraße" von Plänen der Stadt Donauwörth, in Anlehnung an die Kaserne eine „Trabantenstadt" mit 400 Wohnungen, Geschäftszentrum, Schulen, Kirche und Freibad zu errichten:

„Die Bundeswehr hat auf dem Schellenberg eine breite Straße gebaut, die zu dem Schieß- und Exerzierplatz und dem Munitionsdepot in kilometerweiter Entfernung führt. Aber von der gleichen Hauptstraße können auch die Seitenstraßen in die Parkstadt abgezweigt werden. Unter der 32 Zentimeter dicken Asphaltschicht dieser Panzerstraße liegen noch 100 Zentimeter Kies. ‚Eine solche Straße hätten wir uns als Gemeinde nie leisten können', sagt [Bürgermeister] Mayr. Im Donauwörther Rathaus weiß man seit jüngster Zeit die Vorzüge einer Garnisonsstadt zu schätzen."[217]

Zweifellos haben solche Trabantenstädte einer sukzessiven Zersiedelung der Landschaft Vorschub geleistet. Von den politisch Verantwortlichen dürfte diese Entwicklung aber in aller Regel nicht als störend, sondern viel eher als Gradmesser für die Modernität ihres Gemeinwesens begriffen worden sein. Darüber hinaus entsprachen zeittypische städtebauliche Planungsgrundsätze wie etwa die Vorstellung von einer aufgelockerten und gegliederten Stadt oder die Anlage von Trabantenstädten durchaus den Zielen einer weitblickenden Landesverteidigung, die wegen der Totalität eines möglichen Krieges auf eine Regionalisierung und Dezentralisierung der Wohn- und Industriezentren hinausliefen[218].

3. Auswirkungen auf die zivile Infrastruktur

Anläßlich der Übergabe der neuen Kasernen in Roding wußte die „Süddeutsche Zeitung" am 24. Februar 1959 zu berichten: „Ohne Bundeswehr hätte es in Roding in Jahrzehnten noch keine Kanalisation gegeben."[219] Darüber hinaus konnten die Leser erfahren, daß das Verteidigungsministerium der Stadt 850 000 DM für die Bewältigung der Folgelasten des Kasernenbaus überwiesen habe. Damit hatte die „Süddeutsche Zeitung" ein zentrales Thema angeschnitten: Die Auswirkungen der Truppenstationierung auf die zivile Infrastruktur. In ihrer Stellungnahme zum abgeschlossenen Raumordnungsverfahren für das Kasernenprojekt in Cham machte die bayerische Staatskanzlei 1956 ihre Zustimmung unter anderem

216 So etwa im nordbayerischen Ebern; vgl. Heinz Oster/Wolfgang Sander, Gesichter einer Division. Soldaten der „Vierten" im Bayerischen Grenzland, Regensburg 1981, S. 56.

217 Süddeutsche Zeitung vom 18. 3. 1961.

218 Vgl. Drucksache 1492 vom 1. 10. 1963 (1. Raumordnungsbericht), in: Verhandlungen des Deutschen Bundestages. 4. Wahlperiode. Anlagen zu den stenographischen Berichten, Bd. 86, Bonn 1963, und Eduard Beyer, Landesverteidigung, in: Handwörterbuch der Raumforschung und Raumordnung, hrsg. von der Akademie für Raumforschung und Landesplanung, Hannover 1970, Sp. 1754–1774. Zur Gestaltung der modernen Stadt vgl. auch Werner Durth, Kontraste und Parallelen: Architektur und Städtebau in West- und Ostdeutschland, in: Axel Schildt/Arnold Sywottek (Hrsg.), Modernisierung im Wiederaufbau. Die westdeutsche Gesellschaft der 50er Jahre, Bonn 1993, S. 596–611.

219 Süddeutsche Zeitung vom 24. 2. 1959: „Roding verbündet sich mit der Bundeswehr".

davon abhängig, „daß der Bund eine angemessene Beteiligung an den Kosten der Umgehungsstraße von Cham (im Zuge der bayerischen Ostmarkstraße) zusichert"[220]. Im Oktober 1966 erkundigte sich die Stadt Kemnath, die sich seit 1959 um eine Garnison bewarb, bei der Wehrbereichsverwaltung VI, ob man beim nun nicht mehr länger aufzuschiebenden Schulhausneubau auch die geschätzten 70 bis 75 Kinder der Soldaten berücksichtigen solle[221]. Diese Beispiele mögen genügen, um einerseits die Tatsache zu verdeutlichen, daß militärische Infrastruktur ohne zivile Infrastruktur nicht denkbar ist, und um andererseits auf zwei wichtige strukturwirksame Faktoren aufmerksam zu machen, die mit der Stationierung von Truppen zusammenhingen und für die Gemeinden unübersehbare Folgen hatten: Zivile Infrastruktur von militärischem Interesse und Ausgleichszahlungen nach Artikel 106 Absatz 8 des Grundgesetzes.

Unter „Ziviler Infrastruktur von militärischem Interesse" versteht man „Anlagen des Verkehrs-, Versorgungs-, Gesundheits- und Fernmeldewesens, die weder im Eigentum und in der Verwaltung der Bundeswehr stehen noch von ihr übernommen werden"[222]. Zur Sicherstellung ihres Auftrages kann die Bundeswehr – in der Regel die entsprechende Wehrbereichsverwaltung – Forderungen hinsichtlich Erhaltung, Änderung, Ergänzung oder auch des Neubaus solcher Anlagen stellen. Die Kosten, die sich daraus etwa für Post, Bahn, Oberfinanzdirektion oder die Landkreis- und Gemeindeverwaltung ergeben, werden teilweise aus dem Verteidigungsetat bestritten oder in geringem Umfang durch Darlehen gedeckt[223]. Bezogen auf das gesamte Bundesgebiet wurden für den Ausbau der „Zivilen Infrastruktur von militärischem Interesse" von 1956 bis 1969 insgesamt 750 Millionen DM an Zuschüssen und 27 Millionen DM an Darlehen ausgeschüttet[224]. In Bayern stellte die Wehrbereichsverwaltung VI zwischen 1957 und 1977 für insgesamt 324 Maßnahmen Zuschüsse in einer Höhe von 242 365 632 DM und acht Darlehen mit noch einmal 2 709 173 DM bereit. Inflationsbereinigt betrug die Gesamtsumme der Zuschüsse bezogen auf den Geldwert von 1977 real 325 699 879 DM und die der Darlehen 3 926 493 DM, wobei sich die Summen im Verlauf der sechziger Jahre kontinuierlich erhöhten[225]. Blickt man nur auf das strukturschwache Ostbayern, so zeigt sich bei den Heeresstandorten mit mehr als 1000 Soldaten hinsichtlich der seit 1965 gewährten Zuschüsse folgendes Bild[226]:

[220] BA-MA, BW 1/4492, bayerische Staatskanzlei an BMVg vom 10. 10. 1956.

[221] BA-MA, BW 1/181202, Stadtverwaltung Kemnath an Wehrbereichsverwaltung VI vom 6. 10. 1966.

[222] Handbuch militärische Infrastruktur des Bundesministeriums der Verteidigung 1975, zit. nach Weiskopf, Garnisonen der Bundeswehr, S. 78.

[223] Vgl. Alexander von Jacobs, Die liegenschaftsmäßigen Aufgaben der Bundeswehrverwaltung in ihren Wechselbeziehungen zur Landes- und Kommunalverwaltung, in: Bundeswehrverwaltung 9 (1965), S. 125–155, hier S. 152.

[224] Vgl. Hugo Schnell, Bundeswehr finanziert öffentliche Einrichtungen, in: Wehrkunde 20 (1971), S. 373 f.

[225] Vgl. Weiskopf, Garnisonen der Bundeswehr, S. 151. Für den Preisbereinigungsfaktor wurde die Entwicklung des Preisindexes für den Straßenbau von 1963 bis 1977 verwendet, für 1957 bis 1962 wurde ein geschätzter Preisanstiegswert unterstellt.

[226] Daten nach Weiskopf, Garnisonen der Bundeswehr, S. 152.

Jahr	Oberviechtach u. Neunburg vorm Wald in DM (nominal)	in DM (real)	Cham u. Roding in DM (nominal)	in DM (real)
1965	1040997	1631242		
1966			431411	684649
1967	171005	284552	59570	99124
1968	7526127	11951489	434200	689509
1969				
1970			1521592	2011544
1971			1630637	1995899
1972				
1973	93053	109058		
1974	283192	302732		
1975				
1976				
1977			1726466	1726466
Summe	9021321	14170015	5896929	7316249

Welche Vorhaben wurden mit diesen Mitteln gefördert? Mit 94,2 Prozent machten neue Straßen (205858036 DM) den Löwenanteil aller geförderten Projekte aus, die unter die Rubrik „Zivile Infrastruktur von militärischem Interesse" fielen, gefolgt von Brücken (3,4 Prozent), Geh- und Radwegen (1,3 Prozent) sowie Verladeanlagen an Bahnhöfen (1,0 Prozent). Der hohe Anteil des Straßenbaus war vor allem auf die Forderung zurückzuführen, Verbindungen von der Kaserne zum Standortübungsplatz nicht durch enge Ortsdurchfahrten zu führen, um den Verkehr nicht zu beeinträchtigen sowie die Erschließungs- und Zubringerstraßen zwischen der Kaserne und dem überörtlichen Straßennetz den Bedürfnissen schwerer Kettenfahrzeuge anzupassen[227]. In den ostbayerischen Garnisonen wurden sogar 96 Prozent der Fördermittel für den Straßenbau ausgegeben[228]. Daher ist die Vermutung mehr als begründet, die Zuschüsse und Darlehen aus dem Verteidigungsetat hätten im ortsnahen Bereich der Standortgemeinden zu einer signifikanten Verbesserung der insbesondere auch zivil nutzbaren Infrastruktur geführt.

Noch wichtiger für die Entwicklung der zivilen Infrastruktur waren jedoch die als Bundesfinanzhilfen bezeichneten Ausgleichszahlungen, die als Teil der Finanzverfassung 1955 im Artikel 106 Absatz 8 des Grundgesetzes verankert worden waren:

[227] Vgl. Fritz Radloff, Gliederung und Gestaltung einer neuzeitlichen Kaserne der Bundeswehr, in: Bundeswehrverwaltung 4 (1960), S. 306–310. Dazu auch BA-MA, BW 1/12317, Pionierstab Wehrbereich VI an BMVg Fü H III 4 vom 3. 10. 1959, der wegen des schlechten Ausbau- und Unterhaltungszustands der Straßen im Raum Ebern zur Bewältigung des militärischen Verkehrs dringend den Ausbau verschiedener Straßen forderte. Allgemein zur Bedeutung des Straßennetzes für die Landesverteidigung vgl. Hartwig Flor, Die Verkehrspolitik der Bundesregierung aus Sicht der Landesverteidigung, Köln 1970 (Schriftenreihe der Deutschen Verkehrswissenschaftlichen Gesellschaft e.V.: Vorträge D 21).

[228] Vgl. Weiskopf, Garnisonen der Bundeswehr, S. 80f.

„Veranlaßt der Bund in einzelnen Ländern oder Gemeinden (Gemeindeverbänden) besondere Einrichtungen, die diesen Ländern oder Gemeinden (Gemeindeverbänden) unmittelbar Mehrausgaben oder Mindereinnahmen (Sonderbelastungen) verursachen, gewährt der Bund den erforderlichen Ausgleich, wenn und soweit den Ländern oder Gemeinden (Gemeindeverbänden) nicht zugemutet werden kann, die Sonderbelastungen zu tragen."

Der bereits in Paragraph 62 des Reichsfinanzausgleichsgesetzes in der Fassung vom 23. Juni 1923 ausgesprochene Gedanke, daß der Staat Kommunen dann eine Finanzhilfe gewähren müsse, wenn kostenträchtige Infrastrukturmaßnahmen vom Staat verursacht worden seien, hatte nun also Verfassungsrang erhalten. Allerdings sahen die Bestimmungen nicht vor, den Gemeinden für die Aufschließungsmaßnahmen der Kasernenareale und Wohnsiedlungen oder für notwendige Anschlußprojekte, sogenannte Folgeeinrichtungen (wie etwa Schulen, Kindergärten und Krankenhäuser) den vollen Betrag zu erstatten, sondern eine dem Einzelfall entsprechende Entschädigung aus dem Verteidigungsetat zu gewähren[229]. Die Entscheidung darüber lag bei der Bundeswehrverwaltung und wurde stets als Restfinanzierung angesehen. Zuvor mußten die Gemeinden Eigenmittel zur Verfügung stellen oder sonstige Finanzierungsmöglichkeiten wie Landes- oder Kreisbeihilfen ausschöpfen. Grundsätzlich wurden einer Kommune nicht mehr als 30 Prozent der Kosten als Bundesfinanzhilfe zugebilligt. Nur dann, wenn der Straßenausbau im alleinigen Interesse der Landesverteidigung erfolgte, konnten die Aufwendungen auch in voller Höhe finanziert werden. Dies traf zum Beispiel 1957/58 für zwei Anschlußstücke an die Bundesstraße 22 bei Cham zu, deren Ausbau wegen der Errichtung einer Kaserne unumgänglich war[230].

Ob zinsverbilligte Darlehen oder Zuschüsse gewährt wurden, hing davon ab, ob das zu fördernde Vorhaben eine werbende Anlage oder ein unrentierliches Unternehmen war[231]. Eingeleitet wurde das Finanzhilfeverfahren durch einen Antrag der Gemeinde, dem Stellungnahmen der Kommunal- oder Kirchenaufsichtsbehörde zur Finanzlage beizulegen waren. Nachdem Umfang, technische Notwendigkeit und Art der geplanten Ausführung durch die Oberfinanzdirektion geprüft waren, entschied die Wehrbereichsverwaltung bei Aufschließungsmaßnahmen bis zu zwei Millionen DM und bei Folgeeinrichtungen bis zu 500000 DM in eigener Zuständigkeit. Höhere Beträge konnten ausschließlich von den entsprechenden Stellen im Verteidigungsministerium vergeben werden[232].

[229] Unter Aufschließung versteht man die Baureifmachung und die Herstellung der erforderlichen Anschlüsse an das Versorgungs-, Entwässerungs- und Verkehrsnetz. Folgeeinrichtungen sind „öffentliche und diesen gleichzuachtende bauliche Anlagen [...], die infolge der Einrichtung einer großen Anzahl von Wohnungen erforderlich sind, um die notwendige bildungsmäßige, seelsorgerische, gesundheitliche, soziale und verwaltungsmäßige Betreuung zu gewährleisten." Hans-Adolf Hohlt, Finanzhilfe des Bundes bei Errichtung neuer Bundeswehrstandorte, in: Bundeswehrverwaltung 8 (1964), S. 66–69, hier S. 67.

[230] BA-MA, BW 1/4492, Wehrbereichsverwaltung VI an BMVg vom 22. 10. 1957.

[231] Werbende Anlagen werden grundsätzlich nur mit Bundesdarlehen gefördert. Hierzu zählen in erster Linie Anlagen der Wasserversorgung, da über den von der Bundeswehr an die Gemeinden zu zahlenden Wasserpreis nicht nur die laufenden Unterhaltungskosten gedeckt werden, sondern diese auch eine Amortisation der Anlagekosten bewirken. Anlagen der Entwässerung und der verkehrsmäßigen Erschließung sind grundsätzlich unrentierliche Anlagen, da z.B. die Entwässerungsgebühren in der Regel eine Amortisation der Anlagekosten nicht gestatten.

[232] Vgl. von Jacobs, Liegenschaftsmäßige Aufgaben der Bundeswehrverwaltung, S. 128f.

An den Regularien und am Verfahren entzündete sich allerdings die Kritik. So standen nach Ansicht vieler Gemeinden in Bayern die Darlehen und Zuschüsse in keinem Verhältnis zu den tatsächlichen Aufwendungen – eine Ansicht, der sich auch der Landtag anschloß. Die Abgeordneten ersuchten die Staatsregierung sogar, beim Bund darauf hinzuwirken, den Gemeinden und Landkreisen alle aus der Errichtung von Garnisonen entstehenden Ausgaben in vollem Umfang zu ersetzen. Die Vertreter der kommunalen Verbände zeigten sich ferner darüber enttäuscht, daß die Gemeinden durch den Antragszwang „in die Rolle von Bittstellern gedrängt [werden], während es uns notwendig erscheint, daß der Bund freiwillig als Gebender in Erscheinung tritt“[233]. Sie meinten überdies, daß die Landratsämter und nicht die Bundeswehr entscheiden sollten, ob es sich bei der jeweiligen Maßnahme um eine werbende oder unrentierliche Anlage handle. Die ursprüngliche Befürchtung des bayerischen Landkreisverbands, Darlehen seien das Normale und Zuschüsse die Ausnahme, sollte sich jedoch nicht bestätigen. So wurden für Maßnahmen nach Artikel 106 Absatz 8 des Grundgesetzes im gesamten Bundesgebiet von 1956 bis 1969 insgesamt 650 Millionen DM an Zuschüssen und 230 Millionen DM an Darlehen gewährt[234]. Noch günstiger sah die Bilanz für die bayerischen Kommunen aus: Hier vergab man von 1957 bis 1977 an 113 Gemeinden Zuschüsse, die insgesamt 219684724 DM (nominal; nach dem Geldwert von 1977 real 391705940 DM) betrugen. An 71 Gemeinden gingen Darlehen in einer Höhe von 62272422 DM (nominal; nach dem Geldwert von 1977 real 115387791 DM). Der größte Teil der Finanzierungshilfen wurde dabei in den sechziger Jahren ausgeschüttet. Eine Aufschlüsselung der Zuschüsse nach ihrem Verwendungszweck ergab folgendes Bild[235]:

Maßnahme	Anzahl	Zuschüsse in Mio. DM (nominal)	Zuschüsse in Prozent
Wasser- u. Abwasserversorgung	163	71,3	33,5
Straßen u. Energie	23	3,0	1,4
Kindergarten	77	7,9	3,7
Volksschule	109	62,8	29,5
Berufsschule	7	1,1	0,5
Realschule	21	7,4	3,5
Gymnasium	45	18,7	8,8
Turnhalle	34	1,3	0,6
Sportplatz	5	0,7	0,3
Freibad	13	1,7	0,8
Hallenbad	17	7,4	3,5
Krankenhaus	15	6,0	2,8
Kirche	57	17,6	8,3
Feuerwehrhaus u. Feuerwehrgerät	42	3,7	1,8
Sonstiges	11	2,3	1,1

233 Münchner Merkur vom 4. 1. 1960: „Die Garnisonsgemeinden sind enttäuscht“.
234 Vgl. Schnell, Bundeswehr finanziert öffentliche Einrichtungen, S. 373f.
235 Daten nach Weiskopf, Garnisonen der Bundeswehr, S. 71ff.

Mit über 33 Prozent entfielen die meisten Zuschüsse auf die Wasserversorgung und Kanalisation, gefolgt von Zuschüssen für Volksschulen, Gymnasien und Kirchen. Bei einer Wirkungsanalyse darf aber nicht übersehen werden, daß von den 18 Planungsregionen, die es seit 1972 in Bayern gab, die Region 14 – also München und die prosperierenden Nachbarlandkreise – insgesamt 25,8 Prozent (56,624 Millionen DM nominal) aller bis Ende 1977 ausbezahlten Zuschüsse und Darlehen nach Artikel 106 Absatz 8 des Grundgesetzes erhielt[236]. Die Finanzierungshilfen für die strukturschwachen Planungsregionen 6 (nordöstliche Oberpfalz) und 12 (östliches Niederbayern) lagen wegen ihres hohen Nachholbedarfs bei öffentlichen Einrichtungen zwar über diesem Wert, um aber ermessen zu können, welche Auswirkungen diese Finanzspritze für die Infrastruktur des unterentwikkelten ostbayerischen Raums hatte, soll am Beispiel von vier Standorten untersucht werden, wie viele Zuschüsse und Darlehen (auf der Preisbasis von 1977) dorthin flossen und zu welchem Zweck sie verwendet wurden[237]:

Zuschüsse

Maßnahme	Oberviechtach in DM	Neunburg vorm Wald in DM	Cham in DM	Roding in DM
Wasser- und Abwasserversorgung	1916655	1814987	897759	2752016
Volksschule	611841	196920	368700	661110
Berufsschule				147784
Realschule		374670		283050
Gymnasium			259002	
Kirche	762577	461310	116327	346139
Kindergarten	87978	129500		147784
Krankenhaus			305120	178622
Soldatenheim	255110			246042
Turnhalle		87722		281770
Feuerwehrhaus		87103	101000	
Feuerwehrgeräte		23520		
Summe pro Standort	3634161	3175732	2047908	5044317

[236] Vgl. ebenda, S. 125.
[237] Vgl. ebenda, S. 74 und S. 148ff.

Darlehen

Maßnahme	Oberviechtach in DM	Neunburg vorm Wald in DM	Cham in DM	Roding in DM
Wasser- und Abwasserversorgung		256 115	328 200	1 284 411
Volksschule	190 440			
Berufsschule				91 728
Realschule		164 710		
Kirche				118 350
Kindergarten				30 576
Krankenhaus			305 120	
Soldatenheim	1 963 768			2 058 973
Feuerwehrgeräte				30 576
Summe pro Standort	2 154 208	420 825	633 320	3 584 038

Die im Verhältnis zu anderen Vorhaben sehr hohen Zuschüsse und Darlehen für Aufschließungsmaßnahmen – im vorliegenden Fall knapp 45 Prozent – sind darauf zurückzuführen, daß die Kasernenanlagen in diesen Orten neben bereits existierenden Wohnsiedlungen errichtet wurden. Nimmt man die Finanzhilfen noch hinzu, die in den vier anderen neuen bayerischen Heeresgarnisonen mit einer Belegungsstärke von 1000 bis 1500 Soldaten (Hemau, Ebern, Mellrichstadt, Donauwörth) in entsprechende Projekte flossen, dann lagen die Zuschüsse für die Aufschließungen von Kasernenarealen mit 50,6 Prozent um 22 Prozent über der Quote des gesamten Wehrbereichs.

Vergleicht man die Zahlen für Roding, Cham, Neunburg vorm Wald und Oberviechtach, so fällt die enorme Summe auf, die für Roding für die Wasserver- und Abwasserentsorgung ausgegeben wurde. Kein Wunder, daß es hieß, ohne die Bundeswehr hätte es in Roding noch in Jahrzehnten keine Kanalisation gegeben, und daß der zuständige Regierungspräsident bemerkte, die anderen Städte der Oberpfalz würden mit Neid auf diesen Aufschwung blicken[238].

Der Kasernenbau in Roding kam den Bundesfinanzminister nicht zuletzt wegen der Anbindung an das Wasser- und Abwassernetz teuer zu stehen. Zumindest kalkulierte das Bundesfinanzministerium bereits in der Planungsphase bei „niedrigster Berechnung“ mit Kosten für die äußere Aufschließung, die bei einem Verhältnis von rund elf Prozent zur Bausumme „an der Grenze des noch Vertretbaren“ lägen[239]. Ein Großteil der Mittel, welche in Roding für den Ausbau von Wasserversorgung und Kanalisation anfielen, ergab sich im übrigen aus der Lage von Truppenunterkunft und Wohnsiedlung. Da von den zuständigen Stellen der Bau einer eigenen kleinen Kasernenkläranlage und die Einleitung der Kasernenabwässer in den Regen vor allem aus hygienischen Gründen abgelehnt worden war, blieb gar nichts anderes übrig, als den Kanalstrang durch die Gemeinde zu

[238] Vgl. Süddeutsche Zeitung vom 24. 2. 1959: „Roding verbündet sich mit der Bundeswehr“.
[239] BA-MA, BW 1/4520, Finanzministerium an BMVg vom 25. 10. 1956.

legen und in diesem Zusammenhang das gesamte innerörtliche Kanalnetz auszubauen, um dann sämtliche Abwässer gemeinsam über eine große Sammelkläranlage in den Unterlauf des Flusses einzuleiten[240].

Die Zuschüsse und Darlehen für die Folgeeinrichtungen waren deutlich niedriger, wobei in den genannten vier Standorten zusammen 21,8 Prozent auf Soldatenheime, 16 Prozent auf Schulen, 8,7 Prozent auf Kirchen, 4,0 Prozent auf Krankenhäuser, 1,9 Prozent auf Kindergärten, 1,8 Prozent auf Sportstätten und 1,2 Prozent auf die Feuerwehr entfielen. Auffallend sind dabei die relativ hohen Beträge – überwiegend Darlehen – für die beiden Soldatenheime in Oberviechtach und Roding. In erster Linie waren diese der katholischen oder evangelischen Kirchenverwaltung unterstellten Einrichtungen als Zentren für die Freizeitgestaltung der Soldaten in entlegenen Standorten gedacht. Darüber hinaus sollten sie aber auch eine Begegnungsstätte zwischen den Soldaten und den Bürgern der Standortgemeinden sein. Da die Soldatenheime somit auch von der Zivilbevölkerung genutzt werden konnten, trugen sie durchaus zur Verbesserung der sozialen und kulturellen Infrastruktur bei.

Der Zuzug von Zeit- und Berufssoldaten und ihren Familien brachte es mit sich, daß die Wohnbevölkerung in den Garnisonstädten wuchs, was nur allzuoft dazu führte, daß Schulen und Kindergärten erweitert oder neu gebaut werden mußten. Es kann keinen Zweifel daran geben, daß die hierfür gewährten Gelder für die Verbesserung der Betreuungs- und Ausbildungsmöglichkeiten von großer Bedeutung waren. So rechtfertigte etwa der Zuzug von 120 Soldatenfamilien nach Aussage der Verantwortlichen in Roding den Bau einer Mädchenschule, einer Berufsschule und eines Kindergartens[241]. Mit gleicher Begründung flossen Finanzierungshilfen des Bundes – hauptsächlich Zuschüsse – in Kirchenbauten. Wenn man wiederum die acht neuen bayerischen Heeresgarnisonen, in denen jeweils zwischen 1000 und 1500 Soldaten stationiert waren, etwas näher betrachtet, so fällt auf, daß hierbei Hemau, Oberviechtach, Neunburg vorm Wald, Cham, Roding und Donauwörth, nicht aber Ebern und Mellrichstadt bedacht wurden. Insgesamt wurden acht kirchliche Projekte bezuschußt. Die Garnisonstädte, denen die Mittel zugute kamen, lagen zwar in überwiegend katholischen Gebieten, gefördert wurde jedoch in immerhin fünf Fällen der Bau eines evangelischen Gotteshauses. Dieser Befund deutet auf die Veränderung konfessioneller Strukturen im Zuge der Stationierung von Truppen hin, die an anderer Stelle noch eine Rolle spielen wird.

Das Verteidigungsministerium förderte auch Sportanlagen wie Hallen- und Freibäder oder Sportplätze und -hallen, auch wenn in Bayern nur 5,2 Prozent der Finanzhilfen auf derartige Projekte entfielen[242]. Hier wurde allerdings deutlich,

[240] BA-MA, BW 1/4520, Denkschrift der Stadt Roding vom 6. 11. 1956. Aus einem ganz ähnlichen Grund kam auch die baden-württembergische Garnisonstadt Külsheim zu einer modernen Ortskanalisation mit mechanisch-biologischer Sammelkläranlage; vgl. Egbert Kohler, Bundeswehrgarnisonen – ein Instrument der Landesplanung, in: Truppenpraxis 20 (1976), S. 689–695, hier S. 690.

[241] Vgl. Süddeutsche Zeitung vom 24. 2. 1959: „Roding verbündet sich mit der Bundeswehr". Ähnlich die Situation auch in anderen Nachkriegsgarnisonen. Die Aufstockung eines Progymnasiums zu einem Vollgymnasium im baden-württembergischen Pfullendorf war mit auf den Einfluß der Bundeswehr zurückzuführen. Vgl. Kohler, Bundeswehrgarnisonen – ein Instrument der Landesplanung, S. 691.

[242] Vgl. Weiskopf, Garnisonen der Bundeswehr, S. 73ff.

daß bei der Mittelgewährung sehr darauf geachtet wurde, daß die Kosten und der Nutzen für die Truppe in einem vernünftigen Verhältnis standen, wie man am Beispiel von Roding zeigen kann: Die Stadt plante 1960, den alten Sportplatz für mehr als 200000 DM auszubauen. Neben einer Eigenleistung von 20000 DM und 70000 DM an Zuschüssen von Bund, Land und Landessportverband rechnete man mit einem großzügigen Engagement der Bundeswehr, die den Rest bestreiten sollte. Die Wehrbereichsverwaltung VI in München stimmte diesem Antrag tatsächlich zu:

„Unter dem Gesichtspunkt jedoch, daß es sich hierbei um geschätzte Mindestbaukosten für eine Sportplatzausführung einfachster Art handelt und daß bei Benutzung der städtischen Anlage ein Kontakt mit der Zivilbevölkerung hergestellt wird, der zum besseren Verständnis für die Bundeswehr beiträgt und gleichzeitig auch als Werbung dienen mag, wird in Anbetracht der kurzen Entfernung zum städtischen Gelände vorgeschlagen, die Sportanlage mit einer Beteiligung des Bundes in Form eines Zuschusses von 130000 DM von der Stadt errichten zu lassen."[243]

Der für Infrastruktur zuständige Offizier des II. Korps bewertete die Angelegenheit jedoch ganz anders. Seiner Ansicht nach entsprach der Rodinger Sportplatz, den die Bundeswehr bisher mitgenutzt hatte, wegen seines schlechten Zustands nicht den Anforderungen der Truppe. Auch viele andere Gründe sprächen gegen den Vorschlag der Stadt Roding, weshalb er für einen Sportplatz auf dem Kasernengelände plädierte[244]. Die Stadtväter von Roding gaben jedoch nicht auf und versuchten sogar, Verteidigungsminister Franz Josef Strauß mit der Bemerkung auf ihre Seite zu ziehen, daß das

„bisher außerordentlich gute Verhältnis zwischen Truppe und Bevölkerung [...] sehr darunter leiden [würde], wenn unser Vorhaben unter Nichtberücksichtigung der Interessen der Stadt (der Sportplatz soll doch auch öffentlichen Zwecken dienen können) und der Interessen der Schulen (der Sportplatz soll doch auch Schulen zur Verfügung stehen) und der Interessen des Sportvereins, dem ja auch zahlreiche aktive Sportler der Bundeswehr angeschlossen sind, abgelehnt würde"[245].

Nachdem sich aber auch der Führungsstab des Heeres gegen eine Finanzhilfe des Bundes und für einen eigenen Sportplatz ausgesprochen hatte, blieb der Liegenschaftsabteilung im Verteidigungsministerium nichts anderes übrig, als der Stadt Roding mitzuteilen, daß mit Rücksicht auf die von der Truppe geltend gemachten Gründe eine Sportanlage auf dem Kasernengelände errichtet werden würde. Dennoch hoffe man weiterhin auf ein gutes Verhältnis zwischen Bundeswehr und Stadt[246]. Davon konnte man auch ausgehen, zumal später 280000 DM aus Bundesmitteln für den Bau einer neuen Turnhalle bereitgestellt wurden.

Wie sehr manche Gemeinden schon mit Zuschüssen und Darlehen rechneten, bevor der Bau einer Kaserne überhaupt begonnen hatte, zeigen die Beispiele Kemnath und Tirschenreuth. Beide Städte hatten sich 1959 beziehungsweise 1957 erfolgreich um eine Garnison beworben; allerdings war der erste Spatenstich aus militärischen Gründen immer wieder verschoben worden. In Kemnath ging es

[243] BA-MA, BW 1/4523, Wehrbereichsverwaltung VI an BMVg vom 21. 1. 1960.
[244] BA-MA, BW 1/4523, II. Korps G 3 Infra an BMVg Fü H III 5 vom 22. 1. 1960.
[245] BA-MA, BW 1/4523, Stadtverwaltung Roding an Verteidigungsminister Strauß vom 6. 2. 1960.
[246] BA-MA, BW 1/4523, BMVg Abt. U I 7 an Stadtverwaltung Roding vom 2. 4. 1960.

1966 darum, ob man beim bevorstehenden Neubau der Volksschule den geschätzten Zuzug von 90 Soldatenfamilien mit etwa 70 bis 75 Kindern in der Planung berücksichtigen sollte[247]. Weil die schlechte Haushaltslage die Bundeswehr jedoch 1967 zwang, alle noch nicht begonnenen Projekte aufzugeben, empfahl Verteidigungsminister Schröder der Stadt Kemnath dringend, „von Maßnahmen, die im Zusammenhang mit der Errichtung einer Garnison stehen", abzusehen[248].

Ähnlich verhielt es sich im benachbarten Tirschenreuth, wobei es sich hier nicht nur um die Erweiterung einer Schule, sondern auch um den Neubau einer Kläranlage handelte. Man hatte sich so sicher gefühlt, daß man den erwarteten Zuschuß aus Bundesmitteln für den Ausbau der Oberrealschule in Höhe von 300000 DM aus Rücklagen vorfinanziert hatte. Beim bereits begonnenen Bau der Kläranlage – Gesamtkosten 2,8 Millionen DM – waren die Abwassermengen der Garnison wie selbstverständlich mit berücksichtigt worden. Ein Rückzieher der Bundeswehr, wie er sich abzuzeichnen schien, hätte also fatale Konsequenzen gehabt. Da man Gefahr liefe, andere Staatszuschüsse zu verlieren, wenn nicht noch 1967 mit dem Bau begonnen werde, erbat die Stadt von der Wehrbereichsverwaltung dringend eine Entscheidung, ob auf dieser Grundlage nicht doch noch mit einer Finanzhilfe des Bundes gerechnet werden könne. Mit kritischen Worten beschrieb der Bürgermeister Ende Januar 1967 nicht nur das Dilemma, in dem sich die Stadt befand, sondern er ließ auch durchblicken, daß ein gewisses Abhängigkeitsverhältnis zwischen kommunaler Modernisierung und militärischer Standortentscheidung bestand:

> „Der unterfertigte Bürgermeister kann es gegenüber seinem Stadtrat und der Öffentlichkeit nicht mehr länger verantworten, daß durch eine an der Ostgrenze Bayerns gelegene Kleinstadt riesige Geldmittel für Zwecke der Bundesverteidigung weiter vorfinanziert werden. Andere wichtige kommunale Maßnahmen werden dadurch laufend blockiert. Aus der Bevölkerung kommt bereits ein gewisser Vorwurf, weil die Stadt infolge Inanspruchnahme teurer Darlehen ihre Kanalbenutzungsgebühren wesentlich mehr erhöhen mußte als das der Fall gewesen wäre, wenn Bundesbeihilfen gewährt worden wären. In diesem Zusammenhang darf auch darauf hingewiesen werden, daß wegen des Einsatzes dieser großen Beträge für Zwecke der Bundeswehr die dringend notwendige Erweiterung der städtischen Schulgebäude bis heute zurückgestellt werden mußte. Die Stadt Tirschenreuth ist der Auffassung, daß nun nach nahezu 6 Jahren, seitdem der erste Antrag auf Bundesbeihilfe gestellt wurde, eine Entscheidung fallen muß ohne Rücksicht darauf, ob in Tirschenreuth eine Truppenunterkunft errichtet wird oder nicht. Sollte sich die Entscheidung wieder längere Zeit hinziehen, ware die Stadt gezwungen, ihr Anliegen der Öffentlichkeit in einer Bürgerversammlung vorzutragen und den Bayer. Landtag um Hilfe zu bitten."[249]

Die Entscheidung fiel am 16. März 1967. Wegen der schwierigen Haushaltslage wurde das Garnisonsprojekt Tirschenreuth aufgegeben, und man empfahl der Stadt auch hier, von damit zusammenhängenden Bauten abzusehen. Eine finanzielle Beteiligung des Bundes an der städtischen Kläranlage lehnte das Verteidigungsministerium daher ab. Wohl aber sagte es zu, daß Aufwendungen, die beim

[247] BA-MA, BW 1/181202, Stadtverwaltung Kemnath an Wehrbereichsverwaltung VI vom 6. 10. 1966.

[248] BA-MA, BW 1/181202, Verteidigungsminister Schröder an MdB Franz Weigl vom 8. 2. 1967.

[249] BA-MA, BW 1/181202, Stadtverwaltung Tirschenreuth an Wehrbereichsverwaltung VI vom 30. 1. 1967.

Bau der Entwässerungsanlage und der Erweiterung der Oberrealschule „ausschließlich im Interesse des Bundes getätigt wurden, [...] der Stadt Tirschenreuth erstattet [werden], soweit die Voraussetzungen des Art. 107 Abs. 8 GG vorliegen und sobald Haushaltsmittel zur Verfügung stehen“[250].

Es ist unstrittig, daß strukturschwache Gemeinden von den im Zuge der Errichtung von Garnisonen bereitgestellten Bundesmitteln profitierten. Die vom Bund mitgeförderten Projekte verschafften den Garnisonsgemeinden offenbar größere Chancen als anderen Kommunen, ihren Nachholbedarf zu decken. Bereits in einer Untersuchung aus dem Jahr 1966 wurde dies bezüglich der Wasserversorgung, der Müllbeseitigung, der Gesundheitsversorgung, der Sporteinrichtungen und Kirchen in Oberviechtach, Neunburg vorm Wald, Roding, Cham, Bogen, Regen, Freyung und Passau festgestellt. Man sah darin einen wichtigen Beitrag zur Grenzlandhilfe[251]. Bundeswehrnahe Wirtschaftsgeographen kamen sogar zu dem Ergebnis, daß die Streitkräfte durch die quantitative und qualitative Verbesserung der Infrastruktur in fast allen Bereichen auch ihren Anteil daran hatten, daß sich manche Standortgemeinden zu zentralen Orten entwickeln konnten und ihrem Umland somit ganz im Sinne der Landesplanung positive Impulse zu geben vermochten[252]. In vollem Umfang träfe dieser Befund auf die 13 Garnisonsgemeinden in der Oberpfalz zu[253].

Andere wirtschafts- und sozialgeographische Untersuchungen zogen hingegen ein geradezu entgegengesetztes Fazit. In ihrer Kritik hoben die Autoren vor allem darauf ab, daß die Bundeswehr den Ausbau der produktiven lokalen Infrastruktur wie Straßen, Wasserversorgung, Kanalisation und Energieversorgung zwar bezahlt habe, diese „aber in aller Regel nicht durch Gewerbeansiedlung genutzt“ wurde[254]. Weil sich die Zuschüsse für Kindergärten, Schulen, Sportanlagen, Kirchen und Gesundheitsversorgung ausschließlich am Bedarf der Streitkräfte orientierten, führten sie allenfalls zu einer Senkung gewisser Ausstattungsdefizite. Somit könne weder von einer größer gewordenen Attraktivität der Standortgemeinden gesprochen noch ein wachstumsfördernder Ausstattungsvorsprung gegenüber anderen Kommunen festgestellt werden. Retrospektiv mag diese Einschätzung durchaus stichhaltig sein, die Prognosen der verantwortlichen Politiker auf allen Ebenen sahen in den fünfziger Jahren freilich ganz anders aus.

4. Auswirkungen auf die Sozialstruktur der Standortgemeinden

Der Aufbau einer Garnison mit mehreren hundert zumeist männlichen Personen, die in aller Regel nicht der einheimischen Bevölkerung entstammten, blieb für die historisch gewachsenen kleineren Landgemeinden nicht ohne Folgen. Ein aus heutiger Sicht vielleicht skurriles Beispiel aus dem Oberpfälzer Wald wirft ein bezeichnendes Licht auf die Situation und zeigt den Argwohn, mit dem man vor Ort Plänen zur Stationierung von Truppen entgegensah. Im Zusammenhang mit der

250 BA-MA, BW 1/181202, BMVg Abt. U an MdB Franz Weigl vom 16. 3. 1967.
251 Vgl. Baer, Raumwirksamkeit staatlicher Dezentralisierungspolitik, S. 35.
252 Vgl. Kohler, Bundeswehrgarnisonen – ein Instrument der Landesplanung, S. 691.
253 Vgl. Strunz, Schwerpunkte, in: Beiträge zur Entwicklung der Landesplanung in Bayern, S. 149.
254 Roeder, Auswirkungen von Bundeswehrgarnisonen, S. 316.

Bewerbung um eine Garnison, die der Stadtrat von Neunburg vorm Wald seit Sommer 1956 vor allem aus wirtschaftlichen Gründen betrieb, wandte sich der Hochwürdige Herr Expositus Franz Irsigler aus Sorge „um die Belange eines gesunden im Boden festverwurzelten kath. Bauerntums und Landlebens" an Bundeskanzler Konrad Adenauer. Nachdem er zunächst den Ablauf einer vom Landrat und einem Großkaufmann inszenierten Werbeveranstaltung geschildert hatte, bei der auch Worte wie „Bauernverräter" gefallen sein sollen, kam er zum eigentlichen Thema:

„Um nicht mißzuverstehen möchte ich Ihnen hochverehrter Herr Bundeskanzler versichern, daß die Bevölkerung in meinem seelsorgl. Verantwortungsbereich voll hinter Ihrer Politik, auch Wehrpolitik u. Wehrpflicht, steht, daß es aber keiner der zur Zeit verantwortl. Männer – ich habe mit vielen Bauern, keinen Hinterwäldlern! gesprochen – verstehen kann, daß Kasernen ausgerechnet hierheraus auf das Dorf, Neunburg vorm Wald mit seinen 4000 Einwohnern ist ja nicht mehr als ein größeres Dorf, gebaut werden. Eine Garnison, selbst wenn sie klein ist, kann nur von einer Stadt mit einer gewissen Mindestgröße ohne Schaden verkraftet werden. Ich war selbst beim RAD und 6 Jahre Soldat und weiß was für eine Strahlungskraft – hier im unguten Sinn – eine Kaserne hat, die sich am Land befindet. Noch heute oder gerade heute sehen wir den Substanzschwund in jenen Familien, die, damals infiziert, heute fast zwangsläufig versagen müssen. [...] Es geht doch um die Gesunderhaltung, Wiedergesundung des Menschen, uns [sic!] hier des ländlich verwurzelten Menschen, um ein kerniges doch so bedrohtes Bauerntum, die ja noch immer eine der kraftvollsten Gesundbrunnen unseres Volkes sind. [sic!] Daß wir hier, von einigen Flecken abgesehen, doch verhältnismäßig günstig im Rennen liegen, das danken wir Seelsorger jeden Tag Gott. Daß nun ausgerechnet in unserem [sic!] Landkreis wie auch in den von Roding Garnisonen gelegt werden sollen, kann ich in keiner Weise begreifen. In unserem Neunburger Kreis hat ja unter Bayerns neuer Ordnung auch der Bau einer landwirtschaftlichen Zentralberufsschule ausgerechnet in der ‚Stadt' begonnen, zu der die Burschen und Mädchen zwischen 15–18 Jahren einmal wöchentlich vom ganzen Landkreis zusammenströmen, einfacher Weg 16 km, und dort jeder ernstl. Kontrolle entzogen auf der Heimatscholle verwurzeln [sic! wohl entwurzeln] werden. Dies wird umso leichter geschehen können als sich unmittelbar daneben nach den maßgeblichen Herren in Stadt- und Landkreis Neunburg die Kasernen erheben werden. Daß hier Geleise gelegt werden, die dem Mühen von uns Landvolkseelsorgern direkt dawider laufen, werden Herr Bundeskanzler verstehen."[255]

Der Bundeskanzler erfüllte zwar Irsiglers Bitte, „in dieser Angelegenheit Nachschau halten zu lassen", aber der Leiter der Abteilung Unterbringung und Liegenschaften im Verteidigungsministerium vermochte dessen Sorge um die Jugend in Neunburg nicht zu teilen. Allerdings war man auch hier der Meinung, es wäre besser, Garnisonen in Städten mit mehr als 10000 Einwohnern zu errichten, allein bei dem „Mangel an geeigneten Garnisonen" sei man gezwungen, auch Angebote kleinerer Gemeinden zu berücksichtigen[256].

So achtete man besonders in den ersten Jahren ziemlich streng darauf, eine einseitige Prägung der Standortgemeinden zu vermeiden, zumal auch viele Kommunen von Überfremdungsängsten nicht frei waren und eine solche Entwicklung nicht wünschten. Mit dem Hinweis, eine Garnison, die nur ein einziges Bataillon stark sei, würde mehr als 25 Prozent der Bevölkerung ausmachen, begründete das Verteidigungsministerium 1958 seine Entscheidung, im oberpfälzischen Eschen-

[255] BA-MA, BW 1/4498, Expositus Franz Irsigler an Bundeskanzler Adenauer vom 20. 8. 1956.
[256] BA-MA, BW 1/4498, BMVg an Expositus Franz Irsigler vom 2. 10. 1956.

bach vorläufig keine Truppen zu stationieren. Solche ungünstigen Verhältnisse würden „nur aus zwingender Notwendigkeit“ in Kauf genommen[257]. Diese Begründung entsprach einer Maxime von Staatssekretär Volkmar Hopf, der in den fünfziger Jahren die Ansicht vertrat, die Obergrenze des Bundeswehranteils an der zivilen Wohnbevölkerung eines Standorts solle zehn Prozent nicht übersteigen[258].

Die Angst vor Überfremdung war aber nur eine Seite der Medaille, denn sehr kleine Standortgemeinden mochten durchaus auch für die dorthin versetzten Soldaten zu einem Problem werden. Schon bei der Erkundung eines Areals im nur 1400 Bewohner zählenden mittelfränkischen Heidenheim wies der Vertreter der Wehrbereichsverwaltung VI Ende 1959 darauf hin, daß ein so kleiner Standort wenig attraktiv sei und die Anwerbung von Freiwilligen ebenso negativ beeinflussen könne wie die psychologische Lage der Truppe[259]. Schwierig war die Situation auch im ostbayerischen Grenzland. Pointiert listete der Standortälteste von Neunburg vorm Wald 1964 anläßlich einer wehrpolitischen Tagung der FDP die Nachteile auf, die sich für die Bundeswehrangehörigen aus der peripheren Lage und geringen Größe der Stadt ergaben. So sei es unmöglich, an einem Tag nach München und wieder zurück zu fahren. Ein Besuch im 50 km entfernten Regensburg sei zwar mit öffentlichen Verkehrsmitteln möglich, die Rückreise müsse aber spätestens zwischen 18.00 und 19.00 Uhr angetreten werden, da es keinen späteren Anschluß nach Neunburg gebe; der Besuch kultureller Veranstaltungen komme deshalb nur für Soldaten in Frage, die ein Auto besäßen. Das Angebot vor allem an höherwertigen Lebensmitteln und Textilien vor Ort sei zu gering, und die Waren seien zudem überteuert. Die gleichen Kleidungsstücke kosteten in Amberg 35 DM, während man in Neunburg 65 DM dafür verlange. Da es keine weiterführenden Schulen gebe – eine Mittelschule war erst im Aufbau –, müßten die Schüler Fahrzeiten von bis zu eineinhalb Stunden in Kauf nehmen, um nach Cham, Nittenau, Schwandorf oder Amberg zu gelangen. Zum kulturellen Angebot führte der Standortälteste aus: „In Neunburg gibt es zwei Kinos mit einer unzureichenden Ausstattung. Der Film reißt, oder muß umgespult werden; während der Vorstellung fallen ganze Sitzreihen um! Die Wochenschau ist bis zu sechs Wochen alt, außerdem laufen nur minderwertige Filme.“[260]

Mitte der sechziger Jahre gab es in der Bundesrepublik über 357 Standorte. Davon befanden sich 135 in Gemeinden mit weniger als 5000 Einwohnern, 65 in Gemeinden mit 5000 bis 10000 und 102 in Gemeinden mit 10000 bis 50000 Einwohnern[261]; nur 55 Standortgemeinden hatten mehr als 50000 Einwohner. In Bayern hatte die Bundeswehr ihre Verbände Mitte der siebziger Jahre in 65 Garnisonen stationiert, von denen 25 erst nach 1955 aufgebaut worden waren. Lediglich 16 Garnisonstädte wiesen eine Wohnbevölkerung von über 10000 Personen auf, bei 20 zählte sie weniger als 5000. Eine differenzierte Analyse ergab 1968 für acht

[257] BA-MA, BW 1/5352, BMVg B IV 4 an U I 7 betr. Garnisonsplanung Eschenbach vom 16. 1. 1958.
[258] Vgl. Meyer-Truelsen, Auswirkung, S. 123.
[259] BA-MA, BW 1/5362, Erkundungsniederschrift Heidenheim vom 18. 12. 1959.
[260] BA-MA, BW 2/20280, Vortrag des Standortältesten von Neunburg vorm Wald: Probleme der BW-Standorte im Bayer. Grenzland vom Sommer 1964.
[261] Vgl. von Hassel, Gemeinde und Landesverteidigung, S. 195.

ostbayerische Garnisonen, daß lediglich 15,7 Prozent der Soldaten aus dem Stationierungslandkreis und 9,7 Prozent aus den angrenzenden Landkreisen stammten. Mithin kamen 74,6 Prozent der Soldaten nicht aus der näheren Umgebung. Zumindest in diesen kleinen Gemeinden konnte es also zu einer erheblichen quantitativen Verschiebung der Bevölkerungsstruktur kommen. So war für Cham und Roding zwischen 1961 und 1970 ein Bevölkerungszuwachs von sechs beziehungsweise 17,1 Prozent registriert worden, der unter anderem auch mit der Truppenstationierung zu erklären ist[262]. Exakt nachweisen läßt sich der Zusammenhang von Garnison und Bevölkerungswachstum am Beispiel von Altenstadt. Während sich dort zwischen 1939 und 1950 die Einwohnerzahl von 825 kriegs- und nachkriegsbedingt auf 2535 verdreifacht hatte, führte die Freimachung der Wehrmachtkaserne von Evakuierten und Flüchtlingen und deren Rückführung oder Umsiedlung analog zum gesamtbayerischen Trend[263] bis 1956 zu einer Reduktion der Bevölkerung auf 1636 Einwohner. Nach der erneuten Errichtung einer Garnison 1956 stieg die Einwohnerzahl bis 1961 wieder auf 2079 an[264]. Der Anteil der Bundeswehrangehörigen an der Wohnbevölkerung der jeweiligen Standortgemeinde blieb im Laufe der Zeit jedoch nicht konstant. Während die 1960 in Roding stationierten 850 Soldaten noch etwa 28 Prozent der 3000 Einwohner ausmachten, hatte sich ihr Anteil 1978 trotz der Aufstockung der Garnison auf jetzt 1100 Mann deutlich auf etwa zehn Prozent reduziert – eine Entwicklung, die vor allem auf die Gebietsreform zurückzuführen war. Die Eingemeindung benachbarter Dörfer hatte die Zahl der Rodinger auf 10000 steigen lassen[265].

Qualitativ wirkte sich die Stationierung von Soldaten zunächst einmal auf das Geschlechterverhältnis aus. Eine diesbezügliche Analyse der bayerischen Garnisonstädte bis zu 10000 Einwohner aus dem Jahr 1976 ergab, daß mit abnehmender Größe der Kommune der Männeranteil zunahm. Während in Standortgemeinden mit einer Wohnbevölkerung von 5000 bis 10000 Menschen (19 Garnisonen) der Männeranteil bei 49,6 Prozent und damit um 4,4 Prozent über dem Landesdurchschnitt lag, stieg er bei einer Wohnbevölkerung von 200 bis 500 Einwohnern (eine Garnison) auf 82 Prozent an und lag somit 65,7 Prozent über dem Landesdurchschnitt[266].

Da die Soldaten und Zivilangestellten der Bundeswehr aus allen Teilen der Republik kamen, veränderte sich vor allem im überwiegend katholischen Südbayern auch das Konfessionsgefüge. Nach der Volkszählung von 1970 lag der Anteil der Protestanten an der Wohnbevölkerung Altenstadts mit 17,9 Prozent deutlich über dem des Landkreises mit nur 10,9 Prozent. Nimmt man die Protestanten hinzu, die nur ihren zweiten Wohnsitz in Altenstadt hatten, so bewegte sich der Anteil

[262] Vgl. Roeder, Auswirkungen von Bundeswehrgarnisonen, S. 73–77.

[263] Vgl. Andreas Eichmüller, Landwirtschaft und bäuerliche Bevölkerung in Bayern. Ökonomischer und sozialer Wandel 1945–1970. Eine vergleichende Untersuchung der Landkreise Erding, Kötzting und Obernburg, München 1997, S. 44.

[264] Vgl. Dieter Weigold, Problemorientierte Raumanalyse von Verflechtungen zwischen militärischen Standorten und benachbarten Gemeinden (Beispiel Altenstadt), Diplomarbeit, München 1977, S. 17.

[265] Vgl. Helmut Maneval/Günter Neubauer, Wirkungen einer Garnison auf die lokale Wirtschaft – dargestellt am Beispiel der Stadt Roding, 2 Teile, in: Bundeswehrverwaltung 24 (1980), S. 177–181 und S. 197–200, hier Teil 1, S. 178.

[266] Vgl. Weiskopf, Garnisonen der Bundeswehr, S. 52f.

der evangelischen Christen mit 11,9 Prozent weit über dem des Kreises Schongau (4,1 Prozent) und des Regierungsbezirks Oberbayern (6,5 Prozent). Der Bürgermeister von Altenstadt führte dies vor allem darauf zurück, daß viele Wehrpflichtige nicht aus der Region stammten[267].

Es waren insbesondere die Soldatenfamilien, die unter den konfessionellen Strukturen litten. In Neunburg vorm Wald etwa gab es 1964 zwar eine gut ausgestattete katholische Bekenntnisschule, während die evangelische Volksschule vollkommen überlastet war: Eine einzige Lehrkraft unterrichtete alle acht Klassen mit insgesamt 39 Kindern in einem Raum. Auch der katholische Kindergarten war an seiner Kapazitätsgrenze angelangt und nicht mehr aufnahmebereit[268].

Die sozialstatistischen Daten reichen aber nicht aus, um den Problemen auf die Spur zu kommen, die es anfangs in vielen Gemeinden gab, die eine Garnison erhielten oder erhalten sollten. Kam es doch zur Ghettobildung, die man hatte vermeiden wollen, oder gar zu einer Isolation der Soldaten? Lassen sich Hinweise für oder gegen ihre Integration in die Standortgemeinde finden? Allgemeine Antworten auf solche Fragen sind kaum möglich, weil entsprechende Untersuchungen vor allem über kleinere Garnisonen fehlen. Lediglich für Bayreuth sind diese Fragen 1981 untersucht worden, wobei Kriterien wie Wohnsituation, Kontakt zur Zivilbevölkerung, Interesse am Lokalgeschehen, aktive Beteiligung am sozialen Leben und Selbsteinschätzung der Befragten besondere Beachtung fanden[269]. Da diese Studie aber erst vergleichsweise spät entstanden ist, wird man kaum direkte Rückschlüsse auf die fünfziger und sechziger Jahre wagen können. Zu sehr haben sich die gesellschaftlichen und die militärspezifischen Rahmenbedingungen in dieser Zeit verändert. Hinzu kommt, daß Bayreuth nicht nur eine alte Garnisonstadt, sondern auch eine Großstadt ist; damit verbietet sich ein direkter Vergleich mit den Verhältnissen in kleineren Standorten[270].

Um beschreiben zu können, welche Auswirkungen Einrichtungen der Bundeswehr auf die sozialen Strukturen vor allem kleinerer Garnisonsgemeinden hatten, bedürfte es einer detaillierten sozialstatistischen Analyse, die aber weder auf kommunaler, regionaler oder gar bundesweiter Ebene vorliegt. Daher kann man sich der Frage nach der Integration der Soldaten in die Standortgesellschaften nur begrenzt mit Hilfe von Äußerungen politischer Mandatsträger nähern, die allerdings nicht immer für bare Münze zu nehmen sind. So reagierten der Zweite Bürgermeister von Neunburg vorm Wald und der Vorsitzende des dortigen CSU-Kreisverbands 1964 gegenüber Staatssekretär Gumbel aus dem Verteidigungsministerium „schockiert", als die auch von der Presse aufgegriffene Kritik des Standortältesten an der mangelhaften Infrastruktur der Stadt bekannt wurde. Zwar mußten sie die angeführten Defizite bestätigen, sie relativierten sie aber zugleich mit dem Hinweis, „daß diese Benachteiligung nicht nur die Bundeswehr, sondern auch Ver-

[267] Vgl. Weigold, Raumanalyse, S. 15.

[268] BA-MA, BW 2/20280, Vortrag des Standortältesten von Neunburg vorm Wald: Probleme der BW-Standorte im Bayer. Grenzland vom Sommer 1964.

[269] Vgl. Baer, Raumwirksamkeit staatlicher Dezentralisierungspolitik, S. 130–190; dieser Studie liegt umfangreiches sozialstatistisches Material zugrunde.

[270] Von den insgesamt 75 sogenannten Einödstandorten in der Bundesrepublik lagen zehn in Bayern; vgl. Bernhard Fleckenstein, Gemeinde und Garnison. Soziale Integration in den Standorten, Teil 1, in: Bundeswehr 12 (1972), S. 584 f.

braucher und Geschäftsleute gleich spüren"[271]. Das Verhältnis zwischen Bundeswehr und Bevölkerung sei nach wie vor gut, was auch der Landrat zu bekräftigen suchte:

> „Wer wie ich eine so enge Verbindung zu seinen Soldaten hält und das Leben und Treiben in der Kaserne und in der Garnisonsstadt beobachtet, kann ehrlich sagen, daß die Bundeswehr kein ‚Staat im Staate' ist und daß das Zusammenleben der Soldaten mit der Zivilbevölkerung so gut ist, wie ich es mir als Landrat bisher gar nicht besser wünschen könnte. Ich kann mich nicht daran erinnern, daß jemals ein Fall bekannt wurde, der zu Ärgernissen mit der Bundeswehr Anlaß gegeben hätte. Die Soldaten benehmen sich ordentlich und korrekt und sind aus dem Stadtbild gar nicht mehr wegzudenken. Es gibt doch wohl für das gute Verhältnis zwischen Bevölkerung und Soldat keinen besseren Beweis, als der letzte ‚Tag der offenen Tür', bei dem Ihre Kaserne von ca. Zehntausenden unserer Mitbürger besucht wurde. Bei meinen zahlreichen Gesprächen mit den Soldaten habe ich niemals etwas davon gehört, daß sie sich schlecht behandelt fühlten oder sich gar als ‚Schrumpfköpfe' vorkämen. Ich kann mir auch nicht vorstellen, daß bei dem angenehmen ‚Betriebsklima' in der Kaserne irgendwelche Übergriffe durch Vorgesetzte vorkommen könnten. Auch ein ‚Standesdenken' der Offiziere ist mir nie aufgefallen, eher ein berechtigter Stolz auf die erzielten Erfolge und Leistungen."

Gerade von den Amts- und Mandatsträgern, die sich seit 1956 vehement für eine Garnison eingesetzt und auf einen Innovationsschub gehofft hatten, waren nur positive Äußerungen – zumal in Festschriften zu Standortjubiläen[272] – über das Zusammenleben zwischen Soldaten und Bürgern zu hören. In einer 1969 publizierten Rückschau kam der Autor, zugegebenermaßen ein hoher Angehöriger der Bundeswehrverwaltung, zu dem Ergebnis, daß in den Standortgemeinden auch eine Relation von Soldaten und ziviler Wohnbevölkerung verkraftet werden könne, die deutlich über eins zu zehn liege, ohne daß es dadurch zu der befürchteten Überfremdung komme. Gerade kleinere und mittlere Gemeinden hätten angesichts der angepeilten Modernisierungschancen solchen Bedenken keinerlei Beachtung geschenkt. Gemessen an früheren Vorbildern verliefen Einflußnahme und Auftreten der Bundeswehr im notwendigen und bescheidenen Rahmen, ein Umstand, der wesentlich dazu beigetragen habe, „daß die anfänglichen Überfremdungsbefürchtungen sich selbst bei extremen Verhältnissen als unbegründet erwiesen haben"[273]. Ein solcher Befund schloß gewisse Differenzierungen vor Ort natürlich nicht aus. So wies etwa der Bürgermeister von Altenstadt 1977 darauf hin, daß sich ausgeschiedene Zeitsoldaten genauso oft in der Gemeinde niederließen wie ehemalige Kommandeure und andere Berufsoffiziere der Luftlandeschule. Sollten diese Ex-Soldaten ihre alten Verbindungen aufrechterhalten, könnten sich nach Ansicht des Bürgermeisters Integrationsprobleme ergeben. Zudem erschienen ihm die relativ jungen Bundeswehrpensionäre viel zu aktiv, sie brächten „manchmal mehr Schwung als nötig in die eher ruhige Gemeinde"[274]. Es mag dahingestellt bleiben, ob und inwieweit diese Bewertung auch auf andere Garnisonen übertragbar ist. Die Mitwirkung von Bundeswehrangehörigen in der Kommunal- oder Regionalpolitik scheint jedenfalls nicht besonders ausgeprägt gewe-

[271] BA-MA, BW 2/20280, Vortrag des Standortältesten von Neunburg vorm Wald: Probleme der BW-Standorte im Bayer. Grenzland vom Sommer 1964; das folgende Zitat ebenda.
[272] Vgl. 20 Jahre Regen, Regen o. J. (1980), und Oster/Sander, Gesichter einer Division, S. 48.
[273] Meyer-Truelsen, Auswirkung, S. 123.
[274] Weigold, Raumanalyse, S. 48.

sen zu sein. Unter den 1200 Berufsoffizieren und -unteroffizieren, die im Verband der 4. Panzergrenadierdivision zu Beginn der achtziger Jahre in Nord- und Ostbayern stationiert waren, engagierten sich lediglich 17 in kommunalen oder regionalen politischen Gremien. Wie der Fall eines Oberstleutnants zeigt, der seit 1978 die Freien Wähler im Gemeinderat von Freudenberg im Landkreis Amberg-Sulzbach vertrat, hing kommunalpolitisches Engagement nicht zuletzt davon ab, wie lange der Betreffende schon in der Garnisonstadt wohnte. Der Oberstleutnant war 1972 das letzte Mal versetzt worden[275].

5. *Auswirkungen auf die Erwerbs- und Beschäftigungsstruktur*

Es bedarf exakter Zahlen, um wenigstens in Ansätzen untersuchen zu können, ob sich die Hoffnungen und Ängste erfüllten, die mit der Errichtung einer Garnison verbunden waren. In größerem Umfang liegen Analysen über Veränderungen in der Erwerbs- und Beschäftigungsstruktur, die durch Bundeswehreinrichtungen ausgelöst oder beeinflußt wurden, allerdings erst für die zweite Hälfte der siebziger Jahre vor[276]. Im ersten Halbjahr 1978 verzeichnete die Bundeswehr in Bayern einen Personalbestand von 130488 Personen, darunter 97311 Soldaten (74,6 Prozent) und 33177 Zivilbeschäftigte (25,4 Prozent). Die Bundeswehr war damit nach den Gebietskörperschaften mit 228500 Beschäftigten der zweitgrößte Arbeitgeber, noch vor der Siemens AG oder Post und Bahn. Eine Erhebung über die Zivilbediensteten aus dem Jahre 1978 ergab folgendes[277]:

Status	absolut	in Prozent
Beamte	4851	14,6
Angestellte	10378	31,3
Arbeiter	17243	52,0
Sonstige (Praktikanten, Auszubildende, etc.)	705	2,1

Verglichen mit dem übrigen öffentlichen Dienst in der Bundesrepublik zeigten sich hier einige atypische Phänomene. Besonders auffällig war der hohe Arbeiteranteil mit über der Hälfte der Beschäftigten, eine Quote, die in den anderen Bereichen der öffentlichen Verwaltung bei nur 23 Prozent lag. Insbesondere in den neuen, zumeist in strukturschwachen ländlichen Gegenden gelegenen Standorten übertraf der Arbeiteranteil die Vergleichszahlen für den öffentlichen Dienst in der Regel erheblich.

275 Vgl. Oster/Sander, Gesichter einer Division, S. 27f.
276 Vgl. Weiskopf, Garnisonen der Bundeswehr, S. 54–67.
277 Natürlich müßten bei einer Analyse der arbeitsmarktpolitischen Relevanz auch Auswirkungen der soldatischen Arbeitsplätze mit betrachtet werden, zumal sich das längerdienende Unteroffizierkorps zunehmend aus der Umgebung der Garnison rekrutierte. Eine solche Erhebung liegt allerdings bislang nicht vor.

Zivilbedienstete in nord- und ostbayerischen Heeresgarnisonen
(Stand Dezember 1977/Januar 1978)

Standort	Zivilbedienstete insgesamt	Beamte absolut	in Prozent	Angestellte absolut	in Prozent	Arbeiter absolut	in Prozent
Bogen	316	44	13,9	114	36,1	158	50,0
Oberviechtach	153	22	14,4	33	21,5	98	64,1
Cham	184	28	15,2	47	25,5	109	59,3
Ebern	350	44	12,6	109	31,1	197	56,3
Hemau	166	12	7,2	26	15,7	128	77,1
Neunburg vorm Wald	112	9	8,0	27	24,1	76	67,9
Roding	133	10	7,5	27	20,3	96	72,2

Nationalökonomen sahen in der starken Nachfrage nach Arbeitern ein Positivum für die Garnisonsgemeinden, weil diese Arbeitsplätze durch Personen aus der näheren Umgebung besetzt werden konnten. Besser qualifiziertes Personal wie Beamte und Angestellte kam hingegen meist nicht aus der Region.

Qualitativ zeichneten sich die von der Bundeswehr geschaffenen zivilen Arbeitsplätze dadurch aus, daß sie nicht konjunkturabhängig waren. Somit konnte man durchaus davon sprechen, daß der verbreitete Wunsch nach krisensicheren Arbeitsplätzen erfüllt worden ist. Mit 47,1 Prozent (7750 absolut) stellten im Organisationsbereich der Wehrbereichsverwaltung VI die ungelernten Arbeiter neben Schustern, Schneidern oder Tischlern nahezu die Hälfte der gesamten Arbeiterschaft. Ihnen folgten die Facharbeiter mit 39,2 Prozent (6446 absolut) und die Kraftfahrer mit 13,8 Prozent (2277 absolut). Vor dem Hintergrund des Strukturwandels in der Land- und Forstwirtschaft kam den weniger qualifizierten Arbeitsplätzen eine relativ große Bedeutung zu. So hatte die bayerische Staatskanzlei zum Beispiel in ihrem abschließenden Raumordnungsbericht über Heidenheim das Verteidigungsministerium darum gebeten, bei „der Einstellung von zivilen Arbeitskräften für die Garnison [...] bei gleicher Eignung mit anderen Bewerbern den Angehörigen der von der Landabgabe betroffenen kleinbäuerlichen Betriebe" den Vorzug zu geben[278]. Noch im Landesentwicklungsprogramm von 1976 hielt man an der Forderung fest, den „aus der Land- und Forstwirtschaft Ausscheidenden geeignete nichtlandwirtschaftliche Arbeitsplätze in ihrem bisherigen Lebensraum zur Verfügung" zu stellen[279].

Kritische Stimmen hielten die positiven Auswirkungen von Bundeswehreinrichtungen auf den Arbeitsmarkt allerdings für begrenzt. Die Folgen des Strukturwandels im Agrarsektor hätten lediglich in den fünfziger und sechziger Jahren in gewissem Umfang durch den Aufbau der Streitkräfte und die Errichtung von Garnisonen kompensiert werden können[280]. Zweifelsohne waren es aber gerade

[278] BA-MA, BW 1/5362, Staatskanzlei an BMVg vom 19. 5. 1960.
[279] BGVBl. 1976, Anlagen: Landesentwicklungsprogramm, S. 94.
[280] Vgl. Martin Grundmann, Regionale Konversion. Zur Theorie und Empirie der Reduzierung der Bundeswehr, Münster u. a. 1994, S. 31.

Anforderungsprofil und Qualifikationsniveau, die für die Attraktivität der Arbeitsplätze bei der Bundeswehr sorgten. So wären nach Angabe des Bürgermeisters von Altenstadt vor allem die in der Kaserne beschäftigten Angestellten (67) und Arbeiter (152) unter den insgesamt 257 zivilen Mitarbeitern in der freien Wirtschaft nur sehr schwer untergekommen[281].

Außer für Umsteiger aus landwirtschaftlichen Berufen eröffnete die Bundeswehr auch Berufschancen für Frauen. Am 23. Mai 1978 waren in Bayern mehr als ein Viertel aller zivilen Bundeswehrmitarbeiter Frauen (insgesamt 8702); davon waren 176 Beamtinnen (3,6 Prozent), 4620 Angestellte (44,5 Prozent) und 3906 Arbeiterinnen (21,8 Prozent). Außer in der Verwaltung fanden vor allem die Arbeiterinnen überwiegend im Reinigungs- und Küchendienst Verwendung, wo es insgesamt 2800 Stellen gab. Nach einer 1981 durchgeführten Erhebung für die Garnison Bayreuth lag der Frauenanteil bei Lager-, Kanal-, Gärtner- sowie Küchen- und Reinigungsarbeiten, wo vor allem ungelernte Kräfte eingesetzt wurden, mit 60 Prozent deutlich über dem Durchschnitt. Überproportional war mit 55 Prozent auch die Quote der weiblichen Reinigungs- und Küchenhilfskräfte. Während Frauen noch zu rund 40 Prozent (absolut 39) als Büro- und Verwaltungsangestellte beschäftigt wurden, waren die insgesamt 48 Beamtenstellen ausnahmslos mit Männern besetzt[282].

Wegen abweichender statistischer Befunde läßt sich nicht exakt bewerten, welche Veränderungen in der Berufs- und Erwerbsstruktur einer Gemeinde der Bundeswehr zugeschrieben werden können. Die sozialen und ökonomischen Verhältnisse waren zwischen 1955 und 1975 einem so tiefgreifenden Wandel unterworfen, daß die Wirkungen eines einzelnen Faktors nur schwer zu gewichten sind. Eine bayernweite Untersuchung aus dem Jahr 1978, die danach fragte, wie solche Prozesse gesteuert werden konnten, folgerte nur sehr allgemein, daß mit „den durch eine Garnison im Bereich der Bundeswehr geschaffenen Arbeitsplätzen [...], in Abhängigkeit vom Umfang der Erwerbsbevölkerung in der Garnisonsgemeinde, durchaus eine Änderung der lokalen Beschäftigungsstruktur verbunden sein“ kann[283]. Zur Begründung verwies der Autor auf die relativ große Zahl von Garnisonen in kleinen Gemeinden und ging nicht zu Unrecht davon aus, daß Bundeswehrstandorte gerade im strukturschwachen ländlichen Raum einen wichtigen arbeitsmarktpolitischen Faktor darstellten. Die Verhältnisse am Standort Mittenwald im Jahre 1975 bestätigten diesen Befund durchaus, wobei die 450 Beschäftigten der dortigen Standortverwaltung einem Anteil von elf Prozent an der zivilen Erwerbsbevölkerung (3900) entsprachen. Damit war diese Dienststelle zwar der wichtigste Arbeitgeber, ohne jedoch eine dominierende Stellung auf dem lokalen Arbeitsmarkt einzunehmen[284].

Blickt man auf die regionale Verteilung der Zivilbediensteten der Bundeswehr in ganz Bayern nach dem Stand vom Januar 1977, so konzentrierten sie sich allerdings gerade nicht in den strukturschwachen ländlichen Gebieten Nord- und

281 Vgl. Weigold, Raumanalyse, S. 19.
282 Vgl. Baer, Raumwirksamkeit staatlicher Dezentralisierungspolitik, S. 62.
283 Weiskopf, Garnisonen der Bundeswehr, S. 65.
284 Vgl. Maneval/Neubauer/Nohr, Wirkungen eines militärischen Standorts, S. 91.

Ostbayerns, sondern – entsprechend der Konzentration der Soldaten[285] – besonders im Verdichtungsraum um München. Um die Bedeutung der von der Bundeswehr geschaffenen Arbeitsplätze für die Beschäftigungsstruktur und den regionalen Arbeitsmarkt adäquat zu erfassen – darauf haben schon die Untersuchungen der siebziger Jahre hingewiesen –, ist es notwendig, sowohl die allgemeine wirtschaftliche Lage als auch ganz besonders die spezielle Situation des jeweiligen Standorts mit zu berücksichtigen. Während sich in Zeiten der Hochkonjunktur die Bindung von Arbeitskräften an die Bundeswehr wachstumshemmend auswirken mochte, konnte dies andererseits in Zeiten der Rezession durch die Krisenfestigkeit solcher Arbeitsplätze das Ausmaß der Arbeitslosigkeit reduzieren helfen[286]. Dennoch fehlte es nicht an kritischen Stimmen, die, bedingt durch das auch statistisch nachzuweisende undifferenzierte Angebot von Arbeitsplätzen für mäßig qualifizierte Kräfte, von der Gefahr der Monostrukturierung sehr bundeswehrorientierter Kommunen sprachen.

Um zu einer abgerundeten Relevanzanalyse zu kommen, richtete man den Blick auch auf die negativen beschäftigungspolitischen Wirkungen. Die Ergebnisse wichen in Teilen sehr deutlich von den Mitte der fünfziger Jahre geäußerten Erwartungen ab. Demnach hatten sich die erhofften Beschäftigungseffekte für die Standortgemeinden im wesentlichen auf die Gründungsphase der Garnison beschränkt. Spielräume für eine aktive regionale Beschäftigungspolitik, wie sie etwa durch Industrieansiedlungen möglich geworden sei, habe dies nicht eröffnet. Durch 290 Betriebe, die man zwischen 1957 und 1966 in der Oberpfalz angesiedelt hatte, wurden 21 455 neue Arbeitsplätze geschaffen[287], was allein bereits etwa 65 Prozent aller zivilen Bundeswehrarbeitsplätze in Bayern entsprach.

6. Auswirkungen auf die Wirtschaftsstruktur von Standort und Region

Wesentliches Motiv für die Anstrengungen der meisten Gemeinden in den fünfziger Jahren, eine Bundeswehrgarnison zugesprochen zu bekommen, war die Hoffnung auf eine Besserung der mißlichen ökonomischen Verhältnisse. Die interessierten Gemeinden wurden darin nicht nur von der bayerischen Staatsregierung unterstützt, die diese Erwartungen teilte und ebenfalls fest mit positiven Effekten rechnete. So prognostizierte etwa Wirtschaftsminister Otto Schedl in seiner Ansprache zur Eröffnung des Sommersemesters 1959 vor der Verwaltungs- und Wirtschaftsakademie München, daß das Grenzland durch die Investitionen der Bundeswehr für militärische Baumaßnahmen eine weitere wirtschaftliche Kräftigung zu erwarten habe. Nach Fertigstellung der Bauten werde die militärische Belegung „zu einer spürbaren Hebung der Kaufkraft in den schwach entwickelten Gebieten beitragen"[288]. Auch für die Verteidigungsplaner in Bonn war die Stärkung des ländlichen Raums ein wichtiges Anliegen. Aus der Fülle der Belege sei auf die Beratung des Infrastrukturprogramms im Verteidigungsausschuß am 3. Juli 1956 verwiesen, als sich die Abgeordneten für eine Berücksichtigung der Grenz- und

285 Vgl. Weiskopf, Garnisonen der Bundeswehr, S. 122–125.
286 Vgl. Baer, Raumwirksamkeit staatlicher Dezentralisierungspolitik, S. 56 f.
287 Vgl. Strunz, Schwerpunkte, in: Beiträge zur Entwicklung der Landesplanung in Bayern, S. 153.
288 BayHStA, NL Schedl, I, Ministerreden 1. Serie Bd. 20, Ansprache vom 13. 4. 1959.

Notstandsgebiete bei Kasernenneubauten aussprachen[289]. Verteidigungsminister Strauß nahm im Sommer 1959 „in aller Bescheidenheit" für sich in Anspruch, daß er bis an die „Grenzen seiner Möglichkeiten und Amtspflichten" gegangen sei, „um für Bayern im allgemeinen und gerade für Niederbayern etwas zu tun", wobei er dezidiert „an die Erfüllung zahlreicher Wünsche auf Stationierung einer Truppe aus wirtschaftlichen Gründen" erinnerte[290]. Natürlich wollte sein Nachfolger im Amt des Verteidigungsministers, Kai-Uwe von Hassel, nicht zurückstehen. Er erklärte, er sei persönlich bemüht, „die schwach strukturierten Gebiete und das Zonenrandgebiet durch Garnisonen wirtschaftlich zu stärken"[291]. Schließlich kam auch der Bundestag in seinem ersten Raumordnungsbericht vom 1. Oktober 1963 zu der Erkenntnis, daß das Innenministerium und das Verteidigungsministerium, sofern militärisch sinnvoll, durchaus mit der Verlagerung von Truppenteilen strukturschwache Räume wirtschaftlich kräftigen könne[292].

Hoffnungen und Absichtserklärungen gab es zwar viele, doch wie sah die Realität aus? Verteidigungsminister von Hassel nannte 1964 zum Beispiel eine Summe von 3,3 Milliarden DM, die als Besoldung zum „allergrößten Teil in den Garnisonen ausgegeben wird"[293]. Für den Zeitraum von 1960 bis 1963 habe man errechnet, daß das örtliche Handwerk bundesweit mit 2,2 Milliarden DM an den festen Kosten – zum Beispiel für die Kasernenbewirtschaftung – der Bundeswehr beteiligt gewesen sei. Bei einem Bataillon mit 1000 Soldaten flössen dem lokalen respektive regionalen Gewerbe jährlich rund 800 000 DM an Verpflegungsgeld und 125 000 DM für die Instandsetzung von Uniformen und Schuhen sowie für Reinigungsarbeiten zu. Die Ausgaben für Kasernenbewirtschaftung (Heizung, Strom, Gas, Wasser, Müllabfuhr) lägen im Durchschnitt bei 575 DM pro Mann und Jahr.

Daß solche Zahlen aber mit Vorsicht zu genießen und nicht immer wirklich aussagekräftig sind, zeigt eine nur wenige Jahre später von einem Beamten der Bundeswehrverwaltung publizierte Studie. Danach schlug eine ebenfalls 1000 Mann starke Garnison nun jährlich mit insgesamt drei Millionen DM für die Liegenschaftsbewirtschaftung zu Buche. Das Auftragsvolumen für Reparatur der Bekleidung sowie Verpflegungsbeschaffung stimmte dagegen mit den Zahlen aus dem Jahr 1964 überein. Von den zehn Millionen DM an Gehältern und Löhnen sei der Löwenanteil am Standort ausgegeben worden. Der Autor wies jedoch darauf hin, daß es schwierig sei zu bewerten, wie sich die Stationierung der Truppen auf die Finanzkraft und den Haushalt einer Standortgemeinde ausgewirkt habe[294].

Gehälter und Aufträge der Streitkräfte für das örtliche Gewerbe sind zwei wichtige Kriterien, mit denen sich die ökonomischen Wirkungen einer Garnison messen und bewerten lassen. Als dritte strukturwirksame Kategorie müssen auch noch die Aufwendungen für den Kasernenbau selbst sowie die Kosten für den

[289] Deutscher Bundestag, Parlamentsarchiv, 2. Legislaturperiode, stenographisches Protokoll der 106. Sitzung des Ausschusses für Verteidigung am 3. 7. 1956.

[290] BA-MA, BW 1/12339, Verteidigungsminister Strauß an Ministerpräsident Seidel betr. Garnisonsplanung Pocking, undatiert (August 1959).

[291] Von Hassel, Gemeinde und Landesverteidigung, S. 195.

[292] Vgl. Drucksache 1492 vom 1. 10. 1963, in: Verhandlungen des Deutschen Bundestags. 4. Wahlperiode. Anlagenbd. 86.

[293] Von Hassel, Gemeinde und Landesverteidigung, S. 197.

[294] Vgl. Meyer-Truelsen, Bundeswehr und Gemeinden, S. 74.

ständigen Bauunterhalt in den Blick genommen werden. Empirisch abgestützte Analysen liegen – mit teilweise bis in die fünfziger Jahre zurückreichenden Daten – für die Zeitspanne von 1970 und 1980 sowohl für Bayern als Ganzes[295] als auch für einzelne Standorte wie Mittenwald[296], Roding[297] und Bayreuth[298] vor.

a) Personal- und Einkommenseffekt

Mit der Stationierung von Truppen veränderte sich nicht nur die Sozialstruktur einer Gemeinde. Die Anzahl der Soldaten wirkte sich auch mittelbar auf deren Haushalt und unmittelbar auf deren Wirtschaftsgefüge aus. Bevor die ökonomischen Effekte untersucht werden, die sich auf das Einkommen der Soldaten zurückführen lassen, seien einige allgemeine Bemerkungen über den Zusammenhang von Truppenstärke und Gemeindebudget vorweggeschickt. Kraft Verfassungsauftrag sind die Länder verpflichtet, den Städten und Gemeinden über den kommunalen Finanzausgleich einen Anteil am Aufkommen der Gemeinschaftssteuern zukommen zu lassen. Durch diese Schlüsselzuweisungen sollen auch strukturschwache Gemeinden in der Erfüllung ihrer öffentlichen Aufgaben gestärkt werden. Die Höhe der Zuweisungen richtet sich dabei auch nach der Anzahl der Soldaten und ihrer Angehörigen, wobei die meldepflichtigen Zeit- und Berufssoldaten mit ihren Familien wie sonstige Einwohner mit dem entsprechenden Kopfbetrag bedacht werden, die Wehrpflichtigen dagegen, die nicht in der Standortgemeinde gemeldet sein mußten und dort auch selten länger lebten, mit einem ungleich geringeren Betrag[299]. Je größer also die Einwohnerzahl, desto höher fielen auch die Schlüsselzuweisungen aus.

Daß die Standortgemeinden einen größeren Anteil an Steuergeldern erhielten, war jedoch nur eine erfreuliche Wirkung, die der Aufbau einer Garnison nach sich zog. Dazu kam, daß die Soldaten zumindest einen Teil ihres Einkommens direkt am Standort oder in dessen nächster Umgebung ausgaben und so zu einer Belebung der Wirtschaft beitrugen. Um mehr über diesen Zusammenhang zu erfahren, muß zunächst einmal das den Angehörigen der Bundeswehr zur Verfügung stehende Einkommen quantifiziert werden. Auf der Basis der versteuerten Gehälter oder Löhne ergeben sich 1978 die folgenden Durchschnittssummen für Soldaten und zivile Mitarbeiter im Wehrbereich VI:

Status	Verfügbares Jahreseinkommen in DM
Offizier	31910
Unteroffizier	20734
Mannschaft (Soldat auf Zeit)	15380
Wehrpflichtiger	3560
Beamter	29022
Angestellter	19307
Arbeiter	17914

[295] Vgl. Weiskopf, Garnisonen der Bundeswehr, S. 83–106.
[296] Vgl. Maneval/Neubauer/Nohr, Wirkungen eines militärischen Standorts, S. 86–91.
[297] Vgl. Maneval/ Neubauer, Wirkungen einer Garnison.
[298] Vgl. Baer, Raumwirksamkeit staatlicher Dezentralisierungspolitik.
[299] Vgl. Kohler, Bundeswehrgarnisonen – ein Instrument der Landesplanung, S. 692f.

Demnach ließ sich für die 130 000 Bundeswehrangehörigen in den 65 bayerischen Garnisonen ein verfügbares Jahreseinkommen von knapp 1,9 Milliarden DM errechnen[300]. Pro Standort betrug dieses etwas über 29 Millionen DM, wobei die Zahlen teilweise erheblich differierten. Während in die Stadt München mit ihren 14 702 Bundeswehrbeschäftigten – darunter überproportional viele und besser verdienende Offiziere und Beamte – allein 14,1 Prozent (267,2 Millionen DM) aller Löhne und Gehälter flossen, blieben für das oberfränkische Naila (542 Soldaten und Zivilbedienstete) bei einem Anteil von 0,4 Prozent nur 7,8 Millionen DM übrig. In den Heeresgarnisonen im strukturschwachen nord- und ostbayerischen Raum lauteten die Zahlen 1978 folgendermaßen:

Standort	Gesamtpersonal	Verfügbares Jahreseinkommen in DM
Bogen	1 577	19 990 660
Regen	1 028	11 661 235
Freyung	948	10 868 392
Pfreimd	981	11 865 657
Oberviechtach	1 175	13 379 569
Neunburg vorm Wald	1 208	13 239 805
Cham	1 191	14 964 857
Roding	1 271	15 285 745
Ebern	1 571	19 044 971
Mellrichstadt	1 199	12 177 235

Für die Standortgemeinden war jedoch weniger die Höhe des verfügbaren Jahreseinkommens entscheidend, sondern wieviel davon am Ort blieb. Ohne genaue Angaben stellte man 1966 für einige Standorte im Bayerischen Wald durch Befragung der Soldaten summarisch fest, daß 49 Prozent den größten Teil ihres Geldes in der Standortgemeinde ausgaben, sieben Prozent ihre Konsumgüter im Landkreis erwarben, immerhin 44 Prozent aber außerhalb. Da amtliche Angaben darüber fehlen, wie die Soldaten und Zivilbediensteten ihr Geld in den Standorten verwendeten[301], muß man mit einer differenzierten, auf einer Fragebogenaktion beruhenden Untersuchung über Roding vorliebnehmen, wo 1978 ein verfügbares Jahreseinkommen (sprich: Konsumvolumen) von 15 Millionen DM vorhanden war. Bezogen auf die Konsumstruktur ergab sich folgendes Bild[302]:

300 Vgl. Weiskopf, Garnisonen der Bundeswehr, S. 99; die folgende Tabelle nach ebenda, S. 162.
301 Vgl. Baer, Raumwirksamkeit staatlicher Dezentralisierungspolitik, S. 90.
302 Vgl. Maneval/Neubauer, Wirkungen einer Garnison, S. 197–200.

Sektor	Wehrpflichtige in DM	Zeit- und Berufssoldaten in DM	Zivilbedienstete in DM
Handwerk			
– Kfz-Gewerbe	263736	108772	41955
– Friseur		33570	30906
– Sonstiges		12672	100385
Handel			
– Nahrungs- und Genußmittel	404649	462461	502058
– Kraftstoff	260943	274748	97189
– Kfz-Gewerbe	133326	146579	224131
– Hausrat	38190	48623	27955
– Möbel/Einrichtung		161171	61166
– Bekleidung	1985	51631	137162
– Sonstiges	4293		
Gastronomie	429185	289712	66855
Übrige Bereiche	66744		
Summe	1603051	1589939	1289762

Nach dieser Statistik verblieben von den 15 Millionen DM knapp 30 Prozent (rund 4,5 Millionen DM) in Roding. Um nun aber bewerten zu können, wie wichtig die privaten Ausgaben der Soldaten und zivilen Arbeitskräfte für das örtliche Wirtschaftsleben waren, bietet sich ein Vergleich mit der Umsatzsteuerstatistik des Handels an. Hier lag der Anteil der Konsumausgaben des Militärpersonals jedoch nur bei 6,2 Prozent, wobei auf den Bereich Nahrungs- und Genußmittel 24 Prozent entfielen. Als Fazit kann daher festgestellt werden, daß die Angehörigen der Garnison zwar einen relativ großen Teil ihres Einkommens in Roding ließen. Dieser Faktor war gewiß bedeutsam, spielte aber keine überragende Rolle. Dies mochte in den fünfziger und sechziger Jahren vielleicht noch anders gewesen sein, aber für diesen Zeitraum liegen keine Daten vor[303].

b) Nachfrageeffekt

Neben den individuellen Ausgaben des Militärpersonals stellten die Dienststellen der Bundeswehr selbst ein strukturwirksames Element im regionalen und lokalen

[303] So müßten etwa die mit der gestiegenen Mobilität zu vermutende potentielle Ausweitung des Bezugsumfelds, aber auch die strukturellen Veränderungen vor allem im Handel mit in die Wirkungsanalyse der Konsumausgaben einbezogen werden. Inwieweit sich die deutliche Erhöhung der Wohnbevölkerung durch die Soldaten auf den Konzentrationsprozeß im Einzelhandel von Roding ausgewirkt haben mag – zwischen 1961 und 1970 sank die Zahl der Geschäfte von 216 auf 172 (bezogen auf Stadt und Landkreis) –, muß hier offenbleiben. Auch ist davon auszugehen, daß Umfang und Qualität des lokalen Konsumgüterangebots eine gewisse Rolle bei der Nachfrage gespielt haben. Tatsächlich wurde in Roding 1978 die zivile Kleidung in großem Maße außerhalb gekauft. Somit ist es schwierig, die allgemeine Vermutung zu bestätigen, daß das Konsumverhalten der Bundeswehrangehörigen von den Konsumgüteranbietern oder den Dienstleistungsunternehmen als Anreizeffekt etwa zur gezielten Verbreiterung ihres Warenangebots genutzt wurde, um Umsatz und Gewinn zu steigern. Vgl. Roeder, Auswirkungen von Bundeswehrgarnisonen, S. 246.

Wirtschaftsgefüge dar. Zwar wurde der Material- und Dienstleistungsbedarf meist zentral durch das Bundesamt für Wehrtechnik und Beschaffung und das Verteidigungsministerium gedeckt[304], ein Teil fiel jedoch unter dem Begriff „Dezentrale Beschaffung" den Wehrbereichsverwaltungen, den Standortverwaltungen und auch den Truppenteilen selbst zu. Die Summe, die im Verteidigungsbudget für dezentrale Beschaffungsmaßnahmen vorgesehen war, war zwar relativ gering – 1975 lag der Anteil bei 4,3 Prozent (absolut 1,3 Milliarden DM), während die zentrale Beschaffung mit 28,3 Prozent (absolut 8,8 Milliarden DM) zu Buche schlug –, sie mochte sich jedoch unter Umständen direkt auf die Standorte und ihren Einzugsbereich auswirken. Volumen und regionale Verteilung dezentraler Ausgabenströme differierten stellenweise erheblich. Von etwa 179 Millionen DM, die 1975 im Wehrbereich VI ausgegeben wurden, entfielen 10,6 Prozent (19 Millionen DM) auf die Wehrbereichsverwaltung, 23,5 Prozent (42,1 Millionen DM) auf die Truppenteile und 65,8 Prozent (117,9 Millionen DM) auf die 42 bayerischen Standortverwaltungen. Während die Wehrbereichsverwaltung VI ihren Bedarf nur zu 22 Prozent in Bayern selbst deckte, lag diese Quote bei den Standortverwaltungen bei 85 Prozent[305]. Erfreulich für die bayerische Wirtschaft war sicherlich die Tatsache, daß das dezentrale Beschaffungsvolumen von Standortverwaltungen und Truppenteilen kontinuierlich von nominal 93,5 Millionen DM 1970 auf 132,7 Millionen DM 1977 wuchs. Inflationsbereinigt dürfte der Zuwachs zwar weniger imponierend gewesen sein, aber da die Bundeswehr ein verläßlicher Kunde war und bestimmte Waren und Dienstleistungen regelmäßig bezog, ist von einer belebenden Wirkung für die heimische Wirtschaft auszugehen.

Neben Umfang und regionaler Streuung der Mittel für dezentrale Beschaffungsmaßnahmen ist auch die Frage wichtig, welche Sektoren der Wirtschaft das Geld erreichte. Nach einer Statistik von 1977 kauften die bayerischen Standortverwaltungen Lebensmittel für knapp 90 Millionen DM – das waren nahezu 72 Prozent aller Ausgaben; weitere 22 Millionen DM (18 Prozent) wurden für andere Waren und Dienstleistungen verwendet[306].

Wie wirkten sich die Aktivitäten der lokalen Beschaffungsstellen auf die Nachfrage im strukturschwachen Ostbayern aus? Ein Blick auf die Situation in Roding soll diese Frage wenigstens ansatzweise beantworten helfen. Als dezentrale Beschaffungsstellen fungierten hier die Standortverwaltung Cham mit ihrer Außen-

[304] Nach einer Aufstellung des Amts für Wehrtechnik und Beschaffung waren an die bayerische Wirtschaft zwischen Oktober 1955 und Mai 1958 insgesamt 2210 Aufträge im Wert von 734,9 Millionen DM vergeben worden. Dies entsprach 18 Prozent des gesamten inländischen Auftragsvolumens in Höhe von 3 987,1 Millionen DM. Immerhin lag die pro Kopf-Quote der bayerischen Bevölkerung mit 79,95 DM noch etwas über dem Bundesdurchschnitt (74,1 DM), aber weit vor der Baden-Württembergs (55,5 DM), Nordrhein-Westfalens (48,1 DM) und Hessens (58,9 DM). ACSP, LG-3. WP 159, Amt für Wehrtechnik und Beschaffung an die Vertretung der Bayerischen Wirtschaft in Bonn vom 22. 9. 1958. Zu den Auswirkungen zentraler Bundeswehrbeschaffungen auf die Region München vgl. Helmut Maneval/Günter Neubauer/Johannes Jakobs-Woltering, Wirkungen von Rüstungsausgaben auf die regionale Wirtschaftsstruktur – untersucht am Beispiel des Ballungsraumes München, in: Wehrwissenschaftliche Rundschau 3 (1979), S. 70–75.

[305] Vgl. Maneval/Neubauer/Nohr, Wirkungen eines militärischen Standorts, S. 87, und Wilhelm Röhken, Die Standortverwaltung. Organisation und Aufgabe, Hamburg/Berlin 1966, S. 45–50.

[306] Vgl. Weiskopf, Garnisonen der Bundeswehr, S. 153 f.

stelle Roding, das Finanzbauamt Regensburg, die Truppenverwaltung und die Kantine. 1978 gaben diese Stellen folgende Summen aus:

Standortverwaltung Cham	1 245 000 DM
Finanzbauamt Regensburg	1 745 000 DM
Truppenverwaltung	274 400 DM
Kantine	645 600 DM

Von den insgesamt 3,4 Millionen DM (ohne Kantine) blieben lediglich 18,8 Prozent in der Garnisonstadt selbst. Nimmt man den Landkreis Cham hinzu, dem die Stadt Roding 1972 zugeschlagen worden war, so erhöhte sich der Anteil immerhin auf 53,8 Prozent. Der Rest ging zu 15,3 Prozent in die nächstgelegene Großstadt Regensburg, zu 25,8 Prozent in das übrige Bayern und zu 5,1 Prozent in andere Bundesländer. Ein erstaunliches Ergebnis zeigte sich allerdings bei der Verpflegungsbeschaffung:

Beschaffungsstelle	Roding	Landkreis Cham	Regensburg	übriges Bayern	andere Bundesländer
Standortverwaltung	9,1 Prozent	12,9 Prozent	14,2 Prozent	53,8 Prozent	11,3 Prozent
Kantine	55,4 Prozent	16,9 Prozent	0,3 Prozent	20,3 Prozent	7,1 Prozent

Augenscheinlich kaufte die Kantine bevorzugt am Ort und in der näheren Umgebung, während die Zulieferbetriebe der wesentlich finanzkräftigeren Standortverwaltung oft weiter entfernt waren, obwohl es sich um Waren des täglichen Bedarfs handelte und demnach eine ortsnahe Beschaffung durchaus hätte in Frage kommen können. Man vermutete, daß die „periodisch vorzunehmenden Ausschreibungen, genau festgelegte Lieferzeiten, anspruchsvolle Hygienevorschriften und bürokratische Zahlungsmodi" Gewerbe und Handwerk am Ort abschreckten und Kleinunternehmer die geforderten Mengen nicht zu entsprechenden Preisen liefern konnten. Außerdem wurden heimische Anbieter für wenig risikobereit gehalten, denn ein Vertrag mit der Standortverwaltung konnte durchaus eine Art Abhängigkeitsverhältnis begründen, weil entweder neue Kapazitäten hätten geschaffen oder alte Kunden abgewiesen werden müssen. In Anbetracht der kurzen Laufzeit solcher Lieferverträge befürchteten manche Kleinunternehmer, „nach einem Jahr nicht mehr zum Zuge zu kommen und dann beträchtliche Leerkapazitäten in Kauf zu nehmen"[307].

Daß die Situation in Roding durchaus symptomatisch für kleine Garnisonsgemeinden war, zeigen die Verhältnisse in Mittenwald aus dem Jahr 1975. Auch dort kamen vom Verpflegungsbudget der Standortverwaltung nur 0,3 Prozent örtlichen Betrieben und weitere 9,7 Prozent Betrieben aus dem Landkreis Garmisch-Partenkirchen zugute. Während das Weizenkleingebäck überwiegend aus dem Landkreis kam, reichte der Lieferantenkreis für Teigwaren 180 km weit

[307] Maneval/Neubauer, Wirkungen einer Garnison, S. 179f.

nach Schwaben, für Brot bis in das 160 km entfernte Landshut; Marmelade wurde von München 100 km weit transportiert. Ähnlich wie in Roding waren die ortsansässigen Produzenten von ihrer Kapazität her auch hier nicht in der Lage, zugleich die Bedürfnisse von Fremdenverkehr und Bundeswehr zu befriedigen. In der Vor- und Nachsaison gab es zwar freie Kapazitäten, da die Standortverwaltung aber an langfristigen Verträgen interessiert war, kamen die Handwerker und Einzelhändler Mittenwalds lieber mit den Fremdenverkehrsbetrieben ins Geschäft[308].

Vergleicht man die Ergebnisse von Roding und Mittenwald mit der Situation in Bayreuth, wo 1980 knapp 30 Prozent der Lebensmittel in der Stadt und im Landkreis sowie 60 Prozent im Regierungsbezirk Oberfranken[309] beschafft wurden, so läßt sich feststellen, daß wirtschaftlich starke Regionen erheblich mehr von der Bundeswehr profitierten als Gebiete mit mehr oder weniger großen Strukturproblemen.

Am Beispiel von Mittenwald lassen sich auch gewisse Veränderungstrends bei den zwischen 1959 und 1975 beschafften Gütern nachvollziehen. Sogenannte allgemeine Beschaffungsgüter, also etwa Büromaterial und Reinigungsmittel, wurden Anfang der sechziger Jahre noch sehr stark aus Mittenwald bezogen. 1959/60 wurden für diese Warengruppe etwa 78 000 DM vor Ort und 18 000 DM in München ausgegeben. Danach nahm das Volumen stetig ab. 1975 rangierte Mittenwald mit 10 000 DM am Ende der Skala, während 32 000 DM nach München, 30 000 DM in das übrige Bayern, 25 000 DM in den Landkreis Garmisch-Partenkirchen und immerhin 20 000 DM in andere Bundesländer flossen. Fachleute führten diese Trendwende in erster Linie darauf zurück, daß die Standortverwaltung Anfang der sechziger Jahre noch nicht in der Lage gewesen sei, den Markt zu überblicken und entsprechend zu handeln[310].

Neben den Standortverwaltungen traten auch die Truppenteile mit ihren sogenannten Truppenverwaltungen als eigenständige Beschaffer im lokalen und regionalen Wirtschaftsgefüge auf – zumeist innerhalb von Rahmenverträgen für die Wartung von technischem Gerät wie handelsüblichen Pkw oder durch Handkäufe von Büromaterialien. Das Ausgabenvolumen, das auch von der Spezifikation der Truppe abhängig war, war jedoch relativ gering und lag, bezogen auf den Wehrbereich VI im Jahre 1977, mit insgesamt 29 164 300 DM bei nur 21,9 Prozent des Beschaffungsvolumens sämtlicher Standortverwaltungen[311]. Faßt man die Ausgaben von Standortverwaltungen und Truppenteilen zusammen, so vermitteln die relativ geringen Summen allerdings den Eindruck, daß die lokale und regionale Wirtschaft von diesen Aufträgen vergleichsweise wenig abhängig gewesen ist.

Baumaßnahmen für die Bundeswehr gehören ebenfalls zu den Faktoren, die es erlauben, die ökonomische Bedeutung einer Garnison zu bewerten. Diese fallen zwar zum größten Teil in den Aufgabenbereich der staatlichen Finanzbauverwaltung, aber auch die Standortverwaltungen hatten ein Wort mitzureden. Die

[308] Vgl. Maneval/Neubauer/Nohr, Wirkungen eines militärischen Standorts, S. 87 f.
[309] Vgl. Baer, Raumwirksamkeit staatlicher Dezentralisierungspolitik, S. 76.
[310] Vgl. Maneval/Neubauer/Nohr, Wirkungen eines militärischen Standorts, S. 88.
[311] Vgl. Weiskopf, Garnisonen der Bundeswehr, S. 86.

Finanzbauämter waren für den Bau von Kasernen und alle späteren großen Baumaßnahmen verantwortlich, die Standortverwaltungen dagegen für den kleinen Bauunterhalt[312]. Da beide Posten für die regionale Ökonomie durchaus bedeutsam waren, sollen sie im Rahmen der dezentralen Beschaffung mit behandelt werden. Auf eine Analyse der Baulandbeschaffung wird hingegen verzichtet, weil diese etwa aufgrund der Bonität der Böden sehr unterschiedlich ausfallen konnte. Zudem war bis 1962 ein Preisstopp in Kraft, weshalb ein Einfluß der Bundeswehrkäufe auf die Grundstückspreise nicht ermittelt werden kann[313].

Der Neubau einer Kaserne verschlang erhebliche Summen. Für den Zeitraum von 1958 bis 1961 standen pauschal etwa 17 bis 25 Millionen DM bereit, für 1969 37 Millionen DM[314]. Wegen der knappen Fristen – die Kasernen in Bogen, Regen oder Roding wurden innerhalb von zwei Jahren errichtet – waren die wirtschaftlichen Impulse, die davon ausgingen, aber wenig mehr als ein Strohfeuer. Insgesamt gab die Bundeswehr zwischen 1957 und 1969 knapp 19 Milliarden DM (nominal) für das militärische Bauwesen aus[315]. Einer Untersuchung über die wirtschaftlichen Auswirkungen von Verteidigungsausgaben von 1967 zufolge hatten diese Summen in den Jahren, in denen viele Kasernen gebaut wurden, folgenden Anteil am Gesamtumsatz des Bauhauptgewerbes der Bundesrepublik[316]:

Jahr	Militärische Bauausgaben in Mio. DM	Anteil am Umsatz des Bauhauptgewerbes in Prozent
1960	357	1,4
1961	262	0,9
1962	2162	6,5
1963	1948	5,4
1964	2271	5,3

Ursprünglich hatte das Verteidigungsministerium für 1962 etwa 1,5 Milliarden DM an Bauausgaben veranschlagt, ein Ansatz, der im Jahresverlauf durch Mehrausgaben von 670 Millionen DM um 45 Prozent überschritten wurde. Die vielen Militärbauten wurden aber nicht überall begrüßt. Ökonomen befürchteten vielmehr eine Überhitzung der ohnehin sehr angespannten Bauwirtschaft – besonders im Hochbau –, zumal hier auch über großen Arbeitskräftemangel geklagt wurde. So hatte das Bauministerium bereits im Herbst 1958 darauf hingewiesen, daß sich die Fertigstellung der Kaserne in Cham „wegen des bekannten Mangels an Fach-

312 Vgl. Röhken, Standortverwaltung, S. 50–72.
313 Vgl. Roeder, Auswirkungen von Bundeswehrgarnisonen, S. 83 f.
314 Vgl. ebenda, S. 169 und S. 174.
315 Vgl. Bundesminister der Verteidigung (Hrsg.), Weißbuch 1970. Zur Sicherheit der Bundesrepublik Deutschland und zur Lage der Bundeswehr, o. O. (Bonn) o. J. (1970), S. 197; vgl. auch Schwalm, Militärbauten, S. 153, der für den Zeitraum von 1956 bis 1979 insgesamt 27,942 Milliarden DM an Bauausgaben angibt.
316 Vgl. Hans Georg Jaeger, Wirtschaftliche Auswirkungen der Verteidigungsausgaben. Ein Problembeitrag am Beispiel der BRD, der Vereinigten Staaten von Amerika und Großbritanniens, Diss., Darmstadt 1967, S. 124–127.

arbeitern nicht vor dem 1. 5. 1959 ermöglichen lassen" werde[317]. Auch in Regen, wo im Sommer 1960 etwa 400 Arbeiter beim Kasernenbau beschäftigt waren, klagte der Oberbauleiter sowohl über Facharbeitermangel als auch über Engpässe beim Materialnachschub. Sein Fazit: „Die allgemeine Baukonjunktur bekommen auch wir zu spüren."[318]

Ein Blick auf die Entwicklung des bayerischen Bauhauptgewerbes zeigt, daß bei den Verkehrsprojekten und öffentlichen Bauten der Umsatz zwischen 1950 und 1966 um 632 Prozent (nominal; real 339 Prozent) gestiegen war. Die starke Belebung des öffentlichen Hochbaus nach 1959 hing sicherlich auch mit den zahlreichen militärischen Bauvorhaben zusammen[319]. So lagen Ende 1959 bei den bayerischen Finanzbauämtern 15 Planungsvorhaben für Truppenunterkünfte vor, die bis Mitte 1961 durchgeführt werden sollten[320]. Den Vorwurf, die Kasernenbauten würden die Lage auf dem Bausektor zusätzlich erschweren und vor allem die Preise in die Höhe treiben, wies Verteidigungsminister von Hassel jedoch als böswillige Unterstellung zurück. Mit einem Anteil von deutlich unter fünf Prozent an den gesamten Hochbauvorhaben in der Bundesrepublik hätten die Bundeswehrbauten zwischen 1961 und 1963 in einem vernünftigen Rahmen gelegen[321]. Mit 2,1 bis drei Prozent lag die Angabe, die der Leiter der Liegenschaftsabteilung im Verteidigungsministerium 1961 vor den Mitgliedern des Verteidigungsausschusses machte, noch niedriger. Damit hatte Hansgeorg Schiffers offenbar versucht, die Abgeordneten im Zuge der Beratungen über den neuen Haushalt zu beruhigen. Zwar konzedierte er eine gewisse „Anspannung der Bauwirtschaft" sowie erhebliche Preis- und Kapazitätsschwankungen, doch störende Einflüsse von Bundeswehrbauten vermochte auch er nicht zu erkennen. Vielmehr hob er hervor, daß die Bundeswehr durch den Bau von Unterkünften und Depots in den abgelegenen Landesteilen „zu einer Belebung des dort stagnierenden Marktes" beitrage[322].

Die Intensität dieser Belebung hing jedoch sehr stark von der Kapazität der Bauunternehmen vor Ort ab. Da in der Regel derjenige Submittent den Zuschlag erhielt, der das günstigste Angebot abgegeben hatte, waren kleinere Firmen der Region oft nicht konkurrenzfähig. So hatte schon 1956 eine Klage den Verteidigungsausschuß erreicht, daß in Lechfeld bei einem Bauvolumen von 20 Millionen DM Gewerbetreibende aus dem Landkreis nicht einmal zu fünf Prozent berücksichtigt worden seien. Dagegen habe man Aufträge in großem Stil bis nach Köln vergeben[323]. Dieses Beispiel verweist sowohl auf eine breite regionale Streuung der Aufträge als auch auf eine Bevorzugung großer und leistungsstar-

317 BA-MA, BW 1/4493, Vermerk vom 29. 9. 1958.

318 Passauer Neue Presse vom 23. 7. 1960: „Die Spuren des Kasernen-Winterbaues sind beseitigt".

319 Vgl. Franz Karl, Die bayerische Bauwirtschaft. Das Bauhauptgewerbe von 1950 bis 1960, München 1967, S. 31 (Beiträge zur Statistik Bayerns 278), und Strobel, Militärbauwesen, S. 48 f.

320 BA-MA, BW 1/12317, Niederschrift einer Infrastrukturbesprechung bei der Oberfinanzdirektion Nürnberg vom 4. 12. 1959.

321 Vgl. von Hassel, Gemeinde und Landesverteidigung, S. 196.

322 Deutscher Bundestag, Parlamentsarchiv, 3. Legislaturperiode, stenographisches Protokoll der 105. Sitzung des Ausschusses für Verteidigung am 12. 1. 1961.

323 Deutscher Bundestag, Parlamentsarchiv, 2. Legislaturperiode, stenographisches Protokoll der 115. Sitzung des Ausschusses für Verteidigung am 10. 10. 1956.

ker Firmen, die nicht zuletzt auf Grund ihrer Erfahrung und ihrer Logistik solche Großprojekte auch bewältigen konnten. So gingen von den Ausgaben für den Bau der ostbayerischen Kasernen zwischen 1957 und 1963 lediglich im Fall von Oberviechtach 12 Millionen DM an das Baugewerbe im Landkreis. In Roding, Cham, Bogen, Regen und Freyung sollen es jeweils nur eine Million DM gewesen sein[324]. Während sich in Roding die ortsansässigen Handwerker zu Arbeitsgemeinschaften zusammengeschlossen hatten, um die Aufträge verkraften zu können[325] – in der Literatur werden zwölf Firmen genannt, an die 2,5 Millionen DM der Gesamtbausumme gingen[326] –, verhinderten bei einem vergleichbaren Kasernenprojekt in Großengstingen, Baden-Württemberg, „Uneinigkeit und Engstirnigkeit innerhalb der örtlichen Handwerkerschaft“ eine engere Kooperation[327]. Die großen auswärtigen Firmen bedienten sich aber sicherlich auch lokaler Subunternehmer und schöpften für die Bauzeit das Reservoir an wenig qualifizierten Arbeitskräften ab – in der Oberpfalz sollen während der etwa zweijährigen Bauzeit pro Vorhaben zwischen 150 und 200 Arbeiter aus dem entsprechenden Landkreis eine Beschäftigung gefunden haben[328] –, so daß indirekt ein Teil der Auftragssumme doch in die Region geflossen ist. Der Landrat von Roding dürfte die Auswirkungen des Kasernenbaus jedoch überschätzt haben, als er den Rückgang der Arbeitslosen in seinem Landkreis von 27 Prozent 1956 über 18 Prozent 1957 auf 2,5 Prozent 1959 auf die Baumaßnahmen der Bundeswehr zurückführte[329].

Neben den Neubauten dürften vor allem die notwendigen und permanenten Bauerhaltungs- und Reparaturmaßnahmen wegen ihres oftmals geringeren Umfangs für das lokale Baugewerbe interessant gewesen sein. Je älter die Liegenschaften wurden, desto stärker stiegen die Summen für den Unterhalt. Während die Bundeswehr 1956 insgesamt hierfür lediglich 2,5 Millionen DM ausgab, kletterte die allerdings von der Baupreisentwicklung abhängige Summe kontinuierlich über 42,9 Millionen DM 1961 und 239,9 Millionen DM 1971 auf 562,3 Millionen DM 1978[330]. Analog entwickelten sich die Ausgaben für den Bauunterhalt im Wehrbereich VI[331]:

[324] Vgl. Hans-Peter Kaufmann, Raumwirksamkeit militärischer Einrichtungen. Die Raumwirksamkeit von Einrichtungen der Bundeswehr und Möglichkeiten ihrer Nutzung als Instrument der Regionalpolitik, Spardorf 1986, S. 231. In Cham sollen im Rahmen der öffentlichen Ausschreibungen 98 Prozent der Kasernenbaukosten (veranschlagt waren 15 Millionen DM) an die bayerische Wirtschaft gefallen sein, davon wiederum 60 Prozent an die Grenzlandwirtschaft; vgl. Chronik des Jägerbataillons 113, S. 30.

[325] Vgl. Süddeutsche Zeitung vom 24. 2. 1959: „Roding verbündet sich mit der Bundeswehr“.

[326] Vgl. Oster/Sander, Gesichter einer Division, S. 67.

[327] Kohler, Bundeswehrgarnisonen – ein Instrument der Landesplanung, S. 689–695.

[328] Vgl. Strunz, Schwerpunkte, in: Beiträge zur Entwicklung der Landesplanung in Bayern, S. 149.

[329] Vgl. Süddeutsche Zeitung vom 24. 2. 1959: „Roding verbündet sich mit der Bundeswehr“.

[330] Vgl. Schwalm, Militärbauten, S. 156.

[331] Daten nach Weiskopf, Garnisonen der Bundeswehr, S. 90. Der jährliche Preisbereinigungsfaktor wurde nach der jeweiligen Entwicklung des Preisindexes für die Instandhaltung von Wohngebäuden berechnet. Für 1977 wurde ein Index von 154 zum Basisjahr 1970 unterstellt.

Jahr	Ausgaben in DM (nominal)	Ausgaben in DM (real)
1970	39 600 000	61 000 000
1971	37 500 000	52 200 000
1972	47 500 000	62 100 000
1973	56 800 000	69 400 000
1974	68 000 000	75 800 000
1975	93 600 000	99 600 000
1976	96 200 000	94 500 000
1977	96 900 000	96 900 000

Eine Antwort auf die Frage, wie diese Mittel verwendet worden sind, gibt wiederum das Beispiel Roding. Die 1,7 Millionen DM, die 1978 vom Finanzbauamt Regensburg für Baumaßnahmen ausgegeben wurden, machten im übrigen den größten Posten in der Kategorie „Dezentrale Beschaffung" aus, wobei allerdings die Summen, die im Rahmen des sogenannten kleinen Bauunterhalts (Kostengrenze 5000 DM) von den Standortverwaltungen aufgewendet wurden, noch hinzugerechnet werden müssen. Die regionale Verteilung sah wie folgt aus[332]:

Beschaffungsstelle	Roding	Landkreis Cham	Regensburg	übriges Bayern	andere Bundesländer
Finanzbauamt Regensburg	24,3 Prozent	45,0 Prozent	11,3 Prozent	19,4 Prozent	0,1 Prozent
Standortverwaltung	16,4 Prozent	31,4 Prozent		51,8 Prozent	

Das Finanzbauamt bevorzugte eindeutig die Region (fast 70 Prozent) – einschließlich der nur 40 km entfernten Stadt Regensburg. Ähnlich lagen die Verhältnisse in der großen Garnisonstadt Bayreuth. Von über 2,7 Millionen DM, die dort 1979 für den Bauunterhalt aufgewendet werden mußten, flossen 88,6 Prozent in den Regierungsbezirk Oberfranken, nur 11,4 Prozent gingen in das übrige Bayern[333]. Das Beispiel Mittenwald, wo die Situation wieder anders aussah, deutet allerdings darauf hin, daß der regionalökonomische Nutzen solcher Ausgaben mit der Größe einer Baumaßnahme oder der örtlichen Firmenstruktur im Bauwesen korrespondierte. Während dort 1975 nur knapp 30 Prozent der Bauleistungssummen an Firmen vor Ort oder Firmen aus dem Landkreis Garmisch-Partenkirchen gingen, konnte ein Münchner Unternehmen einen Großauftrag von fast 1,7 Millionen DM an Land ziehen, der mit 66 Prozent am Ausgabenvolumen der Finanzbauverwaltung zu Buche schlug[334]. Setzt man nun den Anteil des militärischen Bauunterhalts in Beziehung zur lokalen Umsatzsteuerstatistik der entsprechenden Branchen, dann ergab sich für Roding 1978 ein Anteil von nur 2,5 Prozent beim Handwerk und 1,9 Prozent beim Bauhauptgewerbe[335]. Damit bestätigt sich

[332] Vgl. Maneval/Neubauer, Wirkungen einer Garnison, S. 180.
[333] Vgl. Baer, Raumwirksamkeit staatlicher Dezentralisierungspolitik, S. 81.
[334] Vgl. Maneval/Neubauer/Nohr, Wirkungen eines militärischen Standorts, S. 88 f.
[335] Vgl. Maneval/Neubauer, Wirkungen einer Garnison, S. 200.

auch hier das Ergebnis, daß von der Bundeswehr und ihren Einrichtungen zwar lokal und regional spürbare Wirkungen ausgingen, denen im Verhältnis zur Umsatzentwicklung jedoch nicht der Stellenwert zukam, den viele erwartet hatten.

Vergleicht man die Ergebnisse des Einkommens- mit denen des Nachfrageeffekts, so ist auf den ersten Blick die relativ große Bedeutung der Personalausgaben und des damit zusammenhängenden Konsums zu erkennen. Beide Komponenten zusammen wirkten sich, entsprechend der jeweiligen Verhältnisse, durchaus positiv auf das Wirtschaftsgefüge des einzelnen Standortes und seiner Umgebung aus. Konsumausgaben und dezentrale Beschaffungsmaßnahmen induzierten weitere Struktureffekte, wie etwa Kapazitätsausweitungen insbesondere im Bereich des Handels und des Handwerks. So schätzte man für Roding, daß durch die Nachfragewirkung der Garnison 47 Arbeitsplätze in der Stadt und noch einmal über 100 im Landkreis geschaffen worden sind[336].

Wie raumprägend waren nun die Ausgaben der Bundeswehr? Schließlich waren die bayerische Staatsregierung und – in gewissem Umfang – das Verteidigungsministerium angetreten, durch die Ansiedlung von Garnisonen strukturschwache Regionen und insbesondere das Zonenrandgebiet wirtschaftlich zu stärken. Das Ergebnis der schon mehrfach zitierten Untersuchung von Johann Weiskopf aus dem Jahr 1978 ist in gewissem Sinn ernüchternd: So lagen in Bayern zwar 25 Garnisonen (38,5 Prozent der bayerischen Standorte) in einer Region, wo Lebens- und Arbeitsbedingungen nachhaltig verbessert werden sollten, aber das Jahreseinkommen der dort stationierten knapp 42 000 Personen machte lediglich 28,2 Prozent der im gesamten Wehrbereich VI verfügbaren Summe aus. Demgegenüber waren die Verdichtungsräume um Nürnberg, Augsburg und besonders München deutlich im Vorteil.

Noch stärker fiel dieses Mißverhältnis beim Zonenrandgebiet aus, zu dem Landkreise und kreisfreie Städte zählten, die mit mehr als der Hälfte ihrer Fläche bis zu 40 km von den Grenzen zur DDR und ČSSR entfernt waren; es reichte von Mellrichstadt im Norden bis nach Passau im Süden. Bei einem Anteil von 25 Prozent an der Gesamtfläche lebten dort nur 20 Prozent der Einwohner Bayerns. Im Zonenrandgebiet lagen 24,6 Prozent der bayerischen Bundeswehrstandorte (16), und die knapp 20 000 Soldaten und Zivilbediensteten, die hier stationiert worden waren, machten 14,75 Prozent des Personalumfangs im Wehrbereich VI aus. Das verfügbare Jahreseinkommen der Militärangehörigen, das in diesen Raum floß, umfaßte 232 Millionen DM und lag damit aber lediglich bei 12 Prozent des gesamten Jahreseinkommens im Wehrbereich. Setzt man nun den Anteil des militärischen Personals in Beziehung zur Fläche und zum Bevölkerungsanteil des Zonenrandgebiets, so kann von einer Bevorzugung dieses Raums deshalb nicht gesprochen werden, weil auf 25 Prozent der Fläche Bayerns mit einem Anteil von 20 Prozent der Bürger lediglich 14,8 Prozent der Bundeswehrangehörigen stationiert waren.

Aufschlußreich für die raumwirksame Bedeutung von Personal und Einkommen ist auch ein Vergleich des Zonenrandgebiets mit der Garnison München. In die bayerische Landeshauptstadt gingen 1978 exakt 267 177 440 DM an verfüg-

[336] Vgl. Kaufmann, Raumwirksamkeit militärischer Einrichtungen, S. 62.

barem Jahreseinkommen. Obwohl der Personalstand um 30 Prozent niedriger lag als im Zonenrandgebiet, übertraf das verfügbare Jahreseinkommen des Militärpersonals in München das ihrer Kameraden in grenznahen Gebieten um 23,2 Prozent[337]. Berücksichtigt man diese Ergebnisse, dann täuschte die Anzahl der Standorte offensichtlich darüber hinweg, daß von einer Bevorzugung strukturschwacher Räume sowie des Zonenrandgebiets keineswegs die Rede sein kann[338]. Kritische Urteile gipfeln daher in der These, daß mit dem Aufbau von Garnisonen die räumlichen Ungleichgewichte in Bayern eher verstärkt als verringert worden seien. Aus dem Blickwinkel der Landesplaner hatten sie ihr selbstgestecktes Ziel der Angleichung der wirtschaftlichen Verhältnisse durch eine gleichmäßige Streuung der Bundeswehrstandorte sicherlich nur bedingt erreicht. Allerdings ist zu berücksichtigen, daß den Landesplanern auf diesem Feld weitgehend die Hände gebunden waren. Sie konnten unter verfassungsrechtlichen Gesichtspunkten bei der Standortplanung der Bundeswehr ja gar nicht bestimmend tätig werden und etwa einen Dislozierungsplan für Bayern ausarbeiten, sondern sie hatten nur die Möglichkeit, zu den im Verteidigungsministerium geplanten Standorten Stellung zu nehmen[339]. Zweifelsohne ist dem Fazit Ulrich Roeders zuzustimmen, daß die lokal- und regionalökonomischen Wirkungen von Bundeswehransiedlungen überschätzt worden sind, da sie in der Regel nicht auf einer rationalen Ursache- und Wirkungsanalyse fußten[340]. Allerdings muß aber auch berücksichtigt werden, daß die Stationierung von Bundeswehreinheiten ein strukturpolitischer Faktor neben anderen gewesen ist. Für manche Kommune, die selbstverständlich einen Industriebetrieb vorgezogen hätte, erschien eine Garnison – insbesondere in den späten fünfziger Jahren – offenbar als die einzige Chance, um aus dem wirtschaftlichen Abseits herauszukommen. In den nüchternen Zahlen der Bezirksplanungsstelle bei der Regierung der Oberpfalz sah die wirtschaftliche Lage Rodings 1955 nämlich so aus, daß es in dieser Stadt mit 2800 Einwohnern lediglich vier Industriebetriebe mit mehr als zehn Beschäftigten gab; der größte davon hatte eine Belegschaft von etwa 40 Personen. Während die Zahl der Arbeitslosen in der Stadt nicht exakt festzustellen war, zählte man im Landkreis Roding Ende September 1955 „zu einer Zeit der Höchstbeschäftigung und des stärksten Einsatzes bei Notstandsarbeiten noch 241 Arbeitslose“[341]. Sicherlich nicht ohne Grund führte der Landrat von Neunburg vorm Wald pessimistisch aus, daß die „vielen Versuche dieser strukturellen Arbeitslosigkeit durch Ansiedlung von Betrieben eine Abhilfe zu schaffen“ bisher nicht nur gescheitert seien, sondern daß nach den bisherigen

337 Vgl. Weiskopf, Garnisonen der Bundeswehr, S. 135–140.

338 Auch mit Blick auf die zentralen Beschaffungen scheint sich dieser Befund zu bestätigen, und zwar bereits für die ersten Jahre des Aufbaus der Bundeswehr. Von den Aufträgen, die das Amt für Wehrtechnik und Beschaffung zwischen 1955 und 1958 an die bayerische Wirtschaft erteilte (734,9 Millionen DM), gingen lediglich 6,5 Prozent (47,9 Millionen DM) an sogenannte bevorzugte Bewerber aus dem Zonenrandgebiet bzw. an Flüchtlingsbetriebe. ACSP, LG-3. WP 159, Amt für Wehrtechnik und Beschaffung an die Vertretung der Bayerischen Wirtschaft in Bonn vom 22. 9. 1958.

339 Vgl. Weiskopf, Garnisonen der Bundeswehr, S. 142, und Kleber, Militärische Dislozierung und Landesplanung, S. 176 f.

340 Vgl. Roeder, Auswirkungen von Bundeswehrgarnisonen, S. 289.

341 BA-MA, BW 1/4520, Raumordnungsbericht der Bezirksplanungsstelle Regensburg betr. Garnisonsbewerbung Roding vom 14. 12. 1955.

Erfahrungen auch kaum mehr Aussicht auf Besserung bestünde[342]. Die Entwicklung mochte in den folgenden Jahrzehnten anders verlaufen sein, wie man der Tatsache entnehmen kann, daß im Regierungsbezirk Oberpfalz zwischen 1957 und 1966 etwa 290 Betriebe mit 21450 neuen Arbeitsplätzen entstanden sind[343]. Auf jeden Fall aber waren die von der Bundeswehr geschaffenen Arbeitsplätze und die dezentralen Beschaffungsmaßnahmen konjunkturunabhängig und damit relativ krisenfest. Eine Antwort auf die hypothetische Frage, wie sich die wirtschaftliche Lage ohne eine Garnison entwickelt hätte, erhielte man möglicherweise durch eine vergleichende Untersuchung all jener Städte, die sich zwar als Truppenstandort beworben hatten, aber nicht zum Zuge gekommen waren.

V. Zusammenfassung

Die Aufstellung westdeutscher Streitkräfte nach 1955 war ein Ergebnis der weltpolitischen Frontstellung im Kalten Krieg. Sie erfolgte im Rahmen der NATO, die Strategie, Struktur und Aufgaben nachhaltig bestimmte. Als zweite Determinante kam hinzu, daß die neuen Streitkräfte in die Bundesrepublik Deutschland eingepaßt werden und ihren Platz in Konkurrenz zu den schon entwickelten gesellschaftlichen, politischen und wirtschaftlichen Strukturen erst finden mußten. Innerhalb dieses Beziehungsgeflechts vollzog sich auch der materielle Aufbau der Bundeswehr, die für ihre Soldaten zunächst einmal ausreichende Unterkünfte benötigte, dabei aber bündnispolitische, militärstrategische und ökonomische Zwänge zu berücksichtigen hatte. Aufgrund der föderativen Ordnung der Bundesrepublik konnte diese Aufgabe nur in Zusammenarbeit mit den Ländern bewältigt werden.

Obwohl der bayerische Ministerpräsident Wilhelm Hoegner als Mitglied der SPD nicht gerade zu den stärksten Befürwortern der Bundeswehr gehörte, war gerade er es, der die neuen Truppenstandorte als strukturpolitisches Mittel für die Erschließung des Landes begriff. Er selbst, die bayerische Staatsregierung und auch das Verteidigungsministerium betonten zwar immer wieder, durch die Errichtung von Garnisonen unterentwickelte Regionen stützen zu wollen. Es gelang letztlich aber nicht, die Standortplanung im struktur- und wirtschaftspolitischen Sinne zu steuern, obwohl diese Perspektive erhalten blieb und als verbindliche Zielvorgabe sogar noch im bayerischen Landesentwicklungsprogramm von 1976 verankert wurde.

Die Auswahl der künftigen Garnisonen erfolgte primär nach militärspezifischen Kriterien, und die Möglichkeiten der Landesplaner, hierauf Einfluß zu nehmen, waren begrenzt. Viel wichtiger als ihre Wünsche und Anregungen waren die

[342] BA-MA, BW 1/4498, Landrat von Neunburg vorm Wald an Staatskanzlei vom 27. 6. 1956.

[343] Vgl. Witzmann, Geschichte der Landesplanung in Bayern, in: Geschichtliche Entwicklung der Raumordnung, S. 136f. Zu den raumstrukturellen und ökonomischen Veränderungen – insbesondere im Hinblick auf das Nord-Süd-Gefälle vgl. Dietmar Petzina, Standortverschiebungen und regionale Wirtschaftskraft in der Bundesrepublik Deutschland seit den fünfziger Jahren, in: Josef Wysocki (Hrsg.), Wirtschaftliche Integration und Wandel von Raumstrukturen im 19. und 20. Jahrhundert, Berlin 1994, S. 101–127.

militärischen Anforderungen, die sich aus den Vorgaben der Verteidigungsplanung ergaben, die Frage, ob geeignete Grundstücke zur Verfügung standen, und nicht zuletzt auch die Höhe des Verteidigungsetats. Immerhin mußten militärische und zivile Interessen aufeinander abgestimmt werden, was dazu geführt haben mag, daß nach Ansicht eines von der Bundesregierung einberufenen Sachverständigenausschusses für Raumordnung „die neuen Standorte der Bundeswehr raumordnungspolitisch zu einem großen Teil gut gewählt worden sind und die Gründung der Garnisonen in den Gemeinden sogar eine außerordentlich gute Entwicklung der Kaufkraft bewirkt hat“[344].

In der Tat war eine große Zahl der neuen bayerischen Garnisonen in Gegenden eingerichtet worden, die zu den strukturschwächsten Regionen zählten. Daher ist es auch verständlich, daß sich gerade dort Gemeinden in großer Zahl um eine Garnison beworben hatten. Die Standortgründungen bewirkten zweifelsohne einen nachhaltigen Wandel in den ländlich geprägten Gemeinden, wenngleich mit unterschiedlichen und keineswegs nur positiven Folgen. Die von außerhalb zuziehenden neuen Bürger mußten sich in die gewachsenen sozialen Gegebenheiten einordnen, veränderten diese aber gleichzeitig. Der Hinweis auf die Verschiebung des Konfessionsgefüges mag hier für manches andere stehen. Insgesamt betrachtet, scheint die Integration der Soldaten in die Standortgemeinden ohne größere Schwierigkeiten gelungen zu sein, sieht man einmal von den „Bundeswehrghettos“ ab, die nicht überall hatten vermieden werden können. Auch die anfangs befürchtete Überfremdung blieb zumindest in den neuen bayerischen Garnisonen aus.

Schon auf den ersten Blick sichtbare Veränderungen brachten hingegen die großen Kasernenanlagen mit sich. Sie veränderten das gewachsene Ortsbild oftmals erheblich. Die Urbanisierung des ländlichen Raums, die damit zum Teil einherging, wurde damals überwiegend als Errungenschaft begrüßt, auch wenn sie objektiv der Zersiedelung der Landschaft Vorschub leistete. Mit den Anforderungen einer Garnison stieg aber auch die Qualität der örtlichen Infrastruktur. Der hohe Motorisierungsgrad der Truppe und die notwendige Anbindung an das überörtliche Verkehrsnetz erzwangen einen Ausbau der lokalen Verkehrswege. Mit zum Teil erheblichen finanziellen Zuwendungen aus dem Verteidigungshaushalt wurden Straßen befestigt und Ortsumgehungen gebaut. Die Anlagen für Wasserversorgung und Kanalisation, die bei Kasernenneubauten nötig waren, gaben in manchen Kommunen den Anstoß, das örtliche Leitungsnetz auszubauen – oft mit Finanzhilfen der Bundeswehr. Da sich durch den Zuzug der Soldaten und ihrer Familien die Wohnbevölkerung erhöhte, erhielten die Kommunen überdies Ausgleichszahlungen für sogenannte Folgeeinrichtungen, die zur Erweiterung oder Modernisierung gemeindlicher Anlagen wie Schulen, Kindergärten, Krankenhäuser und Kirchen verwendet wurden.

Bei der Verbesserung ihrer Infrastruktur hatten Garnisonsgemeinden ohne Zweifel Vorteile gegenüber militärfreien Orten. Galt dies aber auch im Hinblick auf die lokale und regionale Wirtschaft, die zu beleben doch oft der Hauptgrund für eine Bewerbung war? Das Ergebnis ist zwiespältig. Nach den Erhebungen der

[344] Von Jacobs, Liegenschaftsmäßige Aufgaben der Bundeswehrverwaltung, S. 126.

späten siebziger Jahre war Ostbayern zwar mit relativ vielen Standorten belegt, aber die Mittel, die aus dem Verteidigungshaushalt hierher flossen, hatten keinen größeren Einfluß auf den ländlichen Raum. In den kleinen Garnisonstädten spielte neben den Arbeitsplätzen, die die Bundeswehr insbesondere für schlecht qualifizierte Kräfte bot, vor allem der Konsum der Soldaten eine Rolle. Dabei wurde aber auch eine breite regionale Streuung festgestellt – ein Ergebnis, das sich durch die Analyse der Beschaffungsmaßnahmen von Truppenteilen und Dienststellen bestätigte. Die Nachfragewirkung war also relativ gering, so daß beim lokalen Handel und Gewerbe nur bescheidene Umsatzanteile hängenblieben und nur geringe Kapazitätsausweitungen induziert wurden.

Bei aller gebotenen Zurückhaltung gegenüber Zahlen, die erst spät erhoben worden sind, und angesichts der enormen ökonomischen Entwicklung, die auch der ostbayerische Raum seit den fünfziger Jahren erfahren hat, können jedoch nur bedingt Rückschlüsse auf die Wirkung von Bundeswehransiedlungen seit 1955 gezogen werden. Mit Blick auf die damalige Situation in den strukturschwachen Gebieten Bayerns stellten Garnisonen und andere Einrichtungen der Bundeswehr durchaus einen wichtigen Standortfaktor dar. Es spricht jedoch auch manches dafür, daß die perzipierte Wirkung überschätzt wurde und von einer Garnison keineswegs das „Wohl und Wehe“ einer Stadt abhing, wie der Bürgermeister von Laufen 1957 glaubte.

Verteilung der 65 Bundeswehr-Garnisonen in Bayern vor der Gebietsreform von 1972

1 Altenstadt
2 Amberg
3 Bad Reichenhall
4 Bayreuth
5 Bischofswiesen
6 Bogen
7 Brannenburg
8 Cham
9 Dillingen
10 Donauwörth
11 Ebern
12 Erding
13 Erpfting
14 Essfeld
15 Feldafing
16 Feuchtwangen
17 Freising
18 Freyung
19 Fürstenfeldbruck
20 Füssen
21 Graben
22 Günzburg
23 Hammelburg
24 Heidenheim
25 Hemau
26 Ingolstadt
27 Kaufbeuren
28 Kempten
29 Kirchham
30 Kleinaitingen
31 Kümmersbruck
32 Landsberg/Lech
33 Landshut
34 Leipheim
35 Lenggries
36 Maising
37 Mellrichstadt
38 Memmingen
39 Mittenwald
40 Mitterharthausen
41 München
42 Murnau
43 Naila
44 Neubiberg
45 Neuburg/Donau
46 Neunburg v. W.
47 Nürnberg
48 Oberhausen
49 Oberstimm
50 Oberviechtach
51 Passau
52 Penzing
53 Pfreimd
54 Regen
55 Regensburg
56 Roding
57 Roth
58 Rottenburg
59 Sonthofen
60 Traunstein
61 Untermeitingen
62 Veitshöchheim
63 Weiden
64 Wildflecken
65 Wunsiedel

▒ Wiederbelegte Garnisonen vor 1945 ☐ Garnisonsneugründungen nach 1955

Quelle: Weiskopf, Garnisonen der Bundeswehr.

Mitarbeiterinnen und Mitarbeiter dieses Sammelbands

Dr. *Stephan Deutinger*, wissenschaftlicher Assistent am Institut für Bayerische Geschichte der Ludwig-Maximilians-Universität (Ludwigstr. 14, 80539 München); veröffentlichte Beiträge zur bayerischen Geschichte des Mittelalters und der Neuzeit, vor allem zur Wissenschafts-, Technik- und Wirtschaftsgeschichte vom 18. bis zum 20. Jahrhundert, u. a. „Vom Agrarland zum High-Tech-Staat. Zur Geschichte des ‚Forschungsstandorts Bayern' 1945–1980" (München 2000).

Alexander Gall M.A., Stipendiat der Alfried Krupp von Bohlen und Halbach-Stiftung und Doktorand am Forschungsinstitut für Technik und Wissenschaftsgeschichte des Deutschen Museums (80306 München); veröffentlichte u. a. „Das Atlantropa-Projekt. Die Geschichte einer gescheiterten Vision" (Frankfurt am Main/New York 1998) und „Von ‚IBM' zu ‚Silicon Valley'. Leitbilder der Forschungspolitik zur Mikroelektronik in den siebziger und achtziger Jahren", in: Gerhard A. Ritter u. a. (Hrsg.), Antworten auf die amerikanische Herausforderung (Frankfurt am Main/New York 1999), S. 135–155.

Ulrike Lindner M.A., wissenschaftliche Mitarbeiterin am Historischen Institut der Universität der Bundeswehr München (85577 Neubiberg), arbeitet derzeit an einer vergleichenden Studie zur Gesundheitspolitik in Großbritannien und der Bundesrepublik Deutschland in den fünfziger Jahren des 20. Jahrhunderts; veröffentlichte Beiträge zur Sozialgeschichte und zur Gesundheitspolitik in der Bundesrepublik Deutschland.

Dr. *Markus Mößlang*, wissenschaftlicher Mitarbeiter am Deutschen Historischen Institut London; arbeitet derzeit an einer Edition britischer Gesandtschaftsberichte aus Deutschland (1830–1847) sowie an einem Projekt über nichtstaatliche Wissenschaftsfinanzierung in Großbritannien; veröffentlichte u. a. „Die Integration der Flüchtlinge und Vertriebenen im bayerischen Bildungswesen. Flüchtlingslehrer und Flüchtlingshochschullehrer 1945–1961" (im Druck) und „Elitenintegration im Bildungssektor: das Beispiel der ‚Flüchtlingsprofessoren' 1945–1961", in: Dierk Hoffmann/Marita Krauss/Michael Schwartz (Hrsg.), Vertriebene in Deutschland. Interdisziplinäre Ergebnisse und Forschungsperspektiven (München 2000), S. 371–393.

Prof. Dr. *Winfried Müller*, Professor für Sächsische Landesgeschichte an der Technischen Universität Dresden und Direktor des Instituts für Sächsische Geschichte und Volkskunde e.V. in Dresden; veröffentlichte u. a. „Universität und Orden. Die bayerische Landesuniversität Ingolstadt zwischen der Aufhebung des Jesuitenordens und der Säkularisation 1773–1803" (Berlin 1986), „Schulpolitik in Bayern im Spannungsfeld von Kultusbürokratie und Besatzungsmacht 1945–1949" (München 1995), zusammen mit Laetitia Boehm u. a. Hrsg. von: „Biographisches Lexikon der Ludwig-Maximilians-Universität, Bd. 1: Ingolstadt – Landshut 1472–1826" (Berlin 1998) und „Die Aufklärung" (München 2001).

Dr. *Thomas Schlemmer*, wissenschaftlicher Mitarbeiter am Institut für Zeitgeschichte (Leonrodstr. 46 b, 80636 München), veröffentlichte u.a. „Aufbruch, Krise und Erneuerung. Die Christlich-Soziale Union 1945 bis 1955" (München 1998) und „Grenzen der Integration. Die CSU und der Umgang mit der nationalsozialistischen Vergangenheit – der Fall Dr. Max Frauendorfer", in: Vierteljahrshefte für Zeitgeschichte 48 (2000), S. 675–742; arbeitet derzeit an einer Studie über den sozioökonomischen Strukturwandel der fünfziger und sechziger Jahre am Beispiel der bayerischen Boom-Region Ingolstadt.

Dr. *Wolfgang Schmidt*, Oberstleutnant und wissenschaftlicher Mitarbeiter am Militärgeschichtlichen Forschungsamt in Potsdam (Zeppelinstr. 127/128, 14471 Potsdam); veröffentlichte u.a. „Eine Stadt und ihr Militär. Regensburg als bayerische Garnisonsstadt im 19. und frühen 20. Jahrhundert" (Regensburg 1993); „Maler an der Front. Zur Rolle der Kriegsmaler und Pressezeichner der Wehrmacht im Zweiten Weltkrieg", in: Rolf-Dieter Müller/Hans-Erich Volkmann (Hrsg.), Die Wehrmacht. Mythos und Realität (München 1999), S. 635–684; arbeitet derzeit im Rahmen eines im Militärgeschichtlichen Forschungsamt durchgeführten Projekts zum Thema „Armee, Staat und Gesellschaft in den Aufbaujahren der Bundeswehr. Die Integration der Streitkräfte in den demokratischen Staat und die offene Gesellschaft der Bundesrepublik Deutschland 1955 bis 1968".

Ingo Schröder M.A., arbeitet zur Zeit auf der Basis eines Graduiertenstipendiums der Ludwig-Maximilians-Universität München an einer Dissertation zur Geschichte der Philosophisch-Theologischen Hochschulen in Bayern von 1923 bis zu ihrer Auflösung in den sechziger Jahren.

Dr. *Hans Woller*, wissenschaftlicher Mitarbeiter am Institut für Zeitgeschichte (Leonrodstr. 46 b, 80636 München) und Chefredakteur der Vierteljahrshefte für Zeitgeschichte, veröffentlichte u.a. „Die Loritz-Partei. Geschichte, Struktur und Politik der Wirtschaftlichen Aufbau-Vereinigung (WAV) 1945–1949" (Stuttgart 1982); „Gesellschaft und Politik in der amerikanischen Besatzungszone. Die Region Ansbach und Fürth" (München 1986); „Die Abrechnung mit dem Faschismus in Italien 1943 bis 1948" (München 1996); „Rom, 28. Oktober 1922. Die faschistische Herausforderung" (München 1999).

Abkürzungsverzeichnis

Abs.	Absatz
Abt.	Abteilung
ACSP	Archiv für Christlich-Soziale Politik
a.D.	außer Dienst
ADAC	Allgemeiner Deutscher Automobil-Club e.V.
AdbL	Archiv des bayerischen Landtags
AdsD	Archiv der sozialen Demokratie
AEG	Allgemeine Elektrizitätsgesellschaft
AFCENT	Allied Forces, Central Europe
AfS	Archiv für Sozialgeschichte
AG	Aktiengesellschaft
AGIP	Azienda Generale Italiana Petroli
AOK	Allgemeine Ortskrankenkasse
APuZ	Aus Politik und Zeitgeschichte
Art.	Artikel
AÜW	Allgäuer Überlandwerk GmbH
Aufl.	Auflage
AZ	Aktenzeichen
BAK	Bundesarchiv, Koblenz
BA-MA	Bundesarchiv-Militärarchiv
BAWAG	Bayerische Wasserkraftwerke AG
BayHStA	Bayerisches Hauptstaatsarchiv
BBbB	Bevollmächtigter Bayerns beim Bund
Bd., Bde.	Band, Bände
BD	Bundesbahndirektion
bearb.	bearbeitet
bef.	befestigt(e)
BELG	Bayerische Elektricitäts-Lieferungs-Gesellschaft AG
betr.	betreffend
BGBl.	Bundesgesetzblatt
BGVBl.	Bayerisches Gesetz- und Verordnungsblatt
BHE	Block (Bund) der Heimatvertriebenen und Entrechteten
BHS	Bayerische Hütten- und Salzwerke AG
BLLV	Bayerischer Lehrerinnen- und Lehrerverband
BMVg	Bundesministerium für Verteidigung
BP	Bayernpartei
BP	British Petrol
BRD	Bundesrepublik Deutschland

BStMV	Bayerisches Staatsministerium für Verkehr
BStMWV	Bayerisches Staatsministerium für Wirtschaft und Verkehr
BW	Baden-Württemberg
BW	Bundeswehr
CDU	Christlich-Demokratische Union
CEL	Central-Europäische Pipeline
CENTAG	Central Army Group
CERN	Conseil Européen pour la Recherche Nucléaire
Co.	Compagnie
ČSSR	Tschechoslowakische Sozialistische Republik
CSU	Christlich-Soziale Union
DDR	Deutsche Demokratische Republik
Ders., dies.	Derselbe, dieselben
Diss.	Dissertation
DM	Deutsche Mark
Einw.	Einwohner
ENI	Ente Nazionale Idrocarburi
ERIAG	Erdölraffinerie Ingolstadt AG
ERN	Erdölraffinerie Neustadt
ERP	European Recovery Program
Euratom	Europäische Atomgemeinschaft
e.V.	eingetragener Verein
EVG	Europäische Verteidigungsgemeinschaft
EWG	Europäische Wirtschaftsgemeinschaft
FDP	Freie Demokratische Partei
FÜW	Fränkische Überlandwerk AG
GB/BHE	Gesamtdeutscher Block/Block der Heimatvertriebenen und Entrechteten
geb.	gebunden(e)
Gem.	Gemeinde
ges.	gesamt
gez.	gezeichnet
GFA	Großkraftwerk Franken AG
GfK	Gesellschaft für Kernforschung
GG	Grundgesetz
GKV	Gesetzliche Krankenversicherung
GmbH	Gesellschaft mit beschränkter Haftung
GuG	Geschichte und Gesellschaft
GuV	Gesetze und Verordnungen
GVBl.	Gesetz- und Verordnungsblatt
H.	Heft
HNO	Hals, Nasen, Ohren
Hrsg., hrsg.	Herausgeber, herausgegeben
Hz	Hertz
IfZ	Institut für Zeitgeschichte
IHK	Industrie- und Handelskammer

i.V.	in Vertretung
Kfz	Kraftfahrzeug
klass.	klassifiziert(e)
KPD	Kommunistische Partei Deutschlands
KRB	Kernkraftwerk RWE-Bayernwerk GmbH
kV	Kilovolt
kWh	Kilowattstunde
LEW	Lech-Elektrizitätswerke AG
LFV	Landesflüchtlingsverwaltung
LG	Landesgruppe
Lkr.	Landkreis
Lkw	Lastkraftwagen
LMU	Ludwig-Maximilians-Universität
MArb	Staatsministerium für Arbeit und soziale Fürsorge
mbar	Millibar
MdB	Mitglied des Bundestags
MdL	Mitglied des Landtags
MF	Staatsministerium der Finanzen
Mfr.	Mittelfranken
MInn	Staatsministerium des Innern
Mio.	Millionen
MK	Staatsministerium für Unterricht und Kultus
MPG	Max-Planck-Gesellschaft
MPI	Max-Planck-Institut
MW	Megawatt
MWh	Megawattstunden
MWi	Staatsministerium für Wirtschaft (und Verkehr)
NAPOLA	Nationalpolitische Lehranstalt
NATO	North Atlantic Treaty Organization
Ndb.	Niederbayern
NF	Neue Folge
Ni	Niedersachsen
NL	Nachlaß
NPD	Nationaldemokratische Partei Deutschlands
NPL	Neue Politische Literatur
Nr.	Nummer
NRW	Nordrhein-Westfalen
NS	Nationalsozialismus, nationalsozialistisch
OBAG	Energieversorgung Ostbayern AG
Obb.	Oberbayern
OBB	Oberste Baubehörde
Ofr.	Oberfranken
o.J.	ohne Jahr
OMGUS	Office of Military Government for Germany, United States
o.O.	ohne Ort
Opf.	Oberpfalz

Pkw	Personenkraftwagen
PTH	Philosophisch-Theologische Hochschule
RGBl.	Reichsgesetzblatt
RMD	Rhein-Main-Donau AG
RWE	Rheinisch-Westfälische Elektrizitätswerke AG
SBZ	Sowjetische Besatzungszone
Schw.	Schwaben
SHAPE	Supreme Headquarters Allied Powers Europe
SKE	Steinkohleeinheiten
SPD	Sozialdemokratische Partei Deutschlands
SPK	Sozialdemokratische Presse-Korrespondenz
StA	Staatsarchiv
StK	Staatskanzlei
StMunNdlg	Standortmunitionsniederlage
StOSchAnl	Standortschießanlage
StOÜbPl	Standortübungsplatz
Str.	Straße
SWHS	Schleswig-Holstein
TAL	Transalpine Ölleitung
Tbc	Tuberkulose
TH	Technische Hochschule
ÜWO	Überlandwerk Oberfranken AG
Ufr.	Unterfranken
UNICEF	United Nations International Children's Emergency Fund
US(A)	United States (of America)
VBEW	Verband Bayerischer Elektrizitätswerke
VDEW	Vereinigung Deutscher Elektrizitätswerke
vers.	versichert
VfZ	Vierteljahrshefte für Zeitgeschichte
VIAG	Vereinigte Industrie-Unternehmungen AG
WP	Wahlperiode
ZBSL	Zeitschrift des Bayerischen Statistischen Landesamts
ZfBLG	Zeitschrift für Bayerische Landesgeschichte
zit.	zitiert
ZUG	Zeitschrift für Unternehmensgeschichte
ZVS	Zentralstelle für die Vergabe von Studienplätzen

Abbildungsverzeichnis

Personenregister

Ortsregister